CEDR

武汉大学经济发展研究中心

中国发展经济学年度发展报告

（2018—2019）

叶初升　主编

WUHAN UNIVERSITY PRESS
武汉大学出版社

图书在版编目(CIP)数据

中国发展经济学年度发展报告.2018-2019/叶初升主编.—武汉:武汉大学出版社,2020.12

ISBN 978-7-307-21958-8

Ⅰ.中…　Ⅱ.叶…　Ⅲ.发展经济学—研究报告—中国—2018-2019　Ⅳ.F120.4

中国版本图书馆 CIP 数据核字(2020)第 233639 号

责任编辑:陈　红　　　责任校对:李孟潇　　　整体设计:马　佳

出版发行:**武汉大学出版社**　(430072　武昌　珞珈山)

(电子邮箱:cbs22@whu.edu.cn 网址:www.wdp.com.cn)

印刷:广东虎彩云印刷有限公司

开本:787×1092　1/16　印张:35.5　字数:839 千字　插页:2

版次:2020 年 12 月第 1 版　　2020 年 12 月第 1 次印刷

ISBN 978-7-307-21958-8　　定价:128.00 元

武汉大学经济发展研究中心

简　介

武汉大学经济发展研究中心（The Center for Economic Development Research，简称CEDR）由我国著名经济学家谭崇台先生创立于 1990 年，是依托武汉大学经济学领域四个国家级重点学科（西方经济学、世界经济、人口资源与环境经济学和金融学），集聚校内外发展经济学领域优秀学者而构建的，是集理论研究、政策分析和教学于一体的学术机构和智库。武汉大学经济发展研究中心直属武汉大学。2000年被批准为教育部人文社会科学重点研究基地。

自成立以来，武汉大学经济发展研究中心始终把发展经济学作为主要研究领域，以发展经济学理论和方法研究中国经济实践，以中国经济发展的经验事实推动发展经济学的理论创新，取得了一系列丰硕成果，使武汉大学成为中国发展经济学研究重镇。武汉大学经济发展研究中心是中国唯一的发展经济学学术团体——中华外国经济学说研究会发展经济学分会的常设秘书处。

武汉大学经济发展研究中心现有研究人员43人，其中教授22人，长江学者特聘教授1人，国家“千人计划”入选者1人，教育部跨世纪人才和新世纪优秀人才7人，楚天学者4人，武汉大学珞珈杰出学者3人，珞珈特聘教授2人，珞珈青年学者5人。10人在海外高水平大学获得博士学位。自2017年4月开始，武汉大学经济发展研究中心实行学术委员会领导下的海内外联席主任负责制。现任联席主任为朱晓冬教授（University of Toronto）和叶初升教授（武汉大学）。

武汉大学经济发展研究中心编辑出版学术期刊《经济评论》，以及《武汉大学经济发展研究中心学术丛书》《发展经济学研究》《珞珈智库·经济观察》和《中国发展经济学年度发展报告》等五个系列学术产品。

武汉大学经济发展研究中心的宗旨是，集聚和培养一批创新人才，全面提升教学、科研和咨政三位一体的创新能力，致力于推进发展经济学的中国化与时代化以及中国经济发展实践的理论化与国际化，以标志性的系列学术成果塑造发展经济学研究的珞珈品牌，努力把武汉大学经济发展研究中心办成国内顶尖、国际知名的学术平台和具有社会影响力的智库，为中国经济发展贡献智慧。

序

自18世纪中叶英国发生工业革命以后，世界出现了大分流，西欧涌现了几个发达的工业化国家，其科学技术日新月异，经济发展一日千里，相比之下亚非拉其他国家变成了落后的发展中国家。发达国家以船坚炮利迫使世界各地的发展中国家变成受其剥削的殖民地、半殖民地。第一次世界大战以后民族主义风起云涌，第二次世界大战以后，亚非拉的前殖民地、半殖民地国家纷纷摆脱西方列强的控制，取得政治独立，开始在第一代革命精英的领导下推动工业化现代化，冀图民富国强，和前殖民国家平等屹立于世界之林。

经济学是经世济民之学，为帮助第二次世界大战后发展中国家实现经济腾飞的梦想，发展经济学成为一门从现代经济学中独立出来的子学科，为各个发展中国家工业化现代化的努力提供理论指导。诺贝尔经济学奖获得者罗伯特·卢卡斯曾言，“一名经济学家若开始思考发展的问题，就很难再思考其他问题”，发展经济学自产生以来大师辈出，相继涌现了主张政府发挥积极作用以克服市场失灵，直接动员资源、配置资源来发展现代化大产业的结构主义思潮和主张克服政府失灵，建立以私有化、市场化、自由化为基础制度安排以发挥市场配置资源作用的新自由主义思潮。结构主义和新自由主义各自的理论体系都逻辑严谨自洽，也能对人们所观察到的许多发展中国家的问题提出令人信服的解释，因此，这两波理论思潮产生后广被发展中国家的政府和社会精英以及国际发展机构所接受，影响了第二次世界大战结束以来大多数发展中国家的政策实践。然而，在第二次世界大战后的近200个发展中经济体中，经过两代多人的努力，只有韩国和我国台湾地区从低收入跃进高收入。在1960年的101个中等收入经济体中，到2008年国际金融经济危机爆发前只有13个超越中等收入，成为高收入经济体，其中8个是原本和发达国家收入差距就不大的西欧周边国家或石油生产国，另外5个是日本和亚洲四小龙。

我国自1978年开始改革开放，从社会主义计划经济体制向市场经济体制转型，发展经济学随同西方的各种理论思潮涌进。我国政府则本着解放思想、实事求是的精神，坚持走一条适合自己国情的道路，避免了苏联东欧和其他社会主义国家转型期照搬西方主流理论导致的经济崩溃停滞和危机不断。40年来我国经济取得了前无古人的持续高速增长，成为世界第二大经济体、第一大贸易国，7亿多人摆脱贫困。继续沿着这条道路，不断深化改革，我国很有可能到2025年前后成为一个高收入国家。

纵观第二次世界大战结束以来发展中国家工业化现代化的努力，尚未有哪个发展中国家照搬西方主流理论而追赶上发达国家，少数几个发展或转型成功的经济体其主要政策在推行时，从当时盛行的主流理论来看一般是错误的。究其原因，现在的主流发展经济学理论来自发达国家，总是以发达国家有什么、做好了什么为参照系来看发展中国家缺什么、做不好什么，并要发展中国家拥有发达国家所拥有的，按发达国家能做好的来做。这样的理论用意良好，但是，忽视了发达国家和发展中国家条件的差异，许多发展中国家按此付出许多努力，结果总是事与愿违。

我国老一辈发展经济学家张培刚、谭崇台、陶文达、杨敬年等在改革开放初期编写教材引进西方主流发展经济学理论的同时，也从我国的政策实践中认识到需要根据我国的国情、改革开放的成效，以及第二次世界大战以来其他发展中国家发展转型的成败经验，来总结提出能帮助我们认识世界改造世界的新的发展经济学。新一代的发展经济学家在老一辈发展经济学家的培养熏陶下也纷纷做了大量的实证研究，从中国改革发展实践经验中提出了许多新的观点、新的理论，并组织了中华发展经济学会来推动这项工作。2009 年我在世界银行高级副行长兼首席经济学家任上开始倡导的新结构经济学就是沿着这个方向所做的一个努力。2017 年 7 月第十一届中华发展经济学年会在温州大学召开，我很高兴获选为新一届学术委员会主任，并应邀在大会开幕式上作了题为《新结构经济学、自生能力与新的理论见解》的主旨报告，该报告获得了国内发展经济学界同行们的肯定并产生了热烈反响。

2016 年 5 月 17 日习近平总书记在哲学社会科学工作会议的讲话中指出：“这是一个需要理论而且一定能够产生理论的时代，这是一个需要思想而且一定能够产生思想的时代。我们不能辜负了这个时代。”这是总书记对我国哲学社会科学工作者，包括从事发展经济学理论研究工作的经济学家们发出的一个号召。我们有幸作为生活工作在最接近中华民族伟大复兴这一时期的发展经济学家，自然不能辜负这个时代给予我们的机遇，应该承担起推动创新发展经济学理论和思潮的责任。

呈现在读者面前的这本由中华发展经济学研究会和武汉大学经济发展研究中心策划，叶初升教授主编，中国发展经济学研究领域许多优秀学者参与编写的《中国发展经济学年度发展报告》，旨在记录和梳理中国发展经济学研究的历史进程，反思和评论我国发展经济学的研究现状，探寻进一步发展的方向，对我国学者在国内外发表的发展经济学相关领域的重要论著进行评论，指出存在的问题，展望未来的研究趋势。在当前发展阶段，这本报告的发布具有重要的理论和现实意义。我相信，展读此报告将对广大经济理论工作者和关心中国经济学科发展以及中国未来发展前景的广大读者大有裨益。也希望这本报告能够引发读者思考，帮助其了解我国当前深化改革存在的问题和原因，解决问题的办法等。

作为一名发展经济学的研究者和教育者，以及热切期盼中国经济学研究走向世界经济学殿堂的工作者，我呼吁大家共同为发展经济学的理论创新与学科发展努力，为中国经济学家引领世界发展经济学思潮时代的到来努力！

林毅夫

2018 年 9 月 12 日于

芬兰赫尔辛基旅次

前　言

发展经济学是现代经济学体系中唯一专注于发展中国家经济发展问题的分支学科，但是，它并非诞生于发展中国家。发展经济学在西方发达国家萌发并成长起来，这种实践背景在很大程度上决定了它的主流理论取向：立足于发达国家而俯视发展中国家，以发达国家经济发展为样板，从发达国家的实践经验中提炼理论而应用于发展中国家。这种研究取向把发展经济学引向两难境地：在实践上，不能很好地解释和解决发展中国家的发展问题；在理论上，由于只是发达国家经验与理论的应用，失去了独立存在的必要性而受到诘难（Hirschman，1981；Haberler，1984；Lal，1985；Krugman，1993）。

实践是理论之源。研究发展中国家经济发展问题的发展经济学，必须植根于发展中国家经济实践。20 世纪 80 年代初，遭受阵营内外夹击的发展经济学，被范家骧、谭崇台等老一辈经济学家引入中国。时代选择了中国，中国选择了发展经济学。

改革开放的中国需要发展经济学，发展经济学的生存发展也需要中国。中国是一个发展中国家，在经济基本面、面临的发展问题和发展任务等方面，既不同于发达国家的过去，更区别于发达国家的现在，但与其他发展中国家存在诸多共性。中国走弯路的教训以及创造增长奇迹的经验，都具有典型的发展经济学意义。事实上，中国的改革开放为发展经济学研究提供了天然的实验场，吸引了全球发展经济学研究者的目光。在这片充满勃勃生机的土地上，中国发展经济学研究者亲历了这场伟大实践，他们以自己的经验观察与学术研究推动了发展经济学的理论创新。20 世纪 90 年代初以来，发展经济学再度呈现繁荣景象，与中国改革开放实践的推动，与张培刚、谭崇台、陶文达、杨敬年等老一辈经济学家在中国所进行的学科重建，具有密切的关系。近年来，林毅夫教授在反思发展经济学理论和发展中国家特别是中国发展成败经验的基础上，系统地提出了新结构经济学理论，获得国际经济学界的高度评价以及许多发展中国家政府和知识界的重视。新结构经济学被称为继结构主义、新古典主义之后的第三波发展思潮。中国不仅仅是世界发展经济学关注的中心，也将会成为世界发展经济学的研究中心。

教育部人文社会科学重点研究基地武汉大学经济发展研究中心自 1990 年我国著名经济学家谭崇台教授创建以来，一直以发展经济学研究为己任，致力于推进发展经济学的中国化和中国发展实践的理论化、国际化。为进一步推动中国发展经济学的学科建设与理论创新，我们决定编撰《中国发展经济学年度发展报告》。该报告每两年出版一辑，年鉴式地记录和梳理中国发展经济学在学术研究和学科建设等方面的发展进程，展示报告期内中国发展经济学的风貌，评论和反思报告期内中国发展经济学各领域的发展状况，探寻进一步发展的方向，为我国发展经济学的学术研究和学科发展提供建设性的参考意见，为新时代中国特色社会主义经济建设贡献智慧。

《中国发展经济学年度发展报告》分十四个专题，涵盖了发展经济学研究的各个领域；每个专题包括研究综述、重要论文简介、重要著作简介和学术会议简介等四个方面的内容。“研究综述”：从发展经济学研究视角出发，对两年来中国学者在国内外发表的该领域重要论著进行评论，厘清研究路径，展现研究成果，指出存在的问题，展望未来的研究趋势；“重要论文”：筛选该领域两年来中国学者的重要论文，并简要介绍每篇论文的基本思想、主要结论、学术创新或实践意义、学术影响或社会影响；“重要著作”：筛选两年来该领域重要著作，并简要介绍每部著作的基本思想、分析框架、主要观点、学术创新或实践价值、学术影响或社会影响；“学术会议”：简要介绍两年来该领域重要的学术会议，包括理论或现实背景、会议主题、主办及协办单位、会议规模、会议架构、主要观点和会议成效等。

为了保证发展报告的学术权威性、研究前沿性和评论公正性，我们邀请发展经济学领域著名学者组成学术委员会指导本报告的编撰工作，并将研究内容分成若干方向领域以招标的形式征文。林毅夫教授欣然出任《中国发展经济学年度发展报告》学术委员会名誉主任，并为本报告做序。

中国已经由一个农业国初步转变为工业国，由落后的低收入国家跨进了中等收入国家的行列。在新的发展阶段，中国的要素禀赋、社会需求、外部发展环境等都发生了明显变化。相应地，经济社会的主要矛盾、经济发展的基本问题也随之变化。新时代，新的经济实践，赋予发展经济学新的历史使命。从全球视野中把握中国经济，从中国经济增长与结构变迁的经验事实中探寻发展的逻辑，从中国发展故事中凝练具有普遍意义的发展经验与理论，在发展经济学的理论创新中注入中国元素，揭开发展经济学新的一页。这是时代对中国学者的期待。

目　录

引论　中国经济（2018—2019）：发展环境、发展问题与发展政策

2018—2019 年，面对复杂严峻的国际环境和艰巨繁重的改革发展稳定任务，在以习近平同志为核心的党中央坚强领导下，各地区各部门按照党中央、国务院决策部署，坚持稳中求进工作总基调，坚持新发展理念和推动高质量发展，坚持以供给侧结构性改革为主线，着力深化改革扩大开放，持续打好三大攻坚战，有效应对外部环境深刻变化，统筹稳增长、促改革、调结构、惠民生、防风险、保稳定，扎实做好稳就业、稳金融、稳外贸、稳外资、稳投资、稳预期工作，经济运行总体平稳，发展水平迈上新台阶，发展质量稳步提升。2018 年 GDP 首次突破 90 万亿元大关，比上年增长 6.6%；2019 年 GDP 同比增长 6.1%，占世界的比重超过 16%，人均 GDP 首次突破 1 万美元大关。在引论中，我们将从发展环境、发展问题与发展政策三个维度对 2018 年和 2019 年中国经济实践进行简单的梳理，为后续各章关于发展经济学各领域的理论研究概述提供实践基础。

一、中国经济发展的外部环境

2018—2019 年，从外部因素来看，全球经济持续走弱、中美关系充满不确定性、地缘政治风险等问题成为掣肘中国经济发展的外部因素。

首先，世界经济增长持续走弱。2018 年，全球经济处于 2012 年经济复苏以来的景气高点。2019 年，美国经济增速回落，日本经济动能不足，欧元区经济也是持续走弱，新兴经济体也面临巨大的下行压力。根据世界银行的统计数据，2018 年世界人均 GDP 增长率下行到 1.918%，2019 年继续下行到 1.38%。2019 年是 2008 年金融危机以来全球经济增长最慢的一年，除非洲以外的所有主要经济体的增速都大幅度减缓。

其次，中美贸易冲突。随着贸易保护主义的日益抬头，2018—2019 年中美贸易争端不断升级，贸易不确定性和经济、政治不确定性不断加大。2018 年，美国特朗普政府不顾中方劝阻，执意制造贸易摩擦，进而掀起新一轮的中美贸易争端。7 月 6 日美国对来自中国的 340 亿美元商品征收 25%的关税，中国海关也在同一时间启动了同等规模的反制措施。7 月 10 日，特朗普政府再度发布对价值 2000 亿美元的中国商品征收 10%进口关税的清单，中美贸易争端升级。2019 年 5 月 10 日，美国对 2000 亿美元中国输美商品加征的关税从 10%上调到 25%。其后美国公布对华约 3000 亿美元商品拟加征 25%关税清单。美国制造的贸易摩擦既损害中美两国的利益，也给世界经济发展带来了诸多不确定性。面对严峻的形势，中国主动缓解两国的紧张关系，稳妥应对贸易争端。2019 年 10 月，中美达成阶段性协议，避免贸易争端继续升级，从而稳定了人们对中国经济的预期。

最后，存在地缘政治风险。美国总统特朗普执政以来，坚持“美国优先”的基本立

场，放弃了美国领导多边主义的承诺，先后退出跨太平洋伙伴关系协定、巴黎气候协定等多个多边机制，并试图修改世界贸易组织规则。自由贸易受到了极大挑战，贸易保护主义不断强化，更趋复杂化，给世界经济和国际政治带来了很大的不确定性。中国等新兴经济体的崛起，让美国等西方发达经济体备感竞争压力，它们纷纷出手，甚至联手行动。正因为如此，全球知名风险咨询公司（Eurasia Group）认为，2018 年可能发生重大地缘政治危机，而且堪比 2008 年。

二、中国经济面临的发展问题

2018—2019 年，一方面，存在房地产价格危机、地方政府债务、外资撤离和国际金融传导等方面的风险；另一方面，人口峰值、外资结构变化、能源价格波动和环境保护等因素导致中国供求两端承压。在中国发展模式转换升级的过程中，旧的经济体系面临各种问题，新的经济体系尚未建立。这两年，下述五大核心问题凸显，也因此备受政策制定者关注。

第一，营商环境亟待优化。在国内外竞争日趋激烈的新形势下，深化“放管服”改革，营造国际化、法治化、便利化的营商环境，已成为新时代我国深化机构和行政体制改革的重要内容。营商环境涉及政治、经济、法治、社会、生态等一般环境，以及政企关系、劳动力市场、金融机构等具体环境。在 2015—2017 年连续三年的“放管服”改革电视电话会议上，李克强总理均提到中国在世界银行营商环境报告中的排名变化，并以此来衡量国内“放管服”改革的进展，提出“营商环境就是生产力”，要求把该放的权力放给市场主体，营造公平竞争的市场环境，激发创业创新活力。近年来，各地区各部门按照党中央、国务院部署，大力改善营商环境，积极推进《优化营商环境条例》等多项相关法案，取得很大进展，但仍有不少“短板”。比如，营商环境中存在企业开办和工程建设项目审批效率低、环节多、时间长等制度性交易成本高的问题，阻碍企业发展活力。在全面建设小康社会的关键时期，营商环境的优化显得尤为重要和迫切。

第二，创新短板凸显。随着要素价格不断提高，经济增长必然将更多依靠技术进步，必须让创新成为驱动发展新引擎。近年来，中国在创新能力方面积累了一些优势：资金方面，自 2013 年研发经费总量超过日本以来，中国研发经费投入一直稳居世界第二；人才方面，中国拥有规模庞大且成本较低的工程师和科学家团队；产业方面，中国已经建立了比较完整的产业体系和产业链条，工业覆盖以上所有门类，是世界上制造体系完整度最高的国家之一；市场方面，中国已经是世界第二大经济体，内需规模世界领先，在促进专业化分工和规模经济方面具有一般经济体无法比拟的明显优势，也为拓宽产业领域、深化产业分工创造了条件。资金、人才、产业和市场方面的优势为提高创新水平提供了肥沃的土壤。

然而，我国创新短板也十分明显。创新的效率偏低，创新的质量不高，缺乏重大突破性创新。自特朗普上台以来，从中兴到华为，美国不断加大对中国科技企业的打击力度，中美贸易摩擦不断深化并向科技领域转变。在中美科技领域的竞争中，我国的基础研究不足、关键核心技术被“卡脖子”等问题进一步凸显出来。

第三，脱贫攻坚任务艰巨。中国是全球最大的发展中国家，贫困问题一直是我国经济社会发展进程中必须有效应对的重要挑战。党的十九大把脱贫攻坚战作为决胜全面建成小康社会必须打赢的三大攻坚战之一。2018 年是打赢脱贫攻坚战三年行动的第一年和作风建设年。各地区各部门贯彻落实党中央决策部署，脱贫攻坚取得显著成效，打赢脱贫攻坚战三年行动开局良好。但是，脱贫攻坚任务艰巨繁重，剩下的都是贫中之贫、坚中之坚、硬仗中的硬仗，脱贫工作中出现的责任落实不到位、扶贫标准把握不精准、“三保障”工作不够扎实、形式主义官僚主义、脱贫摘帽后松劲懈怠等问题仍需持续关注。

第四，中小企业发展压力较大。中小企业不仅是经济增长新动能的重要源泉，还是保障就业和改善民生的重要支柱。2018 年我国中小企业占企业总数的 99%，贡献了中国 60%的 GDP、50%的税收和 80%的城镇就业。然而，中小企业发展仍面临很多难题，不仅需要承受较大的税负压力，生产成本较高，而且面临较紧的融资约束，融资难、融资贵现象屡见不鲜。如果这些问题长期得不到解决，不仅会导致大量中小企业破产倒闭，还将影响到我国整体经济转型与经济结构优化升级。

第五，开放水平有待进一步提升。近年来，世界正经历百年未有之大变局，保护主义、单边主义上升，世界经济低迷，全球产业链、供应链面临冲击，全球化逆流涌动，国际经济、科技、文化、安全、政治等格局深刻调整，世界进入动荡变革期。中国需要突破原有开放体系中的区域问题、体制问题、格局问题以及“引进来”“走出去”失衡问题等的限制，通过“引进来”和“走出去”并重、创新模式、改善国际营商环境、放宽国内市场准入、加强“一带一路”建设布局等路径，形成东西共济、海陆共举的对外开放新格局，为经济发展注入新动力、增添新活力、拓展新空间。

三、中国经济发展的政策实践

（一）总体战略布局

2018—2019 年是我国全面建成小康社会的重要时间节点。在国内外不稳定因素的扰动下，中国政府坚持稳中求进工作总基调，统筹推进经济建设、政治建设、文化建设、社会建设和生态文明建设“五位一体”的总体布局，同时协调推进全面建成小康社会、全面深化改革、全面依法治国、全面从严治党“四个全面”的战略体系，坚持新发展理念，坚持推动高质量发展，坚持以供给侧结构性改革为主线，坚持深化市场化改革、扩大高水平开放，进而加速建设现代化经济体系。

推动经济高质量发展，重点在于决胜全面建成小康社会三大攻坚战。打好防范化解重大风险的攻坚战，重点是防控金融风险，要使宏观杠杆率得到有效控制。打好精准脱贫攻坚战，要瞄准特定贫困群众精准帮扶，向深度贫困地区聚焦发力，激发贫困人口内生脱贫动力，巩固扶贫成果，提高脱贫质量。打好污染防治攻坚战，要采取更有力措施，加大污染防治力度，使主要污染物排放总量大幅减少，生态环境质量总体改善。

（二）经济发展的政策举措

围绕新时期的经济发展问题，中央和地方政府出台了许多具体措施。我们以 2018—2019 年间的五大核心问题为线索，梳理相关的具体政策实践。

1. 优化营商环境

2018年和2019年，国务院先后出台了《关于进一步压缩企业开办时间的意见》《关于聚焦企业关切进一步推动优化营商环境政策落实的通知》等27项文件，对优化营商环境做出了具体部署。2018年7月，国务院成立了推进政府职能转变和“放管服”改革协调小组，并下设优化营商环境专题组。2019年10月22日，李克强总理签署中华人民共和国国务院第722号令，颁布《优化营商环境条例》。党和国家积极推进各项政策，紧抓简政放权、放管结合、优化服务三大目标，深化“放管服”改革，加大精简事项、简化流程、降低费用的力度，打造市场化、法治化、国际化营商环境。

在简政放权方面，降低市场准入门槛，以“减证”促“简政”，向全国有序推开“证照分离”和“照后减证”改革，破解“准入不准营”难题，更大激发市场活力，增强发展动力。在放管结合方面，推出有利于促进市场公平和效率的监管创新举措，如倡导“双随机、一公开”的市场监管方式，随机抽取检查对象，随机选派执法检查人员，抽查情况及查处结果及时向社会公开，并积极推行“互联网+监管”，对新兴产业实行包容审慎监管态度。在市场监管领域全覆盖、常态化，提高监管效能，做到对违法者“利剑高悬”，对守法者“无事不扰”。在高效服务方面，致力于营造便利环境，提高电子政务效率、简化审批流程，推进政务服务一网通办，实现“一张蓝图”统筹项目实施、“一个窗口”提供综合服务、“一张表单”整合申报材料、“一套机制”规范审批运行。与此同时切实保护市场主体利益，严禁违反法定权限、程序对市场主体和经营者个人的财产实施查封、扣押等行政强制措施，保障各类市场主体平等使用生产要素、平等享受国家支持政策。此外，对政府及其工作人员相关违法违规和不作为乱作为行为、公用企事业单位乱收费、行业协会商会及中介服务机构违法评比认证和强制市场主体接受中介服务等依法追责。

2. 创新驱动持续加力

2018—2019年中，国务院发布《关于全面加强基础科学研究的若干意见》《关于推动创新创业高质量发展，打造“双创”升级版的意见》等10项文件，国家发展改革委、科技部、教育部、工业和信息化部、农业农村部等发布创新创业文件31项，比如，国家发展改革委发布《国家产业创新中心建设工作指引（试行）》，财政部等四部联合发布《关于科技企业孵化器、大学科技园和众创空间税收政策的通知》，等等。

这些政策措施主要针对创新实践过程中存在的“短板”。（1）在原始创新方面，强调加强基础科学研究，对数学等重点基础学科给予更多倾斜；加强基础科学与应用研究融通，既重视原创性、颠覆性的发明创造，也力推智能制造、信息技术、现代农业、资源环境等重点领域应用技术创新。（2）在人才建设方面，强调建立并推行终身职业技能培训制度，用更加优质高效的职业技能培训，打造素质高、创新力强的产业工人队伍；支持高校和科研院所自主布局基础研究，扩大科研人员研究选题选择权，完善以创新质量和学术贡献为核心的评价机制，建立容错机制，鼓励自由探索、挑战未知。（3）在科技成果转化方面，加大对科技成果转化的政策激励，允许转制院所和事业单位管理人员、科研人员以“技术股+现金股”形式持有股权，引入技术经理人全程参与成果转化。鼓励高校、科研院所以订单等方式参与企业技术攻关，促进科技成果转化提速，激发创新活力，提升经济竞争力。(4) 在激励企业创新活动方面，支持企业增加研发投入，积极为企业创新提供金融服务，为中小科技企业包括轻资产、未盈利企业开拓融资渠道，支持企业增加研发投入；强化财税金融政策支持，完善以研发费用加计扣除为主的税收优惠政策，支持发展创投、风投等，鼓励金融机构提高制造业中长期贷款比例支持企业创新。(5) 在知识产权保护方面，一视同仁保护各类市场主体合法权益；制定完善专利、商标、版权侵权假冒判断、检验鉴定等相关标准；突出重点强化整治，深化打击侵犯知识产权违法行为专项行动；加强知识产权保护国际合作，便利企业海外获权维权。积极推进专利法、著作权法修改进程；提升知识产权审查质量和效率，提高知识产权授权注册质量，促进增加高价值和核心领域专利。

3. 脱贫攻坚与乡村振兴叠加推进

脱贫攻坚是乡村振兴战略的重要内容。党的十九大提出实施乡村振兴战略，是新时代做好“三农”工作的总抓手。2018 年 2 月，《中共中央　国务院关于实施乡村振兴战略的意见》正式提出“做好实施乡村振兴战略与打好精准脱贫攻坚战有机衔接”的工作。8 月，《中共中央　国务院关于打赢脱贫攻坚战三年行动的指导意见》再次提出“统筹衔接脱贫攻坚与乡村振兴”的要求。9 月，《乡村振兴战略规划（2018—2022 年）》进一步提出“推动脱贫攻坚与乡村振兴有机结合相互促进”的要求。随后，又颁发《关于深入开展消费扶贫助力打赢脱贫攻坚战的指导意见》（2019 年 1 月）、《关于促进乡村产业振兴的指导意见》（2019 年 6 月）等一系列文件指导脱贫攻坚与乡村振兴。可见，乡村振兴与脱贫攻坚有机衔接问题在政策的顶层设计层面越来越趋于明晰化。

脱贫攻坚的各项政策致力于解决脱贫过程中出现的各种问题，贯彻落实精准扶贫、精准脱贫基本方略，聚焦深度贫困地区和特殊贫困群体，突出问题导向，优化政策供给。一系列乡村振兴政策主要集中在三个方面：(1) 鼓励农村创业创新。通过提供创业补贴、完善创业担保政策、加强培训服务等方式支持农村进城务工人员、高校毕业生和退役士兵等各类人员返乡下乡创业，以大众创业、万众创新开辟就业新渠道、培育“三农”发展新动能。(2) 强调信息技术服务。依托“互联网+”发展各种专业化社会服务，加快信息技术在农业中的应用，实施“互联网+”农产品出村工程以解决农产品“难卖”问题，鼓励社会力量运用互联网发展各种亲农惠农新业态、新模式，满足“三农”发展多样化需求。(3) 提升农业生产效率。加快农业机械化和农机装备升级、推广先进适用农机和技术、聚焦弱项短板加快农机装备创新和产业转型。积极探索“企业+合作社+基地”等研发生产新模式，积极发展农机社会化服务。推进“互联网+农机作业”，促进智慧农业发展。

4. 着力减轻企业负担

实施更大规模的减税降费政策，是党中央、国务院立足当前，放眼长远，充分考虑我国经济发展面临的形势任务而做出的重大决策部署。在报告期的两年中，党中央出台了一系列企业减负措施，比如，2019 年 10 月和 11 月，连续发布《关于深入贯彻落实减税降费政策措施的通知》《关于进一步做好减税降费政策落实工作的通知》。面对经济下行压力，实施减税降费应该继续加力、加温，更充分发挥各项政策效应，更有效减轻企业负担，推动经济高质量发展，助力经济运行在合理区间。

在减税方面，政府积极推进“营改增”减税措施；降低制造业、交通运输、建筑、基础电信等行业的增值税税率；统一增值税小规模纳税人标准，让更多企业享受按较低征收率计税的优惠；对装备制造等先进制造业、研发等现代服务业符合条件的企业和电网企业在一定时期内未抵扣完的进项税额予以一次性退还；对因去产能和调结构等政策性停产停业企业给予房产税和城镇土地使用税减免；对社保基金和基本养老保险基金有关投资业务给予税收减免等。在降费方面，按照国务院明确的“总体上不增加企业负担”的已定部署，在机构改革中确保社保费现有征收政策和缴费方式稳定，适当降低社保费率，提出降低社保费率方案，并与征收体制改革同步实施。除了减税降费，许多政策措施致力于改善融资服务，降低融资成本。比如，政府加紧完善普惠金融政策，及时运用普遍降准和定向降准等政策工具，引导金融机构将资金更多用于普惠金融；鼓励增加小微企业贷款如提高贷款利息收入免征增值税单户授信额度上限，加大金融对实体经济特别是小微企业的支持力度，让企业切实感受到融资成本下降。

5. 全面深化对外开放

面对世界百年未有之大变局，遭遇经济全球化逆流，应对中美贸易摩擦，以习近平同志为核心的党中央总揽战略全局，顺应时代发展新要求，坚持站在历史正确的一边，坚定维护和推动经济全球化，践行开放发展理念。2018 年 4 月，习近平总书记在博鳌亚洲论坛 2018 年年会开幕式上发表主旨演讲，强调开放是中国基于发展需要做出的战略抉择。他指出“实践证明，过去 40 年中国经济发展是在开放条件下取得的，未来中国经济实现高质量发展也必须在更加开放条件下进行”。

2018 年和 2019 年，党中央、国务院出台《关于支持海南全面深化改革开放的指导意见》（2018 年 4 月）等一系列深化对外开放的文件和政策。这些文件旨在破除体制机制障碍，积极构建开放型经济新体制，创建对外开放新平台，维护和支持多边贸易体制。（1）深化管理体制改革，《外商投资法》和《优化营商环境条例》正式施行，取消外资逐案审批制，全国和自贸试验区外资准入负面清单分别压减至 33 条和 30 条。（2）持续优化营商环境，授权全国所有地级及以上城市开展外商投资企业注册登记，进一步提升通关便利化水平。（3）加快推进自贸试验区建设步伐，出台《中国（海南）自由贸易试验区总体方案》（2018 年 10 月），推动国际贸易自由化、便利化和业态创新。（4）增加国外有竞争力的产品进口，鼓励企业加快建设“海外仓”和全球营销网络，打造跨境电商知名品牌，积极开拓多元化市场，促进外贸稳定发展，提高国际竞争力。（5）坚定支持多边贸易体制，积极参与世界贸易组织改革，加强与联合国交流合作，秉持共商共建共享理念，为解决世界难题贡献中国智慧。

第一章　发展经济学基础理论研究

罗连发

（武汉大学）

2018—2019年，中国经济发展面临多重新变化：在发展政策上，学者们对产业政策的成败得失进行了激烈的讨论，如何用好产业政策以争取新的经济发展优势成为理论与政策急需解决的重大问题；在发展要素上，以机器人为主要载体的智能化应用快速增长，我国已成为全球最大的工业机器人使用国，机器人对生产率与就业等方面正在产生深刻影响，也对发展理论提出了新问题；在发展制度上，优化营商环境成为供给侧改革的重要突破口，如何评价营商环境对经济转型升级的作用引起了学者们的广泛关注；在发展阶段上，跨越中等收入陷阱持续成为学者们研究的热点，近两年在中等收入阶段发展经济学理论建构等方面取得了新的进展。

基于此，本章将主要介绍以上四个研究领域的主要研究论文、著作以及学术会议：在发展政策方面，回顾了产业政策与经济发展的相关研究成果；在发展要素方面，介绍了同时具有资本与劳动属性的智能化要素对经济发展的影响；在发展制度方面，回顾了营商环境影响经济发展的最新研究成果；在发展阶段方面，介绍了关于发展中国家跨越中等收入陷阱的最新进展。需要说明的是，本章在选取内容时主要依据的是近两年发展经济学理论研究中出现的新问题、新热点，而并未对发展经济学理论的所有方面进行全面的介绍。此外，为了兼顾理论介绍的完整性，也适当地回顾了一些2018年以前的文献，以及国外学者的文献。

第一节　研究综述

一、发展政策的新进展——产业政策与经济发展研究

发展经济学从其产生开始，就有强烈的政策导向和应用导向，因而发展政策是发展经济学诸多理论所共同关注的焦点问题。近年来，在发展政策的研究中，对于产业政策作用的讨论迎来了一波高潮，也产生了较多的研究成果。中国自20世纪80年代以来不断地出台各类产业政策，是全世界产业政策出台最多的国家之一。研究者对于产业政策作用，特别是在发展中国家是否应该实施产业政策这一问题上产生了持续而激烈的争论。2016年北京大学林毅夫教授与张维迎教授关于产业政策的公开辩论，进一步激发了发展经济学研究者近几年研究产业政策的热情。关于产业政策的研究主要包括以下几个方面的内容：

（一）产业政策的内涵

对于产业政策的争议首先来自对产业政策的内涵与外延理解的差异。由于日本是产业政策使用较早，且学者们研究较多的国家，国内大量学者引用关于日本产业政策的定义，一个代表性的定义是“一国为了取得在全球的竞争力，在其国内推行的发展或限制某类特定产业的政策总称”。① 林毅夫（2017）基于新结构经济学视角提出的产业政策定义是“凡是中央或地方政府为促进某种产业在该国或该地发展而有意识地采取的政策措施就是产业政策，包括关税和贸易保护政策，税收优惠，土地、信贷等补贴，工业园、出口加工区，R&D（研究和开发活动）中的科研补助，经营特许权，政府采购，强制规定等”。一个更为宽泛的产业政策定义将产业政策分为选择性产业政策和功能性产业政策。其中选择性产业政策是指由政府选定产业，并对市场进行直接干预的产业政策，强调政府的主导性；功能性产业政策，是指政府在基础设施建设、知识产权保护以及公共研究方面的政策，并没有选择性，而是要更好地发挥市场的主导地位，政府的角色更多地是提供公共服务（张莉等，2017）。在新结构经济学中所强调的有为政府，实际上将政府为促进特定产业发展而提供“软硬基础设施”等政策也视为产业政策，即包括功能性产业政策。

张维迎（2017）认为产业政策是“出于经济发展或其他目的，对私人产品生产领域进行的选择性干预和歧视性对待，其手段包括市场准入限制、投资规模限制、信贷资金配给、税收优惠和财政补贴、进出口关税和非关税壁垒、土地价格优惠等”，他强调的是对“私人产品”领域的、有选择性的政策干预，而对于公共产品的投资并不属于产业政策，普遍性的、地区性政策也不属于产业政策。

在实证研究中，大多数学者还是使用了狭义的产业政策定义，即选择性产业政策。江飞涛和李晓萍（2010）将中国的产业政策主要界定为重点产业调整与振兴规划，其主要任务是促进产业结构调整和抑制部分行业过度投资、产能过剩。黎文靖和李耀淘（2014）使用文本分析的方法，从发改委颁布的文中提取涉及“大力发展”“鼓励发展”“积极发展”“调整”等限定词的产业，作为产业政策相关产业，张莉等（2017）也使用了类似方法，不过在关键词方面略有差异。杨继东和罗路宝（2018）使用各省的五年规划中所提及的重点产业名录作为产业政策指标。孙早和席建成（2015）使用了政府补贴和税收优惠占销售收入之比等政策工具指标来度量产业政策。林毅夫等（2018）将国家级开发区政策作为产业政策的表现形式之一，因为在开发区内的企业在税收优惠、土地供应和产权保护等方面与区外企业有明显的差异。

（二）产业政策对经济发展的影响

林毅夫（2017）认为，“许多国家的产业政策失败了，但尚未见不用产业政策而成功追赶发达国家的发展中国家和保持持续发展的发达国家”，更是明确地强调了产业政策在

① 由约翰逊（2010）提出，转引自：林毅夫，张军，王勇，寇宗来．产业政策总结、反思与展望［M］．北京：北京大学出版社，2018.

经济发展中不可替代性的作用。基于新结构经济学对于产业的划分理论，他认为产业政策的主要作用体现在几个方面：首先，在帮助市场利用动态比较优势方面，发挥因势利导的作用，促进产业结构的升级。对于发展中国家而言，产业政策的一个重要功能就是识别出追赶型产业，政府可以有意识地加大对这些产业投入，包括建设与产业发展有关的基础设施、提供研发补贴、帮助企业引进先进企业进行技术合作等。其次，对于领先型产业和弯道超车型产业，产业政策的主要作用是提供技术研发、高端人才等公共产品支持。最后，对于退出型产业而言，产业政策可以帮助企业转移至海外具比较优势的地区进行生产。孙早和席建成（2015）认为，产业政策的作用很大程度上取决于地区的市场化程度，只有在市场化程度较高时，产业政策才能够起到促进产业升级的作用，并降低对资源的错配程度。余明桂等（2016）通过实证研究发现，产业政策能够显著地提升企业的技术创新能力，且产业政策对于民营企业和中小企业的技术创新效应更强，其主要是通过税收、信贷、补贴和市场竞争起作用。韩永辉等（2017）的实证分析总体上支持新结构经济学关于产业政策作用的观点，认为产业政策显著地促进了产业结构升级。其主要机制是：一方面，在中国市场发育还不完善的前提下，产业政策能够利用政府在信息上的优势，减少信息不对称性带来的效率损失，从而促进产业结构合理化；另一方面，政府在公共研发平台、技术人才培养、知识产权保护等方面的产业政策，有助于国内产业的技术追赶，从而促进产业结构的高度化。在市场化程度越高的地区，产业政策的作用越强。林毅夫等（2018）以实证研究证明，平均而言国家级开发区对企业全要素生产率存在积极影响，从而证明了区域型产业政策对生产率的正向效应。

同时，也有很多学者对产业政策的正向作用提出明确的否定性意见，并以大量的实证研究来证明产业政策对经济发展的负面效应。张维迎（2017）认为，产业政策是“穿着马甲的计划经济”，并根据认知限制和激励扭曲两个机制论证了产业政策不可能成功。钱雪松等（2018）以2009年实施的十大产业振兴规划出台为自然试验，研究了产业政策对于全要素生产率的影响，得到的结论是产业政策显著地降低了企业的全要素生产率，且产业政策的实施降低了企业投资对投资机会的敏感性，从而降低了资本配置效率。张莉等（2017）认为产业政策会使得地方政府显著地增加受到政策支持企业的供地。杨继东和罗路宝（2018）进一步从空间资源配置视角研究了产业政策的影响，认为由于地方政府竞争的存在，产业政策的实施会使得各地区普遍增加基于重点产业的土地供给，进而导致受到产业政策扶持的产业在地理分布上更为分散，地区间同质化竞争更严重，从而出现产业空间配置的扭曲。

贾根良（2018）从演化发展经济学的视角对产业政策的作用进行了重新阐释，他认为争论产业政策的必要性没有意义，关键问题在于如何制定产业政策。进一步的，他提出产业政策要以技术赶超为基础，以提升国家能力和创新能力为目标，而要实现这一目标就不能以要素禀赋形成的比较优势为基础。比较优势理论建立在资本是同质的假设之上，而技术追赶能力的实现过程中，资本是异质的，比较优势不能够指导国家实现发展赶超的目标。因而，他主张技术赶超而非比较优势战略更适合中国国情，以自主创新为核心的基础全面的价值链升级是产业政策的重心。

（三）研究述评

目前对于产业政策的理论研究仍处于巨大争议之中，能够达成共识的结论不多。出现这一现状的原因在于两个方面：一是，产业政策在实践中已经成中国经济高质量发展过程中亟待研究的重大问题，很多问题需要研究者给予回答，且吸引了大量具有不同知识结构学者的广泛关注；二是，研究者对于产业政策这一本体，使用了不同的“认知理论”（叶初升，2019），产生了大量针锋相对的观点。即便是在对产业政策内涵的理解上，也有不同表述。有学者认为产业政策是政府对私人产品的有选择性的干预，有的学者则将政府的部分公共产品供给职能也纳入产业政策之中。在实证研究中，一部分研究支持了产业政策对于发展的正效应，也有研究证明了产业政策可能导致资源配置扭曲和生产率下降等负面效应，但正如吴敬琏教授评价的那样，这些研究可能只是证明了一些已经过时的问题。

因而，产业政策研究要真正有助于发展问题的解决仍面临很多挑战。基于这些问题，就产业政策研究本身而言应该在以下几个方面不断深化：一是，对于产业政策的国际比较研究应进一步深化，找到与当前中国经济发展阶段大体相似的参照系。无论发达经济体还是发展中经济体，都已经实施或正在实施大量的产业政策。但产业政策的成败取决于大量内生于经济体的其他要素，如要素禀赋、政治制度等因素，找到合适的比照对象，也许和研究产业政策本身同样重要。二是，进一步地对影响产业政策实施效果的政府行为和政治过程进行深入研究。即便是产业政策的支持者也承认，大多数产业政策是失败的，但是为什么历史和现实之中，产业政策如此之多。这就需要对制定和实施产业政策的政府进行更为深入的研究。三是，基于发展视角提出产业政策理论研究的科学范式。一种理论出现激烈的争论对于理论发展本身并非坏事，而要将理论进一步推进，则需要按照科学范式加以规范。要在发展经济学视域下推进产业政策研究，则需要立足发展中经济体，尤其是中等收入的发展中经济体的独特禀赋和发展问题，提出统一的理论范式。

二、发展要素的新研究——智能化与经济发展研究

在早期的发展经济学理论中，发展的要素主要包括劳动力、资本、技术、制度等要素。这些理论大多将发展中国家的要素状况假定为资本不足而劳动力充裕，提出的政策是主张发展中国家加快资本积累，通过快速实现工业化来实现结构转变，进而摆脱贫困。然而，近年以来，机器人作为一种新的要素应用范围日益广泛，其既具有资本的属性，也具有劳动力的属性，资本在积累的过程中不再是吸纳就业，而可能替代劳动力，这就对发展理论带来了新的挑战。尤其是，中国劳动力结构已跨越“刘易斯拐点”（蔡昉，2007），同时叠加以人口老龄化快速提升、劳动力供给增速下降等结构性变化，经济发展过程中出现了劳动力成本快速上升、劳动力结构性短缺的问题。劳动力市场的这些结构性变化，促使企业大量地应用人工智能技术实现机器换人（Cheng 等，2019），2012 年以来中国一直是全球最大的机器人应用市场。① 发展经济学的研究者围绕智能化对经济发展的影响进行了广泛的讨论。

① 据世界机器人联合会（IFR）历年发布的数据。

（一）智能化对经济增长的影响

在文献中，智能化有多种不同名称，如人工智能、机器人、工业智能化等，为表述方便本书将这些相似的定义统一称为智能化。一些学者提出智能化可以提升生产率并进而促进经济增长，主要机制包括：一是完成人工无法完成的工作任务，或以比人工更低的成本和更高的质量完成工作任务，从而提高企业生产率（Acemoglu 和 Restrepo，2018）；二是通过智能化机器的人机协同、深度学习等优化生产决策，提高管理效率，从而提高劳动生产率（蔡跃洲、张钧南，2015；Graetz 和 Michaels，2018）；三是智能化设备可以通过改善技术的性能与创新过程对技术创新产生影响，并进而影响生产率水平（Kromann 等，2016）。知名咨询公司埃森哲在 2017 年发表的题为《人工智能：助力中国经济增长》的研究报告中提出，智能化将在三个方面激发中国未来经济增长的潜力：一是创造虚拟劳动力，完成需要适应性和敏捷性的复杂任务；二是与现有劳动力和实物资产形成互补，提升劳动力时间利用效率和资本使用效率；三是推动多行业的相关创新。报告经测算认为，制造业、农林渔业、批发和零售业将是中国未来受智能化影响最大的三个行业。陈秋霖等（2018）基于中国省级面板数据的实证研究，发现智能化的应用对宏观经济增长总体上具有显著的正效应。

也有学者认为，智能化应用对经济增长并无显著影响，甚至可能带来负向影响，主要观点包括：智能化所体现的技术进步快于技能进步以及其他领域的技术进步时，会出现不匹配性问题；由于智能化带来的新任务倾向于使用新技能，但教育和培训体系并能不及时地提供技能更新，使得经济转型受阻。此外，税收体系中更多地是补贴资本而不是劳动，导致智能化被过多地使用，从而阻碍生产率的提升（Acemoglu 和 Restrepo，2017）。对于技术相对落后的发展中国家而言，智能化和其他先进技术一样，如果本地没有相应的技术基础和配套能力，智能化技术可能出现空心化现象，难以起到对生产率的促进作用（唐未兵，2014）。Aghion 等（2017）分析了智能化可能导致的“鲍莫尔成本病”问题，即使用智能化的部门生产率相对快速提高，相对成本下降，导致未使用智能化的部门相对成本提升，并拖累整体经济增长率，出现经济的高资本份额和较低的经济增长并存的现象。Benzell 等（2017）认为在一定条件下，智能化替代大量的低技能劳动力工作和一部分高技能劳动力的工作，从而使得社会总体福利下降，导致经济增长更不利于贫困人口。

（二）智能化对经济转型升级的影响

智能化不仅会带来经济发展问题上的变化，而且具有结构转型效应。陈彦斌等（2019）的研究认为，智能化的应用会改变人口老龄化对经济的影响，缓解中国“未富先老”带来的结构转型难题，其影响路径主要包括三个方面：一是智能化的应用可替代原来由人工完成的工作任务，从而减少对劳动力的需求；二是智能化可以提高资本回报率从而促进资本积累；三是智能化可提高全要素生产率。刘亮等（2020）认为智能化水平的提升对经济发展的集约化程度（技术进步率与经济增长率之比）存在着 U 形曲线效应。当智能化水平较低时，智能化对全要素生产率提升效应小于相应的成本提升，发展的集约性随着智能化的提升而下降。当智能化水平到达一定阶段时，全要素生产率提升效应会大于成本提升，发展的集约性随着智能化水平的提升而提升。

智能化的应用对发展中国家的结构转型也可能带来新的挑战。智能化的应用可能改变发展中国家低劳动力成本的禀赋优势，因为发达国家可以通过智能化的提升来替代非熟练劳动力的工作任务，从而将更多的生产转移至本国或本国附近区域。智能化的应用也对传统的结构转型路径提出了新的问题，因为在智能化条件下资本积累和工业化的提升对中低端技能劳动力的需求创造效应很低，从而也就难以实现“二元经济”中的结构转型红利（程承坪和彭欢，2018）。郭凯明（2019）对智能化带来的产业结构和收入结构的变化进行了更为细致的理论分析。其分析有三个假定前提：一是智能化是具有新型基础设施属性的通用技术；二是智能化对劳动和资本都可能产生偏向替代性；三是智能化在不同产业有差异化的应用前景。通过构建一般动态均衡模型，他认为智能化对产业结构转型和不同要素收入份额变化的影响方向主要取决于两个因素：一是不同产业部门间的智能化产出弹性大小；二是智能化生产与非智能化生产方式之间的替代弹性。

（三）智能化对劳动力就业和收入分配的影响

智能化的应用对不同产业的影响呈现高度的异质性，从而对劳动力就业与收入分配也将产生重要的结构性影响。在就业方面，智能化对就业有正向和负向两个方面的效应：正效应主要来自智能化提高了生产率和经济增长水平，从而创造更多的就业机会；负效应来自智能化对劳动力的使用有替代效应，会使得一部分就业岗位消失。一部分学者认为，智能化的应用将可能导致就业极化现象（Graetz 和 Michaels，2018），即智能化会替代越来越多的中等技能的劳动力，同时增加对高技能和低技能劳动力的需求。这主要是因为智能化难以替代两类工作任务，一是抽象性工作任务，如技术研发、管理等工作，这主要是高技能劳动力所在岗位的工作任务；另一类是难以标准化的手工任务，如家政、餐馆等行业，这主要是低技能劳动力所在岗位的工作任务，而那些以重复性或简单任务为主要特征的中等技能劳动力的工作岗位则较容易被替代（Autor，等，2013）。孙早和侯玉琳（2019）基于中国的数据研究发现，智能化替代了初中和高中学历劳动力，并增加了对高、低受教育程度的劳动力的需求，这与国外学者所发现的“两极化”特征一样。不过在沿海发达地区，由于生活成本效应，低技能劳动力被替代的效应也较为明显，智能化对就业的影响呈现“单极化”特征。如果考虑智能化的就业创造效应，其对就业的总效应并不明确。部分学者认为智能化对就业整体有一定的替代效应，Acemoglu 和 Restrepo（2017）基于美国的实证研究认为，每千人增加一台机器人使用，就业人口比例将下降0. 18%~0. 34%。程虹等（2019）基于中国企业调查数据测算，得出工业机器人使用对制造业就业替代的整体效应在 2017 年约为 0. 3%，2020 年将达到 1. 9%。陈永伟和许多（2018）的预测认为，未来 20 年中国总就业人口中的 76. 7%的工作将受到智能化的冲击。也有学者认为，智能化对就业的整体影响并不明显，如咨询公司普华永道在其 2018 年发布《人工智能和相关技术对中国就业的净影响》一文中，则认为智能化应用并不会使劳动力失去工作，而只是让他们更换工作，未来 20 年内智能化对中国就业的净影响是可能创造约 9000 万个新增岗位。杨晓锋（2018）基于中国省际面板数据的实证研究发现，智能化对就业的整体效应并不显著。考虑到智能化对就业的整体效应需要较长的时期才能显现（Cheng 等，2019），且关于智能化的长时段、高质量的观测数据较为缺乏，这就使得关于智能化对就业的整体效应的研究较为困难。

智能化对不同要素、不同人群的收入分配也将带来异质性影响。一方面，智能化的应用是一种偏向型技术进步，会减少对劳动力的需求，而增加对资本的使用，从而整体上提升资本所有者在收入中的份额（程承坪和彭欢，2020）；另一方面，智能化使得对从事简单任务的中低技能劳动力的需求下降，而对高技能劳动力的需求上升，因此劳动力内部的收入不平等程度也将可能扩大（Lankisch 等，2017）。Acemoglu 和 Restrepo（2016）基于工作任务的动态模型进行的研究认为，智能化提升过程中伴随出现的不同复杂程度的工作任务变化情形不同时，其对不平等程度的影响是不同的。智能化在短期内会扩大收入不平等，但长期内随着低技能劳动力生产率的提升其对收入不平等的影响并不显著。Acemoglu 和 Restrepo（2018）认为低技能替代的智能化会加剧工资不平等状况，但高技能替代的智能化则会改善工资不平等状况。

（四）研究述评

智能化作为一种全新的要素投入，对发展中国家的经济发展理论带来了许多新的问题，如智能化对劳动力、资本的替代性，使得传统的通过二元结构转型、资本积累等方式来实现发展的理论有效性下降；智能化的大规模使用使得收入分配在不同要素和不同群体之间产生分化，这对发展成果的公平分享带来新的挑战；工业机器人的大规模使用对就业可能带来巨大冲击，从而导致“无就业的增长”。尽管对这些效应还尚未有确定性结论，但发展经济学研究者应对这些问题给予充分的关注。相比而言，关于中国智能化对经济发展的影响的研究起步较晚，主要是由于中国在智能化大规模应用方面较发达国家晚了近 30 年，智能化对中国经济发展的影响还有待于更为深入的研究。一方面，要对智能化影响就业、收入、增长等变量的机制进行更为深入的探讨。由于智能化的影响是长期的、多维的，需要有更为全面的研究。特别地，要结合增长益贫性、增长的就业效应等重要发展问题，进行深入的理论研究。另一方面，中国的智能化测度数据还比较稀缺，由于测度不准确而导致的实证分析结论常常受到质疑，需要基于更长时段的智能化数据对智能化的经济影响进行更为准确的实证研究。

三、发展制度的新探讨——营商环境与经济发展研究

制度环境较差是发展中国家面临的一个普遍问题，导致很多政策以失败告终。营商环境是影响经济发展的重要制度变量，自世界银行于 2002 年发布包含全球 190 个经济体的《营商环境报告》以来，中国对营商环境的国际排名高度关注。优化营商环境也被中国作为供给侧结构性改革的重要内容，并于 2019 年发布了《优化营商环境条例》。在这一政策背景之下，发展经济学理论对营商环境的关注度也在不断提升，特别是基于世界银行营商环境评价思路，对营商环境影响经济发展的定量化研究不断涌现。近几年以来，对营商环境的研究主要聚焦于制度性交易成本、行政审批改革、商事制度改革、知识产权保护等问题。

（一）营商环境的测度

对营商环境最为权威且应用最为广泛的评价方法是世界银行于 2002 年提出来的，其目的是对有关经济体的营商法规及其执行情况进行客观评估。世界银行营商环境评价指标主要包括：开办企业，办理施工许可证，获得电力，登记财产，获得信贷，保护少数投资者，纳税，跨境贸易，执行合同和办理破产等 10 个方面。① 其评价方式主要是对所在经济体的市场主体进行随机抽样和问卷调查，其中既有客观指标，也有主观评价指标。

中国《优化营商环境条例》对营商环境的定义是“企业等市场主体在市场经济活动中所涉及的体制机制性因素和条件”，强调了两个核心要素：一是面向的主体主要是市场主体；二是营商环境是一种调整市场主体利益关系的制度环境。在实证研究中，一部分学者使用的是世界银行营商环境评价指标（夏后学等，2019）。另一些学者则关注中国营商环境的具体改革，如商事登记改革（黄亮雄等，2020）、行政审批改革（夏杰长和刘诚，2017；刘诚和钟春平，2018）、市场监管机构合并（刘诚和杨继东，2020）等。还有学者使用行政审批中心设立的时序差异来表示审批改革的不同程度（夏杰长和刘诚，2017；毕青苗等，2018）。徐现祥和梁剑雄（2014）使用对政府工作报告的文本分析方法来测度营商环境的相关指标，如以“集中审批”“建立一站式服务平台”“设立行政审批中心”等关键词作为行政审批改革的代理变量。樊纲等（2003）提出的中国地区市场化指数中的一个一级指标为“政府与市场的关系”，它包括市场分配经济资源的比重、政府减少对企业的干预、减轻企业负担、缩小政府规模等方面，与营商环境评价有着密切的关系，因而也被部分学者引用作为营商环境评价指标（陈刚，2015）。董志强等（2012）认为营商环境更多地体现的是在政治法律制度背景相似的前提下，不同地区间政策、规制和法律实施等方面的“软环境”。

（二）优化营商环境对经济增长的影响

一些学者根据世界银行营商环境的总体评价指数研究了其对经济增长的效率，发现营商环境的改善对投资增长有着显著的正效应：一方面是有利于吸引外资，从而促进增长；另一方面是有助于国内私人投资的增加。更多的学者则是从营商环境的某个方面来探讨其对经济增长的影响。在行政审批改革方面，夏杰长和刘诚（2017）研究了行政审批改革对经济增长的关系，他们认为由于政府的行政审批在增加交易成本的同时也有节约社会成本的功能，因而行政审批改革对经济增长的作用是不确定的，基于行政审批中心设立的数据他们验证了行政审批改革对 GDP 增长具有显著的促进作用，促进 GDP 增长率约 1.7%，其主要的作用机制是显著地降低了企业制度性交易成本。于文超和梁平汉（2019）主要以政府控制程度来度量营商环境，他们发现更好的营商环境能够使得民营企业具有更强的抗风险能力，即营商环境更好的地区政策不确定性与贸易不确定性对企业经营的负效应显著更弱，因而营商环境具有了一种良好的制度保护屏障功能。在商事登记改革方面，其主要内容包括：简化申请程序、减少相关证明材料、注册资本由实缴改为认缴、取消前置审

① https：//chinese. doingbusiness. org/zh/reports/global-reports/doing-business-2020.

批等（艾琳和王刚，2014），这一改革减少了市场主体的进入壁垒，促进了更为充分的市场竞争。陈刚（2015）使用了世界银行营商环境调查中企业与政府打交道时间作为政府管制程度的代理变量，使用微观个体调查数据研究了其对个体创新的影响，他发现管制程度显著地降低了个体的创业概率，从而推论出政府减少行政审批有助于促进个人的创业活动。

毕青苗等（2018）研究了地级市行政审批改革对企业进入率的影响程度，他们发现在1998—2007年，行政审批中心的设立使得企业的进入率提升了2～25个百分点，受益的主要是小规模企业和民营企业，其主要的影响机制是行政审批中心让不同部门进驻，提升了跨部门协调的效率，降低了交易成本。也有学者认为营商环境领域的改革措施，降低市场主体进入门槛以后也可能对经济增长带来一定的负面影响，包括不同的监管部门之间监管协调难度加大，从而导致监管漏洞（艾琳和王刚，2014），更多的市场主体进入以后也使得企业竞争加剧，挤压企业的生存空间（王永进和冯笑，2018），政府监管减少在降低制度性交易成本的同时也可能会增加社会成本（Fisman 和 Wang，2015）。

（三）优化营商环境对企业创新的影响

营商环境的优化会对企业创新行为产生多重结构性影响。刘诚和杨继东（2020）基于商事制度改革的研究发现，商事制度改革限制了政府干预市场主体的行为，促进了地区生产的专业化，其主要的作用机制是改革抑制了政府对行业发展规模和税收的偏好性投资，使得市场在资源配置中的作用发挥得更为充分。黄亮雄等（2018）基于全国地级市商事制度改革的事件进行了双重差分研究，他们的研究发现商事登记制度提高了2%的地区创业行为，其主要的作用机制是，商事制度改革能够降低企业进入市场的成本以及提高政府运行质量。王永进和冯笑（2018）以行政审批中心建立作为行政审批制度改革的代理变量，研究了其对区域创新的影响。他们发现行政审批制度改革，通过降低企业的制度性交易成本显著地促进了区域的创新能力提升，这一促进效应对实用新型专利和外观专利、内资企业、离国际技术前沿更近的行业、融资约束低的行业影响更大。

夏后学等（2019）认为营商环境优化能够直接地促进企业创新，同时对企业寻租与市场创新的关系会产生影响：一方面，优化营商环境能够减少企业的寻租渠道，节约企业的制度性交易成本；另一方面，营商环境的优化也会改变企业内部的资源配置，让企业有更多的资源投入创新活动中。其实证研究显示，营商环境变量对寻租活动具有负效应，而对创新具有显著的正效应；在创新回归方程中，其与寻租的交互项显著为负；在分组回归中，营商环境变量对无寻租企业的创新活动具有显著效应。林涛和魏下海（2020）认为营商环境能够有效地缓解外来移民的正规金融约束和非正规金融约束，从而促进其企业家精神的培养。刘诚和钟春平（2018）对行政审批改革对地区产能扩张的影响进行了研究，他们发现行政审批改革整体而言有利于降低政府的产能扩张冲动，从而降低产能过剩风险，同时基于安全、环保的“效益型审批”对产能扩张有抑制作用，因而行政审批改革应区别对待，既要减少制度性交易成本，也要强化安全、环保等方面的效益型审批。

鲁桐和党印（2015）基于跨国数据的实证分析表明，投资者保护、行政环境等方面的营商环境指标，对一国吸收投资流入以及创新活动都具有显著的正效应。吴超鹏和唐菂

（2016）的研究表明政府加强知识产权保护执法的力度可通过减少研发溢出损失和缓解外部融资约束两条途径来促进企业创新，且知识产权保护更强的地区创新对企业财务绩效的促进效应更强。

（四）研究述评

学者对营商环境影响经济发展与结构转型等问题进行了广泛的研究，且就大多数观点取得了共识，研究结论共同地指向要持续地优化营商环境。得益于世界银行较早地在营商环境评价方面的开创性工作，营商环境的实证研究得以在大致共同的概念框架下持续深入开展。进一步地优化营商环境，在将来可以形成更大的发展红利。但营商环境的研究也存在着一些亟待解决的问题。营商环境这一概念是由世界银行在其政策研究报告中提出来的，其主要目的是进行量化评价，而对其内涵及理论逻辑并未进行规范化构建。这就使得学者对营商环境的内涵与外延的理解差异较大，营商环境成为一个装载了很多研究内容的理论“箩筐”。这就迫切需要研究者对营商环境的内在逻辑进行更为严谨的理论构建，特别是在发展经济学框架下，规范并发展营商环境的基本内涵。

具体而言，未来的营商环境研究应从发展制度，特别是政府治理制度演进的视角进一步地探讨，营商环境是否内生于地区经济发展的制定环境，以及如何从经济体系的内部和外部找到合适的路径，来破解一些经济体中长期存在的营商环境不好的问题。一些学者对营商环境的内生性问题进行了有益的探索，但仍需要在理论和实证上对这一问题进行更为深入的研究，以更好地破解营商环境优化的难题。

四、发展阶段的新讨论——中等收入阶段经济发展问题研究

发展经济学理论中，从落后向发达转变的过程可以划分为不同的阶段，其中最为著名的是罗斯托的“经济成长阶段论”，经济发展的“库兹涅兹事实”实际上也是对不同发展阶段的产业结构特征的凝练。划分阶段的主要目的是识别不同发展阶段的主要发展任务，并进而提出有针对性的政策。近年以来，关于中等收入阶段发展的研究引起了发展经济学研究者越来越多的关注，如何跨越中等收入陷阱成为越来越多发展中国家面临的共同问题。这一问题产生的背景是，很多的不发达经济体摆脱了“贫困陷阱”发展状态，但却长期停留于中等收入阶段，无法实现中等收入向高收入阶段的转变。由于2016—2017年的报告较为全面地回顾了“中等收入陷阱问题研究”，其中涵盖了关于中等收入阶段经济发展的大部分基本理论与问题。本节仅主要回顾在2018—2019年期间这一研究领域的最新进展。

（一）发展经济学对于中等收入阶段经济发展的理论建构

叶初升（2019）认为发展经济学理论一直以来主要以处于“贫困陷阱”阶段的低收入经济体为主要研究对象，而中等收入国家与低收入国家面临着不同的发展任务，这就迫切要求发展经济学提出不同于低收入国家的发展动力与发展机制。他指出，中等收入经济体经济发展的基本问题是结构失衡，包括：在产业结构方面低端产能过剩与高端产能不足并存、经济结构的服务化不充分；在空间结构方面，区域发展、城乡发展不平衡；在社会

结构方面，收入不平等问题恶化与阶层固化。从微观机制上看，中等收入经济体与低收入经济体面临的问题有较大差异，主要表现为：资产专用性约束、技术进步迟滞、资源错配和较高的制度性交易成本。基于此，他进一步从发展目标与约束、经济发展的微观分析、经济发展的宏观分析、经济发展的政策分析等四个方面提出了发展经济学应重点关注的理论问题。郭熙保和朱兰（2019）基于中等收入转型视角，刻画了需求结构的变化特征。他们通过跨国和区域的比较，发现消费投资比衡量的需求结构随着收入水平的提高呈现U形分布，其拐点值发生在中等收入阶段。基于该理论模型，他们预测中国进入中高收入阶段以后，随着经济增速趋缓和去工业化进程推进，消费投资比将持续上升。蔡昉（2019）从人口转变的角度对中等收入陷阱问题重新进行了解释，他认为中等收入陷阱实质上是发展中国家发展到一定阶段之后促进增长的要素所面临的门槛。具体地，他使用了中国的案例并认为中国经济的减速是由人口红利的消退以及劳动力再配置效应递减带来的，这与其他代表性发展中国家的发展经验是基本一致的。要突破这一发展的门槛，就需要通过供给侧改革释放新的增长动力，如提升企业的自主创新能力、加快收入分配改革、加快市场化改革等。

（二）产业结构升级与跨越中等收入陷阱

有学者认为中等收入经济体之所以难以摆脱中等收入陷阱，根本原因在于结构转型的迟滞。程文和张建华（2018）从技术进步与产业升级的角度论述了中等收入陷阱形成的原因，他们认为在不同发展阶段，增长陷阱形成的原因各不相同，对于中等收入阶段的经济体而言，经济增长陷于停滞的主要原因在于随着其与发达国家间的技术差距缩小，技术引进上的后发优势丧失。他们建议处于中等收入阶段的国家应通过技术推动和需求推动来促进产业结构向高端化升级，减少对技术引进的依赖。张建华和程文（2018）从服务业升级的角度探讨了中等收入陷阱形成的原因以及跨越中等收入陷阱的政策。他们认为服务业中的生产性服务业对提高生产率水平，克服服务业发展“鲍莫尔成本病”具有至关重要的作用，并基于跨国比较的经验事实发现，成功跨越中等收入陷阱的国家，其服务业结构均呈现生产性服务业占比提高而消费性服务业占比下降的特征，而陷入中等收入陷阱的国家则出现相反的趋势。进一步地，他们构造了服务业的两部门模型（生产性服务业与消费性服务业），该模型中生产性服务业可作为消费性服务业的中间投入，使得两部门产生联结。在他们的假定中，人力资本质量与研发投入水平对生产性服务业的生产率产生影响，并进而影响消费性服务业生产率，是摆脱中等收入陷阱的关键要素。因而，他们的政策建议主要是提高人力资本和研发投入，以及提高人力资本与生产性服务业的匹配性。李翀（2018）基于成功跨越中等收入陷阱以及仍处于中等收入阶段的经济体产业结构演变特征的经验事实比较，认为中等收入陷阱的实质是：中等收入经济体的产业结构不能适时地实现升级所出现的经济停滞现象。中等收入经济体要突破产业结构升级的障碍，就需要政府积极有为，以突破技术发展的瓶颈。

（三）收入差距与中等收入阶段的经济发展

程文和张建华（2018）认为收入差距在经济发展的不同阶段，对技术创新的作用有着显著差别，从而产生完全不同的经济增长结果。收入差距主要通过对不同质量产品的需求影响到产业结构状况。在低收入阶段，收入差距扩大不会抑制自主创新，而当经济发展到中高收入阶段时，如果收入差距未能随着收入水平的提高而缩小，将会抑制自主创新水平，并导致经济增长陷于停滞。他们的建议是有效地缩小收入差距，以及从供给端加大自主创新投入。魏熙晔等（2019）基于跨国面板数据对收入分配、产业升级与中等收入陷阱之间的关系进行了实证研究，他们发现对中等收入经济体而言，收入差距会导致消费升级和产业升级的“涓滴效应”被阻隔，使经济增长停滞。

（四）研究述评

近年来学者们用发展经济学理论框架与研究方法来解释中等收入阶段发展问题的独特性，有学者尝试从结构转变等视角来探究中等收入陷阱的形成机制并使用实证研究方法进行验证。但由于早期的发展经济学对中等收入阶段的经济发展问题并未进行完整的理论构建，现有研究中对这一问题的研究起步较晚。因而，有关中等收入阶段经济问题的发展理论仍需要进一步地向纵深发展：一方面，要对中等收入经济体不同于发达经济体以及落后经济体的结构性特征进行更为全面的挖掘与分析，特别是要进行更为细致的实证研究，以更进一步地修正原有发展经济学理论的一些基本假设；另一方面，要对中等收入阶段的经济发展政策进行更为深入的理论与实证研究，以中等收入阶段经济发展的问题为导向，构造发展经济学新的理论框架，为中等收入经济体成功跨越中等收入阶段，迈向高收入阶段提出可行的政策框架体系。

第二节　重要论文

1. 林毅夫，向为，余淼杰．区域型产业政策与企业生产率［J］．经济学（季刊），2018（1）：781-800.

研究背景：改革开放以来，区域产业政策在调整产业结构和加快经济发展中发挥了重要作用。在众多区域产业政策中，国家和地方政府广泛运用的一项典型且非常重要的政策就是设立经济开发区（special economic zone）。经济开发区是一种基于地点的产业政策，其可能潜在地影响经济活动的地点，以及目标地区的工资、就业和产业组合。对于基于地点的产业政策效果，学者们有不同的意见。有学者认为深圳特区与浦东新区等经济开发区在过去 30 年极大地推动了地方经济增长，反对者指出，这一产业政策可能造成开发区内资源与经济活动集中，开发区外资源缺失，从而使得开发区外经济活动与表现遭受负面影响，催生“以邻为壑”效应。因此，为了研究这种干预措施的有效性，作者基于企业生产率视角，研究国家级经济开发区与企业生产率的关系。

基本结论：作者利用 2000—2005 年中国规模以上工业企业数据库与国家级经济开发区数据，估计了国家级经济开发区对企业生产率的影响。通过回归分析和机制检验发现，平均而言，国家级经济开发区对企业全要素生产率具有积极影响，而且存在正向溢出效应。进一步检验经济开发区对企业生产率影响的政策机制和集聚效应机制发现，经济开发区内企业的“生产率溢价”并非由政府挑选高生产率企业所致，经济开发区主要通过提供更好的政策环境（比如更低税收）来提升企业生产率。从企业生产率视角出发，经济开发区内的集聚效应并不明显，但对企业存在正向溢出效应，并且经济开发区对非经济开发区内企业的溢出效应更大。

主要贡献：本文是国内首次使用微观数据与严格计量方法探究区域产业政策对企业生产率影响的论文。特别是通过实证研究验证了基于地点的产业政策，之所以会促进企业生产率的提升，并不是政策事前选择了具有更高生产率的企业，而是政策本身具有生产率促进效应和生产率溢出效应。解释了产业政策影响企业生产率的主要机制。

现实意义：一方面，关于产业政策的作用，首次用规范的实证研究来加以验证，有助于引导产业政策之争从空泛的理论争辩转向更为规范的实证探讨；另一方面，有明确的政策含义，中国在基于地点的产业政策上仍有较大空间，优化开发区政策能够带来新的生产率提升效应。

2. 钱雪松，康瑾，唐英伦，曹夏平．产业政策、资本配置效率与企业全要素生产率——基于中国 2009 年十大产业振兴规划自然实验的经验研究［J］. 中国工业经济，2018（8）：42-59.

研究背景：关于产业政策的实施效果、产业政策能否有效提高企业全要素生产率，学者们有着不同的观点。一些学者利用税收优惠、政府补助、地方性法规数量等变量衡量产业政策，借此考察产业政策对企业全要素生产率的影响，研究结果表明产业政策的出台能够有效促进企业全要素生产率的提升。也有学者认为，产业政策难以提高企业全要素生产率，甚至会产生负面影响。因而，产业政策对企业全要素生产率的影响结果是复杂的，直接利用税收优惠、政府补助、地方性法规数量等变量衡量产业政策难以揭示产业政策影响企业全要素生产率的因果效应以及作用机制。为了进一步找到产业政策和企业全要素生产率之间的因果关系，部分学者选取"五年规划"作为一次自然实验，以此来探讨产业政策冲击对企业全要素生产率的影响，结果显示"五年规划"这一产业政策冲击对企业全要素生产率的影响是正向显著的，然而这一产业政策也存在一定缺陷，即"五年规划"等政策制定时间过长，企业可能在政策制定周期内已经采取了相应措施，因此政策效应识别结果不够理想。

基本结论：本文以十大产业振兴规划作为政策冲击，研究产业政策对企业的影响。研究发现，这一政策冲击导致实验组企业的全要素生产率显著下降，而且与选择性产业政策主要通过政府直接干预手段发挥作用的经济直觉一致。基于地区和所有制视角的分组检验显示：①与政府干预程度较弱地区相比，政府干预程度较强地区企业受产业政策影响相对更大；②与非国有企业相比，国有企业受产业政策影响相对更大。进一步研究表明，与对照组企业相比，产业政策冲击导致实验组企业投资对投资机会的敏感程度下降，而且该效应对地方政府干预程度较强地区及国有企业而言更为显著。这揭示出十大产业振兴规划的出台通过资本配置效率渠道对企业全要素生产率施加了影响。

主要贡献：第一，本文的实证研究策略具有创新性。本文使用"十大产业振兴规划"这一产业政策作为合理的自然实验，与"五年规划"等政策不同，"十大产业振兴规划"的出台并没有经过较长时间的讨论，且该政策是中国政府为应对全球金融危机冲击而出台的一项选择性产业政策，出台时间之快使其满足外生性冲击这一特征。另外，"十大产业振兴规划”产业政策的作用力度很大，覆盖的行业界定清晰，在产业政策相关研究中是比较少见的。第二，本文通过双重差分方法识别了产业政策对企业全要素生产率的效应。由于产业政策的自然实验较少，现有研究可能未能有效识别出产业政策与企业全要素生产率之间的因果关系，本文在这一方面丰富了学界相关研究。第三，本文清晰地揭示了产业政策对全要素生产率的影响机制：十大产业振兴规划出台→企业投资率变化→企业资本配置效率变化→企业全要素生产率变化。

现实意义：本文的现实意义在于以准自然试验的方法验证了产业政策的实施可能带来企业全要素生产率的下降，也就意味着政府的产业政策可能会带来资源的错配和浪费。其政策含义在于，政府应减少选择性的产业政策，以降低资源配置的扭曲。

3. 杨继东，罗路宝．产业政策、地区竞争与资源空间配置扭曲［J］．中国工业经济，2018（12）：5-22.

研究背景：国家希望通过产业政策的实施发挥其优化资源配置、弥补市场失灵缺陷、保护促进民族产业和新兴工业发展、增强国际竞争力、保障国家经济安全等作用。产业政策的实施是否能够达到预期的效果，是否在发挥作用的同时也带来一些不利于经济发展的因素等，是值得深入探讨的理论与现实问题。现有文献主要从产业政策实施本身来研究其资源配置效应，而忽视了中国经济发展中地区竞争这一重要特征。本文尝试引入地区竞争这一变量，研究产业政策对资源空间配置效率的影响。

基本结论：①重点产业政策容易引发资源空间配置扭曲。在空间分布上，重点产业政策导致相关产业的地理熵指数增加 21%。②地区间竞争是导致重点产业政策引发资源空间配置扭曲的重要原因。地区竞争越激烈，地方保护主义越强，空间扭曲越严重，且重点产业政策引发的资源空间配置扭曲存在显著的政治周期性。③资源空间配置扭曲是产能过剩的一个重要原因，但提高市场化程度、扩大对外开放水平有利于减弱政府竞争的影响，进而减弱重点产业政策对资源空间配置的扭曲。

主要贡献：从重点产业政策的研究看，本文从土地资源空间配置的视角，拓展了中国重点产业政策实施效果的实证研究；从政府竞争的研究看，本文在政府竞争对重点产业政策的影响方面进行了较为深入的实证研究，讨论了政府竞争和产业政策的互动关系。从资源空间配置的研究看，本文突出了产业政策对资源空间配置的影响。同时本文清晰地揭示了重点产业政策对资源空间配置的影响路径：中央产业政策发布→下级政府出于政治目的对重点产业出让更多土地→重点产业的土地资源配置在空间上更加分散→扭曲上级政府的重点产业政策→资源空间配置低效率。

现实意义：本文考虑了地级市政府对中央和省级重点产业政策响应的异质性，为中国产业政策实施过程中同级政府互相竞争影响产业政策实施效果提供了进一步的证据。文章揭示的重点产业政策对资源空间配置的影响路径为缓解重点产业政策对资源空间配置的扭曲程度，提供了有效的解决途径，即通过完善市场化程度和提高对外开放水平来减弱政府竞争，从而可以改善重点产业政策的实施效果并提高资源配置效率。

4. 陈彦斌，林晨，陈小亮．人工智能、老龄化与经济增长［J］．经济研究，2019（7）：47-63.

研究背景：理论和实证研究表明，人口快速老龄化对经济发展带来重要挑战。从实践来看，日本经济高速增长后出现了经济增速明显放缓，而这主要的原因之一就是人口老龄化。除此之外，在世界上意大利、德国等许多国家的老龄化已经对当地经济增长带来了不可忽视的负面影响。当前中国的老龄化程度正在不断加剧，据国家统计局发布的人口数据：截至2018年末，中国最新的老年人口数据为：60周岁及以上人口24949万人，占总人口的17.9%；65周岁及以上人口16658万人，占总人口的11.9%。机器人具有替代劳动力的作用，机器人在生产中的规模应用是否会减少人口老龄化带来的负向冲击？如果有，其影响的机制又是什么？现有文献并没有基于经济发展的视角探讨机器人应用对老龄化与经济发展关系的调节效应。

基本结论：作者通过理论分析证明，人工智能主要通过三条机制应对老龄化的冲击，进而促进经济增长：一是提高生产活动的智能化和自动化程度从而减少生产活动所需的劳动力；二是提高资本回报率从而促进资本积累；三是提高全要素生产率。数值模拟结果进一步显示，人工智能可以较好地应对老龄化对经济增长的不利影响，而且其效果明显优于延迟退休政策。

主要贡献：首先，同时考虑了人工智能和老龄化问题，探讨了在老龄化带来的经济冲击下，人工智能能否应对老龄化的不利影响，并且从三个方面解释了人工智能如何从劳动需求端缓解了老龄化对经济发展的不利影响；其次，比较了延迟退休政策和人工智能在应对老龄化带来的经济冲击方面的作用，更进一步说明了人工智能在应对老龄化带来的经济冲击中的显著作用。

现实意义：文章的研究认为中国可以通过发展人工智能来应对老龄化对经济增长的冲击。因而，一方面，政府需要为人工智能提供良好的发展环境；另一方面需要事先防范人工智能可能引发的失业和收入分配失衡等问题，确保经济与社会平稳运行。

5. 孙早，侯玉琳．工业智能化如何重塑劳动力就业结构［J］．中国工业经济，2019（5）：61-79.

研究背景：历史上每次科技革命在引发“机器换人”焦虑的同时，也导致劳动力就业方向的转移。在工业时代，技术进步节约了劳动力，使得劳动力就业从第一产业转移到第二产业；进入后工业时代，劳动力就业又进一步从第一、二产业转移到第三产业。近年来，新一轮的工业升级和智能化转型，不管是在欧美发达国家还是在中国这样的发展中国家，都已经掀起了巨大的浪潮，在欧美国家，工业智能化带来的必然后果是就业结构两极化，即对高技能和低技能劳动力的需求增加而中等技能劳动力的需求减少。在中国这一情况略有不同，整体趋势是随着技术进步和时间的推进，高技能劳动力的就业比重逐渐增加，但沿海城市的工业智能化水平远高于内陆城市，造成国内劳动力就业结构带有明显的区域性特征。

基本结论：工业智能化将促使先进设备替代初中和高中学历劳动力，并增加对较高和较低受教育程度劳动力的需求，导致中国劳动力就业结构整体上呈现出“两极化”特征。东南沿海地区因过高生活成本挤出小学及以下学历劳动力，工业智能化进一步加剧了先进设备对低受教育程度劳动力的替代，就业结构反而呈现出“单极化”趋势。第三产业的快速发展一定程度上弱化了这一替代效应。在所有地区，劳动力的受教育程度越高，劳动力就业受到生活成本因素的负向影响就越小。

主要贡献：第一，将技术进步对就业结构的影响分析拓展至工业智能化的研究。第二，基于中国背景提出了智能化对就业影响的差异性。和欧美国家就业结构“两极化”现象不同的是，中国尚处于工业化未完全实现的阶段，不同地区的工业智能化水平存在很大差异，因此对劳动力需求的改变不能一概而论。第三，对工业智能化水平测度提出了创新性指标。与传统上只使用单一侧面数据进行分析有所不同，本文借鉴国家工业和信息化部关于工业化和信息化融合的指标体系，构建了一项包括基础建设、生产应用、竞争力和效益三个方面的测度指标，

现实意义：文章认为推进工业智能化的同时政府应持续加大高等教育投入，并调整高等教育结构，加快发展智能制造学科体系；支持劳动力在岗、转岗培训活动，加快建立与智能化相关的职业技能培训体系；进一步缩小区域发展差距，抑制生活成本过快上升，避免过早出现大规模“机器换人”问题。

6. 叶初升．中等收入阶段的发展问题与发展经济学理论创新——基于当代中国经济实践的一种理论建构性探索［J］. 经济研究，2019（8）：167-182.

研究背景：当代中国已经从落后的农业国初步转变为工业国，进入中等收入国家的行列，面临着不同于低收入阶段的发展问题与发展任务。近年来，中国经济出现增速下滑、结构失衡等现象，其实质在于，新时期社会的主要矛盾已经由总量上的矛盾转化为结构上的矛盾，低收入阶段形成的供给结构不再适应已经发展变化了的中等收入阶段社会需求，曾经推动低收入阶段经济发展的动力也不再适合新阶段的发展道路。这一发展阶段的变化呼唤发展经济学有新的理论担当。

基本结论：（1）提出发展经济学的研究范式。第一，发展经济学在非均衡分析空间中研究发展中国家的经济发展问题；第二，发展经济学以研究发展中国家经济“不发展”为逻辑起点；第三，发展经济学以研究发展质量和结构变迁为核心；第四，发展经济学以研究经济发展战略为研究归旨。（2）提出中等收入阶段的发展问题。第一，中等收入经济体经济发展的基本问题是结构失衡，包括：在产业结构方面低端产能过剩与高端产能不足并存、经济结构的服务化不充分；在空间结构方面，区域发展、城乡发展不平衡；从社会结构上看，出现收入结构恶化与阶层固化。第二，从微观机制上看，中等收入经济体与低收入经济体面临的问题有较大差异，主要表现为：资产专用性约束、技术进步迟滞、资源错配和较高的制度性交易成本。（3）提出中等收入阶段发展经济学的理论逻辑与研究任务。第一，发展目标与约束方面。中等收入阶段的发展目标是，突破中等收入陷阱，以新型工业化、服务化的结构变迁，满足社会高品质、多元化、个性化的发展需要，提高生活质量，扩展可行能力。中等收入阶段的发展约束，在资源环境、既有发展路径、国际发展环境等方面均与低收入阶段不同。第二，经济发展的微观分析方面。需要关注经济结构失衡的微观分析、技术创新与技术进步方式选择与所处阶段的关系。第三，经济发展的宏观分析方面。一个经济体在某个特定时期的产业结构是由其禀赋需求结构内生决定的。中等收入经济体内部区域之间的发展差距最为明显，区域发展不平衡问题最为严重。中等收入阶段，收入分配恶化、社会结构问题凸显。以资源换资本、以市场换技术的开放理论和“双缺口模型”等利用外资理论，不再适用于中等收入阶段的经济发展。

主要贡献：本文凝练了发展经济学的研究范式，并由此界定和解析中等收入阶段经济

发展的基本问题，继而将中等收入阶段客观存在的问题逻辑、经济学的认识逻辑与发展经济学研究范式三者融合起来，阐述中等收入阶段发展经济学的理论逻辑、基本架构与研究任务。为发展经济学的研究者研究中等收入阶段经济发展问题，特别是中国经济发展问题提供了一个科学范式和问题指南。

现实意义：第一，在理论上阐释了发展经济学研究视野需要从关注低收入经济体摆脱“贫困陷阱”进一步地转向中等收入阶段经济体发展所面临新问题的必要性，推动发展经济学理论在解决中等收入陷阱领域发挥更大的作用；第二，有利于促进政策研究者意识到处于中等收入阶段的经济体与低收入阶段的经济体在发展目标、任务、约束条件等方面存在着系统性的差别，从而其在发展战略上也要做出新调整。

7. 张建华，程文．服务业供给侧结构性改革与跨越中等收入陷阱［J］．中国社会科学，2019（3）：39-61.

研究背景：2017 年，中国的人均收入为 8690 美元，成为上中等收入国家。从经济结构来看，中国的第三产业增加值比重连续 5 年在三次产业中领跑，并于 2015 年首次超过了一、二产业比重之和。中国经济已经进入服务业为主导的发展阶段。然而，仅仅扩大服务业在 GDP 中的占比，并不能保证宏观经济稳定且可持续地增长。因为服务业占比提升可能是消费需求升级引发的，也可能是服务供给条件和环境变化带动的，还可能是产业分工细化引起的，更有可能是过早去工业化带来的制造业相对衰败形成的。因此，弄清服务业相对变化的成因，促进服务业内部结构的优化升级，在很大程度上将影响整体经济未来的可持续健康发展。

基本结论：第一，服务业结构在成功跨越中等收入陷阱和处于中等收入陷阱的经济体中呈现显著差异。虽然随着时间的推移，服务业占 GDP 的比重都在上升，但成功跨越中等收入陷阱的经济体，其消费性服务业占比在下降，而生产性服务业的占比在上升；处于中等收入陷阱的经济体，则呈现完全相反的趋势。第二，在服务业经济结构变迁中，消费性服务业、生产性服务业与提高人力资本供给之间存在相互依赖关系。如果公共服务业发展不充分，文化教育医疗卫生健康等部门的生产率就难以提升，将导致人力资本的培育积累不足，因而造成有效创新不足，无法支撑生产性服务业发展和制造业向高端转型。制造业低端化和过早去工业化，将引发低效服务业蔓延和严重的“鲍莫尔成本病”现象，以致陷入中等收入陷阱。如果生产性服务业作为消费性服务业的中间投入，能够与高层次人力资本生产相匹配，那么生产性服务业的扩张，将有利于研发投入的增加和提升全要素生产率，并间接提升消费性服务业的全要素生产率。

主要贡献：第一，在以结构调整与产业升级视角研究跨越中等收入陷阱的文献中，大多数是基于可贸易的产品空间理论，本文将其拓展到了服务业结构领域以及不可贸易产品；第二，在理论上提出了，服务业结构升级视角下中等收入经济体跨越中等收入陷阱的条件，并进一步提出了实现服务业结构转型的主要条件。

现实意义：第一，对破解中等收入国家在服务业比重不断提升过程中，劳动生产率不增长或趋于下降的“鲍莫尔成本病”问题，提出了新的见解，对中等收入国家通过服务业结构升级跳出中等收入陷阱具有重要的政策价值；第二，本文还提出了加快服务业供给侧结构改革的具体政策工具，主要是通过公共投入加快人力资本质量提升，有效改善人力资本与知识密集型服务业的匹配性，增加自主研发创新的公共投入。

8. 夏后学，谭清美，白俊红．营商环境、企业寻租与市场创新——来自中国企业营商环境调查的经验证据［J］．经济研究，2019（4）：84-98.

研究背景：文章的现实背景来源于世界银行发布的《2019 年营商环境报告》，该报告显示 2018 年中国的营商环境评价在全球 190 个经济体中跃居第 46 位，比 2013 年累计上升 50 位。世界银行发布的《2020 年营商环境报告》显示，中国营商环境总体得分 77.9 分，在全球 190 个经济体中排名第 31 位，较 2018 年上升 15 位。排名的提升意味着中国的监管环境变得更有利于企业的开办和运营。在本文中，作者主要研究了优化营商环境是否有助于消除寻租影响、促进企业市场创新。其中优化营商环境主要有简化审批许可、放宽市场准入、规范经营运行、强化监督检查等举措；市场创新主要以推出新产品或新服务为研究对象。

基本结论：在市场机制尚未健全的转型经济中，寻租作为非正规补偿手段和“关系资本”，一定程度上对市场创新产生了正向影响；优化营商环境显著影响企业寻租与市场创新的关系，对消除寻租影响、促进创新有积极作用。分样本研究结果表明，优化营商环境显著调节寻租对企业不同创新活动的影响，有利于无寻租企业开展自主创新。

主要贡献：（1）作者认为中间产品的设计和生产来自不同的生产企业；将营商环境引致的制度性成本纳入分析框架，考察了优化营商环境对中间产品企业创新净收益的影响，以及在均衡状态下企业自由进入创新部门的研发投入与寻租的关系。（2）作者通过对不同的创新活动进行比较，以识别无寻租企业是否会在优化营商环境的推动下开展自主 R&D 创新或模仿创新，进而比对寻租企业和无寻租企业在市场创新决策上的差异。

现实意义：本文结论为持续优化营商环境，进而提高市场创新活力提供了政策启示：（1）政府应进一步简化工商登记、行政许可等审批流程，采取适当放松管制、取消常规产品前置审批等组合策略。（2）需完善劳动力市场管理机制，强化行政监督检查，防止非正规部门或非法劳动力涌入市场，对正规部门企业的生产活动构成恶性竞争。

9. 王永进，冯笑．行政审批制度改革与企业创新［J］．中国工业经济，2018（2）：62-74.

研究背景：随着中国营商环境进一步优化，政府提出以体制机制改革驱动创新发展战略，希望增强企业自主创新能力、建设创新型国家。已有研究强调制度对创新的重要性，而行政审批制度改革则是通过改变国家制度环境和市场竞争环境，从而影响企业创新。关于行政审批改革以往的研究主要围绕其对经济增长、企业投资规模和效率以及居民创业的影响，而未关注到其对企业创新的影响。

基本结论：行政审批中心的建立显著提升了企业创新水平，并且经过一系列稳健性检验后，该结论依然成立；但政策效果因专利类型、企业性质不同而存在较大差异。具体表现为：实用新型专利和外观设计专利、内资企业、接近国际技术前沿行业、低融资约束行业以及非专利密集型行业企业从制度改革中获益更大。从影响机制看，行政审批中心的建立降低了企业的制度性交易成本，从而促进企业进行研发和技术创新，但同时行政审批效率的改善也会促进企业进入，挤压已有企业的生存空间，从而可能抑制企业创新。

主要贡献：（1）本文在借鉴 Melitz 和 Ottaviano（2008）以及 Antoniades（2015）构建

的异质性企业贸易模型的基础上，构建了消费者偏好与需求、企业生产与决策、企业自由进入的理论模型，以考察行政审批中心的建立对企业创新的影响。(2) 本文将营商环境、简政放权这一背景缩小到行政审批制度改革，在营商环境的测度上更为准确，从而能够更好地识别营商环境对企业的影响。

现实意义：本文的研究对于优化营商环境改革的政策方向具有现实意义，政府可以通过进一步简化行政审批程序、降低市场准入的方式，来不断地释放企业的创新动能，从而促进企业创新能力的提升。

10. 于文超，梁平汉．不确定性、营商环境与民营企业经营活力［J］. 中国工业经济，2019 (11)：136-154.

研究背景：随着中国经济进入增长速度换挡期、结构调整的阵痛期、前期刺激政策的消化期的三期叠加阶段，政府频繁调整和出台一系列经济政策，地方政策面临不确定性；贸易紧张局势持续升级、欧元区经济放缓、新兴经济体金融市场收紧等因素使民营企业的出口受阻，贸易环境面临不确定性。市场经济条件下，企业从事的各种经营活动都是在一定的经济和商业外部环境下开展的，国内外经营环境的不确定性加大了民营企业的交易成本，降低了民营企业的经营活力。良好的营商环境一方面有利于吸引外资和国内私人投资的增加，进而促进经济增长、激发企业经营活力。从世界银行的《营商环境报告》中可以看到中国的营商环境在不断改善，但“税收”“获得信贷”两项的排名较低且提升幅度较小，说明这两项指标设置的门槛仍比较高，还需进一步改善。

基本结论：地方政策不确定性对民营企业经营活力有着显著的负向影响。平均而言，样本城市的政策不确定性指数每增加一个标准差 (0.35)，民营企业开工率会降低 1.36 个百分点；相比之下，贸易环境不确定性对民营企业经营活力无显著影响。进一步地，地方政策不确定性对企业经营活力的负向影响随着地区营商环境的改善而减弱，而企业主个人化的政治联系则不能缓解地方政策不确定性的冲击。

主要贡献：本文与以往学者基于地方及省市官员的人事变更，构建政策不确定性的虚拟变量的做法不同，进一步考虑了政府官员的任期时长对地方经济政策不确定性的影响。同时本文量化分析了营商环境建设和政治联系构建对于企业应对不确定性的不同影响，发现市场化、法治化的营商环境，而非个人化的企业主政治联系，是应对经营环境不确定性、提高民营企业活力的最佳途径。

现实意义：本文研究在营商环境改革领域方面有鲜明的现实政策含义：市场化、法治化的营商环境是民营企业缓解不确定性冲击、保持经营活力的保障，由此揭示出以国内政策“确定性”应对国际环境“不确定性”的积极意义，并为理解“亲清”新型政商关系的重要性提供了经验支持。

第三节　重要著作

1. 林毅夫，张军，王勇，寇宗来．产业政策：总结、反思与展望［M］. 北京：北京大学出版社，2018.

研究背景：现代社会中，支撑宏观经济增长的微观基础是技术进步、要素积累与产业升级，尤其是对于一个发展中国家而言，经济增长速度变快，通常意味着它的经济结构的转型和产业结构的升级也在加快。在这个过程中，政府应该发挥怎样的作用？在实际中又扮演了怎样的角色？要回答这两个问题，显然产业政策是一个绕不过去的重要问题。特别是对于中国而言，自改革开放以来，经历了将近 40 年的高速增长，造就了举世瞩目的“中国奇迹”。在此过程中，从中央到地方，各级政府为了推动经济发展，都普遍而广泛地采用了各种产业政策，不同的学者则可能会持有完全不同的看法。中国已经由改革开放初期的低收入国家转变为经济总量位居世界第二的中等收入国家，经济结构与面临的发展挑战都发生了巨大的变化，同时我们从计划经济向市场经济的转轨与改革依然没有完成，所以面对“中等收入陷阱”问题，非常有必要对中国近 40 年的产业政策进行比较全面的总结、反思与展望，同时也需要参考借鉴其他经济体的相关经验。

内容提要：该书的内容是 2016 年在复旦大学产业发展研究中心举办的一个学术讨论会的观点集成，该讨论会前后有 300 多人参与，本书收录了参与其中讨论的 29 篇论文。这些论文主要讨论了对现行产业政策的总结与反思、政府与市场关系、产业升级与技术创新、中国产业政策实践等内容。所有论文按其主题分为 6 章，每章后面附有关于这些观点的学者评论。

基本结构：第一章产业政策的林张之辩；第二章对现行产业政策的总结与反思；第三章产业政策中政府与市场的关系；第四章产能过剩、产业升级与技术创新；第五章产业政策的实践；第六章产业政策未来的发展。

主要贡献：该书将国内研究产业政策的主要学者的观点进行了较为全面的呈现，很多观点是针锋相对的辩论，从各自不同角度论述了其对产业政策的看法，对于学术界了解产业政策的理论机理提供了前沿参考。同时，该书汇集了国内外最新的产业政策实践经验，对有志于研究产业政策的学者具有很好的指引性价值。

现实意义：真理愈辩愈明。这一研讨会召开之前，产业政策的支持者与反对者各执一词，很难调和，其原因在于双方没有基于共同的对问题的理解、学术范式来提出观点。经过此次公开的且大规模的辩论，研究者对于产业政策的不同观点有了较为全面的认识，能够知道观点差异产生的主要原因。本书所集结的这些学者的讨论观点，对于推进规范化的产业政策研究具有重要的现实意义。

2. 黄少卿，江飞涛，白雪洁，潘英丽．重塑中国的产业政策：理论、比较与实践［M］. 上海：上海人民出版社，2018.

研究背景：产业政策是近年来学术界讨论——甚至是争论颇多的一个问题。褒之者认为产业政策有效地弥补了市场失灵，有利于一个国家实现幼稚产业的成长和新兴产业的发展；贬之者认为产业政策是政府对市场机制的粗暴干预，扭曲了要素配置，降低了生产率，可谓有百害而无一利。2016 年，林毅夫和张维迎作为这两类观点的代表学者，在北京大学进行了一场公开辩论，然而，此后关于这个问题的争论似乎并没有取得明显共识。

内容提要：本书主编整合了 2017 年 12 月在上海交通大学召开的以“重塑中国的产业政策”为题的开放论坛上来自全国各地从事经济学、政治学和经济政策研究的众多学者的研讨内容，从“从政府与市场关系理解产业政策”“产业政策制定的程序与实施：国际比较”“产业政策与竞争政策”“中国的产业政策：反思与前瞻”四个专题梳理了中国产业政策的历史，探讨了新时代产业政策调整的理论和现实基础。

基本结构：本书包括四编，共19章内容。主要内容为：第一编从政府与市场关系理解产业政策；第二编产业政策制定的程序与实施：国际比较；第三编产业政策与竞争政策；第四编中国的产业政策：反思与前瞻。

主要贡献：第一，与其他研究产业政策的专著相比，该书的理论性和体系性更强，不再是简单的观点集成，而是对产业政策问题严肃而规范的学术研究，且作者相对集中，这就使得研究的问题更为聚焦与成体系，对产业政策研究的学术进步有新的贡献；第二，该书提供了较为翔实的产业政策国际经验和国内实践分析，特别是基于较为规范的研究范式对这些经验进行了总结与反思；第三，该书提出了关于产业政策一些创新性观点，如政府要用对"扶持之手"、约束"掠夺之手"；中国的产业政策不是存废的问题，而是转型的问题。

现实意义：第一，书中关于政府和市场关系的一般性理论探讨，对推进产业政策的理论研究有重要参考价值；第二，书中所涉及的关于产业政策的细分问题研究，对理解产业政策为什么会成功以及为什么会失败具有重要启示，如产业政策的制定和实施机制问题、产业政策如何有利于市场竞争问题等；第三，书中系统性回顾并研究的美国、日本、德国等国的产业政策经验，以及对中国曾经实施过的产业政策的分析，对中国反思产业政策成败以及加快产业政策转型具有政策参考价值。

3. 周建军．赶超的阶梯——国企改革和产业升级的国际比较［M］．北京：中信出版集团，2019.

研究背景：自20世纪80年代以来，世界上多数发展中国家在进行各种经济改革的尝试，但绝大多数都陷入了"迷失的20年"，尤其是苏联以及东欧、拉美等经济体。而中国在改革开放后快速发展，目前已成为世界第二大经济体，因此研究中国道路和中国经验成为越来越多学者的选择。

内容提要：该书从理论和实践、国际和国内、历史和经验等多元的视角，对中国特有的经济发展道路、世界经济发展的多样性、后发国家的改革方案和追赶路径等问题，做了深入的学术研究和政策讨论，并提出了有益的建议。

主要贡献：（1）本书研究论证了国有企业和产业政策对中国这样的后发大国实现独立自主的经济发展、维护国家经济安全、实现民族复兴的重要作用。（2）揭示了发达国家在经济发展过程中鲜为人知的一面，为我们刻画了一幅与众不同的真实场景。美国的产业政策不仅不是"被动"的，而且是非常"主动"的；既有所谓通用性的产业政策，也有选择性的产业政策；在过去的60多年里，美国联邦政府累计投入4万多亿美元用于研究和开发，这是美国产业政策积极作为的真实写照，政府对科研资金的配置决定了美国产业发展的方向。

基本结构：全书分为上中下三编。上编：国家发展战略的制度比较。第一部分，是后发国家的经济赶超：从产业政策到国有企业的比较；第二部分，经济增长作为不稳定力量：基于韩国财阀模式的考察；第三部分，拯救资本主义：财阀改革在韩国。中编：国资国企改革的模式比较。第一部分，新加坡"淡马锡模式"的借鉴与局限；第二部分，员工持股制度的国际借鉴与启示；第三部分，比较视野的"大国资"监管：国家能力、监管机制与实践借鉴；第四部分，国际比较视野的自然资源监管："资源诅咒"还是"资源祈福"。下编：产业升级赶超的路径比较。第一部分，美国产业政策的政治经济学：从产业技术政策到产业组织政策；第二部分，构建"发展"导向的知识产权制度；第三部分，寡头竞合与并购重组：全球半导体产业的赶超逻辑；第四部分，积极应对全球范围的产业集中和资本垄断；第五部分，去产能中去杠杆：微观机制与宏观政策。

现实意义：总结梳理过去70年尤其是改革开放40多年来中国自身经济发展的经验，比较不同国家在经济追赶过程中的经验和教训，进而研究探讨中国的产业发展战略和政策，对于我们走好新时代的经济发展之路具有重要的意义。根据该书的研究，当前中国正处在全面建成小康社会的最后冲刺阶段，要实现第一个百年奋斗目标，为"十四五"发展和实现第二个百年奋斗目标打好基础，更需要"有效的市场"和"有为的政府"的共同作用，来克服市场失灵、完善竞争性市场环境，以调动企业家的积极性并发挥企业家的创新精神。

4. 林至人．减少竞争中的政策壁垒：国际经验与教训［M］．北京：中信出版集团，2019.

研究背景：如何通过加强内部市场的商品和服务竞争维持强劲的增长势头，是中国面临的重大挑战之一。特别是中国目前已经发展为中等收入国家，经济增长必须以更高的生产率和更快的创新速度为基础，这时竞争带来的这些效益就变得至关重要。增长与发展委员会列出了高收入国家取得成功的五个关键因素，中国在其中的四个因素上得分较高，但在一个因素上得分较低，这个因素就是以竞争市场经济为基础的资源配置。

内容提要：本书主要探讨中国在通过公平竞争审查制度和其他改革措施减少限制竞争的政策时如何借鉴国际类似制度的经验与教训。主要包括五项制度：经合组织工具箱、欧盟单一市场规则和国家援助控制制度、国有企业的竞争中性、竞争倡导计划和英国的市场调查制度。报告主体内容包括6章。第1章为概述；第2章阐述了中国限制竞争的主要类型；第3章介绍并评估了国发［2016］34号文件及后续官方和非官方相关文件中关于公平竞争审查制度的目标、规定和功能；第4章分析了上述5项制度的显著特点，并研究了它们行之有效的主要原因；第5章基于对中国公平竞争审查制度和国际经验的评估，探讨了在中国减少竞争中政策性壁垒的方案和建议；第6章，总结了报告的主要研究结果和建议，并得出结论：要想强化竞争，中国必须对产业政策和国有企业进行并行配套改革。

基本结构：全书分为两编。第一编 综合报告。第1章概论；第2章限制竞争政策在中国的影响；第3章中国的公平竞争审查制度；第4章削减竞争中政策性壁垒的国际经验；第5章强化中国公平竞争政策的可选举措；第6章总结与结论。第二编 背景论文。论文一：迈向公平竞争：现状、问题与应用；论文二；经合组织竞争评估工具箱和公平竞争审查制度的构建；论文三：经合组织竞争评估工具箱、欧盟单一市场规制和规制改革：中国面临的挑战；论文四：中国公平竞争审查制度国际经验与中国体系；论文五：公平竞争审查制度的目标、设计和实施；论文六：英国的市场调查；论文七：关于中国实施公平竞争审查制度问题的思考；论文八：控制国家干预经济的原因和方法：欧盟60年国家援助控制的经验。

主要贡献：营商环境最为重要的方面，就是构建公平竞争的制度体系，本书对营商环境的研究具有重要贡献：一方面，是对中国的公平竞争制度体系现状进行了翔实而深入的分析，指出了制度实施的现状以及亟待解决的问题；另一方面，提供了非常丰富的在公平竞争领域的国际经验，为研究者和政策制定者提供了很有价值的参考案例。

现实意义：本书从国际经验的角度探讨了影响中国市场竞争的政策壁垒，介绍了国际上为消除限制竞争的政策壁垒而采取的应对措施，着重探讨了如何借鉴国际经验，更充分地发挥中国公平竞争审查制度在减少限制竞争的政策方面的重要作用。这有利于中国充分地吸取有关竞争政策的研究成果，更好地从理论、政策和实践上解决中国进入中等收入阶段后所面临的问题。

第四节　学 术 会 议

1. 第一届中国发展经济学学者论坛①

会议主题：中国经济结构变迁与高质量发展

主办单位：中国社会科学院经济研究所《经济研究》编辑部、武汉大学经济发展研究中心、华中科技大学张培刚发展研究院、复旦大学世界经济研究所、北京大学经济研究所、重庆工商大学经济学院

承办单位：华中科技大学经济学院

会议时间：2018 年 12 月 7—9 日

会议地点：武汉，华中科技大学

会议概述：本届论坛以“中国经济结构变迁与高质量发展”为主题，围绕中国经济发展各领域问题深入研讨，与此同时也鼓励学者们探讨发展经济学基础理论与学科建设问题。北京大学新结构经济学研究院院长林毅夫教授，中国社会科学院经济研究所张曙光研究员，《经济研究》常务副主编、编辑部主任刘霞辉研究员，复旦大学经济学院院长、中国经济研究中心主任张军教授，复旦大学世界经济研究所所长万广华教授，张培刚发展经济学研究基金会理事长、香港交易所首席中国经济学家、中国银行业协会首席经济学家巴曙松等 200 余人参加论坛。论坛期间，17 位来自国内外高校和研究机构的知名专家学者发表了精彩热烈的主题演讲。

林毅夫教授围绕新结构经济学的定义、研究内容与研究视角发表了主旨演讲。他指出，要推动结构变化就需要改变要素禀赋结构，最有效的方式就是按照每个时点上的要素禀赋结构所决定的比较优势来选择产业和技术，而要达到该目标必须有竞争性的市场和因势利导的政府这两个制度前提。张军教授发表了题为《考核的增长：环保问责如何影响中国的经济增长》的主旨演讲。张军教授指出，环保考核改变了地方政府的经济发展理念，促使其投资冲动下降而更加关注环境；而且，中国地方政府间的攀比竞争以及中央政府 GDP 考核指标弱化是催生这一现象的重要机制。万广华教授结合全球化与中美贸易摩擦的背景，从收入分配角度解释了中美贸易摩擦爆发的成因。他认为，全球化使发达国家的资本获得相对国内经济增长率更高的回报率，从而加剧了收入不均等。因此，美国收入

① 资料来源：http：//zpgyxcgj. eco. hust. edu. cn/info/1002/1120. htm.

分配的恶化使特朗普在推行去全球化政策过程中获得更多民意支持。巴曙松教授通过梳理香港参与推动新经济公司上市的理论逻辑，阐释了当前的新经济、新金融和新趋势。他指出，要推动新经济发展，金融制度需要进行创新以识别现有金融体系中的新经济成分，并不断完善金融制度以加快新旧动能转换。张建华教授从服务业占比不断上升视角切入探讨了经济发展问题。他认为，伴随着经济发展阶段的变化，在结构变化中要重视服务业升级，而服务业升级越往高级阶段演化，越要考虑到需求的变化和社会福利的增进，以及整个公共服务体系如何跟它相适应和怎样避免结构转换时收入分配不均问题。他同时指出，服务业供给侧结构性改革的关键在于生产服务业和制造业的相互融合发展。

中国社科院工业经济研究所贺俊研究员发表了题为《中国高铁技术赶超的激励结构和能力积累》的主旨演讲，深入探讨了中国高铁技术创新的激励结构和能力积累的作用机制，并揭示了中国高铁技术的创新路径。中国人民大学经济学院刘守英教授作了题为《张培刚农业工业化假说的中国实践》的报告。刘守英教授结合中华人民共和国成立以来不同阶段工业化发展的利弊得失印证了张培刚发展经济学理论，并结合湄潭工业化的特色实践道路再次彰显了张培刚理论的重大现实意义。厦门大学中国能源政策研究院院长林伯强教授发表了题为《中国能源清洁低碳转型与能源价格市场化改革》的报告。林伯强教授指出中国能源清洁低碳转型的方向在于：能源效率提升、能源市场化改革和能源结构调整。他指出，未来中国能源结构调整仍存在很多困难，任重而道远。中国人民大学经济学院张杰教授报告的题目是《中国关键核心技术创新突破的障碍与对策》。张杰教授将中国当前阶段的关键核心技术创新模式归纳为：纯烧钱模式+不可被轻易山寨模式。结合多年的企业实地调研，他指出中国核心技术创新突破的难题主要有：一是如何把握政府和市场的关系；二是如何把握国有企业和民营企业的关系；三是如何把握对外开放和自主可控的内在关系；四是构建创新匹配型金融体系。

中国社科院经济研究所张曙光教授深入剖析了新经济发展对经济学理论的挑战，从以下四个维度进行了全面阐述：第一，数字信息化生产力是一个新的生产力；第二，从所有权中心论到使用权中心论的转变提出了一系列新问题；第三，新经济下组织结构和制度安排发生变化；第四，经济学现实从简单到复杂的发展。上海交通大学安泰经济与管理学院史清华教授就劳动力外出流动的基本规则问题发表主旨演讲，他全面阐述了劳动力流动服从的机会规则、发展规则、挑战规则和扎堆规则。厦门大学经济学院龙小宁教授发表了题为《法治经济与营商环境》的报告。龙小宁教授指出，有为政府应该打造明确、公开、稳定、公正的法治化营商环境，推进透明治理，厘清政府与市场的边界。与此同时，政府要尽量减少政策制定的波动性和不确定性，宁可少出政策也要避免朝令夕改。国务院发展研究中心资源与环境政策研究所副所长李佐军研究员发表了题为《加快新旧动能转换，推进经济高质量发展》的主题演讲，阐述了旧动能与新动能的核心内容以及新旧动能转换的含义，从三个层次、九个方面理解与评价高质量发展。北京师范大学新兴市场研究院刘清杰博士后围绕中国经济结构变迁与高质量发展的主题，分享了基于中国改革开放 40 年以来中国产业结构变迁与经济增长的研究。

东北财经大学长江学者讲座教授、路易斯维尔大学副教授朝镛发表了题为 *ALL-units Discounts as a Partial Foreclosure Device* 的主旨演讲。朝镛教授提出了一个完全信息博弈的经济学模型，深入分析了忠诚折扣如何成为大企业限制小企业并损害下游买家的工具。复旦大学樊海潮教授作了题为 *Quality, Variable Markups, and Welfare: a Quantitative General Equilibrium Analysis of Export Prices* 的报告。樊海潮教授基于中国企业国际定价行为的三个典型现象构造了数量一般均衡模型，对固定贸易成本和贸易成本对出口价格影响的差异性做出静态比较分析和福利分析。北京大学王勇教授发表了题为《新结构经济学的理论建模》的主旨演讲。王勇教授指出，新结构经济学与以往强调结构变化研究的重要差别在于，新结构经济学强调要素禀赋差异及其驱动结构变化的机制。他给出了一个新结构经济学理论研究的很好范例，对进一步开展新结构经济学研究具有启发意义。

8 日下午和 9 日上午，来自全国各高校及科研机构的 60 余名经济学者围绕“中国经济结构变迁与高质量发展”的主题，分别在 6 个平行论坛分会场汇报了自己的学术成果，百余位参会者展开了深入研讨与交流。与会者围绕经济发展过程中的产业问题、资源环境与可持续发展问题、国际贸易问题、财政金融问题、收入分配及相关消费等问题，进行了深入的讨论和交流。

2. 第二届中国发展经济学学者论坛①

会议主题：发展经济学在中国——纪念中华人民共和国成立 70 周年

主办单位：中国社会科学院经济研究所《经济研究》编辑部、武汉大学经济发展研究中心、华中科技大学张培刚发展研究院、复旦大学世界经济研究所、北京大学经济研究所、重庆工商大学经济学院

承办单位：武汉大学经济发展研究中心、武汉大学经济与管理学院

会议时间：2019 年 12 月 7—9 日

会议地点：武汉，武汉大学

会议概述：武汉大学经济发展研究中心联席主任叶初升教授主持开幕式。他指出，中华人民共和国作为发展中国家，走过了 70 年的发展历程；发展经济学作为唯一专注于发展中国家经济发展的现代经济学分支，也走过了 70 年的发展历程。实践发展的 70 年告诉我们，中国需要发展经济学；理论发展的 70 年告诉我们，发展经济学也需要中国。以“发展经济学在中国——纪念中华人民共和国成立 70 周年”为主题的第二届中国发展经济学学者论坛，在中国发展经济学研究重镇的武汉大学召开，具有特别的意义。复旦大学经济思想与经济史研究所所长韦森教授，中国社会科学院经济研究所《经济研究》常务副主编刘霞辉研究员，武汉大学经济发展研究中心郭熙保教授，复旦大学世界经济研究所所长万广华教授，西南财经大学经济与管理研究院院长甘犁教授为本届论坛带来了五场精彩的主旨演讲。

韦森教授主旨演讲的主题是“财政赤字与长期国债”。韦森教授指出，2012 年后，国内经济持续下行。一方面，政府启动减税降费政策，加大税收督查力度，导致财政收入减少。另一方面，在财政收入减少的情况下，地方政府财政支出仍然在快速增加，尤其是在教育、社保方面的支出，导致财政赤字加大。此外，各级政府财政收支的不平衡也比较突出。在国际环境恶化的背景下，中美贸易摩擦导致外贸出口下降，民营企业信心不足、投

① 资料来源：http://cedr.whu.edu.cn/info/1028/2173.htm.

资下降、资产转移，外资企业撤离、不再追加投资。因此，在未来的一段时期，国内的经济增速仍将下行，财政赤字情况严峻，债务风险隐患犹存。为了应对潜在的经济下行风险，韦森教授提出了三项具体建议。第一，压缩政府行政开支。第二，在基础建设投资方面更注重效率和必要性，不以保增速为政府投资的主要目标。第三，加大国债发行。

刘霞辉研究员主旨演讲的主题是“中国式增长的逻辑——集中资源，分工深化与干中学”。刘霞辉研究员首先阐述了他对中国式增长的理解及其背景。中国式增长描述的是中国从计划经济转到市场经济，从中速增长转向高速增长，从封闭转向高度开放，具有区域间的高强度竞争特点的一种非均衡的增长。刘霞辉研究员指出，伴随发展的中国式增长的逻辑主要有三条：一是从计划经济转向市场经济时的套利行为引发的资源集中。二是市场拓展引发的分工深化。三是中国式干中学引发的工业化进程加快。

郭熙保教授主旨演讲的主题是“当代西方发展经济学研究的新趋势”。郭熙保教授指出发展经济学的当代发展趋势具有以下特点，分析对象和问题微观化倾向显著；制度、文化和政治经济学的分析思路更为突出；从全球化视角考察发展问题的趋势愈发明显；发展政策绩效的评估与实验方法流行。随后，郭熙保教授又讨论了随机可控实验方法的意义与作用，以及学术界对随机可控试验方法的赞誉和批评。最后，郭熙教授总结了对发展经济学微观化倾向的评论，并指出 21 世纪发展经济学研究的主要阵地应该在中国。

万广华教授主旨演讲的主题是“中国减贫战略转型及其面临的挑战”。首先，万广华教授从理论、实践和政策层面阐述了研究贫困问题的意义。一是从理论的角度来看，贫困是进行发展经济学研究的核心问题。二是从实践的角度来看，贫困是经济发展的核心问题，是贯穿国际组织和机构发展历程的使命。三是从政策的角度看，贫困是政府工作的核心问题，许多国家将包容性增长作为发展战略。但是，国内的高质量贫困研究仍然欠缺。接着，万广华教授提出了一个问题，即中国的减贫研究是否应当由绝对贫困向相对贫困转型。他指出对中国而言，在贫困研究中采用相对贫困指标为时尚早。

3. 第十二届中华发展经济学年会①

会议主题：中国经济发展——改革开放 40 年与新时代

主办单位：中华外国经济学说研究会发展经济学分会

承办单位：武汉大学经济发展研究中心、云南财经大学经济学院

会议时间：2018 年 7 月 16—18 日

会议地点：昆明，云南财经大学

会议概述：云南财经大学党委书记谢昌浩代表学校致辞，并简要介绍了中华外国经济学说研究会和发展经济学研究分会的历史与现状以及云南财经大学的发展现状。中华外国经济学说研究会副会长、中国人民大学经济学院方福前教授发表题为《推进“双向”改革，实现“双效”组合——论中国社会主义市场经济中政府和市场关系》的主旨演讲。云南财经大学首席教授、经济学院院长龚刚发表题为《新时代下的中国对外贸易战略转型》的主旨演讲。郭熙保教授发表题为《中国特色社会主义发展经济学的几点思考》的主旨演讲。

① 资料来源：http：//www. ynufe. edu. cn/pub/cjxy/kyyxkjs/kygz/kydt/176990. htm.

此次年会设立的七个平行分论坛同时展开，包括经济体制改革与发展、经济增长与金融发展、人口与区域经济发展、“三农问题”与乡村振兴、新结构经济学、金融发展业界、历史与经济发展等七个分论坛，来自全国各大高校的学者进行论文汇报与讨论。

闭幕式中亚洲开发银行前主任经济学家、复旦大学世界经济研究所所长万广华教授发表关于城市化主题的演讲。中国证券业协会副秘书长陈春艳发表题为《资产管理业的现状与未来》的演讲。发展经济学研究分会副会长、中山大学港澳珠江三角洲研究中心主任陈广汉教授的演讲主题是“携手打造大湾区国际产业科技创新中心”。叶初升教授发表题为《新时代的发展问题与发展经济学理论创新》的主旨演讲。云南财经大学经济学院首席教授、长江学者陈昆亭教授发表题为《内生可持续增长机制理论研究》的演讲。中华外国经济学说研究会发展经济学研究分会副会长、南京大学经济学院副院长郑江淮以《中国经济增长指数与新旧动能转换进展》为题发表演讲。北京大学新结构经济学研究院副院长王勇发表题为《如何实现中国的高质量增长与发展：新结构经济学的视角》的主旨演讲。

4. 第十三届中华发展经济学年会①

会议主题：现代化经济体系与高质量发展

主办单位：中华外国经济学说研究会发展经济学分会

承办单位：兰州大学经济学院、武汉大学经济发展研究中心、兰州大学新结构经济学研究中心

会议时间：2019 年 6 月 28—30 日

会议地点：兰州，兰州大学

会议概述：武汉大学、北京大学、复旦大学、南京大学、中国人民大学、中山大学、山东大学、华中科技大学、中国社会科学院工业经济研究所、英国伦敦大学亚非学院、内布拉斯加大学奥马哈分校等 20 余所国内外高校和科研机构的 100 余名嘉宾代表参加了本次年会。兰州大学党委常务副书记吴国生、中华外国经济学说研究会发展经济学研究分会会长郭熙保教授出席开幕式并致辞。

中国社会科学院工业经济研究所副所长、《中国工业经济》副主编兼社长张其仔、伦敦大学亚非学院薄宏教授、中国人民大学经济学院院长刘守英教授、内布拉斯加大学奥马哈分校助理教授冯志钢、南京大学不动产研究中心主任高波教授、武汉大学经济发展研究中心副主任李卓教授、中华外国经济学说研究会发展经济学研究分会副会长华中科技大学经济学院院长张建华教授、中华外国经济学说研究会发展经济学研究分会副会长中山大学粤港澳发展研究院副院长、首席专家陈广汉教授分别发表题为《中国发展经济学 70 年》、*Co-agglomeration Economy*, *Manufacturing Upgrading*, *and Regional Economic Development*,《乡村结构重构与振兴》、*Sovereign Default*: *TFP*, *Fiscal and Financial Frictions*,《创新驱动消费主导型经济增长的机制与路径》《经济总量规模、贸易开放度与未来人民币国际化的分析》《服务业供给侧改革与中等收入陷阱的跨越》和《粤港澳大湾区经济整合的逻辑与趋势》的主旨演讲。

---

① 资料来源：http：//news. lzu. edu. cn/c/201907/57987. html.

◎ 参考文献

[1] 艾琳，王刚．商事登记制度改革的行政审批视角解析——兼评广东省及深圳市商事登记制度改革的实践［J］．中国行政管理，2014（1）：19-25.

[2] 毕青苗，陈希路，徐现祥，李书娟．行政审批改革与企业进入［J］．经济研究，2018（2）：140-154.

[3] 陈彦斌，林晨，陈小亮．人工智能、老龄化与经济增长［J］．经济研究，2019（7）：47-63.

[4] 蔡昉．中国经济面临的转折及其对发展和改革的挑战［J］．中国社会科学，2007（3）：4-12，203.

[5] 蔡昉．从中等收入陷阱到门槛效应［J］．经济学动态，2019（11）：3-14.

[6] 蔡跃洲，张钧南．信息通信技术对中国经济增长的替代效应与渗透效应［J］．经济研究，2015（12）：100-114.

[7] 曹静，周亚林．人工智能对经济的影响研究进展［J］．经济学动态，2018（1）：103-115.

[8] 陈刚．管制与创业——来自中国的微观证据［J］．管理世界，2015（5）：89-99.

[9] 陈秋霖，许多，周羿．人口老龄化背景下人工智能的劳动力替代效应——基于跨国面板数据和中国省级面板数据的分析［J］．中国人口科学，2018（6）：30-42.

[10] 陈永伟．人工智能与经济学：近期文献的一个综述［J］．东北财经大学学报，2018（3）：6-21.

[11] 程承坪，彭欢．人工智能影响就业的机理及中国对策［J］．中国软科学，2018（10）：62-70.

[12] 程承坪，彭欢．中国人工智能的经济风险及其防范［J］．人文杂志，2020（3）：30-39.

[13] 程文，张建华．产业创新升级视角下“中等收入陷阱”的跨越［J］．产经评论，2018（7）：62-71.

[14] 程文，张建华．收入水平、收入差距与自主创新——兼论“中等收入陷阱”的形成与跨越［J］．经济研究，2018（4）：47-62.

[15] 董志强，魏下海，汤灿晴．制度软环境与经济发展——基于30个大城市营商环境的经验研究［J］．管理世界，2012（4）：9-20.

[16] 樊纲，王小鲁，张立文，朱恒鹏．中国各地区市场化相对进程报告［J］．经济研究，2003（3）：9-18，89.

[17] 郭凯明．人工智能发展、产业结构转型升级与劳动收入份额变动［J］．管理世界，2019（7）：60-77.

[18] 郭熙保，朱兰．中等收入转型视角下的中国需求结构演变［J］．世界经济文汇，2019（1）：1-16.

[19] 韩永辉，黄亮雄，王贤彬．产业政策推动地方产业结构升级了吗？——基于发展型地方政府的理论解释与实证检验［J］．经济研究，2017（8）：33-48.

［20］黄亮雄，孙湘湘，王贤彬．商事制度改革有效激发创业了吗？——来自地级市的证据［J］．财经研究，2020（2）：142-155.
［21］黄少卿，江飞涛，白雪洁，潘英丽．重塑中国的产业政策：理论、比较与实践［M］．上海：上海人民出版社，2018.
［22］贾根良．演化发展经济学与新结构经济学——哪一种产业政策的理论范式更适合中国国情［J］．南方经济，2018（1）：5-35.
［23］江飞涛，李晓萍．直接干预市场与限制竞争：中国产业政策的取向与根本缺陷［J］．中国工业经济，2010（9）：26-36.
［24］李翀．“中等收入陷阱”：产业结构升级的障碍［J］．北京师范大学学报（社会科学版），2018（1）：121-131.
［25］黎文靖，李耀淘．产业政策激励了公司投资吗［J］．中国工业经济，2014（5）：122-134.
［26］林涛，魏下海．营商环境与外来移民的企业家精神［J］．宏观质量研究，2020，8（1）：57-68.
［27］刘诚，杨继东．商事制度改革与产业专业化［J］．中国工业经济，2020（4）：135-153.
［28］刘诚，钟春平．产能扩张中的行政审批：成也萧何，败也萧何［J］．财贸经济，2018（3）：50-64.
［29］刘亮，李廉水，刘军，程中华．智能化与经济发展方式转变：理论机制与经验证据［J］．经济评论，2020（2）：1-21.
［30］李廉水，石喜爱，刘军．中国制造业40年：智能化进程与展望［J］．中国软科学，2019（1）：1-9.
［31］林毅夫．新结构经济学的理论基础和发展方向［J］．经济评论，2017（3）：4-16.
［32］林毅夫．产业政策与中国经济的发展：新结构经济学的视角［J］．复旦学报（社会科学版），2017（2）：148-153.
［33］林毅夫．新结构经济学［M］．北京：北京大学出版社，2019.
［34］林毅夫，向为，余淼杰．区域型产业政策与企业生产率［J］．经济学（季刊），2018（2）：781-800.
［35］林毅夫，张军，王勇，寇宗来．产业政策 总结、反思与展望［M］．北京：北京大学出版社，2018.
［36］林至人．减少竞争中的政策壁垒：国际经验与教训［M］．北京：中信出版集团，2019.
［37］鲁桐，党印．投资者保护、行政环境与技术创新：跨国经验证据［J］．世界经济，2015，38（10）：99-124.
［38］吕越，谷玮，包群．人工智能与中国企业参与全球价值链分工［J］．中国工业经济，2020（5）：80-98.
［39］钱雪松，康瑾，唐英伦，曹夏平．产业政策、资本配置效率与企业全要素生产率——基于中国2009年十大产业振兴规划自然实验的经验研究［J］．中国工业经

济，2018（9）：42-59.
［40］孙早，席建成．中国式产业政策的实施效果：产业升级还是短期经济增长［J］．中国工业经济，2015（7）：52-67.
［41］孙早，侯玉琳．工业智能化如何重塑劳动力就业结构［J］．中国工业经济，2019（5）：61-79.
［42］唐未兵，傅元海，王展祥．技术创新、技术引进与经济增长方式转变［J］．经济研究，2014，49（7）：31-43.
［43］王永进，冯笑．行政审批制度改革与企业创新［J］．中国工业经济，2018（2）：24-42.
［44］魏熙晔，龚刚，李梦雨．收入分配、产业升级与中等收入陷阱［J］．浙江社会科学，2019（10）：62-74.
［45］吴超鹏，唐菂．知识产权保护执法力度、技术创新与企业绩效——来自中国上市公司的证据［J］．经济研究，2016，51（11）：125-139.
［46］夏后学，谭清美，白俊红．营商环境、企业寻租与市场创新——来自中国企业营商环境调查的经验证据［J］．经济研究，2019（4）：84-98.
［47］夏杰长，刘诚．行政审批改革、交易费用与中国经济增长［J］．管理世界，2017（4）：47-59.
［48］徐现祥，梁剑雄．经济增长目标的策略性调整［J］．经济研究，2014，49（1）：27-40.
［49］杨继东，罗路宝．产业政策、地区竞争与资源空间配置扭曲［J］．中国工业经济，2018（2）：5-22.
［50］杨晓锋．智能制造是否有助于提高制造业平均工资［J］．经济体制改革，2018（6）：169-176.
［51］叶初升．中等收入阶段的发展问题与发展经济学理论创新——基于当代中国经济实践的一种理论建构性探索［J］．经济研究，2019（8）：167-182.
［52］于文超，梁平汉．不确定性、营商环境与民营企业经营活力［J］．中国工业经济，2019（11）：136-154.
［53］余明桂，范蕊，钟慧洁．中国产业政策与企业技术创新［J］．中国工业经济，2016（12）：5-22.
［54］张莉，朱光顺，李夏洋，王贤彬．重点产业政策与地方政府的资源配置［J］．中国工业经济，2017（8）：63-80.
［55］张维迎，林毅夫．政府的边界［M］．北京：民主与法制出版社，2017.
［56］张维迎．产业政策争论背后的经济学问题［J］．学术界，2017（2）：28-32.
［57］张建华，程文．服务业供给侧结构性改革与跨越中等收入陷阱［J］．中国社会科学，2019（3）：39-61.
［58］周建军．赶超的阶梯——国企改革和产业升级的国际比较［M］．北京：中信出版集团，2019.
［59］Cheng, H., Jia, R., Li, D., & Li, H. The rise of robots in China［J］. The Journal

of Economic Perspectives, 2019, 33 (2): 71-88.

[60] Acemoglu, D., Restrepo, P. Demographics and automation [R]. NBER Working Paper 24421, 2018.

[61] Acemoglu, D., Restrepo, P. Robots and jobs: evidence from US labor markets [R]. NBER Working Paper 23285, 2017.

[62] Acemoglu, D., Restrepo, P. The race between man and machine: implications of technology for growth, factor shares, and employment [J]. American Economic Review 2018, 108 (6): 1488-1542.

[63] Antoniades, A. Heterogeneous firms, quality, and trade [J]. Journal of International Economics, 2015, 95 (2): 263-273.

[64] Autor, D., Levy, F., Murnane, R. The skill content of recent technological change: an empiricalexploration [J]. Quarterly Journal of Economics, 2003, 118 (4): 1279-1333.

[65] Aghion, P., Jones, B. F., Jones, C. I. Artificial intelligence and economic growth [R]. NBER Working Paper 23928, 2017.

[66] Benzell, S. G., Kotlikoff, L. J., LaGarda, G., Sachs, J. D. Robots are us: some economics of human replacement [R]. National Bureau of Economic Research, 2015 (w20941).

[67] Fisman, R., Wang, Y. The mortality cost of political connections [J]. Review of Economic Studies, 2015, 82 (4): 1346-1382.

[68] Graetz, G., Michaels, G. Robots at work [J]. Review of Economics and Statistics, 2018, 100 (5): 753-768.

[69] Kromann, L., Malchow-Møller, N., Skaksen, J. R., Sørensen, A. Automation and productivity—a cross-country, cross-industry comparison [J]. Industrial and Corporate, 2020, 29 (2): 265-287.

[70] Lankisch, C., Prettner, K., Prskawets, A. Robots and the skill premium: an automation-based explanation of wage inequality [R]. Hohenheim Discussion papers in Business, Economics and Social Sciences, 2017.

[71] Melitz, M., G. Ottaviano. Market size, trade, and productivity [J]. Review of Economic Studies, 2008, 75 (1): 295-316.

第二章　贫困、不平等与经济发展

解　垩
（山东大学经济学院）

贫困与不平等是世界各国普遍存在的问题，不仅关系到国民生活福祉，也与经济发展紧密相连，一直以来备受社会各界关注。自中华人民共和国成立以来，我国在不断推进经济发展的同时，对贫困和不平等的治理也在探索中稳步向前。2020 年是我国脱贫攻坚的决胜之年，为取得这场战斗的胜利，我们应当认真总结过往经验和现实境况，厘清贫困、不平等与经济发展之间的脉络，为实现未来新的反贫困、改善不平等与经济发展的奋斗目标打好基础。为此，我们将对国内学者在 2018 年至 2019 年的最新研究进展进行梳理和总结，并对一些具有代表性的重要论文、著作和学术会议进行介绍，以为贫困、不平等与经济发展的研究提供借鉴和参考。

第一节　研究综述

学术界对贫困、不平等和经济发展问题的关注由来已久，早在亚当·斯密的《国富论》中就提到人的贫富与否可以通过其拥有的生活必需品、便利品和娱乐品等来判断。随着经济和社会的发展，贫困、不平等和经济发展的理论研究也在不断丰富，例如经典的“涓滴效应”理论（Hirshman，1958）和福利经济学（Pigou，1920）等，同时各国在反贫困和不平等、推进经济发展中也探索出了许多政策工具和实践经验。

近年来，随着我国经济的迅速发展，收入不平等、贫困问题也日渐成为人们关注的焦点。改革开放以来，我国经济有了质的飞跃，人民生活水平有了极大的提升，但贫富差距、绝对贫困问题却始终存在，为解决这个矛盾，我国一直在积极探索和实践。经济发展与贫困、不平等之间的关系是怎样的？导致贫困和不平等出现的因素有哪些？如何解决经济发展中面临的贫困和不平等问题？我国的减贫、改善不平等和促发展政策的真实效应如何？厘清这些问题有助于我们对贫困、不平等和经济发展问题的进一步认识，也是为总结和反思当下我国在经济发展中反贫困和不平等的经验和教训提供途径，更是为未来实现经济发展和反贫困、改善不平等的新目标打下坚实的理论和实践基础。

从以上问题出发，本章将对 2018—2019 年我国学者有关贫困、不平等和经济发展的相关文献进行总结和梳理，以期为今后我国的反贫困、不平等和促发展工作提供有价值的参考，并为今后的研究指明方向。

一、经济发展中的中国反贫困、不平等故事回顾

2020年是一个重要的历史节点，改革开放走过了40年辉煌历程，我国的反贫困工作也进入了关键的攻坚时刻，在这个起承转合的时点，许多学者对我国70年来的经济发展与减贫历程进行了总结和反思。

中华人民共和国成立70年来，党带领人民逐步富起来，经济总量有了极大提升，已跃居世界第二位。从中国整体经济发展历程的角度来看，改革开放前，计划经济体制的确立、"一五"计划的实施为中华人民共和国工业的发展打下了坚实基础，农村土地改革促进了农业发展，但成就的背后也出现了曲折，"大跃进""文化大革命"和土地改革的制度扭曲阻碍了经济的发展。改革开放时期，我国根据经济体制改革逐步深化的进程和经济发展的阶段性变化，采取了适时、恰当的宏观经济政策，抵挡了经济过热、通货膨胀和亚洲金融危机等的冲击，市场资源配置作用不断增强（王一鸣，2018），农村家庭联产承包责任制的推广、农村经济结构战略调整和惠农政策的实施等，促进了农业农村的较快发展，与此同时，制造业也在不断转型升级和创新。加入WTO之后，中国的市场经济体制进一步完善，逐渐从"贸易小国"转变为"贸易大国"，但是困于制造业普遍的"大而不强"、关键技术欠缺等问题，中国仍然缺乏引领全球价值链和国际分工的能力，因此，中国应更加重视通过改革，打通国内国际市场，补齐制造业短板等来实现高水平开放的目标（洪俊杰和商辉，2018）。在区域经济发展方面，刘秉镰等（2019）在研究中指出，中国的区域经济发展是内外部环境、国家战略、制度变迁和区域战略四元素相互联动的结果，经历了区域计划调控期、区域增长极点孕育期、区域增长方式构建期、区域经济关系调整期与区域经济结构重整期五大阶段，取得了区域经济的快速增长，但也存在空间增长动力不足、南北经济格局差距明显、空间要素流动受限、资源环境约束矛盾加剧、城镇化速度过快带来的城市病和城市功能萎缩的问题亟待解决。城乡经济发展方面，在城镇化不断推进、城市经济发展日新月异的同时，农村经济也有了显著提升，一系列以市场为导向的根本性改革极大重塑了中国农业的发展，农业生产率和效率得到极大提升（Gong，2018）。韩磊等（2019）通过经济发展、社会发展、生活水平、生态环境和城乡融合5个维度、25个指标对农村发展进行了评估，评估结果显示农村发展水平在全国、区域和省级层面稳步提高，西部和东北地区农村发展差距缩小，但省份间农村经济发展的差距依旧明显。

经济发展带动了人民收入水平的大幅度提高，中国的反贫困和不平等问题也有了新的进展。李小云等（2019）对我国70年的反贫困历史进程进行了总结和梳理，并认为中国的减贫实践可划分为三个阶段：中华人民共和国成立初期开始的广义性减贫阶段，社会主义实践为后期减贫实践打下了坚实基础；改革开放以来的发展性扶贫阶段，农业、工业、城市化和政府开发式扶贫发挥了核心作用；2013年以来的精准脱贫攻坚阶段，以社会公平与经济发展有机结合推进贫困的进一步减少。在漫长而又短暂的70年扶贫历程中，政府推出了大量反贫困政策，王超和刘俊霞（2018）从政策样本数量与结构分布、政策类型与参与机构、阶段性任务与内容等多维度进行分析发现，各阶段反贫困政策与国家战略目标高度一致，且不同时期的反贫困政策的数量和结构取决于当时的贫困特征，各项政策的合力作用较强，政策演进符合经济社会发展规律，具有深刻的中国反贫困特色。与贫困

问题相似，中国收入不平等状况的发展也具有阶段性，改革开放之前，我国整体居民收入水平较低，收入差距较小，收入不平等程度低，改革开放以来，我国的收入不平等状况发生了巨大变化，中国资本、教育发展和经济开放程度均明显扩大了收入不平等，而经济发展有利于收入不平等的降低。Luo 等（2018）通过使用五次“中国家庭收入项目”调查数据测度了我国 1988—2013 年的收入不平等变化，以 2007 年为分水岭，2007 年之前收入不平等程度有所上升，之后有所下降，收入不平等加剧的主要原因是高收入百分位人口的收入增长快于较低百分位人口的收入增长，收入不平等的下降意味着低收入百分位居民的收入增长更快。

Lin（2018）指出如果一个发展中国家采取务实的方法沿着其在市场经济中的比较优势发展经济，并利用后发优势的潜力，这个国家可以像中国一样充满活力地增长。历史造就了今天，不忘历史，谨记历史经验和教训是成就未来的明智之举。从国内各学者对我国 70 年经济发展、反贫困和改善不平等历程的回顾和总结中，可见我国在经济发展、消除贫困和不平等中所倾注的心血。我国取得的斐然成就为今后实现更高质量的发展、决胜反贫困斗争、降低不平等程度的新目标打下了坚实的理论和实践基础，但是我国在发展中仍存在诸多问题，这也对我们进一步明确贫困、不平等和经济发展的内在逻辑提出了新的要求。

二、贫困、不平等与经济发展的关系研究

（一）经济发展对贫困、不平等的影响研究

经济发展对贫困的影响已成为学者们研究的焦点，尤其是在发展中国家，经济增长通常被看做减贫的首要路径。在中国，大量的贫困人口分布在经济发展落后的农村地区，推动落后地区经济增长是降低贫困发生的关键，因此改革开放后很长一段时间内，我国致力于开发式扶贫来帮助贫困地区人口脱贫。在推动农业发展，进而实现贫困人口脱贫的农业综合开发投资中，赵勇智等（2019）指出农业综合开发项目可以从不同方面为农民增收，例如土地治理项目可以提高农业生产力，提高农民经营性收入，产业化经营项目可提供更多就业岗位拓宽增收渠道等。除了促进农业发展带动脱贫，郭远智等（2019）指出，经济发展对减贫的直接效应还体现在第二、第三产业的发展可以为农村居民创造更多的非农就业机会，这使得被排除在社会经济发展之外的贫困人口可以参与到经济建设中，共享经济发展成果，从而获得比农业生产收入高得多的非农就业收入，改善贫困人口福祉。随着农村非农就业人口的增多和劳动力转移，城镇化成为新常态下经济新的增长点。有学者认为，城镇化对贫困的影响为非线性的，崔万田和何春（2018）从贫困人口收入水平出发，通过对 2000—2014 年我国 24 个省份面板数据的实证检验发现，城镇化在发展前期有利于农村贫困的减少，随着城镇化不断加深，其后期将对农村减贫产生负面影响。随着对外开放程度的不断加深，国际投资也对我国减贫事业的发展产生了重要影响。首先，FDI 可以促进农村剩余劳动力转移，使得劳动力聚集在东部沿海和西部边疆的贸易发达地区（赵德昭，2018），从而解决农村就业，提高农民收入；其次，陈俊聪和张瑾（2018）在研究中发现 OFDI 对我国减贫效应明显，不仅存在空间外溢性，也呈现出门槛特征，减贫弹性

随着对外开放程度的深化而出现边际收益递减，这为我国通过合理规模的 OFDI 实现减贫目标提供了有力证据。但也有研究表明（郑新业等，2018）FDI 的进入会导致中国收入分配恶化，不利于减贫目标的实现。此外，中国还将自身经济发展以及减贫的经验和成果惠及其他发展中国家，通过"一带一路"对沿线国家"授之以渔"，投资基建、增加工业和服务业就业岗位，以带动贫困人口脱贫（张原，2018）。

贫困问题的本质是不平等问题，随着我国经济突飞猛进发展，不平等问题也越来越受到重视。程强（2019）通过对 50 个国家近十年的数据进行分析，研讨了经济发展水平、市场化制度以及收入不平等之间的关系，研究表明经济发展确实可以通过市场化机制来降低不平等水平，尤其在市场化较低的非 OECD 国家，完善市场化制度对减少收入不平等的影响更加显著。与减贫相类似，城镇化与收入分配不平等之间也存在倒 U 形关系，初期阶段城镇化会扩大收入不平等，而进入城镇化后期，收入分配失衡会有所改善（姚玉祥和吴普云，2019）。产业结构调整优化是中国实现经济高速增长的关键，也与居民的收入不平衡密切相关，吴万宗等（2018）对我国改革开放之后的产业结构变迁的考察表明，促进产业结构合理化在推进经济快速发展的同时，对收入分配也带来了积极影响，但是产业结构高级化使收入不平等呈现先扩大后缩小的趋势，由此可见，促进产业升级、合理优化产业结构、谨慎推进产业结构高级化有利于解决收入不平等问题。伴随我国对外开放的深入，国际间贸易也对我国居民收入不平等有所影响，以中国制造业产品出口为例，刘灿雷等（2018）认为出口产品的质量分化加剧了中国的工资不平等，一是通过技能溢价机制造成高低技能工人之间的工资差距，二是通过利润分享机制，导致残差工资、企业间工资和高技能工人群体内部工资的差异有所扩大，因此，通过加快对外贸易带动经济增长的同时，也要重视制造业出口产品质量的提升，提高工人技能水平，这有利于培育高质量产品扩大国际竞争优势，也有利于缩小国内居民收入差距，降低收入不平等。

综上，经济发展是直接影响贫困人口脱贫的关键因素，同时经济发展对收入不平等的影响也进一步使得贫困问题复杂化，即经济增长在促进人民增收、降低贫困发生的同时，收入不平等将会给减贫带来负面影响，所以正确看待经济发展对不平等与贫困的作用机理是实现和谐发展的关键。

（二）贫困、不平等对经济发展的反作用研究

经济发展对贫困、不平等的作用是相互的，经济发展不仅能够对贫困、不平等的发生产生影响，贫困和不平等程度的高低也会对经济发展产生反向作用。

收入不平等可以分为机会不平等和努力不平等，两者对经济的影响有所不同。石大千（2018）基于中国 CGSS 数据库，对中国收入不平等中的机会不平等和努力不平等进行了分解，总体来看，收入不平等虽然提高了经济增长，但具体看来，机会不平等会阻碍经济的发展，而努力不平等将弱化机会不平等的消极影响，促进经济增长。因此，我们应当更加注重改善机会不平等，强化努力水平提高对经济增长的正面影响。

创新是经济发展的源泉和动力，而收入不平等会对创新造成影响，进而影响经济的进一步发展。通过改变社会制度、环境，收入不平等会影响创新的交易成本和风险，进而对个人和企业创新产生冲击。在个人创新层面，孙早和刘李华（2019）认为，由于收入不

平等会在一定程度上激发社会矛盾，打破稳定的社会环境，不利于交易成本和投资风险的降低，从而降低了企业家创新积极性。且在政治均衡时，收入不平等程度加深导致的税率提高，会进一步降低创新的预期收益，打击企业家创新精神，对此政府可以通过财政转移支付、社会保障制度等降低创新风险，对冲不平等对企业家创新精神的影响。从收入不平等的两方面来看，机会不平等将从个人家庭成长环境、人力资本积累水平等降低企业家创新精神，而较高水平的努力不平等程度，会提高个人对自身人力资本投资激励，从而促进企业家创新精神的形成，综合来看，收入不平等与企业家创新精神存在倒U形关系。在企业创新层面，程文和张建华（2018）指出，收入差距虽然对中低收入经济体的创新和增长影响不大，但是一旦经济体进入中高收入发展阶段，若收入不平等未能随收入提高而改善，经济体中内资企业的自主创新和经济增长都将面临停滞的风险。

消费是拉动经济增长的马车，贫困和收入不平等会通过改变居民消费行为，进而对经济发展产生影响。一方面，当收入差距扩大时，出于面子需求和攀比心理，人们会更加倾向增加房屋建造、购置支出和礼金支出等可见性支出，一般而言，贫困、低收入群体追求社会地位的动机更加强烈，因而具有更高的可见性支出消费倾向。如果收入差距长期存在甚至不断扩大，低收入、贫困群体在家庭教育和健康等方面的支出将会降低，进而影响人力资本水平的积累和提高，最终影响低收入群体的收入和福利，且可见性支出大多投向非生产领域，这将不利于生产领域的资本积累，阻碍经济的长期增长（周广肃等，2018）。另一方面，不管是农村内部还是城乡之间，收入不平等造成的收入差距都会挤出农村居民消费（刘雯，2018），从消费和储蓄的角度来看，收入差距扩大、流动性约束增强时，家庭储蓄率会提高，从而消费水平会下降，而低收入家庭的边际消费倾向要高于高收入家庭，因此促进收入分配公平、缩小收入差距在降低家庭储蓄率的同时，能够拉动低收入人群消费，进而促进经济增长和转型（甘犁等，2018）。另外，由于城乡二元制度造成的外来人口城市落户难和收入、教育、医疗等多维不平等，来自农村的城市非户籍人口更愿意把打工收入寄回家，减少在城市的消费，这将会影响当地经济发展，降低居民的收入水平（梁文泉，2018）。

人力资本积累是经济内生增长的又一动力。贫困家庭中，父母往往受教育水平较低，这一方面会直接影响家庭收入水平，另一方面也会影响子女受教育水平和教育公平（王浩名和岳希明，2019），造成人力资本存量降低，贫困父辈的人力和经济负资本通过代际传递积累形成子代的人力和经济负资本，阻碍经济的长期增长（王卓和时玥，2019）。机会不平等、城乡收入差距、收入不平等也会制约农村居民的私人教育投资（黄祖辉和刘桢，2019；Song 和 Zhou，2019），收入不平等也会对农村居民的身心健康产生不利影响（黄云等，2019），从而导致城乡人力资本积累差距的进一步加大，不利于城乡经济一体化发展。

此外，不平等和贫困还可以通过其他渠道影响经济发展。王勇和沈仲凯（2018）的研究表明，产业升级程度与收入不平等之间呈现倒U形关系，收入过度平等会导致具有足够高市场需求的产品种类减少，反过来，收入过度不平等则使得仅有少数富人会对高档商品产生需求，这不利于产业转型升级和经济的高质量发展。不平等还会通过对公众的偏好产生影响，间接影响经济发展和转型，例如，余锦亮和卢洪友（2019）发现收入不平等对公众平均环保偏好具有显著的正向影响，教育不平等带来的收入不平等将导致不同收入阶层环保意识的差距，因此加大对低收入者的环保宣传教育，提高不同收入层次居民的环保偏好，提高公众环保参与度，有利于绿色经济的发展。张超等（2019）也在研究中发现城乡收入差距的缩小与农药减施政策的实施存在目标上的协同性，有利于农村生态经济的协调发展。

总而言之，贫困和收入不平等也从各个角度、无时无刻不影响着经济的发展，三者之间是否能够形成良性互动受到许多因素的制约。只有在努力实现经济高质量发展的同时，兼顾收入分配的效率和公平，尽量避免不平等和贫困问题的负面影响，才能真正做到发展成果由人民共享。

三、贫困和不平等成因、测度及治理

（一）贫困和不平等成因研究

从上文的梳理中我们发现，贫困和不平等与经济发展息息相关，经济发展既是解决贫困和不平等的良药，也是导致贫困和不平等进一步加深的诱因之一，那么除了经济发展以外，还有哪些因素会造成贫困和不平等的发生呢？

邢成举和李小云（2018）在研究中提到，贫困成因的研究一般可以分为结构和行动两种认知和研究范式，结构范式主要认为生产资料占有、社会政策、空间地理因素等，这些由社会力量所衍生的社会不平等结构因素是贫困发生的重要原因，而行动范式则强调贫困发生是个体自身能力不足、资源匮乏、主动性不强等因素造成的。

从结构范式角度来看，在生产资料占有方面，个体生产资料的禀赋和生产资料分配是否平等对贫困、不平等的产生具有重要影响，对于主要从事农业生产的农村低收入人群来说，最重要的生产资料莫过于土地、农机具等，王轶等（2018）对北京地区城镇化所造成的农民失地问题进行了探讨，发现失地农民和未失地居民（城镇居民和未失地农民）之间的收入差距在2008年至2015年呈扩大趋势，随着时间推移，失地农民就业普遍稳定在收入较低的行业中，劳动市场竞争力不足，这严重制约了城乡居民收入差距的缩小，失地农民面临较高的失业和贫困风险。李谷成等（2018）也指出，农业机械化可以提高农业生产效率，促进农业发展，直接促进农民农业收入的增长，从而有利于贫困人口脱离贫困。社会政策和制度的区别对待会在一定程度上加重居民多维不平等。首先，户籍制度是造成城乡收入不平等最主要的因素。虽然近年来农村劳动力向城镇地区的流动和转移不再受限，他们可以在一定程度上享受城市发展成果，但是农村人口难以获得城镇户籍，城乡二元结构、城乡户籍差异造成的公共政策歧视大大降低了城市非户籍人口在教育、医疗、养老方面等的福利，进一步加深了城乡人力资本投资差异，带来了更大的收入不平等和贫困发生（孙华臣和焦勇，2019；Qiu 和 Zhao，2019）。例如有实证研究表明无法享受城市教育资源的农民工子女选择“回流”家乡，这些儿童的认知能力会受到负面影响（黎煦等，2019），不利于贫困和不平等的降低，甚至会造成贫困的代际传递加剧。其次，重工业优先发展战略也是具有明显城市发展偏向的制度，将有限的资源优先集中于城市工业的发展，导致了城乡差距的不断扩大，以及城乡居民收入的不平等（孙华臣和焦勇，

2019）。另外，降低居民收入流动限制，增强居民收入的流动性，有利于缓解长期收入不平等，改善收入分配格局，防止阶层固化带来的收入差距扩大（李莹，2019；朱诗娥等，2018）。最后，一些社会制度和法律法规也会通过对社会秩序的纠正，进而影响贫困个体的福利，例如1986年实施的《义务教育法》和1999年开始实施的大学扩招政策（CEP）对中国城市教育的代际流动产生了积极影响（Guo等，2019），这有利于个体通过提升个人人力资本水平，进而摆脱贫困的代际传递。空间地理在客观上也制约了偏远落后地区贫困的普遍发生。高向东等（2019）对中国低保人口的分布特征进行研究后发现，我国的低保人口规模在“胡焕庸线”两侧呈现“西少东多”的形势，但西部地区低保人口占全国低保人口总数的比重在逐渐上升，低保率较高的地区与中国集中连片特困地区高度重合，这部分地区通常自然、生态环境较为恶劣，交通不便导致经济闭塞，进而造成了贫困人口的聚集。此外，一些潜在的社会文化固有观念也会造成收入不平等，例如出于对性别的歧视和偏见，性别职业隔离会造成性别收入差距扩大，加剧社会贫富差距和贫困发生，甚至对未成年人成长带来不利影响，抑制经济增长（孔令文，2018）。

从行动范式角度来看，在个体自身能力方面，个体人力资本水平是决定收入高低的重要因素。郭君平等（2018）认为教育维度贫困、健康维度贫困是我国不同地区农民工家庭多维贫困的最主要因素，刘灿雷等（2018）则指出技能溢价可以带来不同技术水平工人的收入差距，技能工人有能力生产高质量产品，拥有技能溢价，可以扩大高低技能工人之间的工资差距。而且，个人成长的家庭特征，诸如父母受教育水平、家中子女数量、母亲在家庭中的地位等也会对个人能力产生深刻影响（王浩名和岳希明，2019）。在资源匮乏方面，一些基本生产生活所需的物品的匮乏，例如卫生设施、炊用能源等，是贫困人口陷入长期、多维贫困的重要原因（郭君平等，2018），杨灿明和孙群力（2019）对中国居民财富分布和差距进行了分解，得出了家庭房产是造成我国居民财富差距的首要原因的结论，且贫困家庭往往伴随着资产不足（边恕等，2018）。在个体主动性方面，许多研究表明贫困人口具有的一些特别的偏好和行为模式，会制约贫困人口脱贫的主动性和行动力，从而陷入长期贫困陷阱。黄云等（2019）研究了收入不平等指数与居民身心健康之间的关系，发现收入不平等会对居民身心健康产生负面影响，洪名勇等（2018）对有关贫困人口特有的贫困心理陷阱的研究进行了分析，认为长期生活在贫困状态之下的穷人确实会形成一种“贫困亚文化”，导致负面的情感状态和压力，受这种贫困心理的影响，贫困人口往往具有更高的风险厌恶程度，并作出短视的经济决策，且这种“亚文化”会通过代际传递使贫困加以强化，这也在周广肃等（2018）的研究中得到证实，当收入差距扩大对风险金融投资的正效应主要来源于非农户口、高收入、高人力资本和高社会资本的人群，且风险金融投资带来的收益又会进一步拉大收入差距，造成恶性循环。此外，由于上文分析中提到的低收入、贫困群体特有的消费心理和行为，他们往往具有更高的可见支出边际消费倾向，出于面子和社会地位需求，更有激励将收入投入非生产性的人情支出等，降低对教育、健康、养老的投入，进而不利于其贫困状况的改善。此外，由于同伴、邻里效应的影响，贫困人口居住周围的社区环境和资源变化也会对贫困个体的人力资本积累和经济行为产生影响（王浩名和岳希明，2019）。

（二）贫困和不平等的测度

如何对贫困和不平等进行准确测度是学者们一直在不断探索和改进的研究问题，这是大多数贫困、不平等以及相关经济发展问题研究的基础。随着经济和社会的发展，对贫困、不平等的测度要求也在不断变化。

在最初对贫困和不平等程度的测度上，最常用的就是以收入为尺度确定贫困线来计算一系列的贫困指数，或者计算反映不平等程度的基尼系数、泰尔指数等。而仅仅从收入维度来划定人口的贫困和不平等状态显然缺乏准确性，由于可行能力剥夺而造成的多维贫困和不平等才是其真实面貌。因而，在贫困的测度上，学者们开始探究贫困的多维测度，郭君平等（2018）参考牛津大学贫困与人类发展研究中心的多维贫困指数（MPI）以及王小林和 Alkire（2009）对中国多维贫困测量的实践经验，构建了包括教育、健康和生活 3 个方面、10 个维度的多维贫困指标体系，测度了进城农民工家庭的贫困状况，并进一步分析了收入或消费贫困与多维贫困之间的关系。除了以上 3 个方面，家庭资产贫困也是贫困测度中的重要关注点，边恕等（2018）选取了家庭总净资产（包括土地资产、净房产、生产性固定资产、金融净资产和耐用消费品）、剔除净房产的净资产和金融净资产三个变量，对农村家庭的动态资产贫困状况进行了评估。除了贫困的多维特征，贫困还存在着代际传递的可能，因此也有学者着重关注了代际贫困的测度问题，刘新波等（2019）对有关代际贫困测度的文献做了回顾，总结得出了用于测量代际贫困的代际收入弹性法、转换概率矩阵法，以及相关数据库与收入变量的选取要求。在对不平等测度的进一步探索中，基于多维角度，王曦璟和高艳云（2018）采用单维不平等合成多维不平等等三种方法，对收入、教育和医疗多维不平等进行了测度，并对多维不平等指数进行了分解。此外，在收入平等中的机会不平等的测度、分解方面，许多学者也做出了努力（董丽霞，2018；史新杰等，2018），雷欣等（2018）综合不可观测的环境和努力变量，对环境和努力变量相关性进行了处理，进一步改进了机会不平等的参数测度法。

除了在贫困和不平等测度指数改进上的努力，还有一个问题不能忽视，那就是用于测度贫困、不平等的微观住户调查数据的合理性。Han 和 Cheng（2019）认为家庭调查中缺少高收入数据的问题一直是研究人员和从业人员在对不平等进行推断、讨论贫困与增长之间的关系，以及研究支出与收入之间的关系时所关注的问题，为了解决该问题，他们引入了一种截断分布技术对丢失高收入数据造成的潜在偏差进行了修正，并对中国和美国的收入不平等程度进行了重新估计。罗楚亮（2019）指出当下已有的住户调查数据存在比较严重的高收入群体遗漏问题，这将会对收入不平等状况的估计产生影响，因此利用福布斯榜和胡润榜，根据帕累托分布对缺失的高收入人群收入分布特征进行推算，进而得到新的基尼系数，以解决高收入群体数据缺失对真实的收入分配不平等的低估问题。同时罗楚亮和李实（2019）也对现有的几个微观数据库进行了对比分析（CGSS、CHIP、CFPS 和 CHNS），为其他学者在具体研究问题的数据库选择方面提供了参考和借鉴。在今后的有关收入不平等的测度中，我们也应当更加关注高收入群体数据的估计问题，以弥补其缺失对不平等测度带来的影响。

（三）贫困、不平等的治理研究

为解决贫困和不平等问题，实现经济发展成果人民共享，我国一直在不断努力，根据经济、社会发展状况，以及不同时期贫困和不平等的特点和主要矛盾，实施具有针对性的扶贫、改善收入分配不平等的政策和措施。而这些政策是否达到了预期的目标？政策设计和实施是否存在缺陷和不足？政策之间是否存在互动且政策合力作用如何？等等，始终是学者们密切关注和研究的问题。本部分我们将对减贫、改善收入不平等的财政收支、货币以及精准扶贫政策的相关文献进行梳理，把握各项政策在减贫和改善收入不平等中的贡献与不足所在。

财政收入的主要来源是税收，税制设计和实际征收会对居民的收入水平和收入分配格局产生影响，表现最为直接的可谓所得税，它在直接影响居民收入水平的同时，调节高收入和低收入群体的税收负担，从而发挥再分配和减贫作用。许多学者对个人所得税的收入分配和减贫效应进行了研究（解垩，2018；卢洪友和杜亦譞，2019），他们发现个人所得税对收入分配和减贫的作用较弱，张楠和邹甘娜（2018）从居民个人和家庭两个层面测算了个人所得税的累进性和再分配效应，由于个税的平均税率过低，个税的再分配效应没有得到很好发挥，家庭之间收入分配的横向公平难以实现。2019 年 1 月 1 日，我国开始实行新的个税改革方案，其收入再分配效应发挥如何也备受社会各界关注，刘蓉和寇璇（2019）认为最新实施的附加扣除制度削弱了个税的收入再分配效应，但有利于提高整体社会福利，减税效应也达到了预期效果（杨沫，2019），个人所得税新政对劳动收入存在一定的收入再分配功能（刘蓉和林志建，2019）。房产税对居民家庭收入的调节也发挥了一定作用，但这种作用受不同房产税征收方式的影响，岳树民等（2019）利用家庭收入调查数据，对居民住房房地产税“按人均面积扣除”“按人均价值扣除”和“按套扣除”三种征收方式下的收入分配调节效应进行了分析，认为从公平角度来说，“按人均价值扣除”要优于其他两种形式。除了直接税，间接税对居民收入再分配也会产生一定的影响，总体上来看，间接税对城乡居民收入差距呈逆向调节趋势（杨森平和刘树鑫，2019），随着间接税比重的提高，城乡收入差距将会扩大，而在间接税比重保持不变的情况下，提高工业品商品税占间接税的比重可以促进城乡收入差距的缩小（骆永民和樊丽明，2019）。在综合考虑各项税收的收入分配作用之后，我国税收参与国民收入分配的程度总体上在提高，在国民收入分配结构变化过程中起到了重要作用（潘文轩，2018），结构性减税对异质性家庭的收入增长存在不确定性（刘海波等，2019）。除了税收之外，公共债务作为政府收入的另一种渠道，可通过金融发展和基础设施建设两条途径影响收入不平等（祁毓和杨春飞，2019）。

财政支出既可以调节国民经济的发展，也可以通过再分配手段解决贫困、不平等问题。首先，从政府间的转移支付角度来看，中央对国家级贫困县的一般性和专项转移支付可以发挥财政自动稳定器的作用，能够降低贫困地区的经济波动、平滑消费、分担风险（张凯强，2018），提升基本公共服务均等化水平（乔俊峰和陈荣汾，2019），从而带动贫困的降低。财政转移支付对国家扶贫开发重点县不仅仅是通过“输血”维持政府机构的正常运转那么简单，它更能发挥“造血”功能，扩大教育、社会保障、农林水务等投入，提高社会公共服务供给，促进贫困地区 GDP 提升、产业结构优化、税源稳定和居民收入的稳定增长（李丹等，2019）。现行的垂直财政不对称体制可以通过财政收入分配、地方政府激励和转移支付渠道作用于地方收入不平等，且地方对转移支付的依赖程度会影响该作用的发挥，存在门槛效应，但总体来看，垂直财政不对称体制并未对居民收入差距的缩小产生显著作用（韩一多和付文林，2019）。

其次，政府对居民的公共转移支付也是促进贫困降低、改善收入不平等的重要工具之一。公共转移支付种类广泛，低保、农业补助、特困户补助、五保户补助、退耕还林补助等均属于公共转移支付的范畴，具有明显的扶贫、再分配功能。从公共转移支付整体来看，解垩（2018）从家庭人均收入的角度，对我国城市和农村公共转移支付的再分配效应和减贫效率进行了测度和分解，结果表明公共转移支付是中国整体再分配的主要贡献因素，其中低保和养老金的贡献较大，特困户、五保户补助以及低保等转移支付的减贫效率较高，这与卢洪友和杜亦譞（2019）的研究结论具有一致性。卢盛峰等（2018）从政府—企业—居民多层次系统测度了转移支付的亲贫性，与企业救助和居民间救助相比，政府性救助的精准扶贫效果最优。但也有研究表明转移支付减贫和再分配效应存在不确定性，例如一些学者发现中国农村低保的瞄准度低，救助资源不足，存在明显的精英俘获现象，未达到预期的减贫和社会收益（Kakwani，2018；韩华为，2018；何欣和朱可涵，2019）。城居保、新农保提高了城镇和农村居民收入，改善了领取阶段低收入家庭的脆弱性，但扩大了城乡居民收入差距（卢洪友等，2019；沈冰清和郭中兴，2018）。以农业补贴为主的各类惠农政策可以缓解城乡差距对农业生产的负面影响（余航等，2019），而种粮直接补贴对小农经济农民收入的增加没有明显作用（黄少安等，2019）。

此外，政府公共服务支出是提高社会基本公共服务均等化、改善民生的重要手段。如前所述，教育、医疗、养老、就业保障存在城乡二元性和一定的外来人口排斥，政策的不平等会导致居民多维贫困和不平等的加深，也会阻碍经济和社会发展，加大基本公共服务支出可在一定程度上解决和改善民生问题，促进社会公平。在促进多维减贫方面，郝晓薇等（2019）采用多维贫困指数测算的 AF 方法，构建基本公共服务指标框架，运用因子分析法考察了义务教育、医疗卫生、社会保障和基础设施四类基本公共服务的多维减贫效应，结果表明各项基本公共服务的减贫效应存在差异，其中义务教育和医疗卫生的减贫效应最为突出。在增收和促进收入分配公平方面，朱盛艳和李瑞琴（2019）构建模型，探讨了基本公共服务的可获得性对贫困地区居民收入水平、收入分配格局的影响，研究表明基本公共服务对贫困人口增收和收入分配改善均有促进作用，且在资本、劳动力投入大，经济发展水平程度高的贫困地区，基本公共服务的减贫增收、改善收入分配的效应更加突出。另外，高铁等基础设施可获得性的提高对农村减贫、城乡收入差距的缩小具有正向作用（余泳泽和潘妍，2019；龚维进等，2019；谢申祥等，2018），也有研究对公共服务的真实惠民效应持怀疑态度，例如汪德华等（2019）在对国家贫困地区义务教育工程的研究中发现，该工程虽然较好实现了“增智”的目标，但是“增收”效果十分有限。

货币政策是国家调节宏观经济比较常用的另一种手段，也会间接影响居民收入分配状况。江春等（2018）认为我国央行在制定货币政策时，通过加强对通货膨胀波动的干预，可以降低经济中消费与收入分配不平等程度。陈利锋（2018）也赞成在制定货币政策时，应当将不平等纳入考虑，这将最接近最优货币政策结果。同时，货币低估在推动出口贸易和经济发展的同时，能够改善收入不平等程度，且在具有较大规模的劳动密集型或者低技术部门的经济体中，货币低估降低不平等的效应更大（梅冬州等，2018）。

精准扶贫政策的推进可谓我国扶贫事业中的一大特色。马小勇和吴晓（2019）研究发现在精准扶贫战略实施后，贫困家庭得到了更多政府补助，农村的扶贫精准性有所提高。檀学文（2018）也认为精准扶贫从外援角度为皖北辛村脱贫注入了极大动力。从具体的精准扶贫措施来看，产业扶贫在带动经济发展的同时，促进了贫困户生计模式向农业转移，提高了贫困户农业生计活动的参与度，为大规模减贫提供了直接动力（胡晗等，2018；武汉大学国发院脱贫攻坚研究课题组，2019）。金融扶贫加大了金融服务在农村贫困家庭的普惠程度，降低了家庭贫困脆弱性（张栋浩等，2018），有利于在一定程度上改善农村劳动年龄人口多维贫困状况（杨艳琳和付晨玉，2019；吴本健等，2019；Li，2018；Yang 和 Fu，2019）。电商扶贫充分利用互联网，为缩小城乡收入差距提供了新机遇（Gao 等，2018），电子商务能够明显促进农户农业收入增长，但也加剧了农户内部的收入不平等程度（曾亿武等，2018）。在旅游业发达的贫困地区，旅游业的减贫呈现出明显的门槛特征，发展初期旅游业可以显著降低农村贫困广度和深度，但随着发展水平的提高，减贫效应有所降低，甚至会出现加深贫困的潜在风险（赵磊和张晨，2018）。易地搬迁扶贫政策可以解决“一方水土养不起一方人”的发展困境，促进贫困人口增收，但也扩大了低收入群体的收入差距，因此实施易地搬迁既要注重政策精准度，也要避免农户收入不平等带来的相对贫困风险（李聪等，2019）。上市公司采用产业发展、转移就业、健康扶贫、社会扶贫等方式进行精准扶贫，也有效推动了农村贫困人口走出贫困（杜世风等，2019）。

在政府扶贫之外，私人扶贫也是加快贫困降低的有效补充。Fan 和 Zou（2019）指出私人财富转移在中国城乡地区是普遍现象，不仅可以直接补贴家庭收入，也间接地促进了家庭收入增长和家庭消费支出，总体上可以改善家庭福利，但对社会福利的影响不显著。

四、总结与未来研究展望

纵观 2018—2019 年国内学者有关贫困、不平等和经济发展的研究，文献十分丰富，从理论到实践涵盖了相关问题的方方面面，既对过往扶贫、改善不平等与促发展的经验教训进行了总结回顾，也对当下我国的反贫困和经济增长实践进行了审视，在此基础上，许多学者更是对未来贫困、不平等与发展问题进行了新的思考。黄征学等（2019）认为中国现行标准下的绝对贫困解决后，并不代表贫困的终结，2020 年后的减贫工作应注重五个“转向”，即减贫目标转向高质量的标准体系，减贫方向转向兼顾农村贫困和城市贫困，减贫重点转向防范“三区三州”等深度贫困地区返贫，减贫动力转向外在帮扶与内生发展并重，减贫财政转向更加突出保底性和靶向性。孙久文和夏添（2019）指出未来贫困问题将转向相对贫困的治理，我国相对贫困比较突出，应适时确定合理的相对贫困线，在工作培训、区域转型、多维和精准识别上进一步推进贫困治理。黄征学等（2019）更是提出了 2020 年后中国扶贫的新愿景和未来减贫聚焦的重点问题。

在现有的研究中还存在一些问题和不足之处有待讨论。一是由于一直以来我国的扶贫关注重点在于农村地区，绝对贫困线标准也仅适用于农村贫困问题的探讨，而对于城市贫困的关注度较低，更是没有统一的贫困衡量标准，如果不能对城市贫困问题进行有效解决，将不利于社会稳定和经济发展，也不利于建立城乡统筹的贫困治理体系。二是有关特殊群体贫困问题的研究较少，从国外的研究来看，针对儿童、老年人口、妇女和种族贫困的研究比较丰富，国内虽然也有相关方面的研究，但是关注层面和研究范式有待进一步规范，除此之外随着城乡流动人口、外来务工人员不断增多，对这些特殊群体贫困状况的关注不够，未来应当对该问题加以重视。三是相对贫困、不平等的多维测度应加以完善，目前我国还尚未有统一的相对贫困线，许多学者也提出借鉴国外相对贫困标准来制定我国的相对贫困线，但更合理的相对贫困标准应当基于我国城乡二元体制和贫困、不平等特征来确定，同时也要结合多维贫困思想，在拓展贫困的多维衡量基础上，探讨城乡居民的多维相对贫困问题。同样的，在不平等问题上，收入不平等与收入分配问题的研究比较丰富，但其他维度的不平等问题研究较少，应适当地将多维思想引入不平等的研究中，完善多维不平等的理论和测度。四是在测度不平等和贫困时，要注意所用数据的客观、全面和准确性，上文中我们提到了高收入群体数据缺失对贫困和不平等研究造成的偏差，在今后的研究中应对研究数据进行必要的纠正，提高研究的可信度和真实性。五是贫困和不平等的成因是多种多样的，在探讨可观测因素对贫困和不平等的影响外，也要关注贫困和低收入人群特有的行为、心理对贫困、不平等和经济发展带来的潜在影响。六是在考察扶贫、改善不平等和促进经济发展相关的政策效应时，要重视政策的长期影响，政策之间的相互作用以及政策对异质性政策受体的影响差异，同时要关注当前解决绝对贫困问题的政策路径与治理相对贫困、多维贫困政策路径的对接。

贫困、不平等与经济发展是一个永恒的问题，在未来的研究中，我们应当在深刻了解中国贫困、不平等和经济发展的历史渊源、国情现实和制度背景的基础上，探索具有中国特色的发展道路。

第二节　重要论文

1. 程文，张建华．收入水平、收入差距与自主创新——兼论“中等收入陷阱”的形成与跨越［J］. 经济研究，2018（4）：47-62.

基本思想：收入水平与收入差距作为“需求拉动”因素，更为普遍地是通过作用于技术创新这一中间变量，来影响“中等收入陷阱”的形成。对中国而言，提升内资企业的自主创新能力对跨越“中等收入陷阱”尤为重要。文章在纵向产品差异化模型的基础上，引入梯形概率密度函数来描述消费者连续的收入分布，构建了一个创新不确定环境下收入水平与收入差距影响企业产品创新的数理模型，在此微观基础上，结合新产品的扩散模型，推导出宏观视角下收入水平与收入差距对经济增长影响的数理模型。通过对理论模型的数值模拟，直观地刻画了在不同增长模式下，收入水平与收入差距对微观自主创新和宏观经济增长的影响，从而揭示“中等收入陷阱”的形成机理与跨越路径。

主要结论：通过模型推导和数值模拟发现：在经济发展的不同阶段，消费者收入水平与收入差距的不同组合对内资企业的自主创新行为会产生迥然不同的影响：当经济体处于中低收入阶段时，收入差距的扩大并不会抑制自主创新与经济增长；但当进入中高收入阶段后，如果收入差距未能随着收入水平的提高而不断缩小，不仅自主创新将会受到抑制，经济增长也将陷入停滞。

学术创新或实践意义：①除收入差距外，文章考虑到收入水平的高低是影响消费者对创新产品购买力的重要决定因素；②对于发展中国家内资企业与外资企业并存的情况，考虑到了低收入群体主要消费内资企业的产品，高收入群体主要消费外资企业的产品；③除了静态的价格效应与市场规模效应的影响外，文章更关注不同层次消费者与不同类型生产者的“匹配效应”；④通过引入连续的收入分布概率密度函数，结合产业组织理论来构建模型，以更全面客观地分析所有人群的收入水平和收入差距对创新的影响。

学术或社会影响：文章阐述的微观机制解释了许多贫富分化严重的后发国家在进入中等收入水平的发展阶段后，无法顺利转型为创新驱动的增长模式，落入“中等收入陷阱”的原因。此外，文章有助于厘清收入水平与收入差距的不同组合对内资企业自主创新的不同影响机理，为中国实施创新驱动发展战略，跨越“中等收入陷阱”提供参考。

2. 黄志平．国家级贫困县的设立推动了当地经济发展吗？——基于 PSM-DID 方法的实证研究［J］. 中国农村经济，2018（5）：98-111.

基本思想：设立国家级贫困县是中国减贫的一项重要政策，然而国家级贫困县的设立是否促进了当地经济发展这一问题并没有一致的结论，且没有准确识别国家级贫困县设立对县域经济发展的净影响。鉴于此，文章拟在理论分析的基础上，先通过倾向得分匹配法，在未设立为国家级贫困县的样本中给设立为国家级贫困县的样本一对一匹配相应的对照组，以解决双重差分中处理组和对照组在受到国家级贫困县设立这一政策冲击前不完全满足平行趋势假设所带来的内生性问题；再采用双重差分法检验国家级贫困县设立对县域经济发展的净影响；如果国家级贫困县的设立对贫困县域经济发展有显著促进作用，则进一步探讨其作用是否可持续以及通过哪些机制产生作用。

主要结论：①国家级贫困县的设立对当地经济发展具有显著且持续的推动作用，而且国家级贫困县设立越久，推动作用越大，这一结论在进行稳健性检验后仍然成立。②国家级贫困县的设立主要通过优化产业结构和提高固定资产投资水平的方式促进了当地经济发展。

学术创新或实践意义：①已有文献关于国家级贫困县设立对县域经济发展效果的实证研究往往采用单差法，而文章采用 PSM-DID 方法，减少了采用单差法或直接使用双重差分法的估计误差；②文章不仅分析了国家级贫困县设立对县域经济发展的平均效果，而且分析了动态效果，并在稳健性检验的基础上分析了国家级贫困县设立影响县域经济发展的机制。

学术或社会影响：文章较准确地估计了国家级贫困县设立对县域经济发展的净影响，并进一步剖析了影响机制，为县域经济发展指明了着力点。①应当加大对国家级贫困县固定资产投资的专项财政转移支付投入，提高当地固定资产投资水平；②区域财政、税收、投资、产业等政策也应当重点支持国家级贫困县第二、三产业的发展，优化当地的产业结构。③鼓励当地居民、企业将储蓄能力、融资能力转化为投资能力，激励当地政府将财政支出更多用于支持经济建设；④改善当地投资环境，积极吸引区域外部投资以增加资本积累，促进当地经济发展。

3. 刘建民，欧阳玲，毛军．财政分权、经济增长与政府减贫行为［J］．中国软科学，2018（6）：139-150.

基本思想：研究财政分权改革和经济增长是否有利于减缓贫困具有重要意义。由于我国地区财政分权、经济增长与贫困程度存在较大差距，为了全面考察我国财政分权、经济增长与贫困之间所具有的空间溢出效应，文章采用极化指数对我国区域财政收入分权的地区差距进行分解，并运用空间面板分位数计量模型实证检验财政分权对贫困减少的直接影响效应以及财政分权通过经济增长的交互作用对贫困减少产生的间接影响效应，以期揭示我国财政分权对贫困减少的空间非线性影响效应。

主要结论：①总体地区差距呈现出下降态势，说明我国财政收入分权的聚合程度在不断增强。组间差距缩小与组内聚合程度增强是我国财政收入分权的空间极化程度下降的主要来源。②采用空间面板分位数计量模型研究发现，农村贫困和城镇贫困存在空间依赖作用，且农村贫困的空间相关系数略高于城镇贫困的空间相关系数；财政收入分权对农村贫困减少和城镇贫困减少产生了显著的负向作用，财政支出分权对农村贫困减少和城镇贫困减少产生了显著的正向作用，经济发展水平对农村贫困减少和城镇贫困减少具有显著的正向作用；财政收入分权集群对农村贫困减少产生了显著的负向作用，财政支出分权集群对城镇贫困减少产生了显著的负向作用，经济集群对农村贫困减少和城镇贫困减少产生了显著的负向作用。

学术创新或实践意义：现有文献对财政分权和经济增长是否有利于减缓贫困的分析中，未纳入空间影响因素，鉴于我国存在地区差距，文章对此做进一步研究，为地方政府减少贫困提供全新视角。

学术或社会影响：我国反贫困工作的关键点在于需要考虑空间因素下财政分权政策的合理制定与实施。如通过逐步降低财政收入分权程度，积极构建与完善地方税体系；优化政府支出结构，强化中央政府转移支付对地方政府扶贫工作的激励和约束作用；在加快经济发展的同时改革政府扶贫工作考核机制；积极推动城乡发展一体化，发挥各级政府间联动的减贫作用等。

4. 石大千．收入不平等影响经济增长的双边效应——机会不平等和努力不平等的不同作用［J］．财贸经济，2018（8）：35-49.

基本思想：纵观中国经济发展的历程，可以明显观察到高增长与不平等并存的现象，但部分研究表明收入不平等会抑制经济增长，这种不一致的原因可以从结构的角度进行解释。可以测算机会不平等与努力不平等对经济增长的影响效应，并以影响程度判断收入不平等促进还是抑制了经济增长。如果机会不平等的负效应超过努力不平等的正效应，则收入不平等表现为抑制经济增长，反之则促进经济增长。

主要结论：机会不平等对经济增长产生负向作用，降低经济增长 5. 86%；努力不平等对经济增长具有正向作用，提高经济增长 8. 16%；因此整体而言，收入不平等提高了经济增长 2. 3%。时间趋势分析表明，机会不平等和努力不平等相互作用的净效应表现为先增强、后减弱的“倒 U 形”结构。地区分组结果表明，东中西部地区机会不平等和努力不平等的净效应呈现递增趋势。不平等分组结果表明，由于努力不平等对经济增长的正向作用超过了机会不平等的负向作用，努力水平的提高可以弱化机会不平等的负面影响，强化努力不平等刺激经济增长的作用。

学术创新或实践意义：①采用非参数方法分解收入不平等；②现有研究通常基于面板数据模型分别考察机会不平等和努力不平等对经济增长的影响，割裂了两者对经济增长的综合影响，无法对两者的综合影响进行定量估计，而利用双边随机前沿模型，不仅能够将机会不平等和努力不平等置于同一理论框架下估算各自影响经济增长的程度，还能定量评估两者对经济增长的综合效应；③采用双边随机前沿方法能够比较机会不平等和努力不平等两者效应的大小，能解释中国经济增长和收入不平等的相关问题。

学术或社会影响：通过度量收入不平等分解后的具体效应，文章为收入不平等与经济增长的关系提供了有价值的补充。微观而言，个体可以通过提高努力程度克服机会劣势造成的不利影响，从而实现个体阶层流动以及改变命运。宏观而言，无数背景劣势的社会个体通过努力可以削弱机会不平等对经济增长造成的不利影响。

5. 卢盛峰，陈思霞，时良彦．走向收入平衡增长：中国转移支付系统“精准扶贫”了吗？[J]．经济研究，2018（11）：49-64.

基本思想：由于政府、企业及儒家文化下的居民间转移支付往往共同作用，因此需要在一个多维度视角下系统评估转移支付的收入再分配效应。文章首先构建了一种转移支付收入“亲贫性”状况的测度方法，识别来自“政府-企业-个体”的多维度转移性收入的受益归宿，并进一步采用政策边际再分配思路来检验中国转移支付系统在缩小收入不平等中的实际效果。

主要结论：①来自政府、企业以及居民间的转移性救助资金更多地被低收入家户所获得，即综合而言，中国现行转移支付体系具有较好的“精准扶贫”效果；②分类别而言，政府性救助“精准扶贫”效果相对最好，居民间救助次之，而企业救助弱亲贫；③中国现行转移支付系统的再分配效果有限，其再分配干预后市场性收入的基尼系数下降了0.024左右，大概占总基尼系数的5%；④从转移支付系统的边际再分配效果来看，政府转移支付增加1%则基尼系数能下降0.0248%；居民间转移支付收入增加1%将使得基尼系数下降0.0123%；企业转移支付的再分配效果较差，该项收入增加1%基尼系数下降0.0002%。最后，文章进一步分年度、转移支付项目进行了对比分析，发现转移支付的边际再分配效应在时间和类别上存在异质性。

学术创新或实践意义：①从政府-企业-居民多层次系统考察了中国转移支付体系在缩小收入不平等中的影响效应，在国内尚属首次；②构造和使用了一种转移支付亲贫性的数量测度方法，并通过收入结构分解思路分析了各类救助资金在收入再分配中的贡献；③丰富和完善了转移支付、收入再分配等领域的研究文献，并提供了微观经验。

学术或社会影响：要走向居民收入均衡增长，政府转移支付政策无疑应发挥重要作用，文章首创一种识别和测度转移支付收入“亲贫性”的数量方法，能够较好地从多维度视角系统评估转移支付的“精准扶贫”效果及其收入再分配效应。

6. 甘犁，赵乃宝，孙永智．收入不平等、流动性约束与中国家庭储蓄率［J］．经济研究，2018（12）：34-50.

基本思想：中国经济的快速发展伴随着居高不下的居民储蓄率，同时居民收入不平等问题也较严重，此外，中国低收入家庭所面临的借贷约束或信用约束依然较大。鉴于此，文章构建了一个将家庭储蓄率与收入不平等和流动性约束相关联的跨期储蓄模型，分析了中国居民家庭的高储蓄率、收入不平等和流动性约束这三者同时存在且同步变化现象的内在联系，并认为收入分配和流动性约束的相互作用是中国存在居民高储蓄率现象的根本原因。

主要结论：①高收入家庭的储蓄率远高于低收入家庭；②尽管都有可能面临流动性约束，低收入家庭受流动性约束的概率远大于高收入家庭，并且流动性约束的存在会显著提高家庭储蓄率；③收入差距扩大和流动性约束增强时，家庭总储蓄率会随之升高；④低收入家庭的边际消费倾向远大于高收入家庭。

学术创新或实践意义：文章使用更细致的微观调查数据考察收入不平等对县级家庭总储蓄的影响，同时还考察了收入差距和流动性约束对家庭储蓄的综合影响，从理论和实证两方面对现有文献进行了补充。

学术或社会影响：文章具有重要的政策含义，其研究结果不仅与异质性家庭跨期储蓄模型的推论相一致，也为政府促进消费的政策提供了新思路：缩小收入差距不仅是降低我国家庭储蓄率的可行政策，同时也是促进经济增长和转型的政策。

7. 卢洪友，杜亦譞．中国财政再分配与减贫效应的数量测度［J］. 经济研究，2019（2）：4-20.

基本思想：实施精准财政再分配的前提是准确地测算出现行财政再分配体系的居民收入分配效应和减贫效应。文章对传统财政再分配分析方法进行拓展，使财政收入端和支出端纳入统一研究框架，基于 CFPS2012 数据和投入产出表，构建居民收入核算账户，运用标准财政归宿法，测算出中国居民的财政净收益，采用“匿名”与“非匿名”评价指标，综合对“一揽子”财政工具的再分配和减贫效应进行测度。

主要结论：中国财政分配体系对市场分配整体上呈微弱的正向调节效应，财政体系整体使全国基尼系数下降了 4.06%，其中，基本社会保险、公共服务、转移支付和直接税的边际贡献分别是 2.48%、2.34%、1.75%、1.19%，而间接税的边际贡献为-1.57%，起逆向调节作用；中国财政再分配工具具有显著减贫效应，财政再分配使全国贫困广度、深度和强度均下降 20%以上，其中，支出端具有“济贫”性，收入端的间接税具有显著“劫贫”性。

学术创新或实践意义：①在研究对象上，将直接税、间接税、转移支付、公共服务和基本社会保险纳入统一分析框架，从共享发展内涵出发，综合测算中国财政体系的再分配效应和减贫效应；②在研究数据上，采用 CFPS2012 微观住户调查数据，充分运用丰富的家庭住户信息；③在研究方法上，运用标准财政归宿分析方法，弥补了一般均衡模型的异质性信息丧失、模型设定与微观基础不一致、不适合短期评估等局限性；④在研究指标上，使用了服从匿名原理的 MT 指数和 FGT 指数及其循序分解和反事实分解，还使用了财政流动矩阵、财政致贫和财政增益等非匿名评价方法。

学术或社会影响：居民收入分配格局由市场初次分配和财政再分配共同决定，财政再分配对市场初次分配不公的有效矫正，对践行共享发展新理念至关重要，文章测算、识别了财政再分配体系的作用方向及程度，并解释了其内在影响机理及传导机制，从而有助于真正找到财政再分配绩效不彰的原因及环节，有的放矢地创新财政再分配制度，以增进财政再分配体系的公正公平功能。

8. 胡尧，严太华．资源依赖：增长诅咒还是贫困陷阱？［J］．中国人口·资源与环境，2019（4）：137-146.

基本思想："资源诅咒"假说为资源与经济关系的探讨提供了新的视角，但关于其存在性的争论从未停歇，国内也少有"资源诅咒"在社会福利领域的探讨，而实证中资源依赖指标的内生性和研究时段随意性问题也受到了质疑。文章利用2003—2015年地级市面板数据，借助准实验模型以避免内生性，依据资源市场价格将研究时段分为繁荣期、波动期和萧条期，从增长与福利两个层面同时检验了资源诅咒的存在性问题，并进一步分析了资源依赖恶化贫困的影响途径。

主要结论：①资源依赖没有显著带来地区长期经济增长的差异，传统增长式诅咒并不存在，短期内资源型经济存在较大波动性；②资源依赖显著恶化了贫困、收入不平等等福利水平，存在资源福利陷阱，时间趋势上资源型地区与非资源型地区的福利水平差异正在逐步缩小；③资源依赖的确对增长减贫弹性产生了负面影响，抑制了增长对农村贫困群体的涓滴效应。

学术创新或实践意义：①尝试将经济增长和社会福利同时纳入"资源诅咒"存在性命题的研究框架中，从经济增长数量和社会福利效果两方面探讨资源依赖对地区经济发展的影响；②使用准实验方法研究了资源依赖对经济增长和社会福利的影响，避免了关键解释变量资源依赖的内生性问题；③来自2003—2015年中国地级市面板数据的证据表明，资源依赖不会对经济增长率有显著影响，但会显著降低社会福利水平并对经济增长的益贫效应有显著抑制作用。

学术或社会影响：文章实证结果为经济增长方面资源诅咒不存在的观点提供了新的证据。在政策意义上，在注重地区经济增长的同时，政府更需要关注资源红利式增长在城乡收入分配公平以及农村减贫效应等方面的弱质性表现，通过合理有效地利用资源租金，加大对农村地区的医疗、教育、交通等基础公共品投资，以及增加涉农领域的财政转移，来弥补资源依赖对增长"包容性"的不利影响。

9. 张国建，佟孟华，李慧，陈飞．扶贫改革试验区的经济增长效应及政策有效性评估［J］．中国工业经济，2019（8）：136-154.

基本思想：设立扶贫改革试验区是新时期新背景下扶贫攻坚的新举措，然而，其经济绩效的改善与其设立的关联性需要充分验证和客观评判。需深入了解设立扶贫改革试验区对提高经济绩效和改善扶贫成效的影响程度，分析不同区县的政策效果差异，探索扶贫改革试验区可持续自我发展的空间，以消除贫困、缩小城乡收入差距，实现共同富裕。因此，文章以辽宁省为例，采用双重差分法、中介效应模型以及合成控制法，对扶贫改革试验区设立的政策效果和影响机制进行统计研究和科学评判，并对政策引致的经济增长效应、正向溢出效应、间接传导机制进行检验和分析。同时，进一步讨论了产业扶贫等措施的成效，以期为相关政策的进一步推广实践提供依据和参考，并为新时期探索新的扶贫开发政策模式提供理论和实证基础。

主要结论：设立扶贫改革试验区政策的实施显著促进了县域经济发展，使处理组比控制组提高约16%，此结论在多种识别假定检验和稳健性检验中依然成立。进一步分析表明，这一政策对周边邻近地区会产生正向溢出效应，而非少数民族区县的政策效应强于少数民族区县。与此同时，地方政府的财政依赖程度大反而能够提升政策带来的经济增长效应，但是由于经济基础、要素禀赋结构以及地理和行政特征等因素的差异，不同区县中政策效果存在异质性。此外，扶贫改革试验区主要通过产业扶贫、金融扶贫、提高农村居民人均纯收入等渠道对当地经济绩效产生间接影响。更重要的是，政策通过相应精准扶贫的措施基本达到了既定目标，但是仍需提高当地人力资本水平，促进各区县之间的经济联系和市场融合，降低行政壁垒。

学术创新或实践意义：①论文首次从区域视角对扶贫改革试验区设立的政策效果及传导机制进行检验，通过使用双重差分法识别出政策效应，为扶贫改革试验区进一步完善和推广实践提供实证依据和理论指导。②采用逐步推进的方式，实证检验了少数民族自治县、财政依赖程度大小及外溢性方面的差异，深化了对该政策所引致的经济增长效应的认识。并且采用合成控制法，分别检验了该政策在不同区县中政策效果的异质性，对当前中国推行的精准扶贫政策具有较好的参考价值。③深入讨论该政策对当地产业扶贫、金融扶贫、教育扶贫、社会兜底保障扶贫等脱贫措施的影响，为进一步完善扶贫策略、实现扶贫目标提供了行之有效的政策建议。

学术或社会影响：在政策实施几年后客观和精准评价其政策效果，不仅有利于扶贫开发经验的积累，而且对未来扶贫开发政策的完善和减贫效果的提升具有重要意义。该研究结果进一步强调了贯彻落实扶贫改革试验区政策，因时因地因人精准扶贫、精准施策的重要性，从而不断完善中国现有的扶贫战略和政策体系。

10. 张磊，韩雷，刘长庚. 中国收入不平等可能性边界及不平等提取率：1978—2017年［J］. 数量经济技术经济研究，2019（11）：81-100.

基本思想：文章立足于生产与分配相统一的理论观点，以基尼系数的群组分解方法为基础，将与生产发展相挂钩的社会平均收入水平设定为最低生存标准的倍数，推导并测算出与特定时期经济生产水平紧密联系的收入不平等可能性边界和不平等提取率，尝试将改革开放40年来的中国收入不平等演变置于经济生产变迁的大格局下来理解。其中，不平等可能性边界是经基尼系数群组分解公式推导出来的、特定时期经济生产发展水平所能“实现”的最大可行不平等；不平等提取率则是实际不平等与最大可行不平等的比值，反映的是该时期实际不平等所“提取”的最大可行不平等的比例或份额。

主要结论：①1978—2017年，随着社会生产发展水平的不断提高，中国收入不平等可能性边界持续扩张，最大可行基尼系数从0.2281提升至0.8446。②同期中国收入不平等提取率总体呈现下降趋势，从123%下降到55%。其中1978年至20世纪80年代中期快速大幅下降；20世纪80年代中期至2012年前后比较稳定；2012年党的十八大以后呈进一步下降趋势。目前中国仍有55%的最大可行不平等转化为实际不平等。

学术创新或实践意义：新时代发展的诸多迹象表明，目前我国正处于从“先富”走向“共富”的关键时期。深刻理解中国收入不平等的演变和现状，对于进一步优化收入分配格局、促进经济高质量发展具有重要意义。文章将分配与生产相联系的观点直接嵌入不平等经验测度中，弥补了传统的不平等测度指标忽视生产发展水平及其变迁的缺陷，同时弥补了现有的不平等研究“单就分配谈不平等”的不足。

学术或社会影响：文章的不平等分析打通了“生产与分配相统一”的理论观点与经验测度之间的隔阂，并初步解释了“改革开放以来中国经济社会对收入差距扩大具有一定承受力”之谜，为新时期进一步处理好经济发展和收入分配关系提供了直接的经验证据。

第三节　重要著作

1. 张全红，周强．中国农村多维贫困的测度与反贫困政策研究［M］．武汉：华中科技大学出版社，2018.

研究背景：对中国当前贫困问题的认识，不仅要看清贫困家庭在经济方面的收入低下，而且要认清新时期贫困人口在教育、营养健康、医疗卫生、就业、住房和生活质量等方面的多维贫困现实。相对于传统的收入贫困，多维贫困兼具识别贫困类型和判定贫困致因的优良特征。但是，中国贫困的现实与反贫困发展存在一定的差距，当前国家标准仍以最低收入标准对贫困人口进行识别和判定贫困退出，而反贫困政策和脱贫目标却以“两不愁、三保障”等多维福利标准来考核，并且现实中的贫困，主要是因病、因学、因残、缺技术、缺劳动力以及发展能力不足等多维因素所致。因此，贫困的识别和退出与扶贫政策之间很难做到精准和有效，扶贫工作和反贫困发展政策的成效自然受到影响，脱贫质量和脱贫家庭的发展能力难以得到保障，这是当前中国城乡贫困尤其是农村贫困的现实。此外，经济上的收入贫困只是反映贫困家庭的生存现状，而长期中存在发展“能力”差距和“机会”不平等导致的多维福利差距才是真正的贫根。由贫困理论可知，贫困具有相对性、多维性和动态性等多重属性，“多维”正好体现了贫困致因及其分类，而“动态”则是从时间和空间维度描述了贫困状态的持续时间特征。

内容提要：本书是《中国经济转型与创新驱动发展研究丛书》中的第七本。主要内容分为两大块：一是对我国农村多维贫困的测算；二是对农村反贫困政策的评估。在多维贫困测算方面，借鉴和完善经济学家 Alkire 提出的“双界线法”多维贫困测算理论，构建教育、健康、收入、生活水平等指标福利体系，以 1991—2011 年中国健康与营养调查数据为样本来测度我国城乡之间以及农村内部的多维贫困程度，包括多维贫困的广度、深度和强度，以及长期多维贫困、暂时多维贫困等。在反贫困政策评估方面，首先对我国改革开放以来 4 个阶段的农村反贫困政策进行了回顾和总结，并梳理了国内外对扶贫政策效果的评价方法和结果。其次重点分析了我国目前正在实施的农村连片开发扶贫模式的起因、内容和特点，并用区域经济理论和空间贫困理论论证了集中连片开发扶贫的必要性。最后基于可行能力视角的多维贫困理论，提出了我国农村反贫困政策必须遵从经济政策和社会政策相融合的建议。我国的农村反贫困政策一直以经济政策为主，社会政策长期处于从属地位，从而导致农民的保障水平和发展权利不足，要加强社会政策的反贫困功能，特别是要从传统的社会政策向发展型社会政策转变。

基本结构：共分为十章，具体内容如下：（1）绪论；（2）多维贫困测度方法及相关指数研究综述；（3）中国多维贫困的动态变化：城乡比较；（4）中国多维贫困的动态测度：聚焦农村；（5）农村多维贫困的广度、深度和强度；（6）多维贫困的持续时间——长期贫困与暂时贫困；（7）我国农村扶贫政策的回顾与评价；（8）当前农村连片扶贫开发模式及评价；（9）农村社会保障项目；（10）新时期农村扶贫：经济政策与社会政策融合。

主要贡献和现实意义：本书从多维贫困视角，采用实证分析和描述分析相结合的方法，研究了我国农村20世纪90年代以来多维贫困的变化趋势和当今多维贫困的状况及特征。以此为基础，对我国历来的农村反贫困政策效果进行了评价，试图为今后我国实施精准扶贫战略、制定更为有效的农村反贫困政策提供理论依据。该书基于可行能力视角的多维贫困理论，提出了我国农村反贫困政策必须遵从经济政策和社会政策相融合的建议。

2. 邹薇，方迎风. 反贫困的中国路径：基于能力开发的视角［M］. 武汉：武汉大学出版社，2019.

研究背景：贫困是世界性的难题，反贫困是人类共同的任务。中国持续、稳定、大规模推进的开发式减贫，让数亿人口摆脱贫困，创造了共享发展的典范，为世界各国提供了重要经验。摆脱贫困的能力与个体、家庭是否能够真正脱贫有着十分密切的联系，那么，从“能力”视角出发，中国的反贫困路径如何？中国的各项反贫困政策的减贫效果如何？这显然需要进一步研究和讨论。

内容提要：本书立足于“能力开发”的独到视角，对我国经济发展现阶段出现的区域性贫困陷阱展开理论和实证研究。全书包括“贫困问题与理论演进”“理论模型与实证研究”“政策效应评估与研究”三部分。全书系统研究我国贫困问题具有的区域性集中和持久性延续等特征，测度我国多维贫困的程度、深度、广度，探讨贫困脆弱性、群体效应和贫困代际传递问题，对持续性教育贫困、健康贫困展开理论和实证分析。采用数理经济学、计量经济学、收入分布动态学、数值模拟等多种方法，研究和评估公共教育支出、公共与私人的健康投资、农村税收改革等对于减轻“能力贫困”的效应，并提出以“能力开发”为主线的扶贫开发政策。

基本结构：共分为十五章，具体内容如下：（1）我国现阶段的贫困问题：基于“能力贫困”视角的分析；（2）经济增长中的贫困问题：理论、实证与测度方法；（3）“贫困陷阱”：实证检验与理论研究；（4）能力贫困的多维度测度：中国的实证；（5）风险、人力资本代际传递与贫困陷阱；（6）技术引致、人力资本升级与贫困陷阱；（7）“群体效应”与区域性贫困陷阱——基于多层次计量模型的实证分析；（8）贫困脆弱性与贫困陷阱——对脆弱性的数量测度与分解；（9）冲击、“能力”投资与贫困脆弱性；（10）“教育贫困”与贫困陷阱——对我国教育投资、工作经验回报的再测算；（11）家庭背景、代际教育传递与贫困陷阱；（12）健康投资、收入增长与减贫——对私人与公共健康投资的效应分析；（13）教育投资、健康投资的相互作用与减贫效应研究；（14）农业税费改革的减贫效应——基于健康减贫的视角；（15）人口迁移的减贫效应：理论与实证分析。

主要贡献和现实意义：本书从“能力开发”的视角，基于中国减贫的实践经验，围绕贫困的根源与致因、贫困的维度与深度、贫困的脆弱性与贫困陷阱、贫困的邻里效应与区域性集聚、贫困的代际传递与持久性延续等一系列问题，开展系统的理论和实证研究，深入解析和探讨反贫困的中国路径。通过数值模拟、计量分析和因果推断等研究方法，量化评估了教育投资、健康投资和医疗保险、农村税收改革、人口迁移等对缓解“能力贫困”的效应，提出了促进“能力开发”、消除“能力贫困”等政策建议。这些政策建议为我国接下来的扶贫工作提供了宝贵的实践指导和政策依据。

3. 向德平，黄承伟．中国反贫困发展报告（2018）：公益慈善扶贫专题［M］．武汉：华中科技大学出版社，2019.

研究背景：公益慈善扶贫对中国的减贫事业做出了积极的贡献，但公益慈善扶贫的理论研究较少，未能形成较为系统、完善的研究成果。本研究以治理理论为理论基础，对治理理论的内涵，治理与贫困治理的关系以及贫困治理的社会性进行了分析，为公益慈善扶贫及贫困治理研究提供了一个新的研究思路。公益慈善扶贫是社会扶贫的一种方式，对公益慈善扶贫的研究可以丰富社会扶贫的相关理论研究，还可推进具有中国本土特色贫困治理理论的发展。

内容提要：本书通过梳理公益慈善扶贫的相关理论，结合实证调研的资料，在新时期扶贫开发的大背景下，构建顺应时代要求，适合我国贫困现状的公益慈善扶贫理论体系，推动扶贫开发研究的理论创新。本研究在中国政府贫困治理政策创新的背景下，结合贫困研究的理论成果，阐释公益慈善扶贫的理论内涵，构建公益慈善扶贫的理论话语。通过理论研究和实证研究，总结我国公益慈善扶贫的经验，发现其中的问题，寻求建构公益慈善扶贫体制机制的对策，探索精准扶贫精准脱贫的创新模式，为推进我国扶贫开发事业提供政策依据。本书共包括四部分内容，分别是：中国特色的公益慈善扶贫、公益慈善扶贫与精准扶贫精准脱贫、公益慈善扶贫的实证研究、反贫困年度重大问题研究。

基本结构：共分为四部分。第一部分是中国特色的公益慈善扶贫，介绍了公益慈善扶贫的背景与进程、战略意义、理论依据、实践探索和发展趋势。第二部分是公益慈善扶贫与精准扶贫精准脱贫，总结了公益慈善扶贫与贫困治理的相关内容、公益慈善扶贫的主要模式、公益慈善扶贫的基本经验和面临的挑战以及公益慈善扶贫的创新发展。第三部分是公益慈善扶贫的实证研究，分析了国内社会组织、国外社会组织以及企业的公益慈善扶贫情况。第四部分是反贫困年度重大问题研究，分析了深度贫困地区产业发展中的政府引领、女性慈善与农村妇女反贫困、精准扶贫助推乡村振兴的维度及路径、福利治理与稳定脱贫。

主要贡献和现实意义：本书对公益慈善扶贫进行了理论研究，为公益慈善扶贫及贫困治理研究提供了一个新的研究思路。本书在新时期扶贫开发的大背景下，构建顺应时代要求、适合我国贫困现状的公益慈善扶贫理论体系，推动扶贫开发研究的理论创新。通过总结我国公益慈善扶贫的经验，发现其中的问题，寻求建构公益慈善扶贫体制机制的对策，探索精准扶贫精准脱贫的创新模式，为推进我国扶贫开发事业提供政策依据，丰富了中国扶贫开发的相关理论。

4. 江求川．中国多维福利不平等与机会不平等研究［M］．北京：经济科学出版社，2018.

研究背景：在经济高速增长的同时，中国的社会不平等问题也渐渐凸显，这不仅体现为收入差距扩大，还体现为教育不平等、健康不平等以及其他各种不平等问题。这些不平等使得社会的福利分布不平等比任何单一维度的不平等问题都要复杂。福利分布不平等进一步损害整个社会的福利水平，加剧了经济增长与福利增长之间的脱节程度。此外，收入不平等、教育不平等、健康不平等等都是结果不平等，这些结果不平等可能源自机会分配的不平等也可能是人们自身责任因素引起的分配差异。机会不平等往往更不容易被社会大众所接受，甚至会抑制经济发展。多维福利和机会都是阿玛蒂亚·森在能力分析法中所强调的内容。在此框架下发展起来的多维福利不平等和机会不平等都是现代福利经济学中的前沿课题。然而，国内有关这两个方面的研究还比较少见，极少数相关的研究中还存在许多不足。将这两个不平等问题结合起来探讨，可以为理解中国当前的不平等问题提供更全面、更新颖的视角，也可以为相关的政策制定提供更丰富的经验依据。

内容提要：本书在能力分析框架下，从多维福利不平等和机会不平等这两个方面探讨中国当前的不平等问题。主要研究了福利、机会与能力之间的关系、多维福利不平等和机会不平等的测算，经济增长、福利增长与不平等之间的关系（单维视角和多维视角），多维福利不平等测度与分解，机会不平等理论拓展与运用，机会不平等、流动预期与再分配偏好等内容，并提出了相关的政策建议以缓解多维福利不平等与机会不平等。

基本结构：共分为七章，具体内容如下：（1）绪论；（2）福利、机会与能力——基于不平等问题的文献；（3）多维福利、低福利增长与不平等；（4）多维福利不平等测度与分解——一个稳健评估；（5）机会不平等理论拓展与运用——以收入为例；（6）机会不平等、流动预期与再分配偏好；（7）研究结论、政策建议与研究展望。

主要贡献和现实意义：本书对多维福利不平等与机会不平等进行了研究，主要讨论中国在经济发展过程中的收入不平等、教育不平等、健康不平等以及其他各种不平等问题，同时还关注机会不平等与多维不平等之间的关系。经济增长没有使得那些原本在非货币方面就处于不利地位的居民更多地享受增长的成果，相反，那些原本已经在非货币方面比较有利的居民在经济增长过程中获益较多。本书的研究为改善中国收入分配情况、促进经济平衡充分发展提供了有益指导，也为中国接下来的扶贫事业提供了丰富的经验依据。

5. 贾康．深化收入分配制度改革研究［M］．北京：企业管理出版社，2018.

研究背景：中国在过去三十多年里创造了经济发展的奇迹，贫困人口迅速减少，人民生活水平有了明显改善。但在“唯 GDP 论”的政策导向下，各级政府在制定和评估政策时以经济发展为标准，政绩考核“唯 GDP 论英雄”，而非经济方面的发展没有受到应有的重视。这种不协调的发展使得居民生活质量没有得到应有的提升。《2013 年人类发展报告》显示，中国的人类发展指数位居全球 101 位，这和世界“第二大经济体”的差距悬殊。如此巨大的差距除了因为“唯 GDP 论”的政策导向，也与严重的社会不平等问题息息相关。因此如何更好地实现中国国民收入初次分配、优化国民收入再分配、完善国民收入第三次分配显得尤为重要。

内容提要：本书主要介绍收入分配的相关理论以及优化收入分配的政策建议。主要涉及马克思主义经典收入分配的理论要点、国民收入初次分配分析及优化建议、国民收入再分配基本分析与对策建议、国民收入第三次分配分析及优化建议、国际视角与哲理延伸、中国收入分配格局基本认知和代表性问题分析以及优化收入分配的激励，同时还分析了共同富裕的重要调节机制、雇员薪酬与收入分配、国际比较研究、中等收入发展阶段的收入分配研究、基于优化收入分配格局视角的中国税制改革大思路与制度设计等话题，并提出了优化收入分配制度的政策建议。

基本结构：分为总报告和分报告两部分。总报告共有八章内容，具体内容如下：（1）导论；（2）马克思主义经典收入分配的理论要点；（3）国民收入初次分配分析及优化建议；（4）国民收入再分配基本分析与对策建议；（5）国民收入第三次分配分析及优化建议；（6）国际视角与哲理延伸：收入分配理论与实际结合的概略考察及对中国的启示；（7）中国收入分配格局基本认知和代表性问题分析；（8）优化收入分配的激励——约束认知框架、基本思路、原则与建议。分报告共有十二章内容，具体内容如下：（1）财政均富是共同富裕的重要调节机制；（2）雇员薪酬与收入分配；（3）收入分配国际比较研究；（4）中等收入发展阶段的收入分配研究；（5）基于优化收入分配格局视角的中国税制改革大思路与制度设计；（6）预算框架下收入分配制度改革的政策优化与绩效创新；（7）收入分配制度改革视角下推进基本公共服务均等化的思路与政策研究；（8）我国国有企业收入分配制度改革探索；（9）涉农收入分配制度改革；（10）我国科研创新激励视角下的收入分配优化；（11）中小微金融视角下的收入分配与相关机制优化；（12）住房保障、房地产市场发展与收入分配制度改革研究。

主要贡献和现实意义：本书通过对马克思主义经典收入分配的理论要点、国民收入初次分配分析及优化建议、国民收入再分配基本分析与对策建议、国民收入第三次分配分析及优化建议、国际视角与哲理延伸、中国收入分配格局基本认知和代表性问题分析以及优化收入分配的激励进行研究，提出了有关工资收入、税制改革、预算框架、基本公共服务均等化、国有企业收入、涉农收入等方面的优化收入分配制度的政策建议，并在科研创新激励视角、中小微金融视角以及住房保障、房地产市场发展视角下研究收入分配改革方向。这为优化中国收入分配制度、完善中国税制结构提供了政策指导。

第四节 学术会议

1. 第二届中国居民收入与财富分配学术研讨会（2018）

会议主题：中国居民收入与财富分配

主办单位：中南财经政法大学财政税务学院
中南财经政法大学收入分配研究中心
中南财经政法大学湖北财政与发展研究中心
《经济研究》编辑部
《经济学动态》编辑部

会议时间：2018 年 12 月 15—16 日

会议地点：武汉，中南财经政法大学

会议概述：研讨会主题演讲环节由中南财经政法大学财政税务学院院长张克中教授主持。诺丁汉大学宋丽娜教授发表了主题为“资本的流动性与社会福利”的学术报告，指出经济增长依靠资本的积累，需要关注资金流动带来的分配不公的问题。南开大学陈宗胜教授作了“分配结果平等逐步改进，机会不均仍然严重——分配体制改革四十年总结”的主题报告，认为改革开放以来，分配的结果平等在逐步改进，但机会不均等仍然很严重，并且强调要改进收入分配的“葫芦形”格局，缩小城乡、地区差别和总体差别，避免落入中等收入陷阱。厦门大学洪永淼教授就“全球化背景下国际经济利益关系与收入关系的变化”作了报告，指出发展中国家可以而且应当大胆融入世界经济体系，发挥自身比较优势，提高资源配置效率，加速经济发展。复旦大学陈诗一教授作了“中国劳动份额下降研究”的主题报告，认为长期以来消费需求对中国经济增长的贡献不足，劳动份额下降是诱发国民收入分配结构性失衡的重要因素。《经济学动态》编辑部主任杨新铭研究员作了主题为“收入分配与中国经济高质量发展”的学术报告，指出实现经济高质量发展需提高劳动收入占比，加大社会保障力度并实行降税。下午在四个分会场进行的平行论坛，共32篇入选会议的论文作者围绕四个主题报告了最新研究成果，并与参会同行展开了深入研讨。

（1）财政、货币政策与收入分配。西南财经大学叶菁菁利用中国家庭金融调查数据，综合考察税收减免带来的静态和动态双重效应，发现若仅考虑静态效果，中国2011年和2018年两次个税改革对收入分配的调节作用有限。然而，在考虑减税激励后，税收减免带来劳动供给的增加，随之带来居民收入水平提高和中等收入群体扩大，收入分配状况得到改善，在实现了效率的同时提升了收入公平。东北师范大学刘海波通过构建包含异质性的DSGE模型，研究了消费税、劳动所得税、资本所得税和企业所得税等税收工具冲击对李嘉图家庭和非李嘉图家庭收入及收入分配差距的影响。天津师范大学缪言将异质性家庭引入新凯恩斯DSGE模型，通过模拟分析得到了财政收入政策负向冲击和财政支出政策正向冲击的宏观经济波动效应，特别分析了积极的财政政策对两类家庭的消费结构、投资决策以及就业意向的动态影响，以及由此引致的收入分配调节效应。中南财经政法大学张克中利用“金税三期”工程的准自然实验，基于信息技术、征税能力与企业逃税的视角，采用双重差分法估计策略，验证了“强征管-降税率”的逻辑，发现“金税三期”工程的实施有效地提升了税务机关对涉税信息的获取与监管能力，显著降低了企业逃税，并且异质性分析进一步确认了信息监管技术是通过提升涉税信息获取与监管能力起作用。

（2）反腐败与收入分配。中南财经政法大学孙群力通过构建多指标多原因（MIMIC）模型，测算了中国30个省市区1995—2015年的政府清廉指数，发现财政分权、经济增长、教育、公务员工资、执法力度、对外开放和公务员中女性占比等因素显著降低了腐败水平，提高了政府廉洁程度，但政府规模和公共投资规模使清廉程度有所降低。华中科技大学左月华以腐败消费典型中介商品的消费变化来甄别因腐败消费而产生的隐形交易成本，在消费终端的企业层面测度出反腐新政对于隐形交易成本的中长期影响。中南财经政法大学张璇利用反腐败作为外生冲击，使用2009—2015年中国沪深两市A股上市公司的微观数据，通过建立双重差分模型，在规避内生性问题之后，系统性地研究了反腐政策对企业避税行为造成的影响，发现反腐政策作为外部约束能有效地规范企业的行为，从而显著地减少了企业避税。进一步的机制分析发现，反腐败之后企业高管薪酬敏感性得到提升，该影响在会计质量和公司治理较好的企业中更为明显。反腐政策可以通过强化高管激励机制最终减少企业避税行为。中山大学吴鹏从创新投入、创新产出及创新转化率三个层面研究发现：创新转化率与创新保护水平、总体技术进步及市场化程度相关；提高创新转化率促使创新产出增加，创新价值下降；短期内因创新保护水平、总体技术进步及市场化程度造成创新转化率处于低水平状态，导致创新转化率对收入不平等及中等收入群体比重的影响被扭曲；而长期内创新转化率提高将有效降低收入不平等程度，扩大中等收入群体比重。

（3）收入不平等及其测度。江西财经大学谭诗羽利用上市公司成本加成对各行业竞争程度进行刻画，匹配中国综合社会调查（CGSS）的劳动者收入和特征数据，验证了市场竞争对收入差距的影响机制，发现市场竞争结构会影响劳动者收入分配，强化市场竞争有利于缩小收入差距。浙江工商大学韦宏耀使用中国健康与养老追踪调查（CHARLS）数据，分析了中国家庭遗产继承的分布特征及其对家庭财富差距的总体影响，发现中国获得遗产的家庭比例约为18.4%，但遗产价值只占家庭财富净值的0.19%。中南财经政法大学陈三攀运用中国家庭金融调查（CHFS）数据，研究了农村金融扶贫政策对金融资源获取机会不平等的影响，发现金融扶贫政策有助于提高农村居民获得金融贷款的期望概率，但这种提升效应依赖于家庭的资产规模和不同贷款合约的利差条件。天津理工大学任国强通过建立相对抱怨指标，并利用2014年全国流动人口卫生计生动态监测调查数据，采用分位数回归方法分析发现，性别、年龄、民族和受教育程度等人口学特征以及就业特征、区域特征和劳动力负担系数，都是影响个体相对抱怨的重要因素。北京工业大学艾小青在洛伦茨曲线族上定义伪距离，构造商（距离）空间，并基于中国家庭追踪调查（CFPS）数据的计算结果表明，当两条洛伦茨曲线相交时，采用不同的不平等指数度量收入不平等程度，可能会得出相反的结论。武汉大学卢盛峰基于夜间灯光影像数据，定量测度了中国地区经济发展不平衡状况及其成因，发现中国地区经济发展存在显著的空间非均衡特征，但是不平衡状况年度间呈现不断减弱趋势。湖南大学刘波按照“环境—能力—收入”的逻辑，以能力为中介，提出一种测度机会不平等的新思路，并构建收入联立方程分析发现户口、性别、家庭环境、地区、民族对收入不平等的贡献度依次为18.19%、15.92%、7.47%、5.26%、2.18%，机会不平等指数为49.03%；在效应分解中，间接效应远大于直接效应，外生条件以能力为中介形成的机会不平等更为突出。西北大学袁博从消费需求角度出发，将阶层消费异质性引入中间品创新型内生增长模型，揭示居民收入差距通过社会整体消费影响技术创新的内在机理，发现由于不同阶层的消费习惯存在差异，居民收入差距的扩大将提高社会财富在城镇部门及富裕阶层的集中程度，进而削弱社会边际消费倾向，减少社会整体消费，制约技术创新。

（4）劳动收入份额、人力资本与收入分配。厦门大学柏培文通过分析1998—2012年A股制造业上市公司数据发现，在制造企业层面，中国劳动要素在初次分配中仅占企业整体收入的20%~30%，远远低于学者们从宏观上测算的40%的劳动收入份额水平，这一现状迫使我们重新考虑如何在初次分配中体现劳动要素应有的地位。中央民族大学姜伟以民营企业要素投入行为作为切入点，探讨最低工资标准调整通过影响企业要素投入行为对民营企业劳动收入份额的影响，进而分析工资水平与资本劳动比两个影响机制对民营企业劳动收入份额的贡献程度。天津大学买买提依明·祖农通过古诺模型建模和理论推导，从企业内部收入分配角度出发系统性地分析股东、职工、政府及债权人收入分配比例的主要决定因素，以及产品市场竞争在各方收入分配比例关系上的具体约束作用，并以2000—2011年的中国上市公司为样本，分别从各方和总体角度出发对所有权性质与公司业绩之间关系的具体差异来源进行实证检验。

中南财经政法大学周玉雯利用连续变量的处理效应模型，研究父代收入对子代收入的因果影响，发现父代收入对处于职业早期的子代收入具有显著影响，随着父代收入水平的提高，子代收入分布的均值也在提高。中南财经政法大学赵颖将个体的先天禀赋与后天资源纳入统一分析框架，分析了中国促进义务教育普及的政策是否改变了个体先天禀赋的累积劣势，研究发现后天资源的变化在一定程度上改变了禀赋较高个体的累积劣势，同时禀赋高低个体的相对差距在扩大。辽宁大学赵桂芝依据财政调节居民收入分配的机理与路径，采用广义熵计量模型对中国城镇居民地区收入不平等的财税调节绩效进行多视角定量测度和比较，发现税收和转移支付制度对城镇居民收入不平等调节绩效为正效应，其中转移支付对收入不平等的调节作用比税收制度调节效果更为明显。中南财经政法大学李文健运用在工资内生的环境下分析最优资本所得税与劳动所得税的动态框架进行研究，发现稳态下资本所得税的作用是通过调整资本积累，缩小相对工资差距，改善收入再分配，从而提高社会福利。

2. 技术变革、劳动力市场与收入分配国际学术研讨会（2018）

会议主题：技术变革、劳动力市场与收入分配

主办单位：北京大学经济学院
中国留欧/留英经济学会
英国曼彻斯特大学经济学系等

会议时间：2018 年 4 月 13—14 日

会议地点：北京，北京大学

会议概述：“技术变革、劳动力市场与收入分配”国际学术研讨会（PKU-CEA 2018 China Conference on Technological Change，Labour Markets and Income Distribution）在北京大学经济学院泰康厅举行。会议由北京大学经济学院与中国留欧/留英经济学会（CEA Europe/UK）、英国曼彻斯特大学经济学系等单位合作举办。英国帝国理工学院 Colin Thirtle 教授，伦敦国王学院 Jenifer Piesse 教授，曼彻斯特大学 Kunal Sen 教授、Indranil Dutta 教授和 Xiaobing Wang 教授，澳大利亚新南威尔士大学 Nanak Kakwani 教授，加拿大约克大学 Matias Cortes 教授，亚洲开发银行 Hyun H. Son 博士，北京大学夏庆杰教授，中国人民大学赵忠教授，对外经济贸易大学朱胜豪教授，北京师范大学万海远教授等 16 位海内外专家学者围绕劳动力市场、收入分配领域的前沿专题作学术报告。来自北京大学、中国人民大学、北京师范大学、中央财经大学、英国曼彻斯特大学等国内外大学的近 80 位经济学者和学生参加研讨会。4 月 13 日上午，北京大学经济学院院长孙祁祥教授在会议开幕式上致欢迎辞。她指出，为实现经济与社会的充分、平衡发展，中国政府的长期发展规划提出将使中国经济的发展模式从投资和出口驱动转型为创新和技术驱动；规划的另一个重要目标则是促进收入的合理分配、全面消除贫困。本次会议主题将对以上问题进行深入讨论。孙祁祥指出，人工智能（AI）技术作为技术变革的重要代表，加速了第四次技术创新的到来，这也成为许多国际论坛的重要议题。学者们除了关注 AI 对提高生产力、改善人们生活水平的作用，还关注其对劳动力市场、就业结构及收入分配的影响。她相信本次会议将对这些重要议题提供更新的视角和政策建议，并希望与会学者能够通过会议进

一步增进中外学术的交流和研讨，为未来政策制定提供方向。

开幕式后，Nanak Kakwani 报告了他的研究成果 *How Dose the Pattern of Growth Impact Poverty in Rural China*?（《增长模式如何影响中国农村贫困?》），提出了经济增长、绝对贫困、贫困增长等概念的度量方法，并测度了中国农村的发展状况。他指出，工资收入的增长是中国农村消除贫困并快速发展的主要途径。夏庆杰作题为 *A Review of China's Economic Reform*：*a Long Historical View*（《中国经济改革回顾：从历史的角度》）的报告，他从历史的角度回顾了中国经济改革历程，指出在改革开放之前，中国具有统一安全的环境、强有力的政府、较好的基础教育与高等教育体系等，这些都为成功实现工业化做了充分准备。Indranil Dutta 作了题为 *Measuring Vulnerability to Poverty Using the Counting Approach*（《贫困脆弱性的度量：基于计数方法》）的报告，他认为在贫困脆弱性（Vulnerability to Poverty）的相关研究中需要重点关注脆弱性的识别问题。基于此，Indranil Dutta 借助理论模型和案例提出了进行识别过程时应当遵循的三个规则和公理，并进行了实证检验。北京大学的冯达报告了合作研究成果 *An Evaluation on the Differential Impacts of Community-based Public Expenditure in Rural China*（《中国农村社区公共支出的差异性影响评估》），从两个维度估计了不同种类的财政支出对于富裕家庭和贫困家庭的影响，指出财政支出在一定程度上有利于家庭的生计，但是对富裕家庭和贫困家庭的福利情况有着不同的影响。

13 日下午，Matias Cortes 报告了他与合作者的工作论文 *The Rise of Superstar Firms and Wage Inequality*（《明星企业的发展与工资不平等》），指出就业的重新分配在一定程度上导致了工资收入的不平等，但不平等的扩大主要源于增长企业内部的工资变化。中国人民大学的赵忠教授报告了他与合作者的研究成果 *Automation Technology and Employment Structures in China*：*1990 to 2015*（《自动化技术与中国就业结构：基于 1990—2015 年的数据》），利用 1990、2000 和 2010 年的三次全国人口普查数据以及 2005 与 2015 年的两次全国 1%人口抽样调查的数据，分析了自动化技术对中国就业结构的影响。英国帝国理工学院 Colin Thirtle 教授报告了他与合作者的研究成果 *Efficiency in Wine Grape Production*：*Comparing Old and New Regions of South Africa*（《葡萄酒生产效率：南非新老地区比较研究》），分别利用随机前沿分析、数据包络分析（DEA）和 DEA-Malmquist 方法分析了新旧葡萄酒农场的技术效率、规模效应和全要素生产率。研究发现葡萄酒酿造技术变革缓慢，农场的规模经济效应并不显著。中国人民大学的毛宇飞博士介绍了合作者的研究成果 *Does Internet Use Reduce the Income Gap between Urban Residents and Migrants*? *Evidence from CGSS Data*（《互联网使用是否能减少城市居民与移民之间的收入差距——来自 CGSS 数据的研究》），指出互联网使用可以促进收入增长，其对城镇职工的影响更大，这也将进一步扩大两个群体的收入差距，但随着农村进城务工人员经济地位的提升，互联网的使用将有利于缩小收入差距。

14 日上午，Kunal Sen 教授报告了他与合作者的研究成果 *Was Kuznets Right*? *New Evidence on the Relationship between Structural Transformation and Inequality*（《库兹涅茨是否正确——结构转型与不平等关系的新证据》），讨论了结构转型与不平等之间的关系，他指出，由制造业驱动的结构转型显著降低了不平等，而由服务业驱动的结构转型对不平等的影响则随结构转型程度的不同而不同。朱胜豪报告了与合作者的研究成果 *Adverse*

Selection and Income Distribution（《逆向选择与收入分配》），研究了信息摩擦对收入分配的影响，发现信息摩擦可以通过信息租金、最优合同和基本收入等三种影响渠道扩大收入不平等。中央财经大学的李银银博士报告了他与合作者的研究成果 *Taxation, Redistribution and Inequality in Rural Areas*（《农村税费、再分配与收入不平等》），指出农村费用的调节与降低改善了中国农村的收入分配，取消农业税并不会对收入差距产生显著影响；受教育程度和收入水平更高的家庭将更多地从农村公共支出中获益，这进一步加剧了收入的不平等。北京师范大学收入分配研究院的沈扬扬研究员报告了他与合作者的研究成果 *Reform for the Better? The Impact of Income Tax Reforms on Inequality and Welfare in China*（《所得税改革对中国不平等和福利的影响》），指出农业税的取消缩小了城乡收入差距，而所得税改革则相对扩大了收入差距。

14 日下午，Jenifer Piesse 报告了她与合作者的研究成果 *Labour Demand in the Post-apartheid South African Wine Industry*（《南非后种族隔离时代葡萄酒行业的劳动力需求》），发现南非葡萄酒产业劳动力的需求变化主要受到葡萄酒价格的影响，而与劳动法律无关。Hyun H. Son 作了题为 *Inequality of Opportunities in Developing Asia*（《亚洲发展中国家的机会不平等》）的报告，探讨了在亚洲的一些发展中国家机会不平等与基础教育以及基础设施建设之间的联系，并提出了若干有针对性的措施。万海远作了题为 *Minimum Wage Regulation on Wage Growth and Wage Distribution*（《最低工资制度对工资增长和工资分布的影响》）的报告，发现最低工资制度对未受过训练的工人带来了替代效应，对于低收入工人的影响并不如预期。英国曼彻斯特大学的王晓兵教授介绍了他与合作者的研究成果 *Evaluating the Effectiveness of the Rural Minimum Living Standard Guarantee (Dibao) Program in China*（《中国最低生活保障制度（低保）政策的有效性评估》），指出中国的低保政策在减少贫困方面有显著作用，但是该项制度的运行成本巨大。

3. 中华人民共和国成立 70 年收入分配与财税政策研讨会（2019）

会议主题：中华人民共和国成立 70 年收入分配与财税政策

主办单位：山东大学

会议时间：2019 年 11 月 9 日

会议地点：济南，山东大学

会议概述："中华人民共和国成立 70 年收入分配与财税政策研讨会"在山东大学中心校区举行。校长樊丽明出席会议并致辞。樊丽明表示，在中华人民共和国成立 70 周年之际，深入研究探讨"收入分配与财税政策"问题，总结中华人民共和国成立 70 年以来收入分配与财税政策的经验，具有重要的理论意义和现实指导意义。她建议，下一步通过开设财税史、财政思想史等基础理论课程，完善财税课程和人才培养体系建设，聚焦中国问题，从中国国情和中国实际出发，做好新时代财政学教学研究工作。山东大学经济学院院长曹廷求介绍了经济学院财政学专业和学科的发展历程、建设成果，希望参会专家学者深入交流探讨，为经济学院一流学科建设建言献策、贡献力量。经济学院副院长石绍宾主持开幕式。

会议分上午、下午两个环节进行，下午环节分设两个平行论坛。上午环节第一阶段由《财政研究》编辑部主任邢丽主持。亚洲开发银行学院研究部前主任、复旦大学世界经济研究所所长万广华教授作了题为《贫困、不均等与城镇化》的报告，指出不均等的本质是城乡差距，而城市化是不均等的解决出路。教育部青年长江学者、中国人民大学贾俊雪教授作了题为《马尔萨斯陷阱还是人口红利？人口管控政策经济影响的理论分析》的报告，通过构建具有内生性生育决策的异质性主体的代际交叠模型，发现代际传导性越强，最大生育数量呈现出越明显的“U”形特征。教育部青年长江学者、中国人民大学吕冰洋教授作了题为《国家能力与中国特色转移支付》的报告，对比了以人为本和以财为本两种转移支付方式，发现两者均能平衡两地经济发展差距，但在平衡差距的同时前者会增加总产出，后者则会给总经济带来损失。教育部青年长江学者、上海财经大学范子英教授作了题为《增值税减税、财政压力与企业实际税负》的报告。报告发现，增值税减税会导致企业综合税负上呈现流转税下降、所得税上升的后果，且对小微企业影响更大。

第二阶段由《财政研究》编辑部张德勇主持。厦门大学经济学院副院长王艺明教授作了题为《建立促进共享共富和人的全面发展的中国特色财政体系》的报告。报告基于主流经济学和中国特色社会主义经济学构建了一般化生产函数条件下的劳动价值论，发现市场无法实现劳动力资源的优化配置。武汉大学经济与管理学院财政税务系副主任刘穷志教授作了题为《收入再分配：制度设计困境与财政研究方法思考》的报告，分享了财政再分配研究的三种突破路径：理论研究、数据搜集、方法。中央财经大学财政税务学院院长白彦锋教授作了题为《实质性减税降费与高质量发展》的报告，介绍了我国宏观当局对“减税降费”的认识转变过程，并从现代货币理论视角分析了货币政策对财政政策的质疑。浙江大学经济学院副院长、浙江大学公共经济与财政研究所所长方红生教授作了题为《分税制后中国中央公共财政收入集中度演变的倒 U 形规律》的报告。报告使用名义集中度指标进行研究，发现中央公共财政收入名义集中度或真实集中度的变动趋势，其背后都隐含着一个倒 U 形的变动规律。

下午环节平行论坛一第一阶段会议由《税务研究》编辑部陈双专主持。华中科技大学刘华教授作了题为《房地产税改革对居民迁移意愿的影响：基于情景模拟的实证研究》的主题报告。报告认为，在控制其他因素的情况下，房地产税改革对居民的迁移行为具有显著的影响，房地产税对不同职业群体居民迁移行为的影响存在较大差异。对外经济贸易大学李明教授作了题为《就业吸纳能力的税收敏感性分析：兼论中国的就业乘数》的报告，指出据实扣除是就业导向的减税，收益大的企业雇用规模显著增强，此外相比国际经验，中国就业成本尚可，乘数较大。厦门大学谢贞发教授以“境外所得税减免对中国跨国公司投资及股利分配的影响——基于 2008 年企业所得税改革的实证检验”为主题进行报告。报告发现，境外所得税减免显著促进了中国跨国公司在低税率地区的投资，但没有对跨国公司的股利分配产生显著影响。中南财经政法大学詹新宇教授作了题为《经济增长目标与企业实际税负：基于锦标赛模型的扩展与实证》的报告，以 Tullock 锦标赛模型为基础，实证研究发现地方政府经济增长目标对其辖区企业实际税率存在着显著的负向影响，自中国进入“经济新常态”以来，地级市政府在实现既定经济增长目标下的边际税收激励有所下降。

平行分论坛一第二阶段会议由《财贸研究》编辑部刘志炜主持。中山大学聂海峰副教授作了题为《Shapley 值和个人所得税地区汇算清缴》的报告，基于个体所得和个体收入地区来源构成，从合作博弈论的角度建立了基于个体收入的税收地区间汇算清缴模型。北京大学刘冲助理教授作了题为《所得税优惠政策促进小型微利企业创新了吗?》的报告，指出所得税优惠对小型微利企业创新活动有激励作用，但是税收优惠并未有效提高企业创新的质量。中南财经政法大学田彬彬副教授以“合并、信息与征管效率：来自所得税征管范围调整的证据”为主题进行报告，指出所得税征管的合并通过信息的渠道显著提升了营业税的征管效率，且效应主要集中在征管空间较大的私营企业和小企业，此外相比于核定征收，当合并所得税的征管方式为查账征收时，效应更为明显。上海财经大学郭长林副教授作了题为《重新评估总需求：宽松货币政策一定会推升杠杆率吗?》的报告，用混合叙事的 VAR 模型识别中国货币政策冲击，并发现宽松货币政策降低宏观杠杆率，对产出的刺激效应大于对实际债务的推升效应。中央财经大学孙鲲鹏讲师以“高管贫困经历如何影响企业税收遵从：基于风险态度和利他动机的分析”为主题进行报告。报告发现，早年经历过贫困的高管所控制的企业，表现出明显更好的税收遵从。

平行分论坛二第一段会议由《上海财经大学学报》编辑部王西民主持。中国社会科学院财经战略研究院财政审计研究室主任汪德华研究员作了题为《市场经济的冲击与财政制度力量：中华人民共和国成立 70 年县级财政不均等量化历史研究》的报告。报告采用人均财力基尼系数等指标，描绘了中华人民共和国成立 70 年以来县级财力均等状况演变的典型事实，结合制度背景，初步分析了 70 年来县级财力不均等演变的推动力量。东北财经大学谷成教授带来了题为《转移支付提高了财政资金使用效率吗?——基于地方政府财政收入结构的考察》的报告，深入分析了转移支付及其结构影响财政支出效率的原因，探索了各类转移支付作用机制的异质性。研究发现，专项转移支付大大降低了财政资金的使用效率，建议采取减少专项转移支付，增加一般性转移支付和税收返还，加快推进房地产税改革等措施，以增加地方政府税收收入和地方财政自有收入。中国人民大学国家发展与战略研究院研究员、中国人民大学重阳金融研究院研究员、世界银行咨询顾问、中国人民大学马光荣教授作了题为《激励与平衡：中国经济增长的财政动因》的报告，通过研究税收分成、转移支付与经济增长的关系，发现税收分成存在正向激励效应，转移支付均等化力度存在负向激励效应；贫穷地区获得的转移支付数额增加，对经济增长具有正向收入效应，但富裕地区则相反。南开大学经济学院财政学系郭玉清教授作了题为《从激励到增效：新时代债务治理的演进逻辑》的报告，分析了传统债务治理的历史背景、传统债务治理的制度特征、激励导向型治理模式的历史成就，并解释了传统治理模式能够避免危机触发的原因和激励导向型治理模式的错配扭曲。

平行分论坛二第二段会议由《当代财经》编辑部周全林主持。上海财经大学吴一平教授带来了题为《电子商务与财政能力：来自中国淘宝村的证据》的报告，以淘宝村在边远乡村的积聚着手，研究淘宝村如何带动当地企业出现、推动服务业发展、促进就业问题。东北财经大学周波教授作了题为《我国自然资源资产收益分配问题》的报告。报告认为，我国自然资源产权制度改革中的收入分配机制不完善，可从政府的双重角色、自然资源不完全的成本、价格管制三个方面考虑，并提出在中央和地方间进行调整、中央政府间横向进行配置、各部门职能进一步整合等政策建议。云南财经大学缪小林教授作了题为《政府支出、市场扭曲与企业全要素生产率：兼论经济高质量发展下的积极财政政策转型》的报告，从宏观层面围绕政府购买性支出研究其对企业 TFP 的影响，并将融资软约束作为政府购买性支出扩张的外生动力源，分析其产生的加速效应。中国人民大学刘勇政副教授作了题为 *Fiscal Incentives*, *Competition*, *and Investment in China* 的报告。报告利用微观企业数据研究了中国增值税改革通过金融约束途径对于企业绩效的影响。武汉大学龚锋副教授带来题为《高校扩招与社会公平》的报告，从社会公平感的研究背景及研究动态入手，以扩招前后 3 年的数据作为样本，通过双重差分回归模型实证分析考察高等教育大众化及其扩招政策对提高社会公平感、推动高等教育公平的实际效果。

4. 中国居民收入与财富分配暨“收入分配与现代财政制度”学术研讨会（2019）

会议主题：收入分配与现代财政制度

主办单位：中南财经政法大学财政税务学院

中南财经政法大学收入分配研究中心

《经济研究》编辑部

《经济学动态》编辑部

会议时间：2019 年 11 月 30 日

会议地点：武汉，中南财经政法大学

会议概述：第三届中国居民收入与财富分配暨“收入分配与现代财政制度”学术研讨会在中南财经政法大学南湖校区召开。本次学术研讨会由《经济研究》杂志社、《经济学动态》杂志社、中南财经政法大学财政税务学院、中南财经政法大学收入分配研究中心联合主办，来自中国社会科学院、新加坡国立大学、北京大学、中国人民大学、中山大学、厦门大学、武汉大学、华中科技大学、山东大学、四川大学、上海财经大学、对外经济贸易大学、中央财经大学等多所高校、科研机构的 40 多名专家学者出席了此次会议。《经济研究》副主编郑红亮研究员和《经济学动态》编辑部主任杨新铭研究员分别在致辞中介绍了收入分配研究中心和此次研讨会的由来，强调了此次学术研讨会召开的重大意义。他们认为从财政学角度切入研究收入分配是一大特色。十九届四中全会将按劳分配为主体，多种分配方式并存的制度升格为基本经济制度，这对健全再分配调节机制，重视发挥第三次分配作用具有十分重要的作用。收入分配不仅是经济学问题，更是政治政策的问题，与所有制、国家制度不可分割。中南财经政法大学收入分配研究中心副主任孙群力教授介绍了《2019 年中国居民收入与财富分配调查报告》。他从样本及调查报告构成、中国家庭收入、家庭财富和多维度不平等四个方面进行了汇报，指出不仅需要研究收入、财富和消费等单一维度的不平等，更需要研究多维不平等，并将公共支出、税收负担等因素纳入评价体系，构建多维不平等指标，综合测量我国城乡、区域、行业及不同阶层的贫富差距指数。

主题演讲由《经济研究》编辑部谢谦博士主持。《经济研究》编辑部主任刘霞辉研究员首先发表了主题为“面向未来的中国经济问题”的主旨演讲，从财税问题、金融问题、产业政策发展等方面就面向未来的中国经济问题进行了阐述。刘霞辉认为，网络经济和数字技术对经济各个方面有着非常广泛和重要的影响，使得整体经济的资源配置模式、产业组织形式、商业模式、激励机制以及竞争格局都与以往大不相同，这些不同势必会引起人的行为、企业形态和政府行为发生变化。中国社会科学院财经战略研究院副院长杨志勇研究员以“收入分配是如何成为财政问题的”为主题作了报告。他从财政学史中的收入分配、中国财政学中的收入分配和收入分配问题的转变三方面进行了阐述；从《国富论》《政治经济学概论》等经典财政理论书籍出发，讲解了早期财政的形成和主要思想，继而从我国财政学的发展出发讲解了中国的收入分配研究情况。他指出收入分配问题研究推动了财政制度设计和财政政策选择。对外经济贸易大学国际经贸学院财税学系主任毛捷教授就“新时代地方财政治理现代化的问题与对策”作了报告。毛捷教授强调了非正式制度约束下的“挤偏门”效应、支出责任和间接金融分权与举债冲动黏性、通过“开正门”规范间接金融分权，并从以土地管理规范化推动财政治理现代化的角度提出治理策略。《经济学动态》编辑部主任杨新铭研究员以“理解收入分配变化的长期趋势”为主题，从经济过程和政治过程两方面详细阐述了收入分配变化的长期趋势。杨新铭指出，收入分配的变化趋势要从长期来把握，否则很难判断其发展规律性，决定收入分配的不仅包括经济因素，更多的是政治过程。政治过程与人们对经济的耐性有很大关系，要重视经济景气周期的突发性和经济衰退周期的持续时间。中国社会科学院财经战略研究院财政审计研究室主任汪德华研究员作了主题为“市场经济的冲击与财政制度的力量”的学术报告。收入不均等是社会重大问题，财税政策一般被作为缓解收入不均等的主要手段。汪德华采用人均财力基尼系数等指标，描绘了中华人民共和国成立 70 年以来县级财力均等状况演变的典型事实：收入维度的基尼系数波动较大，改革开放之后总体高于计划经济时期；支出维度的基尼系数则相对较低。山东大学经济学院解垩教授发表了题为《个人所得税、高收入不平等与代内收入流动性》的主题演讲。解教授认为，具有累进性质的个人所得税的再分配能力非常弱，社保缴费中的公积金呈现出累进特征，养老保险和医疗保险呈现累退特征，社保缴费的再分配功能也较为低微。除继续完善个人所得税在优化收入分配方面的作用外，研究如何发挥社保缴费在再分配功能方面的作用也十分重要。改善社会各阶层实现向上流动的机会应该是收入分配政策的核心，应该增加全民的人力资本投资，减少东中西部不同区域居民实现向上流动的机会不均等。

下午的学术研讨会共有 A、B 两个单元论坛，各自围绕四个主题展开。A 单元论坛各分会场的主题分别是：收入不平等问题；税收政策与收入分配；健康、教育与养老问题；贫困问题。B 单元论坛各分会场的主题分别是：机会不平等与代际流动；财政理论与收入分配；互联网与收入分配；金融与收入分配。与会学者围绕相关主题进行了积极交流，有针对性地进行了讨论。

◎ 参考文献

[1] 边恕，冯梦龙，孙雅娜．中国农村家庭资产贫困的测量与致因［J］．中国人口科学，2018（4）：54-67，127.

[2] 檀学文．贫困村的内生发展研究——皖北辛村精准扶贫考察［J］．中国农村经济，2018（11）：48-63.

[3] 陈俊聪，张瑾．对外直接投资的减贫效应及门槛特征：基于空间异质性分析［J］．南京社会科学，2018（1）：28-34，68.

[4] 陈利锋．货币政策盯住目标应该考虑不平等吗［J］．财贸经济，2018，39（4）：

51-66.

［5］程强．经济发展水平、市场化制度与收入不平等［J］．经济经纬，2019，36（2）：118-125.

［6］程文，张建华．收入水平、收入差距与自主创新——兼论“中等收入陷阱”的形成与跨越［J］．经济研究，2018，53（4）：47-62.

［7］崔万田，何春．城镇化的农村减贫效应：理论机制与实证检验［J］．经济科学，2018（4）：89-102.

［8］董丽霞．中国的收入机会不平等——基于2013年中国家庭收入调查数据的研究［J］．劳动经济研究，2018，6（1）：44-62.

［9］杜世风，石恒贵，张依群．中国上市公司精准扶贫行为的影响因素研究——基于社会责任的视角［J］．财政研究，2019（2）：104-115.

［10］甘犁，赵乃宝，孙永智．收入不平等、流动性约束与中国家庭储蓄率［J］．经济研究，2018，53（12）：34-50.

［11］高向东，王晶，王新贤．中国低保人口分布特征及影响因素研究［J］．中国人口科学，2019（4）：56-65，127.

［12］龚维进，覃成林，徐海东．交通扶贫破解空间贫困陷阱的效果及机制分析——以滇桂黔石漠化区为例［J］．中国人口科学，2019（6）：111-123，128.

［13］郭君平，谭清香，曲颂．进城农民工家庭贫困的测量与分析——基于“收入—消费—多维”视角［J］．中国农村经济，2018（9）：94-109.

［14］郭远智，周扬，刘彦随．云南省县域经济发展与农村减贫的空间耦合协调分析［J］．经济经纬，2019，36（1）：1-9.

［15］何欣，朱可涵．农户信息水平、精英俘获与农村低保瞄准［J］．经济研究，2019，54（12）：150-164.

［16］韩华为．农村低保户瞄准中的偏误和精英俘获——基于社区瞄准机制的分析［J］．经济学动态，2018（2）：49-64.

［17］韩磊，王术坤，刘长全．中国农村发展进程及地区比较——基于2011—2017年中国农村发展指数的研究［J］．中国农村经济，2019（7）：2-20.

［18］韩一多，付文林．垂直财政不对称与收入不平等——基于转移支付依赖的门槛效应分析［J］．财贸经济，2019，40（6）：40-54.

［19］郝晓薇，黄念兵，庄颖．乡村振兴视角下公共服务对农村多维贫困减贫效应研究［J］．中国软科学，2019（1）：72-81.

［20］洪俊杰，商辉．中国开放型经济发展四十年回顾与展望［J］．管理世界，2018，34（10）：33-42.

［21］洪名勇，吴昭洋，龚丽娟．贫困心理陷阱理论研究进展［J］．经济学动态，2018（7）：101-114.

［22］胡晗，司亚飞，王立剑．产业扶贫政策对贫困户生计策略和收入的影响——来自陕西省的经验证据［J］．中国农村经济，2018（1）：78-89.

［23］胡尧，严太华．资源依赖：增长诅咒还是贫困陷阱？［J］．中国人口·资源与环境，

2019（4）：137-146.
［24］黄少安，郭冬梅，吴江．种粮直接补贴政策效应评估［J］．中国农村经济，2019（1）：17-31.
［25］黄云，任国强，周云波．收入不平等对农村居民身心健康的影响——基于CGSS2015数据的实证分析［J］．农业技术经济，2019（3）：25-37.
［26］黄征学，高国力，滕飞，潘彪，宋建军，李爱民．中国长期减贫，路在何方？——2020年脱贫攻坚完成后的减贫战略前瞻［J］．中国农村经济，2019（9）：2-14.
［27］黄志平．国家级贫困县的设立推动了当地经济发展吗？——基于PSM-DID方法的实证研究［J］．中国农村经济，2018（5）：98-111.
［28］黄祖辉，刘桢．资本积累、城乡收入差距与农村居民教育投资［J］．中国人口科学，2019（6）：71-83，127-128.
［29］贾康．我国收入分配格局和企业负担问题辨析［J］．经济学动态，2018（3）：27-34.
［30］贾康．深化收入分配制度改革研究［M］．北京：企业管理出版社，2018.
［31］江春，向丽锦，肖祖沔．货币政策、收入分配及经济福利——基于DSGE模型的贝叶斯估计［J］．财贸经济，2018，39（3）：17-34.
［32］江求川．中国多维福利不平等与机会不平等研究［M］．北京：经济科学出版社，2018.
［33］孙久文，夏添．中国扶贫战略与2020年后相对贫困线划定——基于理论、政策和数据的分析［J］．中国农村经济，2019（10）：98-113.
［34］孔令文．性别收入差距问题研究新进展［J］．经济学动态，2018（2）：117-129.
［35］雷欣，贾亚丽，龚锋．机会不平等的衡量：参数测度法的应用与改进［J］．统计研究，2018，35（4）：73-85.
［36］李聪，刘若鸿，许晏君．易地扶贫搬迁、生计资本与农户收入不平等——来自陕南的证据［J］．农业技术经济，2019（7）：52-67.
［37］李丹，裴育，陈欢．财政转移支付是“输血”还是“造血”——基于国定扶贫县的实证研究［J］．财贸经济，2019，40（6）：22-39.
［38］李谷成，李烨阳，周晓时．农业机械化、劳动力转移与农民收入增长——孰因孰果？［J］．中国农村经济，2018（11）：112-127.
［39］李小云，于乐荣，唐丽霞．新中国成立后70年的反贫困历程及减贫机制［J］．中国农村经济，2019（10）：2-18.
［40］李莹．城乡居民收入流动对收入不平等的影响效应研究［J］．当代经济科学，2019，41（1）：47-55.
［41］黎煦，朱志胜，陶政宇，左红．回流对贫困地区农村儿童认知能力的影响——基于137所农村寄宿制小学的实证研究［J］．中国农村经济，2019（9）：70-87.
［42］梁文泉．不安居，则不消费：为什么排斥外来人口不利于提高本地人口的收入？［J］．管理世界，2018，34（1）：78-87，191-192.
［43］刘秉镰，边杨，周密，朱俊丰．中国区域经济发展70年回顾及未来展望［J］．中国

工业经济，2019（9）：24-41.
［44］刘灿雷，王永进，李宏兵．出口产品质量分化与工资不平等——来自中国制造业的经验证据［J］．财贸经济，2018，39（1）：101-117.
［45］刘海波，邵飞飞，钟学超．我国结构性减税政策及其收入分配效应——基于异质性家庭 NK-DSGE 的模拟分析［J］．财政研究，2019（3）：30-46.
［46］刘建民，欧阳玲，毛军．财政分权、经济增长与政府减贫行为［J］．中国软科学，2018（6）：139-150.
［47］刘蓉，寇璇．个人所得税专项附加扣除对劳动收入的再分配效应测算［J］．财贸经济，2019，40（5）：39-51.
［48］刘蓉，林志建．个人所得税新政对劳动收入分配效应的影响［J］．财政研究，2019（4）：63-74.
［49］刘雯．收入差距、社会资本与农户消费［J］．中国农村经济，2018（6）：84-100.
［50］刘新波，文静，刘轶芳．贫困代际传递研究进展［J］．经济学动态，2019（8）：130-147.
［51］卢洪友，杜亦譞．中国财政再分配与减贫效应的数量测度［J］．经济研究，2019，54（2）：4-20.
［52］卢洪友，王云霄，杜亦譞．城乡居民基本养老保险、家庭异质性决策和收入差距——基于风险分担的视角［J］．财政研究，2019（9）：94-107.
［53］卢盛峰，陈思霞，时良彦．走向收入平衡增长：中国转移支付系统“精准扶贫”了吗？［J］．经济研究，2018，53（11）：49-64.
［54］罗楚亮．高收入人群缺失与收入差距低估［J］．经济学动态，2019（1）：15-27.
［55］罗楚亮，李实．中国住户调查数据收入变量的比较［J］．管理世界，2019，35（1）：24-35，226.
［56］骆永民，樊丽明．宏观税负约束下的间接税比重与城乡收入差距［J］．经济研究，2019，54（11）：37-53.
［57］马小勇，吴晓．农村地区的扶贫更精准了吗？——基于 CFPS 数据的经验研究［J］．财政研究，2019（1）：61-73.
［58］梅冬州，陈金至，曹玉瑾．货币低估与收入不平等［J］．世界经济，2018，41（5）：53-75.
［59］潘文轩．税收如何影响了中国的国民收入分配格局？——基于资金流量表的实证研究［J］．财政研究，2018（11）：84-95.
［60］祁毓，杨春飞．公共债务的收入分配效应：理论机制与实证检验——基于跨国面板数据的经验证据［J］．财政研究，2019（2）：59-74.
［61］乔俊峰，陈荣汾．转移支付结构对基本公共服务均等化的影响——基于国家级贫困县划分的断点分析［J］．经济学家，2019（10）：84-92.
［62］沈冰清，郭忠兴．新农保改善了农村低收入家庭的脆弱性吗？——基于分阶段的分析［J］．中国农村经济，2018（1）：90-107.
［63］石大千．收入不平等影响经济增长的双边效应——机会不平等和努力不平等的不同

作用［J］. 财贸经济，2018，39（8）：35-49.
［64］孙华臣，焦勇. 制度扭曲与中国城乡收入差距：一个综合分解框架［J］. 财贸经济，2019，40（3）：130-146.
［65］孙早，刘李华. 不平等是否弱化了企业家精神——来自转型期中国的经验证据［J］. 财贸经济，2019，40（2）：131-146.
［66］史新杰，卫龙宝，方师乐，高叙文. 中国收入分配中的机会不平等［J］. 管理世界，2018，34（3）：27-37.
［67］汪德华，邹杰，毛中根. "扶教育之贫"的增智和增收效应——对20世纪90年代"国家贫困地区义务教育工程"的评估［J］. 经济研究，2019，54（9）：155-171.
［68］王超，刘俊霞. 中国反贫困工作40年历史演进——基于1979—2018中国反贫困政策的量化分析［J］. 中国农村经济，2018（12）：2-18.
［69］王浩名，岳希明. 贫困家庭子女受教育程度决定因素研究进展［J］. 经济学动态，2019（11）：112-125.
［70］武汉大学国发院脱贫攻坚研究课题组. 以产业发展保障贫困人口稳定脱贫的战略思考［J］. 中国人口科学，2019（6）：2-14，126.
［71］王曦璟，高艳云. 多维框架下的中国不平等测度及分解［J］. 统计研究，2018，35（2）：53-65.
［72］王轶，詹鹏，姜竹. 城镇化进程中失地农民与城镇居民和未失地农民收入差距研究——基于北京地区的调查数据［J］. 中国农村经济，2018（4）：121-139.
［73］王一鸣. 改革开放以来我国宏观经济政策的演进与创新［J］. 管理世界，2018，34（3）：1-10.
［74］王勇，沈仲凯. 禀赋结构、收入不平等与产业升级［J］. 经济学（季刊），2018，17（2）：801-824.
［75］王卓，时玥. 彝族贫困代际传递现状及影响因素研究［J］. 中国人口科学，2019（3）：103-113，128.
［76］吴本健，葛宇航，马九杰. 精准扶贫时期财政扶贫与金融扶贫的绩效比较——基于扶贫对象贫困程度差异和多维贫困的视角［J］. 中国农村经济，2019（7）：21-36.
［77］吴万宗，刘玉博，徐琳. 产业结构变迁与收入不平等——来自中国的微观证据［J］. 管理世界，2018，34（2）：22-33.
［78］向德平，黄承伟. 中国反贫困发展报告（2018）：公益慈善扶贫专题［M］. 武汉：华中科技大学出版社，2019.
［79］谢申祥，刘生龙，李强. 基础设施的可获得性与农村减贫——来自中国微观数据的经验分析［J］. 中国农村经济，2018（5）：112-131.
［80］邢成举，李小云. 超越结构与行动：中国特色扶贫开发道路的经验分析［J］. 中国农村经济，2018（11）：32-47.
［81］姚玉祥，吴普云. 中国城镇化的收入分配效应——理论与经验证据［J］. 经济学家，2019（9）：5-14.
［82］杨灿明，孙群力. 中国居民财富分布及差距分解——基于中国居民收入与财富调查

的数据分析［J］. 财政研究，2019（3）：3-13.
［83］杨沫. 新一轮个税改革的减税与收入再分配效应［J］. 经济学动态，2019（7）：37-49.
［84］杨森平，刘树鑫. 间接税对我国城乡居民收入的调节："正向"还是"逆向"？［J］. 财政研究，2019（1）：116-129.
［85］杨艳琳，付晨玉. 中国农村普惠金融发展对农村劳动年龄人口多维贫困的改善效应分析［J］. 中国农村经济，2019（3）：19-35.
［86］余航，周泽宇，吴比. 城乡差距、农业生产率演进与农业补贴——基于新结构经济学视角的分析［J］. 中国农村经济，2019（10）：40-59.
［87］余锦亮，卢洪友. 收入不平等与公众环保偏好［J］. 经济学动态，2019（11）：50-67.
［88］余泳泽，潘妍. 高铁开通缩小了城乡收入差距吗？——基于异质性劳动力转移视角的解释［J］. 中国农村经济，2019（1）：79-95.
［89］岳树民，杨鹏展，徐从超. 居民住房房地产税免税扣除方式的效应分析——基于中国家庭收入调查数据的微观模拟［J］. 财贸经济，2019，40（1）：36-52.
［90］曾亿武，郭红东，金松青. 电子商务有益于农民增收吗？——来自江苏沭阳的证据［J］. 中国农村经济，2018（2）：49-64.
［91］张超，孙艺夺，孙生阳，胡瑞法. 城乡收入差距是否提高了农业化学品投入？——以农药施用为例［J］. 中国农村经济，2019（1）：96-111.
［92］张栋浩，尹志超. 金融普惠、风险应对与农村家庭贫困脆弱性［J］. 中国农村经济，2018（4）：54-73.
［93］张国建，佟孟华，李慧，陈飞. 扶贫改革试验区的经济增长效应及政策有效性评估［J］. 中国工业经济，2019（8）：136-154.
［94］张凯强. 转移支付与地区经济稳定——基于国家级贫困县划分的断点分析［J］. 财贸经济，2018，39（1）：54-69.
［95］张磊，韩雷，刘长庚. 中国收入不平等可能性边界及不平等提取率：1978—2017年［J］. 数量经济技术经济研究，2019（11）：81-100.
［96］张楠，邹甘娜. 个人所得税的累进性与再分配效应测算——基于微观数据的分析［J］. 税务研究，2018（1）：53-58.
［97］张原. 中国对"一带一路"援助及投资的减贫效应——"授人以鱼"还是"授人以渔"［J］. 财贸经济，2018，39（12）：111-125.
［98］赵德昭. FDI 对农村剩余劳动力转移的影响：集聚抑或是扩散［J］. 财贸经济，2018，39（1）：118-131.
［99］赵磊，张晨. 旅游减贫的门槛效应及其实证检验——基于中国西部地区省际面板数据的研究［J］. 财贸经济，2018，39（5）：130-145.
［100］赵勇智，罗尔呷，李建平. 农业综合开发投资对农民收入的影响分析——基于中国省级面板数据［J］. 中国农村经济，2019（5）：22-37.
［101］郑新业，张阳阳，马本，张莉. 全球化与收入不平等：新机制与新证据［J］. 经济

研究，2018，53（8）：132-146

[102] 周广肃，樊纲，李力行．收入差距、物质渴求与家庭风险金融资产投资［J］．世界经济，2018，41（4）：53-74.

[103] 周广肃，樊纲，马光荣．收入不平等对中国家庭可见性支出的影响［J］．财贸经济，2018，39（11）：21-35.

[104] 朱盛艳，李瑞琴．基本公共服务可获得性的农村贫困效应检验：基于增长效应与分配效应的双重审视［J］．农村经济，2019（8）：60-67.

[105] 朱诗娥，杨汝岱，吴比．中国农村家庭收入流动：1986—2017年［J］．管理世界，2018，34（10）：63-72.

[106] 邹薇，方迎风．反贫困的中国路径：基于能力开发的视角［M］．武汉：武汉大学出版社，2019.

[107] Luo C. L.，Li S，Sicular T. The long-term evolution of income inequality and poverty in China［J］. WIDER Working Paper Series，2018.

[108] Fan Z ，Zou W. Private Transfer Payments，Inequality，and Poverty：From the Perspective of Households［J］. Sustainability，2019，11（21），5872.

[109] Gao Y ，Zang L，Sun J. Does computer penetration increase farmers' income? An empirical study from China［J］. Telecommunications Policy，2018，42（5）：345-360.

[110] Gong B. L. Agricultural reforms and production in China：Changes in provincial production function and productivity in 1978-2015［J］. Journal of Development Economics，2018，132：18-31.

[111] Guo Y ，Song Y ，Chen Q . Impacts of education policies on intergenerational education mobility in China［J］. China Economic Review，2019.

[112] Han X. H.，Yuan C. Does the "missing" high-income matter? -Income distribution and inequality revisited with truncated distribution［J］. China Economic Review，2019（57）：101337.

[113] Justin L . China's growth miracle in the context of Asian transformation［J］. Wider Working Paper，2018.

[114] Li L. Y. Financial inclusion and poverty：The role of relative income［J］. China Economic Review，2018，52.

[115] Nanak K ，Li S，Wang X. B.，et al. Evaluating the effectiveness of the rural minimum living standard guarantee（Dibao）program in China［J］. China Economic Review，2018，53：S1043951X18301007-.

[116] Qiu L J，Zhao D X. Urban inclusiveness and income inequality in China［J］. Regional Science and Urban Economics，2019，74.

[117] Terry S ，Luo C L.，Li S . Urban inclusiveness and evolution of income inequality and poverty in China［M］. World Institute for Development Economic Research（UNU-WIDER），2018.

[118] Song Y, Zhou G S. Inequality of opportunity and household education expenditures: Evidence from panel data in China [J]. China Economic Review, 2019, 55.
[119] Yang Y , Fu C . Inclusive Financial Development and Multidimensional Poverty Reduction: An Empirical Assessment from Rural China [J]. Sustainability, 2019, 11 (7).

第三章　资源、环境与经济发展

杨　颖　李莹仪　李　疑　孙永平
（湖北经济学院）

传统环境经济学主要以发达国家为研究对象，对发展中国家的环境问题研究甚少；传统发展经济学更加注重如何实现经济起飞和经济增长，在很大程度上忽视了发展中国家的环境问题。在新的国际化和全球化背景下，发展中国家的环境问题远不同于发达国家同等收入阶段的环境问题，逐渐成为新的关注和研究焦点，其中中国学者为发展中国家的环境问题做出了重要学术贡献。

第一节　研究综述

本章尝试对2018—2019年相关文献进行梳理，以厘清研究思路，并指出将来的研究方向。具体包括环境经济学、资源经济学和气候变化经济学三个方面。

（一）环境经济学

1. 环境污染对经济的影响

中国经济在长期高速增长的同时，付出了高昂的环境代价。中共第十九次全国代表大会做出了推进绿色发展的新部署：构建绿色发展的法律体系、生产体系、消费体系、技术体系、金融体系、能源体系和生态体系，构建包括市场化、多元化生态补偿机制在内的绿色发展机制，构建国土空间开发保护制度和主体功能区配套制度，建立以国家公园为主体的自然保护地体系；建设人与自然和谐共生的现代化，还自然以宁静、和谐、美丽，为人民创造良好生产生活环境；倡导简约适度、绿色低碳的生活方式。在此背景下，众多学者们从环境污染对经济的直接或间接影响等方面考察环境与经济的交互作用，并提出新的观点。

（1）环境污染与居民生活

环境污染会对人口的流动产生显著影响，人口会从生态环境差的城市流向生态环境更好的城市。郑思齐等（2019）采用条件logit模型证实空气污染对于流动人口的就业选址具有显著的负向影响：流动人口的年龄越大、受教育水平越高、暴露在空气中的几率越高，其在选址时对空气污染的敏感性越高。李明和张亦然（2019）基于来华留学生与所在城市空气污染指数（API）匹配的数据进行的研究发现来华留学生对中国城市空气污染高度敏感：城市年均空气污染指数每上升1%，辖域内高校来华留学生平均减少3.85%，约合 12.9 人。空气污染导致人口迁移从而使得劳动力供给水平不均，所以应把污染防治作为“建设知识型、技能型、创新型劳动者大军”的重要举措，助力经济发展变革；同时还应当对不同空气污染敏感性的群体制定不同的有针对性的举措。

从家庭角度看，Zhang 和 Mu（2018）通过家庭购买口罩的需求出发，证实了空气污染对健康有负面影响。为了减少污染暴露，居民通常会采取补偿活动为自己创造更好的个人环境。而且居民对污染信息存在滞后反应，这可能是由动态规避行为或在线交易系统的滞后所造成的。从住房角度看，目前中国居民在选择住宅时更关注价格和位置，而不是绿色或环保特征，这就使得绿色房地产市场没有强劲的需求，开发商也缺少开发绿色住宅的动力，因此政府需加强居民对绿色住宅的了解以及提高居民社会信任度。从交通角度看，中国主要城市正在扩建地铁系统以解决日益恶化的空气污染和交通拥堵问题。Li 等（2019）利用北京市地铁线路量化了地铁扩建对空气质量的影响，发现地铁密度每增加一个标准差，空气质量就会提高 2%，从而降低了居民死亡率和发病率；地铁扩建 20 年的健康福利折扣总额达 10 亿~31 亿美元，然而这一收益只占总成本的 1.4%到 4.4%。从城市化角度看，它与 PM2.5 浓度呈倒 U 形关系：达到转折点后，城市化水平的提高会降低 PM2.5 污染物的排放，且其对环境的积极影响主要体现在工业污染控制的规模经济、家庭能源结构的优化和环境保护与控制的有效性等方面（Ji et al.，2018）。

（2）环境污染与收入差距

已有研究基本上都支持收入差距扩大不利于中国环境质量的事实。占华（2018）的实证分析结果表明，在考虑收入分配影响后，中国经济增长与环境污染的“倒 U”形特征依旧显著，且收入差距的环境效应具有显著的区域异质性：中国东部经济较发达地区以及收入差距较小地区的非线性特征明显，对于经济较落后的西部地区而言，收入差距扩大将增加污染排放。这可能是经济较落后地区居民的环保意识较弱，相应的环境规制力度相对不足；同时环境规制强度的差异使得经济较发达地区极易将高污染产业向经济较落后地区转移，而地区收入差距扩大将进一步催化上述行为。空气污染与收入差距之间互为因果的关系会带来内生性问题，但现存有关空气污染与收入差距的研究较少关注其内生性，这可能造成估计结果的偏误。因此王燕等（2019）创新性地采用逆温作为工具变量，对雾霾影响城乡收入差距的作用进行了再检验。雾霾污染通过影响受教育水平、健康状况对人力资本造成损害，显著地造成了收入的差异性：其中城镇居民健康人力资本受雾霾负向影响的程度以及对收入的影响作用均显著低于农村居民，从而进一步造成了城乡收入差距的扩大（陈诗一和陈登科，2018）。

（3）环境污染与创新

基于中国现有环境，公众的关注对绿色投资的增加有积极的影响。渠道分析的结果表明，公众呼吁促进地方政府执行更严格的环境法规，可以鼓励企业增加绿色投资（Liao and Shi，2018）。在个体层面，空气污染主要通过影响健康和情绪状况对个体创新水平产生负面作用，从而进一步通过降低个体的创新水平抑制企业以及城市的创新活力（杨金玉等，2019）。在企业层面，空气污染通过“工艺创新补偿效应”与“管理创新补偿效应”对企业的工艺创新和管理创新产生正向影响；而由于“资金挤出效应”与“人力资源损失效应”的存在，空气污染对企业研发投入产生负向影响。但在企业生产率、企业所在地市场化程度、企业所在城市规模不同时，空气污染对企业创新的影响存在或多或少的差异（罗能生等，2019）。因此在“新常态”经济建设下，寻求以创新为核心的高效型增长模式是实现经济增长和环境保护“双赢”目标的最优选择，如何引导其在“新常态”经济发展背景下探索清洁生产、提高创新水平是落实创新驱动发展战略的关键所在。

解决环境污染问题，主要还是依靠技术进步。其中，关键在于促进先进技术在行业内的迅速推广。政府应加大对能源技术创新的投入力度，注重培育能源科技人才，扶持节能、高效型产业的发展，并为节能技术的开发利用创造良好的政策环境，借此推动能源领域的供给结构性侧改革，强化技术创新对能源效率提升的驱动作用（白俊红和聂亮，2018）。比如在双寡头市场中，对于参与竞争的拥有降低污染治理成本技术的企业而言，固定费用的授权方式优于特许权收费，更有助于治污技术推广，污染排放总量较低以及社会福利提高，这也为国家推进环保技术的发展提供了新思路。

（4）环境污染与市场效率

市场一体化对地区污染物排放的影响机制比较复杂，不同污染物形成原因和治理手段的不一致、不同区域的发展差异，导致市场一体化对污染排放的非线性影响结果依赖于样本的时间阶段、地区差异以及污染物种类的变化（孙博文，2018）。林伯强和谭睿鹏（2019）使用非径向方向距离函数在超效率 DEA 框架下构建能够评价中国地级及以上城市的绿色经济效率指标，发现经济集聚程度合理时，其对绿色经济效率的影响是正向的（主要表现出集聚效应）；当经济集聚程度大于临界值时，其影响是负向的（主要表现出拥堵效应），且主要是通过基础设施、劳动力市场高级程度以及环境规制起到先促进后抑制的作用。白俊红和聂亮（2018）将环境变量纳入能源效率分析框架内，采用 EBM-DEA 模型测算了中国各地区能源效率，研究结果显示，与未考虑环境污染相比，环境约束下的能源效率对经济发展方式转变的影响更为明显。

2. 环境规制对经济的影响

传统的新古典理论认为，在企业的资源配置、技术水平和消费需求给定的情况下，污染将引致更为严格的环境规制。由于环境污染具有外部不经济性，需要政府制定相应政策对生产主体的经济活动进行调节（罗能生等，2019）。环境规制在环境治理问题上起到的作用不容小觑，那么它究竟是如何以及从哪些方面对国家经济的发展产生影响，这也是学者们研究的热点问题。

（1）环境规制与传导机制

张丹和陈乐一（2019）运用动态面板门槛技术对环境规制与经济波动之间的直接效应及产业结构升级效应进行实证检验，发现环境规制对产业结构升级及经济波动的作用存在技术创新门槛，跨过技术创新门槛值后，加强环境规制可通过促进产业结构合理化或高级化熨平经济波动。进一步细分后，杜龙政等（2019）研究了环境规制与我国工业绿色竞争力提升的关系，发现两者之间呈现 U 形曲线关系。在此基础上加入治理转型，产生了初步复合效应，证明其对工业绿色竞争力的作用是积极的；再加入治理转型与研发交互项，产生了深度复合效应，进一步加速了环境规制拐点的到来。从“本地-邻地”角度来看，环境规制对邻地绿色技术进步表现出倒 U 形作用效应，且峰值在城市经济圈 300 千米地域内。这很可能是由于高环境规制地区易引致污染产业向邻地转移，短期邻地产业承接会提高其收入水平促进绿色技术进步，但长期污染产业转移会影响邻地产业朝绿色技术方向转变（董直庆和王辉，2019）。与之佐证的有 Chen 等（2018）对长江流域工业活动造成水污染的研究：我国空间差异化的水污染监管导致了高监管地区污染密集型活动的下降，而这种活动可能已经转移到监管较少的地区。

王勇等（2019）通过计算不同机制路径对行业加总生产率增长的贡献发现，环境规制主要通过企业间效应影响加总生产率增长。从影响路径来看，环境规制抑制了企业生产率增长，但促进了高生产率企业的规模扩张和低生产率企业退出，优化了企业间的资源配置。针对较大规模企业，环境规制主要驱动的是企业更替效应，而针对较小规模企业，环境规制主要驱动的是市场份额效应。从时间维度上考虑，李鹏升和陈艳莹（2019）采用基于松弛的方向性距离函数的 Luenberger 生产率指数方法进行的研究发现环境规制短期内会降低企业的绿色全要素生产率，而长期内则会对企业的绿色全要素生产率产生促进作用，形成环境规制的动态绿色全要素生产率效应。

（2）环境规制与市场竞争力

在两控区政策压力下，高生产率的企业产品转换率的增速降低，即转换的意向有所降低，其更可能集中于现有产品的内在创新以提高竞争优势。企业会在规制约束下根据产品污染密集度差异调整产品组合，而这一行为可能会在环境规制对产品质量的影响中产生调和作用，也就是说环境规制诱致的产品转换行为发挥了“破坏性创新”的积极作用（韩超和桑瑞聪，2018）。这种影响主要基于创新下降和价值提升两种力量综合作用的结果：创新下降源于环境规制成本对创新资源的侵占，价值提升源于创新驱动力量的贡献（杜龙政等，2019）。

随着环境规制强度不断增加，如果在一般均衡状态下，因为短期管制加强带来的成本，一些企业将退出市场，使得存活企业面临的竞争降低，企业预期利润上升，进而增加研发投资，因此生产率会恢复到环境管制之前或提升到比之前更高的水平（刘悦和周默涵，2018）。此外，虽然加强管制的成本被消费者承担，但由于环境改善给消费者带来正的效用，消费者福利并不一定会降低。因此对政府来说，存在一个最优的环境规制水平，这一环境规制水平保证企业竞争力不受影响，但居民的效用水平会上升。

行业污染密集度越高，环境立法对企业出口决策的负向作用越大，对出口数量的正向作用越强（盛丹和李蕾蕾，2018）。Shi 和 Xu（2018）发现更严格的环境法规降低了企业出口的可能性，也减少了出口量，并且国有企业和位于中国中西部地区的企业受到的影响最小。从外商投资对环境的影响上来看，Ning 和 Wang（2018）考察了外商直接投资和污染强度的空间性，以及它们与当地产业结构的相互作用，外商直接投资给投资城市带来了环境资本，具有正向外溢效应，降低了污染强度；在改善其环境绩效方面，城市从邻近地区获得的外商直接投资也比从本国城市获得的外商直接投资获益更多，从而表明环境资本在区域间流动。

（3）环境规制绩效

与工业化国家的环境管理机构一样，发展中国家的环境管理机构主要依靠两种手段：指挥和控制政策及以市场为基础的手段（Blackman et al.，2018）。在我国，收缴排污费和增加环保财政支出都倒逼企业提高研发强度，进而推动绿色技术创新，且两者对绿色技术创新的促进作用均呈现由弱变强的门槛效应。反之，严厉的行政处罚阻碍绿色技术创新；不管规制强度如何，地方性法规对绿色技术创新并无显著影响，这说明依靠环境规制推动绿色技术创新的关键在于规制工具的选择。齐绍洲等（2018）同样指出市场型环境规制与命令型环境规制的差异在于前者赏罚分明，可能更容易诱发企业绿色创新的决策，后者大多运用惩罚措施，对企业绿色创新的激励作用可能不够。因此，财、税、费等市场调控类环境规制工具更适合我国国情（郭进，2019），除此以外，政府补偿机制也被证明是一种行之有效的方法：渐进递增的环保税及政府补偿率的环境政策组合，可以实现经济持续增长、环境质量提升和收入分配格局改善的三重红利。但值得注意的是，过早或过高地实施政府补偿政策，不仅抑制经济增长速度，也延缓了收入分配格局的改善进度；过晚或过低地实施政府补偿政策，导致收入分配格局失衡，产生新的环境不公平问题，增加环境治理的阻力（范庆泉，2018）。除政府等行政机关外，银行等金融机构出台的环保政策也会对企业的经营行为产生一定影响，苏冬蔚和连莉莉（2018）发现2012年《绿色信贷指引》正式实施以来，重污染企业的有息债务融资和长期负债均显著下降且高排放地区国有大型企业的降幅最大，新增投资也显著减少，表明绿色信贷具有显著的融资惩罚效应和投资抑制效应。

中国大气污染治理的困境可以总结为污染物存量大、环境自净能力低、污染产业比重高等环境遗留问题和大气污染物空间外溢带来的污染治理的“反公地悲剧”问题，而法律法规的可操作性差又导致“反公地悲剧”问题和环境遗留问题无法得到有效解决（胡志高等，2019）。中央绿色发展理念能否切实转化为地方环境质量的改善，很大一方面取决于作为污染主体的企业和监管主体的地方政府面对中央环保政策时的回应策略。尽管中央环境考核制度日趋严格，但环境质量数据的不透明与可操纵性削弱了考核制度对地方官员环境治理动机的提升作用（张琦等，2019）。方颖和郭俊杰（2018）发现我国地方政府出于保护当地经济增长从而放松环境管制，并对政治关联企业给以环境“软约束”，因此环境违法成本过低。反映在微观层面，当高污染企业给地方经济增长带来较大贡献时，出于经济绩效考核的激励，其对环境造成的破坏可能得到地方政府的默许，从而弱化环境规制的执行。污染企业对地方经济的贡献越大，意味着其对政府的议价能力越强，能够得到的环境规制的豁免程度也越高（李鹏升和陈艳莹，2019）。沈坤荣和金刚（2018）基于国控监测点水污染数据发现，河长制达到了初步的水污染治理效果，但并未显著降低水中深度污染物，这也揭示了地方政府治标不治本的粉饰性治污行为。在地方政府税收竞争中，污染治理的正外部性使得与空间相关的地方政府采取“搭便车”的财政政策。不仅如此，为了扩大税基，弥补财政收支差距，地方政府可能会竞相降低环境质量标准，放松环境控制（Bai et al.，2019），甚至可能以牺牲环境质量为代价，为了一些高税收、大污染企业来整合地方税收资金。

（二）资源经济学

随着世界经济的飞速发展、自然资源的耗竭和环境问题的日益突出，世界各国对资源、环境和经济问题越来越关注。环境、经济和资源可持续发展的问题已成为当今各国学者和政府研究的重要内容，当前资源经济学的相关研究已成为热点。资源经济学是研究自然资源环境政策的一门应用经济学。它利用经济学理论和定量分析的方法来揭示、分析、评价和指导制定关于自然资源和环境方面的政策。2018—2019 年，国内学者在对现有研究成果进行系统梳理和拓展的基础上，围绕自然资源禀赋、资源型城市转型升级等问题进行了深入研究。

1. 资源禀赋与经济增长

自然资源禀赋是指一个国家或地区能够用于社会经济发展的自然资源数量。资源对经济增长是“诅咒”还是“福音”，目前已有许多研究且专家学者众说纷纭。对于大多数国家和地区而言，丰富的资源会阻碍而不是促进经济的长期增长。我国许多学者从不同的角度，使用各种理论和方法对“资源诅咒”进行了讨论，这也是资源经济学的一个热门话题。

现有关于资源丰裕如何影响经济发展的研究更多强调自然资源与纯经济增长的关系，往往忽略了资源丰裕对绿色可持续发展的影响，鲜有研究资源对可持续发展的影响，资源丰裕的城市可能面临更为严重的资源和环境问题。李江龙和徐斌（2018）从经济绿色增长转型以及资源与可持续发展的关系这一视角出发，研究了资源丰裕程度对绿色经济增长的影响机制和传导途径并证实资源丰裕会对该地的绿色经济增长造成“诅咒”。曹春方等（2018）认为市场分割对地方国企表现出支持之手，提高了地方国企，尤其是本地化地方国企的产品市场竞争地位；文章为“资源诅咒”理论提供了新证据，验证了市场分割——这一具体政府行为的“资源诅咒”效应，发现市场分割虽然对国企表现出资源和市场保护的支持之手，但也抑制了国企的创新，长期来看可能是得不偿失的。

资源禀赋还会对一国的贸易产生影响，目前许多文献主要关注二元特征因素对贸易的影响，二元层面强调的是经济交换的二元特征，如贸易两国之间的资源禀赋、地理距离等差异。乔长涛等（2019）在二元层面基础上引入体系层面的结构因素来考察二元层面和体系层面结构因素对农产品贸易的影响及其相互作用机制，同时拓展了资源禀赋对发展中国家农产品贸易影响的讨论，并得出结论：中国的农产品贸易策略应考虑结构因素的影响，以充分发挥本国的资源禀赋优势。

关于领导干部受托环境责任的绩效考核，从 2018 年开始于全国范围内推广领导干部自然资源资产离任审计。黄溶冰等（2019）采用双重差分模型估计自然资产离任审计对空气质量改善的因果效应。通过试点城市与非试点城市对比，研究发现自然资源资产离任审计长期而言有助于促进空气质量的持续改善。

2. 资源型城市可持续发展

资源型城市是指因自然资源的开采而兴起或发展壮大，且资源性产业在工业中占有较大份额的城市，是我国国民经济持续健康发展的重要支撑。由于大多数资源型城市高度依赖矿产资源的开采和加工，而资源型产业又具有典型的高耗能、高排放特征，伴随着我国节能减排工作的持续推进，如何实现经济与资源环境间的协调发展是许多资源型城市面临的严峻问题。

秦炳涛等（2019）基于层次分析法构建了资源型城市可持续发展的评价模型，以我国 115 个资源型地级市为研究对象，发现可持续发展状况较好的城市主要分布在东北地区以及中东部地区。再生型城市的平均可持续发展得分最高，衰退型城市可持续发展得分最低；铁矿资源城市可持续发展得分最高，其次是油气资源城市；相对于其他层次，资源层可持续发展的程度较高，环境层最低。李虹和邹庆（2018）基于资源型城市与非资源型城市的对比分析，深入探讨了环境规制、资源禀赋对城市产业转型的门槛特征以及变量间的数量关系；对于资源型和非资源型城市，无论产业结构合理化还是高级化，环境规制、资源禀赋均对其存在显著的门槛效应。傅佳莎等（2019）针对政府关于资源型城市的政策规划的有效性展开分析，从国务院颁布的《全国资源型城市可持续发展规划（2013—2020年）》（以下简称《规划》）出发，利用PSM-DID来评估《规划》对资源型城市经济增长产生的影响，研究发现《规划》并未有效推动资源型城市地区生产总值的快速增长。

从我国目前的发展情况来看，产业结构转型升级会逐步降低对资源的过度消耗及对环境的破坏，因此产业结构转型是实现资源型城市经济可持续发展的关键。我国是世界上最大的矿产资源开发利用国家之一，如何降低矿产资源开发利用过程中对环境造成的影响程度是我国当下需攻克的关键性课题。而目前对于矿产资源开发利用环境效应问题尚未形成系统的理论模型和计量分析方法。在已有研究的基础上，高苇和李永盛（2018）从空间视角考察不同类型矿产资源开发利用带来的环境效应，并构建空间杜宾面板数据模型，深入地探究异质性矿产资源开发利用对生态环境影响的差异。研究证实了矿产资源开发利用对环境具有负面影响，但不同类型矿产资源的影响存在差异，环境污染存在区域相关性。例如我国的长江经济带矿产资源种类丰富、储量大，资源禀赋较好，吸引了生产要素不断快速流入，进而继续放大了总集聚效应，导致矿产资源密集区的资源掠夺式开发以及产业结构的单一化。这种对资源高度依赖且产业结构不平衡的发展模式加剧了资源开发利用的环境影响。成金华和彭昕杰（2019）发现长江经济带主要矿业城市经济发展过于依赖矿产资源开发，产业结构“偏重化”特征明显，企业结构也存在失衡的状况，给生态环境保护带来了更大的压力。长江经济带应推动资源产业转型升级，调整矿业城市产业结构，减少布局性和结构性风险，从而有效推动资源开发与环境保护相协调。

3. 化石能源与经济发展

在全球化大背景下，未来中国能源需求的变化关系到国际能源产业的投资规模，国际能源价格的变动，以及全球的气候变化问题。国内许多学者开始关注产业结构转型对我国未来能源需求走势的影响。

影响经济发展的一个重要因素是资源配置效率，文东伟（2019）在目前资源错配的研究基础上，构建了一种既能测度资源错配程度又能反映资源错配方向的测度方法。研究发现降低资源错配程度，提高资源配置效率，对进一步释放出中国经济增长的潜力，实现中国经济的持续快速增长具有较为重要的意义。郑新业等（2019）在结构法的基础上，基于我国当前现实条件，对能源需求走势评估方法进行了修正，并且从产业结构内部尤其是高耗能行业的发展视角来考察未来能源需求走势。研究发现若不考虑产业结构优化，中国能源需求会被高估，若将高耗能行业的比重变化纳入对能源需求走势的评估之中，我国能源需求在未来年份将维持在一个比较稳定的水平。近年来，我国能源密集型产业的能源消耗和碳排放问题备受关注。Tan等（2018）将指标分解分析（IDA）和生产理论分解分析（PDA）结合起来全面分析导致我国能源密集型产业能源强度下降的主要因素。总体来看，与能源强度下降相关的因素有7个，其中技术改进效果是最显著的因素。技术效率效应也导致我国能源密集型产业能源强度下降，但对部分省份的影响为负。就中国整体而言，用能源替代劳动力的现象应该停止，提高能源价格是一种选择。

发展中国家的能源供应危机比发达国家更为严重，如何摆脱经济增长对能源消费的拉动，如何使经济增长与能源消费脱钩是发展中国家迫切需要解决的问题。为了促进全球能源经济的可持续发展，许多国家、地区将实现经济发展与能源消费的强脱钩视为政策目标。Wu等（2018）利用IGT解耦模型，对比发达国家和发展中国家全球经济增长和能源消耗的脱钩趋势，从技术进步、产业结构和经济增长方式三个方面探讨了脱钩指数存在差异的原因：技术进步因素对脱钩指数的影响最大，其次是产业结构和经济增长方式；在发展中国家，产业结构和经济增长方式对脱钩指数的影响大于技术进步。此外，发达国家的能源消费总量虽然大，但能源效率高，所以脱钩指数远远高于发展中国家。因此我们要因地制宜，扬长避短，利用当地能源特点解决不同国家经济发展问题。

（三）气候变化经济学

随着我国收入水平的不断提升，我国的主要经济结构也发生了转变，处于从高能耗高排放的制造业向低能耗低排放的服务业转型阶段，由此环境问题会得到一定的缓解，但是与环境恶化同根同源的气候变暖成为全球的挑战（林毅夫，2019）。气候变暖不仅会造成海平面上升，对沿海城市造成极大影响，同时还会导致极端气候的增加，从而给人民的生活带来威胁。中国作为一个大陆型国家，由气候变暖带来的不良影响只能由自己承担，因此如何采取措施有效地进行节能减排成为我国亟待解决的问题之一。近年来，我国针对这一问题提出了多种政策方案，以期望从多方面入手协同解决这一问题。2018—2019年，许多国内学者针对目前已提出的方法所产生的效果进行了分析，并且在如何进一步改变气候变化对我国经济发展影响方面进行了拓展性研究。

1. 气候变化对经济的影响

IPCC（2018年）发表的关于采取行动确保全球变暖控制在高于工业化前水平1.5摄氏度的紧迫性的报告强调了当今世界面临的灾难性气候变化导致的重大风险。《BP技术展望（2018年）》报告预计到2040年，全球能源需求将会增长1/3，新增的能源需求大多由快速增长的发展中经济体所驱动，大多数新兴国家的经济增长源于传统能源的消耗。温室气体的排放也成为人们日益关注的焦点。人口激增，工业化日益发展，过度的温室气体排放都会导致气候的异常变化，从而影响国家经济的发展。研究表明，二氧化碳排放的强度是由投资的综合体现强度，即AEI决定的。在中国，城市二氧化碳的排放与经济增长呈单调增长的关系，中部地区对经济增长的拉动作用略小于东部和西部地区。这是由于二氧化碳排放的主要驱动力是工业产业，同时，中国城市在二氧化碳排放方面还存在着经济竞争和技术扩散（Meng and Huang，2018）。

虽然二氧化碳排放与经济增长存在正向关系，但这并不代表二氧化碳的排放量不需要控制。近年来，气候变化对社会经济的各个领域均产生了重大影响，大量学者对此进行了研究。对此类文献的梳理和归纳可以发现，气候变化对经济的影响主要体现在气候变化对经济增长、农业经济的影响等方面（罗良文等，2018）。在经济增长方面，通过对1998—

2007年间中国50万家制造业工厂的详细生产数据进行分析得出，温度与全要素生产率呈倒U形关系，劳动密集型企业和资本密集型企业都对高温敏感。到21世纪中叶，如果没有额外的适应措施出现，预计气候变化将使中国制造业的产出每年减少12%，这对中国和全球经济都将会是巨大的损失（Zhang et al.，2018）。对于全球经济而言，各国二氧化碳的排放存在空间相关性，同时，二氧化碳排放与收入之间也呈现倒U形关系（You et al.，2018）。

在农业方面，气候变化改变了一组气候变量的分布，包括温度、降水量、湿度、风速、日照时数和蒸发量，利用1980—2010年中国县级农业数据进行分析可以发现这些气候变量，特别是湿度和风速对作物生长至关重要，根据样本指标可以预测，到本世纪末，气候变化可能使中国水稻、小麦和玉米的产量分别下降36.25%、18.26%和45.10%（Zhang et al. 2017）。由此来看，减少二氧化碳的排放不论是对中国经济还是对全球经济发展而言都是十分有必要的。

2. 减排政策评估

党的十九届四中全会指出：生态文明建设是关系到中华民族永续发展的千年大计。我们在发展经济的同时，要以不破坏生态环境为底线，努力实现生态资本的增值；在保护生态的同时，也不能放慢经济发展的脚步，应努力实现经济的绿色发展。

（1）减排政策促进制造业服务化进程。首先，企业在“新常态”经济建设下，寻求以创新为核心驱动的高效型增长模式是实现经济增长和环境保护“双赢”目标的最优选择（罗能生等，2019），即为落实我国出台的减排政策，关键的步骤就是要促进技术的进步（杨莉莎等，2019）。通过对我国部分省份工业区进行的研究表明，提高产出技术是降低我国工业碳强度的最有效措施，增加能源利用生产率等也是降低工业碳强度的重要措施（Wang et al.，2018）。总体而言，从投入、产出和产业结构三个方面进行比较，中国低碳工业化在某些方面处于领先地位，但总体上还有差距，需要进一步加强技术创新、能源转型等方面的努力（史丹，2018）。缺乏足够的核心创新能力一直是制约中国产业发展的瓶颈，创新激励机制的不足影响了人力资本对创新成果的转化，创新协调体制也有待进一步提高（罗勇根等，2019），因此促进企业进行技术创新，关键是要加大对研发资金的投入力度以缓解“遵循成本”提升导致的创新抑制，特别是政策要向研发实力较强的大企业倾斜，从而发挥大企业的创新“领头羊”作用，激发形成自主创新和工业绿色转型的内在动力（邓慧慧和杨露鑫，2019）。目前，中国已成为世界制造大国，并且制造业的碳排放量占比较大，因此利用WIOD的世界投入产出表和环境账户数据，测算了制造业完全碳排放强度，并分析了投入服务化对制造业完全碳排放强度的影响，研究结果显示，投入服务化对降低中国制造业碳排放强度的作用明显大于发达经济体，由此说明中国可以通过提高制造业投入服务化水平来探寻协调制造业发展和资源环境约束的可行路径（黄玉霞和谢建国，2019）。

（2）减排政策促进生产工艺改革。针对我国的分权体制，在实践中央政府的环境政策时，地方政府在节能减排五年规划的环境考核压力下会有意识地进行污染转移，但是缺乏对边界城市环境治理的监督，会进一步推动边界污染效应的形成（龙文滨和胡珺，2019）。同时，通过对中国部分省份不同产业二氧化碳排放与技术进步之间关系的定量分析，认为在中国宏观经济层面基于技术进步的反弹效应平均为62%，实际减排率为2.1%，中国二氧化碳排放的反弹效应存在一定的区域性差异，但差异有逐渐收敛的趋势，因此现阶段解决中国碳排放问题需要全面推进，分步解决（杨莉莎等，2019）。在2007—2014年中国各省针对二氧化硫（SO_2）排污费调整了征收标准，尽管排污费征收政策受到了许多的质疑，但是这项政策仍然取得了显著的减排效果。此次排污费征收标准的调整不仅促使企业加强了污染末端治理，也激励企业加强前端预防的管控手段，在降低单位工业产出煤炭使用的同时，相应企业的生产工艺也得到了显著改善（郭俊杰等，2019）。

（3）减排政策促进出口企业发展。"入世"后的中国承接了全球价值链中最大份额的加工制造环节，出口了大量工业制成品，满足了全世界消费者的多样化需求，抑制了全球通货膨胀，为世界经济持续增长做出了贡献，却在此过程中加剧了本国的碳排放，使中国承受着巨大的国际压力（胡艺等，2019）。为树立绿色大国的国际形象，中国出台了一系列针对出口贸易的减排措施，减碳政策的实施对中国的制造业出口具有成本增加效应和创新促进效应（康志勇等，2018），经过调查发现适度的"减碳"政策强度可以使企业的创新促进效应超过成本增加效应，从而促进企业出口规模扩张。也就是说政策的强度是一个关键因素，只要实施适度的减碳政策，就可以起到促进中国出口的作用（康志勇等，2018）。因此政策制定者在制定碳减排政策时，应认真考虑区域差异和各因素之间内在的空间相互作用（Meng and Huang，2018）。

3. 碳市场研究

（1）碳市场对碳排放效率的影响。碳市场的建立对于碳排放起到了很好的抑制作用。在碳市场的建设中，设计合理的区域间碳排放权分配机制对于中国温室气体达峰目标的实现和减排成本的优化具有重要的理论与现实意义（钱浩祺等，2019），通过多因素碳排放权分配理论模型的计算，当考虑碳排放效率时，能源生产省份在生产侧核算下需要承担更多碳减排量。通过对38个两位数工业分行业数据构建非参数优化模型进行计算分析得出，用能权交易政策会带来较高的平均经济潜力和节能潜力。但是，考虑到部分行业可能会因为市场竞争而被挤出，要想用能权交易政策发挥最大效用就必须在实施时坚持市场交易为主，政府调控为辅的形式，保证用能权交易政策的稳定实施（张宁和张维洁，2019）。

（2）碳市场建设进程。由于全国的碳市场正处于起步阶段，宏观经济周期和企业的非理性交易是导致碳市场大幅波动的关键因素，同时，需要保证价量的联动稳定和价格的稳定机制，这样才能保证市场的持续理性交易（魏立佳等，2018）。碳排放权交易制度作为一种市场型的减排政策，能够有效降低二氧化碳排放，实现环境红利，因此将会是中国降低二氧化碳排放，实现低碳发展的重要措施。所以，我国必须加快完善碳排放权交易市场制度，建立全国碳排放权交易平台，发展多种形式的碳排放权交易，降低碳排放权交易成本，提升碳排放权交易效率，提高市场活跃性（黄向岚等，2018）。利用我国在七个省市开展碳排放权交易试点的准自然实验场景，从短期和长期角度检验碳排放权交易对企业价值的影响，基于《关于开展碳排放权交易试点工作的通知》公告日的事件研究发现，资本市场的投资者对于该事件在短期内做出了正向反应，特别是低碳强度企业的市场反应更为显著，表明碳排放权交易能够短期提高企业，尤其是低碳强度企业的价值，但是目前碳排放权交易机制中配额分配较为宽松，加之宏观去产能政策影响，导致配额供大于求，配额价格过低，从而碳排放权交易机制在现阶段没能实现经济红利（沈洪涛和黄楠，2019）。这一研究也给碳市场建设提供了积极的指导意见。

第二节　重要论文

1. 陈诗一，陈登科．雾霾污染、政府治理与经济高质量发展［J］. 经济研究，2018，53（2）：20-34.

研究背景：改革开放以来，经过多年持续高速增长，中国经济总量已经跃居世界第二，人均收入也步入了世界中等收入经济体行列。然而，多年来粗放式高速增长与 GDP 锦标赛的传统思维，导致中国经济增长出现了诸如投入要素浪费、经济效率不高、环境污染严重等一系列问题。严重的雾霾污染便是大自然向人类亮起的红灯，要想改善环境并提升经济发展质量，就必须对雾霾等环境污染进行彻底的治理，所以我们需要推进中国经济发展方式的根本转变与可持续高质量发展的协同。十九大明确中国特色社会主义事业的总体布局是包括生态文明建设在内的“五位一体”，将污染防治作为决胜全面建设小康社会的三大攻坚战之一，要求着力解决突出环境问题，持续实施大气污染防治行动，打赢蓝天保卫战，推进绿色发展。

基本结论：本文重点关注政府环境治理对雾霾减排和经济发展质量的双重影响，因此作者选取劳动生产率即人均产出作为经济发展质量的代理指标，使用 2004—2013 年中国 286 个地级及以上城市 PM2. 5 浓度这一雾霾污染数据并有效缓解其内生性，来分析雾霾污染、政府环境治理与中国经济发展质量之间的关系。首先，雾霾污染可以通过城市化进程来影响中国经济发展：城市化是推动经济质量提升的重要动力，并且可以在提升农业生产效率的同时，为其他行业发展提供劳动力，最终推动整体经济发展；其次，雾霾污染影响中国经济发展质量的另一重要机制是影响人力资本积累，它通过影响受教育水平、健康状况显著损害了人力资本的积累；最后，雾霾污染对大中城市的城市化进程与人力资本这两个传导机制中介变量的负面影响显著高于小城市，而且随着时间的推移负面影响不断上升。

主要贡献：第一，不同于绝大多数文献考察经济发展对雾霾污染的影响，本文首次系统地研究了雾霾污染对中国经济发展的影响，并从城市化和人力资本两个细分角度来分析雾霾污染对中国经济发展质量影响的具体传导机制；第二，本文首次构建了 2004—2013 年中国 286 个地级及以上城市 PM2. 5 浓度数据，从城市视角采用长时间序列来进行经济学研究；第三，在 ERA-INTERIM 栅格气象数据的基础上，结合大气数量模型构建空气流动系数，并将其作为雾霾污染的工具变量之一，以缓解潜在的内生性问题以及有效控制雾霾污染的空间溢出效应；第四，本文选取政府工作报告中与环境相关词汇出现的频数与比重来作为政府环境治理的代理变量和缓解雾霾污染内生性的第二个工具变量，并在两阶段最小二乘估计的统一框架下来全面探讨政府环境治理的雾霾减排和经济发展质量效应。

现实意义：第一，环境承载的容量是有限的，通过不断的污染排放来持续推动经济增长是不可持续的，今天的中国已然面临着环境质量严重恶化与经济发展质量堪需提升的双重挑战；第二，粗放式的经济增长方式是导致雾霾污染日益加重的罪魁祸首，雾霾污染又通过城市化进程与人力资本等渠道进一步影响中国经济发展质量。这种两难困境唯有通过执行合理有效的政府环境治理政策才能够得到根本上的破解。只有生产要素从低效率的高能耗高排放部门向高效率的低能耗低排放部门流动，全要素生产率和经济发展质量才能够不断提高，才能实现降低雾霾污染与实现经济发展方式向高质量发展持续转变的双赢目标。

2. 邵帅，张可，豆建民．经济集聚的节能减排效应：理论与中国经验［J］．管理世界，2019，35（1）：36-60，226.

研究背景：中国经济已步入“新常态”阶段，经济发展正逐渐由追求增长速度的粗放式模式向追求结构调整和环境效率的内涵式模式转变，而经济集聚和节能减排无疑已成为中国经济绿色转型发展过程中的两大“主旋律”。处于转型时期的中国经济正面临着能源消耗、二氧化碳排放与经济增长效率之间的权衡与协调，因此节能减排已经成为我国新时期经济可持续发展的战略需要。值得注意的是，经济集聚和节能减排分别作为中国经济转型发展的重要推力和目标函数，两者之间可能存在着不容忽视的内在联系。中国城市群经济的兴起，以及长江经济带、丝绸之路经济带等区域发展战略的提出和实施，可能通过经济要素的再配置而产生相应的集聚效应，进而对节能减排表现出双重影响。从我国的现实情况来看，城市群经济的兴起已经成为我国区域发展战略实施和城镇化加速推进过程中所催生出的经济集聚效应的基本表现。

基本结论：（1）经济集聚可能同时具有节能和减排的双重效应：经济集聚与碳排放强度及人均碳排放之间均存在典型的“倒 N”形曲线关系，当超过一定的阈值后，经济集聚就会表现出显著的减排效应；能源强度与碳排放强度及人均碳排放之间均存在典型的“倒 U”形曲线关系，表明即使经济增长对能源消费的需求有所增加，仍然可以通过能源结构的清洁化调整，在满足能源需求的同时促使碳减排目标得以实现。从理论上讲，经济集聚的节能减排机制主要源于经济集聚的技术溢出、设施共享、成本节约、集中监管和专业化分工等正外部性。（2）经济集聚对碳排放的影响机制存在直接影响和间接影响两种途径。能源强度与碳排放强度及人均碳排放之间存在显著的“倒 U”形曲线关系，当能源强度超过一定的临界值后会对碳排放产生抑制效应。一方面，经济集聚可以通过其各种正外部性直接对碳排放强度和人均碳排放产生减排效应；另一方面，经济集聚还会通过能源强度对碳排放产生间接影响。（3）经济集聚对碳排放强度和人均碳排放产生抑制效应的临界值存在差异，经济集聚对碳排放强度和能源强度产生影响的临界值也存在差异。在集聚经济视角下，节能目标相对减排目标更容易实现。（4）碳排放和能源强度均具有较强的时空依赖效应，即碳排放和能源强度既表现出时间维度上的路径依赖特征，同时也具有显著的空间溢出效应，节能减排政策的制定和实施必须形成有效的区域协同联动效应。

主要贡献：首先，本文将能源和碳排放要素纳入产出密度模型中，首次就经济集聚及能源强度在不同阈值条件下，对碳排放强度的影响效果及影响机制进行数理阐释，提出经济集聚与碳排放强度之间存在“倒 N”形曲线关系以及能源强度与碳排放强度之间存在“倒 U”形曲线关系的理论假说，规范地证明了经济集聚可能表现出节能和减排的双重效应。其次，本文采用 1995—2016 年中国多个省级地区的面板数据样本，基于中介效应的检验思路，并利用动态空间面板杜宾模型结合 Han-Phillips 广义矩估计（GMM）方法，对碳排放的时间滞后效应、空间滞后效应及模型的内生性问题同时进行控制，为提出的理论假说提供可靠的经验支持。最后，本文从生产和消费两个角度对碳排放指标进行细化度量，分别考察经济集聚对碳排放强度和人均碳排放的影响，获得了更为全面的经验证据。

现实意义：首先，当前中国正处于新型城镇化快速发展时期，城市群成为新型城镇化的主要空间形态，有关区域发展战略除具有促进内外经济大联通的作用外，还有利于经济活动的集中。因此，实施节能减排政策是中国走可持续发展道路的必然选择。其次，节能政策和减排政策应同步进行，减排目标的实现应以节能目标为前提。要想逐步实现经济发展与节能减排的“双赢”，当前所采用的以碳排放强度为碳减排目标的政策是符合中国现阶段国情的，但随着区域经济集聚水平的不断提高，未来应该适时将碳减排目标转换为以人均碳排放和碳排放总量为主。最后，要想有效实现节能和减排目标，就必须促进地区间的节能减排政策形成协同联动机制，并且建立长效机制以保持节能减排政策在时间上的持续性和连贯性。

3. 钱浩祺，吴力波，任飞州．从“鞭打快牛”到效率驱动：中国区域间碳排放权分配机制研究［J］．经济研究，2019，54（3）：86-102.

研究背景：中国政府提出了温室气体排放在2030年左右达峰、碳排放强度相较2005年下降60%~65%等减排目标。碳排放权总量控制与交易机制（碳市场）作为典型的数量规制政策，是中国政府所确定的推动低碳转型、统筹国内环境治理需求的主要政策工具。中国碳市场自2013年起首先在7个省市进行试点，并于2017年末正式启动全国范围的碳市场建设。碳市场的构建涉及总量设定、部门覆盖、初始配额分配、交易标的选择等若干政策要素，其中碳排放初始配额的分配往往是最具争议性的政策问题。以碳排放总量或者碳排放强度作为分配依据，容易产生“鞭打快牛”的逆向选择结果。中国碳市场现阶段的制度设计仍然有改进空间，要考虑在无偿分配条件下将区域总量控制与排放效率最优化作为双重目标来约束，就要解决“基线法”所无法实现的效率最优和总量控制的双重目标。基于上述考量，本文着力于探讨如何通过基于效率的分配框架解决总量控制与排放效率最优化的双重目标。

基本结论：（1）本文提出了一个考虑碳排放效率异质性的区域间碳排放权分配机制，所构建的理论框架明确了区域间碳排放权分配的主要影响因素及作用机制：碳减排总量和碳排放强度的上升将减少碳排放权分配额，历史排放量上升将增加碳排放权分配额，而碳排放效率越高的地区则将获得更多的碳排放权分配额。（2）本文构建了我国区域低碳专利数据库，使用低碳专利申请数据作为代理变量来更为准确地表征不同地区的碳排放效率水平高低，实证结果表明国内低碳专利技术发展提升了各地区的碳排放效率，而国外低碳技术存在负向的技术溢出效应。（3）碳交易试点市场的建立提升了相应地区的碳排放效率。同时，相对于基于产出和基于排放这两种碳排放权分配机制，基于多因素的分配机制将大大减少经济效率扭曲。（4）基于消费侧和生产侧的碳减排量分配存在一定的地区差异：能源生产省份在基于生产侧责任核算下将承担更多的碳减排量，而电力调入省份在基于消费侧责任核算下将承担更多的碳减排量。

主要贡献：构建了一个将碳排放效率纳入碳排放权分配标准的理论框架，并利用实证分析方法将这一理论框架应用于实际的地区间分配：第一，碳排放权分配的理论框架能够明确历史排放、产出水平、碳排放效率等因素与碳排放权分配额之间的影响机制。第二，利用最新的低碳专利数据库来测度不同地区的碳排放效率，明确了低碳技术的进步路径，同时也验证了理论框架的可行性。第三，本文所提出的分配机制不仅可以应用于省市级层面的效率测算与配额分配，而且适用于在微观企业层面对企业排放效率进行测算，从而优化企业的碳排放权分配。

现实意义：第一，我国在考虑碳排放权分配时，要综合考虑产出、历史排放以及技术效率等因素的影响，基于单一指标的分配方式容易产生“鞭打快牛”的现象，带来额外的效率损失。第二，低碳技术的研发力度增大会显著促进低碳技术进步，在优化的多因素分配框架下也可以获得更多排放许可，从而获得收益。第三，基于消费侧还是生产侧来分配碳排放权会使部分地区产生较大的分配差异，在实践过程中需要充分考虑其对区域公平所产生的影响。第四，本文提出的分配机制可以扩展到微观企业层面对企业排放效率进行测算，从而优化企业的碳排放权分配。

4. 张宁，张维洁．中国用能权交易可以获得经济红利与节能减排的双赢吗？[J]．经济研究，2019，54（1）：165-181.

研究背景：中国经济已经由高速增长阶段转向高质量发展阶段，传统的以能源消耗为代价的增长模式对于经济的拉动已显乏力。化石能源主导的能源消费结构不但消耗大量资源，还造成大气污染等环境问题，严重影响经济的可持续发展和人民的生活质量。为此，选择合理有效的环境政策，实现经济、能源与环境的协调发展已经成为目前需要解决的重大问题。为了实现节能减排，中国政府开始注重源头投入治理，“十三五”时期提出了控制能源消费总量和能源强度的“双控”目标。为了实现该目标，中国政府开创性地提出了“用能权交易制度”，在浙江、福建等省份开展用能权有偿使用和交易试点。约束性节能目标和实施用能权交易是中国控制工业能耗的两大政策，分别属于命令控制型环境政策和基于市场的环境政策。哪种政策能实现经济增长和节能减排的双赢发展，一直是存在争议的话题。基于此，本文将研究对象聚焦在 38 个工业分行业层面，从整体层面和分行业层面对用能权交易政策下中国工业的经济潜力和节能潜力进行探讨。

基本结论：(1) 从工业层面来看，用能权交易政策和命令控制政策均能产生高于实际水平的潜在工业总产值和低于实际水平的潜在能耗；相比而言，用能权交易政策有更高的平均经济潜力和更大的平均节能潜力。(2) 用能权交易政策对关乎国计民生和基础服务的行业有较大的经济潜力诱发作用，对能源需求较高的行业有较大的节能促进作用。(3) 由于市场主体追逐利益的本质，完全市场化的用能权交易政策会使某些行业为了增加经济利益而过度购买用能权，从而会挤出一些节能潜力。(4) 工业在经济结构中占比越低，科技研发投入比重越高，政府对治污的投入比重越高，越有利于提高能源效率。

主要贡献：(1) 本文突破以往关于经济潜力和节能减排潜力的文献中对碳税政策、区域性排放目标约束的限制，从用能权交易这一创新性政策入手进行研究。(2) 本文利用 2006—2020 年 38 个两位数工业分行业数据，分别构造命令控制型和用能权交易型的非参数优化模型，对两种政策下中国工业的经济潜力和节能潜力进行反事实模拟估计，一定程度上弥补了能源经济学中关于能源许可证交易政策研究的不足。

现实意义：(1) 不同行业平均经济潜力和节能潜力的差异对用能权交易政策的初始

能源配额分配有一定的指导作用，即对关乎国计民生的行业适当提高能源初始配额，对于高能耗行业适当收紧能源配额的分配。（2）用能权交易政策下六大高能耗行业的经济潜力占所有行业经济潜力的比重达 48.8%，但整体节能潜力仅占所有行业节能潜力的 34%，必须加快高能耗行业的技术创新或引进国外先进技术，才可能让其在交易政策中持续释放更大的经济潜力。（3）为了使用能权交易政策的实施更有效地协调经济增长和节能减排，政府适度的管制也是必不可少的，中国政府应该发挥主观能动性，设计出两种政策可适度结合的、适应中国国情的节能减排政策机制。

5. 郑新业，吴施美，李芳华．经济结构变动与未来中国能源需求走势［J］．中国社会科学，2019（2）：92-112，206.

研究背景：从国内来看，党的十九大报告将污染防治列为决胜全面建成小康社会的三大攻坚战之一，能源结构调整将成为治污减排的重要手段。我国能源需求量逐年攀升，能源对外依存度不断提高，由此带来的能源安全问题不容忽视。对我国未来能源需求走势的科学判断，将是助益于企业提高能源投资准确性和降低投资风险的关键所在。从国际来看，在全球化的大背景之下，未来中国能源需求的变化，不仅关系到国际能源产业的投资规模，还会直接影响国际能源价格的变动。作为落实《巴黎协定》的主要引领者，中国能源需求总量及其结构变化，直接关系到未来全球的气候变化问题。我国能源需求压力不断增大，生态环境问题日益突出，能源安全风险不断加大。目前中国去产能进程不断加快，经济发展模式逐渐发生转变，“两高一低”的高耗能行业增速逐步放缓。产业结构转型对我国未来能源需求走势的影响，已成为决策者、学者和公众乃至全球共同关注的焦点。

基本结论：（1）高耗能行业会随着人均 GDP 的增长出现先上升后下降（或者进入平台期）的趋势，这说明经济发展水平会直接影响高耗能行业的发展速度。（2）从工业内部结构的角度分析经济增长影响能源消费的直接与间接途径，并对其影响程度进行量化后发现，经济增长对能源需求的直接影响程度为 55.89%，剩下的 44.11%的影响是高耗能行业的发展引致的。（3）不考虑产业结构优化（高耗能行业所占比重不断下降），中国未来能源需求会被高估；若将高耗能行业的比重变化考虑到对能源需求评估中，我国能源需求在未来年份将维持在一个较为稳定的水平。

主要贡献：（1）由于经济总量与能源需求逐渐脱钩，经济总量对能源需求的直接驱动力量将逐渐减弱，因此本文在结构法的基础上，从产业结构内部尤其是高耗能行业的发展视角，基于我国当前现实条件，对能源需求走势评估方法进行了修正，在一定程度上弥补了以往基于经济增长与能源需求的简单线性关系对未来能源需求走势进行分析的不足。（2）本文将高耗能行业、经济增长与能源消费置于同一框架下，通过对经济总量、经济结构和能源消费三者关系的分析，识别我国能源消费增长的重要渠道。通过定量分析经济总量通过高耗能行业对能源需求产生的直接与间接影响，有助于理解中国未来的能源消费模式，为未来能源需求走势的评估提供科学依据。

现实意义：控制产业结构内部的高耗能行业发展才是抑制能源需求扩张的关键。尽管当前中国高耗能行业对能源需求的比重十分巨大，但已进入发展的平稳期，增长空间不大。这说明随着经济结构的演进，高耗能行业拐点即将到来，中国高耗能产品继续大规模增长的基础将不复存在。

6. 齐绍洲，林屾，崔静波．环境权益交易市场能否诱发绿色创新？——基于我国上市公司绿色专利数据的证据［J］. 经济研究，2018，53（12）：129-143.

研究背景：建立健全环境权益交易市场，将使环境权益的价格信号更加清晰，有利于资金向更绿色、更环保的领域流动和倾斜，也有利于基于环境权益的企业绿色创新，从而落实以企业为主体、市场为导向，产学研深度融合的绿色创新战略。相比以往的命令型环境规制政策，近年来国家更加倡导市场型环境规制手段来改善环境，目前，对排污权交易试点这一环境规制政策的创新激励效果分析，缺乏微观企业层面的经验证据。因此，厘清企业、市场和政策因素对企业绿色创新的影响机制，尤其是市场型政策效果的因果推断，为政策评估提供更准确的定量分析十分必要。

基本结论：波特假说在我国确实存在，具体来看：第一，ETP 政策（下文若无特殊说明，ETP 政策均指 2007 年扩大试点后的政策）诱发了试点地区污染企业的绿色创新活动。第二，ETP 政策对绿色发明专利申请的诱发作用强于对绿色实用新型专利申请的诱发作用。第三，ETP 政策对污染企业中非国企样本的绿色创新活动的诱发效应优于国企样本。第四，ETP 政策下，大部分行业中的企业专注于更有效的绿色发明专利的研发，重资产且与所在地区生产生活联系较紧密的行业中的企业，积极参与到各种类型的绿色创新，轻资产且主营业务成本较高的行业中的企业则与之相反。

主要贡献：首先，利用我国上市公司企业层面的专利数据，并采用国际通用方法甄别绿色专利信息，以企业这个绿色创新主体为出发点研究环境规制对绿色创新的促进机制；其次，研究了专利类型、企业所有制和行业污染物测度标准的异质性，研究策略更为全面；再次，比较了 2002 年排污权交易试点政策与 2007 年排污权交易试点政策，并归纳出 2002 年的政策没有诱发绿色创新的可能原因，为全国碳市场政策的制定提供参考意见；最后，分行业研究排污权交易试点政策对绿色创新的激励机制，尝试分析企业绿色创新的动机，更有利于今后环境权益交易市场政策的优化和精准定位。

现实意义：第一，排污权交易试点作为市场型环境权益交易政策，促进了企业绿色创新活动，这为市场型环境规制政策对企业绿色创新活动的诱发效应提供了理论和经验支撑。第二，环境权益交易市场不仅诱发了绿色创新本身，还会促进难度更大的绿色创新，为我国企业国内外绿色竞争力的增强提供政策环境。第三，在全国碳市场制度设计过程中，各行业应考虑降低纳入排放门槛，充分引入不同行业的企业，对排放企业精准定位，激活碳市场的交易和价格发现机制。第四，监管机构在制定环境权益交易机制时要更多地考虑到被监管者的企业属性层面的异质性，有针对性地推出环境权益交易机制的具体措施，上级单位在制定国有企业绩效考核指标时可以加大绿色创新方面的权重，以调动国有企业的绿色创新积极性。同时，以环境权益交易市场为抓手，推动国有企业深化改革，完善市场的进入和退出机制。

7. Bing Zhang，Huanxiu Guo，Xiaolan Chen. Does central supervision enhance local environmental regulation? Quasi-experimental evidence from China's environmental federalism［J］. Journal of Public Economics，2018（164）：70-90.

研究背景：虽然权力下放是大多数国家提供和管理公共产品的主流政治安排，但是环境管理的权力下放仍然是研究人员和决策者争论的话题。许多经济学家主张权力下放是提供当地公共产品的一种更有效的方法。在分散的背景下，跨法域竞争离子产生并改善了当地公共服务的分配，因为选民可以通过“用脚投票”来选择他们喜欢的地方。在环境管理方面，一个分散的环境管理系统格拉特被称为环境联邦主义。批评意见认为，环境联邦制由于一些外部因素，如自由的BEA，而失去了效率维奥和跨界环境污染，地方之间争夺移动和污染资本，估计地方一级的环境成本和效益和腐败。

基本结论：通过将环境权力从中央政府下放到地方政府，中国实际上已经分散了环境监管。然而，地方环境执法不力，让人对其环境分权产生了怀疑，并引发了对现行制度改革的呼声。在这种情况下，国家环境管理基金计划对污染企业施加直接的中央监督，以对地方环境监管进行补充，从而为研究提供了中央监督和环境分权的独特组合。本文依赖于NSMF项目中出现的自然实验，并使用RD设计来评估中央监督改善地方环境执法的有效性。结果显示，NSMF项目实施仅一年后，工业COD排放量就显著减少了至少26.8%，此后降幅更大。该项目的强大和持久影响表明，中国在通过中央监督来改善环境权力下放方面仍有很大的空间。

主要贡献：与之前的宏观层面研究不同，本文首次使用企业层面的数据来提供环境分权结果的微观经济学证据。就其方法论贡献而言，使用准实验方法来解决对内生性环境调控的关注问题，并为此提供了有力的经验证据。以不断增长的环境政策评估文献为基础，采用实验或准实验的方法，提供可信的证据，可用于新的政策设计，以有效实施发展中国家的环境法规。

现实意义：研究结果显示，中央直接监管在短期内减少了至少26.8%的工业COD排放量，对环境产生了重大影响。这种减少主要是通过在不影响生产的情况下在公司层面上进行管道末端处理来实现的。我们的研究结果突出了中央监督在加强地方环境执法方面的作用，并建议更灵活的环境分权，即通过中央监督对地方环境监管进行补充，应该成为中国未来环境分权改革的核心。

8. Hongyan Zhao, Guannan Geng, Qiang Zhang, Steven J. Davis, Xin Li, Yang Liu, Liqun Peng, Meng Li, Bo Zheng, Hong Huo, Lin Zhang, Daven K. Henze, Zhifu Mi, Zhu Liu, Dabo Guan & Kebin He. Inequality of household consumption and air pollution-related deaths in China [J]. Nature Communication, 2019 (10): 4337.

研究背景：据世界卫生组织估计，与PM2.5相关的空气污染导致中国每年过早死亡人数达到100万以上。城乡居民生活中直接消费的化石燃料（用于炊事、取暖、出行等）是我国大气污染的重要来源；而居民生活中消费的各类产品和服务中隐含的大气污染物排放（产品生产和运输过程中产生的排放）也对空气质量和人群健康有重要影响。由于消费水平和消费结构等的差别，不同地区、不同收入水平人群消费所引起的空气污染及健康损失也存在巨大差异。

基本结论：研究显示，2012年我国民用燃料消费产生的直接排放和居民消费产品及服务中隐含的间接排放分别贡献了全国PM2.5污染相关过早死亡人数的20%和24%。城市居民消费引起的健康损失主要源于产品和服务消费中隐含的间接排放，且与城市居民收入水平显著正相关。城市最高收入组居民人均消费引起的健康损失是最低收入组的3.3

倍。而农村居民消费引起的健康损失主要源于民用固体燃料（煤和生物质）燃烧，与收入水平无明显相关性。尽管城市居民消费水平明显高于农村居民，但农村居民消费引起的健康损失却大于城市居民消费，这主要是因为固体燃料燃烧过程产生了大量污染。

主要贡献：本文进一步研究了不同区域居民消费引起的 PM2.5 污染健康损失及跨区影响。受气象条件和家庭收入及气候差异引起的能源消费量差异的影响，居民收入低且较为寒冷的西北和东北地区，居民直接消费引起的 PM2.5 污染健康损失高于间接消费的影响；居民收入较高且相对温暖的东南及长三角区域，居民间接消费排放贡献高于其直接排放贡献。间接消费排放引起的跨区域污染健康损失比例高于直接排放的跨区域污染传输的影响。

现实意义：本文首次核算了中国城乡居民消费对空气污染的贡献程度，揭示了居民消费水平和消费结构对空气污染的影响。研究一方面指出了减少农村居民生活排放的重要性，提出未来当大力推广清洁燃料，实现能源转型。而考虑到较高清洁能源成本和城乡经济水平的不平等性，短期内提供价格补贴是一种可行方案。另一方面，研究发现城市居民消费引起的健康损失与其收入水平直接相关，未来应当鼓励城市富裕人群建立可持续消费理念，以减少相应的环境影响。

9. Wei Zhang，Yu Liu，Kuishuang Feng，Klaus Hubacek，Jinnan Wang，Miao-Miao Liu，Ling Jiang，Hongqiang Jiang，Nianlei Liu，Pengyan Zhang，Ying Zhou and Jun Bi. Revealing environmental inequality hidden in China's inter-regional trade [J]. Environmental Science & Technology，2018，52（13）：7171-7181.

研究背景：区域或国家之间的贸易不仅允许货物和服务的交换，而且也导致污染的转移。鉴于中国各省份处于不同的发展阶段，商品和服务以及相关附加值的不平等交换和污染可能在中国受到环境不平等的影响。通过使用最新的多区域投入产出表和 2012 年部门空气污染物排放清单，我们追踪了中国国内供应链上的排放和附加值。

基本结论：通过数据分析发现，较为富裕的地区（京津冀、东海岸和南部沿海）以消费为基础的空气污染排放中，62%~76%被外包给其他地区；然而，由这些地区最终消费引发的约 70%的增加值被保留在该地区。中国西部的一些省份，如贵州、宁夏和云南，在与富裕省份的贸易中，不仅出现了净污染流入，而且还出现了增加值负余额。解决这种不平等不仅可以为确定各省份控制污染的责任提供基础，而且可以为其他新兴经济体提供参考。

主要贡献：本研究的重点是空气的转移污染物排放和与中国境内区域间货物和服务交换相关的经济收益。国际出口所体现的排放和附加值在我们的分析中被排除在外。此外，生产型会计在这项研究中是指所有与生产相关的排放和增值的商品和服务在一个地区，而以消费为基础的会计是指所有排放和增值（也称为体现或虚拟排放或附加价值）与生产在整个供应链条各地区为了满足最终消费地区。

现实意义：作为最大的发展中国家，中国解决不平等问题的办法和经验可能有助于为其他面临类似问题的新兴经济体铺平道路，提供有价值的区域发展模式。

10. Xiaoyong Zhou，Dequn Zhou，Qunwei Wang，Bin Su. How information and communication technology drives carbon emissions：a sector-level analysis for China [J].

Energy Economics，2019（81）：380-392.

研究背景：在过去的几十年里信息与通信技术（ICT）得到了迅猛的发展，运用范围也变得更为广泛。通常来说，技术的进步对社会经济的发展是有利的，它可以节约生产成本，提高生产力。但是随着对气候环境的逐步重视，越来越多的学者开始关注ICT行业对碳排放的影响。一些研究认为，ICT可以通过优化生产过程等来改善环境。另一些研究则认为制造、操作和处置ICT设备时会对气候环境造成不良影响。通过遏制碳排放的增长来缓解气候变化已成为全球共识，现有的研究结果显示，减少ICT带来的碳排放只需在行业内部采取具体的减碳策略即可。但是仅仅依赖于ICT行业内部，而未立足于整个经济市场角度进行考虑，就很难制定切实有效的经济政策来促进ICT行业的可持续发展。因此，为了填补上述空白，本文研究了ICT行业层面的碳排放路径，揭示了碳排放的形成和变化机制，为ICT行业可持续发展提出了有效建议。

基本结论：全面理解信息通信技术对碳排放的影响，对于制定数字时代的碳管理战略具有重要意义。根据实证研究结果，得出以下结论：第一，ICT行业需要大量电力和碳密集型材料作为生产投入材料，而这些材料带来的隐含碳排放占ICT行业碳排放的大部分，因此在制定ICT行业碳管理策略时应重点考虑隐含碳指标。第二，ICT隐含排放的最重要来源和转移路径与中国的工业生产行业有关。电力行业和基础材料行业是ICT行业碳排放的最重要来源，因此，碳管理政策不应只针对ICT行业本身，还应考虑上游产业链带来的影响。第三，ICT行业隐含的碳排放在研究期间保持了稳定的增长趋势。虽然生产侧因素有助于减少隐含排放，但需求侧因素抵消了其减少的效果，因此，调整ICT行业的最终需求水平或结构，可能有助于实现体ICT行业的减排。

主要贡献：首先，本文试图探索ICT行业层面的具体碳排放影响及其关联机制，为了实现这一目标，我们通过整合投入产出分析方法，为ICT部门开发了一个具体的碳分析框架，通过该框架，我们不仅可以评估ICT行业基于消费的碳排放，还可以确定碳的来源、转移路径和经济驱动力。该框架也可用于探索间接碳排放较高的其他经济行业的碳管理潜力，如建筑业和服务业。与计量经济学方法相比，投入产出方法，即子系统分析、结构路径分析和结构分解分析，这种方法能有效地跟踪特定经济行业基于消费的碳排放，也可以用来研究行业间碳流动交换机制。其次，本文不仅研究了ICT活动中碳排放的完整过程，还研究了其上游生产行业、供应链、生产或需求侧等因素对ICT行业碳排放的影响，全面系统地揭示了ICT在行业层面是如何推动碳排放的。

现实意义：基于现有的研究成果，本文在以下几个部分进行了进一步的扩充。首先，为了能够更加全面地理解ICT行业层面碳组成结构，本文从影响和相关机制的角度研究了2002—2012年间ICT行业的隐含碳排放，结果显示ICT行业中隐含碳排放明显高于直接碳排放，这表明，在制定ICT碳管理措施时要将隐含碳作为重点考虑对象。其次，通过碳分析框架，得到了ICT行业碳来源路径，从而对关键供应链、生产和需求因素、投资和出口因素等方面进行了进一步研究，这有利于将ICT行业整合到整个经济市场中，有利于制定综合管理战略。最后，利用来自中国的经验证据补充现有的研究，中国的ICT行业很少关注环境问题和碳政策，因此，本文的实证结果为中国的相关决策者提供了政策方向。

第三节 重要著作

1. 方修琦，等．历史气候变化对中国社会经济的影响［M］．北京：科学出版社，2019.

研究背景：自然环境是推动人类社会发展的重要因素，因此作为自然环境中变化最为活跃的气候变化，其对人类社会有着广泛的影响，是人类文明兴衰的重要背景。气候变化对社会发展的影响与人类适应问题成为全球的研究热点。农业行业对气候变化所带来的极端气候最为敏感，并且历史气候变化对社会发展的影响，是人地关系演变的核心内容之一。因此作者通过总结丰富的历史相关文献，在食品安全框架下，研究了中国过去2000年的气候变化与社会经济间的相互作用。

内容提要：本书以历史气候变化对粮食安全影响的研究框架为基础，重建了过去2000年社会经济各子系统代用指标序列，结合了有代表性的案例分析，揭示了历史气候变化对中国社会经济影响的过程与机制，并对其影响机制进行了深入探讨。气候变化对中国粮食安全问题的影响可以分为三个层次：粮食生产、粮食供应和粮食消费安全。因此本书在有关气候变化与粮食安全的相关问题上进行了大量的总结，认为在粮食安全的框架下，气候变化对社会经济影响主要有两条路径，第一条就是，气候变化影响粮食的产量，使粮食供不应求，从而增加饥民数量，以此来影响社会的稳定发展；第二条路径是，气候变化影响粮食的收成，从而给社会经济带来打击，造成社会经济的波动。

基本结构：本书一共分为十二章。第一章，历史气候变化影响的机制与表现形式。本章内容主要介绍了人类认识自然环境的过程、气候变化对人类的影响以及过去气候变化影响的表现形式三个方面，并且对变化形式与社会系统稳定性的关系进行了总结。第二章，过去2000年中国气候变化概要。本章对过去2000年各区域气温变化的异同进行了分析，同时也对过去2000年间东西部地区的干湿变化情况进行了归纳。第三章，中国历史气候变化影响研究的概念模型与序列重建方法。本章主要是在粮食安全框架下分析中国历史气候变化影响研究的概念模型，同时还介绍了历史气候变化对社会影响的指标体系及其序列重建方法。第四章，过去2000年中国农业丰歉变化与气候变化的关系。本章主要对以前相关研究进行了总结，归纳出农业丰歉序列的变化特征以及其与气候变化之间的关系。第五章，过去2000年中国经济波动与气候变化的关系。对相关研究文献进行回顾，分析了宏观经济与财政平衡的变化特征以及气候变化对经济波动的影响。第六、七、八章，分别研究了在过去2000年间，由气候变化引起的饥荒与农民起义之间的关系、气候变化对北方农牧民族之间的互动产生的影响、气候变化与中国社会兴衰的关系。第九、十章，是在上述研究的基础上，进一步对历史气候变化与社会经济波动周期的协同作用、气候变化对王朝更替的影响等问题进行分析与总结。第十一章总结了在历史气候变化过程中，各时期、各地区农业为适应气候变化所作出的适应性调整。第十二章，从理论框架、量化方法、科学认识三个方面对全文进行了总结，并对未来针对历史气候变化如何影响社会发展问题的进一步研究提出了期望。

主要贡献：本书总结了大量有关历史气候变化对中国社会经济影响的相关研究结论，

并以粮食安全为框架，对过去2000年间温度变化、干湿变化、农业丰歉变化等直接因素，经济波动、农民起义、北方农牧民族互动、中国社会兴衰等间接因素进行讨论，在此基础上，分析了历史气候变化对社会经济变化的协同性、历史气候变化影响的传递过程和应对气候变化作出的适应性调整机制。总体来说，本书的研究范围很广，涉及有关历史气候变化对中国社会经济影响的众多方面，在重建过去2000年社会经济各子系统代用指标序列的基础上，量化分析了气候变化与社会经济变化的对应关系，深入探讨了历史气候变化如何影响中国社会经济的问题，同时本书也为未来相关领域的研究提供了重要的参考。

2. 潘家华．气候变化经济学［M］．北京：中国社会科学出版社，2018.

内容提要：本书分析考察了气候变化的经济学属性与定位问题，从发展权益的角度分析了在全球气候变化背景下，中国面临的挑战、机遇及政策选择。气候变化经济学是在多学科交叉背景下发展起来的，它涉及的科学领域众多，包括福利经济学、发展经济学、国际政治经济学等。作为发展中国家，为提高人民生活水平，仍需要较大的排放空间，因此我们需要根据我国低碳发展和生态文明建设的实际需求，加大国内减排力度，适应气候变化趋势。本书是作者将过去20多年的研究成果作为素材进行再加工、深加工、精加工而来，这20多年的积累也体现了作者在气候变化经济学上的研究主线，即碳权益与责任的统一、发展与排放的脱钩、气候风险与安全的平衡、经济学范式转型破解气候难题。本书也提出一些理论、方法、政策和案例，针对发展中国家如何在国际气候谈判中取得公平权益，以及如何指导发展中国家向低碳经济、生态经济转型等方面问题提供了独特的见解。

基本结构：全书主要分为上下两卷，文章内容可以归纳为理论、方法、治理和政策四个方面。第一部分：理论编。首先，该部分介绍了与气候变化经济学相关的理论知识。其次，在理论知识的基础上，介绍了气候变化的国际政治经济学，对控制全球变暖背景下的国际经济情况进行分析。最后，将碳排放与人文发展相联系，测算出实现人文发展目标的基本碳排放需求。第二部分：方法编。首先，该部分介绍了温室气体减排的经济学分析，主要对温室气体减排的相关成本组成和减排政策进行了详细说明。其次，根据减排的目标，介绍了低碳经济发展所需的基本要求和途径。第三部分：治理编。治理编以国际气候制度设计为切入点，介绍了国际气候制度设计的过程与方法。以此为基础，通过介绍不同国家气候制度的调整来说明国际气候制度构建的演变过程。最后，介绍了中国在全球气候变局中的角色定位及战略选择。第四部分：政策编。该部分分为低碳转型的政策选择、节能减排与低碳发展、适应气候变化三章。首先，对低碳转型所面临的挑战与创新进行分析。其次，描述了节能减排对低碳经济发展的必要性。最后，提出面对气候变化还需要制订一系列的适应性规划，如气候移民、气候韧性城市建设、适应气候变化的金融途径等。

主要贡献：本书在理论、方法和政策研究上都有极大贡献，它们大多突破了西方经济学的理论体系，其中具有原创性的贡献主要有：（1）开创了碳权益经济学分析。将碳排放与生存和发展相联系，对西方经济学理论中将碳作为可完全交易商品的观点提出了质疑。（2）拓展了碳公平的规范经济学分析。认为碳公平不应以一个国家为单位，而应该以人际碳公平为衡量标准。（3）将碳需求经济学系统化，认为社会经济状态是决定碳排放需求的关键因素。（4）提出了发展导向的适应经济学。面对气候变化的到来，在各个方面都应该积极制订适应性规划，并考察现有的适应基础。（5）提出了气候容量经济学。

（6）提出了气候生产力经济学。气候生产力经济学认为气候就是生产力，虽然它与一般的生产力不同，但是改善气候变化，例如风、光、水等气候要素就是发展了社会生产力。相较于以往学术研究中在西方经济学影响下的讨论，作者以中国国情为基础，建立中国原创的气候变化经济学体系，为中国的可持续发展做出了重大贡献。

现实意义：从《京都协定书》到《巴黎气候协定》生效实施以来，国际上关于气候变化的相关研究、交流、质疑和辩论一直受到国际学术界的广泛关注。气候变化经济学与众多其他学科相交织，并且气候变化与全球能源、世界经济格局演变相关，作者作为中国经济学人，为让世界认知中国的发展诉求，一直积极参与国际交流讨论，不断贡献学术思想和方法，服务于国际气候制度和国家气候政策的构建。本书是将作者 20 多年的科研成果进行提炼，不仅是一个学术回顾和阶段性总结，还可以从中看出气候变化经济学的演变过程，并且为未来气候变化经济学学科建设、学术研究和话语表述提供了一定的参考。

3. 李虹，等．资源型城市转型新动能：基于内生增长理论的经济发展模式与政策［M］．北京：商务印书馆，2018.

研究背景：资源型城市为我国经济发展提供了基础能源和原材料，但是由于长期的粗放式发展模式，许多资源型城市出现资源枯竭的现象，同时它们还面临着环境污染、生态破坏、经济困难等一系列的社会经济问题。随着我国经济的快速发展，能源、原材料等行业产能过剩问题日益明显，资源性产品价格开始大幅下降，这一变动又加剧了资源型城市转型的困难。2017 年 1 月，国家发展和改革委员会发布《关于加强分类引导培育资源型城市转型发展新动能的指导意见》，该意见指出要维持可持续发展的资源型城市，就要让资源型城市逐步摆脱传统的发展模式，分类引领资源型城市发展。因此，如何协助资源型城市转型受到了广泛关注，本书通过介绍市场、企业和政府三个主体之间的相互作用，并结合重要的资源型城市案例进行分析，旨在促进中国资源型城市良好健康发展。

内容提要：供给侧改革要求培育资源型城市转型发展新动能，为了将资源型城转型的研究进一步上升到具有完整理论和政策体系的层面，本书将内生增长理论与资源型城市转型模式相结合，认为中国资源型城市转型发展的最终出路是依托技术发展来推动生产率和产品附加值提升。经济发展动力不足、缺少人力、生态环境破坏严重等问题都是资源型城市普遍存在的。为了解决这一系列问题，本书以市场、企业、政府为主体，研究了这三者之间的相互作用关系。第一，利用市场资源配置可以实现资源价值的最大化。第二，企业是城市经济发展的主要贡献者，激发企业活力，加快企业兼并重组和资源整合速度可以提高资源型城市经济的活跃性。第三，政府是政策的制定者，其对资源型城市转型起着关键作用。因此协调好这三者之间的关系，可以为城市转型发展带来最大的协同效应。最后本书通过对资源型城市进行具体的案例分析，将理论研究与实际经验相结合，提出因城施策才是资源型城市转型困境中最有效的解决方法。

基本结构：本专著主要分为概述编、要素编、市场编、政府编、总结编五大部分。第一部分：概述编。该部分首先介绍了我国资源型城市在新常态和内生增长理论背景下的转型。其次，介绍了中国资源型城市的发展历程、在发展过程中所面对的困境以及转型的目标。最后，作者不仅分别对基于压力与能力、投入与产出的资源型城市进行了评价，还进一步对资源型城市转型指数进行了综合性评价。第二部分：要素编。首先，作者对自然资源的产权制度进行了介绍，并将国际自然资源产权的演变过程进行了对比。其次，介绍了自然资源资产负债表的研究情况和编制要求。最后针对中国矿业资本市场的发展进行了描述，指出矿业资本市场的发展能够更好地提高资源配置效率和分散市场风险，并且通过分析中国企业矿业资本市场运作的案例为当前的矿业资本市场提供了改进建议。第三部分：市场编。该部分的内容主要是从市场角度和生命周期角度进行分析。首先，对市场化改革背景下的转型发展和转型效益进行分析与评价，指出在中国资源型城市的转型升级中，市场化改革扮演着重要的角色。其次，提出在国际分工格局演变过程中，中国资源型企业所面对的问题与挑战。最后，将资源型企业按生命周期进行分类，指出资源型企业要主动进行转型，并积极寻求外部资金技术支持。第四部分：政府编。政府作为资源型城市转型过程中的重要主体，作者主要分析了政府所起到的引领作用，并对政府制定的资源税和环境规制等制度进行了评价。第五部分：总结编。该部分主要是一些重要资源型城市的案例分析，作者认为资源型城市转型没有统一模式，因此对于资源型城市转型最有效的方式就是针对不同城市的发展情况制定不同的策略。

主要贡献：（1）本书将理论与实证相结合，综合国内外资源型城市转型路径和经验，立足于中国国情，对中国资源型城市转型发展的动力来源、面临的困境等问题提供了独特的见解。（2）作者归纳了大量的重要资源型城市案例，这些案例的分析有利于对不同资源型城市转型策略的制定提供经验支持。（3）作者按生命周期将资源型城市分为四类，这种分类方法有利于探索资源型城市的转型模式和内生动力之间的关系。（4）作者将中国资源型城市的转型与内生增长理论相联系，通过分析推动资源型城市经济增长的动力，并结合经济增长推动要素转型升级的作用机制，构建了资源型城市内生增长理论体系。（5）对于中国资源型城市的发展，本著作还提出了一些需要高度关注的问题，例如：临近城市转型中产生的路径同质化、产业转型与城市布局割裂、潜在的金融风险等问题。这些问题的提出给未来的研究提供了方向。

现实意义：本书在以前的研究基础上，将研究重点放在了资源型城市的经济发展模式和发展机制层面，并且从要素、市场、企业和政府等四个维度对培育资源型城市转型新动能问题进行了深度思考。遵循理论与实证相结合、宏观与微观相统一、政策梳理与案例分析相配合、国内外经验相对比的研究思路，对我国资源型城市的发展状况和面临的困难进行分析，找到了我国资源型城市转型的基本规律，并对资源型城市转型问题和维护资源型城市的可持续发展问题提出了建议。该书内容切入资源型城市转型的核心区域，为其未来的发展战略及规划提出了建设性的意见，可以作为相关问题研究的重要参考。

第四节　学术会议

1. 中国环境科学学会环境经济学分会（2018）

会议主题：环境经济政策助推高质量发展

主办单位：中国环境科学学会环境学分会
生态环境部环境规划院
衢州市环境保护局等

承办单位：浙江大学公共管理学院
浙江省环境科技有限公司
安徽万鼎地热暖设备有限公司
《环境科学研究》等

会议时间：2018 年 10 月 25—26 日

会议地点：衢州

会议概述：中国环境科学学会环境经济学分会 2018 年学术年会以“环境经济政策助推高质量发展”为主题，来自生态环境部环境规划院、南京大学、浙江大学以及全国多个省、市的环科院、规划院（所）的专家学者共 200 余人参加了会议。

葛察忠主任在致辞中指出，高质量发展意味着高效、低耗、少排、更安全的发展。高质量发展路径应体现区域的差异性，如在模式、工艺、管理等方面应该有所差异。同时，要对传统环境经济方法和模型进行创新，将经济高质量发展的环境要求体现在经济决策中，这样才能更好地发挥经济政策的作用。王力副处长表示，在习近平同志生态文明建设重要战略思想指引下，各地区加大工作力度，推动生态环境保护取得明显成效。新的职能调整下，生态环境综合司政策处主要负责生态环境政策等，尤其是承担西部大开发、东北等老工业基地振兴，推进雄安新区生态环境保护、支持海南改革开放和京津冀协同发展等相关工作，新要求带来新契机和新挑战，环境经济工作者应该做好迎接挑战的准备，做好相应政策研究和制定工作。

主旨发言中既有高质量发展下的环境经济理论基础和方法学的研究，又有政策体系创新和实践经验的分享。（1）会议阐述了绿色增长的环境经济理论与绿色增长模型的演变及其不足、环境要素数量与效率属性、包含环境要素的增长模型、绿色增长与全要素均衡增长、环境红利与绿色 GDP 等五大方面的密切关系。（2）会议从地方政府行为、集聚经济效应对污染物排放强度和排放密度的影响方面，探讨了高质量发展下地方政府行为、集聚经济与环境规制效果。（3）会议从环境经济政策的时代使命、环境经济政策体系面临的挑战与需求方面，分析提出了高质量发展与环境经济政策创新思路与框架。（4）会议从高起点谋划绿色发展、高标准建设浙江生态屏障、高质量做大金山银山、高要求探索“两山”转化通道、高水平构建治理体系等五大方面，分享了衢州市推进“两山”实践的主要做法与成效。

2. 第二届气候变化经济学学术研讨会（2018）

会议主题：气候变化的经济影响、气候变化与产业变革、应对气候变化的政策工具、气候政策的协同效应及不确定性等

主办单位：中国社会科学院城市发展与环境研究所
《经济研究》编辑部
《城市与环境研究》编辑部

承办单位：武汉大学气候变化与能源经济研究中心
武汉大学经济与管理学院世界经济系
《环境经济研究》编辑部、湖北碳排放权交易中心

会议时间：2018 年 9 月 20 日

会议地点：武汉，武汉大学

会议概述：2018 年 9 月 20 日，由中国社会科学院城市发展与环境研究所等单位主办，武汉大学气候变化与能源经济研究中心等单位承办的第二届气候变化经济学学术研讨会在武汉大学召开。中国社会科学院学部委员、城市发展与环境研究所所长潘家华主持开幕式，中国科学院院士秦大河、中国社会科学院学部委员潘家华等作主旨报告。来自中国社会科学院、中国科学院、中国气象局、清华大学、北京大学等科研机构和高等院校的二百余位学者参加了本届研讨会。

研讨会以“主旨演讲”“大会发言”“圆桌论坛”“平行论坛”等形式展开学术交流，学者们围绕“气候变化的经济影响”“气候变化与产业变革”等主题，多角度、全方位地进行了深入、系统的研讨，贡献了许多有价值的观点，主要有：（1）气候变暖的科学事实毋庸置疑，20 世纪中叶以来人类活动是影响地球环境变化的主要驱动力，地球已进入“人类世”。《巴黎协定》的签订为减排带来新的希望。近年来随着清洁能源崛起，新能源汽车的发展势不可挡，发展“大地理科学”、加强风险管理、推动可持续发展转型势在必行。（2）减缓与适应要素的静态分析涉及自然资产转换、人均物质消费转型、固定资产存量变化、技术效率提升和制度变革等方面，气候变化经济学研究从静态分析向动态分析过渡应立足于经济发展阶段，综合考察物质消费需求、技术进步和气候容量等因素的变迁。（3）气候变化经济学的构建和发展是一项百年大计，要久久为功，气候变化经济学教材编写更是一项“功在当代、利在千秋”的事业，需各方协力合作、共同参与、稳步推进。

3. 中国生态经济学学会 2018 年学术年会暨“生态经济与健康中国”研讨会

会议主题：生态经济与健康中国

主办单位：中国生态经济学学会

中国社会科学院农村发展研究所

承办单位：陕西师范大学西北历史环境与经济社会发展研究院

会议时间：2018 年 7 月 21—22 日

会议地点：西安，陕西师范大学

会议概述：2018 年 7 月 21—22 日，由中国生态经济学学会、中国社会科学院农村发展研究所主办，陕西师范大学西北历史环境与经济社会发展研究院承办，中国社会科学院生态环境经济研究中心协办的中国生态经济学学会 2018 年学术年会暨“生态经济与健康中国”研讨会在陕西师范大学举行。中国社会科学院、中国科学院、浙江大学等机构的专家学者，同来自湖北省农业厅等基层部门的代表，以及中国社会科学出版社、《中国农村经济》《生态经济》等出版社和学术期刊的编辑共 160 余人汇聚一堂，积极建言献策，为我国生态文明建设事业贡献智慧。

会议围绕“美丽中国”与“健康中国”的主题，设置了“生态经济发展的理论与实践”“生态环境治理与健康中国”“农业发展、乡村振兴与生态文明”三个平行分论坛。与会专家针对农村环境建设、生态经济、绿色发展、生态文明建设等问题展开讨论，提出了有现实针对性和理论远见的建议：（1）国家“一带一路”建设为西部地区生态经济发展提供了前所未有的发展机遇，然而，生态经济发展缺乏可靠的数据，这导致生态经济健康的评价缺乏精准性。为此，需要建立县域大数据平台，为科学研究、政府决策和社会公众服务。(2) 当前影响健康的因素较多，而雾霾就是其中之一。我们要坚决按照党的十九大作出的新部署，抓住致霾根源、明确治理方向。企业应当履行节能减排、保护环境的社会责任，不能偷排漏排、违规生产；民众应当从自身做起，提倡低碳生活模式。只有各级党政、各个企业和广大民众共同努力，形成齐抓共管的工作格局，才能真正收到令人满意的效果。(3) 在新的时期，我们应聚焦区域性、全国性和全球性重大生态经济理论与实践问题，通过经济学和系统生态学的交叉融合，深入研究农村、城市与区域生态经济问题，紧密把握生态经济学新的学科生长点，如生态与健康、城市和区域的可持续发展、全球生态变化等，为加快构建生态文明体系提供智力支持。中国生态经济学学会理事长谭家林最后进行了总结发言，提出了经济社会学科也能如自然科学一样将研究成果有效转化的期望。

4. 第一届中国能源环境与气候变化经济学者论坛（2019）

会议主题：能源环境与气候变化

主办单位：复旦大学经济学院

承办单位：《经济研究》编辑部
厦门大学中国能源政策研究院
中国社科院城市发展与环境研究所
中国人民大学应用经济学院能源经济系
武汉大学气候变化与能源经济研究中心等

会议时间：2019 年 5 月 19 日

会议地点：上海，复旦大学

会议概述：第一届“中国能源环境与气候变化经济学者论坛”于 2019 年 5 月 19 日在复旦大学经济学院举行。本次论坛由复旦大学经济学院主办，《经济研究》编辑部、厦门大学中国能源政策研究院、中国社科院城市发展与环境研究所等 10 个单位共同发起。复旦大学副校长、中国科学院院士张人禾教授，《经济研究》常务副主编、编辑部主任刘霞辉教授和复旦大学经济学院院长张军教授，出席了本次论坛并先后为论坛致辞。

在论坛主旨报告环节，专家们就如何解释及解决中国目前的产能过剩、环境污染和温室气体排放问题等分别发表了主旨演讲，提出的主要观点有：(1) 中国具有鲜明阶段性特点的生态演绎：改革开放前的马尔萨斯陷阱到工业文明的极限再到生态文明的和谐。中国生态的进步不仅仅体现在发展理念的演化，更体现在环境机构体制的构建完善。从学理上分析，当前进步的动力来源于中国科学技术发展和改革开放；中国下一步的转型发展则同时受到潜在增长因子和增长约束因子的共同作用，其中“五位一体”建设之一的生态文明建设十分重要。潘教授建议，基于全球转型发展的基本格局，中国要积极创新，推进经济体之间的交流，实现合作共赢。(2) 中国低碳清洁转型的关键是减少煤炭，中国需要控制煤炭消费的比例和总量。现阶段中国能源电力需求还将继续增长，能源消费过于集中于重工业是能源消费大幅度波动的主要原因。新能源发展的主要矛盾已经转变，今后发展的矛盾焦点是基础设施建设；补贴设计和政策支持重点也需要相应改变。产能过剩与发展阶段有关，不合理的政策也可以放大产能；能源改革常常从产能过剩开始，一旦短缺则不了了之；基于 GDP 和能源需求的政策模拟结果，需要谨慎对待。

本次论坛的举办为中国优秀经济学者提供了一个有关能源环境与气候变化经济学的学术研究交流平台和学术成果锻造平台，这既体现了绿色转型和可持续发展的国家战略要求，又集合了中国相关领域最前沿的基础理论和应用研究，影响广泛。

5. 第十届中国能源经济与管理学术年会暨第十三届中国能源资源开发利用战略学术研讨会

会议主题：面向全球治理的能源环境政策

主办单位：国家自然科学基金委管理科学部
中国“双法”研究会能源经济与管理研究分会
华东理工大学

承办单位：华东理工大学社会科学高等研究院
华东理工大学人文社会科学处
华东理工大学商学院

会议时间：2019 年 9 月 19—21 日

会议地点：上海

会议概述：2019 年 9 月 19—21 日，由国家自然科学基金委管理科学部、中国“双法”研究会能源经济与管理研究分会、华东理工大学主办，华东理工大学社会科学高等研究院等协办的第十届中国能源经济与管理学术年会暨第十三届中国能源资源开发利用战略学术研讨会在上海召开。中国石油化工集团公司王基铭院士、湖南工商大学校长陈晓红院士等著名专家和各高校、科研院所、企业相关领域的学者和研究人员出席会议。开幕式上，大会主席、华东理工大学副校长吴柏钧教授与大会主席、中国“双法”研究会副理事长、能源经济与管理研究分会理事长魏一鸣教授分别致辞。

各位院士、专家围绕“能源环境治理与经济社会发展”“能源消费与效率”“碳排放与经济结构”“低碳供应链与企业环境责任”“能源产业技术政策”“能源价格与市场”“能源气候建模及方法”“能源与环境风险管理”等主题作了精彩演讲与汇报并提出了很多新颖观点。专家从“我国石化产业面临的挑战及对策建议”“生态环境保护政策效应的大数据分析”“应对环境问题下的能源转型与革命”等角度充分展示了能源经济与管理领域的最新研究成果。在报告中，有学者就行业节能减排研究主题指出了行业节能减排的主流方法自底向上研究的三个困难：数据获取困难且本地化程度低，建模规范化困难以及入手困难，并分别从底层数据、计算模型搭建及算法层面展开详细说明，有针对性地解答如何克服了上述困难的问题。

此次年会的召开，为我国相关领域的学者与研究人员提供了很好的学术交流平台，提升了我国能源经济与管理研究领域的学术水平，也为全球能源治理、能源经济可持续、高质量发展作出了贡献。

◎ 参考文献

[1] 白俊红，聂亮. 能源效率、环境污染与中国经济发展方式转变［J］. 金融研究，2018（10）：1-18.

[2] 曹春方，张婷婷，刘秀梅. 市场分割提升了国企产品市场竞争地位？［J］. 金融研究，

2018（3）：121-136.
[3] 陈诗一，陈登科．雾霾污染、政府治理与经济高质量发展［J］．经济研究，2018，53（2）：20-34.
[4] 成金华，彭昕杰．长江经济带矿产资源开发对生态环境的影响及对策［J］．环境经济研究，2019，4（2）：125-134.
[5] 邓慧慧，杨露鑫．雾霾治理、地方竞争与工业绿色转型［J］．中国工业经济，2019（10）：118-136.
[6] 董直庆，王辉．环境规制的“本地—邻地”绿色技术进步效应［J］．中国工业经济，2019（1）：100-118.
[7] 杜龙政，赵云辉，陶克涛，林伟芬．环境规制、治理转型对绿色竞争力提升的复合效应——基于中国工业的经验证据［J］．经济研究，2019，54（10）：106-120.
[8] 范庆泉．环境规制、收入分配失衡与政府补偿机制［J］．经济研究，2018，53（5）：14-27.
[9] 方修琦等．历史气候变化对中国社会经济的影响［M］．北京：科学出版社，2019.
[10] 方颖，郭俊杰．中国环境信息披露政策是否有效：基于资本市场反应的研究［J］．经济研究，2018，53（10）：158-174.
[11] 傅佳莎，浦正宁，蔡轩．资源型城市转型政策实施效果评价——基于 PSM-DID 方法［J］．环境经济研究，2019，4（1）：108-122.
[12] 高苇，李永盛．矿产资源开发利用的环境效应：空间格局和演化趋势［J］．环境经济研究，2018，3（1）：76-93.
[13] 郭进．环境规制对绿色技术创新的影响——“波特效应”的中国证据［J］．财贸经济，2019，40（3）：147-160.
[14] 郭俊杰，方颖，杨阳．排污费征收标准改革是否促进了中国工业二氧化硫减排［J］．世界经济，2019，42（1）：121-144.
[15] 韩超，桑瑞聪．环境规制约束下的企业产品转换与产品质量提升［J］．中国工业经济，2018（2）：43-62.
[16] 胡艺，张晓卫，李静．出口贸易、地理特征与空气污染［J］．中国工业经济，2019（9）：98-116.
[17] 胡志高，李光勤，曹建华．环境规制视角下的区域大气污染联合治理——分区方案设计、协同状态评价及影响因素分析［J］．中国工业经济，2019（5）：24-42.
[18] 黄溶冰，赵谦，王丽艳．自然资源资产离任审计与空气污染防治：“和谐锦标赛”还是“环保资格赛”［J］．中国工业经济，2019（10）：23-41.
[19] 黄向岚，张训常，刘晔．我国碳交易政策实现环境红利了吗？［J］．经济评论，2018（6）：86-99.
[20] 黄玉霞，谢建国．制造业投入服务化与碳排放强度——基于 WIOD 跨国面板的实证分析［J］．财贸经济，2019，40（8）：100-115.
[21] 康志勇，张宁，汤学良，刘馨．“减碳”政策制约了中国企业出口吗［J］．中国工业经济，2018（9）：117-135.

［22］李虹，邹庆．环境规制、资源禀赋与城市产业转型研究——基于资源型城市与非资源型城市的对比分析［J］．经济研究，2018，53（11）：182-198.
［23］李江龙，徐斌．“诅咒”还是“福音”：资源丰裕程度如何影响中国绿色经济增长？［J］．经济研究，2018，53（9）：151-167.
［24］李明，张亦然．空气污染的移民效应——基于来华留学生高校-城市选择的研究［J］．经济研究，2019，54（6）：168-182.
［25］李鹏升，陈艳莹．环境规制、企业议价能力和绿色全要素生产率［J］．财贸经济，2019，40（11）：144-160.
［26］林伯强，谭睿鹏．中国经济集聚与绿色经济效率［J］．经济研究，2019，54（2）：119-132.
［27］林毅夫．中国要以发展的眼光应对环境和气候变化问题：新结构经济学的视角［J］．环境经济研究，2019，4（4）：1-7.
［28］刘悦，周默涵．环境规制是否会妨碍企业竞争力：基于异质性企业的理论分析［J］．世界经济，2018，41（4）：150-167.
［29］龙文滨，胡珺．节能减排规划、环保考核与边界污染［J］．财贸经济，2018，39（12）：126-141.
［30］罗良文，茹雪，赵凡．气候变化的经济影响研究进展［J］．经济学动态，2018（10）：116-130.
［31］罗能生，徐铭阳，王玉泽．空气污染会影响企业创新吗？［J］．经济评论，2019（1）：19-32.
［32］罗勇根，杨金玉，陈世强．空气污染、人力资本流动与创新活力——基于个体专利发明的经验证据［J］．中国工业经济，2019（10）：99-117.
［33］罗知，李浩然．“大气十条”政策的实施对空气质量的影响［J］．中国工业经济，2018（9）：136-154.
［34］潘家华，张莹．中国应对气候变化的战略进程与角色转型：从防范“黑天鹅”灾害到迎战“灰犀牛”风险［J］．中国人口·资源与环境，2018，28（10）：1-8.
［35］潘家华．气候变化经济学［M］．北京：中国社会科学出版社，2018.
［36］齐绍洲，林屾，崔静波．环境权益交易市场能否诱发绿色创新？——基于我国上市公司绿色专利数据的证据［J］．经济研究，2018，53（12）：129-143.
［37］钱浩祺，吴力波，任飞州．从“鞭打快牛”到效率驱动：中国区域间碳排放权分配机制研究［J］．经济研究，2019，54（3）：86-102.
［38］乔小勇，李泽怡，相楠．中间品贸易隐含碳排放流向追溯及多区域投入产出数据库对比——基于 WIOD、Eora、EXIOBASE 数据的研究［J］．财贸经济，2018，39（1）：84-100.
［39］乔长涛，付宏，陶珍生，汪金伟．资源禀赋、结构差异与农产品贸易［J］．中国农村经济，2019（4）：111-129.
［40］秦炳涛，刘蕾，陶玉．我国资源型城市的可持续发展评价［J］．环境经济研究，2019，4（3）：142-158.

［41］任胜钢，郑晶晶，刘东华，陈晓红．排污权交易机制是否提高了企业全要素生产率——来自中国上市公司的证据［J］．中国工业经济，2019（5）：5-23.
［42］邵帅，张可，豆建民．经济集聚的节能减排效应：理论与中国经验［J］．管理世界，2019，35（1）：36-60，226.
［43］沈洪涛，黄楠．碳排放权交易机制能提高企业价值吗［J］．财贸经济，2019，40（1）：144-161.
［44］沈坤荣，金刚．中国地方政府环境治理的政策效应——基于“河长制”演进的研究［J］．中国社会科学，2018（5）：92-115，206.
［45］史丹．绿色发展与全球工业化的新阶段：中国的进展与比较［J］．中国工业经济，2018（10）：5-18.
［46］苏冬蔚，连莉莉．绿色信贷是否影响重污染企业的投融资行为？［J］．金融研究，2018（12）：123-137.
［47］孙博文．市场一体化是否有助于降低污染排放？——基于长江经济带城市面板数据的实证分析［J］．环境经济研究，2018，3（1）：37-56.
［48］孙伟增，张晓楠，郑思齐．空气污染与劳动力的空间流动——基于流动人口就业选址行为的研究［J］．经济研究，2019，54（11）：102-117.
［49］王燕，余红伟，石大千，张旭．雾霾污染对收入差距影响的再检验——基于工具变量法［J］．环境经济研究，2019，4（4）：115-131.
［50］王勇，李雅楠，俞海．环境规制影响加总生产率的机制和效应分析［J］．世界经济，2019，42（2）：97-121.
［51］魏立佳，彭妍，刘潇．碳市场的稳定机制：一项实验经济学研究［J］．中国工业经济，2018（4）：174-192.
［52］文东伟．资源错配、全要素生产率与中国制造业的增长潜力［J］．经济学（季刊），2019，18（2）：617-638.
［53］杨莉莎，朱俊鹏，贾智杰．中国碳减排实现的影响因素和当前挑战——基于技术进步的视角［J］．经济研究，2019，54（11）：118-132.
［54］于法稳．新时代农业绿色发展动因、核心及对策研究［J］．中国农村经济，2018（5）：19-34.
［55］占华．收入差距对环境污染的影响研究——兼对“EKC”假说的再检验［J］．经济评论，2018（6）：100-112，166.
［56］张丹，陈乐一．环境规制、产业结构升级与经济波动——基于动态面板门槛模型的实证研究［J］．环境经济研究，2019，4（2）：92-109.
［57］张宁，张维洁．中国用能权交易可以获得经济红利与节能减排的双赢吗？［J］．经济研究，2019，54（1）：165-181.
［58］张琦，郑瑶，孔东民．地区环境治理压力、高管经历与企业环保投资——一项基于《环境空气质量标准（2012）》的准自然实验［J］．经济研究，2019，54（6）：183-198.
［59］郑新业，吴施美，李芳华．经济结构变动与未来中国能源需求走势［J］．中国社会

科学，2019（2）：92-112，206.
[60] Agliardi E，Xepapadeas A. Introduction：special issue on the economics of climate change and sustainability [J]. Environmental and Resource Economics，2019（72）：1-4.
[61] Bai，J.，Lu，J. & Li，S. Fiscal pressure，tax competition and environmental pollution [J]. Environmental and Resource Economics，2019（73）：431-447.
[62] Blackman，A.，Li，Z. & Liu，A. A. Efficacy of command-and-control and market-based environmental regulation in developing countries [J]. Annual Review of Resource Economics，2018（10）：381-404.
[63] Chen，Z.，Kahn，M. E.，Liu，Y. & Wang，Z. The consequences of spatially differentiated water pollution regulation in China [J]. Journal of Environmental Economics and Management，2018（88）：468-485.
[64] Feng Y，Cheng J，Shen J，Sun H. Spatial effects of air pollution on public health in China [J]. Environmental and Resource Economics，2019（73）：229-250.
[65] Hsiang S. Climate econometrics [J]. Annual Review of Resource Economics，2016（8）：43-75.
[66] Ji，X.，Yao，Y. & Long，X. What causes PM2. 5 pollution? Cross-economy empirical analysis from socioeconomic perspective [J]. Energy Policy，2018（119）：458-472.
[67] Li，S.，Liu，Y.，Purevjav，A. O. & Yang，L. Does subway expansion improve air quality? [J]. Journal of Environmental Economics and Management，2019（96）：213-235 .
[68] Liao，X. & Shi，X.（Roc）. Public appeal，environmental regulation and green investment：evidence from China [J]. Energy Policy，2018（119）：554-562 .
[69] Meng L，Huang B. Shaping the relationship between economic development and carbon dioxide emissions at the local level：evidence from spatial econometric models [J]. Environmental and Resource Economics，2018（71）：127-156.
[70] Ning，L. & Wang，F. Does FDI bring environmental knowledge spillovers to developing countries? the role of the local industrial structure [J]. Environmental & Resource Economics，2018（71）：381-405.
[71] Ott I，Soretz S. Green attitude and economic growth [J]. Environmental and Resource Economics，2018（70）：757-779.
[72] Shi，X. & Xu，Z. Environmental regulation and firm exports：evidence from the eleventh five-year plan in China [J]. Journal of Environmental Economics and Management，2018（89）：187-200.
[73] Su B，Ang BW. Multiplicative structural decomposition analysis of aggregate embodied energy and emission intensities [J]. Energy Economics，2017（65）：137-147.
[74] Tan，Ruipeng，Lin，Boqiang，What factors lead to the decline of energy intensity in China's energy intensive industries? [J]. Energy Economics，2018（71）：213-221.
[75] Wang，J.，Wang，R.，Zhu，Y. & Li，J. Life cycle assessment and environmental cost

accounting of coal-fired power generation in China [J]. Energy Policy, 2018 (115): 374-384.

[76] Wang Q, Hang Y, Su B, Zhou P. Contributions to sector-level carbon intensity change: an integrated decomposition analysis [J]. Energy Economics, 2018 (70): 12-25.

[77] Wu J, Ma C. The convergence of China's marginal abatement cost of CO_2: an emission-weighted continuous state space approach [J]. Environmental & Resource Economics, 2019 (72): 1099-1119.

[78] Wu, Ya, Zhu, Qianwen, Zhu, Bangzhu. Comparisons of decoupling trends of global economic growth and energy consumption between developed and developing countries [J]. Energy Policy, 2018 (116): 30-38.

[79] You W, Lv Z. Spillover effects of economic globalization on CO_2 emissions: a spatial panel approach [J]. Energy Economics, 2018 (73): 248-257.

[80] Zhang, Bing, Chen, Xiaolan, Huanxiu Guo. Does central supervision enhance local environmental enforcement? Quasi-experimental evidence from China [J]. Journal of Public Economics, 2018 (164): 70-90.

[81] Zhang, J. & Mu, Q. Air pollution and defensive expenditures: evidence from particulate-filtering facemasks [J]. Journal of Environmental Economics and Management, 2018 (92): 517-536.

[82] Zhang P, Deschenes O, Meng K, Zhang J. Temperature effects on productivity and factor reallocation: evidence from a half million chinese manufacturing plants [J]. Journal of Environmental Economics and Management, 2018 (88): 1-17.

[83] Zhang P, Zhang J, Chen M. Economic impacts of climate change on agriculture: the importance of additional climatic variables other than temperature and precipitation [J]. Journal of Environmental Economics and Management, 2017 (83): 8-31.

[84] Zhang, Wei, Yu Liu, Kuishuang Feng, Klaus Hubacek, Jinnan Wang, Miao-Miao Liu, Ling Jiang, Hongqiang Jiang, Nianlei Liu, Pengyan Zhang, Ying Zhou and Jun Bi. Revealing environmental inequality hidden in China's inter-regional trade [J]. Environmental Science & Technology, 2018, 52 (13): 7171-7181.

[85] Zhang X, Zhang X, Chen X. Happiness in the air: how does a dirty sky affect mental health and subjective well-being? [J]. Journal of Environmental Economics and Management, 2017 (85): 81-94.

[86] Zhao, Hongyan, Guannan Geng, Qiang Zhang, Steven J. Davis, Xin Li, Yang Liu, Liqun Peng, Meng Li, Bo Zheng, Hong Huo, Lin Zhang, Daven K. Henze, Zhifu Mi, Zhu Liu, Dabo Guan, Kebin He. Inequality of household consumption and air pollution-related deaths in China [J]. Nature Communications, 2019, 10 (1): 1-9.

[87] Zhou, Xiaoyong, Dequn Zhou, Qunwei Wang, Bin Su. How information and communication technology drives carbon emissions: a sector-level analysis for China [J]. Energy Economics, 2019 (81): 380-392.

第四章　基础设施、制度与经济发展

卢盛峰　杨光照
（武汉大学）

第一节　研究综述

作为社会先行资本，基础设施通常被认为是推动经济发展的关键要素之一。在中国的社会主义市场经济框架下，交通、通信等各种基础设施是建立市场联系的枢纽。与此同时，政府组织及与其紧密相关的非正式制度对经济发展的作用也受到广泛的关注。因此，对我国基础设施和制度的经济影响研究，一直是学者研究的重点。大量研究文献证明了基础设施和制度对于提高经济效率、降低交易成本、促进规模经济、增加就业机会从而促进经济增长的重要意义。本章总结梳理了2018—2019年（含部分2020年）中国学者的相关文献，以期为后续的研究提供参考。

一、基础设施与经济发展

作为经济增长的基本保障和后台推手，大到国家，小到城市，基础设施对经济发展都具有显著影响。2018年以来，国内外学者也基于此进行了大量的研究。我们分别对基础设施影响经济的总体性研究、交通基础设施影响经济的专题性研究、基础设施对乡村经济发展影响的专项研究以及其他基础设施影响经济的专项研究进行综述。

（一）基础设施影响经济的总体性研究

首先，大量的文献侧重于基础设施带来的直接经济效应。第一，大部分研究发现基础设施对经济总量有正的促进作用，基础设施会对中国的经济增长产生积极影响，是经济增长的重要决定因素。第二，从影响时效来看，基础设施对经济增长的显著正向影响更侧重于长期效应。第三，也有少量研究发现基础设施对经济发展并非一直是正向效应，即基础设施的完善推动了地区经济增长，但发展达到一定水平后，进一步提升基础设施和促进金融发展对经济增长的作用不明显，甚至可能会产生负向影响（王立平、余小婷，2020）。

刘穷志和陈澄（2020）借助面板数据，将研究视角定为省域，主要研究省域基础设施和地方经济增长的效应，研究重点也集中在不同地区两者关系的差异化和收敛化。以基础设施为核心控制变量，从各省域的动态异质性角度研究了省域基础设施对地方经济增长的长短期效应。实证过程中运用了主成分分析法对不同种类的基础设施代理变量进行降维处理，并合成主成分分析指标；同时对数据进行面板平稳性和协整检验，并在此基础上构建 ARDL 模型和 ECM 模型。PMG 估计和稳健性检验均显示，在考虑地方异质性导致的短期效应差异化前提下，基础设施对地方经济增长的平均短期影响并非明显的正向效应，但是从长期来看，省域基础设施与经济增长有一个收敛的显著正关系。王立平和余小婷（2020）根据省际区域的面板数据，制定了主要基础设施指标的综合指数，以检验基础设施发展对经济增长的影响。采用主成分分析方法（PCA）建立基础设施指数（phy），选择了人均电力消费量（千瓦时）、人均移动电话年末用户数（户）、人均公路里程（米）三个主要基础设施指标。同时考虑到，基础设施与经济增长之间也可能存在内生性问题，经济发展程度较高的地区，基础设施也会相对较为完善，经济增长对基础设施产生了反向作用。因此选择该省年极端最低气温（摄氏度）和该省在该年内发生的山体滑坡次数作为基础设施的工具变量。研究表明，基础设施的完善推动了地区经济增长，尤其在金融发展比较落后的地区，基础设施可以作为金融发展的中介促进经济增长。Ouattara 和 Zhang（2019）根据中国省份面板数据集构建了综合基础设施指数，并采用面板时间序列技术分析，基础设施作为开发工具从长远来看是否有助于总产出。结果表明，平均而言，基础设施会对中国的省域经济增长产生积极影响，是经济增长的重要决定因素。在增加产出方面，基础设施资本通常比有形资本更能提高生产力。

其次，相当一部分文献侧重于基础设施从社会分工体系优化、空间溢出效应等方面对中国经济发展的侧面影响。第一，从分工形成条件来看，软基础设施和硬基础设施协同促进社会分工体系的优化和发展。第二，从劳动力构成来看，基础设施的改善提升了就业密度。第三，从产业结构转型升级来看，基础设施建设将增加能源消耗并降低能源强度，从而承载城市经济发展。考虑到溢出效应，交通基础设施对周边城市产业结构升级的促进作用更显著。

程锐（2019）基于新结构经济学的理论框架和 139 个国家和地区的实证分析，从分工视域探析基础设施影响经济增长及收入差距的机理，构建了现代内生经济增长模式，提出一定的软基础设施条件促使分工形成，并通过配套的硬基础设施实现市场规模的扩大，推进分工的演进，进而软基础设施和硬基础设施协同促进社会分工体系的优化和发展，不断提高要素生产效率和配置效率，从而实现可持续的内生经济增长。宋春合和吴福象（2018）基于 2003—2014 年中国地级市市辖区数据，使用动态面板模型的系统 GMM 法考察城市基础设施及其结构对集聚经济的影响，并提出城市经济基础设施和社会基础设施的改善提升了就业密度对劳动生产率的正面作用。Lin 和 Chen（2019）利用 2003—2016 年的中国省级数据，研究了包括公用事业（电力，通信等）、公共工程（水利工程，道路等）和其他运输部门（铁路、城市交通等）在内的经济基础设施对部门能源消耗和能源强度的影响机制。结果表明，从长远来看，经济基础设施建设将增加能源消耗并降低能源强度。Wang 等（2020）提出城市基础设施经济能力（UIEC）是城市基础设施承载能力的最重要内容之一，是城市发展的可持续性因素。各种城市基础设施应具有足够的能力来进行一定数量的经济活动。城市基础设施是否已达到理想的经济能力以及基础设施是否实现高利用率是承载城市经济发展的基本前提。马昱、邱菀华和王昕宇（2019）利用熵权 TOPSIS 法来衡量城市基础设施水平，采用中介效应的分析方法对城市基础设施对我国区域经济发展的影响进行研究，运用面板门槛模型对两者之间的非线性关系进行探讨。结果表明，城市基础设施虽并非直接影响区域经济发展，但基础设施建设为区域经济的发展提供了重要的物质基础，是区域经济发展的重要先决条件。张治栋和李发莹（2019）基于长江经济带各地级市的面板数据，采用空间杜宾模型考察基础设施及其空间溢出效应与产业结构升级的关系，并指出，在对城市产业结构升级的研究中，交通基础设施和通信基础设施均存在显著的空间溢出效应，交通基础设施对周边城市产业结构升级的促进作用更显著，不但可以带动本地区的产业结构升级，而且还促进了周边地区产业结构的转型。通信基础设施显著的空间网络外部性使得资源要素在城市之间得到优化配置，区域间的沟通加快了知识溢出，各个区域按照自身的知识禀赋最大化进行产品生产，从而对周边地区的溢出效应更为显著。

最后，也有学者分析总结了影响我国基础设施建设的制度、政策。如分析在绿色能源迅速发展的背景下，充电基础设施产业相关政策的发展，以及近年来广受重视的 PPP 项目实施对我国基础设施发展的影响。

在各界日益关注能源转型和环境保护的大背景下，作为全球电动汽车产销量第一的国家，中国充电基础设施产业相关政策对市场的影响至关重要。岳为众、张晶和刘颖琦（2019）首先对 2009—2017 年中国电动汽车充电基础设施产业政策进行剖析，其次对中国电动汽车充电基础设施产业的整体发展状况进行论述。文章指出，2009—2017 年，国家共出台了 49 项充电基础设施产业相关政策，包括战略规划、法规标准和补贴奖励三个方面，充电基础设施产业政策逐渐完善，对全面鼓励社会资本加入进而促进充电基础设施发展起到至关重要的作用。自 2004 年北京城轨建设首次尝试 PPP 项目融资以来，以政府与社会资本合作为特征的 PPP 项目融资已成为我国基础设施投资领域的主流（孙伟，2019）。PPP 项目融资是我国基础设施领域一项重要的制度创新，为我国基础设施的完善提供了有力的支持。汪立鑫、左川和李苍祺（2019）使用多期双重差分法和双重差分倾向得分匹配法，运用中国 2002—2015 年的地级市面板数据，基于基础设施产出效率的视角，将 PPP 项目的实施视为一项政策冲击进行研究。本文的研究发现，PPP 项目的实施整体上对基础设施产出效率的影响不显著，在剔除区域异质性以及特殊事件冲击的影响后该结论依然成立。进一步的机制检验得出，PPP 项目的实施提升了新增基础设施投资和存量，但降低了创新水平。

基础设施投资一直是国家和政府密切关注的话题。陈智颖、钱崇秀和陈苗臻（2020）通过一个超边际——一般均衡模型论证了基础设施建设对经济增长的影响，并利用中国 31 个省区市（不含港澳台）的面板数据进行了实证检验，结果表明，基础设施建设对中国的经济增长具有“倒 U 形”影响，且存在最优规模。唐安宝、李康康和管方圆（2020）分析了 FDI 对经济高质量发展的影响以及基础设施投入对两者关系的调节作用。研究表明，在沿海地区，一般性基础设施投入与科技型基础设施投入均能够促进经济高质量发展，但在内陆地区作用效果不显著；在沿海地区和内陆地区，两类基础设施投入均能够正向调节 FDI 促进经济高质量发展。Lan、Gong、Da 和 Wen（2020）通过基于中国 35 个大中城市的数据建立面板固定效应模型，进一步研究了人口流入和社会基础设施对城市活力的影响。社会基础设施与城市活力具有显著的正相关性，增加对社会基础设施的金融投资可以有效地改善城市活力，而人口流入通过与社会基础设施的互动效应影响城市活力。作者基于此建议地方政府增加对社会基础设施的投资，提高公共产品的质量，从而保持城市活力和促进城市可持续发展。Ouattara 和 Zhang（2019）提出，基础设施的投资是促进区域发展的有效工具，对于基础设施不足的国家或地区，增加基础设施的存量可以使经济从长期中受益。但决策者应仅在不导致基础设施供过于求的情况下，将基础设施投资用作促进增长或促进区域发展的手段。Zhang 和 Ji（2018）通过中国各省份的经验证据提出，除铁路外的基础设施库存在提高产出水平方面比其他有形资本生产率更高，基础设施的生产力取决于相对于非基础设施资本而言，其是供过于求还是短缺。因此政府增加对欠发达地区的投资，可以提高研发能力和人力资本，从而对提高总产出水平产生长期的积极影响。潘雅茹和罗良文（2019）在探究财政分权、基础设施投资与经济包容性增长的理论关系基础上，利用中介效应模型实证检验了财政分权、基础设施投资对经济包容性增长的影响。财政分权和基础设施投资的交互作用能够影响包容性增长。相比于财政分权的负向作用，基础设施投资对经济包容性增长呈显著的正向影响。刘倖奇（2018）构建了包含基础设施投资、产能利用率与经济增长的一般均衡模型，模拟了“基础设施-经济增长”“基础设施-产能利用率-经济增长”两种渠道下基础设施对经济增长的影响效应，分析了基建规模、投资效率两种因素影响经济增长的作用机制，得出基础设施投资增长通过促进资本积累、发挥正外部性实现了对经济增长的直接贡献；基础设施投资通过提高产能利用率，发挥了对经济增长的间接促进作用。

（二）交通基础设施影响经济的专题性研究

改革开放以来，我国交通基础设施有了跨越式的发展。交通基础设施质量的改善能够引致更为充分的市场竞争，促使资源流向更有效率的地方。因此，对交通基础设施的研究持续性地受到中国学者的关注。研究发现，交通基础设施对提高城市化水平、缩小城乡收入差距、改善对外经济贸易、协调区域经济、发展旅游业等均有着显著的正向影响。

范晓莉（2020）以新经济地理学理论为基础，以中国 2008—2016 年省际面板数据为样本，研究了区域基础设施对城乡收入差距的作用机理和影响效应，并提出交通基础设施水平的提升显著缩小了我国各区域的城乡收入差距，而信息基础设施水平的改善在一定程度上也呈现出缩小我国城乡收入差距的效应。刘晴、胡甜甜和邵智（2020）将冰山运输成本引入经典异质性企业贸易模型分析框架，从国内贸易成本角度出发，揭示了交通基础设施对企业内外销关系的影响机制。该研究发现，国内交通基础设施的改善会对企业内外销关系产生双向效应：一方面可以改善贸易条件，促进企业发展对外贸易，即产生国际门户直达效应；另一方面则会降低国内运输成本，促进企业发展国内贸易，即产生国内运输优势效应。钟文、钟昌标、郑明贵和陈林雄（2019）基于新经济地理学视角，构建了以公平与效率组成的社会效用函数最大化条件下的最优资源再配置理论模型，并分析了交通基础设施对区域协调发展的影响效应及机制。结果发现，在全国层面，交通基础设施通过投资效应和知识溢出效应对区域协调发展产生了积极的促进作用。徐瑾和潘俊宇（2019）选用我国 2004—2016 年 31 个省份（未含港澳台）的最新面板数据，采用双向固定效应模型研究了交通基础设施与经济增长之间的关系，研究结果表明，交通基础设施对经济增长存在着显著的促进作用，通过乘数效应、拉动私家车消费和提高人口城镇化率直接或间接地影响经济增长。

现代旅游业的发展与交通紧密相关，交通便利程度既是旅游资源开发、旅游目的地建设的必要条件，也是衡量一定区域旅游业发达程度的重要标志。侯志强（2018）在综合考虑多维要素对区域旅游经济增长协同作用的基础上，以中国省域面板数据为基础，以铁路和公路为交通基础设施变量，分别构建其对区域旅游经济增长效应的空间计量模型，研究结果表明，各类交通基础设施对区域旅游经济增长均存在显著的直接效应和空间溢出效应，且空间溢出效应占总效应比重的 3/4 左右。张茜和赵鑫（2018）基于中国 2005—2015 年 28 个省市区的省际面板数据，借用空间经济学思想，实证研究了交通基础设施及其跨区域溢出效应对星级酒店、旅行社、景区发展的影响。实证结果表明，交通基础设施投资不仅能带动本地旅游发展，还存在跨区域的正向溢出效应，相邻地区交通基础设施对三个分行业均存在显著的正向溢出效应，而周边地区交通基础设施仅对旅游景区存在正向溢出效应，交通基础设施的本地效应远大于跨区域的正向溢出效应。

不同类型和不同等级的交通基础设施对经济的促进程度存在显著差异。到目前为止，中国跨省的人流和物流主要是通过铁路交通来完成的，而省内的交通则主要通过公路基础设施来实现。铁路基础设施与公路基础设施相比，公路基础设施的本地效应更加明显，而铁路基础设施的跨区域影响更加显著（刘生龙、郑世林，2013）。不同交通基础设施对国内贸易成本的影响也不同，铁路基础设施的改善显著降低了国内贸易成本，但高昂的公路收费削减了公路基础设施水平的改善对提高运输效率的积极作用。而从市场解释力的角度来看，公路的解释力又远高于铁路（刘钜强、赵永亮，2010）。下面将对公路和铁路基础设施对经济效益的影响进行具体分析和比较。

1. 公路基础设施建设

公路基础设施的建设和质量的改善能够引致更为充分的市场竞争，促使资源流向更有效率的地方。阮培成、刘梅和施腾（2019）利用 2006—2016 年江浙两省县级面板数据，采用空间杜宾模型，构建地理距离和经济距离空间权重矩阵，研究了公路基础设施建设对城乡收入差距的直接效应和间接效应。研究发现，城乡收入差距和公路建设水平都具有显著的空间相关性，公路密度的增大不仅能显著缩小本地区的城乡收入差距，而且对其他地区城乡收入差距的扩大具有显著的抑制作用，即公路基础设施建设对城乡收入差距的影响具有空间溢出效应。刘冲、刘晨冉和孙腾（2019）利用了中国县—行业层面的面板数据，借鉴 Faber（2014）“国道主干线系统”的自然实验，检验了交通基础设施对我国制造业产业发展的影响，提出交通基础设施的提升带来了县域产业增加值、总产值、工业销售产值、从业人数和投资的增长。同时，交通基础设施提升有助于促进企业创新，且对金融约束较弱企业的创新促进作用更强。宗刚、张雪薇和张江朋（2018）以中国 2005—2015 年的省际面板数据，检验在不同空间权重下的交通基础设施的空间相关性，并建立空间计量模型来分析基础设施建设发展对经济集聚空间溢出效应的影响。研究结果表明，各省份的基础设施存在显著的空间自相关性，且公路对经济集聚具有更积极的促进作用，并且在 1%的水平上显著为正，而且高等级公路对经济集聚的贡献度最高。唐红祥、王业斌、王旦和贺正楚（2018）使用 2000—2016 年中国西部地区的交通基础设施和产业发展的数据，实证分析交通基础设施对制造业集聚的影响，研究发现：交通基础设施与制造业集聚存在空间分布的一致性，交通基础设施对市场化程度越高地区的制造业集聚促进作用越显著。公路对制造业集聚的促进作用大于铁路，一级公路对制造业集聚的促进作用最大，低等级公路建设越多越不利于制造业集聚。

2. 高速铁路基础设施建设

高速铁路作为一种区域间大型交通基础设施，对区域经济增长和经济空间格局都会产生重要影响。自中国开始大规模建设高速铁路以来，国内学者对高铁的经济效应进行了大量的实证研究。孙学涛、李岩和王振华（2020）选取高铁数据和中国城市经济数据，并运用SARAR模型研究了高铁建设对中国城市经济的影响及其空间溢出效应。研究显示，高铁建设对中国城市经济的影响存在显著的空间溢出效应；高铁开通、高铁站等级提升和高铁停车时间延长有利于推动中国城市经济增长；高铁建设对相邻城市也具有影响效应，包括极化效应和扩散效应；高铁建设对城市经济增长率的影响大于对城市经济发展水平的影响。年猛（2019）以一般县级行政区、县级市和地级及以上城市市辖区为基本空间单元，利用全球夜间灯光数据作为经济发展水平的代理变量来考察2007—2013年高铁的时间累积效应和空间邻近效应对区域经济增长和空间格局的影响。实证研究表明，高铁运行时间越长对区域经济增长带动效应就越强，即高铁具有显著的时间累积效应；而距离高铁站点越近的区域受益于高铁的带动效应越大，即高铁具有显著的空间邻近效应；高铁对连通的各类区域均具有显著的经济增长带动效应，但对不同类型区域的带动效应具有显著差异，一般县受益最大，其次是县级市和地级及以上城市；此外，高铁的运行有助于缩小区域差距、促进经济空间均等化。Xu 和 Huang（2019）提出了一种利用地理加权回归模型研究高铁建设和发展对中国当地城市经济影响的方法，指出高铁在过去十年中改变了中国的经济分布格局。高铁基础设施满足了长途站点之间的大批量旅行需求，确保了高效的出行，促进了经济的流通。高铁对中国城市经济的积极影响将持续到未来15年。中国高铁的建设从经济发达的地区逐渐扩展到中西部地区，带动了内陆地区的发展。施震凯、邵军和浦正宁（2018）将2007年铁路提速视为中国交通基础设施质量提升的一次准自然实验，以首次开通的动车组列车为分组依据，通过倍差分析法研判铁路提速对企业全要素生产率的影响。分析结果显示：铁路提速对沿途企业的技术进步和效率改进发挥了积极作用，促进了全要素生产率的增长；位于技术中心城市"1小时经济圈"内的企业更易受到铁路提速带来的外部性影响。

一些研究表明，交通基础设施与经济增长之间具有显著的非线性效应，呈现倒U形关系，即随着交通基础设施投资规模的扩大，经济增长出现先上升后下降的现象。这正说明了交通基础设施投资规模存在适度性。交通基础设施投资规模应与当地的经济发展、人口规模及自然条件等相匹配，不能一味追求规模扩大，应根据具体需求合理控制投资规模（孙湘湘、周小亮，2019）。因此，对最优交通基础设施投资的研究，近年来也受到了中国学者的重视。

付新平和朱晓奔（2020）结合我国交通基础设施投资和国际贸易发展的空间特征，利用我国省际面板数据和空间杜宾模型，并通过更换空间权重矩阵的方式对实证结果进行检验，提出交通基础设施投资对我国国际贸易的影响存在显著的空间溢出效应，交通基础设施投资对国际贸易发展的促进作用主要来源于不同地区之间的交互影响，而不是某一地区的单独作用，单一地区的投资从某种程度上还会抑制国际贸易的发展。Lin 和 Chen（2020）定量计算了 1998—2016 年中国制造业的有效能源服务，并通过收敛性分析证明了区域差异的存在。研究表明，运输基础设施对制造业的有效能源服务具有非常重要的积极影响，在收入异质性背景下，随着收入水平的提高，交通基础设施对有效能源服务的影响呈现出非线性上升的特征，在促进有效的能源服务方面发挥着越来越重要的作用。并据此提出，中国政府应加大对交通基础设施的投资，以实现形成规模效应，加快区域交流，调整能源结构，提高能源效率，最终改善有效能源服务和产出的目标。对于经济相对落后的地区，应优先发展运输基础设施，使它们能够享受交流带来的贸易红利，并尽快实现经济利益的最大化。同时，中国政府应着重于中西部地区的交通基础设施建设，改善交通网络，增加运输里程并建立便利的交通系统。吴江、贾元华、于帅和郭月（2019）提出，交通基础设施建设在产业集聚变动及空间溢出效应中起到了重要的作用，且存在"倒 U 形"非线性关系；在我国现阶段的交通基础设施建设中，以高铁建设为代表的质量因素对产业集聚的影响更加明显。因此，以交通基础设施建设为着力点进行投资，有助于促进我国产业结构均衡发展；加强高速铁路建设，可以进一步降低我国综合运输成本，减少产业集聚阻力，从而提升运输服务质量，加快我国交通现代化发展进程，推动产业集聚发展。Xu 和 Huang（2019）根据中国近十年来高速铁路建设的情况，以及中国最新的国家铁路网规划，研究了中国经济发展与获得高铁基础设施投资机会的相关性。分析表明，启动中国高铁网络的第一个试验地点是东部地区，但由于中国政府希望高铁在不久的将来能促进相对落后地区的经济发展，中西部地区已逐渐成为建设的核心地区，同时，京津冀地区和长三角地区等重要地区并非始终是中国高铁投资的"赢家"，中小型城市比发达的大城市更适合目前中国的高铁投资和建设。

（三）基础设施和"一带一路"发展

2013 年 9 月，中国提出了"一带一路"倡议，其主要目的是建设一个大经济圈，使得沿线国家的经济都有一定程度的增长。"一带一路"倡议强调基础设施建设先行，中国也高度重视"一带一路"沿线 18 个省市的经济发展，并为此投入了大量的基础设施建设资金，因此，"一带一路"沿线基础设施建设和经济增长之间的关系值得我们进一步探索。近年来，中国学者的研究普遍集中在交通基础设施建设对"一带一路"的经济影响。

Wang 等（2020）收集了 2007—2016 年的跨国面板数据，并研究了运输基础设施（铁路和公路）对"一带一路"沿线国家经济增长的影响。"一带一路"沿线国家的交通运输基础设施在促进经济增长方面发挥着至关重要的作用。在静态模型中，道路基础设施对"一带一路"沿线国家经济增长的影响要大于铁路基础设施。但是在动态模型中，铁路对经济增长的短期促进作用更为显著。此外，在四种 SWM 模式下，BRI 国家的经济增长具有显著的积极的空间溢出效应，即"一带一路"国家之间的地理邻近和相似的经济、文化和制度距离导致共同的经济增长。积极的溢出效应来自运输基础设施的网络效应。赵春娟（2019）利用 2007—2016 年"21 世纪丝绸之路经济带"沿线 13 个省份及"海上丝绸之路"沿线 5 个省份的面板数据和混合 OLS 模型，阐述了交通基础设施建设对于沿线省市经济增长的影响。结果显示：在"21 世纪丝绸之路经济带"沿线省市中，交通基础设施建设对于经济增长起到抑制的作用，而“海上丝绸之路”沿线省市中，交通基础设施建设和经济增长之间是一种“U”形的关系。周国光、王一佼、桂嘉伟和白鹏霞（2019）构建了交通基础设施投资对区域经济增长的空间溢出模型，分析比较“一带一路”沿线各省市交通基础设施投资对区域经济的作用效应。研究发现，在考虑交通基础设施投资对我国区域经济增长空间溢出效应的基础上，“一带一路”沿线各省市的交通基础设施私人投资和公共投资的直接效应和间接效应均显著为正，其中，私人投资比公共投资的效应要大。因此，建议为私人投资创造更加良好的投资环境，并促进交通基础设施私人投资和公共投资合作的投融资改革，以便有利于“一带一路”沿线地区加强经济联系，实现共同发展。章秀琴和余长婧（2019）选取2010—2016年“一带一路”沿线59个国家构建动态面板数据，并使用系统广义矩估计方法，实证分析了“一带一路”沿线国家基础设施对双边贸易额的影响。考察交通运输变量的三个指标发现，班轮指数和航空客运量与贸易流量均显著正相关，而国家间的铁路互通较少，使得铁路货运量与贸易流量负相关。张鹏飞（2018）基于引力扩展模型，聚焦于“一带一路”沿线亚洲国家交通基础设施和通信基础设施建设水平对其区域内贸易量的影响展开实证分析，结果表明：当一国交通基础设施发展到一定水平后，通信基础设施的作用会越来越显著；不同收入水平国家之间的进口对基础设施建设水平要求不同，以中国为代表的中低等收入水平国家从高等收入水平国家的进口更加注重出口国的交通基础设施建设水平。

（四）基础设施和乡村经济发展

乡村振兴是应对新时期社会主要矛盾的必然要求，农村基础设施在乡村振兴战略实施和农业可持续发展中处于基础性、支撑性地位。一方面，基础设施投资可作为资本要素，通过乘数效应拉动乡村经济增长；另一方面，基础设施建设可改善乡村经济发展所需的基础条件，进而提高经济运行效果。因此基于我国基本国情和农情，研究农村基础设施对农业经济增长的影响具有十分重要的现实意义（张亦弛、代瑞熙，2018）。

曾福生和蔡保忠（2018）从要素流动效应、规模效应、结构效应、乘数效应等方面分析了农村基础设施是产业兴旺的先行资本，从生态宜居的重点和落脚点两个方面分析了农村基础设施是生态宜居的必要条件，从劳动替代效应、成本节约效应、包容性增长效应以及催生新产业新业态等方面分析了农村基础设施是生活富裕的重要保障，并从立法规划、资金保障、建设管护、配套制度四个方面出发，提出要科学建设农村基础设施，加快实现乡村振兴。张亦弛和代瑞熙使用全国30个省份的面板数据，对内生性较弱的农村基础设施对农业经济增长的影响进行研究，并运用个体和时间双向固定效应模型就前者对后者的影响进行分析。结果表明，农村水利、信息、卫生环境和滞后两期的交通运输基础设施对农业经济增长有显著的正效应。陈习定、张芳芳、黄庆华和段玲玲（2018）利用中国健康与养老调查（CHARLS）面板数据，检验基础设施对农户创业的影响。实证结果显示，交通、通信和公共卫生基础设施均与农户创业显著正相关，表明基础设施是促进农户创业的关键因素，加强农村地区基础设施建设并进一步提高农村金融供给水平是未来促进农户创业水平提高的政策重点。邓晓兰和鄢伟波（2018）通过研究农村基础设施对农业全要素生产率的影响来检验我国农村基础设施的溢出效应。研究发现，农村灌溉、道路、电力和医疗这四类农村基础设施都能对农业全要素生产率产生明显的溢出效应，而农村人力资本和农业人均 GDP 的提升对农业全要素生产率的影响表现为净替代效应。

（五）其他基础设施对经济的影响

除上述基础设施外，近年来国内学者还对其他基础设施的经济影响进行了专项研究。我们在此也进行相关整理和综述。

孙早和徐远华（2018）用中国高技术产业 2002—2013 年 17 个细分行业的面板数据，考察了信息基础设施建设对中国高技术产业创新效率的影响。研究发现，信息基础设施建设对中国高技术产业的创新效率具有显著的促进作用；随着市场化程度的提高，信息基础设施建设对高技术产业创新效率的提升作用趋于增强；在国有产权比重较低、平均规模较小、盈利能力较强的高技术产业细分行业，信息基础设施建设对技术创新效率的提升作用更大。寇晨欢、冷志杰和贾晓菁（2019）运用系统动力学方法，进行因果反馈分析，揭示系统内部关键因果机制，并构建了区域范围的物流系统驱动经济系统发展的系统动力学模型，以黑龙江省为例，运用 VENSIM 软件进行了仿真和寻优计算，结果表明，物流基础设施和人力资源建设均能显著促进区域经济系统发展，并促进产业结构向第三产业调整。

新型基础设施投资是在 5G、人工智能、工业互联网和物联网等领域的基础设施投资，不同于现有文献提出的传统基础设施形成公共资本从而提高全要素生产率，新型基础设施提高了资本扩展型技术水平。与传统基础设施相比，新型基础设施投资可能会更大幅度地提高资本相对劳动的边际产出，从而促进资本对劳动的替代，同时可能会更大幅度提高资本密集型产业的产出，从而促进资本密集型产业对劳动密集型产业的替代。郭凯明、潘珊和颜色（2020）建立了一个多部门动态一般均衡模型，纳入传统基础设施和新型基础设施的上述两个特征，通过理论分析和数值模拟展示了新型基础设施投资推动制造业升级和服务业发展的经济机制并进行了敏感性分析，提出新型基础设施投资在供给侧推动产业内资本和劳动的替代与产业间制造品和服务的替代，在需求侧拉动服务业发展，并在供需两侧同时促进产业结构转型升级。由此，随着新型基础设施发展，中国基础设施投资不仅能够在高速增长阶段推动经济增长，而且可以在高质量发展阶段推动结构升级。

二、政府职能与经济发展

在政府职能与经济发展方面，2018 年以来国内外华人学者各自聚焦于不同的问题，检验了政府不同职能与经济发展的关系。政府通过履行职能，降低交易成本，促进市场整合；同时通过国有企业和政府购买直接参与经济活动。针对这一部分文献，我们将分别根据各项职能展开综述和评论。

（一）政府服务职能与经济发展

习近平总书记在党的十九大报告中指出："转变政府职能，深化简政放权，创新监管方式，增强政府公信力和执行力，建设人民满意的服务型政府。"本部分我们先后从简政放权与创新监管方式两个角度展开综述和评论；简政放权的研究包括设立行政审批中心和商事制度改革，创新监管方式的研究涉及北京与上海的车辆牌照配置方式、我国正在引入的碳排放交易体系和 SO_2 排放权交易试点政策。

王永进、冯笑（2018）以各地行政审批中心的成立为“准自然实验”，结合中国微观企业数据，采用双重差分法和三重差分法，系统考察了行政审批制度改革对企业创新活动的影响。研究发现：行政审批中心的建立显著提升了企业创新水平，并且经过一系列稳健性检验后，该结论依然成立；但政策效果因专利类型、企业性质不同而存在较大差异。具体表现为：实用新型专利和外观设计专利、内资企业、接近国际技术前沿行业、低融资约束行业以及非专利密集型行业企业从制度改革中获益更大。从影响机制看，行政审批中心的建立降低了企业的制度性交易成本，从而促进企业进行研发和技术创新，但同时行政审批效率的改善也会促进企业进入，挤压已有企业的生存空间，从而可能抑制企业创新。而在因果识别策略方面，该研究通过双重差分法、三重差分法在一定程度上处理了潜在的内生性问题。

基于中国行政审批中心设立数据，毕青苗、陈希路、徐现祥和李书娟（2018）考察行政审批改革对企业进入率的影响程度。在识别方法上，文章证明了，基于规模临界值的企业进入率更具有实用性。比如，可以直接采用工业企业数据库计算企业进入率。在实证上，文章手工收集整理全国 333 个地级市和 2852 个县（市、区）设立行政审批中心的数据，实证分析发现，在 1998—2007 年设立行政审批中心的地级市，企业进入率显著提高 2~25 个百分点。文章还发现，行政审批中心主要是通过进驻部门实现跨部门协调，便于企业进入市场。这个发现相当稳健，排除各地创业氛围、对外开放“倒逼”国内市场开放、政府招商引资动机以及地方官员变更冲击等因素后，依然成立。将样本拓展到 2013 年后，文章的基本发现依然成立。文章通过排除存在内生性嫌疑的样本进行估计，以及将同省其他地级市行政审批中心设立率、与同省首个设立行政审批中心城市的地理距离作为工具变量进行估计，结果表明设立行政审批中心依然能够显著提高企业进入率。

与此同时，地方行政中心作为一种特殊的稀缺性政治资源，其空间选址对城市的整体资源布局以及整个区域经济发展具有重要意义。正是基于此，近年来一些城市开始通过政府行政中心迁移来给核心地区“降温”，旨在通过政府驻地迁移转变城市现有资源配置格局，谋求地区经济的持续健康发展。卢盛峰、王靖和陈思霞（2019）基于 1999—2012 年中国地方政府驻地迁移的经纬度坐标信息，匹配 DMSP/OLS 迁入地周边区域内夜间灯光影像数据，在纯空间视角和更小地理尺度上构造双重差分模型，以此评估行政中心的经济收益。实证结果表明：（1）政府驻地的迁入显著促进了区域内的经济发展，即行政中心的经济收益显著存在；同时，地方行政中心的经济收益在地理上存在衰减效应，距离迁入点更近的区域获得的经济收益更大。（2）政府驻地迁移促进了迁入地经济发展的同时，一定程度上抑制了迁出地经济发展，但是影响效应存在非对称性。（3）在影响的动态趋势上，政府驻地迁移促进了迁入地经济发展，其作用在短期内不断增强后趋于平缓。（4）政府行政中心的迁入，会给区域内带来经济集聚效应和公共资源空间再配置效应，最终促进区域内经济发展。文章通过双重差分法控制内生性。本研究对中国城市公共资源的空间分布和优化配置及如何更大效能地发挥行政中心的经济带动作用具有政策借鉴意义。

商事制度改革是全面深化改革的关键领域，也是优化营商环境的核心内容，必将对中国经济发展产生深远影响。刘诚和杨继东（2020）考察了商事制度改革对产业专业化的推动作用。首先通过构建地方政府和企业在项目市场上的博弈模型，证明了商事制度改革能够限制政府的干预行为，促进地区产业专业化；然后使用2007—2015年261个地级及以上城市设立市场监管局的时序变量测度商事制度改革程度，利用各城市工业用地出让数据构建供地基尼系数来衡量产业专业化水平，据此进行实证检验。结果发现：商事制度改革显著提升了产业专业化水平，设立市场监管局可使专业化水平提高0.031，是其均值的6%、标准差的31%。作用机制上，商事制度改革抑制了政府对行业规模和税收的偏好性投资，促进了企业自由进入市场，降低了投资向部分行业的同质化集中。国有企业对商事制度改革的作用不敏感，仅使用国家资本占比较高行业的样本时以上结论变得不显著。商事制度改革对高技术行业和高契约强度行业的作用更强。使用行政审批中心设立情况、开办企业成本等变量作Ⅳ处理内生性问题后，基本结论保持稳健。未来，应进一步加快商事制度改革，并结合地方政府偏好、行业技术和契约强度、企业所有权性质等因素，有针对性地提升产业专业化水平，从而促进中国经济高质量发展。

经济学家通常倾向于市场机制而不是非市场机制，以经济效率和公共收入为基础来分配稀缺的公共资源。当所讨论的资源的使用产生不同种类的负外部性时，福利比较可能变得模棱两可。两种分配机制都在中国部分大城市实施，目的是分发有限的车辆牌照，以应对日益恶化的交通拥堵和空气污染，其中北京使用不可转让抽签的“彩票”机制，上海则使用拍卖系统机制。Li（2018）在考虑配置效率和车辆牌照分配后的外部性的基础上，对两种机制的福利效应进行了实证分析。作者的分析表明，不同的分配机制导致了社会福利的巨大差异。虽然与拍卖相比，北京的“彩票”机制在减少汽车外部性方面具有很大的优势，但其优势被分配不当造成的显著配置成本所抵消。北京的“彩票”机制仅在2012年就造成了300亿元的社会福利损失。一次统一的价格拍卖将为北京市政府带来近200亿元的收入，超过了北京市政府对当地公共交通系统的所有补贴。

与此同时，国家碳排放交易体系也引起了学者的关注。预计碳排放交易体系只覆盖主要污染源，但常识是一个更全面的系统将以更低的成本实现排放目标。Cao，Ho，Jorgenson和Nielsen（2019）首先研究涵盖电力和水泥行业的碳排放交易体系，并分析从2017年开始的一个涉及排放上限的碳排放交易体系，该上限将实现到2030年将碳GDP强度比2005年降低60%~65%的官方目标。这两个碳排放交易体系覆盖的行业将获得基于产出的补贴，以显示向覆盖企业发放免费许可证的意图。然后作者假设一个混合系统，其中交易体系以外的部门同样支付碳税并分担二氧化碳减排任务。作者的模拟结果表明，混合系统将在许可价格和GDP损失较低的情况下达到相同的CO_2排放目标。作者还展示了许可证拍卖如何提高碳排放交易体系和混合系统的效率。最后，作者发现这些二氧化碳排放控制政策是进步的，因为高收入家庭承担了更多的负担。任胜钢、郑晶晶、刘东华和陈晓红（2019）则利用中国首次大规模的市场型环境规制——2007年SO_2排放权交易试点政策，作为准自然实验，研究排污权交易制度对企业全要素生产率的影响，以检验“波特假说”在中国是否成立。研究发现，排污权交易制度实现了经济与环境的“双赢”。在此基础上，文章运用双重差分法、三重差分法以及工具变量法控制内生性，并进行了一系列稳健性检验，研究发现，排污权交易制度显著提高了试点地区的上市企业全要素生产率，且年度效应滞后两年后逐年递增。进一步的分析表明，排污权交易制度主要通过促进企业技术创新和改善资源配置效率两条途径作用于全要素生产率。从企业所有制类型看，非国有企业比国有企业对排污权交易制度更加敏感；从环境执法力度看，环境执法力度越高的地区排污权交易制度对全要素生产率促进作用越大。

（二）政府收入分配职能与经济发展

这一部分的研究主要涉及城乡居民医保制度和我国近期改善县级政府税收和财政能力的改革，并重点检验了其对经济发展的影响。

Liu 和 Zhang（2018）指出先前的研究表明，基于就业的医疗保险降低了工作流动性，阻碍了创业。2007 年在中国试点、2009 年全面建立的城镇居民基本医疗保险计划，为约 2.71 亿没有正式就业的城镇居民提供医疗保险。城市居民医疗保险制度实施前，大多数城镇居民通过用人单位获得医疗保险，大量失业人员和个体经营人员未参加医疗保险。因此，城乡居民基本医保创造了一个新的、不依赖于正式就业的保险选择，并可能促进创业。作者利用这一政策变化来评估城乡居民基本医保对自营职业的影响。利用 2000—2011 年中国健康与营养调查的数据，采用双重差分法和倾向得分加权法控制内生性，作者发现城乡居民基本医保增加了总人口中至少 8.73%的自雇率。这一结果主要是由城乡居民基本医保对不健康工人、12 年或 12 年以下受教育者和 30 岁以上工人的影响所驱动的。

与此同时，Jia，Ding 和 Liu（2020）提出我国最近启动了一项重大的分权改革，以同时改善税收自主权和向县级政府的财政转移。作者使用工具变量和倍差法控制内生性，利用 1995—2014 年县级面板数据来检验这项改革的激励效果。作者发现，改革显著降低了地方税收执行力，此外，这一结果似乎是由提高地方税收自主权和财政转移支付的相反激励效应所驱动的。特别是，虽然改革推动了县级政府通过增强地方税收自主权来提高税收执行力，但财政转移支付的增加，削弱了地方税收执行力。作者的研究结果支持了分权文献中的观点，即在加强地方财政纪律的同时，提高地方税收自主权是比增加财政转移到地方政府融资更有效的途径。

（三）政府资源配置职能与经济发展

本部分研究涉及美国德州电力市场企业合并与效率损失的关系，这对我国国有企业的合并行为有一定借鉴意义。与此同时，也有研究关注了所有权类型对中国工业部门技术效率和技术进步的影响。

Hortaçsu，Luco，Puller 和 Zhu（2019）提出寡头垄断模型下战略公司的价格竞争，会因为市场势力导致效率损失。然而，企业战略能力的异质性也会导致效率低下。作者研究了德州电力市场，这里企业在竞价方面如何偏离纳什均衡表现出显著的异质性。这些偏差反过来又增加了生产成本。为了解释这种异质性，作者将认知层次模型嵌入投标的结构模型中，并估计企业的战略成熟度。作者发现，公司规模和管理人员的受教育状况会影响公司的成熟度。利用该模型，作者发现，尽管市场集中度不断提高，但提高战略成熟度的合并可以提高效率。

与此同时，Walheer 和 He（2020）提出中国制造业在企业改革中经历了剧烈的结构变化。民营企业和外资企业的兴盛，国有企业和集体企业的衰落，伴随着巨大的技术升级和生产力增长。作者使用详细的企业层面数据研究了所有权类型对中国工业部门技术效率和技术进步的影响。通过采用一种基于超前沿技术的方法，作者解释了在确定30个制造业部门的4种企业所有权时的技术异质性。稳健的数据包络分析提供了估计的灵活性，使作者能够减少数据问题。研究结果表明，企业所有权对解释我国企业技术效率和技术进步差距具有重要意义。作者表明，外资企业是技术效率标准的制定者和技术领导者。研究发现，在技术效率和技术差距方面，私人所有制和集体所有制都占主导地位。随着时间的推移，外资企业在提高技术效率方面处于领先地位，私营企业为技术进步做出了贡献。作者还发现，中国成功地振兴了国有企业，但仍有改进的余地。最后，作者发现，中国在几乎所有工业部门都成功地促进了技术进步。作者的研究对中国和其他转型经济体有着丰富的政策含义。

三、经济政策与经济发展

上述文献切入分析经济发展主体的同时，国内外华人学者还大量关注其他经济政策对经济发展的影响效应。在本部分，我们把经济政策看做一种暂时性的制度安排，根据所研究政策的类型进行依次综述，具体展开如下：

第一，人口、劳动政策与经济发展。一些研究直接关注人口统计特征。Wang 和 Zhang（2018）提出数量-质量权衡理论认为生育率的降低将导致对每个儿童更多的人力资本投资，人们普遍认为人口控制政策可以提高发展中国家的人力资本水平。中国的独生子女政策大大降低了中国的生育率，人们普遍认为，自1979年以来，独生子女政策促进了中国人力资本的提高。然而，数量与质量的权衡并不是完整的事实，另一个关键因素是减少的是哪一部分人口，这是一个在文献中被忽略的关键问题。中国的独生子女政策在城市的实施要比在农村严格得多，农村地区对儿童的人力资本投资要低得多。这两个层次的独生子女政策可能会显著提高城乡生育比率，并带来严重的后果。作者首先强调这种人口构成效应的重要性，这可能抵消对人力资本潜在的正的数量-质量权衡效应。作者提出了一个简单的分析框架，并量化了数量-质量权衡和成分效应的相对大小。作者发现前者被后者所主导，独生子女政策将中国下一代的平均人力资本水平降低了1%~2%。这一新的证据表明，传统的人口控制智慧可能是不完整的，其政策含义可能是误导性的。Almond，Li 和 Zhang（2019）提出1976年后，土地决策的变化导致农业产量迅速增长，贫困人口空前减少。在914个县关于改革时机的新数据中，作者发现农村土地改革后，男性儿童的比例立即出现趋势性突破。在继第一胎女孩之后的第二胎中，在改革后的四年里，男女比例从每名女孩1.1个男孩增加到1.3个男孩。受教育程度越高的家庭和改革后产出增长越大的县的增长幅度越大。增加性别选择部分是通过在省会城市获得的产前超声结果实现的。控制县级独生子女政策的推行后，土地改革的影响是稳健的。总的来说，作者估计土地改革导致1978—1986年中国农村性别比增长的约一半。

其他一些研究关注劳动市场。Cooper，Gong 和 Yan（2018）研究了中国新劳动法规对就业和生产率的影响。为了研究干预措施的效果，作者从政策出台前的数据中估计出一个一般均衡的劳动力成本调整模型。增加遣散费的影响明显，并导致私营部门作出相当大的反应。如果当时发生这些摩擦，中国的年增长率在1998—2007年将下降近1个百分点。信贷市场改革减少了私营企业的规模，增加了私营部门的就业、劳动力再分配、工资和产出。Tombe和Zhu（2019）研究了商品市场和劳动力市场摩擦对中国总劳动生产率的影响。将国内和国际贸易、劳动跨区域和跨部门迁移的一般均衡模型结合起来，作者量化了贸易和劳动力迁移成本的规模和后果。2000年的成本很高，但后来下降了。2000—2005年，这一下降占劳动生产率增长总量的36%。减少国内贸易和迁移成本比减少对外贸易成本更为重要。尽管有所下降，但迁移成本仍然很高，进一步改革的潜在收益也很大。

第二，产业政策与经济发展。Liu（2019）提出许多发展中国家采取产业政策推动资源流向选定的经济部门。各国应选择促进哪些部门？作者通过描述嵌入了市场缺陷的生产网络中的最优产业政策来回答这个问题。作者的主要发现是，市场不完善的影响通过后向需求联系累积起来，从而产生在最上游行业中最大的总销售扭曲。部门销售的扭曲是部门投入的社会和私人边际产出比率的充分统计数字，因此，善意的政府有动机补贴上游部门。作者利用充分的统计数据预测了20世纪70年代韩国和现代中国政府干预的目标行业。

第三，土地政策与经济发展。Cheng和Chung（2018）关注农村土地制度，提出经过近四十年的发展，中国的农村土地使用权制度大体上仍然是经济改革初期的样子。农村土地仍为集体所有。农民集体承包土地，土地使用权不安全，流转权利受到限制。如果说这样的安排在改革之初就被视为历史遗留问题，那么现在看来，它越来越像是一个受历史偶然约束的高效设计。文章认为这种设计可能受到有效的约束，并提供了一个与大量经验模式相匹配的模型。此外，鲁元平、张克中和欧阳洁（2018）利用中国267个地级市2002—2012年的发明专利数据，实证检验了土地财政对区域技术创新的影响与作用机制，结果发现：（1）地方政府对土地财政的依赖显著阻碍了区域技术创新水平；（2）土地财政模式下的政府支出偏向、企业创新要素的“挤出效应”、对制度环境的负面影响是阻碍区域技术创新的重要机制；（3）土地财政对技术创新的影响在区域、土地出让形式等方面存在显著异质性。为了解决可能存在的反向因果、遗漏变量的内生性问题，文章将地级市土地供应的地理限制与国家基准中长期贷款利率交乘，以构建土地财政的工具变量，回归结果显示土地财政依然显著抑制了区域技术创新。基于上述结论，文章认为合理调整政府间财政分配关系，逐步减轻地方政府的土地财政依赖，鼓励企业的创新要素投入以及营造良好的创新制度环境是促进我国技术创新的重要举措。

第四，官僚制度与经济发展。Bertrand，Burgess，Chawla和Xu（2020）提出官僚机构的配置不同于私营部门和政治组织。在许多领域，公务员的进入是竞争性的，晋升受到资历的限制，工作是终身的，退休是有固定年龄的。这意味着，年迈的入职官员在退休前不太可能获得登上官僚主义高层的金光闪闪的奖赏，他们的努力动力可能会减弱。利用一项全国性的利益相关者调查和印度优秀公务员的行政数据进行的研究表明：（1）在退休前不能达到最高级职位的官员被认为效率较低，更有可能被停职；（2）这一效果因延长退休年龄的改革而减弱。综上所述，这些结果表明，达到公共组织高层的职业激励是官僚绩效的一个强有力的决定因素。Xu（2018）结合1854—1966年期间英国殖民行政当局的最新数字化人事和公共财政数据，研究任命制如何影响总督的晋升和激励。当总督在任命制期间与上级有联系时，他们更有可能被提升到高薪殖民地。一旦被分配，他们就会提供更多的税收减免，增加更少的收入，投资更少。任命制被取消后，晋升和绩效差距消失。因此，任命制扭曲了公共部门职位的分配，降低了受青睐官员的工作激励。

第五，历史制度与经济发展。周建波、孙圣民、张博和周建涛（2018）提出中古时期的寺院金融通过传播佛教信仰来建立商业信用，依靠宗教信仰聚集社会财富并约束借款人，有效节约了组织运作的交易成本。这是寺院金融超越本土金融之处，使得寺院金融在南北朝隋唐时期兴起并迅速发展，成为中国历史上最早依靠社会财富而不是自有财富放贷的金融组织。之后寺院金融在唐中叶后随佛教热降温而迅速衰落。文章从新制度经济学视角，分析佛教信仰作为非正式制度，如何影响交易成本并导致经济组织的制度变迁；揭示中古时期佛教信仰的兴衰影响寺院金融发展的具体机制，并得到了模型分析的支持。研究发现，佛教信仰可以有效节约交易成本，但长期看单靠宗教信仰建立商业信用是不够的，还要实现非正式制度和法律等正式制度的良性互动，才能进一步提高商业信用的能力。冯晨、陈舒和白彩全（2019）提出理解国家能力对人力资本积累的长期影响至关重要，但由于数据限制与识别困难等原因，确认两者间的因果推断则变得格外困难。但中国历史上曾存在的土司制度却作为天然的自然实验，为作者探究制度差异下中央王朝对地方所展现出的不同国家能力及其长期影响提供了便利条件。由于中原王朝势力在西南边陲难以企及，而默许地方首领对当地实施有别于郡县制的土司制度，因此四川历史中曾长期存在土司制与郡县制并存的现象，文章利用独特的四川省 181 个县级历史数据集估计了这种不同制度下国家能力差异对人力资本积累的长期影响。结果发现，土司制下的地方治理模式显著阻碍了长期人力资本积累，并随割据状态延续时间的增长，这种抑制效应具有边际递增倾向。文章认为，这种长期人力资本培养的欠缺主要来自两个方面：其一，郡县制中儒家文化传承的代际优势对人力资本积累具有丰富的解释力度；其二，政府能力的塑造也是解释人力资本在历史发展中分流的重要影响机制。Zhu，Ang 和 Fredriksson（2019）提出关于中国稻麦栽培的遗产是否与文化属性有关，特别是与个人主义和集体主义的关系，现有文献存在争议。反过来，这一重要的文化维度最近被证明会影响各国的创新模式。然而，以往的文献并没有将农业遗产和创新率紧密联系起来，而且一直使用低分辨率数据。作者利用来自中国近两千个县的独特专利数据研究了农业遗产对创新绩效的作用。作者提供了有力的证据，证明拥有水稻种植遗产的县比其他县产生的专利申请更少，而小麦生产遗产往往与更多的专利申请相关。水稻研究的结果对温度、降水、灌溉、疾病负担、宗教信仰和腐败等方面的控制以及迁移模式的解释都是稳健的。作者的成果坚定地确立了农业遗产对于塑造创新文化的重要性。

第六，其他政策与经济发展。Bo（2020）提出政府集权或分权对区域发展有何影响？文章利用 20 世纪 80 年代中国政治等级制度中的一个准自然实验，研究了在一个新的副省级环境中中央集权的影响。在这场政治等级制度改革中，中国从农业县的组群中创造了“城市”，把县的政治权力集中到新成立的市政府。文章通过双重差分法控制内生性。运用双重差分法，作者证明了集权对城市内的工业生产力有着积极的因果影响。作者对工业企业层面数据的分析显示，边际产品的分散程度有所降低，这表明集中化将有助于减少区域资源的错配，提高总生产率。一个分解分析表明，收益主要是由进出口的广泛利润贡献的。作者通过重新分配投入以使边际产出相当于政治集权下的水平，来量化政治分权下的生产率损失。最后，文章指出改革提高了空间生产的集中度和专业化程度。

Feng 和 Ke（2018）提出在评估影响几代人的政策和项目时，最关键的问题是社会折现率的选择。文章证明了社会折现率的存在，使得规划者可以同时是（i）一个指数折现的期望效用最大化者；（ii）代际帕累托，即如果所有世代的个体都喜欢一个政策/项目，规划者同意；和（iii）强非独裁，即任何一代人都不会被忽略。此外，为了满足（i）~（iii），如果时间范围足够长，充足必要条件是比最有耐心的个人的长期贴现更有耐心，与社会风险态度无关。

第二节　重 要 论 文

1. Yin-Fang Zhang，Shengbao Ji. Does infrastructure have a transitory or longer-term impact? Evidence from China［J］. Economic Modeling，2018（73）：195-207.

研究背景：基础设施提高总产出水平究竟只是产生暂时性影响，还是通过提高产出增长率来产生长期影响，学术界对此还是较为模糊的。在这一背景下，该研究将面板阈值回归模型应用于1986—2012年中国30个省份的数据集，研究了电力、电信、公路和铁路这四种核心基础设施存量对产出水平的影响。

基本结论：基础设施库存（铁路除外）在提高产出水平方面比其他有形资本的生产率更高。研究结果表明基础设施与产出之间的关系存在阈值效应，在较富裕的省份，基础设施的产出弹性较小。同时，基础设施对总产出的贡献取决于网络的完整程度以及相对于非基础设施资本而言，其是供过于求还是供不应求。但对长期增长率而言，基础设施的影响有所下降。当基础设施的库存相对于其他实物资本而言过高时，附加的基础设施将无法提高产量。

主要贡献：一方面，这一研究通过考察中国的基础设施建设案例，发现基础设施可以提高产出水平，但不能提高长期增长率，这为基础设施存量对产出水平的影响提供了经验性的启示。另一方面，针对基础结构变量潜在的内生性问题，文章提供了一个可行的识别思路。具体而言，该研究使用了基础设施和产出的比值作为工具变量，并采用了PTR的IV扩展。同时，增长回归模型中的FDI变量也可能是内生的，因此用平均期间前一年的变量值、年实际工资、农业对工业的相对价格以及进出口占GDP的百分比（具有固定影响）来作为工具变量。

现实意义：为了提高基础设施库存低的国家或地区的产出水平而采用基础设施投资，可以用作一项有效的政策。但是决策者相对于其他实物资本过度供应基础设施，所取得的收益十分有限。在中国，经济发展带来了地区差距，中央和地方政府一直热衷于投资基础设施项目以帮助贫困地区，由此而进行的基础设施投资计划可能会提高其产出水平。但为了赶上富裕地区，贫困地区需要经济的持续高速增长，而当基础设施对长期增长率没有明显影响时，这种政策显然无法实现这一目标。更明智的做法是政府增加对欠发达地区的投资，以提高研发能力和人力资本，本研究分析表明这两者均会对长期增长率产生积极影响。

2. Abhijit Banerjee, Esther Duflo, Nancy Qian, On the road: access to transportation infrastructure and economic growth in China [J]. Journal of Development Economics, 2020 (145).

研究背景：从长远来看，被“准随机”分配为具有更好交通网络的区域的经济结果是否更好？本研究尝试从经验上考察两个密切相关的问题。首先，获得更好交通的途径是否会使受影响的地区更富裕（因为它吸引或产生了更多新的经济活动）或使它变得贫困（因为人力和物质资本更容易退出）。其次，出现新的经济机会并实现经济增长时，交通网络便利的地区是否会受益更多并充当增长引擎。我们研究了在中国经历GDP快速增长的贸易和市场改革开放后的20年中，交通运输基础设施的便利性对经济发展的影响。在构造自变量时，文章从每个历史上重要的城市到最近的条约港和/或最近的其他历史上重要的城市都画一条直线。这些线的目的是提供一种对基础设施的邻近程度的度量，而基础设施对于本地的经济增长潜力是外生的（以基线控制为条件）。但历史上的某条铁路在X点终止，可能是因为该点以外的地区增长潜力较小。因此将线条精准延伸到边界，以避免内生性。

基本结论：靠近交通网络对各个部门的人均GDP水平有中等程度的正向的因果影响，更接近交通网络的地区，人均GDP水平更高，同时收入不平等程度更高，但对人均GDP增长没有影响。同时，靠近交通网络的地区企业数量更多，企业平均利润也更高。但是，这些水平差异的幅度相对较小，没有证据表明距离在此期间影响收入增长。基础设施可能为整个经济带来可观的收益，但是收益的本地化受到缺乏要素流动性的限制，使收益集中在相对较好的连通性地区。

主要贡献：相比于之前的文献，本研究注重于更长远且更为宏观的问题，也更多地关注了受益于交通基础设施建设，从而降低贸易成本以及其他成本，因此变得更富裕的领域。文章在理解交通基础设施的影响方面取得了进展。

现实意义：该研究将重点放在了交通基础设施的长期影响上，不仅研究了通行比较快的准入带来的贸易和价格的影响，而且还探讨了随着人和工厂的迁移而进行的经济活动本地化模式的随后变化。研究强调了基础设施对平均位置的影响：某些大的城市完全有可能通过集中资源来从基础设施中受益，而其他大多数地方却会因此而失败。研究提出在这一经济快速增长的时期，中国政府在不知道这种投资的回报的情况下，不应过度关注交通基础设施的建设，而更应当重视决定基础设施经济影响的其他因素。

3. Ernest Liu. Industrial policies in production networks [J]. The Quarterly Journal of Economics, 2019, 134 (4): 1883-1948.

研究背景：许多发展中国家采取产业政策，推动资源流向选定的经济部门。各国应选择促进哪些部门？作者通过描述嵌入市场缺陷的生产网络中的最优产业政策来回答这个问题。

基本结论：市场不完善的影响通过后向需求联系累积起来，从而产生在最上游行业中最大的总销售扭曲。部门销售的扭曲是部门投入的社会边际产出和私人边际产出的比率；因此，善意的政府有动机补贴上游部门。

主要贡献：首先，简洁地描述出产业政策经济外部性的一般均衡效应，以便设置最优的干预措施；其次，基于生产网络的文献，指出市场缺陷通过后向需求联系聚合形成扭曲中心度，而扭曲中心度反映了社会边际收益与私人边际收益的比率；最后，关注宏观经济发展，研究部门之间而不是部门内的资源分配不当。

现实意义：该研究基于生产网络的方法，分析了政府产业政策外部性的一般均衡影响，指出最上游产业发生了最大的扭曲，同时基于部门的选择性干预是效率低下的表现。该研究成果发表之后，在 VoxChina 等学术平台交流。这一研究对更深层次理解政府产业政策的微观经济影响具有重要意义，并对中国相关产业政策改革和优化的实践具有借鉴作用。

4. Shiyu Bo. Centralization and regional development：evidence from a political hierarchy reform to create cities in China［J］. Journal of Urban Economics，2020，115（1）.

研究背景：政府集权或分权对区域发展有何影响？文章利用 20 世纪 80 年代中国政治等级制度中的一个准自然实验，研究了在一个新的副省级环境中中央集权的影响。在这场政治等级制度改革中，中国从农业县的组群中创造了“城市”，把县的政治权力集中到新成立的市政府。文章检验了集权对城市内的工业生产力的因果影响。

基本结论：作者对工业企业层面数据的分析显示，边际产品的分散程度有所降低，这表明集中化将有助于减少区域资源的错配，提高总生产率。一个分解分析表明，收益主要是由进出口的广泛利润贡献的。作者通过重新分配投入以使边际产出相当于政治集权下的水平，来量化政治分权下的生产率损失。最后，文章指出改革提高了空间生产的集中度和专业化程度。

主要贡献：文章认为，中央集权的政治制度有助于促进资源配置以及提高空间生产的集中度。因此，它有助于聚集中心城市的人口，并在一个区域内形成核心-外围结构。这些发现与中国经济活动的地理分布有关。现有研究强调，交通网络有助于塑造中国的核心城市和腹地。同时，文章也为非盟和亨德森（2006）提出的中国小城市问题提供了一个一致的解决方案：消除对移民和国内贸易的限制，以更好地配置资源。文章运用双重差分方法进行因果识别，研究设计非常完善。

现实意义：这一研究对更深层次理解中国式财政分权体制的微观经济影响具有重要意义，并对中国政策改革实践具有借鉴价值。

5. 毕青苗，陈希路，徐现祥，李书娟．行政审批改革与企业进入［J］. 经济研究，2018，53（2）：140-155.

研究背景：尚未有研究直接关注行政审批中心设立对企业进入率的影响程度。在这一背景下，该研究基于中国 333 个地级市和 2852 个县（市、区）设立行政审批中心的数据，针对这一问题进行了深入检验。

基本结论：该研究发现，在 1998—2007 年间，设立行政审批中心的地级市，企业进入率显著提高 2~25 个百分点。与此同时，行政审批中心主要是通过进驻部门实现跨部门协调，便于企业进入市场。这个发现相当稳健，排除各地创业氛围、对外开放“倒逼”国内市场开放、政府招商引资动机以及地方官员变更冲击等因素后，依然成立。

主要贡献：该研究揭示了行政审批改革对企业进入率的影响程度及渠道。同时，文章基于工具变量法提供了一个可信的因果识别框架，具体而言，该研究以同省其他地级市行政审批中心设立率、与同省首个设立行政审批中心城市的地理距离作为工具变量，依然证实了设立行政审批中心能够显著提高企业进入率。

现实意义：这一研究对更深层次理解中国行政审批制度的经济影响具有重要意义，并对中国政策改革实践具有借鉴价值。

6. 郭广珍，刘瑞国，黄宗晔．交通基础设施影响消费的经济增长模型［J］．经济研究，2019，54（3）：166-180.

研究背景：交通基础设施对经济发展的影响是多方面的，现有文献多认为交通基础设施通过影响生产行为而对经济发展产生影响，且仅仅关注了生产领域。

基本结论：文章构造了一个交通基础设施同时影响生产和消费的增长模型，特别强调了道路对居民消费结构的影响，揭示了道路基础设施通过促进私家车消费，进而改变居民消费结构，最终推动经济增长的机制。研究表明，基础设施建设的作用也许比通常想象的还要大，它不仅可以通过政府投资产生乘数效应，并挤出私人部门的资本积累，还可以通过促进居民对私家车的消费，进而改变居民的消费结构。

主要贡献：首先，该研究识别了道路基础设施会通过促进私家车消费，进而改变居民消费结构，最终推动经济增长的这一传导路径。其次，该研究提供了一个可信的因果识别设计。具体而言，鉴于基础设施与经济发展水平之间存在较明显的内生性，分别选取公路总里程和私家车保有量的滞后一期和滞后二期变量作为公路和私家车的工具变量对上述估计结果进行稳健性检验。同时，为了缓解固定效应模型可能存在的内生性问题，又使用工具变量法进行稳健性回归。用私家车消费占总消费的比例作为私家车增速的工具变量。

现实意义：该研究的政策启示在于，政府应该保持对交通基础设施建设的持续投入，特别是在公路建设上的投资力度。对于交通基础设施投资不仅要重视该投资本身，还要考虑道路建设对居民消费的影响，即不仅要考虑道路对于提高收入的生产性用车的影响，还要考虑其对消费性用车的影响。

7. 张睿，张勋，戴若尘．基础设施与企业生产率：市场扩张与外资竞争的视角［J］．管理世界，2018，34（1）：88-102.

研究背景：从新结构经济学的观点来看，基础设施投资是政府在产业结构变迁中做到因势利导的一种手段。尽管基础设施具有溢出效应，能够实现生产率外溢已经成为学术界和产业界的共识，但以往对基础设施溢出效应的内在机制的研究基本缺失。该研究从基础设施可以带来市场扩张和竞争这一基本功能出发，研究基础设施影响企业生产率，实现溢出效应的背后机理。

基本结论：基础设施一方面促使企业“走出去”，扩大企业的市场规模，实现企业研发行为的规模经济，提升企业生产率；另一方面，基础设施也鼓励企业“走进来”，加剧了市场竞争，这对企业的市场规模形成压缩效应，影响企业生产率的提升。尽管基础设施的竞争效应降低了企业生产率，但市场扩张效应是基础设施影响企业研发，进而影响企业生产率的更重要因素，这使得基础设施总体上有利于提高企业生产率。

主要贡献：以往文献对基础设施与生产率关系的探讨基本上基于 Barro（1990）有关公共支出的正外部性理论，即基础设施降低交易成本，提高经济运行的效率。文章认为，基础设施降低交易成本，可以对企业所面临的市场规模产生作用，影响企业研发的平均成本和规模收益，从而改变企业的技术创新决策。这是基础设施实现生产率外溢的重要渠道。以往文献基本上忽视了这一点，该研究填补了这一空白。此外，该研究也提供了一个可信的因果识别框架，具体而言，文章将加总层面的基础设施和微观层面的企业生产率数据相结合，同时，考虑到基础设施和企业生产率之间的关系可能受到内生性的影响，从而导致估计系数的偏误，文章将该省份在该年内发生的山体滑坡次数与该省份行政面积之比以及该省份在该年 12 个月份中的最低温度作为基础设施的工具变量，有效地缓解了基础设施的内生性问题。

现实意义：该研究为基础设施的外溢效应提供了机制上的解释，有利于深化对公共支出与企业生产率关系的理解。文章研究基础设施究竟通过影响企业的哪些具体行为，从而影响企业生产率的增长，力求形成关于基础设施到企业层面的完整逻辑链条，从而有益于加深对公共支出和公共资本如何贡献于经济增长的理解。

8. 张勋，王旭，万广华，孙芳城．交通基础设施促进经济增长的一个综合框架［J］．经济研究，2018，53（1）：50-64.

研究背景：尽管基础设施促进经济发展得到了广泛认同，但以往文献没有基于统一的框架量化研究基础设施主要通过何种渠道促进经济增长这一关键问题。该研究通过探讨基础设施与企业库存的关系，对基础设施促进经济增长的路径做出了回答。

基本结论：基础设施可以通过市场扩张，加剧市场竞争和降低运输成本三种路径影响企业库存。通过对基础设施对企业库存的影响的深入挖掘，文章得出基础设施能够提高企业规模、企业经营效率以及增强市场活力的结论，充分体现了基础设施在经济发展中所起的重要作用。

主要贡献：与以往研究不同的是，该研究发现市场扩张是交通基础设施影响经济增长的首要因素，丰富了交通基础设施与企业库存关系的讨论。更为重要的是，文章在一个统一的框架下研究了交通基础设施主要通过何种路径促进经济增长，并对各路径的贡献进行了量化，验证了交通基础设施在经济增长中所起的重要作用。此外，该研究也提供了一个可信的因果识别框架，具体而言，由于分析基础设施的经济发展效应时常会面临诸如反向因果等内生性的问题，因为经济发展的同时也会对更高水平的基础设施提出需求，因此使用本地和邻近城市在明代存在的驿站数目作为工具变量。研究发现基础设施的市场扩张效应是影响企业库存的更关键因素，文章丰富了基础设施与企业库存关系的讨论。

现实意义：该研究全面分析了基础设施影响企业库存，进而影响经济增长的途径，在统一框架下探讨了基础设施主要通过何种路径影响经济增长这一根本性问题。这一研究对深入理解中国基础设施建设的经济影响具有重要意义，并对中国政策改革实践具有借鉴作用。

9. 周建波，孙圣民，张博，周建涛．佛教信仰、商业信用与制度变迁——中古时期寺院金融兴衰分析［J］．经济研究，2018，53（6）：186-198.

研究背景：中古时期的寺院金融通过传播佛教信仰来建立商业信用，依靠宗教信仰聚集社会财富并约束借款人，有效节约了组织运作的交易成本。这是寺院金融超越本土金融之处，并使得寺院金融在南北朝隋唐时期兴起且迅速发展，成为中国历史上最早依靠社会财富而不是自有财富放贷的金融组织。寺院金融在唐中叶后随佛教热降温而迅速衰落。

基本结论：文章从新制度经济学视角分析佛教信仰作为非正式制度，如何影响交易成本并导致经济组织的制度变迁；揭示中古时期佛教信仰的兴衰影响寺院金融发展的具体机制，并得到了模型分析的支持。研究发现，佛教信仰可以有效节约交易成本，但长期看单靠宗教信仰建立商业信用是不够的，还要实现非正式制度和法律等正式制度的良性互动，才能进一步提高商业信用的能力。

主要贡献：相对于既有研究文献而言，该研究侧重于从经济史视角揭示了非正式制度会通过影响交易成本并作用于经济组织的制度变迁。与此同时，该研究也构建了一个识别因果效应及影响机制的分析框架。

现实意义：该研究的政策启示在于，当社会失衡、混乱时，正式制度缺失、无力调节社会生产生活，宗教作为一种非正式制度，利用其交易成本优势，在人的社会生活领域会起到重要的调节作用。但一旦社会恢复正常，即应该回归本位，否则国家将以强制的方式逼它回归，社会大众也会以理性方式和效率标准做出类似选择。中古后期的佛教、基督教纷纷退出社会生活领域而回归精神领域，鲜明地反映了这一点。因此，寺院金融被世俗金融所取代，正反映了社会生产力发展的要求，也是社会进步的体现。

10. 鲁元平，张克中，欧阳洁．土地财政阻碍了区域技术创新吗？——基于 267 个地级市面板数据的实证检验［J］．金融研究，2018（5）：101-119.

研究背景：现阶段土地出让收入是我国地方政府的主要收入来源，地方政府对土地财政的过度依赖形成的土地财政发展模式，已成为我国经济转型过程中急需解决的现实问题。政府作为连接土地财政与区域技术创新的关键纽带，自然成为分析两者关系的逻辑起点。

基本结论：文章利用中国 267 个地级市 2002—2012 年的发明专利数据，实证检验了土地财政对区域技术创新的影响与作用机制，结果发现：（1）地方政府对土地财政的依赖显著阻碍了区域技术创新水平；（2）土地财政模式下的政府支出偏向、企业创新要素的“挤出效应”、对制度环境的负面影响是阻碍区域技术创新的重要机制；（3）土地财政对技术创新的影响在区域、土地出让形式等方面存在显著异质性。基于上述结论，文章认为合理调整政府间财政分配关系，逐步减轻地方政府的土地财政依赖，鼓励企业的创新要素投入以及营造良好的创新制度环境是促进我国技术创新的重要举措。为了解决可能存在的反向因果、遗漏变量的内生性问题，文章将地级市土地供应的地理限制与国家基准中长期贷款利率交乘，以构建土地财政的工具变量，回归结果显示土地财政依然显著抑制了区域技术创新。

主要贡献：第一，从理论分析与实证检验两个层面研究了土地财政对区域技术创新的阻碍作用，发现土地财政依赖是影响区域技术创新的重要因素，揭示了土地财政影响区域技术创新的渠道机制，为中国经济转型背景下创新能力的不足提供了新的合理解释；第二，已有关于创新的研究大多集中在企业这一微观层面，文章在分析土地财政对区域技术创新的阻碍作用时，将制度环境、政府、企业纳入了统一的分析框架，为创新主题的研究提供了更为宏观、全面的分析视角。

现实意义：就当前的财政体制而言，在深入实施创新驱动发展战略的进程中，合理调整政府间财政分配关系，适当提高地方政府自主财权，逐步减轻地方政府的土地财政依赖，能在一定程度上促进创新。与此同时，从土地财政影响区域技术创新的具体机制来看，既要改变当前以 GDP 增长为主导的政绩考核，引导地方政府加大与创新相关的财政支出，又要积极营造良好的制度环境。同时，企业作为创新的重要微观主体，在推动技术创新的进程中需要重视引导企业的创新要素投入。

第三节　重要著作

1. 黄森，呙小明．空间视角下交通基础设施对区域经济的影响研究［M］．北京：中国财富出版社，2018.

研究背景：进入 21 世纪以来，尽管我国经济总体上保持高速增长，取得了举世瞩目的经济成就，但是地区间的经济差距却呈现不断扩大的趋势。新经济地理理论认为，交通基础设施在区域经济活动的空间协调上发挥着重要作用。因此，交通基础设施的合理布局和高质量建设，很有可能成为缩小地区间经济差异、促进区域经济协调发展的重要手段。该书基于地理学第一定律，尝试从空间视角研究交通基础设施对区域经济发展的影响。

内容提要：为了深入剖析交通基础设施对区域经济影响的内在机制，该书以“中心-外围”模型为基础，建立交通基础设施与区域经济相互作用的理论模型。理论研究的结果表明，交通基础设施条件的好坏会显著地影响区域经济的发展模式，主要有以下三种机制：第一，交通条件的改善有利于集聚经济的形成，进而推动区域经济的增长；第二，交通基础设施的建设有助于改善区域内产业分工，提升区域经济效率；第三，良好的交通基础设施条件有利于打破地区间的贸易壁垒，加快资本、劳动力等资源要素的自由流动，因此有助于实现区域经济一体化。该书也通过实证分析的方法检验了上述机制的存在。此外，该书的研究发现，提高交通基础设施人力资本投入，提高研究与试验发展（R&D）经费支出，加大固定资本和劳动力投入等都将更有助于发挥交通基础设施对区域经济的正向推动作用。

基本结构：该书共分为八章，具体内容为：（1）绪论；（2）国内外相关理论研究综述；（3）交通基础设施对区域经济的影响机制分析：基于修正“中心-外围”模型；（4）交通基础设施对区域经济增长的实证检验：基于空间计量经济模型；（5）交通基础设施对区域经济综合效率的实证检验：基于三阶段 DEA 模型和空间面板模型的结合；（6）交通基础设施对区域经济一体化影响的实证检验：基于修正引力-边界效用模型；（7）研究结论、政策建议与不足。

主要贡献：尽管国内外学者关于交通基础设施对区域经济发展的研究成果已经十分丰富，但是从空间视角予以分析的文献相对较少。从现实来看，无论是交通基础设施还是区域经济，都具有非常明显的空间属性。该书基于空间视角，通过理论模型和实证分析相结合的方法，研究了交通基础设施对区域经济增长、区域经济综合效率、区域经济一体化等方面的影响，较为全面系统地分析了交通基础设施和区域经济发展的关系。

现实意义：改革开放后，尽管中国经济增长始终保持高位，但是中国地区经济长期处于发展不平衡不协调的状态。区域经济差距的逐渐拉大不仅会影响社会稳定，而且制约着国民经济整体的可持续发展。为了解决这一问题，我国政府出台了诸多政策来促进落后地区发展，如西部大开发政策、促进中部地区崛起政策等。该书的研究结果则表明，合理有效的交通基础设施建设不失为促进区域经济协调、可持续发展的重要手段之一。因此，我国政府仍需加大对交通基础设施的投资力度，尤其是对中西部交通基础设施条件落后的地区，应加大政策倾斜力度。有关政府部门在制订建设规划时，应尽可能地增加地区经济主体的个数，优化交通基础设施的网格结构，扩大辐射范围，推动区域经济向集聚化模式转变。

2. 兰斯·戴维斯，道格拉斯·诺思．制度变迁与美国经济增长［M］．张志华，译．上海：格致出版社，2019.

研究背景：历史学家和经济学家都十分关注制度和经济增长的关系，但在研究方法上均存在不足之处。历史学家们尽管关注各项制度的长期演变和发展，甚至更早意识到制度与经济增长之间的关联，但是这往往是出于其历史直觉，其结论缺乏既定前提下合乎逻辑的推演过程。经济学家们尽管强调逻辑和因果推断，但是他们一般将制度视为既定的外生变量，并不关注制度变迁现象本身。针对以上研究的不足，该书试图建立起一套关于现代社会制度变迁的理论，利用经济学分析方法对制度的产生、成长、成熟和消亡做出有逻辑力的解释，并将这一理论应用于美国经济史的研究，进一步理解美国的经济增长过程。

内容提要：该书首先基于新古典经济学的理论框架，建立了制度变迁理论。该理论的基本思想在于，某些外生变化如市场规模的变化、技术革新等可能使人们的收入发生增长（潜在利润的存在），但是由于外部性、市场失灵、规模经济等原因，在现有制度安排中人们无法实现这些利润，所以任何个人或者团体，只要能引入新的制度来，就可以获得这部分利润，这也就是制度变迁的动力所在。考虑到制度环境的变化可能对模型预测结果产生的影响，该书还对美国1790年以来制度环境的变化进行了说明，并作为模型的外生因素。为了考察上述理论模型的解释和预测能力，该书将上述模型应用于美国经济的若干具体领域，如美国土地政策与农业发展，金融市场和交通运输业的历史变迁过程，美国公司制度与制造业，服务业的制度变迁，劳动组织、工会制度、教育等制度安排等方面。该书最后总结了制度创新在公私混合结构方面的影响，阐述了该理论模型尚且存在的不足之处以及可能的改进方向。

基本结构：该书主要包括三个部分，第一部分是理论的建立，勾勒了理论模型的大体框架和初始条件，具体包括以下四章：（1）制度变迁理论：概念和成因；（2）政府、强制和收入再分配；（3）制度创新理论：描述、类比和详述；（4）制度环境的变迁：外生变化和内生安排。第二部分是将该理论应用于美国经济发展的若干领域，并且评估了该理论对这些行业制度变迁的解释能力，具体包括以下内容：（1）土地政策与美国农业；（2）金融市场的组织和重组：1820—1950年美国经济的储蓄和投资；（3）交通发展和经济增长；（4）规模经济、不成功的卡特尔化和外部成本：美国制造业增长侧记；（5）服务业的制度变迁；（6）劳动力：组织和教育。第三部分探讨了该理论的深层内涵和局限，主要内容包括：（1）不断变化的公司混合结构；（2）安排变迁的历史和分析：回望过去，着眼未来。

主要贡献：该书系统研究了制度变迁、制度环境等抽象的理论概念，将制度视为内生变量，构建了符合经济学研究框架的理论模型，明确指出了制度变迁的动力来源，并且将制度变迁理论具体应用于美国经济发展过程中若干重要领域，揭示了美国经济增长背后的政治逻辑。尽管目前的模型相对较为粗糙，预测能力有限，但是该理论最为重要的意义在于其创新性地将经济理论和制度变迁相结合，为美国乃至世界范围内的经济史研究提供了全新的视角，有助于我们进一步理解经济增长过程。

现实意义：美国仅有两百多年的历史，却能够迅速发展成为世界第一经济强国，通过该书的研究，可以发现，美国经济增长史实际上也是一部制度变迁史，当经济发展受到现有制度安排的制约时，制度创新将成为推动经济发展的有效途径。正是因为各项社会制度的不断创新和完善，美国才得以实现经济的崛起和长期增长。在此过程中，法治建设更是发挥着至关重要的作用。从建国起，美国国会就通过制定各种经济法案为经济运行创造了良好条件，并且根据外部条件的变化适时进行调整、优化，这表明只有法治化的市场经济才能实现经济的快速增长。回顾中国改革开放四十多年的历史，可以说已经取得了令世界瞩目的经济成就，这与中国将建立法治化的市场经济作为经济体制改革的基本目标是分不开的，也再次印证了法治化的市场经济体制是适宜中国经济增长的制度选择。总的来说，该书从制度变迁的角度解释了美国经济增长过程，为我们还原了真实的美国经济发展历程，这也为我们认识中国的历史提供了一个新的视角，对当今中国的制度改革同样具有重要的参考意义。

3. 李若谷，何自云．制度适宜与经济增长——中国发展道路研究［M］. 北京：中国金融出版社，2018.

研究背景：改革开放以来，中国经济增长取得了巨大成就——在长达 40 年的时间内平均保持近 10%的增速，这在世界经济发展史上实属罕见。但与此同时，中国的市场经济地位不断受到质疑，面临着越来越大的国际压力，其根源在于国际社会对中国发展模式和发展道路的不理解。国内外众多学者进行了大量研究，从资本积累、技术创新、对外开放、地理环境等不同角度对中国经济的高速增长做出解释，这些理论虽然具有一定的合理性，但是其局限性也是不可避免的——他们试图将中国发展道路纳入一个既有的理论框架下来证明某种理论的正确性，而中国的成功经验恰恰在于能够巧妙地融合各种理论的成功因素，因此，上述理论无法全面充分地解释中国经济增长的原因。基于上述背景，该书提出了制度适宜理论，认为制度适宜是中国发展道路的核心，也是解释中国经济高速增长的关键。

内容提要：该书研究发现，中国之所以能够实现高速的经济增长，其原因就在于中国选择了与其经济社会发展条件和环境相适宜的制度。制度适宜是指制度能够适合本国的资源禀赋，与本国的生产力水平、社会文化和社会承受力等条件相匹配，并且能够较好地促进经济和社会的发展。该书通过回顾中国改革开放前后的制度差异，并与有关国家的经济转轨经验进行对比，研究发现制度适宜对中国经济的推动作用主要体现在两个方面：一是在制度适宜原则下，中国建立起有效的激励机制，极大地激发了各市场主体的积极性，为中国的经济增长提供了强劲的经济动力；二是政府作为中国改革的主要推动者和领导者，始终坚持渐进式改革，从而为经济增长创造了稳定的环境。此外，该书还对中国经济发展的成功经验进行了总结，认为其普遍性在于始终坚持把发展置于首位，保持社会政治的长期稳定，走渐进式改革道路，稳步推进对外开放等方面，这些经验值得其他发展中国家学习借鉴。而中国发展道路的特殊性则在于政治体系、决策机制、文化传统等方面，这些特殊因素使得中国的成功经验在一定程度上具有不可复制性。

基本结构：该书分为七章，具体包括以下内容：（1）中国经济高增长实践的理论挑战。对现有的解释中国经济快速增长的文献进行回顾和梳理，并提出该书的研究视角——制度适宜；（2）制度适宜与政府和市场作用的边界。基于新制度经济学和发展经济学的理论基础，结合中国的实践经验，提出了具有一般性的制度适宜理论，并深入讨论了政府和市场在经济调节中的边界问题；（3）经济发展模式和发展中经济体的选择。通过比较目前世界主要的经济发展模式，试图说明并不存在促进经济增长的普适性制度；（4）中国计划经济的制度适宜性。主要介绍了中华人民共和国建立计划经济体制的合理性和必然性；（5）制度适宜、激励机制与中国高增长的经济动力。讨论了改革开放后建立起的激励机制如何有效激发了劳动者的劳动热情与潜力、企业和地方政府的投资积极性；（6）制度适宜、政府主导与中国高增长的稳定环境。讨论了政府主导如何为我国经济的高速增长创造了良好的稳定环境；（7）制度适宜视角下的中国发展道路。通过对中国发展道路的成功经验进行梳理和总结，为全面深化改革指明方向。

主要贡献：该书基于中国经济体制改革的历程，研究了中国经济增长的内在逻辑，创新性地提出了制度适宜理论。尽管同制度经济学一样，两者都是强调制度是经济增长过程中最为关键的变量，但是区别在于制度经济学认为存在唯一的最优制度——界定和保障私有产权，而制度适宜理论则强调制度的相对性，认为制度只有不断进行调整以适应变化了的外部条件（特别是生产力水平），才能实现经济的长期增长，因此并不存在具有普适性的唯一最优制度。该理论的提出较好地解释了我国改革开放以来的经济高速增长，也是对我国发展道路的重要总结。

现实意义：该书的研究结论表明，制度先进与否并不取决于制度本身，而在于它能否促进发展，这也是适宜制度的衡量标准。也正是因为坚持一切从实际出发，寻找特定环境的适宜制度，我国才能取得举世瞩目的经济成就。当前我国已经进入全面深化改革阶段，更应该坚持制度适宜这一指导思想和基本原则，根据不断变化的外部条件和环境，尤其是随着生产力水平的变化对制度进行动态调整，通过制度创新进一步推进改革。此外，该书为世界认识中国发展道路提供了新的视角，尤其是对于广大发展中国家而言，尽管中国发展道路具有中国特色，但其中不乏具有普遍性的经验和教训，这为广大发展中国家提供了可供参考的“中国方案”。

4. 杨瑞龙，周业安．经济新常态下的中国经济增长：路径与机制［M］．北京：中国人民大学出版社，2018.

研究背景：改革开放以来，中国经历了近 40 年的经济较快增长。然而随着时间推移，我国经济发展面临的内外部环境发生了重大变化，主要表现为拉动经济增长的传统要素不断衰减，如市场化改革的制度红利、人口红利等都出现了不同程度的衰变，尤其是 2008 年国际金融危机的爆发，使得出口对经济增长的拉动作用更加有限。诸多因素综合作用之下，2011 年以来我国出现了经济下行的现象，2013 年 12 月，习近平总书记在中央经济工作会议上首次提及了“新常态”。在经济领域，新常态主要表现为经济从高速增长转为中高速增长，经济结构、产业结构不断优化升级，经济增长由要素驱动、投资驱动转为创新驱动，这无疑对制度供给提出了更高的要求。该书正是着眼于我国进入经济新常态这一特殊的经济发展时期，深入探讨了我国经济增长的路径与机制。

内容提要：该书聚焦于经济新常态下的我国经济增长这一主题，首先基于产业调整、民生改善和环境保护三个维度，通过构建相关指标体系测算和评估了我国经济结构调整、发展方式转换和经济增长效果，研究发现，尽管新常态下我国经济增长面临诸多挑战，但总体上仍实现了稳健的经济增长。其次该书从具体制度安排出发，通过理论研究和实证研究相结合的方式，研究了金融、财税、贸易、户籍等多项制度改革对我国经济增长的影响。基于研究结果，该书也为进一步增加有效制度供给提出了政策建议。

基本结构：该书共分为十二章，第一章主要基于不同维度测算了新常态下我国经济发展方式转化和结构调整的效果，第二章至第十二章则是分别从“新常态下的金融发展与创新”“新常态下供给侧改革与就业转换”“新常态下机会不均等程度的实证分析及政策建议”“新常态下户籍制度对我国经济的影响及户改思路”“新常态下货币政策的转型与预期管理”“新常态下中国创新财税激励政策的特征与绩效”“腐败、反腐败与经济增长”“反腐败与经济增长：基于企业创新的视角”“房地产阻碍了中国创新吗？——基于金融体系贷款期限结构的解释”“再平衡背景下我国对外贸易的影响与传导机制”“贸易壁垒与全球价值链嵌入”这 11 个角度出发，对经济新常态下我国经济增长的路径和机制展开研究，并分别提出合理建议。

主要贡献：该书立足于经济新常态下我国的政治、经济制度，涉及反腐败、财税、金融、贸易等多领域的具体制度安排，为我国经济增长的路径和机制研究提供了多维度的研究视角，同时该书也为各领域实施全面改革的必要性以及改革方向提供了政策参考依据。

现实意义：随着经济进入新常态，我国经济增长暂时告别了高速增长时期，在此背景下，对我国经济增长的路径和机制进行研究具有极其重要的现实意义。该书的研究结果表明，现阶段我国经济增长的关键仍然在于全面推进供给侧结构性改革，尤其是在制度供给领域，现有制度存在的诸多问题不利于我国的经济增长。因此有必要进行全面深入的系统化改革，以增加有效制度供给，切实提高供给质量和效率。

第四节 学术会议

1. 第二届中国制度经济学论坛（2019）

会议主题：中国制度经济学

主办单位：《经济研究》杂志社
山东大学经济研究院
北京大学国家发展研究院
浙江大学经济学院

承办单位：中山大学岭南（大学）学院

会议时间：2019 年 11 月 23—24 日

会议地点：广州，中山大学

会议概述：党的十九大报告提出，在贯彻落实新时代中国特色社会主义思想的实践中，要坚持新发展理念，坚持和完善我国社会主义基本经济制度和分配制度。随着我国经济进入“新常态”时期，如何推动有效的制度供给与创新以实现高质量的经济增长，是经济学界广泛关注的重要论题。基于这一背景，山东大学经济研究院、北京大学国家发展研究院、浙江大学经济学院和《经济研究》杂志社共同发起“中国制度学经济论坛”，旨在为制度经济学相关领域的学者提供学术交流的平台，推动制度经济学理论与应用研究在中国的发展。第二届中国制度经济学论坛于2019年11月23—24日在中山大学岭南（大学）学院举办。

本次论坛共收到150多篇论文，最终来自中国社会研究院、清华大学、北京大学、复旦大学、中国人民大学、香港中文大学等众多海内外高校和研究机构的100多位专家学者获邀参加此次论坛。论坛开幕式由中山大学岭南（大学）学院副院长才国伟教授主持，中山大学郜忠智副校长，《经济研究》常务副主编刘霞辉教授，中国制度经济学论坛理事长、山东大学经济研究院院长黄少安教授先后致辞。

本次论坛的主旨报告分别于23日上午和24日上午举行。在23日上午的主旨报告中，香港大学的陈志武教授作了题为《儒家是一种经济制度——当代改革的历史意义》的报告。他将儒家礼制与其他思想的资源配置进行对比，试图从文化角度来解释中国金融和法制的发展。香港中文大学的宋铮教授则是围绕“企业网络与经济制度”这一主题作学术报告。他基于中国企业工商登记数据研究发现，企业网络的集聚有助于经济资源的重新分配，但也具有一定的局限性，因此需要建立更多的正式机制以促进经济的长期增长。华南农业大学的罗必良教授作了题为《产权真的那么重要吗?》的报告。他认为，产权的重要性依赖于实施的情景以及制度环境的约束。厦门大学的龙小宁教授作了题为《关于〈电子商务法〉的经济学思考》的报告，从经济学角度解释了电子商务的迅速发展，并对其发展做出预测。清华大学的龙登高教授以《士绅，还是组织与制度？传统中国基层公共品的供给》为题作了报告。他提出法人、组织和制度而不是士绅推动了中国基层公共品的供给。浙江大学的潘士远教授作了题为《放松管制、垂直结构与中国经济增长》的报告，发现放松管制可以促进竞争，同时提高生产率。中山大学的王曦教授以《影子银行规制与货币政策有效性》为题作了报告。他基于数理模型研究发现影子银行降低了货币政策的有效性，且这一影响具有异质性，表现为对价格型货币政策工具影响更大。复旦大学的王永钦教授作了题为《制度、金融与发展：一个新框架》的报告，提出产权和金融改革是我国经济高质量发展的关键所在。

在24日上午的主旨报告中，中央财经大学陈斌开教授、中山大学徐现祥教授、中国人民大学李三希教授、山东大学黄少安教授、中南财经政法大学卢现祥教授等专家学者分别就供给侧结构性改革、商事制度改革、知识产权保护等议题分享了自己的研究成果。

此外，本次论坛还设置了九个平行分论坛，与会专家学者分别就“经济增长与转型”“制度与宏观金融”“制度与微观金融”“农村与农业经济”“制度与劳动经济学”“公共治理与公司治理”“科技进步、创新与创业”“制度与产权理论”“环境经济学”“国际经济学”等议题进行了全面深入的讨论。

此次论坛的成功举办，不仅为制度经济学相关领域的学者提供了一个宝贵的学术交流机会，助力其在各自的研究领域取得创新突破，同时也推动了中国制度经济学理论与实践的创新发展。许多学者提出了富有前瞻性、可操作性的政策建议，为我国经济制度建设及改革方向提供了重要的参考依据。

2. 第十二届中国经济增长与周期高峰论坛（2018）

会议主题：迈向高质量发展与国家治理现代化

主办单位：中国经济增长与周期研究中心
中国社会科学院经济研究所
首都经济贸易大学
中国经济实验研究院
《经济研究》杂志社
《经济学动态》杂志社
香港经济导报社
中欧金融与经济发展研究中心
社会科学文献出版社

会议时间：2018 年 6 月 30 日—7 月 1 日

会议地点：北京，首农香山会议中心

会议概述：2018 年是我国改革开放 40 周年，这期间我国经济社会发生了深刻变化，由高速增长阶段转化为高质量发展阶段，加快转变发展方式、优化经济结构、转换增长动力成为现阶段的主要任务。面对复杂多变的国际经济形势和内部发展条件，实现国家治理现代化是迈向高质量发展的必然要求，也是建设现代化经济体系的迫切要求。基于上述背景，2018 年 6 月 30 日—7 月 1 日，由中国经济增长与周期研究中心、中国社会科学院经济研究所、首都经济贸易大学、中国经济实验研究院、《经济研究》杂志社等单位联合主办的第十二届中国经济增长与周期高峰论坛在北京首农香山会议中心举办。

本次论坛的主题为“迈向高质量发展与国家治理现代化”。来自国内外各高等院校、科研机构、政府部门的近 200 位专家学者参加了论坛。此次论坛也吸引了众多媒体的关注，与会媒体超过 40 家。会议开幕式由中国经济实验研究院院长、首都经济贸易大学经济学院张连城教授主持，全国人大常委会委员、财经委员会副主任、中国经济实验研究院名誉院长郝如玉，首都经济贸易大学校长付志峰，中国社会科学院经济研究所《经济研究》编辑部主任刘霞辉，香港经济导报社总编辑颜安生，社会科学文献出版社总编辑蔡继辉先后致辞。

在随后的大会演讲环节，中国社会科学院经济研究所研究员张卓元就“中国经济改革的两条主线”这一主题发表演讲，他提出我国改革开放是沿着以下两条主线不断深化的：一是所有制结构的调整和改革，社会主义基本经济制度的建立和完善；二是经济运行机制的改革，市场取代计划在资源配置中起基础性作用和决定性作用。此外，十九大报告提出了新时代经济改革两个重点——完善产权制度和要素市场化，两条主线论与这一战略思想是完全吻合的。中国社会科学院副院长、学部委员、经济研究所所长高培勇以《主动“对表”新时代宏观调控体系》为题发表演讲，他认为体制、政策和措施要主动与高质量发展的要求“对表”，在试错机制方面，过去宏观经济政策的实施以政策安排为主，宏观政策仅仅被视为一种政策变量，基本不会涉及制度层面的调整。而现阶段则应该以制度变革为主，通过改革克服原有的体制机制性障碍，从而为供给侧改革创造有利条件。上海财经大学经济学院院长、美国得克萨斯农工大学终身教授田国强就“世界变局与中国改革何去何从”发表学术演讲，他指出现阶段深层次改革主要有以下三大重点任务：一是构建具有包容性的现代化经济体系；二是提升国家依法治理的能力和政府执行力；三是建立良好的社会规范，形成和谐有效的社会治理体系，并就上述任务提出了大致的改革方向。中国经济实验研究院院长、首都经济贸易大学经济学院张连城教授就中国经济体制改革的路径和风险问题与在场学者展开讨论，他认为我国经济体制改革的核心和方向在于构建社会主义市场经济制度，包括创造市场经济所需的民主、自由和法治的环境，而当前我国经济存在的风险就在于无法实现经济可持续增长而落入中等收入陷阱，因此，必须继续推进以市场化为取向的经济体制改革以实现经济转型。此外，清华大学中国经济社会数据研究中心主任许宪春、中国社会科学院经济研究所研究员张曙光、南京大学商学院院长沈坤荣等多位学者从中美贸易、人才资源争夺与经济转型、城市群经济等不同角度讨论了中国经济问题，并与在场专家学者进行深入讨论。

同时，本次论坛围绕“国家治理现代化”“中国经济高质量增长论坛”等议题设置了三个分会场，分别由《经济研究》编辑部主任刘霞辉、首都经济贸易大学杨春学和王军主持。经过专家严格评审，共23篇论文入选论坛进行宣讲，来自中国人民大学、浙江大学、武汉大学、厦门大学、中国社会科学院等高校和研究机构的师生代表报告了研究成果并进行了学术交流。此次论坛期间还发布了《中国经济增长报告（2018）》和2018年城市生活质量指数。

自2007年创办以来，中国经济增长与周期高峰论坛成功举办了十二届，已经成为我国经济增长与周期研究领域的重要学术交流平台，在我国经济学界产生了广泛的影响。本次论坛深刻剖析了我国经济迈向高质量发展阶段可能面临的理论与实践问题，为实现经济高质量发展和提升国家治理水平提供了多样化视角。

3. 第七届“制度的经济分析”国际研讨会（2019）

会议主题：制度的经济分析

主办单位：厦门大学王亚南经济研究院
邹至庄经济研究中心
厦门大学经济学院经济学系
厦门大学经济学院经济研究所
《中国经济问题》期刊社

会议时间：2019年5月18—19日

会议地点：厦门，厦门大学

会议概述：为搭建海内外制度经济学相关学者交流、合作的平台，厦门大学自2013年起定期举办以“制度的经济分析”为主题的国际研讨会。第七届“制度的经济分析”国际研讨会（economic analysis of institutions，以下简称“EAI会议”）于2019年5月18—19日在厦门大学召开。来自美国、英国、法国、新加坡、中国内地、中国香港、中国台湾等国家和地区的六十多位学者参加此次研讨会。

本次会议的开幕式由教育部“长江学者”特聘教授、会议组委会主席龙小宁教授主持。龙小宁教授首先向与会学者简要介绍了厦门大学经济学科以及 EAI 会议的宗旨，并介绍了本届研讨会的主题演讲嘉宾。她还提到，我们现在处于一个非凡的时代，通过回顾和梳理中国经济的发展历程，能够找到中国经济发展的起源、现状以及未来发展的方向。她希望通过本次 EAI 会议的成功举办，学者们能从理论、经验或实验等各种分析角度，积极探寻中国经济发展过程中展示的规律，进而助力解决目前中国经济面临的各种挑战和问题。

在随后的主题演讲环节，共有四位学者分享了他们的研究成果，并就相关问题与在场学者进行深入探讨。美国匹兹堡大学 Thomas G. Rawski 教授首先以 *China's Economy：Looking Back and Looking Ahead* 为题发表主题演讲，香港中文大学 Jimmy Hing Chi Chan（陈庆池）教授发表题为 *The Institution of Merit：a Study of Chinese College Admissions* 的主题报告，澳大利亚墨尔本大学 Simon Loertscher 教授以 *Monopoly Pricing，Optimal Rationing and Quantity Competition* 为题发表主题演讲，中国台湾学者 Kong-pin Chen（陈恭平）教授最后发表了题为 *Fee Arrangements for Attorneys and Litigation Outcomes* 的主题报告。

除主题演讲外，本次研讨会还设有 6 个英文分会场和 6 个中文分会场，共有 32 篇论文入选并被宣读，来自海内外多所知名高校和研究机构的学者报告了相关学科领域的最新研究成果，所涉及的议题包括官员制度与经济增长，制度与国家治理，创新、金融与经济增长，制度、集聚与经济增长，经济政策与发展等方面。

EAI 会议作为厦门大学经济学科每年定期召开的学术盛会，为制度经济学相关领域的学者尤其是广大青年学者提供了有效的国际交流平台。海内外学者借此平台分享和交流各种经济制度、社会制度的研究心得和成果，对研究制度对经济的影响，尤其是对中国经济的影响具有重要意义。此外，EAI 会议自 2013 年创办以来，已经成功举办了七届，不仅是厦门大学经济学科的重要学术品牌，而且作为我国经济学国际学术交流的重要阵地，其国际影响力也日益增大。

4. “全球视野下的中国近现代经济发展路径、制度与思考”国际学术研讨会（2019）

会议主题：全球视野下的中国近现代经济发展路径、制度与思考

主办单位：上海社会科学院经济研究所
中国社会科学院经济研究所《中国经济史研究》编辑部

承办单位：上海社会科学院经济研究所经济史与经济思想史研究室

会议时间：2019 年 8 月 25—26 日

会议地点：上海，上海社会科学院

会议概述：2019 年 8 月 25—26 日，由上海社会科学院经济研究所和中国社会科学院经济研究所《中国经济史研究》编辑部共同主办的国际学术研讨会——“全球视野下的中国近现代经济发展路径、制度与思考”在上海社会科学院隆重举行。来自美国、澳大利亚、中国内地及中国香港、中国台湾地区的百余名专家学者获邀参加此次研讨会。

会议开幕式由上海社会科学院经济研究所贺水金研究员主持，上海社会科学院院长张道根研究员、上海社会科学院经济研究所沈开艳研究员、《中国经济史研究》主编魏众研究员、上海市文史研究馆原馆长沈祖炜研究员、中国经济史学会会长魏明孔研究员、恒源祥（集团）有限公司刘瑞旗董事长等先后在开幕式上致辞。张道根研究员表示，当今世

界正处于“百年未有之大变局”，面临许多新的挑战、风险和考验，中国也不例外。如何从历史的角度、世界变化的角度研究中国发展问题，从中汲取智慧，以解决当前中国经济所面临的问题，正是举办此次研讨会的初衷所在。

本次研讨会共举行了四场主题报告，来自美国加州大学洛杉矶分校、日本信州大学、澳大利亚昆士兰大学、香港大学、复旦大学等国内外知名高校和研究机构的16位专家学者进行了主题发言并与与会学者深入讨论和交流。此外，本次研讨会还设有“金融财政专题”“企业史、区域史专题”等四场平行论坛。

中国台湾学者林满红研究员作了以《“大分流”的另一篇章：晚清汇率贬值与贸易收支关系》为题的主题报告。林满红研究员重新计算了1874—1911年的国际贸易收支，并以此为基础重新估计了中国银价下跌、汇率贬值对中国近代经济的不利影响。她指出由于没有完备的金融货币制度，清末各种货币泛滥，从而冲销了汇率贬值对贸易收支可能带来的好处。

日本信州大学久保亨教授作了题为《20世纪中国农业生产的发展和国际因素》的学术报告。久保亨教授指出改革开放以来中国经济的迅猛发展，与历史积累是息息相关的。19世纪末以后，中国通过农业生产获得的部分财富被转向国内的近代工业投资，这是促进中国工业化的主要原因之一。同时他也指出，出于应对未来的国际竞争并实现自身持续高速发展的现实考量，如何克服和解决三农问题仍然值得关注和思考。

美国加州大学洛杉矶分校王国斌教授报告的题目是《全球经济史视角下的中国经济发展道路》。王国斌教授首先比较了19世纪东亚国家和西方国家的工业化进程，指出其中不乏一些共性的部分——由私人部门构成的市场交换为经济发展提供了基石，同时国家有能力且致力于提供有利于工业化的条件。区别在于东西方在侧重点上有所差异，东亚国家的工业化更加强调国家政策的作用，西方国家则更加强调发挥市场机制的作用。改革开放以来中国经济快速发展的原因之一，就是大体满足了自上而下的国家政策和自下而上的市场交换之间互补配合这一条件。

香港大学的陈志武教授发表了题为《儒家排斥市场吗？——中西金融大分流的历史根源》的主题演讲。陈志武教授指出，与古代中国重视礼制和宗族不同，西方社会则是逐渐建立起血缘关系之外的社会组织发展模式，包括社会治理、权力制衡和法治建构等，这是造成中西方金融大分流的历史根源。他还通过实证研究分析了儒家文化和制度对经济的长期影响，研究发现，受儒家文化影响越强的地区，宗族体系越发达，人们更倾向于通过血缘家庭和宗族的力量实现风险互助、资源共享，因此会降低对金融的需求，最终抑制了金融市场的形成和发展。

在此次会议中，学者们从历史和世界变化的视角探讨了近现代中国经济发展的诸多方面和细节，对于了解近现代中国经济发展历程和制度变迁具有重要意义。中国目前处于深刻的转型时期，必须全面认识中国国情，汲取历史经验和教训，因此，经济史的研究工作具有重要的现实意义和价值。

◎ 参考文献

[1] 程锐．基础设施影响经济增长及收入差距的机理研究——新结构经济学框架下分工

视域的理论探究和跨国数据的实证检验［J］. 西部论坛，2019，29（1）：21-33.
［2］刘穷志，陈澄 . 省域基础设施与地方经济增长的效应检验［J］. 统计与决策，2020，36（4）：104-108.
［3］王立平，余小婷 . 金融发展、基础设施与区域经济增长［J］. 工业技术经济，2020，39（5）：31-37.
［4］马昱，邱菀华，王昕宇 . 城市基础设施、技术创新与区域经济发展——基于中介效应与面板门槛模型分析［J］. 工业技术经济，2019，38（8）：116-123.
［5］张治栋，李发莹 . 基础设施、空间溢出与产业结构升级——基于长江经济带地级市的实证分析［J］. 云南财经大学学报，2019，35（5）：55-63.
［6］岳为众，张晶，刘颖琦 . 产业政策与市场表现关联研究——以中国电动汽车充电基础设施为例［J］. 经济与管理研究，2019，40（2）：82-94.
［7］宋春合，吴福象 . 城市基础设施对集聚经济的影响研究——基于总量和结构的双重视角［J］. 现代经济探讨，2018（8）：82-90.
［8］孙伟 . 基础设施建设 PPP 模式融资的经验性规律及策略优化——基于两个典型案例的分析［J］. 经济纵横，2019（7）：120-128.
［9］汪立鑫，左川，李苍祺 . PPP 项目是否提升了基础设施的产出效率？［J］. 财政研究，2019（1）：90-102.
［10］陈智颖，钱崇秀，陈苗臻 . 城镇化、基础设施建设与区域均衡发展——基于 2003—2017 年省际面板数据的实证检验［J］. 云南财经大学学报，2020，36（2）：19-31.
［11］唐安宝，李康康，管方圆 . FDI、基础设施投入与经济高质量发展［J］. 金融与经济，2020（4）：60-67，74.
［12］潘雅茹，罗良文 . 财政分权视角下基础设施投资与中国经济的包容性增长［J］. 学习与探索，2019（1）：102-110.
［13］刘倖奇 . 基础设施投资与中国经济增长：影响渠道及作用机制研究［J］. 经济科学，2018（2）：16-29.
［14］范晓莉 . 文化消费、区域基础设施与城乡收入差距——基于新经济地理视角的理论分析与实证检验［J］. 西南民族大学学报（人文社科版），2020，41（4）：96-103.
［15］刘晴，胡甜甜，邵智 . 交通基础设施对企业内外销关系的影响机制分析：基于新经济地理运输成本的视角［J］. 世界经济研究，2020（5）：17-33，135.
［16］钟文，钟昌标，郑明贵，陈林雄 . 兼顾公平与效率的交通基础设施与区域协调发展研究——基于新经济地理学视角［J］. 地域研究与开发，2019，38（6）：1-5，28.
［17］徐瑾，潘俊宇 . 交通基础设施促进经济增长的时空差异与机制分析——基于双向固定效应模型的研究［J］. 经济问题探索，2019（12）：29-42.
［18］侯志强 . 交通基础设施对区域旅游经济增长效应的实证分析——基于中国省域面板数据的空间计量模型［J］. 宏观经济研究，2018（6）：118-132.
［19］张茜，赵鑫 . 交通基础设施及其跨区域溢出效应对旅游业的影响——基于星级酒店、旅行社、景区的数据［J］. 经济管理，2018，40（4）：118-133.
［20］赵春娟 . 中国“一带一路”沿线省份交通基础设施建设与经济增长的关系研

究［J］. 河北地质大学学报，2019，42（3）：104-110.
［21］周国光，王一佼，桂嘉伟，白鹏霞．“一带一路”沿线省市交通基础设施投资效应研究——基于私人投资和公共投资的比较分析［J］. 华东经济管理，2019，33（12）：5-12.
［22］章秀琴，余长婧．“一带一路”基础设施建设的贸易效应研究［J］. 国际商务（对外经济贸易大学学报），2019（1）：72-83.
［23］张鹏飞．基础设施建设对“一带一路”亚洲国家双边贸易影响研究：基于引力模型扩展的分析［J］. 世界经济研究，2018（6）：70-82，136.
［24］刘生龙，郑世林．交通基础设施跨区域的溢出效应研究——来自中国省级面板数据的实证证据［J］. 产业经济研究，2013（4）：59-69.
［25］刘钜强，赵永亮．交通基础设施、市场获得与制造业区位——来自中国的经验数据［J］. 南开经济研究，2010（4）：123-138.
［26］阮培成，李谷成，郑宏运，刘梅，施腾．公路基础设施建设缩小了城乡收入差距吗？——来自江苏、浙江县级面板数据的例证［J］. 农业现代化研究，2019，40（6）：927-935.
［27］刘冲，刘晨冉，孙腾．交通基础设施、金融约束与县域产业发展——基于“国道主干线系统”自然实验的证据［J］. 管理世界，2019，35（7）：78-88，203.
［28］宗刚，张雪薇，张江朋．空间视角下交通基础设施对经济集聚的影响分析［J］. 经济问题探索，2018（8）：67-74.
［29］唐红祥，王业斌，王旦，贺正楚．中国西部地区交通基础设施对制造业集聚影响研究［J］. 中国软科学，2018（8）：137-147.
［30］孙学涛，李岩，王振华．高铁建设与城市经济发展：产业异质性与空间溢出效应［J］. 山西财经大学学报，2020，42（2）：58-71.
［31］年猛．交通基础设施、经济增长与空间均等化——基于中国高速铁路的自然实验［J］. 财贸经济，2019，40（8）：146-161.
［32］施震凯，邵军，浦正宁．交通基础设施改善与生产率增长：来自铁路大提速的证据［J］. 世界经济，2018，41（6）：127-151.
［33］孙湘湘，周小亮．交通基础设施投资、要素市场扭曲和经济增长［J］. 交通运输系统工程与信息，2019，19（1）：13-18.
［34］付新平，朱晓奔．我国交通基础设施投资对国际贸易的影响——基于省际面板数据检验［J］. 经济研究参考，2020（3）：97-109.
［35］吴江，贾元华，于帅，郭月．交通基础设施建设对产业集聚的影响分析——以旅游产业为例［J］. 北京交通大学学报（社会科学版），2019，18（2）：52-60.
［36］张亦弛，代瑞熙．农村基础设施对农业经济增长的影响——基于全国省级面板数据的实证分析［J］. 农业技术经济，2018（3）：90-99.
［37］曾福生，蔡保忠．农村基础设施是实现乡村振兴战略的基础［J］. 农业经济问题，2018（7）：88-95.
［38］张亦弛，代瑞熙．农村基础设施对农业经济增长的影响——基于全国省级面板数据

的实证分析［J］. 农业技术经济，2018（3）：90-99.
［39］陈习定，张芳芳，黄庆华，段玲玲．基础设施对农户创业的影响研究［J］. 农业技术经济，2018（4）：80-89.
［40］邓晓兰，鄢伟波．农村基础设施对农业全要素生产率的影响研究［J］. 财贸研究，2018，29（4）：36-45.
［41］孙早，徐远华．信息基础设施建设能提高中国高技术产业的创新效率吗？——基于2002—2013年高技术17个细分行业面板数据的经验分析［J］. 南开经济研究，2018（2）：72-92.
［42］寇晨欢，冷志杰，贾晓菁．物流基础设施与人力资源驱动区域经济发展的实证［J］. 统计与决策，2019，35（6）：107-110.
［43］郭凯明，潘珊，颜色．新型基础设施投资与产业结构转型升级［J］. 中国工业经济，2020（3）：63-80.
［44］王永进，冯笑．行政审批制度改革与企业创新［J］. 中国工业经济，2018（2）：24-42.
［45］毕青苗，陈希路，徐现祥，李书娟．行政审批改革与企业进入［J］. 经济研究，2018，53（2）：140-155.
［46］卢盛峰，王靖，陈思霞．行政中心的经济收益——来自中国政府驻地迁移的证据［J］. 中国工业经济，2019（11）：24-41.
［47］刘诚，杨继东．商事制度改革与产业专业化［J］. 中国工业经济，2020（4）：135-153.
［48］任胜钢，郑晶晶，刘东华，陈晓红．排污权交易机制是否提高了企业全要素生产率——来自中国上市公司的证据［J］. 中国工业经济，2019（5）：5-23.
［49］鲁元平，张克中，欧阳洁．土地财政阻碍了区域技术创新吗？——基于267个地级市面板数据的实证检验［J］. 金融研究，2018（5）：101-119.
［50］周建波，孙圣民，张博，周建涛．佛教信仰、商业信用与制度变迁——中古时期寺院金融兴衰分析［J］. 经济研究，2018，53（6）：186-198.
［51］冯晨，陈舒，白彩全．长期人力资本积累的历史根源：制度差异、儒家文化传播与国家能力塑造［J］. 经济研究，2019，54（5）：146-163.
［52］Ouattara B，Zhang Y F. Infrastructure and long-run economic growth：evidence from Chinese provinces［J］. Empirical Economics，2019，57（1）：263-284.
［53］Boqiang Lin，Yu Chen. Will economic infrastructure development affect the energy intensity of China's manufacturing industry?［J］.Energy Policy，2019（132）：122-131.
［54］Jinhuan Wang，Yitian Ren，Tianheng Shu，Liyin Shen，Xia Liao，Nan Yang，Hongman He. Economic perspective-based analysis on urban infrastructures carrying capacity—a China study［J］. Environmental Impact Assessment Review，2020（83）：106381.
［55］Yu Sun，Yin Cui. Analyzing urban infrastructure economic benefit using an integrated approach［J］. Cities，2018（79）：124-133.

[56] Feng Lan, Xiaoya Gong, Huili Da, Haizhen Wen. How do population inflow and social infrastructure affect urban vitality? Evidence from 35 large-and medium-sized cities in China [J]. Cities, 2020 (100): 102454.

[57] Yin-Fang Zhang, Shengbao Ji. Does infrastructure have a transitory or longer-term impact? Evidence from China [J]. Economic Modelling, 2018 (73): 195-207.

[58] Chao Wang, MingK Lim, Xinyi Zhang, Longfeng Zhao, Paul Tae-Woo Lee. Railway and road infrastructure in the Belt and Road Initiative countries: estimating the impact of transport infrastructure on economic growth [J]. Transportation Research Part A: Policy and Practice, 2020 (134): 288-307.

[59] Wangtu (Ato) Xu, Ying Huang. The correlation between HSR construction and economic development-empirical study of Chinese cities [J]. Transportation Research Part A: Policy and Practice, 2019 (126): 24-36.

[60] Shanjun Li. Better lucky than rich? Welfare analysis of automobile licence allocations in Beijing and Shanghai [J]. The Review of Economic Studies, 2018, 85 (4): 2389-2428.

[61] Jing Cao, Mun S. Ho, Dale W. Jorgenson, Chris P. Nielsen. China's emissions trading system and an ETS-carbon tax hybrid [J]. Energy Economics, 2019 (81): 741-753.

[62] Lulu Liu, Yuting Zhang. Does non-employment based health insurance promote entrepreneurship? Evidence from a policy experiment in China [J]. Journal of Comparative Economics, 2018, 46 (1): 270-283.

[63] Junxue Jia, Siying Ding, Yongzheng Liu. Decentralization, incentives, and local tax enforcement [J]. Journal of Urban Economics, 2020 (115): 103225.

[64] Ali Hortaçsu, Fernando Luco, Steven L. Puller, Dongni Zhu. Does strategic ability affect efficiency? Evidence from electricity markets [J]. American Economic Review, 2019, 109 (12): 4302-42.

[65] Barnabé Walheer, Ming He. Technical efficiency and technology gap of the manufacturing industry in China: does firm ownership matter? [J]. World Development, 2020 (127): 104769.

[66] Xuebo Wang, Junsen Zhang. Beyond the Quantity-Quality tradeoff: population control policy and human capital investment [J]. Journal of Development Economics, 2018 (135): 222-234.

[67] Douglas Almond, Hongbin Li, Shuang Zhang. Land reform and sex selection in China [J]. Journal of Political Economy, 2019, 127 (2): 560-585.

[68] Russell Cooper, Guan Gong, Ping Yan. Costly Labour Adjustment: General Equilibrium Effects of China's Employment Regulations and Financial Reforms [J]. The Economic Journal, 2018, 128 (613): 1879-1922.

[69] Trevor Tombe, Xiaodong Zhu. Trade, migration, and productivity: a quantitative analysis of china [J]. American Economic Review, 2019, 109 (5): 1843-1872.

[70] Ernest Liu. Industrial policies in production networks [J]. The Quarterly Journal of Economics, 2019, 134 (4): 1883-1948.
[71] Yuk-Shing Cheng, Kim-Sau Chung. Designing property rights over land in rural China [J]. The Economic Journal, 2018, 128 (615): 2676-2710.
[72] Marianne Bertrand, Robin Burgess, Arunish Chawla, Guo Xu. The glittering prizes: career incentives and bureaucrat performance [J]. The Review of Economic Studies, 2020, 87 (2): 626-655.
[73] Guo Xu. The costs of patronage: evidence from the british empire [J]. American Economic Review, 2018, 108 (11): 3170-3198.
[74] Jiong Zhu, James B. Ang, Per G. Fredriksson. The agricultural roots of Chinese innovation performance [J]. European Economic Review, 2019 (118): 126-147.
[75] Shiyu Bo. Centralization and regional development: evidence from a political hierarchy reform to create cities in china [J]. Journal of Urban Economics, 2020 (115): 103182.
[76] Tangren Feng, Shaowei Ke. Social discounting and intergenerational Pareto [J]. Econometrica, 2018, 86 (5): 1537-1567.

第五章 人口、人力资本、社会资本与经济发展

赵昕东
（华侨大学）

2019年10月14日，诺贝尔经济学奖最终归属结果揭幕，阿比吉特·班纳吉（Abhijit Banerjee）、埃斯特尔·杜弗洛（Esther Duflo）和迈克尔·克雷默（Michael Kremer）利用实验性方法探究脱贫问题获得了诺贝尔经济学奖评委会的认可。经济学研究再次回归到“发展”这一永恒主题。这是自1969年以来，研究经济发展相关领域的经济学家第6次获此殊荣。研究“发展”问题，探索“发展”之路是经济学研究最本质的目的，也是经济学者最崇高的学术追求。本章将从人口、人力资本和社会资本三个方面入手，梳理并评述近两年来发展经济学领域的研究成果。

第一节 研究综述

一、人口与经济发展

人口是财富的源泉，最早的重商主义代表托马斯·孟、巴蒂斯特·柯尔培尔以及乔万尼·保泰罗等对此都有一致的意见，人口越多，财富就会增多，因而人口发展是一个常青的话题。学者们在研究人口与经济发展时，通常从人口年龄结构、人口空间结构两方面入手，结合经济社会现实研究经济发展动态、人口红利演变、区域发展平衡性以及经济增长等问题，进一步研究人口发展问题与其他社会经济问题的联系也是经济学领域的热点。

（一）人口老龄化

人口老龄化是近年来众多经济学者最为关注的研究领域，其背景是中国青年劳动力减少、劳动成本增加、人口年龄结构失衡等情况不断加剧。厉以宁（2020）从五个方面较为全面地总结了中国人口老龄化的特征：第一，中国老龄人口在总人口中的比例，农村高于城市；第二，按地区划分，中国东北地区人口老龄化程度高于西部地区；第三，按性别划分，女性老龄人口的数量多于男性；第四，老龄人口健康状况，城市普遍优于农村，平原地区普遍优于山区，特别优于边远山区；第五，中国“空巢”家庭的户数还在迅速增加，其中农村“空巢”家庭的户数也在增多，但其势头却不及城市“空巢”家庭户数的增速。

1. 人口老龄化问题的经济社会表现

对于中国人口老龄化问题在经济社会中的表现，“后人口红利时代”是当下中国学者最为关注的问题。针对这个问题，厉以宁认为当前“人口红利结束”的观点并没有真实地反映中国的现状，他认为，农村进城务工人员的数量减少并不意味着中国的人力资本红利已经用尽，实践表明，旧的人力资源红利仍然继续存在，无论城市还是农村、无论沿海地区还是内陆省份，人力资本都在发生一场巨大的革命，新的人力资本必将带来新的人力资本红利。张士斌、刘秀秀（2019）则明确将红利类型分为数量型红利和质量型红利，并阐述了两者的区别。两者的作用机制不同，前者是通过充足的劳动力供给和高储蓄率促进经济增长，后者通过高劳动生产率和新的储蓄来源促进经济增长；前者的前提条件是数量多、比例高的青壮年劳动力，后者的前提条件是质量高、结构好的劳动者群体；两者的释放条件也不一样，数量型红利的释放条件是改革户籍制度、经济体制以及对外开放，质量型红利的释放条件是深化人力资本投资以及劳动、社保、退休政策改革。他们从三个方面入手探究老龄化对人口红利的影响途径：首先是劳动力市场的供给结构会因为高龄劳动力群体的占比上升而受到重大影响。其次，高龄劳动力会影响整个社会财富分配，这牵涉到高龄群众在社会劳动中的角色分配，即他们是生产者还是纯粹的消费者。最后，能否顺利将劳动力的年龄劣势转化为质量优势将决定中国能否再次获得“人口红利”。张晓东（2019）关注人口红利获取问题的区域差异，东部发达经济省份已经进入人口数量红利的获取末期和人才红利全面释放的时期，而中西部很多地区却处于人口数量红利还没有充分享受到和人才红利获取又相对较慢的时期。区域经济发展的不平衡使得人口聚集和人才聚集都主要倾向于较为发达的省份和地区。韩秀兰、赵敏（2020）基于对数平均 D 氏指数（LMDI）法分析人口红利对经济增长的作用途径，分析结果表明：经济增长的第一动力是劳动生产率的提升，但其发挥作用的大小与发展阶段有关，经济粗放增长阶段的生产率提升对经济增长的贡献大于发展新常态阶段；在经济新常态阶段，经济增长路径与人口红利效应有明显的局部差异，相比全国，东北受到人口红利消退的影响最大。

2. 人口红利衰减问题政策建议

对于人口红利衰减的政策建议，学者们一致地认为激发二次人口红利，有效利用老龄劳动力是一个缓解劳动力老龄化问题以及在经济发展新常态时期促进经济发展的方案。韩秀兰、赵敏看重劳动参与率这一指标对经济的影响，认为提升劳动参与率可以弥补劳动力资源的不足，促进经济发展。张士斌、刘秀秀认为数量型人口红利结束后，要积极开发质量型人口红利，这不仅仅是为了维持经济平稳发展，也是经济转型升级的人才支撑。但张晓东认为，人口数量红利始终是经济增长的基础。中国的国内市场容量是欧美国家的总和，通过人口体量及消费能力体现的人口数量红利赋予了中国经济面临外来压力时的回旋能力和市场空间，对保障我国经济稳定增长和安全至关重要，因此促进人口平稳增长防范人口断层是面对人口红利问题时必须考虑的。张俊良、张兴月（2018）也提出通过完善生育政策、鼓励生育二孩等措施来缓解劳动力供给矛盾，具体包括保障孕妇产假，提供生育保险以及支持妇女健康检查，预防疾病等。

3. 人口老龄化对经济的影响

对于人口老龄化对经济的影响及其机制，DahuiZhou，YongYang（2019）认为目前国内外的学者主要集中在研究人口老龄化对经济的间接影响和直接影响。齐红倩、闫海春

(2018) 使用面板数据构建平滑转移回归模型进行的实证检验发现：人口老龄化与经济增长之间是非线性关系，表现为早期正相关后期负相关的倒“V”形关系，同时存在门槛特征，且在不同地区，老龄化对经济增长的影响表现出一定的异质性，体现在影响方向和影响程度不同。石梅（2019）基于1978—2016年中国人口出生率、死亡率和自然增长率的数据，选用var模型来分析人口抚养比变动对中国经济的影响；选取了居民消费率、经济增长率，少儿、老年抚养比作为变量进行格兰杰因果检验和脉冲响应函数分析，结果表明人口老龄化冲击会长期影响居民消费率，但老龄化冲击对经济增长的作用不明显。其原因是劳动力人口数量依然庞大，短期能支撑经济的持续发展，但长期来看，高龄劳动力最终会逐渐占据劳动力市场，从而对经济产生负面影响。匡佳文（2019）注重对比分析西南地区云南和四川的老龄化发展及其影响，使用结构自回归模型实证分析的结果显示，省域人口老龄化现象对经济增长的作用并不总是负面的，由于区域间“人口红利”周期的不一致性，四川和云南的人口老龄化和经济增长之间的关系存在节奏上的差异且都是非线性的，四川省的老龄化对经济增长的影响是先正向后负向，而云南省的是先负向后正向。关于老龄化对经济的影响机制，王楚悦（2019）认为，人力资源结构扮演了重要的中介角色；老年劳动力缺失给中青年劳动力的劳动时间造成“挤出效应”，降低劳动生产率进而可能降低经济增长的质量；老龄化通过影响中国产业结构优化与升级进一步影响经济增长。李树艳（2019）则使用时间序列回归模型研究了老龄化与经济增长、居民消费、国民储蓄、经济活动人口之间的关系，发现人口老龄化对经济有显著的副作用，老龄化程度与人均GDP的负相关关系显著。在10%的显著性水平下人口老龄化与经济增长显著负相关；老龄化程度对人均GDP有显著的负向影响。

4. 人口老龄化的解决政策

对于人口老龄化问题许多学者也提出了政策建议，王楚悦提出：推迟退休年龄，返聘退休人员；针对劳动者的工作内容，制定不同的退休政策；适当促进老年人消费，开发老年人的消费市场，以此来应对人口老龄化。徐升艳、周玉琴、王睿智（2019）通过对全国人口老龄化的程度和速度的测定，发现老龄化的影响因素存在区域性差异，因此提出细化解决老龄化的公共政策，实施针对地方发展差异和特色的政策，补足地方公共服务供给上的短板，对地方经济表现追根溯源，从根本上把握地区经济的发展动力，对于发展落后或缓慢的地区要想办法留住年轻人，为本地发展储蓄生产力，同时要抓紧解决养老金的统筹问题，提升本地的养老支持力度。蔡昉（2020）建议延迟退休年龄、开展全生命周期培训、深化教育改革、延长健康预期寿命，以及加强“普惠”式社会保障等，以此抵消由于高龄人口增加带来的劳动力减少和消费疲弱等问题，为我国经济持续增长赢得主动权和时间，也为应对人口老龄化挑战夯实基础。

（二）人口结构问题

从空间角度来看，关于人口结构问题学者们关注的主要有人口聚集问题与人口流动问题，而这两个问题天然与区域经济发展密切联系。

人口聚集问题不仅影响区域经济发展，其本身也受区域经济发展影响。杨东亮、任浩峰（2018）基于2000—2015年的省级面板数据，探讨人口聚集对区域经济发展的影响机制，从人口聚集角度把全国分为东部、中部和西部，分析区域间的人口密集度的变动特征，从空间角度探索人口聚集影响经济发展的机制。研究发现：人口聚集与经济发展之间呈现正相关关系，人口聚集度对经济发展的弹性系数达到 1.064%，但相比中、东部地区，西部地区人口集聚的经济效应最大；在经济发展驱动要素中，城镇化、人力资本和人口抚养比是最显著的三个。因此，加快城镇建设、农村改造，吸引年轻劳动力以提升人口聚集度对中西部省份的经济发展有重要意义。王智初（2018）则从制度角度探讨人口聚集的形成条件，认为户籍制度和人才政策对不同地区的人口聚集演变产生了显著影响；利用极差、标准差、变异系数等指标分析人口聚集的统计表现，构建人口迁移指数和人口密度指标探索人口迁移的空间特征；结合时间空间两个角度研究人口迁移和人口聚集的演变过程，理清地区形成人口聚集的现实基础，同时借助内生增长理论分析人口聚集与地区经济发展之间的关系，结果发现地区之间的人口分布有强相依性，经济区块之间的人口流动和分布相关性更强，人口密度分布上整体呈现东部高西部低，人口聚集的空间格局与经济发展水平高度一致。

（三）人口流动性问题

一些学者在研究人口流动问题上更多的创新体现在方法上，他们通过引入其他学科研究方法，从不同角度对人口流动的方向、原因、程度及影响因素进行剖析。叶明确、任会明（2020）基于 2005 年、2015 年省际人口流动的相关数据，使用社会网络分析方法，提取人口流动的网络结构特征，并剖析了人口流动网络的影响因素；在研究方法上构建人口流动网络，计算网络结构测度指标和度数中心性、引入引力模型并进行改进以及使用 QAP 回归。通过构建的人口流动网络发现整个网络的关联性增强，小世界性发育典型，以广东为主，浙江、江苏、安徽、四川为副的“一主四副”的网络结构进一步凸显，等级层次性加强；从人口流动网络的关联性视角看，相邻省份间具有较为活跃的人口流动，体现出显著的地理邻近性；整个人口流动的空间格局体现了“东入内出”的模式，空间不均衡性加剧。谷祎璠、丁疆辉（2019）基于人口流动原因，构建地区间人口流动互动指数，结合人口流动倾向度模型研究京津冀人口流动的时空演变及特征，从流动格局和时间变化两个角度展开，动态地研究京津冀人口流动特征及差异。研究发现：静态来看，京津冀的人口分布空间格局有巨大差异，北京的人口聚集程度比天津和河北更高；动态来看，人口流动存在虹吸效应，北京由于拥有更丰富的就业资源、更高的生活水平以及更好的发展前景，使其相较于河北和天津有更强的人口吸引力，其中，河北在京津冀人口流动中扮演了中枢的角色，北京、天津的人口更倾向于流入河北，河北的人口流动频率高于另外两地；人口流动的影响要素中包含就业变动、家属随迁等。在京津冀发展这一热门话题中，该研究从人口流动角度探索了京津冀发展的平衡性问题以及京津冀协同发展中人口要素发挥的作用以及受到的反馈影响，该研究详细分析了其他要素对人口流动的影响机理，研究结果对当下京津冀一体化发展具有重要意义。刘海洋、王录仓（2019）使用网络平台人口迁徙大数据刻画中国城市间人口流动的时空格局，研究发现北京在人口流动集散体系中属于全国性的集散中心，天津在北京的虹吸效应下对人口的集散能力不足，长江中游核心城市武汉更多发挥了通道作用，人口截留作用不强，西安对西北地区的带动能力明显不足。该研究及时通过人口流动发现了引领城市群的中心城市的带动能力问题，对国务院发布的建立更加有效的区域协调发展新机制这一主题有重要的参考意义。陈蓉和王美凤（2018）使用空间地理数据建立多元回归模型探讨人口迁移、老龄化和区域经济的发展平衡性问题，研究对象包括287个地级市。其从程度和速度两个方面入手，探索人口老龄化的地区性差异，经济不平衡问题和人口老龄化的空间分布格局，目的是找到人口老龄化的演化趋势。分析结果显示，人口老龄化的区域差异在时间维度上会发生较大的变动，而变化并非近两年才开始，可以追溯到2000年，经济发达地区的老龄化速度随着时间变动反而开始下降，而落后地区、发展较为缓慢地区的老龄化速度在加快。其背后的原因是区域经济发展的不平衡，包括生活条件、发展前景、公共设施和医疗条件等社会资源的不平衡分布，造成了规模性的、倾向性的、年龄特定性的人口迁移，而这种结果又会反过来促使区域经济发展的不平衡进一步加剧，使得欠发达地区的经济发展陷入恶性循环。铁瑛、张明志和陈榕景（2019）则从微观的角度展开关于人口结构变动对出口的影响以及作用机制的研究。研究基于2000年、2005年、2010年三次全国人口普查数据，并构建了城市人口结构指标，结果发现城市劳动人口比或抚养比等人口结构指标变动显著影响出口，当城市劳动人口比或抚养比下降时，出口显著增加。在实证分析环节，作者在人口结构指标的构建体系中加入了城市人口流动信息，进行探讨影响机制的微观层面建模，最后通过基准回归分析发现：城市人口结构的变动对出口产生的影响会因用工成本的加大、人力资本水平的提高而呈现出弱化趋势（成本效应和人力资本效应）；而对劳动力投入形成的依赖性则是城市人口的结构变动对出口产生影响的主要源头。这意味着在人口老龄化的大背景下中国出口要想实现真正的转型升级，就要加快步伐，使得“人口红利”得以转变为“人才红利”。一些学者关注人口年龄结构与人口空间结构的互动，韦胜（2018）对第五次和第六次全国人口普查数据展开了深入的分析，发现人口流动形成的迁移模式在加大经济落后地区的养老负担的同时，也使得主要流动人口迁入地的老龄化水平呈降低态势，但这种降低表现出了摆动性的特征。XinXu，YuanZhao等（2018）根据第五次和第六次全国人口普查中长江三角洲地区的数据，应用地理探测器技术来解释人口老龄化的空间异质性，并得出结论：老龄化的促进和替代并存；迁移是影响人口老龄化空间异质性的主要因素；社会、经济和环境因素之间相互作用的因素对人口老龄化的影响要大于任何单一因素。

（四）人口与经济社会其他问题的关系

除了关注人口发展问题，一些学者也通过实证分析将人口与经济社会的其他问题连接起来。张梅芬、高庆彦等（2019）利用2007—2017年的省际面板数据，将居民消费、老年人口抚养比分别设定为被解释变量、解释变量，以居民收入作为控制变量建立随机效应模型与系统GMM模型，分析人口老龄化、地区异质性与居民消费的关系。实证分析的结果发现，人口老龄化对居民消费产生了明显的负向作用。在分东部、中部、西部三个地区的实证回归分析中，人口老龄化对居民消费产生的影响在东部地区为正向显著，而在中西部地区则为负向显著，进而说明人口老龄化与消费的关系会因地区差异产生明显的异质性。王婷、程豪、王科斌（2020）通过构建一个两地区均衡模型，揭示出区域间劳动力流动促进全要素生产率增长，进而释放劳动力配置效率红利的理论机制。实证检验发现：

中国劳动力配置效率红利呈现逐年下降趋势，2006年就出现“不显著”拐点，且先于劳动力数量红利衰减；区域间劳动力流动在1%的显著水平上促进劳动力配置效率红利释放，随着劳动力流动增强，其带来的促进效应更加明显；异质性检验发现，劳动力价格供给弹性越高或劳动力边际生产能力越高的地区，流入劳动力越多将越能促进劳动力配置效率红利释放。肖营（2020）采用部分省市区的面板数据，进行了空间滞后模型（SAR）、空间误差模型（SEM）的构建，对人口红利、技术进步以及中等收入陷阱之间的关联程度展开了研究。研究证实，自1997年来我国28个省份基尼系数水平的空间集聚特征逐渐增强，且较为显著；人口规模与基尼系数的相关关系呈现出了显著负向的特征，证实随着人口红利的不断加大，能够实现基尼系数的降低，且在人口红利得以延续的条件下，会对国家（地区）摆脱中等收入陷阱提供一定的帮助；技术进步与基尼系数之间为显著的负相关关系，技术进步能够缩小地区之间收入差距，进而促进我国各地区走出中等收入陷阱；产业结构升级能够降低基尼系数水平，商贸流通产业发展水平对基尼系数并没有显著的影响，城镇化水平促进了基尼系数扩大，教育水平提升能够降低基尼系数。逯进、王晓飞、刘璐、陈阳（2019）使用部分省市区1993—2015年的面板数据，引入耦合分析方法，测算省域老龄化、人口流动与产业结构三大系统的综合指数及协调发展水平，讨论不同区域三系统协调发展的动态演化特征及其差异，并在此基础上解析三系统协调发展的影响因素及三系统两两间的交互作用关系。结果表明，老龄化的程度演变过于迅速，扰乱了人口结构、产业结构、人口迁移三系统的稳定，干扰了人口结构、产业结构和人口迁移之间协调发展的态势；人口流入和产业结构在三系统中的边际效应被弱化，辅助协调发展关系的作用被降低，这使得人口流动、产业结构调整无法发挥有效的协调作用，以此缓解人口结构变动对三系统的副作用。李磊、徐长生（2018）基于第五次全国人口普查分县数据和2004年中国工业企业数据匹配而成的数据库，利用Tobit模型检验了技能劳动力配置对生产信息化的影响，并分别利用距离、方言构建工具变量对内生性问题进行了处理。该研究同时考量了人口流动与生产率两个方面，弥补了该领域的研究空白。赵佳丽、程光辉（2018）基于中国劳动力动态调查（CLDS）数据，采用倾向得分匹配法实证检验了劳动力在同一方言区与跨方言区两种流动模式下的收入效应和社会融入效应。研究结果启示，在我国就近城镇化的进程中，不仅应改善流动人口的收入水平，更应注重改善其社会适应性，提高社会融入程度，从而有效提高城镇化质量。该研究创新性地基于方言区视角研究人口流动与收入水平和社会融入的关系，为人口发展研究领域开辟了新的视角。

（五）研究评述

当下的学者们对人口问题的研究从角度来看丰富多样化，从深度来看无论表象还是内在都有细致的研究，整体较为全面和成熟，但还有部分细节需要继续加深探索。

研究不足和有待研究的问题：

（1）对人口红利衰减的定义过于单一，在新常态背景下，人口红利仅仅依靠少儿抚养比、老年抚养比和总抚养比等指标无法正确衡量，需要立足于中国现状，找出能科学、合理衡量中国人口红利的指标。

（2）对于应对人口红利衰减、老龄化相关人口发展问题的政策建议的实施效果，相关学者缺乏进一步的跟踪研究。

（3）我国学者注意到了人口发展与区域经济不平衡性之间的互反馈作用，但缺乏进一步对发达区域与欠发达区域的内在差异化研究，对于欠发达城市如何在区域经济落后的情况下应对人口流出也缺乏有效的研究对策。

（4）中国的经济崛起过程有自己独特的背景和道路，在研究中国的人口发展、经济增长问题上依然缺乏立足于中国现实的指标和理论指导。

二、人力资本与经济发展

20世纪60年代，人力资本理论的创立，极大地突破了人类的生产能力，促进了生产效率的提高，有力地推动了经济的发展。传统理论认为资本只包括物质资本而人力资本理论的发展则突破了该理论，从新的角度展开研究。在如今的知识经济时代，到处都展现出了人力资本的竞争。根据我国国情，虽然在新增劳动力的受教育年限方面，我国高于世界平均水平，在一些健康指标方面，我国也位于发展中国家前列，在科技人力资源总量水平上更是位居世界第一。但是在很多方面还存在很大的问题。如：适应新常态方面，实施创新等方面。在人才方面和发达国家相比还存在较大差距。如：结构分布、市场匹配、创新能力、创新贡献力等方面。当前我国的人才发展激励机制不完善、人才培养和社会需求未能有效衔接等问题还比较突出，因此尽快提升人力资本水平成为亟待解决的事情。一国或一个地区能否实现快速发展，人力资本水平起着关键作用。人力资本通过影响生产、消费、储蓄、投资、进出口等直接或间接地影响着经济发展。

（一）人力资本区域差距与经济发展

人力资本包括很多因素，其中知识、能力、健康、劳动力水平等都是重要的构成因素。它是一个国家的经济能否正常运行的重要标志之一，可以刺激经济发展，从而促进经济稳步增长。增加资源的利用率，降低生产要素的成本是人力资本促进经济增长的主要途径。提高人力资本，可以弥补自然资源不足给经济造成的不利影响，并增加产出效率。苏妍等（2018）从时间和空间角度，利用半参数可加模型并结合1982—2014中国31个省份（未含港澳台）的面板数据，计算得出这些省份人力资本的脑力素质、身体素质、综合素质与经济增长的耦合水平。按照空间结构，将这些省份划分为东部、中部、西部三个区域，并分析这三个区域三类耦合之间的因果关系，根据研究得出人力资本与经济增长之间存在非线性关系。实证研究得出，两类耦合所产生的共同作用明显影响综合人力资本与经济增长的耦合水平，并且在不同的区域有很大的差异。人力资本与经济增长两者的耦合关系存在着明显的线性影响，而非线性影响的存在则显示出一部分经济增长波动可由人力资本的增减来解释。张秀武等（2018）研究了教育人力资本、健康人力资本等对经济产生的影响，分析过程中采用OLG模型研究人口年龄结构对经济所产生的不同影响。利用1997—2014年的面板数据，研究人口年龄结构与人力资本积累之间的关系，并实证研究人力资本与经济增长两者之间存在的关系。通过分析得出，提高教育人力资本可以促进经济增长，而提高健康人力资本则对经济增长起到反向的抑制作用。老龄化虽然能增加健康人力资本积累，但是对于实物资本和教育人力资本会起到一定的挤占作用。作者对此提出了有针对性的政策和建议：提高在教育方面的投资，尽快将中国从人口数量大国转向人力资源强国；中国实施退休的年龄较早，从而导致一些老年人过早地退休，造成人力资源的浪费，应加强退休制度的弹性设置，充分利用优秀老年资源。人力资本结构高级化也会对经济产生一定的影响，刘智勇等（2018）利用空间结构差距和动态面板等模型系统分析人力资本结构高级化在地区差距中产生的影响，并与人力资本存量等产生的影响做对比。实证研究发现，人力资本结构高级化可以明显促进经济的增长，并且在中国东、中、西不同的区域之间人力资本结构高级化也存在较大的差异。为了改善地区经济差距，应该重点关注人力资本结构高级化的提高方面，而不是一味地只关注人力资本数量。应进一步协调地区之间的差距，推动经济实现长期较快发展。

（二）教育、健康对经济增长的影响

教育、健康等是人力资本的重要组成因子，通过对两者的研究可以更详细地了解人力资本对经济增长产生的影响。刘瑞翔等（2018）利用SDM模型，并对时间和空间进行固定，对2001—2015年全国31个省域（未含港澳台）的数据指标进行计算，得出在这些省域的经济增长质量方面存在一定的空间自相关性。通过研究发现，在本省域的经济增长质量方面，提高各个省域的人口城市化率及人力资本水平可以起到明显促进作用，但是就负面影响方面而言，会降低周边相邻省域的经济增长质量。为了进一步提高经济增长质量，各省域在提高本省域的经济增长的同时，需要协调相邻省域的经济发展，增加人力资本的投入，以充分发挥人力资本在经济增长质量方面起到的促进作用。申登明等（2019）从直接影响和间接影响两个角度进行回归分析与检验，构造出不包含人力资本的计量经济模型和包含人力资本的计量经济模型。研究发现，从内在经济效应和外在经济效应角度看，人力资本都会产生影响。在边际生产力方面，劳动力的边际生产力和物质资本的边际生产力得到进一步的提高；在贡献率方面，物质资本投入对经济增长的贡献率和劳动力投入的贡献率也会得到一定的提高。知识积累水平，以及人力资本水平决定了一个国家的经济增长程度。我国在教育投入力度、教育体制改革方面都要进一步提高和完善，才能更好地面对知识经济带来的挑战。崔巍（2019）对人力资本和社会资本与经济增长的关系进行了实证研究。结果表明，社会资本作为中介，加强了人力资本对经济增长的促进作用。为了进一步建立合作互惠的机制来促进经济增长，可以从整体社会信任水平，以及社会资本积累提高的角度入手。结合相关理论，徐彬等（2019）在研究经济增长时考虑了人才集聚因素、创新驱动因素，并对其进行实证研究。结果显示：人才集聚因素、创新驱动因素存在着滞后效应；单纯的创新驱动对经济发展的影响不明显。人才集聚产生的创新效应，可能会外溢，并且具有一定的流动性，而地方自主创新能力与此相反，具有明显的正向作用。虽然创新驱动会对经济增长起到一定的推动作用，但是这种作用还需要进一步得到提升。应采取合理的手段避免人才聚集产生的创新效应外溢，不断增强自主创新能力，提高对发达地区创新技术转移的承接能力。

提高农村地区经济发展的重要方法之一是“乡村振兴”战略，加大人力资本投资力度会促进农村地区经济发展。对农村人力资本以及农村经济发展的研究取得了很大进展。国光虎等（2019）利用重庆市的统计数据，从人力资本角度对农村人力资本投资与农村

经济发展之间的关系进行平稳性检验和回归分析，并实证研究农村经济发展与人力资本之间的关系。研究发现，一方面加大对农村的教育投资会提高居民收入，进一步促进农村地区经济发展，另一方面也会使农村的经济结构得到调整。解决农村经济中出现的一些问题需要从积累、投资、教育等方面着手，针对不同的问题提出不同的建议。

（三）研究方法的创新

部分学者在研究人力资本因素对经济发展的影响时，创新性地提出了新的研究方法，进一步发展和补充了之前的研究。Feng 和 Li（2019）按照新结构经济学理论，通过数学推论论证了人力资本结构如何与产业结构相匹配以及最优人力资本结构的存在，对此进行了系统的研究。结果发现，从人力资本结构角度来说，不同程度的人力资本结构会产生不同的影响。高、中水平的人力资本会起到明显的促进作用，而低水平则相反，会起到显著抑制作用。此研究的政策含义是大型经济体应根据发展需求从人力资本结构改善中汲取增长动力，并根据不同的人力资本结构特征进行多样化的努力。樊儒经等（2019）从人力资本和流动人口两个角度对劳动力在静态和动态两个水平上影响区域人均经济增长率的差异进行研究，选取苏浙沪地区 2011—2015 年 129 个区县的面板数据，创新性地将空间关联相关指标作为中介变量考虑在内，以局部空间自相关指数为线索指标，利用固定效应模型进行面板回归。结果发现，为了缩小苏浙沪地区人均经济增长率的差异，着眼教育投入和劳动力素质比依赖流动人口红利更有效，并提出了加大教育投入等政策建议。

随着人口老龄化的不断增加，资源等的约束不断增强，中国的经济发展逐渐放缓。在此条件下，人们便开始对健康人力资本因子进行研究。可以研究的指标有：孕产妇死亡率、围产儿死亡率和伤残调整期望寿命等。余静文等（2019）便对这些指标进行了研究，从而分析人力资本与中国经济增长的因果关系。其用到的方法有工具变量法动态面板 GMM 估计方法。利用人口普查得到的有关数据，进行健康人力资本与经济增长的关系研究，实证研究发现，若降低 0.7 个百分点的每千人孕妇死亡数，或者降低 0.2 个百分点的每千名围产儿死亡数，又或者增加 10 年伤残的期望寿命，经济会增加 1 个百分点；总结得出人力资本越健康，对经济增长的促进作用越显著。从这种程度上来说，提高健康人力资本水平以及进一步加大公共卫生投入，可以使要素禀赋或者资源环境的约束得到一定程度的改善，促进经济向着高质量方向前进。

还有一些学者对人力资本进行了一些跨国研究。代俊（2018）对印度人力资本进行了研究，首先测算印度的人力资本存量，如：教育人力资本存量、科研人力资本存量以及卫生健康人力资本存量，利用生产函数模型，对印度人力资本与经济增长存在怎样的关系进行研究，并计算出上述三种因子对经济增长的贡献程度。文章提出了相关政策建议：加大人力资本的投资力度，使人口数量向人口质量方向转化，从而优化人力资本结构。

（四）有待进一步研究的问题

目前国内外学者对人力资本与经济发展的研究取得了很多新进展，从时间和空间等各个角度对人力资本对经济增长产生的影响进行了系统性研究。但目前的研究还存在一些不足和有待研究的问题：

（1）有些测度指标缺乏代表性。大多数人只采用容易获得的数据，如：教育经费、受教育年限等，但是并没有研究人力资本如何影响不同受教育程度的劳动力就业增长等问题，因此它们不能完全代表人力资本整体水平。

（2）一些文献关于人力资本的测算指标、理论基础、所用数据不统一，研究结论可能出现相互矛盾的情况，其结构差异性较大，因此不具有权威性。

（3）现有文献就人力资本对经济增长的研究主要采用线性或对数线性模型，忽略了其他因素对经济增长的非线性影响，存在一定的误差。

（4）大部分文献集中于人力资本如何影响经济增长的实证研究上，忽略了经济增长对人力资本的反向影响。经济增长在一定程度上可以提高受教育水平和健康水平，从而间接地提高人力资本质量，还有可能改变人力资本的流动方向和区域结构。因此，考虑人力资本和经济增长的双向促进作用会得出更准确的结论。

三、社会资本与经济发展

社会资本是社会学家首先使用过的一个概念，最早把社会资本概念化的是Granovetter，但学术界至今对究竟何为社会资本尚未形成统一概念，不同的学者从其学科范畴与研究范式出发，对社会资本概念作出了不同的界定。从其基本内涵看，社会资本是相对于经济资本和人力资本的概念，它是指社会主体（包括个人、群体、社会甚至国家）间紧密联系的状态及其特征，其表现形式有社会网络、规范、信任、权威、行动的共识以及社会道德等方面。社会资本存在于社会结构之中，是无形的，它通过人与人之间的合作进而提高社会的效率和社会整合度。

（一）社会资本的分类

社会资本作为经济增长的重要影响因素，受到很多学者的关注。有学者将社会资本分为结构型社会资本和认知型社会资本，研究不同结构的社会资本对本国经济增长的影响。崔巍（2018）通过对社会资本的有关特征类别以及不同的表现形式进行分析将社会资本分为以下两类：认知型社会资本和结构型社会资本。他又将结构型社会资本分为以下三类：纽带型社会资本、桥梁型社会资本和连接型社会资本。通过研究，作者发现：结构型社会资本对经济增长能够起到明显的促进作用，然而认知型社会资本却几乎没有产生影响；同时，在结构型的社会资本中，由于连接型社会资本更容易实现人与人之间的资源共享，所以他还认为连接型社会资本对经济增长有着更为显著的促进作用。然而郝金磊等（2018）通过研究却得出了完全相反的结论，他们认为认知型社会资本对经济增长的影响程度大于结构型社会资本，但是社会资本对经济增长均能产生促进作用。同时作者还发现创新能力在这两种类型的社会资本和经济增长之间起着部分作用。

还有学者对构建新社会资本测度指标体系进行了研究。蒋树军等（2019）采用演化分析的角度，为社会资本构建了一个新的测度指标体系。根据这一体系，作者运用数据进行了实证分析，发现新社会资本能够显著地促进经济增长。

（二）社会资本的研究角度

1. 基于门限作用角度

我国学者对国外和国内社会资本研究的角度略有不同。在以国外数据作为研究时，学者更侧重社会资本的门限作用。许福志（2018）侧重社会资本与资源组织之间的作用机理，根据地区性差异对不同地区进行分区检验，探索自然资源对经济发展的作用途径。结果发现：在社会资本的投入上，资源对经济增长的影响存在显著的门限效应；相较于发达国家，发展中国家更容易陷入资源诅咒，但在挤出效应上不存在国家间差异，对资源的依赖都会在一定程度上对高效率的部门产生“挤出作用”，但不同的是，发达国家通过对资源的有效整合，能够加速社会资本和人力资本的积累，提高对外贸易水平，以此缓解资源诅咒对经济造成的影响。

2. 基于政府角度

也有学者侧重于从政府的角度，包括政治信任、政府绩效和政府治理等多个方面来考察社会资本的作用机制。乔志程等（2018）从政治资本中最重要的部分，即政治信任角度来对经济发展进行研究。作者确证了即使政治信任在不同的地区间有着差异性的影响，但是其对经济发展均起到了积极的促进作用。更进一步，作者还探究了政治信任对经济增长的作用路径与机制，即政治信任会使政府的消费水平下降，使得政府更少地干预经济状况，最终使经济得到合意的增长，且这一作用机制在发达国家的有效性远大于发展中国家。崔巍（2018）则通过以政府绩效作为切入点，探究了社会资本、政府绩效以及经济增长之间的联系。该研究同样证明了社会资本对经济增长起着显著的促进作用，同时还发现政府绩效可能是其中一个途径。张梁梁等（2018）则在分析中加入了政府治理这一分析视角，通过理论分析得出了政府治理对经济增长有着正向的作用，但是这种正向作用具有边际递减效应，同时作者还通过实证分析验证了这一观点。

3. 基于创新角度

除此之外，也有学者认为社会资本通过创新促进经济增长。谷磊等（2019）就从创新、创业的角度对社会资本和经济增长进行了分析。作者利用社会资本的三个维度：社会网络、信任以及社会规范进行实证检验，结果表明在西部地区，社会资本的前两个维度对创新产出以及创业水平有着显著的积极作用，然而后一个对其没有显著影响。许福志等（2018）则将创新分为技术开发和成果转换两个阶段，分别探讨社会资本对创新的这两个阶段的影响。最终作者发现：对于创新的两个阶段，社会资本对其均有门槛效应，特别地，社会资本与创新的第一阶段之间为 U 形关系，在社会资本还没有达到门槛值之前，其对创新的两个阶段均产生抑制作用，而当社会资本到达门槛值之后，技术开发效率才会得到提升。也就是说，社会资本水平提升的过程中，技术开发效率先降低再增加，并且增加的正效应不断加强，同时也对成果转化效率产生最小的负效应。除直接影响外，社会资本还可加快人力资本积累、提升创新效率。

4. 基于收入角度

还有学者从社会资本对收入的影响入手，研究社会资本对经济增长的影响。于福波等（2019）选取了农户的收入为研究视角，分析社会资本对经济增长的影响。作者发现：社会资本与农户外出务工对农户的收入存在低收入组和高收入组之间的差异，对低收入组的积极作用明显强于高收入组，可以有效地化解收入不平衡的问题，但是毋庸置疑，社会资本和农户外出务工对这两组都产生了显著的促进作用。值得注意的是，社会资本和农户外出务工这两者的作用机制是不同的，后者只能通过缓解工资性收入差距起作用，而前者则还可以在经营性收入和财产性收入这两个方面起作用。

（三）社会资本对经济的影响

梁亚春（2018）通过分析社会资本和金融发展的交互作用，提出了为使金融市场能够蓬勃健康向上发展，应将地区的社会资本优势发挥出来，同时政府部门也要有所作为，加大对资本的投入，提高社会的信任度，带动金融市场朝正规有效的方向发展，以使经济得到增长。周瑾等（2018）则从经济增长的省级层面出发，考虑质量和异质性的问题，并发现作为行为规范的一个替代品，社会资本对经济增长是有显著的促进作用的。除了直接作用之外，金融市场的完善和技术的创新也有间接效应。作者研究发现，社会资本在长短期以及不同区域的重要性都具有差异性。具体来说，社会资本对经济增长的促进效果在长期中更为显著，在较为发达的地区，例如经济水平更高、城镇化覆盖范围更广的地区，社会资本所体现出的作用也越明显。

（四）研究方法

在对社会资本与经济增长关系的研究中，学者们使用的研究方法也是多种多样的。有学者从不同的研究视角入手：崔巍（2018）的分析是基于畅通解释框架；许志福等（2018）从社会资本理论的视角着手分析；蒋树军等（2019）则是从演化分析的角度入手。也有学者通过构建不同的模型方法进行分析：许福志（2018）借助面板门限模型来分析社会资本与资源诅咒的关系；梁亚春（2018）使用了道格拉斯生产函数来建立模型；周瑾等（2018）采用的是主成分分析方法来考察经济增长质量层面的问题；张梁梁等（2018）则是在内生增长模型中引入新的研究变量，并使用数值模拟的方法；郝金磊等（2018）建立了层次回归模型；于福波等（2019）则运用的是再中心化影响回归方法进行研究。通过使用不同的研究方法，学者得到的结论也更加全面。

（五）研究评述

当下的学者对社会资本的研究较为全面，使用的模型方法也较为多样化，在探索的程度上做到了细致深入，但综合以往文献来看，目前研究还存在一些不足之处：（1）由于社会资本具有多维度性，且社会行动者的网络构建方式和互动模式各有差异，社会资本缺乏统一的测量方法。表现在社会资本的测量工具缺乏系统性，替代指标缺乏普适性，分析尺度转换缺乏有效性等；（2）我国目前缺乏比较完备的社会资本相关的权威统计数据；（3）经济增长的质量和数量间普遍存在非一致性问题，在增长质量的层面，社会资本是否同样发挥积极作用还有待于进一步研究；（4）社会资本对经济增长的影响机制和作用渠道有待于深入探讨。

第二节　重 要 论 文

1. 王钰，张自然．中国人口结构特征与经济效率、经济转型——基于 1992—2017 年中国分地区面板数据的分析［J］．商业研究，2019（12）：126-135.

研究背景：中国的老龄少子化出现在中等收入发展阶段，这一现象与发达国家的“先富后老”不同，中国社会的“未富先老”会对经济产生什么影响是迫切需要进一步研究的问题。

基本结论：作者基于 1992—2017 年中国分地区面板数据，使用扩展的 MRW 模型分析中国“老龄化”和“少子化”双重叠加对经济效率的影响，分析结果发现“老龄少子化”对中国经济效率的综合影响为负，“老龄少子化”的人口结构对于中国实现经济发展方式转型和经济增长动力转换有不利影响，不利于中国在人均 GDP 水平上由物质资本驱动向人力资本驱动转变的接续，促使中国经济过早出现了供给侧的结构性减速；促进中国经济顺利转型的逻辑应是先提高收入水平，再转换驱动要素；在转型的过渡期内维持原有的经济增长动力，保障中国进入高收入国家行列；要适度进行物质资本积累、鼓励生育和提高人均人力资本积累水平，提高人均人力资本存量，并使其不断加速，以实现两种动力的平稳过渡和交接。

主要贡献：文章的创新之处在于作者认为现阶段中国的人口结构问题是“少子化”和“老龄化”叠加，也即“老龄少子化”，这种情况是粗出生率和粗死亡率同时降低的结果，而现在关于“老龄少子化”对中国经济的影响并没有一致的结论，继续讨论这一问题是有必要的，并且作者进一步研究在中国经济追求高质量增长的过程中“老龄少子化”是否促进经济增长方式向高效率的方向转变这一问题具有重要意义。

2. 宋宝琳，周国富，张春红，陈菡彬．财政收入、人口集聚与区域经济增长关系的实证［J］．统计与决策，2020，36（3）：100-103.

研究背景：我国地域宽广，地区之间的经济发展差异也较大，研究地区之间的发展差异性，探索地区之间经济发展不平衡的原因对落后和发展较缓慢的地区有重要借鉴意义。

基本结论：该研究基于 2005—2016 年京津冀区域及 11 个地级市面板数据，建立面板误差修正模型，重点分析财政收入规模、人口聚集程度对区域经济增长的影响。模型分析结果发现财政收入规模、人口聚集程度在短期和长期都有正向推动作用，其中人口聚集程度对经济增长的贡献作用更大；短期内经济增长财政收入弹性系数为 0.083，经济增长人口集聚弹性系数为 1.743，长期来看，经济增长财政收入弹性系数为 0.336，经济增长人口集聚弹性系数为 0.842。

主要贡献：作者创新型地将财政收入规模、人口聚集程度和区域经济增长三个变量结合起来，有别于其他学者在研究财政与经济增长关系时倾向于使用截面数据、空间数据和在研究经济地理时倾向于关注人口聚集问题本身，这一做法为研究经济增长提供了新的思考角度。

3. 陈柳璇，郭将．劳动力老龄化、产业升级与中国经济增长［J］．经济研究导刊，2020（10）：3-6.

研究背景：经济增长需要物质要素和人力要素的支持，中国不断增加的老龄劳动力使得经济压力倍增，因此迫切需要研究老龄劳动力与产业升级的融合问题。

研究结论：该研究从开发老龄化劳动力的角度分析产业升级和经济增长问题。作者认为中国的劳动力老龄化问题的本质在于当前产业对劳动力要求的变化，即作为拥有规模制造能力同时也是依赖出口发展起来的国家，中国的制造业一旦供给过剩或者出现替代国家时，非身体强壮、年轻活跃的劳动力就成了未来老龄化劳动力的储备，此外产业升级导致的失业人口也积累着中国老龄化人口的压力，退休制度则进一步加剧了老龄化问题。作者提出积极开发老龄化劳动力来缓解劳动力老龄化问题，具体可以通过提供再就业培训，支持老龄化人口再就业市场发展和提供制度保障等方法再利用老龄化劳动力。

主要贡献：文章的创新之处在于作者在分析产业升级时注意到产业升级对劳动力老龄化的双向作用，提出了贸然进行产业升级会使得劳动力老龄化问题更加突出，强调了人类活动的努力方向在于改善民生，因此面对不可能短期改变的劳动力结构，思考的重心不是如何巧妙地搁置老龄化劳动力，而是如何利用老龄化劳动力，因此，政府主导产业升级时需要考量现实的人口老龄化问题。

4. 刘智勇，李海峥，胡永远，李陈华．人力资本结构高级化与经济增长——兼论东中西部地区差距的形成和缩小［J］．经济研究，2018（3）：50-63.

研究背景：当前，由于我国对人力资本的投入较少，从而出现劳动力的人口和素质不断下降的趋势，这也导致我国十分缺乏高素质的劳动力。为了提高劳动力的素质水平，需要从创新驱动，以及产业机构升级等方面提高人力资本结构。劳动力素质水平的提高有助于供给侧结构改革，从而推动经济的持续增长。

基本结论：人力资本结构的优化会比人力资本存量产生更大的边际效应。东、中、西部地区产生如此大的经济差距不能单纯地只是从人力资本存量角度来解释，而是要从人力资本结构的角度来解释。人力资本结构之所以在不同地区中产生如此大的差距，主要原因在于不同地区的受教育程度不同。在小学受教育程度方面，东部地区人力资本比重低于中西部地区；而在初中受教育程度方面，中东部地区的人力资本比重则显著高于西部地区。人力资本结构变化的演进特征是由低级人力资本向高级人力资本转化。这一特征在之前的有关人力资本的介绍中没有得到很好的描述，因此之前的一些文献很难详细反映人力资本在不同地区之间存在的差距。

主要贡献：（1）首先对人力资本结构对不同地区经济增长的影响做了详细的实证研究分析，构建出有关的结构高级化指数。（2）分析出人力资本结构变化的演进特征是由低级人力资本向高级人力资本转化，从而为后面对人力资本结构在不同地区存在的差距对经济影响的分析打下基础。（3）分析出不同地区的受教育程度以及人力资本结构不同之后，为政府制定有关的教育政策提供了一定的理论支持。

现实意义：从空间角度入手，将我国分为东、中、西三个地区，并分别研究其受教育程度以及人力资本结构方面存在的不同。深入研究人力资本结构的演进对经济增长所产生的影响，使政策制定者对我国人力资本结构存在的差距有一定的了解，为制定政策打下基础。

5. 苏妍，逯进．我国人力资本与经济增长耦合关系的综合特征研究［J］．西北人口，

2018（4）：11-18，33.

研究背景：随着我国经济建设的不断增强，越来越多的学者对我国的经济进行了深层次的研究，并同时基于理论和实证研究层面展开。人力资本也在不断得到优化和提升，使得我国的经济水平得到进一步的提高。

基本结论：（1）从线性分析角度看，足够多的劳动力对经济的促进作用相较于一定的高素质劳动力更强。这个结论可以从耦合值的影响程度来得出，即三大区域身体素质与经济增长的耦合值的影响程度更强。（2）从非线性分析角度看，由于出现了动态变化所致的波动效应，三大区域脑力素质与经济增长的耦合值的作用强度在不断减弱。因此可以认为经济增长受到三大区域综合人力资本的影响，且主要源自脑力素质的作用。（3）综合影响分析，从长期来看，持续的线性趋势会是人力资本对经济影响的主要趋势。与此同时，短期的波动也会不断存在，但这并不能改变长期存在的趋势。

主要贡献：（1）首先从线性分析与非线性分析的角度进行研究，分析人力资本对经济的作用机制，研究人力资本对经济增长出现的新的作用机制。（2）线性分析的结果显示了，人力资本对经济的长期影响趋势。非线性结果则反映了短期的动态波动过程，并将其不同阶段以及差异化程度显示出来。（3）在综合分析中，将线性与非线性的结果整合到一起对比研究，并分析两种作用机制产生的原因。

现实意义：对三大区域的三类耦合之间的因果关系进行全面分析，为政府对东、中、西部地区制定不同政策提供了有益借鉴。

6. 代俊．印度人力资本与经济增长关系研究［J］. 南亚研究季刊 . 2018（3）：52-60，5.

研究背景：目前大多数学者在人力资本、物质资本以及一般劳动力的贡献程度方面研究较少，人力资本对经济增长的影响分为正向作用和反向作用，而大多数研究者只是就人力资本对经济增长的正向作用表示肯定。就印度而言，目前对印度人力资本与经济增长关系的有关研究较少。甚至只是在分析许多国家时将印度纳入进去进行分析，与印度真实人力资本不同的是，学者在分析过程中也只是简单计算受教育年限，并简单分析教育人力资本，不能准确反映印度的人力资本水平。

基本结论：首先，印度的人力资本存量在不断增加，其中包括教育、科研和卫生人力资本等方面。从人力资本、物质资本以及简单劳动力的对比分析中可以发现，人力资本相较于另外两者会显示出更大的作用。

主要贡献：详细分析了印度人力资本对经济贡献度的三个阶段。第一阶段人力资本贡献度最大，物质资本贡献度相对较小；第二阶段物质资本贡献度逐渐增加并最终超过人力资本，人力资本贡献度逐渐降低；第三阶段中物质资本贡献度逐渐稳定，人力资本贡献度逐渐上升。这一变化反映了人力资本对印度经济发展的贡献度水平，为政府制定政策提供了宝贵的意见。

现实意义：由于目前没有关于印度人力资本与经济发展的相关研究，该论文对印度人力资本与经济发展的研究会起到十分重要的借鉴意义，为后续对印度人力资本的分析打下基础，同时可以为印度政府制定政策提供参考。

7. 樊儒经，张雯．人力资本和流动人口对于区域经济增长差异的影响研究——基于

2011—2015年度苏浙沪地区数据的实证分析［J］. 人口与发展，2019（3）：14-26.

研究背景：改革开放之后，随着我国经济的不断增长，之前阶段存在的单纯追求经济发展速度的问题需要进一步得到改善，即从追求速度向追求质量转变。由于我国人口结构的变化，即老年人口的比重不断增长，人口结构和数量的变动会对经济产生新的影响，对这一问题的研究成为亟待解决的事情。

基本结论：从总体分析，人均GDP的空间集聚性会随着苏浙沪地区经济差异的缩小而不断减弱。但是从局部来说，人均GDP在不同地区表现不同，主要表现为热点地区和冷点地区相叠加，苏北地区经济逐渐发展，变成了苏浙沪地区的新经济增长中心。劳动力对区域差距的影响，体现在动静角度。首先在静态角度，人均GDP增长率受人力资本的影响不断增加，呈现出稳定的趋势；在动态角度，这种差异则表现得不明显，即苏浙沪地区经济差异受流动人口影响较小。

主要贡献：本文的研究对于缩小区域差异有重要作用。以苏浙沪为例，要缩小其经济差距需要从教育投入和劳动力素质角度着手。考虑中介变量——空间关联相关指标时，可以进一步使有关理论得到完善，从新的角度进行实证研究，为进一步促进经济发展提供政策建议。

现实意义：从一种崭新的视角考虑苏浙沪地区的区域经济发展，结合动态和静态方面进行实证研究，并提供新的政策建议，以苏浙沪地区为例进行研究，为我国地区差异的研究提供借鉴。

8. 许福志，徐蔼婷．中国创新两阶段效率及影响因素——基于社会资本理论视角［J］. 经济学家，2019（4）：71-79.

研究背景：在当前社会，创新是引领发展的第一动力。众所周知，有效地提升技术创新能力不仅取决于研发要素的投入，还受到技术创新效率的制约。尤其是在目前我国创新资源严重缺乏的条件下，创新的效率就变得尤为重要。影响创新的效率不仅涉及内部因素与外部因素，还与社会资本密不可分。如果能深入上述两个阶段进行研究，同时对技术开发的效率以及成果转换的效率进行量化测度，再基于社会资本的视角对创新的这两个阶段进行考察，则会更加全面与客观。

基本结论：（1）虽然中国创新的两个阶段的效率，在整体上呈现出一种上升趋势，但总量仍然处于一个较低水平，同时还呈现显著的区域差异。（2）社会资本与技术开发效率之间的关系呈现出U形关系，即只有当社会资本累积到一定的门槛值时，才会对技术的开发效率具有提升作用；但是目前我国还未到达门槛值，所以我国当前的社会资本对成果的转换是具有抑制作用的。社会资本除了直接影响技术开发的效率之外，还可促进人力资本的积累、提升创新效率。（3）对于创新的两个阶段，社会资本对其均有门槛效应，特别地，社会资本与创新的第一阶段之间为U形关系，在社会资本还没有达到门槛值之前，其对创新的两个阶段均产生抑制作用，而当社会资本到达门槛值之后，技术开发效率才会得到提升。也就是说，社会资本水平提升的过程中，技术开发效率先降低再增加，并且增加的正效应不断加强，同时也对成果转化效率产生最小的负效应。（4）在影响创新的两个阶段的效率的因素中，除了对外开放政策对促进创新效率提高有显著的作用外，政府资助研发投入对其具有负向的作用，同时企业自主研发投入的正向效应并不是十分显著。

主要贡献：（1）该文聚焦于社会资本与创新两阶段效率之间的影响。现有文献比较关注上述两者之间的线性机制。本文侧重研究它们之间的非线性机制，同时研究了社会资本与人力资本之间的交互作用对创新两阶段效率的影响机制。本文的方法更有利于探究社会资本与创新效率的内在规律；（2）本文从细节处入手，关注技术开发和成果转化两个阶段，采用SFA量化测度国内多个省份的技术开发效率与成果转化效率，有利于从细微处出发，全面把握区域创新的效率现状及其动态演变过程；其他文献基本都从整体角度进行测度，缺少具体化的研究；（3）利用面板数据，建立面板门槛模型，检验出社会资本对技术开发和成果转换的门槛效应，这有助于考察创新两阶段效率的变化特征。

现实意义：该文从社会资本的角度分析了创新两阶段的影响机制，提出了以下四点建议来促进创新：（1）扩大社会资本的广度和宽度；（2）建立以开拓契机为形式的社会资本；（3）充分重视知识的空间溢出效应；（4）实行差异化的科技创新政策。

9. 周瑾，景光正，随洪光．社会资本如何提升了中国经济增长的质量？［J］．经济科学，2018（4）：33-46.

研究背景：从20世纪90年代以来，社会资本和经济增长就成为人们关注的一个重点话题。有效的社会资本在降低交易成本、促进协同合作和知识的获取以及提高增长的质量方面有着积极的作用。但是，经济增长的质量和数量并不是同步的。在经济增长的质量层面，社会资本是否同样发挥了积极作用，目前还没有文献进行过系统的检验。

基本结论：第一，动态结果与静态结果一致，社会资本对经济增长质量具有显著的积极作用，其积极作用主要在于显著提升了经济增长的效率和可持续性，对增长稳定性则具有抑制作用。第二，社会资本的作用具有累积效应，其长期作用显著强于短期作用，且经济发展水平越高、城镇化程度越深、市场化建设越深入，社会资本的作用越重要。第三，社会资本对增长质量的作用机制为不完全中介效应，既直接促进了增长质量的提升，也通过技术创新和金融优化效应间接产生了积极作用，但在人力资本方面的积极作用则没有对增长质量产生实质性影响。

主要贡献：该文基于增长质量层面的结论为社会资本领域的研究提供了新思路和新证据，也为相关政策的制定提供了基本的经验依据。

现实意义：在中国经济快速发展和深刻转型的时期，社会资本所蕴含的价值规范和关系网络为经济组织方式和个体行为提供了软制度约束。但目前我国的社会资本却基本处于“原生”状态，既未形成应有的规模，也缺乏方向性的引导。因此，应当正确引导和促进社会资本的发展，以促进经济的高质量增长。

10. 崔巍．社会资本、政府绩效与经济增长：来自我国的证据［J］．当代财经，2018（3）：3-11.

研究背景：我国的经济发展飞速，已经取得了不菲的成绩。但是，在整体经济腾飞的状况下，还是有很多内在问题，比较明显的是经济增长速度以及收入水平在不同的地区呈现出不同的差异。到2012年，尽管经济增长的这种差异有所缩小，但来自物质、人力资本以及技术进步影响的差异仍然显著存在。当然，这种差异还有一大部分原因来自政府发挥的作用。

基本结论：（1）社会资本能够显著地促进经济的增长。实证研究发现，每1个单位的社会信任的变化会引起 0. 188 个单位的经济同向地变化。（2）政府绩效能够帮助社会资本对经济增长产生效应。社会资本处于高水平时，政府官员具有更强的责任感并遵守规范准则，从而提供更好的政策，对促进区域的经济发展产生促进作用。（3）由于环境和人文的差异，即使是在相同的时期但是区域不同，或者是在不同的区域但是不是同一时期，都会使得社会资本作用于经济增长的路径不同而产生不同的效果。

主要贡献：为我国的经济发展提供了一个除经济角度之外的研究方向，即从社会的结构和特征入手进行分析。

现实意义：在传统解释框架的基础上，对社会资本、政府绩效与经济增长的关系进行了理论分析和实证研究。为我国经济发展提出了以下建议：（1）目前我国处在结构改革过程中，为推动供给侧结构改革，应该不断加强我国的治理能力；（2）更进一步加强以法治政府建设为主的法治建设工作；（3）努力构建社会信用体系，构筑诚实守信的经济社会环境。

第三节　重要著作

1. 李鹏. 新发展理念指引下的人口与经济发展方式问题研究［M］. 北京：人民出版社，2019.

研究背景：新发展理念是新时代中国特色社会主义事业发展的指导思想，将为我国人口发展和经济发展方式转变指引方向，并贯穿我国全面现代化的整个进程。作者出于对我国发展阶段面临问题的思考，聚焦新发展理念指引下人口与经济发展方式转变过程中的相互影响和促进关系，目的在于探索如何让中国在新一轮经济社会转型过程中，顺应人类第四次工业革命趋势、充分利用我国的战略历史机遇，持续发挥人口超大型国家的人力资源优势，顺利推进中国的后半程全面现代化发展，不断增进中国社会各个阶层不同人群的富裕程度和对美好生活的幸福感。

内容提要：本书通过跨学科研究，对我国经济发展方式转变的最新形势进行实证化分析和判断，创新性地构建了在新发展理念指引下的经济发展方式测评体系和反映人口发展质量新内涵的评价体系。通过对我国人口发展与经济发展方式转变耦合程度的测算，得出我国各个省域的人口发展与经济发展方式转变耦合协调进展程度，并提出促进我国人口均衡发展，增强新发展理念指引下的经济发展质量的相关政策建议。

本书认为，目前人口发展的相关研究对人口质量的定义已经突破了仅局限于人自身素质的认识，但仍缺乏对人口质量外延的定量研究。人口发展与转变经济发展方式具有内在一致性，而耦合分析注重两者之间相互作用机制的研究，突出适宜性、协调性和一致性。新时代需要新发展理念，新发展理念是新时代中国特色社会主义事业发展的指导思想。因此本书通过构建新发展理念指引下的我国人口发展质量评价体系进行测算并得出结论：（1）中国人口发展质量整体显著提升；（2）人口自身发展质量不高是影响人口发展质量的主要原因；（3）经济社会的发展支撑了人口发展质量的提升；（4）资源环境越来越成为制约人口发展的关键因素。同时构建新发展理念指引下的转变经济发展方式评价体系和测算省域及全国 2007—2014 年共八年的水平及速度指数，并得出结论：（1）中国转变经济发展方式总体向好；（2）各省域在转变经济发展方式的进程上差异明显；（3）整体转变经济发展方式的速度较低，且波动明显；（4）西部、中部和东部地区转变经济发展方式平均速度依次递减；（5）转变经济发展方式的五大方向有创新方向、协调方向、绿色方向、开放方向和共享方向。

在模型使用上，本书通过引入耦合度模型对人口发展和转变经济发展方式进行耦合时空分析，得出人口发展与转变经济发展方式的耦合协调度呈现三方面特点：（1）人口自身发展与转变经济发展方式的耦合协调度相对较高，人口与资源环境和转变经济发展方式的耦合协调度相对较低；（2）从耦合协调度的变化率来看，人口与经济社会和转变经济发展方式耦合协调度的变化率相对最高，人口自身发展和转变经济发展方式耦合度的变化率相对最低；（3）转变经济发展方式受阻或缓慢，且逐渐呈现加剧的趋势。

研究同时发现人力资本提高显著促进各省域全要素生产率的增长。人均人力资本存量指标通过与其他影响因素的交互作用促进全要素生产率的增长。人力资本存量结构对全要素生产率变动的影响体现在一般型人力资本抑制了技术进步和全要素生产率的提高，技能型、研发型和企业家型人力资本促进了技术进步和全要素生产率的提高，整体对全要素生产率变动的影响较为有限。决定各省域全要素生产率增长收敛的阈值是人均人力资本存量，并且我国各省域全要素生产率增长不是绝对收敛。基于此，作者强调了吸引和留住人才对省域经济发展的重要性。各省域要提高竞争力就需要加大对教育的投资力度和培养、引进高素质的科技人才，并且为具有企业家才能的人提供宽松的社会制度和环境。同时，各省域间要完善联动机制，充分发挥人力资本的空间溢出效应。

最后作者认为保持经济稳中向好的发展态势是统筹解决我国经济发展方式转变和人口发展方式转变问题的大前提，因此提出：要采取更加积极的人口生育政策，发挥社会主义集中力量办大事的投资优势，完善促进人口全面发展的共建共享型投入机制；要以现代化经济体系引领人力资本配置，深度挖掘我国人力资源总量势能优势；要加快完善人才市场化配置机制，抓住释放人口素质再配置的红利优势。全要素生产率增长率在各省域之间有明显的差异，但总体来说技术进步是推动全要素生产率增长的主要动力，因此要注重技术发展投入在各省域内部的比重。

基本结构：本书共八章可以分为四个部分，第一部分包括国内外人口与经济发展理论梳理和对新发展理念的介绍：首先回顾国内外人口与经济发展历程及相关理论，然后阐述新发展理念的必要性、内涵、主要内容以及新发展理念的成型过程。第二部分为新发展理念指引下人口问题研究，先分析我国目前面临的人口发展问题——人口数量红利快速消退造成经济冲击，然后结合历史经验及实际情况构建新发展理念指导下的人口发展评价指标体系。第三部分为新发展理念指引下经济发展方式问题研究，首先阐述了转变经济发展方式的进展及长期挑战，之后构建新发展理念指引下的转变经济发展方式评价体系。第四部分对人口与经济发展两个系统的耦合发展进行研究，首先定量分析人口发展与转变经济发展方式的耦合程度，最后总结研究结论并提供可行的政策建议。

主要贡献：本书首次尝试构建新发展理念指导下的人口发展评价指标体系，立足当前发展阶段的中国人口结构、数量变动等问题，构建了包括人口自身协调、人口与经济社会协调和人口与资源环境协调在内的评价体系并通过测算得出一系列重要结论。

现实意义：相比于其他研究的选题独立性和政策建议过于侧重单个领域，本书着眼于人口和经济发展的协调性，开拓性地对人口发展与经济发展方式转变的耦合程度进行测度，从宏观经济、人口转变、人民中心发展思想、资源配置和市场机制完善等系统角度，提出了比较系统完整的政策建议。

2. 刘畅．人力资本结构与区域经济发展的相关性研究［M］．北京：北京工业大学出版社，2019.

研究背景：随着劳动力成本大幅上升、人口红利日趋减弱和生态环境压力剧增等问题的凸显，我国经济发展方式也发生了转变，即从当初只是单纯追求资源消耗型逐渐向人力资本推动型过渡。然而，许多人注意到了人力资本的数量效应，却忽视了结构效应。理论分析和实践分析相结合的角度是研究区域经济发展的重要方法。本研究按照空间结构将我国分为东、中、西部三个区域，研究地区差异与经济发展之间的关系，对人力资本结构进行系统研究和优化，并提出优化的政策和建议，避免人力资本投资失效或冗余。

内容提要：人力资本是推动经济发展的重要指标，在一定的空间区域内，经济发展和技术进步受人力资本的影响较大，即存量越大以及质量越优经济发展的速度越快。人力资本集中度会存在双重影响，既能促进区域经济发展，也能抑制区域经济发展，因而研究一个地区的经济发展状况并不能单纯只研究该指标。

经济增长和技术进步，是与人力资本密切相关的，一个地区要想得到更快发展就需要吸引更多优秀的人才。经济波动水平受人力资本存量的影响，存量越多，经济波动程度越小，从而进一步促进经济增长。东部发达地区拥有相对西部地区来说更为密集和优秀的资本，其发展的速度会显著快于中部和西部地区，即存在较大的边际效用，可以促进经济的发展。在东部地区沿海城市有更多的密集型产业，更容易吸引到较为优秀的人力资本，从而获得更多的发展机会，进一步促进该地区的经济增长。而经济的高速发展会产生吸纳作用，不断把其他地区的资本、技术、人力资本吸纳过来，从而使经济进一步增长并形成良性循环。中、西部地区，尤其是西部地区要想实现更为快速的发展就需要提高人力资本水平。

基本结构：全书主要内容有人力资本的理论研究、人力资本相关的要素集聚效应研究、人力资本结构研究、人力资本结构与区域经济发展调控机理研究，以及甘肃省人力资本结构调整对策等内容。具体章节内容如下：第一章介绍了区域发展过程中人力资本的国内外研究综述；第二章阐述了要素集聚效应以及人力资本集聚与经济增长等理论；第三章比较了我国东部、中部与西部经济差异性和结构效应；第四章研究了东部、中部与西部地区人才聚集分布以及要素投入对经济增长的影响；第五章分析了甘肃省的经济发展现状并提出加快经济发展的人才对策建议。

主要贡献：运用多种分析方法进行实证研究，充分结合以往研究所取得的优秀成果并利用恰当的方法，如：定性与定量相结合，规范分析和实证分析相结合等方法进行研究，最后对研究得出的问题提出解决方案。

现实意义：这一研究相对较为全面地探讨了人力资本对经济增长起到的重要引擎作用，为后续对甘肃省人力资本结构的研究提供了重要参考。

3. 石东伟．人力资本、产业发展与城市化耦合发展研究［M］．四川：四川大学出版社，2018.

研究背景：随着经济的发展，限制劳动力自由流动的种种阻碍逐渐减少，劳动力在农村与城市之间、城市与城市之间的流动逐渐变得更加自由。劳动力的自由流动使城市人口的快速增加、城市就业人数的快速增长成为可能。虽然总体上我国城市就业人数不断增长，但是每个城市的就业增长情况有所不同。有些城市的就业增长较快，有些城市的就业增长缓慢，有些城市甚至出现就业人数停滞不前、负增长的情况。

内容提要：一个城市的人力资本会通过生产、生活两个方面来影响该城市的就业和失业情况。从生产方面来看，一个城市的人力资本水平影响该城市就业、失业情况的途径可以分为两个方面：人力资本外部性、生产互补性。从生活方面来看，城市人力资本影响城市就业、失业情况的途径可以分为两个部分：消费需求效应、生活质量。城市人力资本会显著降低城市失业率。城市人口规模与城市失业率之间具有显著的负相关关系，城市人口规模的增加可以显著地减少城市失业率。人力资本丰富的城市会有较低的城市失业率标准差，城市人力资本会提高当地劳动力市场的稳定性。

基本结构：全书的内容分为七章，具体章节内容如下：第一章重点阐述了理论部分，主要包括研究背景、研究意义、逻辑结构、研究内容以及所采用的研究方法；第二章首先介绍了人力资本的起始渊源以及人力资本理论的形成和发展，实证研究中度量城市人力资本的方法，并且详细地阐述了人力资本影响城市就业、失业的机制；第三章研究城市人力资本对城市就业增长的影响，其中主要从人力资本水平对城市失业率影响的角度展开研究；第四章则对城市人力资本对城市失业率的影响展开研究，主要通过城市人力资本影响城市失业情况的机制来分析；第五章基于城市人力资本影响城市就业稳定性的机制、人力资本影响劳动力就业稳定性的机制，实证研究了城市人力资本对城市失业率波动的影响；第六章利用产业面板数据，采用固定效应模型，实证研究了人力资本及其结构对产业发展的影响；第七章对前几章的实证研究结果进行总结，并根据研究结论提出解决方案。

主要贡献：为了系统地研究上述问题，本书系统地阐述了人力资本影响城市就业增长、城市失业的机制，同时介绍了工业化过程中产业结构的变化规律，分析了产业结构对当地就业、失业情况的影响，并且在控制了城市产业结构等因素后，对城市人力资本水平对城市就业增长、城市失业率以及城市失业率波动的影响展开研究，其中主要从人力资本的角度展开分析。

现实意义：为城市人力资本如何影响城市就业增长提供了发展中国家的经验证据，也为实证研究我国城市就业增长以及城市劳动力市场的稳定性提供了一个新的视角。

4. 赵雪雁．社会资本与区域发展［M］．北京：科学出版社，2018.

研究背景：进入新纪元以来，人类不仅面临着各种各样的资源和环境问题，还面临着人口大规模的迁移、经济全球化以及城镇化进程加快等不同的社会经济问题。而社会资本是一种能够激发经济发展潜力的影响因素，它可以通过创造、对社会关系进行维护或者是进行社会结构组织模式的维持起作用。因此，通过社会资本可以对目前人类所面临的一系列问题进行高度的概括和有效的分析。

内容提要：本书基于地理学视角，从多尺度、多维度出发，在深入解读社会资本的空间异质性及其时空格局演变的基础上，系统阐释了社会资本对区域发展的作用程度与作用机理。该书认为：（1）市场化程度及经济发展模式存在的显著差异会加剧社会资本的空间异质性；（2）社会资本的三个方面：信任、规范和网络与信贷行为的发生率呈现出显著的正相关，同时人力、物质以及金融资本会促进农户的信贷行为发生，但是自然资本却对农户的信贷行为起着反向作用；（3）社会资本能够直接促进农户收入增加，同时还会影响农户对相关信息、新兴技术进行获取的能力、农户对风险的抵抗能力和信贷能力，以及农户进行政治参与的能力等，从而对农户的收入产生影响；（4）作者的研究表明，在甘肃省，即使社会资本作用于经济增长的途径是通过物质人力资本的积累以及技术创新的发展与扩散进而推进经济的增长，且两者之间并不是直接作用关系。但毋庸置疑，社会资本与经济增长之间是有着显著的因果关系的。

基本结构：本书遵循以下逻辑顺序对社会资本对区域发展的作用程度与作用机理进行研究：（1）追溯社会资本的起源，阐释社会资本的内涵、属性及维度，剖析了社会资本测量面临的挑战，指出社会资本测量中需要关注的重点问题，审视了社会资本与区域发展关系的研究进展；（2）解读社会资本的空间异质性，从社会网络、社会信任与社会规范入手，刻画社会资本的空间异质性特征，并深入剖析其致因；（3）利用入户调查数据，分析社会资本对家庭信贷行为及收入水平的影响程度与影响机理，在勾勒社会资本与经济增长时空动态的基础上，检验社会资本与经济增长的因果关系，进而探索社会资本对省域经济增长的作用路径与强度；（4）在识别农户面临的生计风险及其特征与来源的基础上，解析了社会资本对农户抗风险能力的影响机理，探讨了社会网络对风险分担行为选择的影响，评估了社会网络的生计风险分担效果，同时初步理清了社会资本不同维度对生活满意度的影响；（5）基于 ImPACT 等式，剖析了社会资本与环境影响的关系并在总结生态补偿的内涵及思想、社会资本对生态补偿绩效的影响的基础上，探索了社会资本对生态补偿参与意愿及补偿绩效的影响；（6）构建区域社会资本、区域创新能力及区域竞争能力测量指标，在系统刻画 2005—2015 年我国社会资本、创新能力及竞争能力的区域差异性及时空格局演变的基础上，阐释了社会资本与区域创新能力及区域竞争能力的关系。

主要贡献：该书将社会资本加入人文科学研究框架中，系统地剖析了社会资本在人地关系演变中的作用，为理解日益复杂的人地关系提供了一个新视角。

现实意义：该书详细地阐述了社会资本的空间异质性的表象与原因，以甘肃省作为真实案例，实证分析了社会资本在区域发展各方面中的影响，为我们应对严峻的经济问题时提供了有效的思路。

5. 汪红梅．社会资本与中国农村经济发展［M］．北京：人民出版社，2018.

研究背景：中国进行改革已有 40 年，在这期间取得了令世界瞩目的成就，但是与之伴随而来的是社会分化速度加快，农村的社会资本在质和量上都发生了很大的改变。社会资本的变迁深刻地影响着农村的经济发展。

内容提要：该书从信任、关系网络和规范三个层面分析，将社会资本定义为一种会对人之间的互动行为产生影响的非正式制度。该书采用了文献分析法以及田野调查法两种方法，整个分析框架处于古典经济学的理论大框架内，从交换货币比以及分工深化这两个角度对农村的社会资本变迁进行了解释，并对这种变迁如何影响农村经济的增长进行了分析，最后深入研究了社会资本在农业技术采用和环境治理中的作用。

基本结构：本书共分为七个章节，主要从以下几个方面进行了阐述：（1）介绍研究背景，研究动态，阐述中国农村社会资本现状；（2）对社会资本变迁原因进行经济解释与实证分析；（3）分别从人力资本积累、农村金融发展和农业技术扩散三个方面研究社会资本变迁对中国农村经济增长的影响与作用；（4）基于社会资本视角对提升农业技术和农村环境治理提出建议；（5）阐述转型期中国农村社会重建问题；（6）阐述社会资本在中国农村经济发展中的作用并进行研究展望。

主要贡献：（1）该书选取了符合中国农村社会资本的概念和分析体系，较为明晰地描述了中国农村社会资本的现状和变迁状况。通过与中国农村经济发展现状中存在的问题相结合，细致地阐述了社会资本的变迁对农村经济的影响。从农业技术采用和农村环境治理两个方面揭示了社会资本在农村经济发展中的角色、作用机理及结果等。（2）阐述了中国农村社会资本变迁历史，总结了中国农村资本的现状特征，开创性地在古典经济学的分析框架中，从两个不同的角度——分工与交换解释了中国农村社会资本变迁的原因，为其提出了一个新的解释角度，即从经济角度进行了解释，并对其作用机制进行了详细的说明。（3）分别从农户、非政府组织和政府部门等不同角度提出了农村社会资本重建的建议，同时提出了农村资本重建的路径，为发挥社会资本的积极影响，避免其消极影响提供了新的研究视角。

现实意义：该书通过分析社会资本变迁对中国农村经济发展的影响，主要提出以下两点建议：（1）中国农村的传统型社会资本所剩无几，而现代的社会资本却还没有积累到足够能发挥其积极效应的地步，在由传统向现代转型的过程中社会资本的存量明显不足，结构缺乏合理性，都会对经济的发展产生不利的影响。因此，在转型期应该积极对其加以正确引导，使其能够迅速转型成为现代社会资本；（2）农民也应该积极提升自身的人力资本，多参加集体活动；非政府组织是农村社会资本中十分重要的源泉，应当做好沟通农户与政府的桥梁；政府部门则应该提供有利的环境，使得非政府组织和个人能够更好地积累社会资本，但切忌直接对其进行干预，否则会导致反面的结果，并产生“挤出效应”。

第四节　学术会议

1. 人才与区域经济发展研讨峰会（2018）

会议主题：人才与区域经济发展

主办单位：中国人事科学研究院
　　　　　宁波市人民政府

承办单位：宁波市人力资源和社会保障局
　　　　　宁波市人力资源行业协会

会议时间：2018 年 11 月 9 日

会议地点：浙江省宁波市

会议概述：2018 年 11 月 9 日，由中国人事科学研究院和宁波市人民政府联合主办，宁波市人力资源和社会保障局、宁波市人力资源行业协会承办的人才与区域经济发展研讨峰会在宁波举行。中组部人才工作局巡视员李志刚，国家人力资源和社会保障部人力资源市场司司长孙建立，中国人事科学研究院院长余兴安，中国人事科学研究院副院长柳学智等出席会议。

该研讨峰会吸引了来自各个地区、各个领域的知名学者和著名企业家，他们为研讨峰会提供了前所未有的研究成果。商务部、宁波市发改委专家交流探讨了经济与社会发展现状和规划；中组部人才工作局、中国人事科学研究院、中国人民大学、万宝盛华集团等政府部门、高校和企业专家学者交流了人力资源服务业创新发展思路和最新研究成果；中国知名民营企业奥克斯集团、舜宇集团董事长分享了公司发展的人才策略和成长历程。2018年人才与区域经济发展研讨峰会的成功举行，必将有力助推全国人力资源服务产、学、研创新发展，为社会和经济发展提供强大支撑，使得宁波人力资源供给结构不断得到优化，同时使人力资源服务产业不断地发展壮大，从而逐渐促进宁波市实体经济的高速发展。

2. 中国人力资本论坛大会（2019）

会议主题：人力资本重塑：应变、创新、突破

主办单位：中国烟台人力资源服务产业园

承办单位：上海凯哲文化传播有限公司（HROOT）
烟台千人智库科技有限公司

会议时间：2019年9月20日

会议地点：山东省烟台市

会议概述：2019年9月20日，由中国烟台人力资源服务产业园主办，上海凯哲文化传播有限公司（HROOT）、烟台千人智库科技有限公司承办的人才与区域经济发展研讨峰会在烟台举行。本次论坛大会众星云集，吸引了大量的优秀人才。大会从人力资本技术创新、领导力发展、商业管理创新、人力资源服务业创新发展以及招才引智的角度，带来了20余场精彩的主题演讲和3场思维碰撞的圆桌讨论。人力资源对经济发展起到至关重要的作用，不论是在生产服务业，还是在现代服务业方面都是不可缺少的。该论坛会议从劳动力管理、人工智能招聘和人力资源革命等方面入手，更好地展现科技成果，促进人力资源结构优化，提高经济增长速度，从而在如今的知识经济时代推动社会创新和不断前进。

3. 第二十三届社会经济学研讨会（2018）

会议主题：可持续发展的民生福祉与社会治理

主办单位：中国社会科学院人口与劳动经济研究所
中国社会科学院世界经济与政治研究所
成都市郫都区人民政府
西南交通大学

会议时间：2018年9月15日

会议地点：成都市郫都区

会议概述：2018年9月15日，第二十三届社会经济国际研讨会在成都市郫都区召开。此次论坛由中国社会科学院人口与劳动经济研究所、中国社会科学院世界经济与政治研究所、成都市郫都区人民政府、西南交通大学主办，特邀日本久留米大学研究团队、瑞士日内瓦社会经济发展研究中心等机构的相关人士出席了论坛。来自国家民政部、中国社会科学院、郫都区人民政府、郫都区民政局；中国人民健康保险有限公司、北京市清濛养

老服务公司、中国人事科学研究院、海外相关机构；清华大学、中国人民大学、首都经济贸易大学、同济大学、上海师范大学、西华大学等高校；山东省社会科学院、四川省社会科学院、世界银行驻华办事处的有关人士参加了本届论坛。这是一场国内外众多经济专家、社会学者、老年福祉专家的国际盛会，该研讨会以应对人口老龄化问题为重点，对经济（乡村振兴、一村一品）、社会福祉（嵌入式社区居家养老服务）、公共政策等领域相应变化与决策进行深入研究。

此次论坛有八位学术专家作了主题演讲，国家民政部社会福利中心领导甄炳亮先生作题为《中国养老服务发展趋势》的演讲；中国社会科学院人口与劳动经济研究所张车伟所长（中国社会科学院健康业发展中心主任）发表了题为《发展大健康产业的思考》的演讲；中国社会科学院世界经济与政治研究所宋泓所长助理作了题为《中国对外开放40年的成就和经验》的演讲；郫都区老龄工作委员会王勇主任作了题为《快速老龄化背景下的郫都区养老实践》的演讲；日本久留米大学原田康平教授作了题为《高龄化社会进程》的演讲；日本久留米大学駄田井正教授作了题为《农业与农村振兴》的演讲；中国人事科学研究院原院长吴江先生作了题为《健康老龄化的人才开发战略》的演讲、清华大学蓝志勇先生作了题为《可持续发展诉求下地方政府在老年康养福祉方面的作用》的演讲；瑞士日内瓦社会经济发展研究中心雷蒙桑纳主任作了题为《实现可持续老龄化与包容性社区的代际合作住房模式：以提高地方政府治理能力为视角》的演讲。论坛分享了日本保险制度实施经验、社会福祉，中国一些区域的银发经济发展、养老服务等方面的经验等。特别是论坛期间，还针对“成都市郫都区嵌入型养老服务设施和组织体系优化”进行了两天的实地调研。

此次论坛深入地探讨了人口老龄化、地域经济发展和老龄服务体系、老年社会福祉之间的关系，并且研究了亚洲地区人口问题、国民健康与社会福祉，经济问题在社会发展过程中的地位和作用，以便为政府决策建言献计。

◎ 参考文献

[1] Feng J，L Ming，F. Human capital structure and economic growth：from the perspective of new structural economics [J]. China Economist，2019，14（6）：36-55.

[2] Xu X，Zhao Y，Zhang X L，Xia，S Y. Identifying the impacts of social，economic，and environmental factors on population agingin the Yangtze River Deltausing the geographical detector technique [J]. Sustainability，2018，10（5）.

[3] Zhou，D H，and Yang，Y. Study on the impact of population aging on regional economic growth：a case study of Beijing-Tianjin-Hebei [C]. Proceedings of the 1st International Conference on Business，Economics，Management Science（BEMS 2019）.

[4] 厉以宁．中国道路和人口老龄化的就业对策 [J]．国际经贸探索，2020，36（3）：4-11.

[5] 徐升艳，周玉琴，王睿智．中国城市人口老龄化的区域差异研究 [J]．上海商学院学报，2019，20（6）：3-16.

[6] 蔡昉．阻断“递减曲线”应对老龄化挑战 [J]．人口与社会，2020，36（1）：2-13.

[7] 张晓东．人口红利与经济增长的关系及其兑现问题研究［J］．宁夏社会科学，2019（6）：67-75.
[8] 肖营．人口红利、技术进步与中等收入陷阱——来自中国经验的实证［J］．商业经济研究，2020（6）：186-189.
[9] 张梅芬，高庆彦，童彦，张玲．人口老龄化、地区异质性与居民消费关系分析［J］．商业经济研究，2019（20）：178-181.
[10] 铁瑛，张明志，陈榕景．人口结构转型、人口红利演进与出口增长——来自中国城市层面的经验证据［J］．经济研究，2019，54（5）：164-180.
[11] 张俊良，张兴月．人口红利理论与中国人口红利问题研究［J］．社会科学研究，2018（6）：114-121.
[12] 李树艳．人口老龄化对我国经济发展的影响研究［J］．中国经贸导刊（中），2019（9）：117-118.
[13] 齐红倩，闫海春．人口老龄化抑制中国经济增长了吗？［J］．经济评论，2018（6）：28-40.
[14] 匡佳文．人口年龄老化对经济增长的影响研究［D］．昆明：云南大学，2019.
[15] 王楚悦．基于人口老龄化角度探讨其对中国经济发展的作用与举措［J］．现代经济信息，2019（19）：15.
[16] 叶明确，任会明．中国省际人口流动网络演化及其影响因素研究［J］．当代经济管理，2020，42（3）：46-54.
[17] 王智初．中国人口集聚的经济增长效应研究［D］．长春：吉林大学，2018.
[18] 张士斌，刘秀秀．老龄化社会的经济增长、二次红利与高龄人力资本投资体系变革［J］．改革，2019（12）：124-132.
[19] 韩秀兰，赵敏．经济新常态、人口红利衰减与经济增长［J］．统计学报，2020（3）：28-37.
[20] 陈蓉，王美凤．经济发展不平衡、人口迁移与人口老龄化区域差异——基于全国287个地级市的研究［J］．人口学刊，2018，40（3）：71-81.
[21] 谷祎璠，丁疆辉．京津冀人口流动时空变化规律分析［C］．中国地理学会经济地理专业委员会．2019年中国地理学会经济地理专业委员会学术年会摘要集．中国地理学会经济地理专业委员会：中国地理学会，2019：109.
[22] 李磊．人口流动、技能劳动力配置与生产信息化［C］．中华外国经济学说研究会发展经济学研究分会．中国经济发展：改革开放40年与新时代——第十二届中华发展经济学年会会议论文摘要集．中华外国经济学说研究会发展经济学研究分会：中华外国经济学说研究会发展经济学研究分会，2018：24.
[23] 王钰，张自然．中国人口结构特征与经济效率、经济转型——基于1992—2017年中国分地区面板数据的分析［J］．商业研究，2019（12）：126-135.
[24] 逯进，王晓飞，刘璐，陈阳．中国省域老龄化、人口流动与产业结构的协同效应［J］．经济地理，2019，39（9）：39-47.
[25] 王婷，程豪，王科斌．区域间劳动力流动、人口红利与全要素生产率增长——兼论

新时代中国人口红利转型［J］. 人口研究，2020，44（2）：18-32.
［26］韦胜 . 中国省际人口流动对老龄化的影响分析［C］. 中国城市科学研究会、江苏省住房和城乡建设厅、苏州市人民政府 . 2018 城市发展与规划论文集 . 中国城市科学研究会、江苏省住房和城乡建设厅、苏州市人民政府：北京邦蒂会务有限公司，2018：326-330.
［27］杨东亮，任浩锋 . 中国人口集聚对区域经济发展的影响研究［J］. 人口学刊，2018，40（3）：30-41.
［28］刘海洋 . 腾讯迁徙数据下的春运中国人口流动时空格局分析［C］. 中国城市规划学会、重庆市人民政府 . 活力城乡美好人居——2019 中国城市规划年会论文集（16 区域规划与城市经济）. 中国城市规划学会、重庆市人民政府：中国城市规划学会，2019：605-612.
［29］陈柳璇，郭将 . 劳动力老龄化、产业升级与中国经济增长［J］. 经济研究导刊，2020（10）：3-6.
［30］宋宝琳，周国富，张春红，陈菡彬 . 财政收入、人口集聚与区域经济增长关系的实证［J］. 统计与决策，2020，36（3）：100-103.
［31］苏妍，逯进 . 我国人力资本与经济增长耦合关系的综合特征研究［J］. 西北人口，2018，39（4）：11-18，33.
［32］张秀武，赵昕东 . 人口年龄结构、人力资本与经济增长［J］. 宏观经济研究，2018（4）：5-18.
［33］刘智勇，李海峥，胡永远，李陈华 . 人力资本结构高级化与经济增长——兼论东中西部地区差距的形成和缩小［J］. 经济研究，2018，53（3）：50-63.
［34］刘瑞翔，夏琪琪 . 城市化、人力资本与经济增长质量——基于省域数据的空间杜宾模型研究［J］. 经济问题探索，2018（11）：34-42.
［35］许岩，曾国平，曹跃群 . 教育人力资本、健康人力资本、总量人力资本对经济增长机制的实证检验［J］. 统计与决策，2018，34（7）：109-113.
［36］申登明，王蒙 . 人力资本对我国经济增长的影响［J］. 北方经贸，2019（11）：43-45.
［37］崔巍 . 社会资本、人力资本与经济增长：我国的经验数据［J］. 经济问题探索，2019（8）：9-15.
［38］樊儒经，张雯 . 人力资本和流动人口对于区域经济增长差异的影响研究——基于 2011—2015 年度江浙沪地区数据的实证分析［J］. 人口与发展，2019，25（3）：14-26.
［39］代俊 . 印度人力资本与经济增长关系研究［J］. 南亚研究季刊，2018（3）：52-60，5.
［40］人才与区域经济发展研讨峰会在宁波举行［J］. 中国人事科学，2018（11）：2.
［41］徐彬，吴茜 . 人才集聚、创新驱动与经济增长［J］. 软科学，2019，33（1）：19-23.
［42］国光虎，李滨 . “乡村振兴”战略背景下农村人力资本与农村经济发展关系研

究［J］. 安徽农业科学，2019，47（3）：226-230.
［43］赵莎莎. R&D资本、异质型人力资本与全要素生产率——基于空间相关性和区域异质性的实证分析［J］. 现代经济探讨，2019（3）：44-56.
［44］余静文，苗艳青. 健康人力资本与中国区域经济增长［J］. 武汉大学学报（哲学社会科学版），2019，72（5）：161-175.
［45］许福志，徐蔼婷. 中国创新两阶段效率及影响因素——基于社会资本理论视角［J］. 经济学家，2019（4）：71-79.
［46］周瑾，景光正，随洪光. 社会资本如何提升了中国经济增长的质量？［J］. 经济科学，2018（4）：33-46.
［47］郝金磊，李方圆. 社会资本对经济增长的影响研究——创新能力的中介作用［J］. 资源开发与市场，2018，34（2）：249-254.
［48］许福志. 社会资本、人力资本与资源诅咒对经济增长作用［J］. 首都经济贸易大学学报，2018，20（2）：13-22.
［49］崔巍. 社会资本一定会促进经济增长吗？——基于不同社会资本类型的经验证据［J］. 经济问题探索，2018（2）：1-10.
［50］谷磊，吕冲冲，杨建君. 社会资本对西部地区创新产出与创业水平影响的研究［J］. 管理学刊，2019，32（3）：31-40.
［51］于福波，张应良. 外出务工、社会资本与农户内部收入差距［J］. 经济与管理研究，2019，40（8）：90-103.
［52］崔巍. 社会资本、政府绩效与经济增长：来自我国的证据［J］. 当代财经，2018（3）：3-11.
［53］张梁梁，杨俊. 社会资本、政府治理与经济增长［J］. 产业经济研究，2018（2）：91-102.
［54］蒋树军，张明喜. 新社会资本与经济增长的演化实证［J］. 上海管理科学，2019，41（2）：81-88.
［55］乔志程，黄薇，吴非. 政治信任能否促进经济增长？——基于1995—2014年跨国数据的实证研究［J］. 世界经济与政治论坛，2018（3）：92-107.
［56］梁春亚. 新疆的社会资本、金融发展与经济增长关联分析［J］. 西部金融，2018（11）：74-77.
［57］中外专家学者云集郫都共研老龄化社会与经济发展. http：//iple. cssn. cn/xshd_46047/201809/t20180920_ 4564143. shtml.
［58］第二届中国发展经济学学者论坛. http：//cedr. whu. edu. cn/info/1028/2173. htm.
［59］2019中国人力资源论坛. http：//www. jiaodong. net/news/system/2019/09/20/013947849. shtml.

第六章　创新、技术进步与经济发展

郑江淮　章激扬
（南京大学）

党的十九大报告和2017年中央经济工作会议指出中国经济发展进入了一个全新的时代，中国经济发展将实现由高速增长向高质量发展的重大转变。推动经济实现高质量发展，关键在于科技创新。科技创新将为高质量发展提供新的成长空间、关键着力点和有力支撑。本章对该研究领域的经典文献以及近两年来（2018—2019年）国内外学者在该领域发表的重要论著、举办的学术会议进行梳理与评述，这对于正确理解中国经济发展战略具有十分重要的意义，也为丰富与完善中国发展经济学提供了一定的补充。

第一节　研究综述

近年来，随着世界范围内技术更迭速度的加快，国内外掀起了一股以人工智能、数字经济、大数据和5G等为代表的新兴科技浪潮，这深刻地改变着世界经济格局。同时，国内外经济形势不断变化，不确定因素逐渐增多，深刻地影响着国内外学者们对创新、技术进步与经济发展的认识。在理论层面上，关于创新、技术进步与经济发展的内在关联无论在深度还是广度上均有了新的拓展；在实践层面上，针对近两年来我国国内经济形势出现的新变化，围绕创新与经济发展的关系、国内科技创新的新趋势以及具有中国特色的经济发展实践等议题，学术界展开了广泛的探讨。

一、创新、技术进步与经济发展

（一）创新、技术进步对我国区域经济、产业和企业发展的影响

我国幅员辽阔、产业门类齐全以及企业类型复杂，为学界的研究提供了丰富的素材。近两年来，有关于创新、技术进步对我国经济发展的影响具体到区域层面、产业层面和企业层面各有千秋，积累的文献主要从以下几个方面展开：

第一支文献是从中国区域层面展开。我国区域发展不均衡是一个老生常谈的问题，如何通过创新、技术进步促进我国区域经济协调发展成为当下刻不容缓的议题。刘华军和彭莹等（2018）认为提高全要素生产率是推动经济发展的关键，然而创新驱动与新旧动能转换将加剧全要素生产率的空间不平衡，给区域协调发展带来新的压力。虽然全要素生产率对中国地区经济差距存在正向影响，但其影响强度远低于资本积累和城市化水平。因

此，区域协调发展战略的实施需要更加注重发挥资本要素的空间均衡配置和城市化的空间均衡发展对于缩小地区经济差距的关键作用。同时，在深化供给侧结构性改革进程中，应该更加积极地推动新动能的空间均衡发展，从而促使全要素生产率成为新时期区域经济协调发展的新动力。在省际层面，郑世林和张美晨（2019）测算了 2012—2017 年全国各省份科技进步贡献率及其内部构成和物质资本贡献率，认为 TFP 贡献较高的地区大致可分为两类：一类是以上海、浙江、江苏等为代表的东部地区，另一类以四川、陕西、江西、湖南等为代表的部分中西部地区；TFP 贡献率处于相对较低水平的地区也可以分为两类，一类是以福建为主的部分东南沿海地区，另一类是以山西、内蒙古、新疆以及东三省等主要以重化工和资源型产业为主的地区。程名望和贾晓佳等（2019）也指出中国经济发展水平存在显著的地区差距，由东向西依次递减，东部地区为发达省份集聚区，西部为欠发达省份集聚区。经济发达地区的经济增长更依赖于技术进步和效率提升，而欠发达地区更依赖于大规模的资本积累和密集的劳动力投入。为此，可以通过技术进步、人力资本提升、制度改革和市场化推进使资源和商品在区域间得到优化配置，从而维持经济的可持续增长。

第二支文献是从产业或行业层面研究技术创新对经济发展的影响，新时期的中国经济在保持“稳中趋好”增长势头的同时，同时也暴露出以“产能过剩”和“供给缺口”并存为主要特征的结构性问题。在产业层面，能否通过产业自主创新实现持续改进生产技术与方法、提高产品质量、有效填补供给缺口以及促进消费升级，是新时期中国实现经济发展的关键。孙早和许薛璐（2018）引入了不同产业部门自主创新效应和技术吸收效应，刻画了两者影响一国消费结构高级化和总消费增长率的作用机理，认为提升高端（高技术）产业自主创新效应是推动总消费增长和消费结构改善的关键因素。若自主创新能力和技术吸收能力不变，不同生产部门间劳动力配置改善与否不会对总消费增长率产生影响，产业创新则是通过产出结构高级化这一中介效应促进消费结构升级。为此，随着中国经济进入新时代，只有坚定推行以诱导产业自主创新为核心的供给侧结构性改革，促使消费升级，才能真正实现经济发展。

行业生产率作为行业发展水平的重要指标，对经济发展的作用也不容忽视。一部分文献通过在行业层面对 TFP 进行分解以考察技术进步对其增长的影响。冯贞柏（2019）利用“前沿面法”对行业全要素生产率进行了全面的分解和测算，发现我国各行业的生产率均呈现逐年下降的趋势，产出增长率已经历加速转向减速的拐点，规模报酬递减是 TFP 下滑的主因，技术进步是促进 TFP 增长的重要因素，而技术效率改进并不显著。经济的发展过度依赖房地产、批发和零售业等规模报酬快速递减的行业，而制造业、金融业等技术进步较大的行业却资源投入不足，从而阻碍了生产率的增长是造成上述现象的主要原因。除了对行业 TFP 增长的研究之外，从增长动能角度考察技术进步也是衡量经济发展的重要指标之一。王家庭和李艳旭等（2019）运用反事实方法与核密度估计方法，估算出了我国各省份以及分行业劳动生产率增长的驱动力，探究了制造业增长动能的转换过程。从整体上看，支撑中国制造业保持稳定增长的动能正逐步由资本驱动转向技术驱动，中国制造业劳动生产率增长呈现“低水平双驱动—资本驱动—高水平双驱动—技术驱动”的动能转换过程，但不同类型的制造业行业劳动生产率、增长动能和动能转换路径也存在显著差异。基于上述文章分析认为技术或创新是实现制造业高质量发展的核心驱动力，未来需要在行业异质性基础上，通过对生产要素的再配置促进制造业生产率增长，从而实现制造业整体生产效率的提升和高质量发展。

第三支文献是从企业层面探讨创新对经济发展的影响，宏观层面的经济发展或结构变迁要通过微观企业层面上的创新来实现，我国由于特殊的经济体制，包含国有企业和民营企业、内资企业和外资企业、规上企业和规下企业等诸多类型的企业，为学者们的研究提供了丰富的素材。邹欣（2018）认为现有的研究大多关注技术进步或者创新对经济增长的影响，缺乏揭示技术进步或者创新是通过何种方式作用于现实生活的研究，创新本身并不能促进经济增长，只有当创新商业化，通过创业这一载体才能影响经济增长。为此将经济活动中的创业行为划分为创新型创业和一般型创业，通过对中等收入国家和高收入国家两组子样本中不同类型创业对经济发展影响的研究发现：创新型创业可以提高经济增速、促进产业结构升级和缩小收入差距，在中等收入国家表现尤为显著；而一般型创业对经济发展的影响有限。因此，政府应该鼓励创新型创业，进而促进产业结构升级，最终实现供给侧改革。除了上述对创业类型的划分之外，还有一些文献基于开放的视角，讨论内资企业和外资企业创新对经济发展的影响。程文和张建华（2018）认为对于发展中国家而言，外资企业由于直接使用外方母公司的技术结合本地低廉的要素来生产产品，当本地要素价格上升时，便会转移到其他要素更低廉的国家，其创新行为不具有长期的可持续性。此时，若内资企业的自主创新能力不能及时提高，以驱动经济增长，该国便会陷入“中等收入陷阱”。同时，上述研究还认为消费者收入水平与收入差距的不同组合对内资企业的自主创新行为会产生不同的影响：当经济体处于中低收入阶段时，收入差距的扩大并不会抑制自主创新与经济增长；但当进入中高收入阶段后，如果收入差距未能随着收入水平的提高而不断缩小，不仅自主创新将会受到抑制，经济增长也将陷入停滞。

上述文献较多地研究一国的创新和技术进步对本国经济发展的影响，除此之外，还有一些文献基于国际贸易的视角考察一国技术进步对其他国家经济发展的影响。Bloom 和 Draca（2016）使用 1996—2007 年 12 个欧洲国家、地区的面板数据研究了中国国内技术的变化对其企业创新的影响，研究指出中国在 2001 年加入世界贸易组织后，技术创新所引发的进口竞争导致 12 个欧洲国家和地区企业内部技术变化加剧，企业的就业岗位被重新分配给技术更先进的企业，大约可以解释 2000—2007 年期间欧洲技术升级的 14%。姜青克和戴一鑫（2018）测算了进口中间品包含的研发内容，认为外国研发资本通过进口中间品的技术溢出对全要素生产率产生了显著的正向影响，行业间中间品对生产率有显著积极影响，而行业内中间品对生产率的影响不显著。相比于美国，中国的中间品包含的研发内容对世界其他国家的全要素生产率有一定的正向影响，但主要集中在低研发行业，高研发行业并不显著。中国的研发溢出更多地是通过一次性的直接中间品的出口对世界产生影响，而美国不仅通过直接中间品，还通过间接中间品的输出在更长的生产链上对世界产生影响。

（二）创新、技术进步方式对经济发展的影响

技术进步是经济持续发展的动力源泉，发展中国家收入水平、技术发展水平和产业结

构水平与发达国家之间存在一定的差距，通过引进发达国家先进技术来加速自身的技术变迁，从而使经济发展得更快，这是一些发展中国家所常用的发展方式。随着技术模仿红利的消失，单纯依靠技术引进也会对发展中国家产生诸多不利的影响。Acemoglu（2001；2010）指出欠发达国家使用的许多技术是经合组织经济体中已经开发的成熟技术，旨在最有效地利用这些较富裕国家的劳动力技能。然而，技能供应的差异使这些技术的要求与欠发达国家工人的技能不匹配，最终会导致欠发达国家全要素生产率和人均产出的巨大差异。Arkolakis 等（2018）通过对微观企业研发行为的研究指出，长期大量使用高质量进口中间品和先进技术对低效率企业自主研发能力的替代效应大于示范效应，从而不利于本国技术创新。

近年来，随着中美贸易摩擦愈演愈烈，发达国家技术壁垒不断增多，发展中国家获取外部技术的难度越来越大。作为一个典型的发展中大国，探讨我国创新与技术进步获取方式与经济发展的内在关联不仅仅关系到我国未来的经济发展命脉，还可以为世界其他发展中国家提供发展思路。王玺（2018）在《中国经济增长转型与技术进步的经济分析》一书中深入考察了蕴含在中国发展模式背后的技术进步的贡献以及技术进步的具体性质，指出中国传统的中性技术进步对经济增长的贡献正逐渐向“体现式技术进步”过渡，从而正面回应了克鲁格曼关于发展中国家经济增长不可持续的质疑。郝楠和李静（2018）基于国际技术差距和技术扩散视角，分析了发达国家技术进步对发展中国家人力资本积累的影响，认为来自发达国家的先进技术通过促进技能溢价上涨、人力资本过时、技术锁定与依赖等中间机制对发展中国家的人力资本积累产生“侵蚀效应”，这不仅抑制了发展中国家人力资本水平的提升，更使其自主创新和技术差距收敛之路面临挑战。为此，发展中国家需要采取提高劳动力知识和技能水平、加大自主创新以及加快劳动力市场供给侧改革等措施来避免“侵蚀效应”的发生。周晓波和陈璋（2019）也指出在引进式技术进步方式下，经济的高速增长是以不平衡增长方式为代价的，并且持续的高增长还将不断强化不平衡结构。随着我国的技术水平接近世界前沿，这一增长模式将不可持续，经济增速将逐渐放缓，结构不平衡程度也将缩小。在原有增长动力不可持续之后，经济增长潜力的进一步释放，一方面在于加快自主创新接替引进技术成为主要技术进步方式，另一方面在于解决好不平衡结构下经济发展的不充分问题。叶初升（2019）认为虽然技术模仿和技术创新都是发展中国家实现技术进步的重要方式，但是，发展中国家技术进步方式的选择及其经济绩效，与它所处的发展阶段、所达到的技术水平密切相关。技术模仿不再是中等收入经济体实现技术进步的有效方式，技术创新应该成为技术进步的主要驱动力。“循环流转”并不会带来真正的发展，从长远看，只有创新，对生产进行新组合，打破旧结构、创造新结构，才会有真正的发展。

（三）技术进步偏向对经济发展的影响

在现实的经济活动中，技术进步通常与生产要素相结合，通过提高要素生产效率的方式促进经济增长。技术进步对生产要素的作用主要表现为两种形态：一是技术进步同比例地提高所有要素的边际产出，称之为中性或无偏技术进步；二是技术进步偏向于提高某一种生产要素的边际产出，称之为有偏技术进步。国外学者对技术进步偏向特征的关注较早，自 Hicks（1932）提出技术进步偏向的概念以来，偏向性技术进步在理论和实证层面得到众多学者的研究，如 Acemoglu（2002；2003；2007）在多篇论文中系统地阐述了偏向性技术进步的内生化过程，并利用美国的数据进行了实证检验。近年来，随着中国经济的快速增长，中国技术进步的变迁路径也愈趋复杂，国内许多学者的研究表明改革开放以来中国的技术进步具有明显的偏向性，有关技术进步偏向对经济发展问题的研究主要集中在以下几个方面：

第一，偏向性技术进步的测算。利用标准化供给面系统法对偏向性技术进步进行测算最具代表性的文献是 Klump 等的研究（2007；2008），这两篇文献分别对美国 1953—1998 年和欧元区 1970—2006 年的总替代弹性和要素增强型技术进步进行了估算，研究发现两类地区的要素替代弹性均小于 1，技术进步均偏向于资本。Sato 和 Morita（2009）运用美国和日本 1960—2004 年的数据，研究了资本、劳动和创新对经济增长的影响，结果表明，两国的技术进步均偏向于资本。Li 和 Stewart（2014）采用标准化供给面系统法对 1961—2010 年加拿大的替代弹性进行了估算，发现无论在短期或是长期中，加拿大的要素替代弹性小于 1 均不显著，技术进步表现为劳动增强型。随着测算方法的逐步成熟，国内很多学者测算出中国的技术进步方向是偏向资本的，但是什么因素导致了这一结果？除了理论中指出的要素价格和禀赋等内在因素，外在因素也有可能诱导技术进步偏向某种要素。一些学者认为，通过国际贸易可以直接引进发达国家的技术，而技术模仿使我国直接复制了发达国家偏向于资本的技术，所以我国的技术进步也偏向资本。罗知和宣琳露等（2018）区分了进口贸易和出口贸易对技术进步偏向的不同影响以及作用机理，认为进口贸易会使得技术进步偏向资本，但是出口贸易并不影响技术进步的偏向。国际贸易是通过影响要素价格这一途径促使技术进步偏向资本，进口贸易减轻了劳动价格扭曲，进而使得资本价格相对劳动价格而言越发低于其边际产出，促使企业选择了偏向资本的技术进步方式。严思齐和彭建超等（2018）突破传统的技术进步偏向于资本或劳动的研究思路，将土地要素纳入全要素分析框架中，通过 Malmquist 生产率指数的测算和分解得到投入偏向指数，在此基础上考察了中国各省级行政区（未含港澳台地区）2011—2016 年的工业技术进步偏向，研究结果显示，大部分省区的技术进步在土地与劳动力、土地与资本这两种要素组合中至少有一种情形是偏向节约土地的。杨翔和李小平等（2019）改进了偏向性技术进步的测算方法，通过计算发现，中国工业的技术进步类型主要以中性技术进步为主，偏向性技术进步对工业技术进步的贡献率较低但日益重要，且中国工业技术进步的要素偏向整体上呈现密集使用资本和能源的趋势。

第二，技术进步偏向对经济发展的影响。袁礼和欧阳峣（2018）系统分析了中国、印度、印度尼西亚、南非和墨西哥在选择技术进步方向上的差异，通过对比发现，中国和印度能够合理地研判要素增量结构和制度环境变迁，选择资本偏向型技术进步，通过提高技术进步率和资源配置效率，对全要素生产率形成正向影响；但是印度尼西亚、南非和墨西哥未能预见要素市场有效供给的变化，没有适时调整技术进步偏向和强度，非适宜性技术进步引致技术进步率和资源配置效率下降，全要素生产率出现先升后降趋势。为此，发展中大国能否有效甄别要素禀赋和制度比较优势的变化而选择适宜性技术进步，是全要素生产率提升的关键。针对近年来国内学术界讨论较热的“TFP 增长率乏力”问题，李小平和李小克（2018）认为技术进步偏向要素效率增长相对滞缓的资本，引发的“资本低效率陷阱”一定程度上削弱了中国工业的TFP增长潜力，而资本深化与技术进步融合推动了TFP增长率增长；相比较而言，资本偏向性技术进步解释了现阶段中国工业TFP增长率的大部分增长，这一解释为开发和引进有利于TFP增长率提升的适宜技术提供了有益启示。陈汝影和余东华（2019）通过拓展CES生产函数模型分析了资本深化速度、技术进步偏向对制造业产能利用率的作用机理，研究发现中国制造业资本要素和劳动要素呈现替代关系，技术进步总体偏向资本，要素结构偏向资本。技术进步偏向资本与要素结构偏向资本相适宜，可以通过提高全要素生产率增长率，进而提高产能利用率；资本深化速度和技术进步偏向对产能利用率的综合影响为正，因此对于过快的资本深化速度，可以通过提高技术进步资本偏向程度缓解或扭转产能利用率的降低趋势。

三、创新、技术进步的相关研究

（一）中国创新、技术进步面临的问题

党的十九大报告明确提出，“创新是引领发展的第一动力，是建设现代化经济体系的战略支撑”。近年来，中国科技创新（R&D）投入大规模增长，但并没有带来全要素生产率的显著提高和经济增长质量的提升。叶祥松和刘敬（2018）将这一现象形象地称为“科技创新困境”，并认为其主要原因是政府在支持创新过程中将研发活动视为同质，从而导致了研发资源的错配，破解这一困境的关键是识别政府支持在科学研究（R部分）与技术开发（D部分）两类异质性研发活动中的不同影响效果与作用机制。

专利是一国宏观和微观层面创新活动的重要反映，Hu和Jefferson（2009）指出专利的增长对一国自主创新能力提升以及经济增长起到了决定性作用。创新质量的高低与经济发展的水平密不可分，随着对我国专利数据的深入挖掘和对专利测度方法的跟进，如He等（2018）匹配了1998—2009年的专利数据和工业企业数据，并且较为详细地介绍数据匹配方法，为后续学者基于我国专利数据研究创新对经济发展的影响提供了较为可靠的技术手段。近年来，一个典型的特征事实是，我国专利申请数量和授权数量持续增长，但是我国创新质量并没有得到同比例的提升，关于我国创新“数量”和“质量”的研究便成为国内学者的一个研究热点。在国家创新追赶战略的引导下，如何利用有效的政府专利激励政策以及专利制度以促进专利增长？中国各省级政府出台的专利资助奖励政策，是否对企业专利质量的提升产生了抑制效应？是否造成了中国的专利“泡沫”和专利的“创新假象”？对于这些问题的研究历来是国内外学者和政策制定者广泛关注的焦点。Hall和Harhoff（2012）通过对企业创新行为的研究发现，企业存在通过简单片面追求创新数量的方式以获取更多政府补助的行为，这种创新行为求“快”而不求“好”，求“量”而不求“质”，从而扭曲了真实的创新动机。Tong等（2014）也指出除了以推动技术进步和保持竞争优势为目标的创新行为外，还存在以获取其他利益为目标的创新活动，这是一种典型的策略性行为（strategic behavior）。

国内方面，张杰和郑文平（2018）利用改进的企业层面专利质量测算方法进行的研究指出，中国各省级政府出台的专利资助奖励政策在相当程度上对企业申请的发明与实用

新型专利质量均造成了抑制效应，但是对企业授权的发明与实用新型专利质量表现出中性作用效应，表明目前企业专利申请的动机扭曲了政府专利资助政策，导致了大量低质量专利的产生。毛昊和尹志锋等（2018）从理论层面论证了尽管实用新型专利能够为一国在技术追赶阶段带来技术学习和创新累积效应，但是不能为该国在进入高收入阶段后提供持续增长的动力。相反，过度“膨胀”的实用新型专利已对中国经济和全要素生产率产生了统计学意义上的显著负向冲击。伴随着经济发展，中国实用新型专利制度未能进入理论预期的“倒U形”增长模式，从而实现发明专利对实用新型专利的挤出与替代。如果延续目前的发展态势，在政府不能主动实施实用新型专利制度调整的前提下，市场主体也难以自发放弃对实用新型专利制度的使用，则会形成“实用新型专利制度使用陷阱”。

（二）创新、技术进步的驱动因素

尽管理论界关于创新对经济发展的重要作用形成了较为统一的观点，但是在实践层面，对创新和技术进步的源泉却有着不同的看法。近两年来，有关创新、技术进步驱动因素的研究主要从以下几个方面展开：

第一，要素成本上升对技术进步的影响。随着我国经济发展，要素成本总体上呈现上升态势。关于我国要素成本上升是否促进了技术创新，进而促进经济社会发展的这一议题，学者们展开了热烈的讨论。蒋殿春和王小霞等（2019）构建了创新水平指标，分析发现劳动工资上升确实会刺激制造业企业进行技术创新，并且这种刺激效应存在异质性，即劳动工资上升主要激励企业加大对外观设计的创新力度，而对发明创造的影响较小；高技能劳动工资上升对创新的刺激效应更大；劳动密集型、国有控股以及西部地区企业受劳动工资上升的影响更为明显。进一步的机制分析表明，劳动工资上升会通过改变利润率促使企业进行技术研发与产品创新，间接证实了劳动工资上升引致劳动节约型技术进步的存在。除了从要素成本角度讨论之外，要素市场扭曲也会对技术进步产生一定的影响。戴魁早（2019）认为要素市场扭曲主要通过扭曲收益效应、研发抑制效应、技术锁定效应和人力资本效应等途径对高技术产品出口技术复杂度产生抑制效应。考虑到地区差异，要素市场扭曲对东部沿海地区的抑制效应相对较弱。考虑到时期的差异，不同时期要素市场扭曲的这种抑制效应也存在明显的差异，“入世”和金融危机后要素市场扭曲状况的逐步改善降低了对出口技术复杂度的抑制效应。

第二，制度环境对技术进步的影响。制度环境作为创新活动的外部支撑，具有显著的正外部性。He 等（2019）从产业演化角度出发，指出制度环境对于空间溢出具有调节作用，拥有更为良好制度环境的地区，其本地产业发展能够更加受益于邻近地区的溢出效应。徐浩和冯涛（2018）系统剖析了制度环境（行政、法制和文化信用）及各分项间的交互性对技术创新的影响机制，研究结果表明制度环境优化对技术创新具有显著的推动作用，与法制和文化信用子环境相比，行政子环境优化对技术创新的推动作用更强，行政子环境优化能够提升法制和文化信用子环境对技术创新的推动作用，法制子环境优化能够强化文化信用子环境对技术创新的推动作用。此外，考虑到区域之间存在差异，制度环境水平按照东、中、西部的顺序逐渐下降，制度环境对技术创新的推动作用也依次减弱。为此重构“晋升锦标赛”的考核内涵是优化制度环境的根本所在。此外，在一个开放的经济中，沈春苗和郑江淮（2019）认为制度环境的改善有助于技能偏向性技术进步的发展，GVC 分工地位改善能够增强制度环境对技能偏向性技术进步的促进效应，这对于我国工业迈向中高端、中国经济加快实现结构调整和转型升级具有重要的政策含义。刘思明和张世瑾等（2019）指出一国的创新驱动力与经济发展水平密切相关，发达国家的创新驱动力指数明显较高。中国的创新驱动力指数在考察期内特别是 2014 年以来迅速提升，但是制度创新建设明显滞后于科技创新水平。为此，上述研究突破了国家创新驱动力测度中只局限于科技创新的不足，在创新的经济效应分析中将科技创新和制度创新同时纳入考察，研究发现无论是创新驱动力综合指数，还是科技创新和制度创新指数，抑或是各二级分项指数，均对一国全要素生产率具有显著正向影响。

第三，对外直接投资对技术进步的影响。在经济的高质量发展阶段，如何最大程度发挥对外直接投资的技术创新效应，是我国技术创新的重要方式之一。姚惠泽和张梅（2018）考察了我国企业对外直接投资行为对自身技术创新能力的影响，研究发现企业进行对外直接投资并未显著提升其技术创新能力，但是分析要素市场扭曲的调节作用时发现，较高的要素市场扭曲环境能缓解对外直接投资对技术创新的抑制作用，要素市场扭曲会通过影响企业的对外直接投资行为作用于企业技术创新水平，企业的对外直接投资活动会抑制要素市场扭曲对技术创新水平的积极作用。还有部分文献考察了对外直接投资对工业企业绿色全要素生产率的影响，孙付华和李申达等（2019）认为工业企业绿色全要素生产率高低主要受技术进步的控制，对外直接投资对国内生产清洁化具有显著的积极影响，但存在一定的滞后性，且长期来看这种积极影响将逐渐淡化并消失。沿海企业拥有更高端化的产业类型，研发加工型企业的技术水平和创新能力更胜一筹，将更有助于提升绿色全要素生产率，这对中国企业在对外投资过程中如何引导母国企业绿色转型以及地方政府如何因地制宜地实施绿色投资政策等有重要启示。

第四，环境规制对技术进步的影响。近年来，伴随着经济的增长，接踵而来的环境问题愈发凸显，严格的环境规制政策是否会倒逼企业进行技术创新成为学术界广为讨论的问题之一。袁宝龙和李琛（2018）认为工业企业在日益严格的环境规制条件下，将通过增加 R&D 投入促进节能减排技术或工艺创新。在考虑环境规制对工业企业创新动机的影响时发现，R&D 投入只对策略性创新具有显著的促进作用，工业企业在回应环境规制政策时，将更多的研发投入用于非发明专利，以策略性创新行为回应政府的环境规制压力。实质性创新对 TFP 和 GTFP（绿色全要素生产率）有显著的促进作用；但是，策略性创新对 TFP 和 GTFP 并没有显著的促进作用，这表明发明专利创新是促进中国工业经济与环境协调发展、实现绿色增长的重要驱动因素，而非发明专利创新只是企业获取环保政策资源的策略性手段。郭进（2019）研究发现收缴排污费和环境保护财政支出会倒逼企业提高研发强度，进而推动绿色技术创新，且两者对绿色技术创新的促进作用均呈现由弱变强、由不显著到显著的门槛效应。基于以上分析，为加强环境治理，促进绿色技术创新，需要构建市场化环境规制体系、注重环境规制顶层设计的落地，并适当提高环境规制强度。李鹏升和陈艳莹（2019）将环境规制对绿色全要素生产率的作用划分为长期和短期，研究发现环境规制在短期内会降低企业的绿色全要素生产率，但长期内会对企业绿色全要素生产率产生促进作用，形成环境规制的动态绿色全要素生产率效应。

（三）外部环境对创新的影响

近年来，由美国特朗普政府挑起的不断升级的中美贸易摩擦更加凸显了制造业创新与转型的紧迫性。同时，近 5 年全球经济政策不确定性指数（economic policy index）上升了 60%，世界经济也正处于“多事之秋”，近期的指数水平甚至比 2008 年金融危机时还要高，已经接近历史新高。在经济运行面临着种种不确定因素的情形下，创新、技术进步对经济发展的作用是否会受到挑战？顾夏铭和陈勇民等（2018）认为经济政策不确定性对上市公司的创新活动有激励效应，体现在经济政策不确定性正向影响上市公司 R&D 投入和专利申请量。与此同时，经济政策不确定性对创新活动还有选择效应，这一效应与企业的异质性相关，即经济政策不确定性对技术创新活动的影响在国有和非国有企业之间、高科技行业企业与非高科技行业企业之间、具有不同程度金融约束的企业之间以及获得不同程度政府补贴的企业之间存在差异。基于产品主导逻辑与服务主导逻辑，张峰和刘曦苑等（2019）检验了政策不确定性对产品创新（价值链上游）和服务转型（价值链下游）的影响，研究发现经济政策不确定性会显著降低产品创新，尤其是创新性更高的突破式创新；相反，不确定性会显著提升服务业务占比，促进制造企业向服务转型。同时，该研究还指出在高不确定性环境中，无制度关联企业有更强的动机和能力从价值链上游的产品研发转向下游的服务环节。相比国有企业，非国有企业更有可能借助服务转型来应对政策波动。

在中美贸易摩擦不断升级的背景下，杨飞和孙文远等（2018）认为中美技术差距缩小和贸易逆差（或进口渗透率）大幅增加了美国对华反倾销的概率，美国出于战略考虑有意遏制中国高技术产业发展，为此我国推进国内改革释放经济增长潜力、完善产业政策、提高自主创新能力、提升全球价值链地位和出口多元化程度是应对中美贸易摩擦的有效策略。魏浩和连慧君（2019）基于高度细化的微观企业数据，分析了美国的进口竞争对中国企业创新的影响。研究表明从整体上来看，来自美国的进口竞争优化了中国企业的专利申请结构，对企业发明专利申请量具有显著促进作用，对企业实用新型专利和外观设计专利申请量无显著影响。同时，来自美国的进口竞争，对内资企业、低融资约束企业的创新总产出具有显著促进作用，创新总产出增加是高质量创新与低质量创新同时显著提升导致的。外资企业、高融资约束企业的创新总产出下降是低质量创新显著下降、高质量创新变化不显著导致的，对低生产率企业高质量创新的促进作用大于高生产率企业。

三、中国特色的创新驱动经济发展实践

改革开放 40 多年以来，我国始终坚持以经济建设为中心，锐意推进改革，全力扩大开放，经济发展步入快车道。然而对于近些年出现的诸如发展质量问题、收入分配问题、新兴技术对经济社会发展的冲击问题以及我国政府在科技创新中的作用问题，学术界展开了广泛的讨论，形成了一系列具有中国特色的发展实践，它们不断地丰富着创新理论与经济发展理论。

（一）创新、技术进步与我国高质量发展

党在带领全国人民探索经济建设的征程中，集全党智慧，创造性地提出了高质量发展这一重大命题。实现高质量发展是新时代中国经济发展的根本要求，高质量发展离不开科技创新的推动。近年来，关于创新、技术进步对高质量发展影响的研究，学术界主要从以下几个方面探讨：

第一，对我国目前创新驱动高质量发展进程整体上的判断。从传统的经济增长理论看，古典增长理论认为经济增长主要来源于资本、劳动等要素的投入，而新增长理论则认为经济增长主要来自技术进步或人力资本积累提升。李文军和齐建国（2018）在《创新驱动发展：理论、问题与对策》一书中指出我国经济快速发展主要是发挥了劳动力和资源环境的低成本优势。进入高质量发展阶段，我国在国际上低成本优势逐渐消失。全方位推动包括科技创新、制度创新、管理创新、商业模式创新、业态创新和文化创新等在内的创新才是中国未来经济发展的重要引擎。申萌和万海远等（2019）将新古典模型和内生增长模型归置于不同发展阶段，建立了从“投资拉动”到“创新驱动”的复合增长模型，采用国际投入产出数据研究进行分析发现，我国目前投资拉动的现象依然比较明显，经济整体上还未全面进入创新驱动阶段；基于动态面板模型和面板向量自回归模型进行分析发现，创新引致了我国产出增长率的短期下滑，但长期则有利于持续提升。刘金全和刘子玉（2019）从经济周期驱动因素转换的视角出发，认为投资周期由繁荣转向衰退是现阶段经济收缩的主导诱因，朱格拉周期依旧是本次经济周期转换的主导因素。技术长周期的顺利转换将为长期经济增长提供重要推力，但受制于技术更迭时间较长，未来增长动能的释放仍需必要时间。总体而言，现阶段经济周期的转换在很大程度上取决于中长期要素的作用强度，全面进入技术驱动经济发展阶段仍然需要一定的时间。李书昊（2019）以习近平新时代中国特色社会主义思想关于经济发展方式转变的核心理念为基础，提出涵盖创新驱动、市场主导、结构均衡、绿色环保、资源高效和以人为本 6 个方面的经济发展方式转变测度机制，并通过构建相应的测度体系对中国经济发展方式转变相对进程进行测度评估。实证结果表明中国经济发展方式转变的整体水平并不理想，缓慢型和滞后型两种类型的省份仍占据主体地位，而领先型和良好型两种类型的省份数量相对较少。并且，不同省份及三大区域经济发展方式转变的空间差异较为明显，北京经济发展方式转变表现最优，而青海经济发展方式转变表现最差，三大区域经济发展方式转变整体上呈现“东部优良、中部平庸、西部落后”的空间格局。

第二，科技创新驱动高质量发展的研究。从国家层面，辜胜阻和吴华君等（2018）指出推动核心技术创新有利于促进我国经济高质量发展、维护国家安全与抢占全球科技发展先机。提升我国核心技术创新水平的关键是加快改革，深化有利于激发企业家和科技人员积极性和创造性的制度创新，构建既以企业为主体、又充分发挥大学知识创新作用的产学研用一体化技术创新体系，完善支持核心技术创新的财税体系和金融体系，培育和优化创新生态环境，在开放合作中推进核心技术创新能力的提升，推进全球技术治理体系的建设。从区域层面，华坚和胡金昕（2019）构建了科技创新系统与经济高质量发展系统耦合协调度评价模型，对中国多个省级地区的耦合协调度进行

评价。研究结果表明，我国区域科技创新与经济高质量发展总体上已初步实现良好协调发展，但与优质协调发展仍有差距。同时，各地区之间也存在一定差异，且中西部省份差异有进一步加大的趋势。剖析良好发展实质、增强科技创新能力、贯彻全面发展理念，是当前促进科技创新引领区域高质量发展的必经之路。王慧艳和李新运等（2019）运用网络 WSBM 模型对中国多个省份科技创新驱动经济高质量发展的绩效水平进行测算，发现目前中国科技创新驱动经济高质量发展整体绩效水平偏低，地区差距较大，东部地区明显优于中、西部，东北最低。除此之外，还有学者考察科技创新对某一局部区域高质量发展的影响，吴传清和邓明亮（2019）采用 2005—2016 年长江经济带 108 个地级及以上城市面板数据，从线性、非线性视角考察科技创新、对外开放与长江经济带高质量发展的关系，研究结果表明科技创新能有效促进长江经济带沿线城市绿色全要素生产率提升。

（二）创新、技术进步与收入分配

随着研究的深入以及对经济发展内涵的拓宽，有关技术进步对收入分配影响的研究也受到学术界广泛的关注。Autor 和 Salomons（2018）利用跨国数据研究发现，产业技术进步通过替代效应降低了就业和劳动收入，生产率效应和产业关联效应提高了就业和劳动收入，由于替代效应更大，将最终导致总就业和劳动收入的下降。田柳和周云波（2018）认为当市场化因素逐渐增强而垄断性因素趋于弱化时，技术进步因素在城镇居民收入分配中起到重要作用。行业技术水平的提高有利于行业从业人员工资的提高，这是技术进步对行业影响积极的一面。中国正面临产业结构升级和结构转型的任务，技术研发和创新能力正是其中的关键点，劳动者的生产效率也会大幅提高，这对未来中国经济增长而言是强大的支持和保证，同时也能促进劳动者的收入增加。为了探究不同技术创新类型的收入分配效应，吴鹏和常远等（2018）分析了技术原创及技术引进再创新对中等收入群体的影响，研究发现技术原创显著地改善了收入分配状况，技术原创促使技术进步偏向于劳动，以提高劳动收入份额与扩大中等收入群体，从而能有效地发挥收入分配效应。长期内，技术引进不利于改善收入分配状况，即技术引进的收入分配效应相当有限且不显著。而技术引进再创新会恶化收入分配状况，即技术引进再创新使技术进步偏向于资本，资本逆转与逆向溢出较为严重，这会抑制中等收入群体的扩大，造成技术引进再创新对收入分配的效应失效。

劳动收入占比下降已成为当前世界各国的普遍现象，现有文献多从发展中国家尤其是转型经济体产业结构变化视角考察要素收入分配格局。王林辉和袁礼（2018）从技术进步方向入手，认为有偏型技术进步会通过非对称地改变要素生产率而影响产业内要素收入分配。同时，除了技术进步本身，技术进步方向也会通过影响要素生产率引发要素在产业间的流动而推动产业结构演变，诱使要素收入分配格局发生变化。通过测算有偏型技术进步及其对要素收入份额的影响发现，在劳动收入份额变化分解的产业效应和结构效应中，有偏型技术进步均发挥重要作用，多数时期 1/3～1/2 的劳动收入份额变化可以归结于有偏型技术进步作用的结果。

（三）新兴技术对中国经济发展的影响

随着世界范围内技术更迭速度的加快，不断涌现的新兴技术正深刻地改变着人类社会的进程。我国作为最大的发展中国家，在自主创新不具备比较优势的情形下，新技术的产生对经济社会的发展会带来什么样的影响是学术界广为讨论的话题之一。为此，本部分选取最近两年学术界广为探讨的几个代表性技术对这一议题展开讨论。

第一，高铁技术对经济发展的影响。作为顺利实行技术赶超的典型代表，高铁不仅仅具有浓厚的学术研究价值，对国民经济社会发展也形成了巨大的带动效应。卞元超和吴利华等（2019）认为高铁开通显著提升了区域创新水平，其机制主要在于高铁开通后所引发的创新要素流动效应。高铁开通能够对区域创新差距产生重要影响，即相对于未开通高铁的城市来说，开通高铁城市的创新能力和创新速度持续提升，从而进一步拉大了区域之间的创新差距。从人均专利角度，余泳泽和庄海涛等（2019）认为对于开通高铁的城市，区域之间的要素流动更加便捷，贸易以及合作更加频繁，这有利于加快技术和知识的传播与学习，进而带来更多的知识溢出。同时，高铁开通对区域中人均专利引用量和失效专利增量均有显著的正向影响，即高铁开通提高了区域内的人均专利引用量，同时也加速了专利的折旧速度，进一步支持了前者的讨论。

但是，也有学者提出不能笼统地认为高铁开通对全要素生产率增长率具有显著的积极作用，而要区分对 TFP 增长率的异质性影响。孙广召和黄凯南（2019）指出从整体看，高铁虽然促进了开通地区的 TFP 增长率，但是对不同层级城市的影响存在差异：高铁开通提高了区域中心城市地区和非中心城市地区的 TFP 增长率，但抑制了全国性中心城市地区的 TFP 增长率；从区域范畴看，高铁对不同开通地区的 TFP 增长率的影响也存在差异：高铁开通促进了东部地区的 TFP 增长率，但是对中部和西部开通地区的 TFP 增长率的影响并不显著。另外，高铁对开通地区的 TFP 增长率存在动态效应和滞后效应的异质性影响；同时，高铁开通对不同层级城市、不同地区技术效率的改进、技术进步率和规模效率的变化都具有异质性影响，而且对规模效率变化的影响最大。

第二，人工智能对经济发展的影响。人工智能是引领新一轮科技革命和产业变革的战略性技术，对经济社会的发展也将产生重要的影响。Acemoglu 和 Restrepo（2019）指出，人工智能作为一种新的技术平台，既可以实现原有劳动的自动化，又可以创造新的劳动。郭凯明（2018）基于人工智能是具有新型基础设施属性的通用技术、对劳动或资本都可能产生偏向的替代性、在不同产业具有差异化的应用前景等 3 个特点，建立一个多部门动态一般均衡模型，分析了人工智能对宏观经济的结构性影响，并指出未来制造业中究竟是资本密集型产业还是劳动密集型产业扩张，取决于这两类行业在人工智能的产出弹性和传统生产方式的替代弹性上的差别。如果资本密集型产业扩张，制造业的劳动收入份额就会下降，反之亦然。同时，如果人工智能在制造业中的应用比重显著大于服务业，那么人工智能将促进服务业发展。反之，如果人工智能在服务业中的应用比重显著大于制造业，那么人工智能发展很可能会提高制造业比重。陈彦斌和林晨等（2019）构建含有人工智能和老龄化的动态一般均衡模型，研究了人工智能是否能够有效应对老龄化对经济增长的不利影响。研究结果显示人工智能主要通过三条机制应对老龄化的冲击，进而促进经济增长：一是提高生产活动的智能化和自动化程度从而减少生产活动所需的劳动力；二是提高资本回报率从而促进资本积累；三是提高全要素生产率。数值模拟结果进一步显示，人工智能可以较好地应对老龄化对经济增长的不利影响，而且其效果明显优于延迟退休政策。

第三，互联网、数字经济对经济发展的影响。在经济增速放缓的大背景下，基于互联网及相应新兴技术产生的新型经济形态——数字经济，却表现出蓬勃发展的态势。Branstetter 等（2018）指出传统制造业企业通过软件使用可以大幅提高其创新能力。Goldfarb 和 Tucker（2019）认为，互联网等数字技术能降低五个方面成本，包括搜寻成本、复制成本、运输成本、追踪成本和验证成本。卢福财和徐远彬（2019）指出互联网可以正向促进制造业劳动生产率提升，金融危机后互联网的驱动作用比金融危机前更强。进一步的机制分析结果表明，互联网会通过降低生产成本和提高创新能力促进劳动生产率水平提高。为此，一方面要积极推动新一代移动通信网络基础设施建设，另一反面要加快搭建工业互联网平台。荆文君和孙宝文（2019）从微观、宏观两个层面探讨了数字经济与经济增长的关系及其促进经济高质量发展的内在机理。在微观层面，互联网、移动通信、大数据、云计算等新兴技术可以形成兼具规模经济、范围经济及长尾效应的经济环境，能够更好地匹配供需，形成更完善的价格机制，由此提高经济的均衡水平。在宏观层面，数字经济可以通过三条路径促进经济增长，即新的投入要素、新的资源配置效率和新的全要素生产率，此外数字经济还具有一种类似斯密提出的自增长模式。

第四，大数据对经济发展的影响。新时代中国经济由高速增长阶段转向高质量发展阶段的实践取向是培育新动能、发展新产业和形成新模式。大数据以数据流为基础，将技术流、物质流、资金流和人才流有效整合，为新动能、新产业和新模式提供了新路径。许宪春和任雪（2019）指出中国要实现绿色发展，需要从传统产业转型升级、需求结构优化、经济提质增效等方面下工夫，而大数据在其中扮演着重要角色，特别是在资源整合、科学决策、环境监管等方面发挥着重要作用，可为绿色生产、绿色生活、美好环境提供重要手段和保障。李辉（2019）以“宏观—中观—微观”为分析框架，从效率提升、产业结构升级和商业模式创新等角度阐述了大数据推动高质量发展的理论机理，并从大数据技术进步、大数据产业发展以及大数据战略制定等方面考察了大数据推动高质量发展的实践基础。研究指出利用大数据推动高质量发展需要从发展数字经济、夯实大数据基础设施建设、加快大数据与实体经济融合、提倡大数据文化、完善大数据融资等方面着手。

（四）创新、技术进步推动经济发展过程中政府的作用

经济停滞是发展中经济体面临的巨大挑战，也是未来中国经济增长的主要威胁，主流经济增长理论难以解释很多发展中经济体出现的长期经济停滞现象。陈斌开和伏霖（2018）从政府发展战略视角研究了发展中国家经济停滞的原因，认为政府主导的赶超战略不仅会因为产业结构不符合发展中经济体比较优势造成生产效率损失，还会扭曲制度结构进而导致经济停滞。此外，在以技术选择指数作为发展战略的度量指标分析政府发展战略与经济停滞的关系时发现，实施赶超战略的经济体，发生经济停滞的可能性更大，经济增长率也更低，这不仅为比较优势发展理论提供了经验支持，也为发展中经济体发展战略选择提供了学术基础。

除了在战略上选择之外，政府为推进本国技术创新而发生的财政支出对企业创新行为也具有重要影响，基于这一事实，Cai 等（2018）以 2002 年中国企业所得税分享改革为“自然实验”，发现实际税率的下降能提高企业的研发投入和创新质量，影响途径为减轻融资约束和降低避税成本。Chen 和 Zhang（2019）也指出政府可以通过出台相关的创新政策，通过补贴、信贷优惠和税收优惠等渠道促进企业创新。苗文龙和何德旭等（2019）构建包含企业创新行为差异的简单动态随机一般均衡模型，根据技术创新密度不同将企业分为技术创新型企业和技术稳定型企业，认为技术创新型企业提高技术研发投资比重，虽然不一定能迅速实现经济产出的提高，却可以推动本国经济从传统的粗放投资型转化为高质量的技术创新型。在一定时期内，政府技术创新支出是企业技术创新支出增加的主要外在推动力，对企业创新具有显著的助推作用，对宏观经济及发展具有重要的正向作用，但具体效果还取决于企业创新投入情况。相比较而言，当创新企业技术投入率达到一定界值时，政府技术创新支出的效率会更高。

在科技创新过程中，在如何处理政府与市场关系这一问题上，刘凤良和于泽（2018）在《全球技术进步放缓下中国经济新动能——从政府主导的模仿赶超到市场激励相容的创新引领》中指出过去我国经济取得的成就在很大程度上得益于政府主导的模仿赶超，随着我国经济发展遇到的瓶颈不断增多，要及时转变政府职能，发挥市场主体地位，激发各类市场主体不断增强活动，以技术创新为先导，扭转潜在产出增长率的下滑态势，将潜在产出增长率保持在合理的区间内，维持社会和经济的长期稳定与发展。叶祥松和刘敬（2018）指出政府与市场都是配置科技资源的手段，两者是互补而不是替代关系。在技术市场发展滞后的条件下，市场机制的缺失可能造成科技资源错配，导致政府对科技创新活动的不当支持，从而降低科技创新效率。现阶段，政府对科技创新活动的支持显著地抑制了科技创新效率的提高，抑制作用主要来自政府对科研机构的支持而非对企业创新活动的支持。此外，政府支持对科技创新效率的影响效果存在显著的门槛效应，当地区技术市场规模超过门槛值时，政府支持对提高科技创新效率的抑制作用可以转变为促进作用。技术市场发展有利于疏通知识创新与技术创新之间的梗塞，其产生的门槛效应可转变政府对科研机构的支持效果，而在企业创新活动中，政府支持的作用效果不存在门槛效应。因此，要发挥政府支持对提高科技创新效率的促进作用，就必须大力发展技术市场。章元和程郁等（2018）基于中关村 3 万多个高新技术企业 2001—2012 年的观察值，对政府补贴的效果进行了研究，结果发现：整体而言，政府补贴显著提高了创新经费支出、新产品销售收入和专利申请数量。进一步将创新细分为自主创新和购买引进新技术进行分析发现，政府补贴存在“挤出效应”：被补贴企业的自主创新明显下降，而购买引进新技术显著增加；政府补贴对企业的短期创新激励有显著的促进作用，但是对长期创新激励的促进作用不显著。张治栋和廖常文（2019）分析了不同政府干预程度导致全要素生产率对经济高质量发展效应的差异，研究表明政府干预对经济高质量发展的影响呈现倒“U”形特征，政府干预与全要素生产率对经济高质量发展具有协同作用，且当政府干预力度达到阈值时，全要素生产率对经济高质量发展产生显著的促进作用。

也有部分文献以我国高铁技术实现技术赶超为典型案例，探讨政府在创新过程中的作用。贺俊和吕铁等（2018）认为中国高铁从试验性探索、引进消化吸收、正向设计再到自主知识产权创新的技术赶超过程，嵌入在中国制度变革和经济发展的宏观背景中，政府在中国高铁部门创新体系中发挥了独特的、强有力的、不可替代的作用。然而，高铁对其他产业技术赶超的启示，绝不是泛化“集中力量办大事”这种具有特定边界条件的发展模式。为此，倘若不考虑各产业在技术范式、竞争环境等方面的差异，倡导将高铁经验简单复制到其他产业的观点是不当的，甚至是危险的。

四、总体评述

近年来，在中国发展经济学成果中，关于创新、技术进步与经济发展的研究无论在深度上还是广度上都有了新的拓展，学者们突破原有的知识框架，不断地丰富和完善了发展经济学的理论，积累了大量颇具学术价值的文献。

在理论层面上，学者们从历史角度和现实角度出发，梳理出创新对经济发展影响的脉络，理清技术进步与经济发展之间的关系。首先，我国幅员辽阔、区域经济发展各有千秋，产业门类齐全、企业类型复杂。为此，学者们从多个维度对创新、技术进步促进经济发展的理论机制展开了细致的研究，其中涉及国家层面、区域层面、产业层面、行业层面以及企业层面等，这些研究领域的不断细分为发展经济学理论的深化提供了广阔的空间，推进着发展经济学的进程。其次，对于诸如我国这样的发展中国家，在创新不具备比较优势的情形下，始终面临着自主创新和模仿创新的选择问题，通过何种创新方式促进经济发展成为理论界争论的焦点。我国作为最大的发展中国家，对这一问题的讨论不光光是时代之问，还可以为其他发展中国家提供借鉴思路。我国的发展实践具有大国推进世界经济发展的历史之责。最后，针对学术界长期关注的偏向性技术进步问题，国内外学者不断改进测量方法并进行理论创新，逐步还原偏向性技术进步促进经济发展的本质，为我国未来如何利用好偏向性技术进步促进经济发展提供了宝贵的思路。

在实践层面上，结合我国近两年来的经济表象和创新进程中的问题，学者们展开了广泛的讨论，为破解我国创新困境提出了诸多宝贵的建议。针对我国创新动力不足问题，学者们就创新驱动因素展开了细致的研究。从内部环境出发，涉及要素成本、制度环境、对外直接投资以及环境规制等多个维度；从外部环境出发，涉及全球范围内经济不确定性因素和中美贸易摩擦等维度。除了上述的研究领域外，还有部分极具中国特色的创新驱动经济发展研究：首先，以习近平同志为核心的党和国家领导人在带领全国人民探索经济建设的征程中，创造性地提出了高质量发展的重大命题，在我国处于跨越“中等收入陷阱”重要关口的背景下，如何通过创新驱动高质量发展构成了具有中国特色的发展实践。其次，我国人口众多，收入分配问题事关国家长期稳定和长远发展，创新和技术进步对我国收入分配的影响也是学术界研究的热点问题之一。再次，伴随着我国不断涌现的诸如移动互联网、高铁、人工智能、5G 技术、大数据等新兴技术，能否将新一轮的技术创新转化为经济发展新动能以推动发展中国家经济发展也成为发展经济学中的重要议题。最后，由于我国特殊的经济体制原因，市场与政府关系的界定是中国学术界长期以来争论的焦点，如何有效地发挥政府作用也构成中国经济发展中的重要议题。同时，随着经济学研究方法的不断更新，对技术进步的研究方法涵盖从简单的价格指数法、动态一般均衡模型到复杂的系统科学方法，包括数据包络分析法和随机前沿方法等，这些方法极大地丰富和完善了对技术进步的估算，为中国提供了更合理的解释。此外，国内外经济环境的变化对经济发展提出了挑战的同时，也在不断拓宽人们对经济发展的认识，除了传统意义上对经济增长的要求之外，还面临诸如环境污染问题、气候问题、人口老龄化问题等人类共同的挑战，对上述问题的解决仍需要同仁们的共同努力。

在中国经济由高速增长转向高质量发展时期，转换动力、以创新驱动发展早已成为包括企业界和政界在内的社会各界人士的共识。经典的熊彼特创新理论认为，经济发展就是不断地摧毁旧结构、创造新结构的过程，不断地从经济结构内部革命化的过程，这几乎成为经济学的常识。中国经济 40 多年的发展，借鉴并印证了发展经济学的一般原理，中国经济发展成就源于发展经济学理论在中国的实践，可以说中国的发展吸收了人类文明的先进成果。中国用自身的发展实践丰富了发展经济学的理论，但更重要的是从中国改革开放的实际国情出发，推动理论创新、制度创新，探索形成了中国特色社会主义道路。

第二节　重要论文

1. 袁礼，欧阳峣．发展中大国提升全要素生产率的关键［J］．中国工业经济，2018（6）：43-61.

研究背景：党的十九大报告指出：中国经济已由高速增长阶段转向高质量发展阶段，必须“推动经济发展质量变革、效率变革、动力变革，提高全要素生产率”。像中国这样的发展中大国，怎样依靠要素禀赋和制度比较优势，选择适宜性技术进步，进而提高全要素生产率，推动经济从高速增长阶段转向高质量发展阶段，是新时代中国经济面临的重大课题。

基本结论：（1）技术进步偏向与禀赋比较优势的适宜性将同时改变技术进步率和资源配置效率，对全要素生产率产生双重作用。而制度比较优势将影响要素价格扭曲程度，并使技术进步方向偏离适宜选择，改变全要素生产率；（2）基于资本有效供给的增加和制度障碍的逐步消除，中国和印度选择了适宜的资本偏向型技术进步，技术进步偏向与比较优势的适配度得到改善，引导两国全要素生产率的提升。而印度尼西亚选择劳动偏向型技术进步，墨西哥和南非的技术进步大体上偏向于资本，均未能出现本国要素市场有效供给的变化，没有及时转换技术进步偏向和适时调整偏向强度，导致全要素生产率出现先升后降趋势。（3）发展中大国技术进步偏向与比较优势的适配性，主要通过技术进步效应影响全要素生产率，其作用强度超过资源配置效应。

主要贡献：（1）将制度比较优势引入适宜性技术进步的理论框架，梳理技术进步偏向、要素禀赋结构和制度环境变迁三者之间的逻辑关系，诠释技术进步偏向和新型比较优势的适宜性内涵；（2）利用三方程标准化系统，估算并对比不同类型发展中大国技术进步偏向的时空规律；利用矩阵分析法，从要素增量结构和制度环境演变双重视角，检验技术进步偏向与新型比较优势的适宜程度；（3）利用分解方法，考察发展中大国技术进步偏向与比较优势的适宜性对全要素生产率的影响，为解释各类发展中大国比较优势和全要素生产率变化的不同规律提供新的思路。

现实意义：（1）从企业层面而言，应当有效甄别要素增量结构和市场制度环境的演化趋势，建立新型比较优势与技术创新类型的二维坐标体系，因要素禀赋资源和制度环境制宜，按梯级筛选与要素禀赋结构和要素配置能力相适宜的技术创新类型；（2）从产业层面来说，可通过适时调整技术进步偏向和强度，形成与要素结构和市场制度环境相适应的技术进步路径，使技术进步偏向与比较优势形成积极的良性互动机制，同时提高技术进步率和资源配置效率，促进全要素生产率提升；（3）从政府层面来说，应当打破制度的藩篱，消除要素市场扭曲，优化要素增量和存量结构，提高要素配置效率，重塑新型比较优势。

2. 吴鹏，常远，陈广汉．技术创新的中等收入分配效应：原创还是引进再创新［J］．财经研究，2018，44（7）：126-141.

研究背景：长期以来，中国经济发展主要依靠要素投入驱动，特别是资本投入，曾使经济一度出现两位数的高速增长。但随着要素投入的增加，要素边际报酬递减造成经济增速由高速进入中高速，这必将促使经济发展驱动力向技术创新转变。而要素投入驱动下，资本边际产出大于劳动边际产出，技术进步整体表现为资本偏向性，资本收入份额提高而劳动收入份额降低，进而扩大依靠资本收入为主的群体比重，缩小依靠劳动收入为主的群体比重。国家统计局城调总队课题组的研究发现，中等收入群体主要依靠劳动收入，且劳动收入差距是不同群体间收入差距扩大的主要原因。这意味着，要素投入驱动下，技术进步偏向于资本会造成劳动收入份额下降，中等收入群体萎缩，不同群体间收入差距也会扩大。

基本结论：（1）技术原创改善了收入分配状况，即技术原创促使技术进步偏向于劳动，以提高劳动收入份额与扩大中等收入群体，能有效地发挥收入分配效应；（2）长期内，技术引进不利于改善收入分配状况，即技术引进的收入分配效应相当有限，且不显著；（3）技术引进再创新会恶化收入分配状况，即技术引进再创新使技术进步偏向于资本，资本逆转与逆向溢出较为严重，这会抑制中等收入群体的扩大，造成技术引进再创新对收入分配的效应失效。

主要贡献：（1）在理论上论证了技术创新影响劳动收入的作用机制，并阐述技术原创与引进再创新通过技术进步偏向性影响劳动收入份额及中等收入群体的影响机理，为探析技术创新的收入分配效应提供了理论依据；（2）利用时间序列数据实证检验技术原创和引进再创新与技术进步偏向性的关系，再利用省级面板数据，比较分析技术原创与引进再创新对劳动收入份额及中等收入群体影响的异质性，明确了技术创新的收入分配效应；（3）发现技术原创与引进再创新的收入分配效应截然不同，即技术原创有效地改善了收入分配状况，而技术引进再创新则恶化了收入分配状况。

现实意义：（1）加大技术原创的投入，尤其是基础研究与人才投入，提升技术原创的水平和能力，促使技术进步偏向于劳动，以提高劳动收入份额和扩大中等收入群体，有效地发挥技术原创的收入分配效应；（2）继续坚持利用外资引进先进技术的战略，注重引进技术和本地技术与资源禀赋的匹配度，引导国外的先进技术投资于高新技术产业，促使外资企业的生产逐渐实现本地化，使更多的本地技术人员进入技术的生产环节，提高外资技术的溢出效应，发挥技术引进对劳动收入份额及中等收入群体的正效应；（3）技术引进再创新将在短期内成为推动技术创新的主要形式，且以较低的成本实现对国外先进技术的消化、吸收和模仿，为自主创新能力的提高奠定了坚实基础。故需重视对国外先进技术的模仿，降低技术引进再创新的逆向溢出效应，改变技术引进的低水平循环，突破中国技术进步的“低端锁定”状态，以有效降低技术引进再创新对收入分配的恶化作用。

3. 叶祥松，刘敬．异质性研发、政府支持与中国科技创新困境［J］. 经济研究，2018，53（9）：116-132.

研究背景：近年来，中国科技创新年均投入增幅在15%以上。然而，科技创新投入水平的提高并没有促进中国全要素生产率显著提升，且科技创新投入规模的扩大反而降低了全要素生产率对经济增长的贡献。尤其是进入工业化中后期之后，中国全要素生产率的增速及其对经济增长的贡献都在不断下降，这意味着中国科技创新活动不仅没有促进经济增长方式由要素驱动向创新驱动转变，反而产生了抑制作用，学术界将这一现象称为“中国科技创新陷入困境”。

基本结论：（1）中国科技创新困境确实存在，即科学研究在短期内对提高全要素生产率没有直接影响，技术开发对提高全要素生产率存在显著抑制作用；（2）异质性研发导致政府支持作用存在显著差异，即政府支持科学研究在长期内对提高全要素生产率存在促进作用，政府直接支持技术开发对提高全要素生产率不存在促进作用；（3）政府支持研发活动的作用机制为：当政府支持力度超过阈值时，科学研究对全要素生产率产生显著促进作用。尽管政府直接支持技术开发对提高全要素生产率没有促进作用，但适度支持仍然是必要的，政府支持力度在合理范围内，可弱化技术开发对提高全要素生产率的抑制作用，反之会强化这一抑制作用。

主要贡献：（1）深入探讨了科学研究与技术开发对提高全要素生产率的不同作用机制与作用效果，更好地解释了中国科技创新困境的成因；（2）基于中国的现实背景，检验了异质性R&D所导致的政府支持不同类型的科技创新活动产生的不同经济效应；（3）识别了政府支持在两类科技创新活动中相应的非线性作用机制，以及支持力度的合理区间，为通过政府精准支持破解中国科技创新困境提出了对策建议，为在实施创新驱动发展战略的过程中，正确处理政府与市场的关系提供了理论依据。

现实意义：（1）为了尽快破解科技创新困境、形成科技创新驱动，必须正确发挥政府的支持作用。不同类型的科技创新活动的属性和特点决定了投入主体和投入力度应完全不同，政府应侧重支持投入大、周期长、风险高的科学研究。对于技术开发这种主要面向市场，集中于利润最大化的创新活动，政府最好还是放手给市场和企业，在合理适度范围内来助推技术开发由模仿创新向消化吸收再创新与原始性创新的转变；（2）政府对技术开发活动的合理支持能有效缓解其对提高全要素生产率的抑制作用，过度支持反而对提高全要素生产率产生显著的抑制作用。因此，政府的着力点应放在深化科技体制改革、强化科研机构与企业的产学研结合、构建协同创新体系等制度创新方面，而不是一味给予创新补贴、减免税收等优惠政策，只有这样才能走出科技创新困境；（3）科学研究关系到国家经济命脉，关系到国家重大战略需求，关系到国家核心竞争力，近期发生的中美贸易摩擦验证了在科技创新领域必须摒弃“造不如买、买不如租”的做法，必须通过政府对科学研究保持长期、稳定、大力的投入，将关键核心技术掌握在自己手中。社会主义制度集中力量办大事的优势，有利于政府主导的科研项目快速完成产业化与工程化，一方面补齐国家科技创新体系中的短板，改变关键核心技术受制于他人的现状；另一方面聚焦科技前沿领域，在部分前沿领域形成科技优势，反哺技术开发，攻占行业技术高地，从而形成科技创新驱动。

4. 贺俊，吕铁，黄阳华，江鸿．技术赶超的激励结构与能力积累：中国高铁经验及其政策启示［J］．管理世界，2018，34（10）：191-207.

研究背景：中国经济高速增长为高铁在21世纪的快速发展提供了广阔的市场机会，而中国的总体改革进程又为高铁产业的制度变革打开了空间。近年来，高铁是中国学者和政策制定者最关注的产业，也是争论最为激烈的产业。从发展成就来看，高铁是中国在短时间内实现复杂产品系统技术赶超的极少数产业之一，高铁的快速发展对国民经济社会发展形成了巨大的带动效应；从发展方式看，高铁技术突破和建设发展背后存在强大的政府干预力量，其发展模式在理论上与主流经济学存在冲突，在现实中是否具有普适性也颇受质疑。正是由于高铁现象的复杂性，如果想打开中国高铁创新发展的“黑箱”、明确高铁经验的适用边界及其对其他产业的借鉴意义，就必须深入中国高铁的发展历程和微观行为层面进行细致的、全方位的观察和分析。

研究结论：（1）高铁的微观激励结构不仅促使创新主体开展高强度的技术学习，而且促成了高铁有别于中国多数产业的组织间合作关系，最终实现了全产业链的技术突破；（2）作为典型的复杂产品系统，“干中学”“用中学”和“试验中学”是中国高铁技术能力积累的核心机制，而在技术能力积累的过程中，消化吸收能力、正向设计能力和自主知识产权创新能力的形成和提升背后，则是高铁部门创新体系不断完善的过程；（3）政府在中国高铁部门创新体系中发挥了独特的、强有力的、不可替代的作用。然而，高铁对其他产业技术赶超的启示，绝不是泛化“集中力量办大事”这种具有特定边界条件的发展模式，而是要考虑到各产业在技术范式、竞争环境等方面的差异。

主要贡献：（1）该研究把技术赶超的过程，理解为微观主体在特定的激励结构下持续开展高强度技术学习的过程，将中国高铁从试验性探索、引进消化吸收、正向设计再到自主知识产权创新的技术赶超过程，嵌入中国制度变革和经济发展的宏观背景中；（2）高铁的学术研究价值，不仅源于其技术成就和经济贡献，更重要的是其发展历程所折射出的特殊的因果逻辑和影响机制，为对既有理论命题进行丰富和拓展提供了机会。

现实意义：中国高铁至少从以下3个方面，为深化后发国家的技术赶超问题研究提供了宝贵的素材：一是高技术壁垒领域的快速高效赶超，高铁是典型的复杂产品系统，涉及复杂的系统集成和零部件技术、软件技术攻关；二是全产业链的技术赶超，不同于中国多数行业中仅少数企业实现了在产业链局部环节的技术赶超，中国高铁实现了从总成到模块再到零部件、从硬件到软件、从工程技术到基础理论的全面赶超；三是经历了完整的技术赶超过程，中国高铁经过了先形成集成能力、然后整合国外供应链、最终构筑独立产业体系3个连续的发展阶段，完整呈现了以独立研发为主的探索性试验、技术模仿、形成正向设计能力、掌握完全自主知识产权的技术能力提升过程，为中国多数正处于形成正向设计能力和探索构建本土供应链阶段的产业和企业提供了重要的参考和借鉴。

5. 李小平，李小克．偏向性技术进步与中国工业全要素生产率增长［J］．经济研究，2018，53（10）：82-96.

研究背景：改革开放40年来，我国经济进入年均近10%的持续高速增长长周期，被誉为“中国增长奇迹”。然而，科技进步对经济增长的贡献率偏低，技术进步对全要素生产率的驱动作用不够，无疑是我国创新驱动发展道路上的“阿喀琉斯之踵”。党的十八届三中全会以来，提高全要素生产率日益受到政策制定者的关注，多次成为国务院政府工作报告、中央经济工作会议的关键词。党的十九大报告提出，推动经济发展质量变革、效率变革、动力变革，提高全要素生产率，新常态下如何提高全要素生产率更加紧迫。

基本结论：（1）资本偏向性技术进步与资本深化水平融合促进了中国工业部门TFP增长率的增长；（2）技术进步偏向效率水平相对较低的资本，抑制了效率水平相对较高的劳动使用，所引发的“资本低效率陷阱”是中国工业部门TFP增长率损失的主要原因；（3）替代弹性、要素效率增长之间的互动关系使资本深化增长率对TFP增长率发挥了积极影响。

主要贡献：（1）利用Kmenta近似技术从标准化CES生产函数，推导出包含偏向性技术进步指数的TFP增长率函数，从偏向性技术进步的视角揭示了TFP增长率动态演变之谜；（2）基于资本-劳动要素组合的理论，指出在非中性技术情境下TFP增长率变化取决于偏向性技术进步与要素效率增长、资本深化水平及其增长率之间的协同程度，丰富了技术一致性的内容，深化了偏向性技术进步对TFP增长率影响机制的认识，并重新讨论了技术选择与“技术进步”之间的逻辑机理。

现实意义：（1）该研究框架能够很好地分析偏向性技术进步对TFP增长的作用机制，为开发和引进有利于TFP增长率提升的适宜技术提供了有益启示；（2）在偏向性技术进步背景下，资本深化与技术进步融合对中国工业部门TFP增长具有积极作用，尽管该正向效应偏低，但表现出增长趋势。资本深化与技术进步融合所产生的生产率增长效应解释了中国工业化进程中技术选择与“技术进步”的逻辑关系，有助于重新审视中国工业化进程中大规模投资的生产率效应问题；（3）后危机时代中国工业部门TFP增长率增长缓慢，其根本原因在于要素效率增长率偏低，增长动力匮乏。因此，破除要素配置效率扭曲，提高要素效率增长率将是提升中国工业部门TFP增长率的关键所在。

6. 杨飞，孙文远，程瑶．技术赶超是否引发中美贸易摩擦［J］．中国工业经济，2018（10）：99-117.

研究背景：加入WTO以来，中国的国际贸易额迅速扩大，2017年的全球货物进出口占比为11.49%，目前已成为全球最大的货物贸易国，但中国同时也是全球遭受反倾销调查最多的国家。2018年3月22日，美国特朗普政府公布对中国的“301调查”结果，拟对涉及1300多种约500亿美元的产品加征关税，其中包括机械装备、医疗和航天航空等高科技产品，这些产品与中国有关战略的目录完全一致。结合美国过去对日本发起的贸易战，有观点认为美国发起对华贸易摩擦主要是针对中国相关战略，意在遏制中国的发展，避免在产业竞争力和技术实力等方面对美国形成实质性威胁，也就是说，美国是从中国技术赶超或战略因素的角度挑起贸易摩擦。

基本结论：（1）中美技术差距缩小会通过影响贸易逆差与政治捐献的相互作用来影响美国对华贸易政策；（2）中美技术差距缩小、贸易逆差（或进口渗透率）和利益集团政治游说是美国对华反倾销的主要影响因素，经济因素对美国对华反倾销影响较小；（3）

存在利益集团政治游说的情况下，中美技术差距缩小和贸易逆差（或进口渗透率）大幅增加了美国对华反倾销的概率，说明政治因素对美国对华反倾销影响相当大。

主要贡献：(1) 对于技术赶超是否引发中美贸易摩擦，目前还缺乏系统的研究，该研究结合 2017 年以来美国对华贸易摩擦的讨论，采用 2000—2014 年行业反倾销数据实证检验技术赶超对中美贸易摩擦是否产生实质性影响，从而为中美贸易摩擦提出有针对性的政策建议；(2) 区别于以往文献单独从经济因素考察，该研究还从政治因素角度考察了两者对贸易摩擦的综合影响。

现实意义：中国应充分认识到美国维护国际霸权和复兴制造业的战略定位，随着中美技术差距的缩小，中美两国可能会围绕国际地位和国际规则的制定产生更多的争端，并以贸易摩擦的形式展现出来。因此，中国在应对中美贸易摩擦时应有长期准备，分别制定短期应对策略和长期战略。短期而言，鉴于中美经贸关系的重要性，以避免中美贸易摩擦为目标，通过加强同美国政府部门的协商沟通、扩大对美国商品进口等策略缓和短期内的贸易紧张关系，通过适度有针对性的贸易报复措施反制美国的大幅度征税措施。但是就长期而言，中国应以掌握产业核心竞争力和核心技术为战略目标，占领全球价值链环节的制高点，培育能够切实提升自主创新能力的市场环境和政策体系，避免在国际经贸关系中处于被动地位。

7. 刘思明，张世瑾，朱惠东．国家创新驱动力测度及其经济高质量发展效应研究［J］. 数量经济技术经济研究，2019，36（4）：3-23.

研究背景：近年来特别是国际金融危机爆发以来，世界主要国家纷纷将创新战略作为国家核心战略，通过持续增强创新优势抢占新一轮经济进程中的主动权和制高点。作为发展中国家中极具创新觉悟的国家，在一系列政策措施的推动下，中国近年来的创新投入力度不断加大，创新产出成果丰硕，科技创新能力和国际竞争力显著提升。然而，与科技创新水平迅猛发展形成对比的是我国制度创新的建设进程较为滞后，导致我国创新活力总体不足、创新成效不甚理想。

基本结论：(1) 发达国家的创新驱动力指数明显高于发展中国家，创新驱动力水平与一国的经济发展程度密切相关。我国科技创新成效显著，但制度创新建设明显滞后，与科技创新能力不相匹配；(2) 无论是国家创新驱动力综合指数，还是科技创新指数和制度创新指数，抑或是其下各二级分项指数，均对一国的全要素生产率具有显著正向影响。另外，发达国家全要素生产率的创新促进效应要比发展中国家更为突出，反映出发达国家经济的高质量发展与其以坚实的创新驱动力为支撑是密不可分的；(3) 在推动经济高质量发展过程中，有必要实施科技创新与制度创新“双轮驱动”并建立起适应且能激励科技创新的制度体系。

主要贡献：(1) 该研究突破了既有研究只注重科技创新测度的局限性，并在此框架下编制国家创新驱动力指数，可以从一个全新的视角更为客观地审视创新驱动力的国际发展格局和我国创新驱动力的实际水平；(2) 在创新驱动效应的考察上，通过考察国家创新驱动力指数以及科技创新和制度创新两个分项指数对一国全要素生产率的影响，就创新驱动经济高质量发展的效应进行评价，可以更加全面、有效地评估创新驱动的经济效应；(3) 考察了科技创新与制度创新的交互效应以检验两者的协同驱动作用，与以往割裂研究科技创新或者制度创新经济效应的做法相比，可以更加深入地揭示创新驱动发展的作用机制。

现实意义：（1）对中国而言，要破解当前经济发展中的各种矛盾和约束、成功跨越“中等收入陷阱”跻身高收入国家行列、不断保持并持续提升国际竞争力，就应当继续坚定不移地加快创新型国家建设、进一步提升国家创新驱动力水平；（2）我国在实施创新驱动发展战略的过程中，应坚持科技创新的核心地位，继续促进科技创新能力的稳步提升。针对我国在科技创新能力建设中存在的主要问题，亟待进一步加大创新投入力度以逐步缩小我国研发投入强度与创新强势国家的差距，以加强创新主体间的协同创新特别是提升与国外创新合作的开放创新水平为重要着眼点着力提升创新资源的投入产出效率；（3）加快与科技创新发展水平相匹配的制度体系建设是我国实施创新驱动发展战略的题中应有之义，特别是在以打造廉洁高效的服务型政府和营造公平有序的市场竞争环境为核心内容的深化市场经济体制改革、强化知识产权保护、建立畅通的企业融资机制等方面显得尤为迫切。

8. 王家庭，李艳旭，马洪福，曹清峰．中国制造业劳动生产率增长动能转换：资本驱动还是技术驱动［J］．中国工业经济，2019（5）：99-117.

研究背景：制造业是国民经济发展的重要引擎和支撑力，其结构转型升级关系到经济结构优化、增长动能转换。习近平总书记强调发展实体经济，就一定要把制造业搞好，当前特别要抓好创新驱动，掌握和运用好关键技术。2018 年政府工作报告明确提出加快制造业强国建设，要全面开展质量提升行动，推进与国际先进水平对标达标，弘扬劳模精神和工匠精神，建设知识型、技能型、创新型劳动者大军，来一场中国制造的品质革命。制造业结构转型与现代化经济体系建设、高质量发展息息相关，其中创新是实现中国向制造业强国转变的核心驱动力，也是中国向高质量发展转变的关键动能。

研究结论：（1）从整体上看，支撑中国制造业保持稳定增长的动能正逐步由资本驱动转向技术驱动，中国制造业劳动生产率增长呈现“低水平双驱动—资本驱动—高水平双驱动—技术驱动”的动能转换过程；（2）从区域层面看，制造业劳动生产率增长存在明显的区域差异，呈现“东部稳定、中西部快速发展”的趋势。同时，东部地区的技术驱动优势一直领先于中西部地区，引领着中国制造业增长动能转换；（3）从行业层面看，不同类型的制造业行业劳动生产率、增长动能和动能转换路径也存在显著差异。

主要贡献：（1）该研究针对传统方法中设定生产函数形式、无法准确估算出技术进步情况、未考虑到个体异质性的三个缺陷，采用了非参数的生产函数形式进行核密度估计，并通过反事实的方法构造出了技术进步项；（2）从分省、分行业的视角对中国制造业劳动生产率增长的动能转换过程进行了更为细化、全面的研究；（3）搜集并估算了1990—2016 年各省份中不同制造业行业的资本存量、就业人口和工业增加值数据，以求从省份和行业两个维度更为细致地探讨劳动生产率的增长动能转换过程，从而为新时代中国制造业的转型升级和高质量发展提供决策参考。

现实意义：（1）以创新为战略支撑，以制造业发展为核心，做大做强实体经济，积极推动中国现代化经济体系的建设；（2）重视新常态背景下技术与创新在制造业发展中的关键地位，通过对生产要素的再配置，促进中国制造业的高质量增长；（3）通过向全球价值链中高端迈进，重塑中国制造业在当前贸易格局中的新优势。

9. 程名望，贾晓佳，仇焕广．中国经济增长（1978—2015）：灵感还是汗水？［J］．经济研究，2019，54（7）：30-46.

研究背景：早在1994年，美国经济学家保罗·克鲁格曼就对中国等东亚国家的经济腾飞提出质疑，认为中国等东亚国家的经济增长主要是通过大规模的资本积累和密集的劳动力投入的“流汗方式”（perspiration）获得的，而不是通过技术进步和效率提升的“灵感方式”（inspiration）获得的。故从长期看，东亚经济体的经济增长难以保持可持续性，终究会出现崩溃。1978—2015年间，中国经济年均增速9.69%，创造了举世瞩目的“增长奇迹”。随着中国经济进入“新常态”，近年来经济增速放缓到7%以下，国内外对中国经济能否持续保持快速增长充满质疑和争论。争论的关键点在于：中国经济实现快速增长的动力和源泉是什么？是依靠单纯的要素投入还是生产效率提高？

基本结论：1978年以来中国创造“增长奇迹”是高投入增长和高效率增长共同作用的结果，依赖于“汗水”与“灵感”的双轮驱动，且越来越依赖于“灵感”，故该项研究并不支持“克鲁格曼质疑”，且认为由于技术进步、人力资本提升、制度改革和市场化推进导致的资源和商品在区域间的优化配置等“灵感”因素的增强，中国经济增长是可持续的。

主要贡献：（1）在经济增长放缓和进入新常态的背景下，通过剖析改革开放以来中国经济增长的源泉，对“克鲁格曼质疑”做出回答，既有利于进一步认清中国经济增长模式的本质和原动力，也有利于对中国经济能否继续保持快速增长，乃至对中国经济的未来是乐观还是悲观做出解答；（2）基于新经济地理学，充分考虑空间相关性对经济增长的影响，在建立的空间计量模型中引入“市场潜能”这一能够考察区域间经济增长溢出效应的指标，从而使得我们能够“估计”中国区域经济增长中空间溢出效应的大小及其对中国整体经济增长的贡献。同时，也更适合分析大国经济和区域发展不平衡的中国事实，能更全面地剖析中国不同区域经济增长的特征和源泉差异；（3）空间相关性的实质是基于“看不见的手”的资源和商品在不同区域间的优化配置与流动。考虑空间相关性，是对改革开放以来制度改革和市场化推进促使区域间壁垒消除乃至建立统一市场对中国经济增长重要性的论证，为认识市场化改革对中国经济增长的作用提供重要的实证论据。

现实意义：（1）继续发挥中国在劳动力和资本积累上的比较优势或竞争优势，注重充分就业和投资拉动，发挥“汗水”的作用；（2）重视制度改革和市场化推进，促进资源和商品在区域之间的优化配置和有效流通，从而在既定的资源投入下提高全要素生产率，特别是要消除区域之间的市场分割和贸易壁垒等地方保护主义，建立全国统一市场，促进市场潜能的溢出效用与外部性，例如要扩大东部地区对欠发达地区的扩散效应，做好有选择性的产业转移，助力西部形成新的“增长极”；（3）重视创新、技术进步和人力资本提升，促进中国经济内生性增长，最终彻底实现“灵感”驱动的可持续增长模式。

10. 郑世林，张美晨．科技进步对中国经济增长的贡献率估计：1990—2017年［J］．世界经济，2019，42（10）：73-97.

研究背景：改革开放以来，中国经济实现了接近两位数的高速增长，截至2010年，中国已成为世界第二大经济体，创造了世界经济发展的奇迹。但近年来中国经济增长出现大幅回落，2016年GDP增速降至6.7%，出现自1992年市场经济改革以来的历史最低点。随着经济增速下降，一些地区依赖的传统支柱性产业，如钢铁、煤炭、化工及房地产等行业，出现了大面积产能过剩，东南沿海地区部分加工贸易企业也出现亏损、倒闭及向外转移等现象。因此，当前中国经济正处于结构调整和转型升级的关键阶段，调整的阵痛仍在持续，实体经济运行困难。中国政府为应对经济转型，将创新驱动发展提升到前所未有的国家战略地位，加大了R&D经费的投入力度以促进科技创新。

基本结论：（1）总体上中国经济增长表现出典型的资本投入和科技进步双轮驱动的特征，1990—2017年中国科技进步对经济增长的平均贡献率达到48.97%，但自2008年全球金融危机以来，科技进步贡献率出现大幅度下滑，这也是经济增速下行的关键原因之一；（2）从科技进步贡献率的两部分构成看，R&D资本深化已成为金融危机以来中国经济转变发展方式的重要支撑，但全要素生产率贡献率下降幅度较大；（3）2013年东部地区率先通过转换经济发展动力，全要素生产率开始触底反弹，但福建等部分加工贸易企业密集地区仍处于新旧动力转换的过渡阶段；（4）2012—2017年中西部地区出现两极分化现象，四川、江西等省份全要素生产率增长较快，但山西、内蒙古、新疆、吉林等地全要素生产率降幅较大。

主要贡献：（1）将R&D支出资本化处理，构建了重估中国科技进步贡献率的理论依据；（2）不仅重估了全国和省级层面扣除R&D资产性支出的物质资本存量，还分别估算了综合R&D资本存量、高等学校及科研机构的R&D资本存量，并重新核算了R&D资本化处理后的新口径GDP；（3）拓展了科技进步贡献率的内涵，截至目前，还未发现有文献估计包含R&D资本深化部分的中国省级层面的科技进步贡献率，该研究的估计结果不仅有利于认识中国各地区经济增长动力结构转换的阶段性特征，也有利于分析近年来中国部分地区经济大幅下滑的深层原因。

现实意义：提高全要素生产率是抑制中国经济增速下行的关键，对分析中国经济增长的动力源泉以及实现创新驱动具有重要的现实意义。一方面，沿海外向型经济地区的首要目标在于实现创新驱动经济的发展模式，应凭借其技术、人才和市场优势，不断实现产业升级，从终端产品制造向高端产品研发设计迈进；另一方面，对中西部传统重化工业和资源密集型产业地区，提升全要素生产率的关键在于进一步优化供给侧改革，实现对传统行业的升级改造，传统行业升级的关键在于企业加大人才引进和研发投入力度，实行向研发人员倾斜的收入激励机制，通过技术创新带动传统行业焕发新的生机。

第三节　重要著作

1. 王玺．中国经济增长转型与技术进步的经济分析［M］．北京：中国人民大学出版社，2018.

研究背景：技术进步是经济增长的一个重要前提，也是衡量经济增长质量和发展效益的关键指标。关于技术进步在中国发展中的作用一直是经济学家争论的一个话题，其中最重要的是中国这种发展模式的背后是否蕴含技术进步的贡献以及技术进步的具体性质。以克鲁格曼为代表的部分西方经济学家认为中国的经济增长中没有技术进步的成分，因而中国发展的可持续性是一个问题。

内容提要：该书借鉴西方成熟的技术进步估算模型，建立适合中国这种新兴市场国家的技术进步估算模型，并对传统的测定方法进行改进，同时通过数据的标准化处理来提高数据样本的可靠性，科学地测定中国的技术进步水平，尤其是作为新兴经济体特殊的体现式的技术进步水平，分解并对比中国传统的中性技术进步与体现式技术进步对中国经济增长的贡献，对于未来中国的经济发展和经济增长方式的转型具有重要的理论与政策参考意义。

基本结构：该书一共分为五章，第一章概述了中国发展与技术进步问题的由来，引申出全书的研究主题。第二章针对以往研究中缺乏一个关于技术进步的缜密科学的概念体系，从理论层次上对各种技术进步的概念及其差异和阶段性等进行了科学系统的区分和界定，改变了传统研究中关于各种类型的技术进步研究的混乱以及概念界定模糊的状况。第三章对当前西方成熟的体现式技术进步估算方法进行了对比和分析。第四章建立了关于中国技术进步的系统方法，改进了新古典技术进步模型，同时为反映中国技术进步的相对水平和性质进行了广泛的国际比较分析。第五章针对中国技术进步的状况，深入分析了中国特殊的技术进步模式产生的深刻背景，并对中国现有的资本存量状况进行了估算。

主要贡献：该书系统分析了体现式技术进步的来源，对于东亚、中国奇迹和技术进步性质的研究进行了综合概括。从理论层次上对各种技术进步的概念及其差异和阶段性等进行了科学系统的区分和界定，从实践层次上对当前西方成熟的体现式技术进步估算方法进行了对比和分析。同时，该书建立了关于中国技术进步的系统方法，改进了新古典技术进步模型，为反映中国技术进步的相对水平和性质进行了广泛的国际比较分析，更全面和系统地反映了中国技术进步的性质。

现实意义：中国发展模式一直是发展中国家发展的典范，但是当前中国制造业面临的问题让经济学家对中国这种发展模式的可持续性产生了怀疑，人们逐步意识到中国的这种发展模式当前面临着很多的不足和挑战，诸如企业竞争力低下、技术进步对产业的推动水平较低等问题，这也是在每次危机的过程中中国总是受影响较大的原因，部分中国沿海企业的倒闭也说明了这一点，因此中国只有成功实现发展转型才能保持持续的增长，而科学系统地研究中国技术进步的模式和性质，以及技术进步对经济增长的贡献率对于中国持续发展及转型具有实际的政策参考意义。

2. 刘凤良，于泽，闫衍．全球技术进步放缓下中国经济新动能——从政府主导的模仿赶超到市场激励相容的创新引领［M］．北京：中国社会科学出版社，2018.

研究背景：我国经济增长率在 2011 年之后出现逐步放缓态势，原因是多方面的，这其中既有短期冲击的因素，也有长期潜在产出增长率从 8.3%持续下滑到 2015 年的 6.5%所造成的影响。从中长期视角来看，由于中国政府负债率相对较低，国有资产规模庞大，宏观政策工具施展的空间较大，因此短期经济冲击并不构成严重的系统性风险。但是，长期潜在产出增长率不断下降却对未来我国持续发展构成严重挑战。如果不能扭转潜在产出增长率的下滑态势，将潜在产出增长率维持在合理的区间，中国就可能陷入中等收入陷阱，也就不得不面临较为严重的失业等经济社会问题。为此，中国需要找到新的长期增长的来源，为实现两个一百年目标、维持持续发展局面，提供新的动能。

内容提要：该书在分析中国增长事实并与国际经验比较的基础上，探讨中国经济新动能构建的现实选择，分析新动能的载体及其对宏观增长的边际影响，指出与创新引领激励相容的政策基础和政策选择，并在理论和实证分析的基础上构造一个新动能指数，以便为政策评估提供参照。

基本结构：该书一共分为四章，第一章主要讲述赶超与收敛的中国事实与国际经验，具体从中国经济增长历程中的动能转换和维持持续增长的经验两个方面展开；第二章主要探索中国经济新动能构建可能的方向，具体从世界技术增速放缓背景下中国在ICT领域的前沿创新、质量红利为特征的第二次人口红利、技术创新导向的民间资本设备投资取代政府的基础设施建设投资、借助ICT技术和应用提升质量导向的农业现代化和深度工业化、新型开放和提升居民消费以及以城市群一体化为代表的深度城市化六个维度展开；第三章主要分析新动能载体可能的影响，主要从ICT前沿技术对经济的影响、ICT技术应用和以城市群建设为核心的区域协同发展三个方面展开；第四章主要讲述新动能构建的政策基础，主要围绕与创新激励相容的供给侧结构性改革和长短期平衡中的短期政策建议展开。

主要贡献：世界经济在深度调整中曲折复苏，上一轮科技进步和产业革命提供的经济动能面临消退，新一轮经济增长的动能尚在孕育之中。在新旧动能转换的关键时期，中国经济能否实现持续稳定增长、跨越“中等收入陷阱”，是我们当前面临的重要节点。该书基于中国国情并借鉴国际经验，认为在世界技术进步放缓的背景下，重要的是能否进一步挖掘经济增长新源泉，适时实现新动能的转换，将经济增速维持在新的合理水平。为此，近期我国应着力于实现下面几个方面新动能的转换：（1）以技术前沿创新代替技术模仿；（2）以人口质量红利代替人口数量红利；（3）以技术创新导向的民间资本设备投资取代政府主导的基础设施投资；（4）以质量提升为导向的农业现代化和深度工业化代替原来数量扩张为导向的农业产业化和工业化；（5）以攀升国际价值链的新型开放和提升国内居民消费水平取代外需的数量扩张；（6）以城市群一体化为代表的深度城市化代替简单数量增加的城市化；（7）以新一轮结构性改革红利提升原有改革红利。实现这7大动能转换，技术创新是先导，改革是基础。

现实意义：在全球技术进步放缓的背景下，新旧动能转换符合我国经济发展的实际。党的十八大以来，以习近平同志为核心的党中央综合分析世界经济长周期和我国发展阶段性特征及其相互作用，作出我国经济发展进入新常态的重大战略判断。新常态下，经济下行压力加大，过去高污染、高能耗的粗放型发展方式已经难以为继，经济增长动力、资源要素条件都已发生变化，经济发展方式亟待转变，经济结构亟待优化，经济增长动力亟待由旧转新。新旧动能转换，强调推进供给侧结构性改革，落实五大新发展理念，能够从根本上适应新常态并引领新常态，符合我国经济发展的实际。此外，新旧动能转换有利于推动发展阶段的跨越。2012年以来，中国服务业规模超过第二产业，成为中国经济第一大产业。之后服务业对经济增长的带动作用明显增强，逐渐成为中国经济发展的主动力。服务业的快速发展主要依赖于居民收入水平的提升，目前中国已进入了上中等收入国家行列，并向着高收入国家行列迈进。要实现由上中等收入国家到高收入国家的跨越并非易事。在当前世界经济深刻调整，保护主义、单边主义抬头的大背景下，对外应保持战略清醒，坦然面对挑战；对内应坚持党的领导，加快实现新旧动能转换，实现发展阶段的平稳跨越。

3. 李文军，齐建国．创新驱动发展：理论、问题与对策［M］．北京：社会科学文献出版社，2018.

研究背景：改革开放以来，我国经济快速发展主要源于劳动力以及资源环境的低成本优势。进入发展的新阶段，我国在国际上的低成本优势逐渐消失。与低成本优势相比，技术创新具有不易模仿、附加值高等突出特点，由此建立的创新优势持续时间长、竞争力强。党的十八大以来，创新驱动作为发展战略被提到前所未有的高度，十八届五中全会进一步提出创新发展理念，明确创新是引领发展的第一动力。推动创新驱动发展，必须全面理解创新驱动发展的新引擎作用，实施创新驱动发展战略，加快实现由低成本优势向创新优势的转换，可以为我国持续发展提供强大动力。

内容提要：该书深入分析阻碍创新驱动发展的体制机制问题和面临的其他障碍，需要在国家层面制定具有针对性的对策与措施，破除一切体制机制障碍和政策束缚，全方位地推动包括科技创新、制度创新、管理创新、商业模式创新、业态创新和文化创新等在内的创新不断深入发展。

基本结构：该书一共分为十章。第一章为总论，系统地总结影响创新发生发展与绩效的动力、激励、制度、投入和文化等五大方面问题，提炼归纳了加快推动创新驱动发展的对策措施。第二至第四章为理论基础专题报告。第五章进一步阐述了中国经济“新常态”的内涵及其对创新驱动发展战略提出的迫切要求。第六章阐述国家创新体系的内涵及其对创新驱动发展的意义，分析国家创新体系建设存在的问题，提出相应的改进对策。第七章对创新驱动发展涉及的制度内涵及功能、我国相关制度存在的问题进行了分析。第八章从文化对创新发生的作用机制出发，提出了创新环境的文化建设问题。第九章基于前述理论与实证分析，提出相关对策建议。第十章在对比国内外行业发展差异的基础上，深入分析了我国创新与发展的症结，提出了促进创新与发展的对策，并为宏观视角的问题分析和对策建议提供了行业证据和补充说明。

主要贡献：推进创新驱动发展战略实施是一项系统工程，既要多方合力，统筹兼顾，又要突出重点，解决短板问题。为此，该书提出如下具有建设性意义的对策：第一，推动经济发展模式创新，实现绿色循环低碳发展。第二，加强国家创新体系建设，完善相关政策制度安排。第三，建立面向专家和市场的科技规划和实施体制：一方面要建立专家和市场决策的科技规划编制方式；另一方面要改革科技项目申报和实施组织方式。第四，修订完善知识产权法并强化知识产权保护：要增加并扩大专利保护客体范围；完善建立绿色专利审查制度；完善对违法侵权行为的处罚制度；完善知识产权转化运用等。第五，深化科技体制改革，强化企业技术创新主体地位。第六，探索产学研用结合新模式，鼓励搭建创新联盟，支持融合创新。第七，完善形成以研发人员激励为导向的科研项目经费管理制度：要大幅度简化预算编制和预算执行过程管理；改革科研费用报销和预算执行方式；提升科研人员的劳动报偿和智力补偿比重。第八，逐步建立科研人员自由流动制度，建设创新型科技人才队伍：要加快社会保障制度并轨和统筹改革；促进科研人员与行政彻底脱钩；探索建立科研人员灵活就业和强制流动政策；重新设计留学生政策和完善人才回流政策；探索建立中国特色的科技移民政策；完善人才评价体系。第九，强化企业创新主体地位和主导作用：着眼创新驱动加快并深化国有企业改革；着眼放松产业规制加快建立完善市场准入限制和投资负面清单制度；着眼技术溢出探索提升中小企业创新能力。第十，建立多渠道创新投融资机制，加大科技创新投入。第十一，培养创新文化基因，塑造创新文化氛围：倡导知识经济时代的财富观，培育创新的文化基因；充分利用媒体，营造创新文化氛围；从教育入手，积淀挖掘社会创新潜能；创建创新文化生成与发育的良好平台。

现实意义：实施创新驱动发展战略，对我国提高经济增长的质量和效益、加快转变经济发展方式具有重要的现实意义。科技创新具有乘数效应，不仅可以直接转化为现实生产力，而且可以通过科技的渗透作用放大各生产要素的生产力，提高社会整体生产力水平。实施创新驱动发展战略，可以全面提升我国经济增长的质量和效益，有力推动经济发展方式转变。实施创新驱动发展战略，加快产业技术创新，用高新技术和先进适用技术改造提升传统产业，既可以降低消耗、减少污染，改变过度消耗资源、污染环境的发展模式，又可以提升产业竞争力。

第四节　学 术 会 议

1. 首届中国创新经济论坛

会议主题：首届中国创新经济论坛

主办单位：《经济研究》杂志社

中国人民大学中国经济改革与发展研究院

会议时间：2019 年 6 月 22—23 日

会议地点：北京

会议概述：新时代中国推动创新驱动发展战略和建设创新型国家的重大战略任务，呼唤和激励着学者们的研究兴趣和动力。为了加快推动中国创新经济学领域、交叉学科领域的前沿学术研究，全面促进中国创新经济学领域学者之间的交流，打通产学研全面合作协作通道，全面促进从实践到理论、理论指导政策良性互动机制的形成，深刻体现理论、实践和政策三者密切融合的中国特色研究，《经济研究》杂志社、中国人民大学中国经济改革与发展研究院、南京大学经济学院、复旦大学经济学院、清华大学经济管理学院、厦门大学经济学院、北京师范大学经济与工商管理学院、中南财经政法大学工商管理学院、安徽财经大学国际经贸学院、浙江工商大学国际商务研究院、广东外语外贸大学金融学院、淮阴工学院苏北发展研究院、中国科学院科技战略咨询研究院、国家科技部中国科学技术发展战略研究院、国家发改委宏观经济研究院、国家知识产权局知识产权发展研究中心于 2018 年 10 月共同发起“中国创新经济论坛”。此次首届中国创新经济论坛于 2019 年 6 月 22—23 日在中国人民大学举办，汇集了中国创新经济学领域取得的优秀学术成果，打造了编辑、作者及评论人三方互动交流的高端平台。

中国人民大学中国经济改革与发展研究院常务副院长高德步表示，我国实施创新驱动发展战略和建设创新型国家的重大部署，呼唤和激励着学者们的研究兴趣和动力。在《经济研究》杂志社社长张永山看来，在新时代背景下，中国创新领域非常宏大，需要在有学理支撑的基础上构建一个政产学研的综合研究平台，既要有学科的交叉性，也要符合国家发展战略，要让学术服务于国家创新经济的建设。中国人民大学中国经济改革与发展研究院院长林岗对经济高质量发展同高速增长相对立的观点进行了批判。他认为，首先人口自然增长率的下降不一定导致经济增长速度变慢，经济增长主要依靠劳动生产率的提高。其次，投资规模收缩不代表经济增长速度会减慢，因为投资是有周期性的。最后，劳动力成本上升导致竞争力下降，从而影响经济增长速度的观点也站不住脚，衡量劳动力成本要看单位产出的劳动成本，不能光看工资的绝对水平。南京大学经济学院院长安同良认为，未来中国的创新经济学要明确创新的内涵、本质和方向，明确创新经济学的理论范式以及中国的创新路径，同时还要规避创新的障碍、防止过度创新、完善政府对创新的激励规制等。厦门大学经济学院教授龙小宁进一步阐释了创新的政策激励与制度环境相关话题。目前，中国促进创新的措施主要分为三部分，分别是直接的政策激励、知识产权保护、改善制度环境。其中政策激励的导向性非常强，见效迅速，但有可能产生负面影响。改善制度环境能够提供基础性的保障，产生长期的效果，但是见效较慢，而且只能间接产生影响。推动科技创新和实体经济发展，实际是要推动法治建设，要形成透明、公平、稳定、可预期的营商环境。《经济研究》编辑部主任刘霞辉认为，任何一个国家的经济结构或者市场结构，都与其整体经济发展水平有很大关联性。中国的经济结构正在由传统的产品生产经济转化为以城市经济为主的服务型经济。人力资本、技术创新、高新技术的普遍运用，成为中国经济的主导力量。智能化创新和服务、网络和数字经济的快速发展，正在不断改变传统的生产和服务行为。中国人民大学副校长刘元春认为，人工智能、3D 打印等技术领域的突破会对经济学的分析前提产生很大影响。人的生命无限延长会影响经济学的跨期分析，平台经济等新经济的普遍化带来的规模收益递增改变了很多分析理论、分析框架，新经济、新技术、新模式所产生的分布式、嵌入式分工，使传统的中心与外围的斗争模式和谈判模式发生了根本性的改变。经济学研究及相关政策研究正处于一个革命的年代，需要我们进行视角转换和新思考。安徽财经大学副校长冯德连提出，要加快培育中国的世界级先进制造业集群。世界级先进制造业集群具有地域性、世界性、先进性，能够主导全球价值链，引领世界先进制造业方向。他认为，企业的核心是企业家，企业家对于世界级先进制造业集群的形成非常重要。在对中国先进制造业集群进行评估时，冯德连提出，部分先进制造业集群已经具备了国际竞争力，但还存在价值链低端锁定的风险，集群企业主体活力有待加强，先进制造业集群成本居高不下。因此，首先要制订规划，其次要加快集群网络的创新，如促进科技创新、品牌创新以及国际化创新等。南京财经大学副校长张为付认为，实现贸易的创新发展才是硬道理。在宏观层面要主动扩大进口，在中观层面要开拓新的市场，在微观层面要创新外贸的服务模式、运营模式。

在本次会议上，来自不同学科领域的专家、学者充分交流讨论，深入问题本质，会议上呈现了一大批高质量高水平的学术论文，对研究中国创新问题具有十分重要的意义。会议吸引了学术界同仁们的广泛关注，取得了良好的效果，得到了一致好评。

2. 新时代背景下创新与产业发展——第二届创新与产业经济国际研讨会

会议主题：创新、产业经济理论与实证研究

主办单位：南京大学经济学院、南京大学区域经济转型与管理变革协同创新中心、南京大学中国特色社会主义经济建设协同创新中心、南京大学现代经济学研

究中心、南京大学中奥熊彼特研究中心联合举办

会议时间：2018 年 6 月 8—10 日

会议地点：南京大学

会议概述：来自海内外高校及科研院所的近 50 位国内外学者在会议上进行了汇报，参会人数九十多人。研讨会主办方特别邀请到产业组织理论与应用计量、创新研究等领域的国际知名教授到会交流论文，其中特别邀请到 *Research Policy*、*Review of Industrial Organization*、*Journal of Industrial Economics*、*Economics of Innovation and New Technology* 等杂志主编和编委到会交流他们的最新文章，并且向国内外学者征集最新未公开发表的学术论文。

2018 年 6 月 8 日，南京大学商学院教育部长江学者特聘教授范从来出席开幕式并致辞。范从来教授代表学校和商学院向全体与会嘉宾的到来表示热烈的欢迎，并介绍了南京大学的历史与近年来取得的成就，以及南京作为长三角的中心城市在中国经济布局中的重要地位，肯定了创新与产业经济的学术研究对中国及世界的发展有着非常重要的意义与价值。开幕式后，南京大学商学院经济学系洪银兴教授以“创新是新时代发展的动力”为主题作学术汇报，指出建设现代化经济体系我国是跨越关口的迫切要求和发展的战略目标，实现这一目标必须做到工业化、信息化、城镇化和农业现代化的“四化同步”，注重工业化的质量指标，促进大数据、互联网、人工智能与实体经济结合，在中高端消费、创新引领、绿色低碳、共享经济、现代供应链、人力资本服务等领域培育新增长点，形成新动能；抓住新科技和产业革命的机会，使信息和大数据成为关键的战略资源；开拓乡村振兴战略中的城镇功能；构建现代化农业产业体系，建设品质农业。最后，洪教授引用中兴事件倒逼中国科技自主创新的热点新闻，指出赶超发达国家的动力在于创新驱动，这要求我们重视科技创新，推进产业创新，建设产学研深度融合的技术创新体系。洪教授对中国产业创新格局入木三分的解读感染了每一位参会代表。

主会场上，来自比利时布鲁塞尔大学的 Patrick Legros 教授、美国亚利桑那大学的 Gowrisankaran 教授、韩国国立首尔大学的 Keun Lee 教授、美国科罗拉多大学教授暨长江学者陈勇民教授、伦敦玛丽王后大学的 Sushanta Mallick 教授、意大利都灵大学的 Cristiano Antonelli 教授分别作了“在公司内部还是外部学习？劳动力市场摩擦与企业家精神”“监督的升级：环境法规动态执行的收益”“从全球价值链到地区价值链和知识创造”“专家市场的有效负债”“研发、知识外溢和公司绩效”“新知识的贸易性与收入不平等”的主题报告。南京大学商学院副院长、经济学院院长、长江学者安同良教授在大会上作了“房价上涨、短期超额回报对中国企业创新的挤出效应”的主题演讲。安同良教授通过研究 2003 年后中国房价的快速上涨，大量上市公司不再做研发而去投资房产的现象，通过构建企业资金配置决策的演化模型，实证检验了 35 个大中城市的企业存在确定性的挤出效应，并由此提出了警惕房地产泡沫对中国经济与企业创新的“绑架”效应、精准回归“房子是用来住的、不是用来炒的”本质特征、转变政府过度依托以房地产为主导产业的增长机制与方式、扭转制造业企业盲目“进军房地产业”的非理性的多元化发展战略等政策建议。

分会场上，诸多优秀的国内外学者也围绕“创新与产业经济”的主题进行了近 40 个主题汇报与研讨。其中，来自加拿大卡尔顿大学的教授暨长江学者陈智琦、加拿大多伦多

大学的韩璐、厦门大学的马超分别作了“附加费上的勾结”“行业中的雇用网络”“个体消费者的数量限制与价格歧视”的主题汇报。在10日上午的中文报告分会场上，上海对外经贸大学的吴兰兰报告了“中国银行业改革、地方金融与企业出口”的学术论文，研究地方金融发展是否通过缓解企业所在行业的信贷需求促进企业出口，提出了推动金融改革以促进金融主体的多元化发展、推进国有大型商业银行的去行政化以提升金融效率的政策建议。浙江大学的许云华教授介绍了电信市场的“市场结构异质、网络外部性与最优定价”的研究，得出电信市场结构差异过大将导致网络的不完全覆盖，而在非成熟电信市场中，运营商是市场价格的制定者，但电信市场结构异质性制约了垄断运营商的定价能力，市场零售价格上升提高了单个用户的利润额，但减少了用户数量和市场覆盖率，运营商需要在两者间权衡并确定最优零售价格。

本次会议吸引了来自国内外的知名学者、教授参与，会议讨论充分，形成了诸多具有理论意义和现实价值的学术观点，取得了良好的效果，在学术界引起强烈的反响。

3. 第十一届科技进步论坛暨第八届中国产学研合作创新论坛

会议主题：使命与愿景：新时代创新引领与科技强国建设

主办单位：青岛大学商学院
《科技进步与对策》杂志社

协办单位：武汉大学中国产学研合作问题研究中心
安徽财经大学工商管理学院

会议时间：2019年8月15—16日

会议地点：青岛大学浮山校区

会议概述：新一轮科技革命和产业变革正加速演进，科技创新大潮澎湃，国际竞争日趋激烈。党的十九大报告明确提出加快建设创新型国家，建设科技强国。欣逢中华人民共和国成立70周年，站在发展新的历史起点，新时代赋予创新发展和科技强国建设新的使命。为深入探讨新时代科技创新引领发展及科技强国建设，2019年8月15—16日，由青岛大学商学院与《科技进步与对策》杂志社主办的第十一届科技进步论坛暨第八届中国产学研合作创新论坛在青岛大学成功举办。来自全国各大高校、科研机构以及政府部门、企业的700余人参加了论坛。

本届论坛以“使命与愿景：新时代创新引领与科技强国建设”为主题，旨在深刻把握新时代科技创新的机遇与挑战，共同探讨科技创新引领高质量发展以及建设世界科技强国的路径。论坛邀请到诸多领域知名专家作了主旨报告。清华大学技术创新研究中心主任、长江学者特聘教授陈劲深入解析了当前我国建设世界科技强国建设的战略与路径；中国科学院大学管理学院柳卸林教授分析了数字时代创新的特征，深刻剖析了数字时代创新的机遇与挑战；西交利物浦大学执行校长、西安交通大学管理学院席酉民教授从创新生态的角度提出了数字智能时代的教科产社融合及创新生态营造；国家科技评估中心副主任邢怀滨研究员讲解了如何积极构建科学合理的科技评价体系。华南理工大学张振刚教授结合多年对格力公司的研究提出了格力模式研究的方法论思考；企业是创新的主题，江苏大学副校长梅强教授着眼中小企业开放式创新战略，提出了其服务体系升级的建议；清华大学经济管理学院雷家骕教授针对当前美国对华贸易摩擦，分析了中国科技突围路径。青岛恒尼智造科技有限公司吴佳总经理结合公司发展实践阐述了数据驱动透明工厂柔性生产。

此外，本届论坛开设了科技创新与管理、科技评价与技术创新、企业创新管理、区域科学发展、产业转型升级、科技政策与人才培育等 10 个分论坛；专门开设了（经管学院）院长论坛和 2 个博士论坛。还依托论坛平台，开设了科研人才招聘服务。与会专家学者通过深入交流，开展前瞻性和系统性的研讨，为科技创新和建设世界科技强国交流思想、献言献策。

为期两天的会议中，学者们各抒己见、充分讨论，增进了对彼此研究方向、相关领域最新研究进展的相互了解，学术氛围浓厚。与会专家一致认为，通过与专家、学者们的交流对话，本届论坛对新时代科技创新引领发展及科技强国建设提出了若干卓有成效的建议，会议特色明显，圆满成功。

◎ 参考文献

[1] 刘华军，彭莹，裴延峰，贾文星．全要素生产率是否已经成为中国地区经济差距的决定力量？[J]．财经研究，2018，44（6）：50-63.

[2] 郑世林，张美晨．科技进步对中国经济增长的贡献率估计：1990—2017 年 [J]．世界经济，2019，42（10）：73-97.

[3] 程名望，贾晓佳，仇焕广．中国经济增长（1978—2015）：灵感还是汗水？[J]．经济研究，2019，54（7）：30-46.

[4] 孙早，许薛璐．产业创新与消费升级：基于供给侧结构性改革视角的经验研究 [J]．中国工业经济，2018（7）：98-116.

[5] 冯贞柏．行业技术效率测度与全要素生产率增长的分解 [J]．经济评论，2019（3）：57-73.

[6] 王家庭，李艳旭，马洪福，曹清峰．中国制造业劳动生产率增长动能转换：资本驱动还是技术驱动 [J]．中国工业经济，2019（5）：99-117.

[7] 邹欣．什么样的创业能够促进经济发展？——基于跨国面板数据的实证分析 [J]．经济评论，2018（3）：3-12.

[8] 程文，张建华．收入水平、收入差距与自主创新——兼论“中等收入陷阱”的形成与跨越 [J]．经济研究，2018，53（4）：47-62.

[9] Bloom，N.，M. Draca，and J. Van Reenen. Trade induced technical change? The impact of Chinese imports on innovation，IT and productivity [J]. Review of Economic Studies，2016，83（1）：87-117.

[10] 姜青克，戴一鑫，郑玉．进口中间品技术溢出与全要素生产率 [J]．产业经济研究，2018（4）：99-112.

[11] Acemoglu，D.，and F. Zilibotti. Productivity differences [J]. Quarterly Journal of Economics，2001，116（2）：563-606.

[12] Acemoglu，D.，and M. Dell. Productivity differences between and within countries [J]. American Economic Journal：Macroeconomics，2010，2（1）：169-188.

[13] Arkolakis，C.，N. Ramondo，A. Rodríguez-Clare，and S. Yeaple. Innovation and

production in the global economy [J]. American Economic Review, 2018, 108 (8): 2128-2173.

[14] 王玺. 中国经济增长转型与技术进步的经济分析 [M]. 北京: 中国人民大学出版社, 2018.

[15] 郝楠, 李静. 技术进步、人力资本"侵蚀效应"与国际技术差距——基于2001—2015年跨国面板数据的经验分析 [J]. 经济学家, 2018 (7): 55-62.

[16] 周晓波, 陈璋. 引进式技术进步方式下我国经济增长与不平衡结构的演变 [J]. 改革, 2019 (10): 57-65.

[17] 叶初升. 中等收入阶段的发展问题与发展经济学理论创新——基于当代中国经济实践的一种理论建构性探索 [J]. 经济研究, 2019, 54 (8): 167-182.

[18] Hicks J. R. The theory of wages [M]. London: Macmillan, 1932.

[19] Acemoglu, D. Directed technical change [J]. The Review of Economic Studies, 2002, 69 (4): 781-809.

[20] Acemoglu, D. Labor-and capital-augmenting technical change [J]. Journal of the European Economic Association, 2003 (1): 1-37.

[21] Acemoglu, D. Equilibrium bias of technology [J]. Econometrica, 2007, 75 (5): 1371-1409.

[22] Klump, R., P. McAdam, and A. Willman. Factor substitution and factor-augmenting technical progress in the united states: a normalized supply-side system approach [J]. Review of Economic Statistic, 2007, 89 (1): 183-192.

[23] Klump, R., P. McAdam, and A. Willman. Unwrapping some Euro area growth puzzles: factor substitution, productivity and unemployment [J]. Journal of Macroeconomics, 2008, 30 (2): 645-666.

[24] Sato R., Morita T. Quantity or quality: the impact of labour saving innovation on US and Japanese growth rates, 1960-2004 [J]. Japanese Economic Review, 2009, 60 (4), 407-434.

[25] Li J., Stewart K. G. Factor substitution, factor-augmenting technical progress, and trending factor shares: the Canadian evidence [J]. Econometrics Working Papers, 2014 (1403).

[26] 罗知, 宣琳露, 李浩然. 国际贸易与中国技术进步方向——基于要素价格扭曲的中介效应分析 [J]. 经济评论, 2018 (3): 74-89.

[27] 严思齐, 彭建超, 吴群. 中国省际土地节约型技术进步测度与影响因素研究 [J]. 中国人口·资源与环境, 2018, 28 (12): 98-105.

[28] 杨翔, 李小平, 钟春平. 中国工业偏向性技术进步的演变趋势及影响因素研究 [J]. 数量经济技术经济研究, 2019, 36 (4): 101-119.

[29] 袁礼, 欧阳峣. 发展中大国提升全要素生产率的关键 [J]. 中国工业经济, 2018 (6): 43-61.

[30] 李小平, 李小克. 偏向性技术进步与中国工业全要素生产率增长 [J]. 经济研究,

2018，53（10）：82-96.
[31] 陈汝影，余东华．资本深化、技术进步偏向与中国制造业产能利用率［J］．经济评论，2019（3）：3-17.
[32] 叶祥松，刘敬．异质性研发、政府支持与中国科技创新困境［J］．经济研究，2018，53（9）：116-132.
[33] Hu，A. G.，G. H. Jefferson. A great wall of patents：what is behind China's recent patent explosion?［J］. Journal of Development Economics，2009，90（1）：57-68.
[34] He，Z.，T. W. Tong，Y. Zhang，and W. He. A database linking Chinese patents to China's census firms［J］. Scientific Data，2018，5，180042.
[35] Hall，B. H.，and D. Harhoff. Recent research on the economics of patents［J］. Annual Review of Economics，2012，4（1）：541-565.
[36] Tong，T.，W. He，Z. L. He，and J. Lu. Patent regime shift and firm innovation：evidence from the Second amendment to China's patent law［J］. Academy of Management Proceedings，2014（1）.
[37] 张杰，郑文平．创新追赶战略抑制了中国专利质量么?［J］．经济研究，2018，53（5）：28-41.
[38] 毛昊，尹志锋，张锦．中国创新能够摆脱“实用新型专利制度使用陷阱”吗［J］．中国工业经济，2018（3）：98-115.
[39] 蒋殿春，王小霞，李磊．“中国制造”到“中国创造”——基于劳动工资与技术创新的新思考［J］．经济评论，2019（5）：50-62.
[40] 戴魁早．要素市场扭曲如何影响出口技术复杂度?——中国高技术产业的经验证据［J］．经济学（季刊），2019，18（1）：337-366.
[41] He，C.，S. Zhu，X. Hu，and Y. Li. Proximity matters：inter-regional knowledge spillovers and regional industrial diversification in China［J］. Tijdschrift voor Economische en Sociale Geografie，2019，110（2）：173-190.
[42] 徐浩，冯涛．制度环境优化有助于推动技术创新吗?——基于中国省际动态空间面板的经验分析［J］．财经研究，2018，44（4）：47-61.
[43] 沈春苗，郑江淮．制度环境改善与技能偏向性技术进步［J］．产业经济研究，2019（1）：1-11.
[44] 刘思明，张世瑾，朱惠东．国家创新驱动力测度及其经济高质量发展效应研究［J］．数量经济技术经济研究，2019，36（4）：3-23.
[45] 姚惠泽，张梅．要素市场扭曲、对外直接投资与中国企业技术创新［J］．产业经济研究，2018（6）：22-35.
[46] 孙付华，李申达，龚茗菲，李军．异质性企业对外投资行为如何影响中国绿色经济增长?［J］．产业经济研究，2019（5）：65-76.
[47] 袁宝龙，李琛．环境规制政策下创新驱动中国工业绿色全要素生产率研究［J］．产业经济研究，2018（5）：101-113.
[48] 郭进．环境规制对绿色技术创新的影响——“波特效应”的中国证据［J］．财贸经

济，2019，40（3）：147-160.
[49] 李鹏升，陈艳莹．环境规制、企业议价能力和绿色全要素生产率［J］．财贸经济，2019，40（11）：144-160.
[50] 顾夏铭，陈勇民，潘士远．经济政策不确定性与创新——基于我国上市公司的实证分析［J］．经济研究，2018，53（2）：109-123.
[51] 张峰，刘曦苑，武立东，殷西乐．产品创新还是服务转型：经济政策不确定性与制造业创新选择［J］．中国工业经济，2019（7）：101-118.
[52] 杨飞，孙文远，程瑶．技术赶超是否引发中美贸易摩擦［J］．中国工业经济，2018（10）：99-117.
[53] 魏浩，连慧君，巫俊．中美贸易摩擦、美国进口冲击与中国企业创新［J］．统计研究，2019，36（8）：46-59.
[54] 李文军，齐建国．创新驱动发展：理论、问题与对策［M］．北京：社会科学文献出版社，2018.
[55] 申萌，万海远，李凯杰．从"投资拉动"到"创新驱动"：经济增长方式转变的内生动力和转型冲击［J］．统计研究，2019，36（3）：17-31.
[56] 刘金全，刘子玉．中国经济新常态下的经济周期更迭与驱动因素转换研究——兼论新周期的形成与识别［J］．经济学家，2019（5）：35-46.
[57] 李书昊．新时代中国经济发展方式转变的测度研究［J］．经济学家，2019（1）：53-61.
[58] 辜胜阻，吴华君，吴沁沁，余贤文．创新驱动与核心技术突破是高质量发展的基石［J］．中国软科学，2018（10）：9-18.
[59] 华坚，胡金昕．中国区域科技创新与经济高质量发展耦合关系评价［J］．科技进步与对策，2019，36（8）：19-27.
[60] 王慧艳，李新运，徐银良．科技创新驱动我国经济高质量发展绩效评价及影响因素研究［J］．经济学家，2019（11）：64-74.
[61] 吴传清，邓明亮．科技创新、对外开放与长江经济带高质量发展［J］．科技进步与对策，2019，36（3）：33-41.
[62] Autor，D.，and A. Salomons. Is automation labor-displacing? productivity growth，employment，and the labor share［R］. NBER Working Paper，2018（24871）.
[63] 田柳，周云波．中国城镇地区的技术进步与行业工资差距——基于微观数据层面的测算和影响效应分析［J］．产业经济研究，2018（1）：39-51.
[64] 吴鹏，常远，陈广汉．技术创新的中等收入分配效应：原创还是引进再创新［J］．财经研究，2018，44（7）：126-141.
[65] 王林辉，袁礼．有偏型技术进步、产业结构变迁和中国要素收入分配格局［J］．经济研究，2018，53（11）：115-131.
[66] 卞元超，吴利华，白俊红．高铁开通是否促进了区域创新？［J］．金融研究，2019（6）：132-149.
[67] 余泳泽，庄海涛，刘大勇，伏雨．高铁开通是否加速了技术创新外溢？——来自中

国 230 个地级市的证据［J］. 财经研究，2019，45（11）：20-31，111.
［68］孙广召，黄凯南．高铁开通对全要素生产率增长率的异质性影响分析［J］. 财经研究，2019，45（5）：84-98.
［69］Acemoglu，D.，and P. Restrepo. The wrong kind of AI? Artificial intelligence and the future of labor demand［R］. NBER Working Paper，2019.
［70］郭凯明．人工智能发展、产业结构转型升级与劳动收入份额变动［J］. 管理世界，2019，35（7）：60-77，202-203.
［71］陈彦斌，林晨，陈小亮．人工智能、老龄化与经济增长［J］. 经济研究，2019，54（7）：47-63.
［72］Branstetter，L.，M. Drev，and N. Kwon. Get with the program：software-driven innovation in traditional manufacturing［J］. Management Science，2018，65（2），541-558.
［73］Goldfarb，A.，and C. Tucker. Digital economics［J］. Journal of Economic Literature，2019，57（1）：3-43.
［74］卢福财，徐远彬．互联网对制造业劳动生产率的影响研究［J］. 产业经济研究，2019（4）：1-11.
［75］荆文君，孙宝文．数字经济促进经济高质量发展：一个理论分析框架［J］. 经济学家，2019（2）：66-73.
［76］许宪春，任雪，常子豪．大数据与绿色发展［J］. 中国工业经济，2019（4）：5-22.
［77］李辉．大数据推动我国经济高质量发展的理论机理、实践基础与政策选择［J］. 经济学家，2019（3）：52-59.
［78］陈斌开，伏霖．发展战略与经济停滞［J］. 世界经济，2018，41（1）：52-77.
［79］Cai，J.，Y. Chen，and X. Wang. The impact of corporate taxes on firm innovation：evidence from the corporate tax collection reform in China［R］. NBER Working Paper Series，2018（25146）.
［80］Chen，Z.，and J. Zhang. Types of patents and driving forces behind the patent growth in China［J］. Economic Modelling，2019（80）：294-302.
［81］苗文龙，何德旭，周潮．企业创新行为差异与政府技术创新支出效应［J］. 经济研究，2019，54（1）：85-99.
［82］刘凤良，于泽，闫衎．全球技术进步放缓下中国经济新动能——从政府主导的模仿赶超到市场激励相容的创新引领［M］. 北京：中国社会科学出版社，2018.
［83］叶祥松，刘敬．政府支持、技术市场发展与科技创新效率［J］. 经济学动态，2018（7）：67-81.
［84］章元，程郁，佘国满．政府补贴能否促进高新技术企业的自主创新？——来自中关村的证据［J］. 金融研究，2018（10）：123-140.
［85］张治栋，廖常文．全要素生产率与经济高质量发展——基于政府干预视角［J］. 软科学，2019，33（12）：29-35.
［86］贺俊，吕铁，黄阳华，江鸿．技术赶超的激励结构与能力积累：中国高铁经验及其政策启示［J］. 管理世界，2018，34（10）：191-207.

第七章　农民、农村与农业经济发展*

李　卓　封立涛　赵智慧　王峰伟
（武汉大学）

经济发展的过程是由传统经济向现代经济转型的结构变迁过程。农村与农业是这种结构转型和变迁的重要内容。中国是农村、农业、农民比例较高的发展中大国，也是农业生产、消费与贸易大国。改革开放40多年来，中国农业与农村发展取得了举世瞩目的成就，但在现代化转型方面还存在许多问题。近年来，在当代中国推进农业供给侧结构性改革、实施乡村振兴战略的实践背景下，学者们较多地关注农业土地、农业扶持政策、农村治理、农村家庭和农业现代化等问题。本章围绕上述焦点对研究文献进行梳理和评论。

第一节　研究综述

基于2018—2019年中国学者在农村与农业发展研究方向的论文著作，本章从新型经营主体的发展、农村进城务工人员问题、农业土地、农业生产效率、农业现代化发展、农业扶持政策、农村家庭、农村治理和农村互联网信贷这九个议题出发，展现研究成果，指出存在的问题并进一步展望研究趋势。

一、农民与经济发展

（一）新型农业经营主体

"新型经营主体"这一概念首次由党的十八大报告提出，体现了发展现代农业的客观要求。当前我国农村正发生深刻变化，农业经营方式面临诸多新挑战。构建集约化、专业化、组织化、社会化相结合的新型农业经营体系，大力培育专业大户、家庭农场、专业合作社等新型农业经营主体，发展多种形式的农业规模经营和社会化服务，有利于保障我国农业健康发展。近两年我国学者对于新型经营主体的发展研究主要集中于经营规模、整治模式、经营权抵押贷款和股份合作四个方面。

在经营规模问题的研究上，关付新（2018）从家庭农场特征的视角，构建了种粮家庭农场土地经营规模问题的分析框架，并利用河南省种粮成本和收益数据以及414个种粮

* 本章内容是教育部重点研究基地重大招标课题"城乡协调发展背景下现代农业发展道路的国际比较研究（16JJD790045）"的阶段性成果。

农户、50个家庭农场的调查数据测算和验证了种粮家庭农场土地经营规模的大小。研究表明：家庭农场土地经营规模的下限和上限分别由家庭农业收入占比和家庭自有劳动力占比所决定。土地租金上升降低了农业收入，从而驱动家庭农场提高土地经营规模下限；粮食生产劳动的季节性导致家庭农场难有土地经营规模上限约束，人多地少的华北平原不利于种粮家庭农场的发展。种粮家庭农场土地经营规模主要受种粮收益影响，种粮收益低驱动家庭农场扩大土地经营规模，导致出现生产非粮化和经营公司化趋向。

在整治模式问题的研究上，谢金华、杨钢桥和许玉光（2018）构建农地整治背景下农户生计策略的分析框架，并利用湖北省农户问卷调查数据，采用双重差分（DID）模型，分析不同农地整治模式对农户生计策略的影响。其研究结果表明：农地整治可以促进农户由传统小农经营向农业规模经营生计策略转变，由务农生计策略向本地打工经商生计策略转变；不同农地整治模式对农户生计策略的影响差异较大，新型经营主体主导模式农地整治相比于政府主导模式农地整治对农户上述生计策略转变的作用更加明显；不同地貌类型区农地整治对农户生计策略的影响差异较明显，平原地区农地整治更能促进农业生产方式由分散化经营向规模化经营转变，山区农地整治更能促进农村产业由单一产业向复合产业转变。

在经营权抵押贷款问题的研究上，张珩、罗剑朝和王磊玲（2018）基于农地经营权抵押贷款试点地区的农户调查数据，利用固定效应模型，探讨了农地经营权抵押贷款对农户收入增长的影响效果。研究发现，总体上讲，在控制了农户户主个人特征和家庭特征等变量后，农地经营权抵押贷款能使农户农业收入平均提高7.99%，且该正向影响具有持续效应；进一步从农户的农业生产要素投入和产出角度剖析农地经营权抵押贷款影响农户收入增长的内在根源，发现农地经营权抵押贷款对资本要素投入有显著的正向影响，但对劳动力要素投入无显著影响；农地经营权抵押贷款会显著提高资本要素投入和劳动力要素投入的产出弹性，但不会提高土地要素投入的产出弹性。此外，政府主导型农地经营权抵押贷款和市场主导型农地经营权抵押贷款对农户收入、农业生产要素投入和要素投入产出的影响效果存在显著差异。相较于政府主导型农地经营权抵押贷款，市场主导型农地经营权抵押贷款的影响更为显著。

在股份合作问题的研究上，赵翠萍、侯鹏、刘阳和余燕（2018）基于河南省沈丘县一个普通农耕村的跟踪调研，对其土地股份合作社的发生背景及产权设置、经营管理、盈余分配等主要做法进行了分析，认为，该合作社得以产生并稳定运营主要归因于农业生产主体的结构性弱化、家户农业经营的低效、农村能人的威权信任以及强化村级治理的现实需求。尽管合作社发展取得了经济以及社会方面的双重外部效应，但是，其在治理方式、制度规范、经营管理等方面仍然面临难题。

综合近两年对新型经营主体的研究来看，作者均从微观角度出发：经营规模、整治模式、经营权抵押贷款三个问题以家户为统计单位，进行问卷调查。调查问卷得到的数据作为一手数据具有较高的真实性，得到的数据更加微观、精准，从而对专业大户、家庭农场的研究更具科学性；而对于新型经营主体的另一类型——土地合作社，则采用农耕村层级上的跟踪调研，从而可以对产权设置、经营管理、盈余分配等过程进行连贯的分析。

在方法上，经营规模、整治模式、经营权抵押贷款三个问题以单位农户为调查对象，基于调查问卷形式得到的数据进行实证分析；股份合作问题则是通过跟踪调研，系统整理出了土地股份合作社组织架构与运行机制。这一趋势反映出我国学者对于农民经济行为的分析逐渐从一些宏观整体的概括性研究转向更为精确的特定方向的研究，这一做法既可以考虑到不同农民群体的异质性，又可以为许多宏观结论提供坚实的微观理论基础和实证证据。不足是较少用到数理模型进行理论分析。

（二）农村进城务工人员问题

中国城镇化是人类历史上最大规模的人口迁移运动，推动着中国现代化的进程。以往学者将永久性迁移定义为以户籍伴随的迁移，即迁移人口获取迁入地的户籍。但有意向永久性迁入城市的人口，往往具有强烈的安家意愿，并为之做出相应的准备，例如在迁入地购入住房等。农村进城务工人员城镇化相对农民就地城镇化，不仅使中国城镇化更实至名归，而且更有利于国家经济增长。因此，在新型城镇化背景下，相比于研究以户籍来定义的永久性迁移而言，研究拥有永久性迁移意愿和行为的个体对新型城镇化更具有实践和研究意义。

在农村进城务工人员城镇化迁移方面，陈良敏和丁世俊（2019）基于推拉理论、新劳动力迁移经济学等相关理论构建了农村进城务工人员家庭永久性迁移意愿和行为的分析框架，利用广东和湖北两地950户农村进城务工人员家庭调查数据，研究在新型城镇化背景下农村进城务工人员家庭永久性迁移意愿和行为的影响因素，研究发现：人力资本对农村进城务工人员家庭永久性迁移具有促进作用，家庭综合人力资本更显著；永久性迁移行为更依赖于家庭因素，子女抚养期家庭永久性迁移的倾向更高；随着城镇化率和人口密度的增大，农村进城务工人员家庭永久性迁移的意愿和行为会弱化，但合理的住房支付能力会起到增强作用。钱泽森和朱嘉晔（2018）利用浙江大学中国农村家庭调查数据库（CRHPS）中的农村进城务工人员样本，在采用单变量分析对农村进城务工人员的城市融入状况及变化趋势进行描述性统计分析的基础上，用因子分析法将指标体系中的诸多指标进行降维，考察了农村进城务工人员城市融入的影响因素，结果发现：农村进城务工人员的城市融入状况有明显改善的趋势，包括就业多元化、消费结构升级、加入城镇社会保障体系、接纳城市化价值观、获得非农户口意愿增强；农村进城务工人员的城市融入依然存在找工作难、收入差距大、社会保障等问题；公平感知度等主观感受在农村进城务工人员城市融入主观意愿中发挥着重要作用。Hongbo Li，Yuan Yuan，Xiaolin Zhang，Zhi Li，Yahua Wang和Xiaoliang Hu（2019）以苏南地区为例，研究了中国近代农村聚落空间的演变过程。结果发现农村住宅区的空间演化过程可以分为离散的，同构的，向心的和分层的，分支的和双重的，多样化的网络系统，且遵循历史的分期。在城乡互动的趋势下，农村空间结构经历了三个转变的时刻，因此机制是由不同时期经济和社会变化下的内外力驱动的。Wei Qi，Yu Deng和Bojie Fu（2019）研究了乡村吸引移民的问题。基于2010年第六次人口普查数据，分析了中国农村人口迁移的空间格局和驱动因素。主要结论如下：（1）包括长江三角洲、珠江三角洲和西北地区在内的地区是农村移民最有吸引力的目的地。（2）省际农村人口迁移模式与总农村人口迁移模式接近，但与省内农村人口迁移模式不同。（3）总体而言，第二产业的就业机会、农村收入、农村投资和当地经济水平都是推动农村移民的主要动力。东部、中部和西部省份的驱动机制各不相同。

总体来看，随着我国社会经济的发展，学者越来越关注农村进城务工人员城镇化的研究，经济学家在以往社会学研究的基础上，运用经济学的方法和数据对农村进城务工人员城镇化问题进行了更加细致的研究分析。在研究内容上，近两年对农村进城务工人员城镇化的研究主要对农村进城务工人员城镇化迁移的影响因素进行分析，采用实证分析的文章一部分是利用农村进城务工人员家庭生计状况调查的微观数据，分析农村进城务工人员家庭因素对于农村进城务工人员城镇化产生的影响；另一部分则运用宏观数据来测度政策变动对于农村进城务工人员城镇化的影响。在研究方法上，大多数学者依然采用面板数据进行简单 OLS 回归的方法；部分学者使用了双变量 Probit 模型回归分析。但从近两年的研究来看，鲜少有学者尝试解决农村进城务工人员城镇化回归分析中的内生性问题，大多数学者在分析农村进城务工人员城镇化的影响因素时，难以将技术进步等因素纳入考虑，从而导致内生性问题未能解决。

在农民领域，从近两年来学者的研究成果来看，在我国经济发展进入新常态，乡村振兴战略的实施等背景下，学者的研究主要分为新兴经营主体的发展和农村进城务工人员问题两个方面。在本章所选取的论文中，绝大多数论文将研究视角确定在上述两个方向上。在研究的方法上，除了个别文章选取特定视角进行定性论述以外，大多数论文采用了计量回归的方法进行研究。但在计量模型的设计和数据的运用上，大多数论文没有做到合理设计模型和使用有效的数据。一方面，许多论文的计量回归依然停留在简单的 OLS 回归上，并没有详细分析其模型中存在的内生性问题，从而无法给出因果性的结论；另一方面，大多数论文采用的数据统计口径过宽，许多进行指数测算的文章（主要集中在全要素生产率领域）也没有在数据上进行更具价值的创新，从而导致其结论乏善可陈。

在研究的结论上，大多数文章依然得出了较为经典的结论，由于研究方法和数据的不足，加之前人的研究已非常翔实，大多数文章难以得出具有现实价值的新结论。同时，部分文章由于数据口径和方法的限制，提出的结论过于宽泛和宏观，缺乏现实意义。

二、农业与经济发展

（一）农业土地问题

1. 农地确权

近年来中央连续强调要进一步加快推进农村承包地确权颁证，这对于提升农户福利水平、增强农村自我发展能力具有重要意义。近两年我国学者对于农地确权问题的研究可以分为历史问题、影响因素和政策效应三个方面，其中农地确权的政策效应又可以进一步细分为对农地规模的效应、对土地流转的效应、对农户农业生产效率的效应、对农户的收入效应和对农户的福利效应五个问题。

农地确权的历史问题方面，Yang Zhou，Xunhuan Li 和 Yansui Liu（2019）研究了中国土地制度改革的历史和存在的问题。他们将中国土地制度的改革分为五个阶段，并认为当前中国土地制度存在或产生的关键问题包括：土地产权主体不明确，土地资源利用效率低下，农田快速转换和冲突。城乡双重土地制度严重限制了中国社会经济发展的一体化。

农地确权的影响因素方面，汪险生和李宁（2019）利用中国劳动力动态调查（CLDS）2016年的数据，从民主的广度层面，采用村庄投票率衡量村庄民主，定量研究了村庄民主对农地确权的影响。其研究发现，村庄选举参与率与村庄确权率之间存在显著的正向关系；从性别视角来看，女性投票参与率的提升更能显著提高村庄确权率；从产权稳定性视角来看，土地调整对土地确权有负面影响，在有土地调整的村庄，民主对确权未发挥出更多的功效。同时，在发生了征地的村庄，民主也并非更能促进确权。

农地确权的政策效应方面，胡新艳、陈小知和米运生（2018）结合广东省阳山县农地整合确权政策实施的准自然实验调查数据，运用双重差分法分析农地整合确权政策实施对农地规模经营与服务规模经营的影响。分析结果表明，实施农地整合确权政策显著促进了农地地块规模扩张和农户参与农地流转；与此同时，实施农地整合确权政策对农户获取农业外包服务难易程度和外包服务使用程度的影响，随着时间推移由不显著转变为显著且正向。

王士海和王秀丽（2018）利用山东省农户数据对一些学者提出的土地确权会强化农户土地的禀赋效应进而抑制土地流转的假说进行了检验。其研究显示，土地确权强化了农户的土地产权强度，从短期看它对农户土地流出意愿的影响尚不明确，但长期影响应该是正向的。土地确权抑制农户土地流转的观点不仅在理论逻辑上存在悖论，而且统计推断显示禀赋效应在总体上并不存在。流转市场发育度和土地确权带来的安全效应显著影响着当地农户出现禀赋效应的概率，市场越深化农户越不容易出现禀赋效应，确权后土地产权强度提高越显著的农户流出土地的意愿越强。同时，安全效应还提高了土地流入农户进一步扩大规模的意愿，有利于土地资源的优化配置。

林文声、王志刚和王美阳（2018）根据2014年和2016年中国劳动力动态调查的混合截面数据，采用中介效应模型实证分析了农地确权对农户农业生产效率的影响及其作用机制。其研究结果表明：（1）农地确权在总体上提高了农户农业生产效率。（2）对于没有发生农地调整、农业机械化条件较好的村庄，农地确权能够提高农户农业生产效率；相反，对于拥有较多非农就业机会的农户，农地确权对其农业生产效率并不产生影响。（3）农地确权一方面通过促进农户加大农业短期投入、增加旱地转入和提高家庭务农人数占比提升其农业生产效率，另一方面通过抑制农户水田或水浇地转入导致其农业生产效率损失。

宁静、殷浩栋和汪三贵（2018）基于贫困地区1898户建档立卡贫困户的调查数据，采用中介效应模型，通过土地流转、劳动力转移和缓解信贷约束三种中间传导机制，分析土地确权对贫困农户收入的影响发现，土地确权有助于提高贫困农户的收入，其作用机制是，土地确权促进土地转出，提高了贫困户的财产性收入；土地确权通过促进劳动力转移提高了工资收入水平；土地确权所获得的抵押担保权属能够提高信贷可得性、缓解信贷约束、改善经营状况。

朱红根、解春艳和康兰媛（2019）在农地确权福利效应理论分析的基础上，利用实地调查数据，考察了农地确权前后农户福利变化情况及农户之间福利差异，并运用分位数回归模型实证探讨了农户福利变化的影响因素。研究结果表明，农地确权后农户福利水平出现一定程度的下降，但农户间福利水平差距缩小；农地确权政策宣传情况、农户参与意愿和农地确权整体满意度对农户福利变化有显著正向影响，而农户户主年龄和村庄地理位置显著地负向影响农户的福利变化。从分位数回归结果来看，农户户主年龄在低端和高端分位点上对其福利变化的影响更加显著，而耕地面积对农户福利变化的影响在中分位点上更加显著；地理位置对农户福利变化的影响在中分位点上显著且其系数有上升趋势；确权颁证只能显著提升中高分位点上的农户福利变化的幅度；农地确权了解程度对农户福利变化影响的整体趋势是先增加后减少，农地确权参与意愿和整体满意度对农户福利变化的影响趋势为逐步增大。

总体来看，随着我国社会经济的发展，学者越来越关注农村承包地确权的研究，经济学家在以往农地确权研究的基础上，运用更丰富的经济学方法和数据对农地确权政策效应问题进行了更加细致的研究分析。在研究内容上，近两年学者的研究不仅探索了农地确权在更多方面的政策效应，还增添了历史问题、影响因素等分析，弥补了以往研究从单一层面或单一指标上考察新一轮农地确权的政策效果的不足，增添了关于农地确权政策效应分析的理论依据。在研究方法上，近两年的研究涉及中介效应、双重差分、分位数回归等多种方法，同时更全面地考虑到了农地确权方面常出现的内生性，并且有的学者开始通过数理模型进行更加细化的研究。

2. 农地流转

农地流转方面，王倩、任倩和余劲（2018）基于在河南、山东、安徽、河北四个粮食主产省获取的 733 户农地流转户调查数据进行双边随机边界模型回归，实现了对农地流转市场中农户议价能力的测度及分析。结果表明，第三方的参与、流转合同的签订均能提高农地流转的基准价格，亲戚、朋友之间流转时价格往往较低。流转价格无法用常规变量解释部分中，84.53%由流转双方议价因素所贡献，且转出户具有更强的议价能力，使得最终成交价格高于基准价格。尽管第三方的加入及流转合同的签订增加了双方获得剩余，但净剩余仍无明显变化。近年农业政策及农地流转市场的发展使价格净剩余持续增加，农地流转双方议价差距不断加大，损害了市场主体的利益。仇童伟、罗必良和何勤英（2019）以市场交易的营利性特征为出发点，采用农地租金衡量市场化程度，并利用 2015 年中国家庭金融调查数据中的 1478 户农地转入户样本分析了农地流转对象与农地租金的关系。其实证结果表明，考虑内生性问题后，熟人之间交易与非熟人之间交易在农地租金上不存在显著差异。营利性动机会显著提高农地租金。

刘同山（2018）从城镇化进程中农户乡城迁移和农业转型发展要求农地流转出发，首先构建理论模型分析农地流转不畅对农业生产率的影响，然后利用中国黄淮海农区 5 省 18 县（市、区）708 户小麦种植户的一手调查数据，采用处理效应模型估计了农地流转不畅造成的小麦产量损失。其研究结果表明：想流出或流入农地却不能实现，会显著影响农户的小麦产量。从平均处理效应（ATE）看，想减少或扩大经营规模的农户不能流出或流入理想规模的农地，会造成 12.16%的小麦亩均产量损失。贾蕊和陆迁（2018）利用黄土高原区 849 户农户调查数据，研究了土地流转是否可促进黄土高原区农户水土保持措施的实施。在通过探索性因子分析法从行动信息、行动参与、行动组织和行动效果 4 个维度对农户集体行动参与程度进行测度的基础上，运用 bootstrap 调节的中介作用检验方法进行研究的结果表明：（1）土地流转面积对修筑梯田、使用地膜和造林具有显著的正向影响，而对节水灌溉技术采用的影响并不显著；土地流转期限对以上4种措施的实施均有显著的正向影响。(2) 集体行动在土地流转面积、流转期限影响农户修筑梯田、采用节水灌溉技术和接受政府补贴较少农户的造林活动中发挥正向中介作用，但在土地流转面积、流转期限影响农户地膜使用过程中的中介作用并不显著。(3) 政府补贴在农户集体行动影响造林和节水灌溉技术采用过程中发挥调节效应，但在集体行动影响造林过程中的调节效应为负，在集体行动影响节水灌溉技术采用过程中的调节效应为正。

综合来看，对农地流转问题的研究主要集中于农户议价能力、农地租金对于农地流转的影响，以及农地流转对于农户生产率和特定区域水土保持的影响。研究方法多样，包含OLS回归、2SLS回归、双边随机边界模型、处理效应模型、中介作用检验方法等。这些研究为农地流转方面的制度创新和政策优化提供了理论与实证支持，对于重新认识中国农地流转市场的现状和发展趋势具有重要意义。

（二）农业生产效率

曹芳芳、黄东、朱俊峰和武拉平（2018）基于全国16个省份1135户农户调查数据，利用分位数回归方法研究不同地区小麦收获损失情况及其主要影响因素。结果表明：第一，全国小麦平均收获损失率为4.175%，但不同省份之间损失率差异较大。其中，陕西、青海和新疆等西部省份的损失率远高于全国平均水平。第二，中国小麦收获损失较高，50.57%的农户小麦收获损失率低于3%，20.79%的农户损失率在3%~5%，28.64%的农户损失率大于5%。第三，异常天气、虫害、赶种下茬作物以及过晚收获对小麦收获损失有显著的正向影响，小麦种植面积、品种和机械收获对小麦收获损失有显著的负向影响；另外，农户更精细的收获作业和较高的粮食损失认知水平能够显著降低小麦收获损失。

章德宾、项朝阳和康国光（2018）采用超效率DEA方法，计算黄淮海设施蔬菜主产区内不同省份、不同种植规模农户决策的整体效率，并进一步分解为技术效率和规模效率。其研究发现，黄淮海设施蔬菜主产区小规模农户比其他农户普遍具有较高的整体决策效率，小农户的技术效率也高于大农户，主要原因为大农户在灌溉、劳动力投入等方面资源配置效率低下。

Qian Wang，Junjie Qiu和Jin Yu（2019）基于粮食总种植面积这一视角，研究了中国北方地区种植粮食作物的成本和收益问题。文章使用多级线性模型探索农田特征对谷物成本和收益的影响。数据参考了华北平原河南、山东和安徽省566个粮食生产者的1282块粮食田。其结论显示，土地面积和租地比例的影响与农民的粮食总种植面积密切相关，只有粮食面积低于1.33公顷的农民才能实现规模经济。租用土地的使用权不安全对谷物成本和收益的影响是负面的，但是当农民的谷物总面积足够大时，土地使用权的价值变小且微不足道。关于农田生物物理特性的影响，农民从拥有水利设施的土地上获得更多的利润，并且不得不在贫瘠的土地上进行更多的投资，而不会增加产量。

Yi Hu，Binbin Li，Zhenghe Zhang和Jian Wang（2019）利用2000—2012年3680名农民的个体调研数据和中国31个省份（未含港澳台地区）的长期面板数据集，研究了农场规模对农业技术进步的影响。结果表明，拥有较大农场的农民更愿意采用新技术，在追求农业知识上花费更多的时间和金钱，并且更加关注生产技术而不是加工技术。从区域分析来看，农场规模较大的地区似乎总体上具有较高的技术进步，虽然效果依规模而异，但在大农场地区有明显的积极影响，在中型农场地区则有轻微的负面影响，并在小农场地区产生明显的负面影响。

Sun Ling Wang，Jikun Huang，Xiaobing Wang 和 Francis Tuan（2019）研究了中国不同地区农业部门的全要素生产率是否收敛于一个稳态水平。其研究发现，尽管收敛性测试结果证实了“追赶”效应，即全要素生产率较低的省份往往比其他省份增长更快，但 β 收敛性的估计速率取决于我们如何测度跨地区的异质性效应。在不同模型中 β 收敛率的范围从 0.016 到 0.039。估计表明，较高的受教育程度、研发和中间产品密度（每劳动单位）的增长率可以促进全要素生产率的增长。不幸的是，没有证据表明总体 σ 趋同，这表明 TFP 水平除了南部地区以外没有趋同。这意味着，要赶上领先省份，就需要通过增加落后地区的受研究投入，增加农村地区的受教育水平，加强具体的技术变革，来做出额外的努力。

总体来看，近两年对于农业生产效率的研究视角宽阔，包含省级农业部门的宏观层面和农民个体的微观层面。在研究方法上，除了定性分析和简单 OLS 回归以外，分位数回归、收敛性测试等研究方法也被运用到该领域，同时对于农业生产效率的测量多种多样，丰富了该领域的研究，并提供了更为科学的实证证据。内容上，近两年学者较为关注的点有农户的生产效率、决策效率、农场规模经济、农业部门的全要素生产率等。同时，对于农民自身生产效率的研究也开始受到重视。

（三）农业现代化发展

以往学术界的研究主要集中讨论新型经营主体的多元形式、土地规模经营与农业经营模式的关系等问题，针对农业经营模式创新问题的讨论较少。近两年学术界的研究主要通过理论分析和案例研究，探讨新型经营主体创新经营模式的意义、小规模农户创新经营模式的动力与阻力。

刘辉和周长艳（2018）研究了小型农田水利治理的禀赋特征、产权结构与契约选择；陈义媛（2018）通过地方市场的村庄嵌入性研究，探讨了农产品经纪人与经济作物产品流通的关系；张瑞娟和高鸣（2018）基于小农户与种粮大户的比较讨论了新技术采纳行为与技术效率差异；基于黑龙江仁发合作社的案例分析，闵继胜（2018）对新型经营主体经营模式创新进行了分析；王颜齐和郭翔宇（2018）通过分析黑龙江和内蒙古大豆种植户的面板数据，研究了种植户农业雇用生产行为选择及其影响。Yang Gao，Bei Liu，Lili Yu，Haoran Yang 和 Shijiu Yin（2019）将内生转换概率模型应用于山东和河南省 443 个家庭农场的数据集，以研究社会资本和土地使用权安全对家庭农场采用绿色控制技术（GCT）的影响。研究结果表明，社会资本和土地使用权保障都对家庭农场采用 GCT 产生了显著的积极影响。此外，社会资本增强了土地使用权安全对采用 GCT 的积极作用。

综合近两年来有关农业现代化发展的研究来看，针对农业现代化发展的研究呈现出切入角度和数据微观化，方法更加精细化的特点。作者们从微观角度出发，采用以家户为统计单位的微观数据进行分析。一方面，采用更为微观的切入角度，比如针对特定群体的特定行为进行研究。可以更好地分析这一群体有别于其他农民群体的特征，并在特定的经济行为中对其进行准确定位。另一方面，以微观视角切入来研究宏观问题能够为许多宏观结论提供坚实的微观理论基础。在农民的经济行为研究领域，已经具备了充足的定性研究和宏观定量研究的论著，许多结论亟待从微观角度提供个体行为的实证证据。因而利用微观数据进行的实证分析是对前人研究的进一步补充。

在研究的方法上，一方面，学者开始将微观计量在该领域的运用推向深入。有别于前人研究的计量有意或无意回避回归中存在的内生性问题，目前学者已开始尝试运用两阶段最小二乘法来解决回归中的内生性问题。另一方面，许多学者依然沿用了较为经典的研究范式，即对国外学者的经典数理模型进行修正后，再结合中国实际数据进行分析。

但对于农业现代化发展的研究，依然存在部分不足。较为突出的一点是，虽然研究视角和数据日益微观化，但学者们得出的结论依然停留在前人的定性研究上，并未根据实证结果做出进一步的推进。此外，虽然研究方法的运用具有创新性，但在具体的变量选取，以及内生性问题解决方面，还有待进一步改进。

（四）农业扶持政策

近两年学者关于农业扶持政策的研究多见于政策的实施效应方面，研究内容主要涉及粮食最低收购价、粮豆轮作补贴和收储制度三类政策。

1. 粮食最低收购价

粮食最低收购价方面，童馨乐、胡迪和杨向阳（2019）结合粮食最低收购价政策运行机理，选择以小麦为例评估可能的政策效应。研究结果表明：（1）粮食最低收购价政策初始“保供给”目标符合农业发展需要，粮食产量短期内实现快速增长，随着政策执行的常态化，提高粮食产量和增加农户收入逐渐成为该项政策的两大基本目标；（2）粮食最低收购价政策实施初始阶段，播种面积对粮食总产量增加具有显著促进作用，在粮食生产成本低速增长条件下，产量和收益目标达到有效均衡；（3）粮食播种面积增加的不可持续性使得粮食总产量增加最终依赖于单产，在最低收购价格不再增加和粮食生产成本高企的双重压力下，政策增收边际效应递减甚至消失，产量和收益目标矛盾性逐渐显现。

周静和曾福生（2019）以湖南省为例，以稻作大户种植结构调整行为为切入点，采用2018年8月在湖南省宁乡市、湘潭县和桃源县等3个省内产粮大县开展的实地调查数据，抽取61个村中的188户稻作大户，研究粮食最低收购价下调的政策影响。其实证结果表明，稻谷最低收购价格降低时，稻作大户维持既有水稻种植面积的概率高于改种其他经济作物的概率，即选择“不变”。“不变”的原因是适度规模经营补贴政策能在一定程度上稳定稻作大户的种粮预期，有利于促使农户保持生产的稳定性。

王钢、石奇和钱龙（2019）根据小麦主产区5个省份1996—2016年的面板数据，考察了最低收购和价格补贴政策对农户福利变化的影响。其研究发现：1996—2016年最低收购和价格补贴政策的执行并没有显著提升农户福利效应，更多的是起到了稳定麦价和农户福利效应的作用；价格补贴政策引起的收入效应能显著提升农户福利水平，而替代效应则没有发挥应有的作用。

彭长生、王全忠、李光泗和钟钰（2019）基于2018年7—8月湘、赣两省农户调查数据分析发现，在粮食最低收购价连续下调后，2018 年两省水稻种植总面积均有所下降，小农户多选择“调面积”，而大农户则更多选择“调结构”。通过进一步采用修正的 Nerlove 模型分析发现，滞后期种植面积、农业生产要素流动性、水稻种植收入预期等是影响农户决定水稻种植面积及调整的重要变量。价格下调预期对水稻种植面积及变动的影响并不显著，对种植结构调整产生显著的正向影响，稻谷最低收购价持续下调初步显现出种植结构调整效应和质量结构升级效应。随着土地进一步向大农户集中，稻谷最低收购价下调对中国水稻的产量风险整体影响较小。

2. 粮豆轮作补贴

粮豆轮作补贴政策方面，陈海江、司伟和赵启然（2019）基于生态补偿机制中的瞄准性视角，利用粮豆轮作补贴试点地区 833 户农户调查数据，从效益瞄准和成本瞄准两个角度综合评估了规模标准能否实现粮豆轮作补贴政策的瞄准性。其研究结果表明：首先，耕地质量和家庭经营规模之间不存在负相关，规模标准不能起到激励耕地质量较差的农户采纳粮豆轮作技术的政策效应，从效益瞄准的角度来看，粮豆轮作补贴政策没有实现补贴对象的瞄准；其次，小农户自发轮作的概率较低，且对粮豆轮作补贴存在较强的政策需求，规模标准降低了粮豆轮作补贴政策的边际效应，从成本瞄准的角度来看，该政策也没有实现补贴对象的瞄准。因而，针对规模农户的粮豆轮作补贴政策没有实现补贴对象的瞄准，政策目标和补贴对象的失配不仅影响政策的预期效果，也影响补贴资金的使用效率。

3. 收储制度

收储制度方面，刘文霞、杜志雄和郜亮亮（2018）利用 2014—2016 年全国家庭农场追踪监测数据，检验了玉米收储制度改革对家庭农场这种经营主体加入合作社行为的影响。研究表明，在控制了其他影响家庭农场加入合作社行为的因素后，2016 年实施玉米收储制度改革的东北三省和内蒙古地区的玉米农场加入合作社的概率显著高于其他没有实施收储制度改革地区的玉米农场。贺超飞和于冷（2018）运用中国 411 个县 2011—2015 年的面板数据和双重差分方法，研究了临时收储政策调整为目标价格制度对大豆播种面积的影响，并进一步分析了其背后的政策机制。评估发现：尽管目标价格低于根据大豆和玉米间合理比价推算的价格水平，在 2014 年（目标价格制度推行的首年），改革仍使试点地区大豆播种面积在上年基础上显著扩大了 11.4%；但是，2015 年试点地区大豆播种面积较上年显著减少了 20.5%。政策机制分析表明：目标价格制度的实施可减少原临时收储政策下政府补贴的中间“损耗”，将部分收益转移给豆农，提升其大豆种植的预期收益；2014 年目标价格高于上年度的临时收储价格，进一步刺激了试点地区豆农扩大大豆生产。这两种效应共同导致了他们在改革首年增加大豆播种面积。但是，目标价格制度下的种豆收益远未达到 2014 年播种期豆农的预期，豆农从种豆损失中汲取“教训”，对种豆收益预期进行调整，于 2015 年大幅减少了大豆种植。

从上文可以看出，近两年我国学者在农业领域的研究涵盖了社会学、经济学和地理学等学科，相关研究成果丰硕，主要集中于农业土地问题、农业生产效率、农业现代化发展和农业扶持政策四方面。其中，农业土地问题方面主要研究了农地确权和农地流转；在农业生产效率上的研究弥补了前人研究只停留在全要素生产率上的不足，并且从宏观层面推进到了具体微观领域。在农业扶持政策上的研究拓展到了粮食最低收购价、粮豆轮作补贴和收储制度三个问题。这些研究不仅显示了现代农业相对传统农业的突出优势，而且针对近年来的农地确权和农地流转问题，提出了可持续发展的思路，为现代农业的进一步发展奠定了坚实的理论基础。我国在社会主义现代化建设的新时期，应当更加重视现代农业的发展，不断进行理论研究与实证检验，从而逐步建立起合理而又完善的现代农业产业体系。

三、农村与经济发展

（一）农村家庭问题

近两年我国学者对于农村家庭方面的研究主要集中于农村老龄人口赡养、农村适龄儿童教育、农村妇女家庭决策及就业等方面。

在研究农村老龄人口赡养方面，张驰等人（2019）使用中国家庭追踪调查（CFPS）2016 年的数据，基于代际差异视角，考察农村家庭子女赡养行为的性别差异和影响机制，研究发现“养儿防老”的传统养老模式仍存在，在新生代子女中开始有所改变，女儿和儿子之间的行为差异已不显著。对赡养行为机制的研究发现，女性地位提升、家庭子女数量减少、性别观念弱化促使女儿提供了更多养老支持，具体表现在生活照料方面，但经济支持作用并不明显。鲍莹莹（2019）基于 CHARLS（2015）的数据研究隔代照料对祖辈代际赡养预期的影响，发现隔代照料对祖辈代际赡养预期具有显著的正向影响，其对农村户籍祖辈代际赡养预期的影响略低于城市户籍祖辈；隔代照料对 55 岁及以上祖辈代际赡养预期的影响显著，随着年龄的增加，其边际效应呈阶梯形增长趋势，但对 55 岁以下祖辈的影响不显著；隔代照料对不同居住安排的祖辈代际赡养预期均具有正向影响，且对与子女同住祖辈代际赡养预期的影响大于不与子女同住的祖辈。

在农村适龄儿童教育方面，黎煦等人（2019）通过四川及河北两省 137 所农村寄宿制学校的调查数据，实证分析了回流对贫困地区农村儿童认知能力的影响，发现回流显著降低了儿童的阅读能力和语文、数学成绩，回流儿童的认知能力并没有随回流时间延长得到有效改善；学校教育和家庭关怀的缺失是回流儿童认知能力下降的重要原因。基于同样的数据研究寄宿对贫困地区农村儿童阅读能力的影响，发现寄宿会显著降低贫困地区农村儿童的阅读成绩，低龄寄宿造成的负面影响更为严重，寄宿时间越长表现越差；寄宿对农村儿童阅读能力的抑制作用仅存在于父母双方都在家或者父母一方在家的孩子。

在农村妇女家庭决策及就业方面，殷浩栋等人（2018）从资源理论和文化规范理论的视角剖析了子女性别对贫困地区农村妇女家庭决策权的影响机制，并使用贫困地区农村的调查数据进行实证检验，结果发现生育男孩对贫困地区农村妇女家庭决策权的提升有正向影响，在四种家庭事务决策上，子女性别的影响程度是不同的；其影响机制在于“重男轻女”的文化观念导致了“得子而止”的生育模式，这种生育模式会改变夫妻的相对资源，进而影响妇女的家庭决策权。Fangting Xie，Shaoquan Liu 和 Dingde Xu（2019）研究了中国四川山区和高地地区女性和男性劳动力的非农就业时间。研究人员在 2008 年和 2012 年对 400 户家庭进行了跟踪调查。计算了农村劳动力参与四类就业之一的概率（小于 0.5 年的非农业就业，0.5~1 年的非农业就业，农场就业和全年非农就业）。研究发现尽管女性从事非农就业的比例总体上低于男性，但女性倾向于长期从事非农就业。家庭结构因素（例如婚姻状况，学龄前儿童的存在，学龄儿童的存在以及家庭中老年人的存在）对劳动者参与非农就业的影响存在很大的性别差异。

相较于其他议题的研究，对农村家庭研究的最大不足在于研究内容缺乏创新，无论是在赡养、教育还是妇女家庭决策及就业方面，都已经进行了长期的研究，具有丰富的理论成果。近两年研究农民社会行为的学者的研究内容和研究结论基本与前人成果一致，缺乏创新。

（二）农村治理问题

近两年我国学者对于农村治理方面的研究主要集中于中国小农的结构性分化、农业经营合约不稳定及其治理、土地整治和复垦（LCR）政策的变化、农村农户耕作方式和农业用地质量的改善等方面。

郭晓鸣（2018）等人基于四川省的问卷调查数据，通过对当前中国小农生产特征的分析，提出了小农结构性分化的一个新的分析框架，认为小农分化有4种理想类型，即退出型小农、自给型小农、兼业型小农和发展型小农，并可以通过农业经营专门化程度和农业生产要素投入强度两个维度来界定。根据上述两个维度的强弱变化情况，小农的分化类型呈现出动态转化的特点。

万江红和杨柳（2018）基于一个种植型家庭农场案例，探讨在农场与农户签订的农业经营合约不稳定时，农场如何通过“以合约治理合约”的方式来实现初始合约的稳定。研究发现，合约的不完全及农户的机会主义行为是导致初始合约不稳定的关键原因——前者通过缔结后续合约来补充维稳，后者通过缔结后续合约补偿维稳。两种策略蕴含着“以合约治理合约”的两种不同机制——补充机制和补偿机制。在补充机制中，后续合约与初始合约具有强关联性，它主要治理初始合约中的不完全部分，但这种机制在维持合约稳定的同时也可能挑战签约前合约双方的关系。在补偿机制中，后续合约与初始合约具有弱关联性，它主要治理初始合约中受机会主义行为影响而变得不稳定的完全部分，有利于维护签约前合约双方的关系。

Huaizhi Tang，Wenju Yun，Wenping Liu 和 Lingling Sang（2019）研究了土地整治和复垦（LCR）政策在过去20年的发展，文章使用土地整理规模指标的惩罚比较功能来检测LCR发展的变化点，发现了三个不同的阶段：具有数量管理功能的基本农田阶段（1998—2007年），具有质量改进的设施完善的农田建设阶段（2008—2012年）和生态建设的探索阶段（2013—2017年）。

Sun Ling Wang，Jikun Huang，Xiaobing Wang 和 Francis Tuan（2019）从食品安全的角度出发，研究了中国农村普遍存在的“一户两产”模式。其研究认为，食品安全危机不仅促使城市居民的消费发生变化，而且催化了中国农村地区差异化的食品生产和供应计划。实地调查表明，中国60%以上的农村农户采用两种独特的耕作方式：即大量使用农药化肥以面向市场的生产和生态化耕作以自给自足的生产。文章认为“一户两产”是农民对日益严重的食品安全危机的自我保护。在此之下，获得生态生产的食物的途径是由农民的社会关系决定的，并因此而根植于当地的社会网络中。

Xuefeng Yuan，Yajing Shao，Yuheng Li ，Yansui Liu，Yongsheng Wang，Xindong Wei，Xiaofeng Wang 和 Yonghua Zhao（2019）研究了通过改善耕地质量以振兴沙漠化地区农村的问题，其研究对象为陕西省北部长城沿线的沙区，位于毛乌素沙漠与黄土丘陵沟壑区之间的过渡带，这些地区地域辽阔，人均耕地多。但是，由于当地的自然条件，耕地质量普遍较差。文章通过对研究地区耕地分级结果的分析，建立模型确定了改善潜力指数，以确定研究地区农业土地质量的主要限制因素。结果表明，该区域同时存在单一因素和综合因素的局限性。单因素限制类型包括土壤厚度、有机物含量、灌溉、盐渍化等，而综合因素限制类型包括灌溉水源、土壤结构和有机质、土壤厚度和土壤的组合、质地等。通过对潜在指数模型结果的分析，确定了农业生产的主要限制因素，这些因素在整个地区的空间上都存在差异，并提出了有针对性的措施来改善耕地质量。这些措施将促进振兴陕西省北部长城沿线的沙质农村地区。

总体来看，近两年对于农村治理研究面较广，学者进行的研究从治理制度设计的宏观层面到农户耕作方式的微观层面均有涉及。在研究方法上，大量的数理模型和微观计量的研究方法被运用到该领域，提供了更为科学的实证证据。在内容上，近两年学者较为关注中国小农的结构性分化、农业经营合约不稳定及其治理、土地整治和复垦政策的变化、农村农户耕作方式和农业用地质量的改善等方面。但目前的研究也存在一些问题，部分学者的研究结论过于宽泛，未能形成系统的研究范式和内容结构。

（三）农村互联网信贷问题

1. 农村电子商务

伴随互联网应用扩展，网络对经济社会的影响越来越受到社会和学界的重视，电商的急剧发展为认识互联网扩张的作用提供了新的经验。特别是近十年来，中国农村电子商务发展十分迅速，越来越多的农户借助第三方电商平台开展网络营销。电商农户作为互联网时代农村地区的一个新兴群体，正在不断受到学者们的关注和研究。近两年学者们的研究主要集中于互联网对农户家庭消费的影响、农户电商参与的驱动因素、农户电商参与的经济获得感三个方面。

张永丽和徐腊梅（2019）基于2017年对甘肃省15个贫困村1735户农户的调查数据，运用倾向得分匹配法，研究了互联网使用对西部贫困地区农户家庭生活消费的影响。研究结果表明，互联网使用有助于提高农户家庭的消费水平，优化消费结构，特别有助于降低教育成本，增加农户家庭教育支出；互联网使用对贫困户消费水平提升的促进作用大于非贫困户，从而有助于缩小农村内部差距；互联网使用有助于降低西部贫困地区农户的交易成本，拓宽消费渠道，优化市场环境。

曾亿武、张增辉、方湖柳和郭红东（2019）利用山东曹县、江苏沭阳和浙江临安三地电商农户的问卷调查数据，采用二元 Probit 模型、熵均衡法和分位数回归模型，对电商农户大数据使用行为的驱动因素与增收效应进行了实证研究。研究发现，在农村电子商务发展较好的地区，已有近三成的电商农户在其网店经营过程中使用了大数据产品；以培训为主要形式的知识转移和以内群体交往为核心的知识溢出对驱动电商农户使用大数据发挥了重要的积极作用；大数据使用显著提升了电商农户的收入水平，并促进了电商农户内部收入差距的缩小。

王瑜（2019）使用清华大学中国农村研究院2017年暑期调查数据中6242户农户数据，利用倾向值匹配法评估了电商参与对农户经济获得感的影响，并对贫困户和非贫困户进行了分组比较。具体地，“本户在村中收入水平的自评”用以度量横向现实经济获得感，“预期2018年家庭收入比2017年增（减）百分比”用以度量纵向预期经济获得感。结果表明，电商参与对样本农户横向现实和纵向预期经济获得感均具有显著的提升效应；但分组比较结论有所不同：在横向现实经济获得感方面，电商参与对贫困户的提升效应更大；而在纵向预期经济获得感方面，电商参与对贫困户的提升效应则几近于无。

2. 农户信贷

近年来，中国一直大力推动农村普惠金融发展，试图通过金融组织和服务创新缓解“三农”领域“融资难，融资贵”难题，随着农村互联网的不断普及，农村互联网金融逐渐成为发展农村普惠金融的重要的着力点。

张正平和江千舟（2018）基于2013—2015年108家农村金融机构的数据，分析了互联网金融对农村金融机构财务绩效和社会绩效的影响，以及市场竞争对影响过程的作用。其研究发现：互联网金融的发展水平越高，农村金融机构的财务绩效越差，而市场竞争水平的上升将弱化互联网金融发展水平对机构财务绩效的影响；互联网金融的发展水平越高，农村金融机构的社会绩效越差，而市场竞争水平的上升将会强化互联网金融发展水平对机构社会绩效的影响。罗兴、吴本健和马九杰（2018）通过对现有农村互联网信贷实践所使用的贷款技术的多案例研究，发现农村互联网信贷发展需要经历两个阶段：在第一个阶段，农村互联网信贷能够开展业务的核心在于其直接或间接地嵌入一定的线下社会网络，通过“社会网+”缓解信息不对称和契约执行难题，而互联网技术的使用让上述嵌入机制能够在更大范围内以更低成本发挥作用；在第二个阶段，“线上信息+线上审核”的互联网信贷会成为缓解农村金融难题的重要方式。但是，无论在哪个阶段，农村互联网信贷都会被运用到农村社会网络，其内在逻辑一定是“互联网+社会网”，即技术逻辑和社会逻辑的结合。除上述研究较为集中的方面外，学者还在以下领域对农户信贷进行了研究。

李庆海、孙光林、何婧（2018）利用2016年新疆农户调查数据，将农户信贷过程划分为信贷需求、信贷可得性和信贷违约三个阶段，通过构建三阶段联立Probit模型，识别了贫困地区农户信贷违约的影响因素。其研究表明，拥有较多个体性社会网络虽然有助于提高农户的还款能力，但会降低农户的还款意愿和履约率，增强信贷风险；拥有较多团体性社会网络的农户具有更强的还款能力和还款意愿，会提高履约率，降低信贷风险。个体性和团体性社会网络对信贷风险的作用还受到信用环境的影响。

张龙耀、徐曼曼、刘俊杰（2019）使用2014年和2016年中国家庭追踪调查数据研究自然灾害冲击下的农户正规信贷策略。其结果显示：短期而言，受到自然灾害冲击农户的正规信贷可得性和信贷规模均较高，但是自然灾害短期冲击的影响不存在滞后效应；长期来看，相比于较少受到自然灾害冲击地区的农户，灾害频发区的农户正规信贷可得性与信贷规模均无显著差异，正规信贷不能成为灾害频发区农户的有效风险管理策略。此外，家庭预防性储蓄作为重要的事前风险管理策略降低了农户对正规信贷的依赖，非正规信贷和商业性保险能与正规信贷形成有效的互补关系，而来自私人和政府的转移支付体系在应对自然灾害冲击时的作用有限。

董晓林、孙楠、吴文琪（2019）以静态职业选择模型为基础，构建了一个人力资本、家庭融资对农户创业决策影响的理论模型，并采用 CFPS2016 年的数据实证检验了人力资本、家庭融资对农户创业决策的直接影响和联动影响。实证结果显示，农村家庭受访者接受的学历教育、非学历教育及其工作经历、家庭正规和非正规融资的规模，对农户创业决策具有正向影响。进一步的研究证实，扩大外部融资规模对人力资本水平不同农户的创业决策影响不同。对人力资本水平较低的农户来说，外部融资支持政策对创业决策的促进作用不大。

总体来看，近两年对于农村金融研究具有研究面广、内容丰富、视角宽阔的特点，学者进行的研究涉及从农户层面的电商参与到农村层面的信贷金融等方面；使用的研究方法包含倾向得分匹配法、三阶段联立 Probit 模型、二元 Probit 模型、熵均衡法和分位数回归等研究方法。随着农村金融问题的研究热度日益高涨，预测在该领域的研究热度会继续上升。但目前尚未形成系统的研究体系。

我国经济社会正处于转型升级的关键时期，农村经济发展尤为重要。从近两年来学者在农村领域的研究成果来看，学者的研究主要分为农村家庭、农村治理和农村互联网信贷三个方面。在本部分所选取的论文中，绝大多数论文将研究视角确定在这三个方向上。在研究内容上，近两年学者较为关注农业部门的全要素生产率、小农结构性分化、农村电子商务、农村金融的体系构建和评价等。在乡村振兴战略不断推进的时代背景下，未来研究可能会更多地关注农村进城务工人员福利、农村治理的具体实践和互联网信贷的风险防范等问题。

第二节　重要论文

本部分筛选该领域两年来中国学者的重要论文 10 篇，并简要介绍每篇论文的研究背景、基本结论、主要贡献和现实意义。

1. 章德宾，项朝阳，康国光．黄淮海设施蔬菜主产区农户决策效率研究［J］．中国农村观察，2018（2）：88-96.

研究背景：已有研究主要聚焦于通过土地经营权流转、发展农民合作社和家庭农场等方式扩大经营规模，期望获取规模报酬，且通常以大田粮食作物为分析背景，很少区分粮食与蔬菜在土地经营规模适度性方面的差异。但蔬菜作为典型的生鲜农产品，在种植周期、劳动力需求、贮运方式、货架期等方面显著不同于粮食作物。蔬菜种植是否能像粮食作物一样取得规模经济值得怀疑，但相关研究并不多见。

基本结论：研究发现，黄淮海设施蔬菜主产区小规模农户比其他农户普遍具有较高的决策效率；分解为技术效率和规模效率后发现，小农户技术效率优于大户。这表明，在大规模社会化服务支持下，小农户决策效率比大户高，小散户仍是富有生命力的。由此，全国倡导适度规模化经营、土地向家庭农场、种田能手流转的政策大背景下，需要认真考虑规模化经营政策在不同产业中的具体表现，不能一概而论。在政策制定上，凡是那些能够实行某些环节大规模第三方社会化服务的产业，就可以发展小规模农户之上依托于大规模社会化服务的散户种植模式；凡是那些不能进行任何主要环节外包的产业，在当地农村社会发展允许的前提下，宜引导农户进行规模化种植。文章同时进行了区域内农户决策效率的比较，发现因气温和光照条件差异，环渤海地区小农户效率高，而黄淮地区其他类型农户效率高。

主要贡献：在黄淮及环渤海设施蔬菜主产区2016年调查数据的基础上，应用超效率（super efficiency）DEA分析模型，计算黄淮海主产区大中小不同蔬菜种植规模农户的决策效率；对比相同市场和外部环境下，不同蔬菜种植规模农户之间的种植决策效率差异，以及引起这些差异的原因；分析在中国城市化背景下设施蔬菜产业适度规模经营的特殊性，指出了政策指导方向。

现实意义：黄淮海设施蔬菜主产区是蔬菜产出量较大的地区，在中国蔬菜产业中具有重要地位。研究此地区农户决策效率并从种植规模和地域分布两个角度探索决策效率差异的成因，对设施蔬菜产业布局具有指导意义。研究发现，黄淮海设施蔬菜主产区小规模农户比其他农户普遍具有较高的整体决策效率，小农户的技术效率也高于大农户，主要原因为大农户在灌溉、劳动力投入等方面资源配置效率低下。文章的研究结论有助于深化对蔬菜产业适度规模经营和设施蔬菜发展规律的认识。

2. 范红丽，辛宝英. 家庭老年照料与农村妇女非农就业——来自中国微观调查数据的经验分析［J］. 中国农村经济，2019（2）：98-114.

研究背景：党的十九大提出的“实施乡村振兴战略”要求发展农村生产力，进一步需要将农村劳动力移出农业部门，促进农民增收。目前我国人口红利衰减，而中国农村男女劳动力外出就业概率存在明显差别——农村女性外出务工仅占男性务工的50%，这一现象可能是回答中国是否到达“刘易斯转折点”的关键。角色冲突和老龄化城乡倒置的现象阻碍了农村妇女就业，也不利于中国农村释放劳动力和经济增长潜力。

基本结论：（1）农村妇女照料家庭老人使其非农就业概率显著降低13.5%，从照料需求的角度看，这一阻碍作用随农村妇女从事照料活动强度的增加而不断提高，但兄弟姐妹分担可以减少该阻碍；该概率与丈夫收入无关，与幼儿年龄有关。（2）该阻碍作用存在异质性，照料老人对农村30~52岁妇女和贫困家庭妇女的非农就业产生更大程度的负面影响。（3）照料老人会影响农村妇女的非农就业结构，在更大程度上限制其成为自我创业者，照料老人也会通过健康渠道阻碍农村妇女的非农就业决策。（4）养老基础设施和公共服务会缓解照料老人对农村妇女非农就业的不利影响，敬老院的替代作用使其改善作用较明显。

主要贡献：采用中国健康与营养调查（CHNS）2000—2015年微观层面的面板调查数据，运用面板固定效应模型和工具变量法对从事照料老人活动对农村妇女非农就业的影响开展实证分析和异质性分析，探究该影响的作用机制，并通过引入公共服务或设置虚拟变量的交互项，来探究养老基础设施和公共服务对该阻碍作用的调节效应。文章为政府进一步制定农村非农就业政策和养老政策提供了实证参考。

现实意义：文章的研究补充了城乡二元结构体制以及城市和农村存在差异的情况下，农村妇女照料老人对其非农就业影响的相关研究。现实意义有：（1）照料老人阻碍中国农村妇女从事非农就业，因此，缓解农村妇女承担照料角色有助于促进农村妇女从事非农就业，加快乡村振兴战略的实施步伐。(2) 在替代照料角色方面，可以通过加快农村基础设施的建设步伐，规范养老机构以及老年活动中心的发展缓解农村妇女照料老人负担。(3) 在补充照料作用方面，需要完善养老公共服务，如发挥社区照料资源，鼓励成立志愿者组织。

3. 侯海波，吴要武，宋映泉．低龄寄宿与农村小学生人力资本积累——来自“撤点并校”的证据 [J]．中国农村经济，2018 (7)：113-129.

研究背景：由于计划生育导致农村生源萎缩，财政资金利用率低，加之教育体制改革使得地方政府的财政负担不堪其重，2000 年我国开始由“一村一校”的学校布局改为“撤点并校”。在提高办学质量，缓解地方财政负担的同时，改革在针对以山区为主的中西部农村产生新的问题：低龄儿童需要寄宿，而配套设施无法满足低龄寄宿者的需求，因此将对其人力资本积累产生负面影响。人力资本积累存在教育和健康水平两个方面，根据蔡昉和 Heckman 的研究：在人力资本无法得到有效增进的情况下，贫穷是必然结果，而且早期经历是影响人力资本积累能力的关键。“撤点并校”引发了农村教育问题，导致地方辍学率上升，2012 年中央宣布“撤点并校”政策结束，因而“撤点并校”期间也为研究寄宿制对低龄寄宿生的人力资本积累影响提供了一个自然实验窗口。

基本结论：距离在 0.6~1 公里时，该区间内是否有教学点对低龄寄宿的影响不显著；随着从家到学校距离的增加，距离区间内有教学点会显著降低小学生低龄寄宿的概率；大于 5 公里后，距离区间内有教学点的比例呈现递减趋势，这无法满足适龄儿童入学需求。在阅读能力得分，遭受心理抑郁风险和卷入校园欺凌的风险方面，采用最小二乘估计法时低龄寄宿分别使其下降 3.1%~3.5%、提高 4.8%~5.6%、提高 3.2%~3.7%；采用工具变量法时变化幅度更加明显，因此低龄寄宿对小学生人力资本积累产生了持续性的负向效应。

主要贡献：采用 137 所具有寄宿资格的乡镇小学所做的抽样调查数据衡量学生的人力资本，将数据匹配后构建线性概率模型，分别采用普通最小二乘法和工具变量法进行实证分析，评估了“撤点并校”政策对小学生低龄寄宿的影响，以及低龄寄宿对小学生人力资本积累的影响，厘清了“撤点并校”政策下低龄寄宿和小学生人力资本积累的内在机制，为中央政府在农村教育方面增加资源配置提供了现实依据。

现实意义：伴随城镇化的农村小学往乡镇集中的过程中，寄宿制学校仍将是中西部农村义务教育的重要组成部分，但是农村寄宿制学校办学条件不高，地方教育部门在低龄寄宿方面仍未提供全面的设施和保障。低龄寄宿生的学业和生活受到不利的影响，使他们在身心发育和学业进步上处于劣势。因此，该研究认为：(1) 面向农村普及高中阶段义务教育中，中央政府要投入更多的资源，并提高资源配置效率；(2) 在去“撤点并校”政策的过渡阶段，仍要关注低龄寄宿现象的存在，为接收低龄寄宿学生的学校投入专门的资源，包括配备设施和对教师进行专业技能培训，阻断低龄寄宿损害儿童人力资本积累的路径。

4. 郭君平，谭清香，曲颂．农村进城务工人员家庭贫困的测量与分析——基于“收入—消费—多维”视角 [J]．中国农村经济，2018 (9)：94-109.

研究背景：2017年末中国农村进城务工人员总量同比增长1.7%，较2008年约增长了27.1%；中国农村进城务工人员月均收入增速从2011年开始下降，且生活消费支出远低于收入，总体来看农村进城务工人员群体仍有原居住地贫困痕迹。农村进城务工人员贫困问题是全面深化改革时期扶贫面临的新课题，深刻影响着2020年全面建成小康社会目标的顺利实现。目前，由于城镇化的迁移过程和贫困标准难以客观度量的原因，传统减贫政策适用性受限，当前亟待对此类群体的贫困问题进行全景式研究，借此探寻扶贫机制改革和政策创新之路。现有研究主要集中在农村进城务工人员贫困表现、贫困测量、原因挖掘和治理策略，文献呈现“三变”的特点：研究视角从关注收入或消费状况向重视权利、能力剥夺渐变，研究方法从定性描述向定量分析（或两者相结合）渐变，考察致贫原因从内因（贫困者自身因素）向外因（宏观背景、体制机制等）渐变，但在测量标准、量化多维贫困、动态研究、区域差异性和强调群体阶层方面仍缺乏相关研究。

基本结论：农村进城务工人员家庭贫困的规模、程度、空间分异及其内在规律呈现以下特点：（1）中国农村进城务工人员家庭的贫困类型以消费贫困和选择性贫困为主，且存在较为严重的消费绝对贫困和相对收入贫困、相对消费贫困、相对选择性贫困、相对次级贫困及相对双重贫困等问题。（2）中国农村进城务工人员家庭抵御外部因素对收入冲击的能力远弱于抵御外部因素对消费冲击的能力，此种情况在中部地区尤甚。（3）西部的多维贫困最严重、中部最轻微，而且随着贫困维数的提高，相应维数的贫困发生率总体呈下降趋势，教育维度贫困是中国及东部、中部、西部地区存在多维贫困的最主要原因，健康维度贫困仅作用东北地区，生活维度贫困存在四个剥夺最严重的维度。（4）经济落后地区进城农村进城务工人员家庭的各种贫困发生率、平均剥夺份额和多维贫困的最高维数并不必然高于经济发达地区。（5）中国农村进城务工人员家庭十维脱贫率与n维（$1\leq n\leq 8$）贫困发生率的总和相近（均约为50%），但东中部的十维脱贫率高于西部和东北。（6）农村进城务工人员家庭收入或消费贫困与多维贫困分别反映了贫困的货币与非货币方面，两者属于互补关系，兼具差异性和关联性。

主要贡献：对现有研究的局限性做出了改进，提出了贫困发生率和贫困敏感度新的计算方法，分别从：绝对贫困和相对贫困、多维贫困以及收入或消费贫困与多维贫困的关系等三个方面度量中国农村进城务工人员家庭贫困的规模、程度、空间分异及其内在规律，为脱贫政策提供了更加系统全面的角度。

现实意义：文章从以下方面提出了可供参考的政策建议：（1）加大政府干预拖欠农村进城务工人员工资现象的力度，以减缓消费贫困和选择性贫困。（2）延长义务教育年限，注重发展职业技能教育。（3）提供廉租房等，增强农村进城务工人员居住的满意度、归属感和认同感。（4）健全农村进城务工人员家庭医保制度及其监管体系，分区域、有的放矢地健全医保措施。（5）制定收入贫困、消费贫困与多维度贫困互补的贫困识别指标体系，以便有效地治理城市贫困。

5. 林晨．价格管制、要素流动限制与城乡二元经济——基于历史投入产出表的理论和实证研究［J］．农业经济问题，2018（5）：70-79.

研究背景：城乡二元经济是指工业和农业生产力及要素收入的不平衡。中华人民共和国成立以来，我国城乡二元经济结构经历了恶化和改善相互交替的若干发展阶段。现阶段对城乡二元经济的研究集中在以下几个方面：人口流动方面认为城乡人口流动缓解了二元经济结构的矛盾，但无法消除城乡收入差距；技术进步方面，由于工业技术进步快于农业导致农业生产成本相对较高，价格水平不敏感会导致工农业剪刀差；不符合比较优势的工业发展战略会导致农村人口滞留，土地等要素生产率边际递减，将不利于城市化和缩小城乡收入差距。目前，学术界对这三类影响因素的关联影响仍缺乏相关研究。

基本结论：文章认为若存在显性或隐性的要素流动限制和农产品价格管制，则非平衡的技术进步会加剧城乡二元经济结构。采用新编制的中国历史投入产出表中的数据分析表明，中华人民共和国成立以来的前60年农产品实际价格一直低于理想的一元经济条件下的理论价格，但随着人口等要素流动限制和农产品价格干预的减少，近年来工农业差距在不断缩小。

主要贡献：文章认为人口流动、价格管制和技术进步对二元经济结构的影响不是单一的，而是相互关联的。文章一方面利用数据分析历史上工农业的人均增加值和劳动生产率差距，另一方面在斯拉法-列昂惕夫体系下，以影响要素不同管制模式的搭配分四种情景模拟，从理论和实证研究人口流动、价格管制和技术进步对二元经济结构的影响，弥补了目前学术界对上述三类影响因素关联影响研究的缺失。

现实意义：文章通过构建一个斯拉法-列昂惕夫体系下的城乡二元经济模型分析了中华人民共和国成立以来城乡二元经济形成的原因，认为在技术进步不平衡的前提下，若存在人口流动限制和价格管制，则工业技术进步的红利无法被转移到农业部门，因此造成了农业人均收入的增速低于工业人均收入的增速。

6. 蒋黎，王晓君．环境质量与农业经济增长的内在关系探讨——基于我国31个省区面板数据的EKC分析［J］．农业经济问题，2019（12）：43-51.

研究背景：2017年《关于创新体制机制推进农业绿色发展的意见》、2019年《国家质量兴农战略规划（2018—2022年）》就我国农业依靠高要素投入驱动、粗放生产方式、经济利益驱动、以生态环境为代价的现状提出推动农业绿色发展战略，我国的农业绿色发展初见成效，具体表现为农药和化肥用量负增长，但也伴随着我国粮食产量出现波动。因此讨论环境质量与农业经济增长的内在关系对于未来我国农业发展方向把控具有重大意义。

基本结论：（1）从农村环境质量与经济发展水平的关系看，我国农村环境质量与农业经济发展呈倒“U”形曲线关系，农村环境质量好转的转折点为人均GDP 57393元，不同省份的临界转折点不同；（2）从污染物排放与经济发展水平的关系看，我国农业污染物与经济发展水平均呈现出倒“U”形曲线关系，农村环境质量综合指数EKC的转折点高于分类污染物的转折点，不同污染物排放来源影响不同污染物排放的环境库兹涅茨曲线转折点，这对各地区针对不同种植业开展治理具有启示意义；（3）从污染物EKC曲线的区域差异分析看，多数省份在倒“U”形曲线的左侧，京津、东部沿海的上海、江苏、浙江、福建等少数省份在曲线右侧。

主要贡献：文章采用多指标综合评价得到农村环境质量评价指标数据，借助库兹涅茨对收入不平等与经济发展之间存在倒“U”形曲线关系的描述，来研究环境质量与农村经济增长的关系。主要回答了“农业经济发展与生态环境状态之间必然是反向发展吗？绿色发展与农业经济增长能否兼得”的问题，为我国坚持绿色发展提供了理论指导。

现实意义：(1) 环境质量与农村经济增长存在倒“U”形曲线关系证明我国应坚持绿色发展新理念，坚持绿色科技创新；由于不同污染物排放的环境库兹涅茨曲线的转折点不同，各地区应根据当地农业区位因素与资源禀赋来因地制宜地规划农业生产结构；(2) 结合生态功能区建设，构建农业绿色发展制度体系；(3) 根据不同省份所处的 EKC 曲线阶段，在农村环境治理中应实施区域性针对政策，对于曲线左侧的省份应建立新型绿色生产方式，已跨过转折点的省份，应继续推进畜禽养殖生产清洁化和产业模式生态化。

7. 丁从明，邵敏敏，梁甄桥. 宗族对农村人力资本投资的影响分析 [J]. 中国农村经济，2018 (2)：95-108.

研究背景：在对中国 316 个村庄的调查中发现，有 66%的样本村在 1999—2002 年还保留着宗族活动和宗族组织，宗族反映了中国农村社会结构在城市化进程中的新特点，研究宗族问题对理解农村经济发展、社会治理和公共物品提供等具有重要的理论价值。宗族在正式制度发展不完善的农村地区起到了替代正式组织承担提供教育、社会保障、社会救济、维持公共秩序等功能的作用，因此文章探究非正式制度（宗族）对家庭教育决策的影响，以期进一步丰富非正式制度与人力资本投资之间关系的研究。

基本结论：(1) 宗族能够促进农村人力资本投资，宗族使农村个人受教育年限平均提高约 1.3 年，同时具有宗族祠堂和家族家谱的村庄，其宗族对人力资本投资的影响是最强的。(2) 宗族对人力资本投资的影响效应也表现出明显的“重男轻女”，宗族使得男性人均受教育年限提高约 1.6 年，而对女性受教育年限的影响不显著。关于宗族对个人受教育年限的影响运用工具变量法通过了稳健性检验。(3) 宗族通过强化家庭教育观念、影响社会关系网络以及改善村级公共物品供给三个途径提高了个人的人力资本投资水平。

主要贡献：探究非正式制度（宗族）对家庭教育决策的影响；探讨这种影响的传导机制；进一步考察宗族与农村社会“重男轻女”的人力资本投资的关系，为理解传统社会“重男轻女”的观念提供新的视角。

现实意义：对理解传统农村的家庭人力资本投资行为具有重要意义，同时强调在正式制度缺失的农村地区，宗族作为正式制度的补充在农村家庭人力资本投资方面发挥了重要促进作用。

8. 张哲晰，穆月英，侯玲玲. 参加农业保险能优化要素配置吗？——农户投保行为内生化的生产效应分析 [J]. 中国农村经济，2018 (10)：53-70.

研究背景：2004 年政策性农业保险试点在全国陆续启动后，15 个中央“一号文件”都对发展农业保险提出了指导意见。学者指出农业保险需兼具事后经济补偿和增加收入保障机制的角色，进一步的，保险可以通过保障收入改变收入预期进而影响农民生产要素配置。长久以来，要素投入环节存在过量施肥的现象，这与农户风险规避的心理相关，而农业保险可以通过分散风险进而优化农业要素配置。以蔬菜保险为例，其具有以自然灾害为保险责任、事后补偿、资本密集的特征，风险下预期收益的改变将影响生产投入，继而对自然环境、农产品供给与农民收入产生重要影响，以蔬菜产业为例展开研究具有重要的现实意义。

基本结论：(1) 种植经验丰富，生产经营专业化，偏好风险将降低农户的投保概率，经历过灾害影响则会提高农户投保概率；（2）相比于非投保组的 ATU = -4. 189，投保后农户亩均化肥投入有所下降，为-3. 915，并结合其他要素投入调整的共同作用降低单位面积产出，投保引致的技术储备增加是稳定作物单产的重要力量，但也存在道德风险；（3）生产风险分散所带来的农户被保险作物品种面积增加能够弥补单位面积产出下降对收入造成的抑制效应，有利于提高农户收入；（4）保险也具有马太效应，种植规模越大的农户，投保所产生的收入提升效果越好。

主要贡献：以黄淮海与环渤海设施蔬菜优势产区设施蔬菜种植户为研究对象，对农户投保后要素重新配置情况即生产效应进行检验，系统分析投保对化肥投入、生产效率以及家庭收入的影响，为我国进一步完善深化农业保险政策提供了现实参考。

现实意义：（1）农业保险会降低亩均化肥投入，间接优化了资源配置，因此应继续加强与完善农业保险。（2）投保会影响其要素配置导致作物单位面积产量降低，因此要发挥政府引导作用，提升农户的科学经营管理水平与技术效率。（3）投保有助于提高农户收入水平也加大了收入差距，因此要推动保险公平，向综合实力较弱的小规模农户倾斜。

9. 王许沁，张宗毅，葛继红．农机购置补贴政策：效果与效率——基于激励效应与挤出效应视角［J］．中国农村观察，2018（2）：60-74.

研究背景：2004 年，农机购置补贴政策出台，其主要目标是提升农户购机能力和提高农业机械化水平，与之对应也产生了农机购置补贴政策的效果和效率问题，后者的相关研究较少，但也揭示了其存在扭曲市场价格、降低竞争性、影响社会福利等政策效率低下问题。目前认为农机购置补贴政策的效果具有挤出效应，即通过替代农户购机支出对提高农业机械化水平具有激励作用的同时，并不提高农机保有量，且可能在补贴资金增加、保有量饱和的情况下加大了挤出效应的风险。

基本结论：（1）农机购置补贴资金对农机保有量有显著的正向影响，2008—2015 年对农机保有量增量的贡献率为 40. 41%；（2）农机购置补贴资金对农业机械化水平有显著的正向影响，2008—2015 年对农业机械化水平增量的贡献率为 18. 72%；（3）农机购置补贴资金对农机保有量和农业机械化水平的年度边际贡献在持续下降。

主要贡献：文章基于激励效应和挤出效应的视角，研究农机购置补贴对农机保有量和机械化水平的累计影响效果，以及随时间变化的边际影响效果，并进一步探讨了农机购置补贴资金随着时间的推移是否存在效率损失现象，为政府评估农机购置补贴政策提供了参考。

现实意义：文章的研究结果表明发展农业机械化应该注重效率，发挥激励作用，避免挤出效应，包括：（1）对目前保有量已经饱和的拖拉机、谷物收获机等机械的购置应降低补贴额度，非关键重点环节机械的购置应退出补贴范围，以避免挤出效应的作用降低农机购置补贴政策的效率；（2）应加强数据统计和区域农机保有量饱和状态预警，避免盲目购置；（3）引导农民理性购置农机。

10. 李谷成，李烨阳，周晓时．农业机械化、劳动力转移与农民收入增长——孰因孰果？［J］．中国农村经济，2018（11）：112-127.

研究背景：2017 年中央“一号文件”明确指出农业供给侧结构性改革的主要目标是

增加农民收入，农业机械化和劳动力转移是推动农民收入增长的两个重要途径。中国的人口红利正在消减、农业长期偏向技术节约型，且2004年实施农机具购置补贴以来农业综合机械化率不断提高，因此研究劳动力转移、机械化及两者的相互关系及其对农民增收的作用机制具有重要价值。在现有研究里，尚缺少实证分析，农业机械化和劳动力转移对农民收入增长的作用机制及其因果关系也未被深入探讨，已有文献存在以下不足：（1）缺乏机械化和劳动力转移影响农民收入具体构成的细分研究；（2）尚未发现有文献同时考察机械化、劳动力转移与农民增收三者的关系；（3）未考虑机械化和劳动力转移的增收效应存在一定滞后性或时间惯性。

基本结论：（1）机械化对收入的作用均是显著的，但其对农业收入的作用力度要显著地大于非农收入。劳动力转移可以显著地促进农民总收入和非农收入增长，但对农业收入的作用不显著，其对农民总收入和非农收入的作用弹性系数分别为0.038和0.118。从分区域比较来看，上述结论是稳健的，但也存在一定地区差异。（2）机械化既可以直接作用于农业收入增长，也可以通过劳动力转移的中介效应“部分地”作用于非农收入增长，这一中介效应的比例为4.50%。（3）劳动力转移直接作用于非农收入增长，进而促进总收入增长，但并未通过机械化作用于农业收入增长。

主要贡献：（1）量化估计机械化和劳动力转移对农民收入增长的贡献。（2）区分农业机械化、劳动力转移对农村进城务工人员资性收入和经营性收入的具体作用机制，检验机械化是否可以通过劳动力转移来促进农民收入增长，或劳动力转移是否可以通过机械化来促进农民收入增长，以及各自中介效应所占的比例。

现实意义：（1）机械化可以对农民农业收入和非农收入起到双重促进作用，应继续推进和落实农机购置补贴政策。（2）劳动力转移可以增加农民非农收入，进而促进总收入增长，也是城乡融合发展的纽带，因此要实行城乡统筹的就业政策，消除劳动力转移的各种制度性障碍，保障农村劳动者的权利并为其提供相应公共服务。（3）机械化可在一定程度上促进劳动力转移，对劳动力进行有效替代，劳动力转移并未通过机械化对农民收入特别是农业收入产生作用，因此劳动力转移以后，需要机械化作为配套。

第三节　重要著作

本部分筛选2年来该领域4本重要著作，并简要介绍每部著作的研究背景、内容提要、基本结构、主要贡献和现实意义。4本著作分别从乡村振兴、农地制度、农产品价格和农村民间金融4个方面进行研究和论述。

1. 姜长云．乡村振兴战略：理论、政策和规划研究［M］．北京：中国财政经济出版社，2018.

研究背景：习近平总书记在党的十九大报告中首次提出实施乡村振兴战略。乡村振兴战略成为十九大报告提出的七大战略之一，并被写入党章。2017年12月召开的中央经济工作会议，将实施乡村振兴战略作为围绕推动高质量发展需要做好的八项重点工作之一。同月召开的中央农村工作会议和2018年中央一号文件进行了重大决策部署，并明确要求走中国特色的社会主义乡村振兴道路。科学理解实施乡村振兴战略的重大理论和政策问题，有利于更好地推动农业全面升级、农村全面进步、农民全面发展，也有利于更好地决胜全面建成小康社会、全面建设社会主义现代化国家。自党的十九大以来，关于实施乡村振兴战略的研究文章越来越多，但就总体而言，深化相关理论和政策研究，对于实施乡村振兴战略仍然具有重要性和紧迫性。

内容提要：该书是作者潜心研究实施乡村振兴战略重大理论、政策和规划编制问题的阶段性成果，内容涵盖关于乡村振兴战略定位和中国特色，关于推进乡村振兴战略导向，关于实施乡村振兴战略重点、难点和基点等研究，以及如何走好乡村振兴这盘大棋、推进城乡融合怎么看怎么办、怎样做好促进小农户和现代农业发展有机衔接这篇大文章，编制和实施乡村振兴战略规划需要注意的方法论问题，实施乡村振兴战略要努力规避的几个倾向，美国、欧盟农业农村振兴演变及其对我国实施乡村振兴战略的启示，还对农业供给侧结构性改革、促进农村产业融合增加农民收入、新型农业经营主体相互关系等产业兴旺相关问题进行了专门探讨。

基本结构：该书主要涉及推进乡村振兴的战略定位和中国特色，推进乡村振兴的战略导向，实施乡村振兴战略的重点、难点和基点，实施乡村振兴战略若干新思想、新论断的专门讨论，关于编制和实施乡村振兴战略规划的思考，实施乡村振兴战略需要努力规避的几种倾向，实施乡村振兴战略的国际经验，以及关于推进乡村产业兴旺相关问题的专门研究，如关于推进农业供给侧结构性改革，关于促进农村一二三产业融合发展增加农民收入，关于龙头企业与农民合作社、家庭农场的发展关系等。

主要贡献和现实意义：科学理解实施乡村振兴战略是新时代“三农”工作的总抓手，需要注意实施乡村振兴战略是建设社会主义新农村的升级版，是顺应当前社会主要矛盾变化的迫切要求，是决胜全面建成小康社会，进而全面建设社会主义现代化国家的客观需要，也是由中国共产党的神圣使命决定的。有效把握借鉴国际经验与走中国特色乡村振兴道路的关系，需要注意国际经验教训，并从不同角度对中国实施乡村振兴战略提供借鉴启迪。实施乡村振兴战略必须立足国情农情、借鉴国际经验、强化中国特色。书中对经济理论和数据分析方法的应用，达到了一流水平。同时，该书依据乡村振兴的理论背景、政策内容以及规划设计的写作思路，国内特色+国际案例的对比分析法，是迄今为止国内第一本从理论、政策和规划的结合上，深入探讨乡村振兴战略的著作。

2. 陈靖．土地的社会生命：农地制度变迁的文化动力［M］．北京：社会科学文献出版社，2018.

研究背景：当前，一种“生产主义”发展观指导下的政治经济文化力量正在推动土地社会生命的转换。皖北黄村在土地流转、征地、拆迁、平坟、腾指标、确权、农民上楼与土地开发等方面的政策实践，已经深刻地改变了乡村的社会结构，其文化根源在于“生产主义”的发展观将土地仅仅视为市场社会中的生产要素，而忽视了“土”对于乡土中国所具有的总体性意义。

内容提要：原本以农耕村落形态存在的黄村，在当前发展主义的话语之下发生农民离开土地的现象。农民离开土地，不仅是指黄村因为临近城市而出现了房地产开发，导致土地用途转为非农，也指因农业产业结构转型而出现土地大规模“被流转”，导致农民无“农”可务，还包括农民的聚落形态被住宅小区所替代，农民、农村与土地的关联被重新塑造。农民离开土地的现象在当下被纳入“城镇化”的政策话语，但从黄村的社区生活现状看，这种现象既不伴随着人口向城镇的集中，也未出现农民生计向城镇形态的转变，而仅仅表现为土地“非农化”，这显然不是城镇化的题中之义。相反，短时期内土地形态的变化，引发的整体性震动已经在村庄中无处不在地呈现，而这些现象都是与土地这一根本要素紧密相关的。虽说乡村社会每时每刻都在发生变化，但土地“非农化”带来的农村社会与文化的变迁是前所未有的。在被调查的村庄中，土地“非农化”的方式非常简单，使得乡土中国走向城镇化的过程出现了大量难以消化的社会问题。

基本结构：该书试图研究，物的形态与性质发生变化，能否逼迫总体性社会的形态、结构与功能发生变迁；以土地为例，土地的存在状态之变，是否会推动乡土社会的整体性变迁，若是，会发生何种类型的变迁。以物（土地）为核心，通过对土地的核心作用的探究，获得对当前农民所处的社会与文化的整体性理解，从学理上得出一种理解土地问题的总体性思考方式，进而实现一种可服务于现实社会问题的学术关切与道德诉求。

主要贡献和现实意义：在既有的学术资源中已提供理解“城镇化”的基本框架，乡土中国是理解传统农村社会类型的经典范畴，但经过几十年的发展，在城镇化进程中，中国的社会类型已逐渐脱离“乡土中国”的范畴，土地这一关键性的“物”需要被重新定义。将土地置于社会文化分析的中心位置，从人类学的进路进行研究意味着研究者需要继承物的人类学研究以及以社会变迁为内容的社会人类学的遗产，以此强化对土地与社会转型的学术理解力。这种强调“物质性”的人类学研究意在使研究者的旨趣回归到“面向事实”和以具有实践紧迫性的问题为起点的研究中。

3. 王盛威．主要农产品价格波动分析及调控措施研究［M］．北京：中国农业大学出版社，2019.

研究背景：农产品价格变化受到多种因素的影响，长期的价格变化主要受制于供求关系的影响，短期的价格波动往往是突发事件、偶发因素造成的。近年来，我国农产品价格经常性地大起大落，对农业发展、社会经济稳定和人民生活福祉都产生了较大的影响。因此，研究和分析农产品价格变化现象，探讨农产品价格波动规律，开展农产品价格波动预测，采取有效的农产品市场价格调整措施，对于稳定我国农产品市场价格、保护农产品生产者与消费者利益、促进农业供给侧结构性改革都具有重要的理论意义和实际价值。在过去几十年的市场经济发展过程中，许多学者曾对各个阶段的农产品价格从不同方面，如波动现象、波动特征、波动测定方法等进行过研究，但系统分析农产品价格波动规律、发现引发波动主因、定量化测定波动率仍然是重要的研究课题。

内容提要：该书系统收集和整理了我国2000年以来主要农产品价格日度、月度、年度数据，结合农产品价格供给侧及消费端的影响因素，对2000年以来我国主要农产品价格特征和规律进行了系统研究，分析了影响农产品价格波动的生产、消费、气象、政策及国际因素等，通过价格稳定性评价和价格波动率相关性分析，揭示了蔬菜、猪肉两种典型农产品价格波动与变量因素的影响关系，进行了农产品批发价格波动率预测最小二乘支持向量机建模分析，开展了农产品价格波动分析实证建模与农产品价格波动率预测分析。

基本结构：第一，我国农产品价格总体上进入不同品种类型的波动特征变化期。第二，得出了部分农产品2000—2015年192个月的批发价格波动频度排次。第三，农产品价格波动因素及特征分析显示，近年农产品价格上涨因素中，生产成本推动是重要原因，其他因素影响也较大。第四，提出了农产品价格波动识别区概念并提出了识别区设定方法与应用途径。第五，提出了农产品价格波动分析及波动率分析预测模型。第六，对农产品价格波动调控政策进行了研究。针对不同类农产品进行相应的调控政策研究，对粮棉油类农产品实行价格支持政策，在充分发挥政府作用的同时，努力发挥好市场的作用；对鲜活农产品应加强市场信息引导，及时发布权威信息，更多地发挥市场资源配置作用。

主要贡献和现实意义：一是较为系统地分析总结了2000年以来我国农产品价格波动特征，进行了多个品种价格波动周期、波动频次的测算，给出了农产品价格变化的影响因素分析，得出了我国2000年以来的15年间农产品价格前期相对稳定、后期波动频率大、变化周期缩短等结论，可为农产品市场价格监测预警和政策工具应用提供有效参考。二是研究提出了农产品价格波动分析及波动率预测模型，进行了农产品价格波动率预测最小二乘支持向量机建模，将复杂的优化问题转化为易于求解的线性方程，适合小样本的数据智能分析。三是探索性地提出了农产品价格波动识别区概念，基于核密度估计方法分别测算出农产品价格预警阈值，研究完成了大白菜、菠菜、茄子、番茄等11个品种各区概率密度分布图，进行了价格波动识别区预警阈值划定，为农产品价格波动的政策调控工具应用提供了重要的基础方法。

4. 黎贤强．我国农村民间金融监管与规范研究［M］．杭州：浙江工商大学出版社，2019.

研究背景：民间借贷是有着悠久的历史并且是普遍存在的借贷形式，在发展中国家和发达国家都广泛存在，民间金融有其存在的制度合理性，能在一定程度上解决农户和中小企业偶发性的融资需求，对农村经济的发展有一定的促进作用。但在现阶段的中国，农村民间金融却处于一种非理性繁荣的状态，民间融资规模急剧扩大，各种高利倾向的借贷形式不断出现。非理性发展状态的农村民间金融有着很大的负面影响和风险隐患，一方面，破坏社会的信用秩序，另一方面，通过货币和信用链条向社会传递风险，甚至会造成群体性事件，影响社会稳定。该研究的目的就是在总结农村民间金融内生性、共生性的基础上，分析其非理性发展的原因、风险和负面影响，并根据当前背景在法律监管和“疏导”等方面提供建议。

内容提要：要建立民间金融的监管体系，必须重点解决三个问题：第一，将民间金融纳入市场经济法律框架，或者出台专门的民间金融法律法规，或者将民间金融纳入现有的法律体系，并做出专门性的法律规定。第二，明确民间金融的监管主体。银保监会虽然拥有监管资源，但其主要职责是对银行业的监管，在目前分业监管的体制下，银保监会已经承担了繁重的银行监管任务，如果再增加民间金融的监管职能，会导致监管边界过大。地方政府专门成立的部门监管民间金融，主体能明确，虽然监管资源缺乏，但可以落实，并且，地方政府对当地民间金融发展态势比较熟悉和了解，易于因地制宜开展监管工作。第三，落实民间金融监管资源，建立民间金融监管机制。民间金融监管资源包括分支机构、资金、人才、信息和技术，其中监管分支机构易于落实，监管资金可以在政府预算中考虑，关键是人才、信息和技术需要引进，并建立激励机制避免腐败。

基本结构：该书运用跨学科知识对农村民间金融问题进行研究。首先是运用金融抑制理论、金融资源理论、信息经济学理论、经济社会学理论，总结和分析农村民间金融在历史的长河中产生和发展的原因，特别是对现阶段农村民间金融内生于乡土社会、共生于农民及中小企业贷款难问题进行深入的分析。在此基础上，运用新制度经济学和行为经济学理论对目前农村民间金融非理性发展的原因、风险和负面影响进行分析。然后，运用金融深化理论、法经济学理论和金融监管理论，探索农村民间金融监管的政府定位、法律规制、体系和疏导路径。

主要贡献和现实意义：一是以经济理论为基础，结合其他学科知识，进行了一定的跨学科研究。农村民间金融问题表面上看是一个金融问题，但从深层次进行分析，农村民间金融问题又不仅仅是一个金融问题，它还是我国经济体制和增长方式转变过渡时期的一种客观现象，应综合运用经济学、社会学、法学等理论知识进行研究。二是提出了解决农村民间金融问题的创新性思路。农村民间金融问题要以解决“两多两难”问题为抓手，只有融资难、投资难问题解决了，农村民间金融问题才能真正解决，因此，农村民间金融问题应该从整个金融体系改革入手，切实推进金融深化改革，推进小微企业融资服务体系建设，培育农村资本市场，引导农民理性投资。三是提出农村民间金融监管体系。农村民间金融的监管，必须以法律规制为先导，明确监管主体，建立健全科学完善的监管与检测体系。

第四节　学术会议

本部分简要介绍 2 年来该领域 5 个重要的学术会议，包括会议主题、主办单位、会议时间、会议地点和会议概述等。

1. 首届“乡村振兴战略高峰论坛”（2018）

会议主题：高等院校、科研院所服务国家“乡村振兴战略”

主办单位：浙江大学
浙江大学全球农商研究院
浙江大学中国农村发展研究院
浙江大学新农村发展研究院

会议时间：2018 年 1 月 10 日

会议地点：杭州，浙江大学

会议概述：由浙江大学主办的“乡村振兴战略高峰论坛”在浙江大学紫金港校区隆重举行。论坛以“党政主导、农民主体、高校支撑、企业助力、社会参与”为基本思路，邀请多位国内著名专家、学者、企业家展开研讨。来自国务院发展研究中心、农业部、国际食物政策研究所、北京大学、中国人民大学、上海交通大学、华南农业大学等单位的专家学者，湖南韶山市、河南兰考县、广西宜州区、江西泰和县、贵州湄潭县以及省内嘉善、安吉、长兴、龙泉等地的政府代表，大北农集团等企业负责人和新农人代表 400 多人参加了本次论坛。

农业部农村经济体制与经济管理司张红宇司长在报告中强调，实施乡村振兴一定要着眼于完善农村基本经营制度，以“三权”分置为统领，继续创新农村土地制度以提供强大的制度动力；必须深化农业供给侧改革，走质量兴农之路，并充分发挥新型经营主体在引领农业结构调整、发展新产业新业态等方面的重要作用。

国务院发展研究中心资源与环境政策研究所副所长李佐军认为，实施乡村振兴战略，最关键就是要产业转型升级。产业结构要高级化，从农业延伸到二三产业，推进一二三产业融合发展。

北京大学中国农业政策研究中心主任黄季焜教授建议："要通过制度创新、技术进步，市场改革，农业投入，以及改变现有国家财政制度体系来推进农业供给侧改革，要遵循农村经济转型规律，稳健推进乡村振兴战略，需要加快转型，但是不能搞大跃进。"

浙江大学中国农村发展研究院黄祖辉教授强调，乡村振兴首先还是要放在城市化的背景下来做，乡村振兴一个最大的改革突破和前提就是要破解城乡二元结构，而且必须按照城乡一体、城乡互动的新型城市化战略来引领，以城带乡，以工兴农，城乡互促，城乡融合，并通过对市场、主体、要素、政策、组织的激活，把握住"政府主导、农民主体、科技支撑、企业助力、社会参与"五位一体，以及协调好"乡村与城市、政府与市场、人口与流动、表象与实质、短期与长期"五大关系来推进乡村振兴战略。

论坛同时邀请浙江多个地市及西迁服务带各地农业农村工作负责人，与参会高校代表、企业家一同发出倡议，组建"乡村振兴战略促进联盟"，以期发挥各方优势，众志成城，共同推进实施国家乡村振兴战略。论坛同时发布"乡村振兴战略紫金宣言"，以勃勃之朝气，实干之精神，迎向未来火热的奋斗。

2. 乡村振兴与现代农业产业体系构建学术研讨会（2018）

会议主题：乡村振兴与现代农业产业体系构建

主办单位：《中国农村经济》杂志社
华南农业大学经济与管理学院

会议时间：2018 年 1 月 25—26 日

会议地点：广州，华南农业大学

会议概述：南京农业大学钟甫宁教授、浙江大学中国农村发展研究院黄祖辉教授、中国农业大学何秀荣教授、中国社会科学院苑鹏教授、四川大学蒋永穆教授、暨南大学产业经济研究院顾乃华研究员、西南大学张应良教授、华南农业大学经济管理学院院长万俊毅教授、系主任周文良副教授以及广东省农村研究院副院长万忠研究员等十位专家分别作了题为《农业供给侧改革的理论和政策思考：粮食安全、农民收入与农业支持》《乡村振兴战略：若干关键与推进路径》《乡村振兴的思考》《农民合作社：乡村振兴中的现代农业经营组织》《社会主要矛盾变化与乡村振兴战略》《关于构建现代农业产业体系的三点粗浅思考》《乡村振兴与重庆农业产业发展》《现代农业产业体系、生产体系和经营体系需要协调发展》《广州农村三产融合的实践与思考》《推进广东乡村振兴战略的建议》的精彩专题报告。

与会专家一致认为，现代农业产业体系是乡村振兴的战略支撑；允许农民更大幅度地调整农业生产结构，创造条件扩大农户经营和就业范围，是推进农业供给侧改革并增加农民收入的重要保障；在乡村振兴中推进现代农业发展，应推动一二三产业的融合发展；现代农业产业体系、生产体系、经营体系具有不同的相关特性和有待重点解决的问题，需要进一步拓展其逻辑体系；重庆、广东、广州在现代农业产业体系构建中涌现出一些新模式新业态，其企业与农户的利益联结机制与模式值得推广。

各位专家畅所欲言，气氛热烈，就乡村振兴与现代农业产业体系构建的关系、重点路径及其政策建议形成广泛共识。

3. 首都农经理论界纪念农村改革40周年学术研讨会（2018）

会议主题：纪念农村改革40周年，梳理和提炼40年来我国农业和农村发展的宝贵经验，探索乡村振兴的具体措施

主办单位：中国人民大学农业与农村发展学院
北京大学中国农业政策研究中心
北京林业大学经济管理学院
中国农业大学经济管理学院
中国农业科学院农业经济与农村发展研究所
中国社会科学院农村发展研究所

会议时间：2018年12月1日

会议地点：北京，中国人民大学

会议概述：来自全国相关高校和研究机构的学者，以及国务院研究室、国务院发展研究中心、国家发展改革委、农业农村部、水利部、文化和旅游部、科技部等政府部门的政策研究专家、媒体代表，六家主办单位的学者200多人与会。

尹成杰表示，总结我国农村改革的基本经验，就是要加强党对农村工作的领导，坚持改革不断地深化和突破，维护和实现农民的合法权益，激发和释放农村的发展活力，来最大限度地解放农村生产力。改革是推动农业农村发展连续进入新阶段的动力源，也是乡村全面振兴的重要法宝和根本动力。新一轮农村改革具有鲜明的时代特征，体现在改革的开拓性和创新性、实质性和突破性、基础性和长远性、普惠性和反哺性这四个方面。

严瑞珍认为，40年的农村改革是一个伟大的实践，它提高了我们对农业农村本质的认识，大大推动了农经学界对有关农业理论的探索。他进一步指出，农经理论界要对农业的定义进行重新认识，农业既可以为人们提供生活资料，也可以为人类提供生态保障，农业产业提供商品性的农产品的特点过去认识得比较清楚，但提供生态产品这种半公共产品的特点过去认识得不够，需要加强研究，农业作为生产公共产品的产业特性应该得到社会的承认和相应的补偿。

南京农业大学教授钟甫宁认为，农村改革的标志是产权制度的改革，但农村的进一步改革不要迷信产权私有化，产权只是解决最后的剩余索取的分配问题，但是有没有剩余，配置以后能不能增加收入是它自身不能解决的。农村改革取得的历史成就从根本上是取决于整个国民经济的发展。

中国农业大学本科生院常务副院长林万龙作题为《改革开放以来中国城乡发展差距比较：基于HDI的分析》的报告。他认为必须全面而客观地看待40年来我国城乡差距的变化趋势。农村改革40年来，农村居民的发展权利取得了显著的改善，城乡发展的差距总体而言在持续缩小。

本次研讨会设置了四个平行分会，59位专家学者在平行分会上分享学术研究成果。

在习近平新时代中国特色社会主义思想的指导下，来自全国各地农业经济管理领域的专家学者们，从各方面总结我国农村改革40年的历史成就和宝贵经验，就相关学术问题展开深入研讨与交流，为今后全面深化农村改革，大力实施乡村振兴战略，加快实现农业农村现代化提供了有益借鉴。

4. 农业农村环境保护与可持续发展国际学术研讨会和第八届全国农业环境科学学术研讨会（2019）

会议主题：农业科技创新与农业绿色发展

主办单位：中国农业科学院
联合国环境规划署

会议时间：2019年9月20—22日

会议地点：天津

会议概述：该研讨会的目的是进一步交流近年来我国农业环境领域在基础和应用研究、理论和技术创新等方面的最新研究成果，推动绿色生产理念和方式转型，推进现代农业绿色发展，提高农业生态环境安全，促进乡村生态振兴。本次大会也是两年一次的“全国农业环境科学学术研讨会”的延续，旨在搭建农业资源与环境科技“产学研”的交流平台。连续七届的“全国农业环境科学学术研讨会”汇聚了越来越多的学界精英，已经逐渐成为行业领域学术交流的品牌。

来自海内外的1000多名专家学者、政府官员、行业代表与会。会议期间，中国工程院赵春江院士，农业农村部科教司李波副司长、联合国环境署 Maarten Kappelle 博士、国家基金委刘羽研究员等国内外专家、学者分别作了大会报告。

北京市农林科学院赵春江院士认为，近年来，在政府的大力支持下，中国智慧农业发展快速，但我国智慧农业仍缺乏基础研究和技术积累。应瞄准农业现代化与乡村振兴战略的重大需求，突破智慧农业核心技术、卡脖子技术与短板技术，实现农业“机器替代人力”“电脑替代人脑”“自主技术替代进口”的3大转变，提高农业生产智能化和经营网络化水平，加快信息化服务普及，降低应用成本，为农民提供用得上、用得起、用得好的个性化精准信息服务，大幅度提高农业生产效率、效能、效益，引领现代农业发展。

农业农村部环境保护科研监测所刘荣乐研究员指出要提高农业环保科技创新能力和创新效果，要从农业生态系统总体考虑设计循环生态农业模式，从农业、农村、农民整体系统考虑农业和农村的关系，从农业、农村、农民一体化循环生态链角度出发开展乡村整治关键技术与农村厕所革命。

北京市农林科学院刘宝存研究员认为，十三五期间，针对我国农业面源和重金属污染存在的基础研究系统性不够、共性关键技术瓶颈问题及技术有机集成应用示范度不高等，以我国蔬菜、粮食、瓜果等主要作物种植农业面源污染高发区和重金属污染典型区为实施重点；以农业生态系统面源与重金属污染物为对象，解决本领域重大科学和技术难题，建立不同区域农业面源和重金属污染防治与修复集成示范区。未来发展战略目标是提出农林生态环境退化、维持、提升、评价理论，形成山水林田湖草良好生态环境培育技术体系，坚持绿色生态导向，兼顾经济发展和生态环境保护，构建高产、高效、优质、生态、安全、可持续农林生态工程。

南开大学周启星教授介绍了未污染区也存在修复生物的理论、修复生物形成的土壤-植物交互作用理论、污染环境修复的生态格局优化与综合强化理论，以及污染农业土壤修复技术与方法等，分享了龙葵、小白酒花等消除典型污染地块的重金属的实际案例；今后在污染物环境行为与过程研究中要注意平衡 8 大关系。

大会的成功召开将在贯彻发展理念、推动农业生产方式转型、提高农业生态环境安全、搭建农业资源与环境科技“产学研用合作平台”、促进乡村生态振兴等方面发挥积极作用。

5. “三位一体”合作经济与普惠金融论坛（2019）

会议主题：普惠金融

主办单位：中国人民大学乡村治理研究中心
　　　　　中国信合联盟

会议时间：2019 年 12 月 13 日

会议地点：北京，中国人民大学

会议概述：来自中共中央党校、中国人民大学等科研院校，各省市农经实践部门以及中国信合联盟的 60 余名专家学者参加了本届年会。

中共中央党校教授徐祥临在论坛上表示，我国农村金融改革顶层制度设计已基本成型，需要中央有关部门和地方政府进一步把习近平总书记对合作金融制度安排落实到农村金融体系中，从而构建功能完善的适应农业农村和农民发展的金融制度，大力推进制度改革和创新以实现农村金融机构回归合作金融的本源。

浙江“三位一体”先行试点负责人陈林研究员向论坛介绍了习近平总书记在浙江工作期间亲自推动生产、供销、信用“三位一体”综合合作体系和实践情况。他认为，“三位一体”合作经济理论和实践，是习近平经济思想及其实践的重要组成部分，是坚持和完善中国特色的农村社会主义基本经济制度，坚持和完善农村统分结合双层经营体制的重大理论和制度创新。发展“三位一体”合作经济，需要建立纵横结合、条块交融的“三位一体”合作经济组织体系。

中国乡建院院长李昌平介绍了中国乡建院以村社内置合作金融为抓手，推动农村集体经济实现“二次飞跃”的情况和经验。他表示，村社内置合作金融通过把农民组织起来，将资源、资产、资金集合起来，让农村的死钱变成活钱，通过不断发展和联合，让农民可支配数百万亿的土地资产变现，中国的内需就可以真正扩大了，就可以转变单纯依赖出口和城市投资来进行经济增长的模式，从而构建起城乡可持续发展的现代化经济体系，推进经济高质量融合发展。

全国首家农村资金互助社推动者姜柏林认为，村社共同体是乡村振兴和乡村治理的基本组织载体，村社共同体可以界定为：以村党支部为领导、村民自治为基础和集体经济组织为保障的村庄社会治理结构与组织体系。建立社区合作金融制度及其支持制度体系，是深化农村集体产权制度改革的有效办法，是发展新型农村集体经济，完善统分结合双层经营体制必备的基本制度安排。土地等农村集体产权制度改革是存量资产（资源）改革，且土地等因其不动产属性不能直接产生交易收益，这就要求必须配备社区信用合作制度，增加货币资本等增量改革要素使土地等不动资产（资源）通过信用制度产生流动性收益。

他提出发展社区合作金融需要具备“六制”，即社区制、社员制、民主制、审慎制、服务制、联合制，需要综合配套市场准入与监管、财政扶持、货币政策支持、风险处置、教育培训和联合信用体系等重要制度。

农民信用合作监管与自律（自觉）座谈会上，部分与会嘉宾介绍了本地政府部门在处理和调整农民信用合作组织关系上达成了共识，发展农村合作金融要与非法集资区别开，需要法律和政策加以保护，需要地方党委政府的积极引导。农村合作金融组织要主动争取地方党委政府的领导和指导，要牢牢把握其社区制、合作制等关键特征。

◎ 参考文献

[1] 赵翠萍，侯鹏，刘阳，余燕．传统农耕村的土地股份合作社实践——豫省L村案例［J］．农业经济问题，2018（12）：86-94.

[2] 闵继胜．新型经营主体经营模式创新分析——基于黑龙江仁发合作社的案例分析［J］．农业经济问题，2018（10）：50-59.

[3] 李卓，左停．资产收益扶贫有助于“减贫”吗？——基于东部扶贫改革试验区Z市的实践探索［J］．农业经济问题，2018（10）：69-77.

[4] 王文龙．新乡贤与乡村治理：地区差异、治理模式选择与目标耦合［J］．农业经济问题，2018（10）：78-84.

[5] 涂丽，乐章．城镇化与中国乡村振兴：基于乡村建设理论视角的实证分析［J］．农业经济问题，2018（11）：78-91.

[6] 宁静，殷浩栋，汪三贵．土地确权是否具有益贫性？——基于贫困地区调查数据的实证分析［J］．农业经济问题，2018（9）：118-127.

[7] 刘辉，周长艳．小型农田水利治理：禀赋特征、产权结构与契约选择［J］．农业经济问题，2018（8）：128-137.

[8] 钱泽森，朱嘉晔．农民工的城市融入：现状、变化趋势与影响因素——基于2011—2015年29省农民工家庭调查数据的研究［J］．农业经济问题，2018（6）：74-86.

[9] 谢杰，金钊，李鹏．中国生猪养殖生产效率的时空特征差异研究［J］．农业经济问题，2018（6）：49-57.

[10] 林晨．价格管制、要素流动限制与城乡二元经济——基于历史投入产出表的理论和实证研究［J］．农业经济问题，2018（5）：70-79.

[11] 王士海，王秀丽．农村土地承包经营权确权强化了农户的禀赋效应吗？——基于山东省117个县（市、区）农户的实证研究［J］．农业经济问题，2018（5）：92-102.

[12] 王吉鹏，肖琴，李建平．新型农业经营主体融资：困境、成因及对策——基于131个农业综合开发产业化发展贷款贴息项目的调查［J］．农业经济问题，2018（2）：71-77.

[13] 王传荣，付婷婷．空间溢出视角下经济文化变迁对农民投资行为的影响研究［J］．农业经济问题，2018（2）：131-141.

[14] 李庆海，孙光林，何婧．社会网络对贫困地区农户信贷违约风险的影响：抑制还是激励？［J］．中国农村观察，2018（5）：45-66.

［15］刘昂．乡村治理制度的伦理思考——基于江苏省徐州市JN村的田野调查［J］．中国农村观察，2018（3）：65-74.
［16］陈东平，高名姿．第三方促进农地抵押贷款缔约和履约：交易特征——嵌入视角——以宁夏同心县样本为例［J］．中国农村观察，2018（1）：70-83.
［17］冷博峰，冯中朝，李谷成．新型农村社区居民住房满意程度及其影响因素分析——基于14省（区）1639个样本的调查［J］．中国农村观察，2018（1）：127-143.
［18］万江红，杨柳．补充与补偿：以合约治理合约的双层机制——基于鄂中楚香家庭农场农业经营合约的分析［J］．中国农村观察，2018（1）：53-69.
［19］王倩，任倩，余劲．粮食主产区农地流转农户议价能力实证分析［J］．中国农村观察，2018（2）：47-59.
［20］王许沁，张宗毅，葛继红．农机购置补贴政策：效果与效率——基于激励效应与挤出效应视角［J］．中国农村观察，2018（2）：60-74.
［21］曹芳芳，黄东，朱俊峰，武拉平．小麦收获损失及其主要影响因素——基于1135户小麦种植户的实证分析［J］．中国农村观察，2018（2）：75-87.
［22］章德宾，项朝阳，康国光．黄淮海设施蔬菜主产区农户决策效率研究［J］．中国农村观察，2018（2）：88-96.
［23］黎煦，朱志胜，宋映泉，吴要武．寄宿对贫困地区农村儿童阅读能力的影响——基于两省5县137所农村寄宿制学校的经验证据［J］．中国农村观察，2018（2）：129-144.
［24］胡新艳，陈小知，米运生．农地整合确权政策对农业规模经营发展的影响评估——来自准自然实验的证据［J］．中国农村经济，2018（12）：83-102.
［25］刘同山．农地流转不畅对粮食产量有何影响？——以黄淮海农区小麦生产为例［J］．中国农村经济，2018（12）：103-116.
［26］陈义媛．农产品经纪人与经济作物产品流通：地方市场的村庄嵌入性研究［J］．中国农村经济，2018（12）：117-129.
［27］谢金华，杨钢桥，许玉光．不同农地整治模式对农户生计策略的影响研究——以江汉平原和鄂西南山区部分县市为例［J］．中国农村经济，2018（11）：96-111.
［28］李谷成，李烨阳，周晓时．农业机械化、劳动力转移与农民收入增长——孰因孰果？［J］．中国农村经济，2018（11）：112-127.
［29］郭晓鸣，曾旭晖，王蔷，骆希．中国小农的结构性分化：一个分析框架——基于四川省的问卷调查数据［J］．中国农村经济，2018（10）：7-21.
［30］关付新．华北平原种粮家庭农场土地经营规模探究——以粮食大省河南为例［J］．中国农村经济，2018（10）：22-38.
［31］张哲晰，穆月英，侯玲玲．参加农业保险能优化要素配置吗？——农户投保行为内生化的生产效应分析［J］．中国农村经济，2018（10）：53-70.
［32］刘彬彬，崔菲菲，史清华．劳动力流动与村庄离婚率［J］．中国农村经济，2018（10）：71-92.
［33］张珩，罗剑朝，王磊玲．农地经营权抵押贷款对农户收入的影响及模式差异：实证

与解释［J］. 中国农村经济，2018（9）：79-93.
［34］徐秀英，徐畅，李朝柱. 关系网络对农户林地流入行为的影响——基于浙江省的调查数据［J］. 中国农村经济，2018（9）：62-78.
［35］贺超飞，于冷. 临时收储政策改为目标价格制度促进大豆扩种了么？——基于双重差分方法的分析［J］. 中国农村经济，2018（9）：29-46.
［36］张永丽，李青原，郭世慧. 贫困地区农村教育收益率的性别差异——基于 PSM 模型的计量分析［J］. 中国农村经济，2018（9）：110-130.
［37］郭君平，谭清香，曲颂. 进城农民工家庭贫困的测量与分析——基于“收入—消费—多维”视角［J］. 中国农村经济，2018（9）：94-109.
［38］林文声，王志刚，王美阳. 农地确权、要素配置与农业生产效率——基于中国劳动力动态调查的实证分析［J］. 中国农村经济，2018（8）：64-82.
［39］罗兴，吴本健，马九杰. 农村互联网信贷：“互联网+”的技术逻辑还是“社会网+”的社会逻辑？［J］. 中国农村经济，2018（8）：2-16.
［40］彭澎，吴承尧，肖斌卿. 银保互联对中国农村正规信贷配给的影响——基于 4 省 1014 户农户调查数据的分析［J］. 中国农村经济，2018（8）：32-45.
［41］侯海波，吴要武，宋映泉. 低龄寄宿与农村小学生人力资本积累——来自“撤点并校”的证据［J］. 中国农村经济，2018（7）：113-129.
［42］贾蕊，陆迁. 土地流转促进黄土高原区农户水土保持措施的实施吗？——基于集体行动中介作用与政府补贴调节效应的分析［J］. 中国农村经济，2018（6）：38-54.
［43］王刚毅，王孝华，李翠霞. 养殖资本化对生猪价格波动的稳定效应研究——基于中国面板数据的经验分析［J］. 中国农村经济，2018（6）：55-66.
［44］潘彪，田志宏. 购机补贴政策对中国农业机械使用效率的影响分析［J］. 中国农村经济，2018（6）：21-37.
［45］张瑞娟，高鸣. 新技术采纳行为与技术效率差异——基于小农户与种粮大户的比较［J］. 中国农村经济，2018（5）：84-97.
［46］黄志平. 国家级贫困县的设立推动了当地经济发展吗？——基于 PSM-DID 方法的实证研究［J］. 中国农村经济，2018（5）：98-111.
［47］王颜齐，郭翔宇. 种植户农业雇用生产行为选择及其影响效应分析——基于黑龙江和内蒙古大豆种植户的面板数据［J］. 中国农村经济，2018（4）：106-120.
［48］刘文霞，杜志雄，郜亮亮. 玉米收储制度改革对家庭农场加入合作社行为影响的实证研究——基于全国家庭农场监测数据［J］. 中国农村经济，2018（4）：13-27.
［49］徐志刚，张骏逸，吕开宇. 经营规模、地权期限与跨期农业技术采用——以秸秆直接还田为例［J］. 中国农村经济，2018（3）：61-74.
［50］丁从明，邵敏敏，梁甄桥. 宗族对农村人力资本投资的影响分析［J］. 中国农村经济，2018（2）：95-108.
［51］殷浩栋，毋亚男，汪三贵，王瑜，王姮. “母凭子贵”：子女性别对贫困地区农村妇女家庭决策权的影响［J］. 中国农村经济，2018（1）：108-123.
［52］蒋黎，王晓君. 环境质量与农业经济增长的内在关系探讨——基于我国 31 个省区

面板数据的 EKC 分析［J］. 农业经济问题，2019（12）：43-51.
［53］汪险生，李宁. 村庄民主与产权安全：来自农地确权的证据［J］. 农业经济问题，2019（12）：60-76.
［54］王钢，石奇，钱龙. 最低收购和价格补贴政策能提升农户福利效应吗？——基于小麦主产区 5 省份 1996—2016 年面板数据的测算［J］. 农业经济问题，2019（10）：63-73.
［55］朱红根，解春艳，康兰媛. 新一轮农地确权：福利效应、差异测度与影响因素［J］. 农业经济问题，2019（10）：100-110.
［56］童馨乐，胡迪，杨向阳. 粮食最低收购价政策效应评估——以小麦为例［J］. 农业经济问题，2019（9）：85-95.
［57］陈良敏，丁士军. 进城农民工家庭永久性迁移意愿和行为的影响因素［J］. 农业经济问题，2019（8）：117-128.
［58］周静，曾福生. "变或不变"：粮食最低收购价下调对稻作大户种植结构调整行为研究［J］. 农业经济问题，2019（3）：27-36.
［59］张正平，江千舟. 互联网金融发展、市场竞争与农村金融机构绩效［J］. 农业经济问题，2018（2）：50-59.
［60］王吉鹏，肖琴，李建平. 新型农业经营主体融资：困境、成因及对策——基于 131 个农业综合开发产业化发展贷款贴息项目的调查［J］. 农业经济问题，2018（2）：71-77.
［61］柳立清. 政策多变与应对失矩——基层易地扶贫搬迁政策执行困境的个案解读［J］. 中国农村观察，2019（6）：77-90.
［62］张驰，向晶，施海波，吕开宇. 代际视角下农村子女赡养行为的性别差异研究［J］. 中国农村观察，2019（6）：91-108.
［63］张高军，易小力. 有限政府与无限政府：乡村振兴中的基层政府行为研究［J］. 中国农村观察，2019（5）：32-52.
［64］王欢，乔娟，李秉龙. 养殖户参与标准化养殖场建设的意愿及其影响因素——基于四省（市）生猪养殖户的调查数据［J］. 中国农村观察，2019（4）：111-127.
［65］鲍莹莹. 隔代照料对祖辈代际赡养预期的影响——基于 CHARLS（2015）数据的实证分析［J］. 中国农村观察，2019（4）：82-93.
［66］仇童伟，罗必良，何勤英. 农地流转市场转型：理论与证据——基于对农地流转对象与农地租金关系的分析［J］. 中国农村观察，2019（4）：128-144.
［67］董晓林，孙楠，吴文琪. 人力资本、家庭融资与农户创业决策——基于 CFPS7981 个有效样本的实证分析［J］. 中国农村观察，2019（3）：109-123.
［68］曾亿武，张增辉，方湖柳，郭红东. 电商农户大数据使用：驱动因素与增收效应［J］. 中国农村经济，2019（12）：29-47.
［69］孙杰，周力，应瑞瑶. 精准农业技术扩散机制与政策研究——以测土配方施肥技术为例［J］. 中国农村经济，2019（12）：65-84.
［70］黎煦，朱志胜，陶政宇，左红. 回流对贫困地区农村儿童认知能力的影响——基于

137 所农村寄宿制小学的实证研究 [J]. 中国农村经济，2019 (9)：70-87.
[71] 王瑜．电商参与提升农户经济获得感了吗？——贫困户与非贫困户的差异 [J]. 中国农村经济，2019 (7)：37-50.
[72] 彭长生，王全忠，李光泗，钟钰．稻谷最低收购价调整预期对农户生产行为的影响——基于修正的 Nerlove 模型的实证研究 [J]. 中国农村经济，2019 (7)：51-70.
[73] 严如贺，柯水发．经济林种植对人工林木材供给能力的影响：抑制还是促进？——基于南方 12 省份森林资源清查面板数据 [J]. 中国农村经济，2019 (5)：38-53.
[74] 丁从明，吴羽佳，秦姝媛，梁甄桥．社会信任与公共政策的实施效率——基于农村居民新农保参与的微观证据 [J]. 中国农村经济，2019 (5)：109-123.
[75] 吴彬彬．外出农民工城镇社保参与率的性别差异——基于扩展的 Blinder-Oaxaca 分解 [J]. 中国农村经济，2019 (5)：89-108.
[76] 张永丽，徐腊梅．互联网使用对西部贫困地区农户家庭生活消费的影响——基于甘肃省 1735 个农户的调查 [J]. 中国农村经济，2019 (2)：42-59.
[77] 范红丽，辛宝英．家庭老年照料与农村妇女非农就业——来自中国微观调查数据的经验分析 [J/OL]. 中国农村经济，2019 (2)：98-114.
[78] 张龙耀，徐曼曼，刘俊杰．自然灾害冲击与农户信贷获得水平——基于 CFPS 数据的实证研究 [J]. 中国农村经济，2019 (3)：36-52.
[79] 陈海江，司伟，赵启然．粮豆轮作补贴：规模导向与瞄准偏差——基于生态补偿瞄准性视角的分析 [J]. 中国农村经济，2019 (1)：47-61.
[80] 姜长云．乡村振兴战略：理论、政策和规划研究 [M]. 北京：中国财政经济出版社，2018.
[81] 陈靖．土地的社会生命：农地制度变迁的文化动力 [M]. 北京：社会科学文献出版社，2018.
[82] 王盛威．主要农产品价格波动分析及调控措施研究 [M]. 北京：中国农业大学出版社，2019.
[83] 黎贤强．我国农村民间金融监管与规范研究 [M]. 杭州：浙江工商大学出版社，2019.
[84] Li Y, Westlund H, Liu Y. Why some rural areas decline while some others not: An overview of rural evolution in the world [J]. Journal of Rural Studies, 2019 (68): 135-143.
[85] Cao Q, Sarker M N I, Sun J. Model of the influencing factors of the withdrawal from rural homesteads in China: application of grounded theory method [J]. Land use policy, 2019 (85): 285-289.
[86] Zhang Y, He L, Li X, et al. Why are the Longji Terraces in Southwest China maintained well? A conservation mechanism for agricultural landscapes based on agricultural multi-functions developed by multi-stakeholders [J]. Land Use Policy, 2019 (85): 42-51.
[87] Wang S L, Huang J, Wang X, et al. Are China's regional agricultural productivities converging: How and why? [J]. Food Policy, 2019 (86): 101727.

[88] Zhou J, Yang Z, Li K, et al. Direct intervention or indirect support? The effects of cooperative control measures on farmers' implementation of quality and safety standards [J]. Food Policy, 2019 (86): 101728.

[89] Wang Q, Qiu J, Yu J. Impact of farmland characteristics on grain costs and benefits in the North China Plain [J]. Land Use Policy, 2019 (80): 142-149.

[90] Si Z, Li Y, Fang P, et al. "One family, two systems": food safety crisis as a catalyst for agrarian changes in rural China [J]. Journal of Rural Studies, 2019 (69): 87-96.

[91] Fayazi M, Yeh E T, Li F. Development and divergent post-disaster trajectories in a mountain village: Temporal dynamics of differentiation after the 2008 Wenchuan earthquake [J]. World Development, 2019 (124): 104663.

[92] Chen Y, Shi S, Tang Y. Valuing the urban hukou in China: evidence from a regression discontinuity design for housing prices [J]. Journal of Development Economics, 2019 (141): 102381.

[93] Hu Y, Li B, Zhang Z, et al. Farm size and agricultural technology progress: evidence from China [J]. Journal of Rural Studies, 2019.

[94] Cao Z, Liu Y, Li Y. Rural transition in the loess hilly and gully region: from the perspective of "flowing" cropland [J]. Journal of Rural Studies, 2019.

[95] Li H, Yuan Y, Zhang X, et al. Evolution and transformation mechanism of the spatial structure of rural settlements from the perspective of long-term economic and social change: a case study of the Sunan region, China [J]. Journal of Rural Studies, 2019.

[96] Chen C, Gao J, Chen J. Behavioral logics of local actors enrolled in the restructuring of rural China: a case study of Haoqiao Village in northern Jiangsu [J]. Journal of Rural Studies, 2019.

[97] Qi W, Deng Y, Fu B. Rural attraction: the spatial pattern and driving factors of China's rural in-migration [J]. Journal of Rural Studies, 2019.

[98] Guo Y, Zhou Y, Liu Y. Targeted poverty alleviation and its practices in rural China: a case study of Fuping county, Hebei Province [J]. Journal of Rural Studies, 2019.

[99] Chen Z, Liu Y, Feng W, et al. Study on spatial tropism distribution of rural settlements in the Loess Hilly and Gully Region based on natural factors and traffic accessibility [J]. Journal of Rural Studies, 2019.

[100] Zhou Y, Li X, Liu Y. Rural land system reforms in China: History, issues, measures and prospects [J]. Land Use Policy, 2020 (91): 104330.

[101] Yuan X, Shao Y, Li Y, et al. Cultivated land quality improvement to promote revitalization of sandy rural areas along the Great Wall in northern Shaanxi Province, China [J]. Journal of Rural Studies, 2019.

[102] Gao J, Liu Y, Chen J, et al. Demystifying the geography of income inequality in rural China: a transitional framework [J]. Journal of Rural Studies, 2019.

[103] Xie F, Liu S, Xu D. Gender difference in time-use of off-farm employment in rural

Sichuan, China [J]. Journal of Rural Studies, 2019.

[104] Ren G, Zhu X, Heerink N, et al. Persistence of land reallocations in Chinese villages: the role of village democracy and households' knowledge of policy [J]. Journal of Rural Studies, 2019.

[105] Kuang F, Jin J, He R, et al. Influence of livelihood capital on adaptation strategies: evidence from rural households in Wushen Banner, China [J]. Land Use Policy, 2019, 89: 104228.

[106] Tang H, Yun W, Liu W, et al. Structural changes in the development of China's farmland consolidation in 1998-2017: changing ideas and future framework [J]. Land Use Policy, 2019 (89): 104212.

[107] Gao Y, Liu B, Yu L, et al. Social capital, land tenure and the adoption of green control techniques by family farms: evidence from Shandong and Henan Provinces of China [J]. Land Use Policy, 2019 (89): 104250.

第八章　新型工业化、信息化与产业结构变迁

邵文波
（上海大学）

信息和通信技术发轫于20世纪后半叶，从21世纪开始发展迅速，深刻地改变了我们传统的生产和生活方式。那么这一信息化的过程，对于产业结构变迁会产生什么样的影响？中国共产党的十六大报告指出要走“新型工业化道路”，那么，新型工业化、信息化与产业结构变迁之间究竟存在什么样的关系？本章将对2018—2019年中国学者的相关研究文献进行梳理，对部分重要论文、著作和学术会议进行简要介绍，总结现有研究成果，并为未来的研究思路和方向提供借鉴和参考。

第一节　研究综述

信息与通信技术的发展重塑了传统工业化的内涵，并拓展了工业化的边界。2002年，党的十六大报告指出：“信息化是我国加快实现工业化和现代化的必然选择。坚持以信息化带动工业化，以工业化促进信息化，走出一条科技含量高、经济效益好、资源消耗低、环境污染少、人力资源优势得到充分发挥的新型工业化路子。”由此可见，新型工业化的核心是通过信息化发展，由信息化带动工业化的进程，实现产业结构的调整和升级。以下分别将相关的研究划分成三大部分进行阐述，即新型工业化的相关研究，包括其内涵与实现路径与效果；信息化的相关研究，包括其内涵与作用以及新型工业化与信息化、产业结构联系的相关研究。

一、新型工业化的内涵、实现路径与效果

新型工业化的概念来自党的十六大报告。关于其内涵，简新华和向琳（2003）较早地从七个方面论述了新型工业化的特点，认为新型工业化是信息化带动、集约型增长、发挥比较优势和后发优势、机械化与就业协调、产业结构优化、与城镇化适度同步以及持续发展的工业化。吴敬琏（2005）则认为研究新型工业化需要在区分工业化的发展阶段的基础上展开。此后相关的研究很多，在观点上大同小异。主要内容包含两大方面，一是在工业发展和产业结构上强调信息化的作用，二是在生产方式上强调集约式生产。不同研究的主要侧重方面有差异。最近十多年信息化的过程为新型工业化实践提供了前提和基础，所以近年来很多相关研究结合了中国的发展实践，对新型工业化进行了更为细化的阐述。比如刘键和蒋同明（2018）认为新型工业化要实现由“中国制造向中国创造、中国速度

向中国质量、中国产品向中国品牌转变”。新型工业化需要实现由要素驱动向创新驱动、由低成本竞争向质量效益竞争、由粗放制造向绿色制造和由生产型制造向服务型制造四个转变，从而提升中国在全球价值链分工中的地位，真正实现中国制造业由大到强的转变（刘艳红和郭朝先，2018）。韩玉玲和李积龙（2019）则从五个方面细化了新型工业化的含义：一是科技含量高，主要体现技术进步；二是经济效益好，主要提高资源投入产出比；三是资源消耗低，强调可持续发展；四是环境污染少，淘汰高污染产业；五是人力资源优势得到充分发挥。不仅如此，他们还指出了目前新型工业化存在的问题，主要包括区域经济发展不平衡、城乡差异大、资源环境和人口红利消失问题。

从实现路径和方式来看，大多数研究认为需要准确把握中国的工业化阶段，据此提出符合中国国情的发展路径。比如高丽娜和蒋伏心（2018）认为中国新型工业化需要在区分工业化发展阶段的基础上，并结合比较优势演化特征，据此选择适合的路径。为此，他们通过分析中国工业化阶段的特点，提出了新型工业化升级路径，即：提升企业价值网络协同度、提升产业创新要素联动、实现竞争政策与产业政策联动和实现新型城镇化建设与新型工业化进程协同。这一点与韩玉玲和李积龙（2019）的研究相似，后者认为在路径选择方面需要提高科技创新能力、促进工业化和信息化的融合、加快产业结构的优化升级和协调。除此之外，他们还提出要发挥政府作用解决外部性问题以及加大教育支持力度提高劳动力素质抵消人口红利消失问题。

部分学者对中国的工业化阶段进行了定量研究，总结经验并提出了具体的发展建议。黄群慧（2018）从产业成长、产业结构、产业政策多方面分析了改革开放 40 年中国产业结构变迁和工业化进程。文章认为工业化的内涵并不是工业的发展水平，而是经济发展和经济现代化水平。文章通过构造工业化水平综合指数进行测算和预测，认为 2011 年以后中国就进入了工业化后期，到 2020 年将基本实现工业化，而 2035 年则将全面实现工业化。文章总结了中国改革开放 40 多年的成功经验，包括正确处理工业化进程（稳中求进）、产业政策（市场和政府的关系）、产业布局（区域协调）、工业化与市场化和全球化关系几个方面。相似的研究还有韩保江和杨丽（2019），他们将中华人民共和国成立后的工业化历程划分为四个阶段，即工业化初期、工业化快速推进期、工业化中后期、工业化高质量发展期。他们认为新型工业化是工业化中后期开始的标志。闫超等（2019）也认为中国已经步入工业化后期阶段，工业转型是经济转型的关键。在实证上，文章基于 1990—2017 年工业增加值增速数据，运用非线性 MS（M）-AR（p）模型，考察了中国工业经济的结构性转变与时变性特征。研究发现，如果根据增速将工业增长区分为三个区制，那么工业经济保持“中速增长区制”的可能性最大，在“快速增长区制”的可能性居中，而维系“低速增长区制”的可能性最小，说明工业经济运行在“中速增长区制”可以保持更长的持续时间。对照现实，近年来中国工业经济回落至“低速增长区制”。他们认为随着新时期内外环境的变化，中国的新型工业化需要积极应对结构调整、战略转型以及国际经济冲击等各方面带来的挑战。

具体实现方式方面，刘键和蒋同明（2018）强调了工业设计产业的重要性，认为该产业的发展是推动新旧动能转变，实现制造业升级的重要力量。为此，他们通过构建 BP 神经网络评价模型对国内外工业设计产业竞争力指标进行量化，然后区分不同组群，并结合不同国家的相关政策考察其产业发展路径，在此基础上根据中国的情况提出发展工业设计产业的相关政策建议。还有一部分研究是结合党的十八大报告提出的“坚持走中国特色新型工业化、信息化、城镇化、农业现代化道路”，以及十九大报告进一步提出的要“推动新型工业化、信息化、城镇化、农业现代化同步发展”的思想，主要讨论“四化”的协调发展问题。比如农村财政扶贫攻坚综合开发治理课题组（2018）总结和拓展了城乡一体“四化”建设小康之路的方略，对于十八大以后的相关政策措施进行了分类阐述和总结。相似的研究还有洪银兴（2018）的研究，文章提出要突出创新赶超发达国家，并详细论述了“四化”同步的内涵和要求。

从2002年新型工业化首次被提出至今已有十多年时间，部分学者考察了这些年相关政策的实施效果。刘艳红和郭朝先（2018）认为“十二五”期间信息化与工业化融合在改造提升传统产业、催生新业态新模式、支撑新兴产业发展方面效果显著；在发展方式上，以绿色生产为主线，构建工业可持续发展的道路；在城乡结构和产业结构方面，产业及城乡协调发展的格局正加快形成。韩保江和杨丽（2019）发现2003—2012年中国GDP年均增速超过10%。产业结构趋于协调，工业化步入中后期。他们认为这一阶段的发展动能来自四个方面，一是出口导向的外向型工业化；二是工业与制造业的资本和技术密集度不断提高；三是城镇化快速推进；四是产业自东向西转移促进区域经济均衡发展。他们把十八大以来的发展定义为工业化发展后期，认为中国工业化进入高质量发展阶段，特点是供给侧结构性改革提升了实体经济供给质量，包括大力发展高端制造业和高技术制造业，推动传统产业转型升级。还有通过混合所有制改革寻找工业化新的红利，同时依靠创新驱动，实现动力转换。从实际情况来看，2013年以来，工业增加值稳步增长，工业结构持续优化升级，新动能持续发展壮大，实现了从总量到结构的全方位进步。

总结以上的研究可以发现，新型工业化的相关讨论源于党的十六大报告。此后的研究与十七大、十八大和十九大报告阐述的内容基本一致。相关研究从更为细化的方向讨论了新型工业化的内涵、实现方式和路径以及政策实施效果等。从已有研究的共性来看，虽然研究的角度和问题有差异，但是总体逻辑一致，就是新型工业化实际上是通过信息化的发展，实现原有工业化的更新换代和升级。既包括信息化自身的发展，又包括信息化与原有工业化的融合。可以说，信息化是新型工业化道路实现的关键，这既是党的十六大及以后党的历次大会提出的论断，也是此后相关研究普遍认可的观点。接下来就信息化的相关研究进行梳理和总结。

二、信息化的内涵与作用

从新型工业化与信息化的关系来看，信息化的过程本身就是新型工业化道路的一部分，是由传统工业化向新型工业化转变的决定因素。关于信息化的相关研究，首先需要明确信息化（informationization）的内涵，然后重点考察信息化过程的作用机制和效果。后者可以划分为三个方面：一是关于信息化对于经济增长的作用机制和效果，这方面研究主要从生产效率改善和创新的角度展开讨论；二是信息化对国际贸易的作用机制和效果，包括对出口、进口以及贸易模式的影响；三是信息化对就业的作用机制和效果，包括对于劳动力需求总量和结构，以及收入分配方面的影响。这三个方面相互联系，涵盖了信息化对经济发展的速度、质量和结构的影响。厘清了其中的关系，也就厘清了信息化与新型工业化的联系及其作用效应。

(一) 信息化的内涵

信息和通信技术（information and communication technology，ICT，以下简称信息技术）是人类社会发展至今最具影响力的技术。此前国外更多是研究信息技术的影响，鲜有采用信息化的概念，主要原因在于信息化的内涵较难界定。不过基于宏观的角度，信息化这个概念比信息技术涵盖的面要更宽，内涵和外延都更为全面。

有关信息化的定义有很多，基本逻辑也比较一致，都是指信息技术的发展，使得与此相关的技术和设备在生产中扩散，由此造成生产和生活方式彻底改变的过程。林毅夫和董先安（2003）在总结已有研究的基础上对信息化进行了界定，主要是从信息技术导致生产方式改变的角度展开，将“建立在信息技术产业发展与信息技术在社会经济各部门扩散的基础之上，运用信息技术改造传统的经济、社会结构的过程”称为信息化。根据这一定义，最近十几年间自动化（automation）以及人工智能（artificial intelligence，AI）都属于信息化的范畴，这一界定，与十六大报告中提出的信息化的概念也颇为一致。

明确了信息化的内涵，接下来需要考虑信息化的作用机制与影响。以下就国内最近两年的相关研究进行分类、归纳和总结。

(二) 信息化与经济增长

针对信息化的相关研究 20 世纪 90 年代末在国外开始流行。比较有影响的是 Jorgenson 的一系列研究。后续很多学者也从不同角度，基于理论和实证两个方面就信息化的影响进行了相关研究。从结论来看，除少数研究者如 Gordon（2000）外，绝大多数学者基本肯定了信息化对于劳动生产率和经济增长的促进作用。国内相关的研究起步相对较晚，直到最近十多年才开始逐渐兴起，主要可以分为两类，一类从信息化实现生产效率提高的角度展开研究，另一类则从信息化促进创新的角度展开讨论。

1. 信息化与生产效率提高

从增长的角度来看，信息技术使用导致新技术应用和生产效率提高是最直接的影响路径。近两年相关的研究在细分领域、研究视角和数据上有所差别，结论也大体一致。

肖利平（2018）研究了“互联网+”对装备制造业全要素生产率（TFP）的影响。首先在“互联网+”的界定上，他认为“互联网+”是“把互联网的创新成果与经济社会各领域深度融合，推动技术进步、效率提升和组织变革，提升实体经济创新力和生产力，形成更广泛的以互联网为基础设施和创新要素的经济社会发展新形态”。结合上文对信息化的界定，可以看出所谓的“互联网+”也是信息化的一部分。他认为“互联网+”正是利用其自身降低信息扩散成本、加快信息传播、减少信息不对称以及平台效应等特点，通过技术进步、效率提升和组织变更三个方面影响 TFP 的提升。在实证上文章采用中国 2006—2016 年省际面板数据进行了估计，结果证实了“互联网+”对装备制造业 TFP 的促进作用，并且这种效应有着明显的区域性差异，东部地区的效应更加明显。实证检验还发现，在影响路径方面，文章的发现与大家的期望可能有差异，体现在“互联网+”主要是通过技术效率的提升产生影响，而通过促进技术进步进而实现 TFP 提升的效应并不明显，这就说明"互联网+"在新技术应用和融合方面起到的作用仍然比较有限。

余东华和信婧（2018）则从区域维度考察了信息技术对于制造业 TFP 的影响。与此前的研究有所差异，他们主要研究了信息技术扩散对生产性服务业集聚的影响，进而实现对 TFP 的作用，其中生产性服务业集聚相当于一个中间变量。他们认为信息技术主要是通过加快知识外溢、扩大市场潜能、优化资源配置和形成规模经济等四种途径推动生产性服务业集聚。而生产性服务性集聚会造成企业之间竞争加剧，专业化程度提高，规模经济效应更加明显，这些都有利于制造业 TFP 的提升。但当集聚规模扩大到一定程度，产生拥挤效应之后，就会对制造业 TFP 产生负面影响。文章通过中国多个省份 2003—2016 年的面板数据，采用完全非参数局部线性方法，将信息技术与生产性服务业集聚联系起来，证实了信息技术与生产性服务业聚焦区的融入程度与该地区制造业 TFP 有着显著的正向关系。

行业维度方面，孙早和刘李华（2018）总结了信息化影响 TFP 的四条路径：推动技术进步、促进企业规模效率提高、提高企业技术效率和促进资源配置效率改善。文章通过将中国 1979—2004 年 43 个行业的投资分为 ICT 和非 ICT 固定资产投资，发现 ICT 投资对于行业 TFP 有着显著的促进作用。同时他们还发现，ICT 对 TFP 的促进作用也是有前提条件的，具体包括资本深化——需要大规模 ICT 投资为依托、市场化——说明信息化需要在合适的市场环境中才能发挥作用、人力资本水平——信息化对 TFP 的影响很大程度上受到人力资本水平的制约。相似的研究还有余文涛和吴士炜（2019）的研究，他们从互联网平台经济切入，考察其对行业生产率的影响，认为互联网平台经济的发展会通过技术创新、行业竞争和创业溢出三种效应影响行业的生产效率。

杨德明和刘泳文（2018）则从微观企业层面研究了"互联网+"对于企业绩效的影响。文章认为"互联网+"是企业的一种战略行为，主要通过提升企业创新能力，提高企业运营效率和降低企业成本几个方面提升企业绩效。在路径分析方面，他们认为"互联网+"的运用可以提高企业的差异化竞争优势，包括产品的差异化和服务的差异化两个方面。文章通过 2013—2015 年沪深两市的 A 股上市公司数据进行的回归分析结果证实了理论假说，并且发现"互联网+"在降低企业成本改善企业绩效方面效果并不显著。

从以上的分析可以看出，已有文献大都肯定了信息化对于效率的提升作用，但是在作用路径和影响程度方面的观点有差异。黄群慧等（2019）通过超边际与一般均衡分析，构建了互联网发展与制造业效率影响的理论模型。文章通过模型重点考察互联网在产品交易环节中降低交易成本的效用，分析认为互联网专业化生产为生产者提供了便利，提高了生产的专业化水平，进而提高制造业生产率；同时，互联网服务的发展通过降低单位交易成本，促进制造业分工，从而提高制造业生产率。在实证中，从宏观（城市和行业整体层面）和微观企业层面分别进行了检验，结果发现无论宏观层面，还是微观企业层面，互联网技术发展都显著促进了制造业的生产率。作用机制检验发现互联网主要通过提高交易效率、减少资源错配和促进创新三个渠道提升制造业生产率。这一结论与许家云（2019）的结论比较一致。何小钢等（2019）则通过微观企业数据实证研究人力资本的角度解释了信息技术对企业劳动生产率影响的机制。从技能结构来看，实证显示信息技术与高技能劳动力存在互补效应，但是与中等技能劳动力则未表现出互补效应，这种互补效应一方面导致生产效率提升，另一方面通过生产和管理方式的优化实现了效率的提升；从雇用结构来看，理论上承诺型雇用劳动力相对于其他劳动力的影响有正反两个方面，一方面是其丰富的技术经验有利于ICT的应用，促进效应提升，另一方面则是雇用期锁定不利于企业在市场环境发生变化时适时进行调整，影响效率提升，实证结果显示第一方面效应占主导地位。

2. 信息化与创新

多数研究主要是将创新作为一个中间变量，认为信息化导致企业创新，进而影响其绩效。比如王可和李连燕（2018）利用世界银行2012年对中国制造业企业的调查数据，就互联网技术的应用对制造业企业的影响进行了实证研究。结果发现，互联网的使用可以有效提高制造业企业的创新投入和创新产出，从而推动了中国制造业的创新行为，这一结论与肖利平（2018）基于省际面板数据实证分析得出的结论有所差异。与此同时，他们还发现互联网通过网络的外部性实现信息共享和快速传递，大大减少了信息不对称的情况，从需求、生产和销售等环节提升了效率，促进制造业供应链协同，提高企业绩效。

相似的研究还有陈维涛等（2019）的研究，他们同样从微观企业层面，考察了互联网电子商务应用对于企业研发和TFP的影响。在影响机制方面，他们认为互联网电子商务基础设施的存在可以降低企业的研发成本，实现效率提升，投入产业比的增加可以吸引企业更多进行研发投入，从而实现生产率的提升；同时，互联网电子商务交易可以减少信息不对称性，降低交易成本，不仅可以提升生产、销售和管理效率，而且可以缩短研发收益实现周期，吸引企业研发，提高企业效率。实证中论文使用2015年“阿里巴巴电子商务发展指数”和中国上市企业数据，分别就影响结果与影响机制进行了检验。研究发现总体上，互联网电子商务的发展对于中国企业TFP有着显著的促进作用，如果将互联网电子商务分为应用和服务两类，实证发现互联网电子商务应用起到的作用更为明显，并且机制检验发现这一作用主要通过促进企业研发投入而实现。

比较系统地讨论互联网对创新的影响的是韩先锋等（2019）。在影响效应方面，他们认为互联网可以直接提升区域的创新效率，不仅如此，还可以通过加速人力资本积累、金融发展和产业升级间接提升区域创新效率；与此同时，互联网的创新溢出效应具有类似规模经济的非线性特征，随着互联网水平的提高，规模效应越来越明显；并且，创新溢出效应还存在着明显的个体异质性特征。在实证中从区域维度构建了互联网综合发展水平指标，包括互联网普及、基础设施、信息资源、商务应用和发展环境五个方面，使用多种计量方法就理论分析的机制进行了检验，发现互联网的发展有效促进了区域的创新效率，而在中西部地区的创新溢出红利要大于东部地区，这一点似乎有点出人意料。与此前部分研究（如肖利平，2018；许家云，2019等）从不同维度研究的互联网效应呈现东强西弱的情况正好相反。同时他们发现互联网虽然可以通过加速人力资本积累、金融发展和产业升级间接提升区域创新效率，但效果要弱于直接效应。并且，与理论分析一致，互联网对创新的溢出效应存在“边际效应递增”的非线性特征；区域创新主体的异质性方面，他们发现高校的溢出强度最高，其次是科研机构，然后是企业。

（三）信息化与国际贸易

信息化与国际贸易相关的研究始于互联网的发展促使国际贸易方式的变革。在21世纪初学者开始关注这一领域。国内从2010年以后这一问题得到学者的足够关注，主要逻辑是信息技术的应用减少了信息不对称，提高了交易效率，降低了成本，促进了国际贸易（茹玉骢和李燕，2014；李坤望等，2015；施炳展，2016）。最近两年的相关研究主要在两个方面进行了拓展：一个方面是针对信息化内涵的不同角度展开讨论，另一方面则是考虑出口模式的影响。

石良平和王素云（2018）利用中国省际面板数据实证研究了互联网对于贸易发展的影响。他们总结了互联网对于贸易影响的三条路径：通过网络外部性降低交易成本、利用网络溢出效应扩大市场和减少约束、发挥互联互通优势获得更多的贸易参与者。实证发现互联网应用与贸易总额有显著的正相关性，显示互联网发展显著提高了中国贸易规模（包括进口规模和出口规模），对出口效应显著大于进口效应。并且在进口效应中，消费品进口的效应最为明显。不过文章并没有就影响机制进行检验。

潘家栋和肖文（2018）同样认为互联网的应用降低了交易成本和企业的生产成本，互联网技术的快速发展为中国的贸易提速增效。与其他研究不同的是，他们在实证中选取了具有代表性的中国21个主要贸易伙伴，同时考虑中国和贸易伙伴的互联网发展情况进行检验。结果发现不论是出口国还是进口国，互联网技术的提升与出口国的出口规模都显著正相关。

但是互联网应用涉及的面比较广，对于互联网具体如何影响企业和用户的行为，已有研究只是定性地考虑到网络的外部性以及技术效率改善这个逻辑，并没有细致刻画影响的场景和路径。岳云嵩和李兵（2018）将研究聚焦于电子商务平台的应用，通过构建理论模型，将电子商务平台作为一个随机的外生冲击变量加入异质性贸易理论分析框架，证明了企业通过电子商务平台可以降低生产可变成本和出口固定成本，进而影响企业的出口绩效。与以往研究不同之处在于，实证中他们除了采用工业企业数据库与海关数据库进行配对以外，还使用了阿里巴巴中国站付费会员数据库，这一数据库可以确定企业使用了互联网从事交易，在此基础上采用倍差匹配法，对模型结论进行检验就更为精确。实证结果显示电子商务平台的应用促进了企业出口规模扩大，拓展了贸易的“物理”边界。机制检验结果与之前的研究结论类似，电子商务平台主要通过提高劳动生产率、降低交易成本和降低出口门槛三条路径促进企业出口。

戴美虹（2019）将互联网技术、创新与出口结合起来，从互联网的资源重置功能出发，研究互联网技术运用对出口企业创新的微观经济效应。在理论模型构建上，在多产品异质性企业模型中加入互联网的影响，分析发现互联网的使用可以降低企业出口和生产成本，并促使资源从旧产品转向新产品，推动企业进行新产品开发的创新行为。进一步加入贸易方式分析发现，上述效应在一般贸易出口企业中体现得更为明显。实证中作者使用了中国工业企业数据库和海关数据库，结论与理论模型推导的一致。值得一提的是关于互联网企业的识别，文章采用的是电子邮箱或官方网站作为代理变量，用该变量作为企业使用互联网的变量存在一定争议，不过在当前企业层面互联网数据普遍缺乏的背景下也是一个不错的尝试。

考虑到已有研究大多聚焦于互联网的信息优势带来的成本降低和效率提升进而影响出口贸易，刘海洋等（2019）将重点放在出口模式变革方面，考察互联网出现导致原有贸易中介的作用大大削弱，从而由间接出口向直接出口转变，由此带来的一系列影响。理论方面在异质企业贸易理论模型中加入互联网的影响，对比在互联网加入前后不同生产率企业的出口决策行为。发现部分原来采用间接出口的企业在使用互联网后会选择直接出口，由此实现了出口绩效的改善。实证中同样是采用中国工业企业数据库与海关数据库，回归结果验证了理论分析结论，并且还发现互联网使用导致企业出口模式的变化，从而延长企业在国际市场的生存时间。需要指出的是，关于企业采用互联网的变量与戴美虹（2019）相同，目前来看企业层面互联网技术使用的数据获取是一个普遍性的难题。

施炳展和金祥义（2019）独辟蹊径，将行为经济学和信息论的相关理论应用于国际贸易，基于中国对不同经济体的网络搜索构建注意力配置指数，认为中国对其他国家的注意力配置程度提高，会降低进口方市场的不确定性，从而提升对其出口产品规模。他们认为，通过改善信息与通信基础设施，提高信息搜索的效率，减少搜索壁垒和降低搜索成本可以有效增加国内经济主体的注意力配置水平，从而降低中国对世界经济系统预判的不确定性。

少数学者研究了信息化对于进口的影响。佟家栋和杨俊（2019）使用微观企业数据，实证检验了互联网使用对进口企业创新的影响。他们发现互联网的使用，通过提升进口制造企业所进口产品的质量促进企业的创新，这一效应在不同企业之间呈现显著的异质性，与企业的规模、生产率和技术密集度成正比，并且在民营企业以及出口企业中表现得更明显。他们还发现，互联网不仅可以促进进口企业创新，而且促进了企业的协同创新。谭用等（2019）主要研究了互联网应用对于企业进口绩效的影响。他们使用平均进口价格、进口价格离散度和总进口量作为企业进口绩效的度量指标。理论分析认为，进口所在地互联网的深化导致贸易成本下降时，会造成平均进口价格下降、地区进口价格离散度降低以及进口规模扩大，从而提升了进口绩效；其他地区互联网深化会提高进口所在地的进口价格、导致进口价格离散度上升以及进口规模扩大，总的效应是进口所在地的进口绩效提高。实证中考虑了地区的互联网发展水平，结合各地区企业的进口情况进行了验证，发现互联网的发展可以改善进口绩效，从进口的角度改善了一国的福利水平。

（四）信息化与就业、收入分配

有关信息技术应用对于就业方面的影响，早期的研究主要是分析技术进步导致就业总量和结构的变化，最近几年分析信息化、人工智能和机器人等相关技术对于劳动力需求结构的影响，比较系统的研究来自 Acemoglu 和 Restrepo。他们构建一套理论模型研究了这些技术进步导致不同技能、不同年龄结构劳动力需求的差异性影响，相似的研究还有 Dauth 等（2018）和 Graetz 和 Michaels（2018）等的研究。

国内方面，邵文波和李坤望（2014）、邵文波等（2018）就信息化对制造业劳动力市场的影响展开了研究，认为信息化的过程会造成劳动力需求数量的下降和劳动收入占比的下降；并且会造成高技能劳动力的相对需求上升和技能溢价的上升，这些现象存在显著的行业、地区和企业间的差异。不过这一结论与刘飞和田高良（2019）的研究发现有所差异，他们采用锐思金融数据库提供的1999—2017年四万多条上市公司员工层面的微观数据进行检验，发现信息技术投资可以显著促进就业，相对于软件资本，硬件资本对就业的影响更大，并且涉及的行业更广；研究还发现，企业员工学历水平提高，硬件资本会产生相反的作用，即减少就业，而且软件资本则反之。他们认为这是由于员工劳动生产率高会减少硬件资本投资，因此需要软件资本投资。

张鹏飞（2018）总结了人工智能对就业影响的相关研究，他认为人工智能带来的影响类似于之前的科技革命，尽管会产生机器替代人的现象，但是并不会产生大规模的失业。人工智能导致的劳动生产率提高效应一定程度上会提高就业。不过他肯定了原有的就业结构有可能会发生变化，比如技术进步的偏向性就会导致不同技术劳动力需求的差异性影响。程承坪和彭欢（2018）详细讨论了人工智能影响就业的机制，他们认为从经济学的角度来看，人工智能对就业的影响分为就业创造和就业替代两种效应。就业创造是指技术进步导致效率提高、成本降低和分工加深造成的劳动力需求增加；就业替代是指技术进步降低劳动强度、提高劳动生产率从而替代部分原有的劳动，并且技术换代会导致短暂的结构性失业，渗透性的技术创新以及管理技术进步等都会对就业结构产生较大影响，如替代部分冗余就业及与被淘汰的产业和技术相关的就业。从非经济学的机理来看，包括人口学机理和哲学两个方面。这两个方面事实上是把人口与技术内生化，从人口学的角度来分析，技术进步会导致人口增长，从而导致需求增加，就业提高，又会导致新一轮技术进步的产生；从哲学的角度分析，满足人的欲望的动力推动了技术进步，进而影响需求和就业。据此，作者给出了一系列发展人工智能的建议。

以上研究主要讨论的是信息化对就业数量的影响。从价格角度来看，信息化导致不同劳动力的工资差距会影响收入分配。张奕芳（2018）将互联网和人口红利放在同一分析框架中，构建内生贸易模型，把互联网作为内生变量，研究探讨互联网的发展带来的福利改善是否可以抵消人口红利消失导致的贸易福利损失。通过省际面板数据的实证分析，发现虽然人口红利消失会对贸易福利产生负面影响，但互联网发展造成了贸易福利巨大改善，可以弥补这种影响。从区域层面来看，互联网造成的贸易福利改善效应在中部地区最为明显。相似的研究还有郭凯明（2019）的研究，他在理论上证明了人工智能发展通过促进生产要素在产业部门间流动，会导致不同部门劳动收入份额的变动。贺娅萍和徐康宁（2019）则研究了互联网对于城乡收入差距的影响。他们基于搜寻匹配理论，认为互联网的运用提高了搜寻效率，降低了搜寻成本，效率的提高有利于工资水平的上升。基于中国区域间的互联网普及差异现实，可以推断互联网导致的收入水平上升，会拉大城乡收入差距。这一推断在实证中得到了证实，通过省级面板数据的回归分析发现城乡互联网普及的差异越大，对缩小城乡收入差距的抑制作用也就越大。

总结来看，信息化导致增长速度和增长方式的转变，已有研究主要突出信息化导致生产效率的提高和引致的创新效果。同时，研究发现信息化会导致国际贸易方式和效率的变化，提升了中国出口的效率，优化了出口结构，这些都是实现由传统工业化向新型工业化蜕变的关键。同时，信息化对于就业数量、结构和收入分配影响的研究，进一步体现了新型工业化道路中“集约化”和“人力资源优势充分发挥”的重要性，说明一方面通过信息化可以部分抵消人口老龄化的影响，另一方面也有可能会加大收入不平等程度，需要相关配套政策进行适当调整。

三、新型工业化道路、信息化发展与产业结构变迁

基于传统三大产业考察产业结构变迁，需要考虑工业化发展阶段。如前所述，对于中国目前所处的工业化阶段相关研究存在一定争论，对于结构转型，大多数研究强调所谓的“去工业化”，认为需要提高第三产业占比。近几年不少学者对“去工业化”问题进行了反思。杨骞和秦文晋（2018）强调中国产业结构升级需要考虑区域差异。通过构建产业结构合理化和高度化指标，他们发现中国产业结构升级存在空间非均衡、地区差距及收敛性特征。因此产业政策需要结合地区特征，因地制宜地实施。并且考虑到产业结构合理化和高度化在同一地区收敛方式可能不同，政府应着重采取适当的调整协调制度和政策引导地区产业结构合理化或产业结构高度化的收敛。这一思想与昌忠泽等（2019）的研究基本一致。后者主要研究创新驱动战略在区域间的适用性问题。他们通过省际面板数据考察中国四大板块经济区技术进步对产业结构影响的差异性，发现虽然总体上技术进步对产业结构升级有显著促进作用，但区域之间差异较大，创新驱动发展战略更适用于东部和东北部，而中部、西部地区技术进步对产业结构升级作用不明显。他们认为这是因为东部与中、西部地区所处的工业化阶段不同，需要结合各区域要素的禀赋特殊性，探索合适的产业结构升级路径。

郝寿义和曹清峰（2019）分析了后工业化阶段的核心特征与典型模式，结合中国宏观与区域经济的事实分析认为中国目前处于后工业化初级阶段。在这一阶段，经济转型需要满足一定的约束条件，包括保持合理的投资水平和合理规模的制造业，通过供给侧改革来应对消费升级以及利用新一轮技术包括互联网、大数据、人工智能等第四次技术革命的核心领域实现创新驱动发展。

魏后凯和王颂吉（2019）认为传统工业化阶段理论所划分的工业化初期、中期和后期只是实现了浅度工业化目标，还必须由浅度工业化向深度工业化转型升级。他们认为当前中国并没有真正实现工业化，近年来出现了“过度去工业化”特征，这会对中国经济增长、生产率提升、现代服务业发展和农业劳动力转移产生严重的消极影响。因此，未来较长的时间，工业必须以先进制造业为主体，这才是支撑中国经济实现持续稳定的中高速增长的重要动力。为此需要考虑区域差异性，在东部发达地区加快推进深度工业化，在中西部地区建立一批先进制造业基地，同时促进先进制造业与现代服务业深度融合发展。特别提到需要“充分借助新一轮科技革命带来的信息化和智能化机遇，大力发展智能制造和服务型制造，积极推动制造业服务化进程”。

车明好等（2019）也认为一味地寻求做大第三产业并不能真正实经济稳定增长，需要从资源配置合理性的角度讨论产业结构升级问题。他们结合已有的研究，将产业结构升级分为产业结构合理化和产业结构高级化两个维度，认为产业结构高级化与经济增长之间并不是线性关系，如果产业政策专注于实现产业结构高级化，不考虑产业结构合理化，有可能会损害长期的经济增长。实证研究发现，产业结构合理化指数的门槛值是 0.0742，实际指数小于门槛值时，产业结构高级化可以促进经济增长；大于门槛值时，产业结构高

级化对经济增长并没有促进作用。从中国区域数据来看，大部分地区处于后一个区间，如果片面追求产业结构高级化，对于经济增长并不有利。

因此，产业结构升级并不限于第三产业比重的提高，单独的第三产业比重提高并不一定体现为产业结构的升级，更不能体现为产业结构的合理化。需要充分利用以信息技术为基础的科技革命实现不同产业的升级是学者普遍认同的观点。这一点与新型工业化道路的内涵比较一致。由此可见，当前产业结构升级的重点是由传统工业化向新型工业化的转变，主要是信息化相关产业自身的发展以及信息化与工业的融合和创新，从而实现生产方式的转变。或者说信息化带来产业结构变迁本身和增长质量提高就是新型工业化道路的一部分。

关于这一问题，郭美晨和杜传忠（2019）进行了比较系统的论证。他们将总产出提高、生产率提升和产业结构升级三个方面结合起来分析。在机制上，文章研究了三个层次的影响。一是 ICT 投资替代其他投资，促进产出的增长和要素资源配置合理化；二是 ICT 作为一种通用技术，该产业规模快速增长不仅是直接的经济增长点，而且还会带来新的产业更替，推动产业结构变迁；三是 ICT 与其他部门的结合，实现优化重组。实际上就是 ICT 的渗透效应，将 ICT 从生产部门向使用部门推进，改变原来的生产、生活和组织方式，从而实现整个产业结构的升级和变迁。在实证上，作者采用增长核算模型分析了 1995—2015 年中国经济增长来源，计算不同阶段各要素对于经济增长的贡献份额，以此考察 ICT 影响的直接效应，发现经济增长仍然是以非 ICT 资本为主导，但 ICT 资本的作用日渐突出，并且发现 ICT 产业生产率改进效应明显；在间接效应方面，文章采用两部门模型，即将生产部门分为 ICT 部门和非 ICT 部门，发现 ICT 产业发展对整体产业升级带动效应较明显，对其他产业部门升级的溢出效应相对较小，并且存在 3 年左右的滞后期。他们的研究从一个侧面也证明了新型工业化道路被提出之后，在产业结构升级方面产生的显著效果。其他学者也从不同角度展开了讨论。

陈庆江等（2018）考察了信息化与市场分割对产业结构的影响。他们认为信息化对产业结构的合理化有着显著的促进作用，主要通过信息技术渗透，实现资源有效配置和劳动生产率提高；相反，市场分割则会阻碍产业结构合理化进程，主要因为市场分割导致资源扭曲和要素错配。从信息化与市场分割的关系来看，信息化的发展一定程度上缓解了市场分割对于产业结构合理化进程的阻碍作用，原因在于信息的流动和共享，缓解了信息不对称问题，提高了要素配置效率，弱化了区域市场分割对产业结构合理化的阻碍作用。文章通过中国省际面板数据分析，验证了以上三点结论，并据此提出政策建议：为加速我国产业结构的合理化过程，应积极推进信息技术的渗透和融合，同时改变市场分割的现状，提高区域市场整合水平。

昌忠泽和孟倩（2018）认为信息技术影响主要通过消费需求效应、创新驱动效应、劳动力禀赋效应和劳动生产率效应四个中介效应渠道影响产业结构优化升级。实际上创新驱动和劳动生产率效应之前已有很多研究讨论过。消费需求效应指的是信息技术推动的消费生态变化，进而推动产业结构升级，而劳动力禀赋效应指的是信息技术会提高技能工人的需求，促进人力资源禀赋提高并推动人力资源分配的优化。这两个方面实际上属于资源配置的范畴。他们使用省际面板数据验证了这一结论，认为信息技术的发展倒逼产业结构由劳动密集型、资源密集型向知识密集型转变。从区域间来看，信息技术对产业结构转型升级的促进作用在中西部地区体现得要比东部地区更为明显；而从产业间来看，对第三产业的作用最大，第二产业次之，这一结论与徐伟呈和范爱军（2018）的研究相似。后者通过中国 19 个地区的产业面板数据进行实证分析，发现互联网的发展能够促进中国产业结构高度化，但却不利于产业结构的合理化，原因在于互联网在三大产业中的融合程度有差异，实证发现互联网对第三产业的贡献大于第二产业，而对第一产业的贡献最小。他们认为互联网技术对第一产业产出贡献大于第二和第三产业时，才会促进产业结构合理化。虽然当前互联网发展对于第二、三产业的贡献可能超过第一产业，但这两个产业存在的诸如发展模式粗放、工资制度滞后以及工业与服务业比重不协调等弊端有可能会导致互联网发展对这两个产业在就业方面的驱动作用要弱于对产出的驱动作用，这样会导致三大产业生产率分散化，进而影响产业结构的合理化进程。

基于三大产业讨论互联网的研究还有曾世宏等（2018），他们同样采用中国省际面板数据，实证检验了互联网发展水平对于三大产业结构变化的影响。研究发现互联网的普及主要通过城镇化和技术进步两条路径实现了所谓的“产业结构服务化”（按照文章的界定，指的是“促进三次产业的产值结构由第一产业向第二产业进而向第三产业转型，也能促进三次产业的就业结构由第一产业向第二产业进而向第三产业转型”）。不过这些研究并未就代表信息化的最新技术，具体通过什么路径导致不同要素在部门之间的流动，进而导致产业结构变化进行理论上的解释。郭凯明（2019）进行了尝试，他采用一个多部门动态一般均衡模型，在理论上证明人工智能服务或人工智能扩展型技术提高会促使生产要素在产业部门间流动，而部门的人工智能产出弹性和人工智能与传统生产方式的替代弹性方面的差别，决定了要素流动的方向，也就决定了产业结构的变化方向。

许家云（2019）主要研究了互联网对工业结构升级的作用。文章将中国在 1995 年互联网正式投入商用作为准自然实验，采用倍差法系统分析互联网在地区工业结构升级中的作用。作者认为互联网商用之后，在商业领域的普及率提高，考虑到中国区域性差异比较大，不同地区的互联网普及率的变化存在显著差异，这一特征是相对理想的准自然实验。估计结果表明，互联网的应用确实促进了地区的工业结构升级，并且这种效应存在着明显的区域性差异，在东部沿海和中部地区，互联网促进工业结构升级的效应更明显，而在西部经济相对欠发达地区效果并不明显。文章还对作用机制进行了检验，发现互联网主要从两个渠道促进工业结构升级：一是生产率效应，即互联网的应用提高了劳动生产率，劳动生产率提高导致的生产要素转移和高技术部门比重提高促进了产业结构升级；二是资源配置效应，互联网的使用通过降低企业搜寻成本，增加信息透明度，削弱垄断效应，强化市场效应，促进资源合理流动和有效配置，从而促进产业结构升级。

集约化生产是高质量发展的一部分，也是新型工业化的一个特征。张三峰和魏下海（2019）考察了企业 ICT 应用对于能源强度的影响。他们采用世界银行 2001 年和 2012 年对中国企业的调查数据，通过实证研究发现企业信息技术应用程度与其能源强度有着明显的负相关关系。中介效应检验认为 ICT 应用导致能源强度降低主要来自两个方面原因：一是 ICT 应用导致的新技术应用以及机器和设备的更新，降低了能耗（这里实际上有一个隐含的前提假定，就是以 ICT 为代表的技术是集约化的、能耗低的“绿色技术”）；二是

ICT应用提升了企业生产制造的柔性（王永进等，2017），实现了生产结构优化，从而降低了企业的能源强度，主要是通过资源的有效配置实现集约化生产。

不同于传统意义上的产业结构调整，互联网的产生导致的线下经济线上化的模式转变也属于结构调整的一部分。余文涛（2019）观察到地理租金的上涨导致部分厂商放弃实体商店转向通过网络平台拓展贸易市场。基于这一事实，他们采用省际面板数据实证发现在租金上涨的情况下，企业会通过网络平台拓展市场规模，同时消费者也会通过网络平台扩大消费选择，但是这种效应并非通过平台创新实现。

四、研究展望

以信息技术为基础的信息化过程，正在让我们的生产和生活方式实现更新换代。新型工业化正是在信息化带来的这种变化，导致原有工业结构更新换代和升级调整的背景下，提出的有别于此前工业发展方式的工业发展理念。

关于新型工业化的研究主要包括三个方面：从生产方式来看，由粗放向集约转变；从工业结构来看，要实现结构升级，并且与其他产业的发展相协调；从实现路径来看，传统工业与信息化的融合以及信息化相关产业的发展，用以实现效率提高和资源有效配置是主要的方向。近两年相关研究一方面对于新型工业化的内涵进行了细化分析，另一方面开始进行定量分析，通过构建新型工业化相关指标评价政策实施效果并提出政策建议。

信息化是新型工业化道路的组成部分。已有研究主要基于信息技术发展引起的生产效率、创新、生产销售和服务方式变化的逻辑展开，可以归纳为信息化对经济增长、国际贸易、劳动力市场的作用机制和影响效果。近两年相关的研究主要有两个方面的贡献：一方面是得益于数据的可得性加强，研究层次可以进一步下沉，微观层面的研究和定量的分析增加；另一方面是考虑了最新技术的发展，对于信息化的发展和作用效应考察得更加深入。

近两年对产业结构变迁相关的研究有两个方面的进步：一方面是批判了此前多数研究倡导的“去工业化”，赋予产业结构升级问题更加丰富的内涵，并不仅仅限于三大产业结构问题，充分考虑了中国的发展阶段；另一方面是强调以信息化为代表的创新驱动产业结构升级，关于信息化细分领域对产业结构影响的研究较多。

从已有研究来看，主要存在三个方面问题，可以考虑进一步完善和深化。一是从总体上看，对于新型工业化、信息化缺乏完整的理论和实证分析。对于两者之间的细化联系，需要从经济学的角度进行深入论证，并且需要构建相关指标进行实证分析。同时，虽然新型工业化道路、信息化与产业结构变迁密切相关，但目前很少有研究将这几个方面联系起来进行分析。二是在信息化的相关研究方面，目前信息化的相关数据仍然较为匮乏，导致部分变量测度不准确，很多微观层面研究无法展开。同时目前经济学学科对于信息化相关领域研究的范围仍然较窄，未能全面反映信息化对于经济生活的影响。三是现有研究对于以信息技术为代表的新技术带来生产生活方式改变的影响机制分析仍然比较粗放，大多数只能从逻辑上分析信息化总体的影响，无法就自身某一领域在生产过程中由信息技术带来的变化展开经济学分析，未来可以考虑引入跨学科分析，以便准确和完整地刻画其影响机制，进而全面考察其影响效应。

第二节　重 要 论 文

1. 郭凯明．人工智能发展、产业结构转型升级与劳动收入份额变动［J］．管理世界，2019，35（7）：60-77，202-203.

研究背景：作为新一轮科技革命的战略性技术，人工智能技术发展的重要性不言而喻。但是前提是需要了解和预测人工智能有可能带来的各种影响。比如对未来的产业格局会导致哪些变化？对于资本密集度不同的产业会有哪些差异性的影响？从收入分配的角度来看，人工智能会产生什么样的影响？经验表明上一轮科技革命导致全球劳动收入占比下降，加深了主要经济体的收入不平等程度，那么本次以人工智能为代表的技术会否继续加深收入不平等程度？这些问题都值得深入研究。

基本结论：通过一个多部门动态一般均衡模型，在理论上证明了人工智能服务或人工智能扩展型技术提高，都会促使生产要素在产业部门间流动，流动方向取决于不同产业部门在人工智能产出弹性和人工智能与传统生产方式的替代弹性上的差别。这一结构转型过程也导致了劳动收入份额的变动。

主要贡献：文章发展了关于人工智能对宏观经济结构性影响领域的研究。已有研究大多强调了产业部门间产品替代弹性的作用，没有考虑人工智能可能替代的是传统生产方式，对劳动收入份额的影响还会取决于人工智能在不同产业部门的应用特征。这些特征既决定了产业结构转型，也决定了劳动收入份额。该文使用了一个更一般性的模型框架，以更丰富的视角去看待人工智能对产业结构转型升级和劳动收入份额变动的影响，并提出了新的经济机制。

现实意义：准确预判人工智能发展对产业结构转型升级和要素收入分配格局的影响，对于推动中国经济实现高质量发展具有重要现实意义。根据研究结论，一方面可以健全企业破产保护制度，完善市场出清机制，做好区域间的产业转移和承接工作，避免产业结构快速转型过程中加剧部分产业的产能过剩问题；另一方面可以支持人工智能发展，由此带来的技术红利理应被劳动和资本平等获得，但是如果人工智能造成了劳动密集型产业收缩，势必会显著降低劳动收入份额，恶化收入分配，此时可以采用更积极的收入再分配政策进行调节。

2. 黄群慧．改革开放 40 年中国的产业发展与工业化进程［J］．中国工业经济，2018（9）：5-23.

研究背景：中国改革开放 40 年成就巨大，这 40 年中经济实现了快速增长，目前已经是全球第二大经济体，实现了几乎不可能完成的任务。寻求中国经济高速成长的密码，揭示中国经验的本质，对于未来的发展有着重要的意义。这就需要对中国工业化进程中的产业发展进行深入研究，以便掌握产业发展演进的规律，明确在工业化后期所面临的挑战和问题。

基本结论：从产业成长看，中国已经从一个落后的农业大国转变为一个工业大国，"工业大国""大而不强"是中国的最基本经济国情；从工业化进程看，总体上中国的工业化进程从初期阶段快速地发展到工业化后期阶段，到 2020 年中国将基本实现工业化、

2035 年全面实现工业化；从产业结构演进看，可以将中国产业发展和工业化进程按照市场化改革划分为市场经济方向探索、市场经济构建完善、市场经济建设新时代三个大的阶段；从产业政策看，中国正确处理了政府与市场的关系，产业政策总体上是成功的，在产业政策操作层面努力做到政府在一定程度上干预资源配置但又要尽量避免直接介入资源配置，这个“度”总体把握相对合理。

主要贡献：从产业成长、产业结构、产业政策等视角，系统地分析了改革开放 40 年中国的产业发展和工业化的成就，概括了工业化“中国方案”中的逻辑和经验。

现实意义：工业化“中国方案”的核心经验是：正确处理改革、发展与稳定的关系，“稳中求进”保证产业持续成长和工业化进程持续深化；正确处理政府与市场的关系，不断提高产业效率和促进产业迈向高端化；正确处理中央政府与地方政府的关系，促进产业合理布局和区域协调发展；正确处理市场化与工业化的关系，培育全面持续的产业发展动力机制；正确处理全球化与工业化的关系，形成全面开放发展的现代化产业体系；正确处理城市化与工业化的关系，促进产业和人口集聚效率提升与社会民生协调发展。

3. 高丽娜，蒋伏心．阶段特征、比较优势演化与中国特色新型工业化发展［J］．经济学家，2018（2）：46-53.

研究背景：在新常态背景下，提升工业化功能定位，对于夯实国民经济发展根基具有战略意义。经过近 40 年的改革开放，一方面，建立在原有比较优势基础上的产业格局在应对国内、国际市场变化方面已日渐乏力；另一方面，对外开放、区域竞争与技术发展等“新格局”重构背景下，“比较优势”拐点的出现、“新比较优势”的培育与强化面临重要的战略机遇。因此，新形势下推进工业化进程升级，不仅需要科学认识工业系统的功能定位，也要理性看待其阶段性特征和准确把握“新比较优势”带来的发展机遇。

基本结论：中国的工业化进程形成系统移植型、外生型、技术依附型及外部市场主导型的阶段特征，具备自身的发展阶段性与独特性，构成中国特色新型工业化发展路径升级的约束性条件；由市场主体开拓性、要素整合能力、产业工人规模及配套产业系统构成的“新比较优势”是推动工业化进程升级的内在动力。

主要贡献：通过理论和历史的逻辑对于新常态下工业系统的功能定位进行了再审视，证明了工业系统的重要性；从系统根植性、内生性、自主创新性、主导市场构成特征方面考察了中国工业化进程的阶段性与独特性，提出新比较优势是工业化进程升级的内在动力。在此基础上提出中国特色新型工业化进程升级路径。

现实意义：对于地方政府来说，不宜仅以“量”的指标作为区域产业结构高级与否的评价标准，以免造成产业政策导向的偏离，“舍本逐末”。对于国家来说，要在重新审视新形势下工业系统功能定位的基础上，准确把握当前工业化进程的阶段特征，以适应国内外环境深刻变化带来的发展约束，充分认识新阶段中国“新比较优势”内涵，通过技术进步提升工业系统的根植性、内生性，形成要素在产业间、空间的自组织转移，从而推动中国特色新型工业化进程升级。

4. 昌忠泽，陈昶君，张杰．产业结构升级视角下创新驱动发展战略的适用性研究——基于中国四大板块经济区面板数据的实证分析［J］．经济学家，2019（8）：62-74.

研究背景：中国是一个发展中大国，各地区经济发展水平、人民收入水平、要素禀赋、经济结构等方面均存在较大差异，创新驱动发展战略的实施应该从中国各地区的实际出发，不能一味追求技术的高端化、先进性和自主性，应该采取与本地区实际契合的适宜技术，促进本地区产业结构升级，创新驱动发展战略在中国各地区存在着适用性的差异。

基本结论：从全国层面来看，技术进步与产业结构升级之间呈现显著的正相关关系，中国整体而言正处于工业化中后期阶段，技术进步不断优化升级主导产业；从区域层面来看，1996—2017 年中国四大板块经济区中的东部和东北部区域内技术进步与产业结构升级具有显著的正相关关系。中、西部地区，技术进步对产业结构的推动效果并未完全显现出来，该区域内仍以资本密集型产业为主；中国四大板块经济区要素禀赋不同，产业结构升级路径具有相对特殊性。

主要贡献：（1）从国内对于产业结构升级的研究来看，国内学者的研究多为定性分析，或是片面针对单个行业、单一地区进行单方面的定量分析，或是笼统地以整个国家作为研究对象，而以中国四大板块经济区作为研究对象，探究技术创新对区域产业升级影响的研究至今尚未发现；（2）通过构建模型，实证分析技术进步对中国四大板块经济区产业结构升级的影响及其差异性，探究创新驱动发展战略对于中国四大板块经济区产业结构升级的适用性。

现实意义：首先，全国及中国四大板块经济区应当在不同程度上积极实施创新驱动战略，提高区域内全要素生产率水平；其次，需要完善科技布局促进平衡发展，实施区域差异性扶持政策；最后，需要结合各区域要素禀赋特殊性，探索合适的产业结构升级路径。

5. 何小钢，梁权熙，王善骝．信息技术、劳动力结构与企业生产率——破解“信息技术生产率悖论”之谜［J］．管理世界，2019，35（9）：65-80.

研究背景：当前，中国制造正处于由大转强、由低端制造向高端制造转型的攻坚时期。中国政府也制定了相应的数字经济与智能制造发展战略，试图借助 ICT 技术推动企业向数字化生产与智能制造转型。然而，制造业的数字化与智能化转型并非一蹴而就。ICT 技术能否真正提升企业生产率，进而提高增长质量？其产生机制、作用渠道如何？这些问题需要进一步深入研究。

基本结论：理论上发现：（1）企业 ICT 应用与高技能劳动力存在互补效应，高技能劳动力既能直接与 ICT 互补，又能与 ICT 应用带来的生产方式与组织结构变革互补，进而促进了 ICT 生产率提升效应。（2）企业 ICT 应用与承诺型雇用劳动力存在互补效应，承诺型雇用劳动力具有更丰富的技术经验促进 ICT 的应用实效，同时具有更强的分析和解决问题的能力，能更快地适应 ICT 应用带来的生产柔性与组织变革，进而强化了 ICT 的生产率提升效应。实证发现中国企业层面并不存在“信息技术生产率悖论”，且高技能员工和长期雇用员工均与 ICT 形成互补效应，能够显著提升 ICT 的生产率效应。并且发现，市场化程度越高的地区、技术密集型与程序化任务比例更高的行业以及规模更大的企业上述两种效应更强。

主要贡献：（1）该文从微观层面提供了发展中国家 ICT 提升企业生产率的直接证据，并从企业人力资本角度验证了发展中国家企业破解“信息技术生产率悖论”的有效路径；（2）该文从劳动力结构角度识别了 ICT 生产率提升效应的作用机制和渠道，同时打开了“信息技术如何与技能劳动力形成互补”的黑箱；（3）该文发现信息技术需要高技能劳动力与之匹配，两者之间存在互补效应，表明只要不断提高劳动力的受教育水平，加强在职培训提高雇员技能，机器对人的替代效应就会减弱甚至会创造新的岗位。

现实意义：企业在进行信息技术投资时，要增加高技能人才的引进力度，同时通过公司内部的在职培训、轮岗学习等形式提高企业现有雇员的人力资本，通过高素质雇员推动生产流程优化与组织结构转型，更大效度地发挥技能劳动力对ICT生产率的提升效应；政府不但要在人工智能、互联网、大数据等相关领域的基础研发方面进行投入以推动信息通信技术的持续进步，而且要在新兴技术的人才培养、工人培训等方面积极投入，这不但可以防止新技术形成就业替代所导致的失业问题，更为重要的是能增加智能制造所急需的高端人力资本供给。借助企业和政府合力，让数字化革命和智能制造推动产能、质量和效率优化，为新时期的经济发展提供新动能。

6. 张三峰，魏下海．信息与通信技术是否降低了企业能源消耗——来自中国制造业企业调查数据的证据［J］．中国工业经济，2019（2）：155-173.

研究背景：中国政府提出要通过信息化和工业化的深度融合来引领和带动整个制造业的绿色发展。2016年发布的《工业绿色发展规划（2016—2020年）》进一步提出推动互联网与绿色制造融合发展，发展大规模个性化定制、网络协同制造、远程运维服务，降低生产和流通环节资源浪费，促进生产方式绿色精益化。这些显示了ICT对实现工业部门绿色发展的重要性。在生产运营中应用ICT是否降低了中国制造业企业的能源消耗，尤其是连接两者的内在机制是什么，成为值得深入探讨的问题。

基本结论：整体上，在其他条件不变情况下，提高企业生产运营中应用ICT的程度显著降低了企业能源强度。这意味着，将制造业企业生产运营过程与ICT的“融合”纳入企业的发展战略，不仅能促进企业生产技术进步和流程优化，还能为企业提供实时监测能源消耗的工具和手段，从而降低企业能源消耗。影响机制分析发现企业应用ICT引致的技术创新效应和结构优化效应，分别通过支持企业生产技术与机器设备更新和提升生产运营柔性度产生中介作用。

主要贡献：（1）首次提供了在生产运营中提升应用ICT的程度可以减少企业能耗的微观证据，拓展了应用ICT对构建绿色制造体系影响研究的视域；（2）在数据和变量构建上缓解了内生性问题，从而探求了企业应用ICT与能源强度的因果关系，弥补了已有文献的不足。（3）厘清了生产运营中应用ICT对企业能源强度产生影响的机制，并运用中介效应模型进行了验证。

现实意义：一是中国制造业企业应以政府的信息化示范工程为契机，在企业管理中通过应用ICT，实现生产与控制的智能化和自动化，提高管理效率，降低企业能源消耗；二是重视应用ICT对产业链的整合；鼓励骨干企业探索利用ICT建立能源综合与循环利用体系；三是加快推进“两化融合”战略，促进中国工业企业实现生产过程的精确控制，减少能源消耗；四是各级政府可通过设立企业信息化扶持基金的方式，加大对制造业企业信息化建设的支持力度。

7. 韩先锋，宋文飞，李勃昕．互联网能成为中国区域创新效率提升的新动能吗［J］．中国工业经济，2019（7）：119-136.

研究背景：当前如何有效利用互联网提高核心竞争力成为实践界和学术界广泛关注的

热门话题。毋庸置疑，互联网将在创新型国家建设和区域创新系统演变发展中扮演日趋重要的角色。那么互联网的快速发展是否明显驱动了中国的区域创新效率？如果答案是肯定的，那么如何发挥互联网"威力"才会更有利于创新效率提升以及实现区域间的创新平衡？互联网创新溢出效应的规律和特征是什么？互联网在区域创新系统内的溢出又存在何种差异？只有找到这些问题的答案才能准确评价互联网对区域创新效率的作用。

基本结论：（1）互联网明显地促进了区域创新效率水平提升，已成为新时代下中国推动区域创新效率改善的强劲引擎，在中、西部地区的互联网创新溢出红利要大于东部地区；（2）互联网能通过加速人力资本积累、金融发展和产业升级间接提升区域创新效率，但间接效应弱于直接效应；（3）互联网的创新溢出效应呈现明显正向的"边际效应"递增的非线性特征，且人力资本等中介因素还可正向强化互联网的非线性创新溢出；（4）区域创新系统中互联网的创新溢出具有明显的创新主体异质特征，溢出效应强度最高的是高校，科研机构次之，溢出效应强度最低的是企业。

主要贡献：首次把互联网这一宏观新因素纳入区域创新效率提升的分析框架，结果发现了互联网对区域创新效率存在直接和间接的"双重影响"事实，得出互联网在推动区域创新系统及其子系统创新效率提升中发挥巨大"威力"的同时，还可以缩小发达地区和落后地区之间的创新差距，并有助于进一步激发和释放基础研究创新溢出红利的核心结论，证实了互联网完全可以成为新时代中国区域创新效率提升的新动能。

现实意义：通过加大互联网建设力度，缩小数字鸿沟，提升互联网综合水平，最大程度促进区域创新；推动"互联网+"区域创新的深度融合，有效发挥互联网对创新的直接和间接双重作用；根据互联网创新溢出效应正向且"边际效应"递增的非线性特征，结合区域的具体情况，实施动态化、差异化的"互联网+"区域创新策略。

8. 郭美晨，杜传忠 . ICT 提升中国经济增长质量的机理与效应分析 [J]. 统计研究，2019，36（3）：3-16.

研究背景：当前中国经济增长必须以提高质量与效益为核心。新经济增长理论认为，科技创新是促进经济增长、提高增长效率的根本性内生要素。不同时期的科技创新都对其所在时期的经济增长、效率提升与结构调整发挥了重要推动作用。ICT 作为现代技术体系的核心与通用目的技术，正在引领新一轮产业革命，其创新发展与应用必将对经济增长质量产生显著影响，有必要对其影响的机制和效应进行深入研究。

基本结论：（1）1995—2015 年，中国 ICT 生产性资本存量与资本服务增长迅速，持续积累的 ICT 资本对经济总产出的贡献总体呈上升趋势。受 ICT 资本存量在整个经济社会中比重较小的限制，目前 ICT 资本深化的贡献份额相对较小，但其增长效应已逐渐显现；（2）就 ICT 产业生产率改进的贡献来看，ICT 产业 TFP 增长率显著高于整体经济 TFP 增长率，对整体经济 TFP 增长的拉动作用逐渐增强，但 ICT 产业自身 TFP 变动却呈缓慢下降趋势；（3）ICT 产业发展对整体产业升级的直接带动效应较明显，对其他产业部门升级的溢出效应相对较小且存在大约 3 年的滞后期。相较于 ICT 制造业，软件业溢出效应不明显，ICT 对产业结构优化所产生的"结构红利"还需进一步挖掘和释放。

主要贡献：现有文献大多聚焦于 ICT 对经济增长"量"的影响，忽略了"质"的影响；并且，国外研究较少关注产业结构问题，国内文献虽然关注到 ICT 对产业结构的影响，但未将产出、生产率与产业结构结合起来考察。该文将重点放在经济增长“质”的方面，突出其规模、效率与结构特征，将总产出增长与生产率提升以及产业结构优化升级这两个层面相结合，分析ICT对经济增长质量的影响机理，并在测算中国ICT生产性资本存量的基础上，利用增长核算模型和两部门模型实证检验1995—2015年ICT在不同层面所产生的贡献和效应。

现实意义：调动全社会力量加快建设与完善信息通信基础设施，加快实施“宽带中国”战略，全面提升信息通信基础网络建设能力与综合利用水平，并通过市场化手段引导资源向ICT领域倾斜；需要加大ICT领域基础研究投入，加快研发突破前沿技术和关键核心技术；继续深化ICT融合应用，全面提升产业系统协同创新能力。

9. 徐伟呈，范爱军．“互联网+”驱动下的中国产业结构优化升级［J］．财经科学，2018（3）：119-132.

研究背景：以云计算、大数据、移动互联网等为代表的新一代互联网技术与各产业的跨界融合正引发一场新的科技革命和产业革命，为中国产业结构调整带来新的机遇。以互联网技术对三大产业产出的贡献率为研究视角，考察互联网技术进步对中国产业结构调整的影响，对于中国加快推进产业结构调整具有重要意义。

基本结论：(1) 互联网技术进步能够驱动全国产业结构趋于高度化，是由于互联网技术在三大产业中的融合程度不同，致使互联网技术对第三产业产出的贡献率大于第二产业而对第一产业的贡献最小；(2) 互联网技术进步不利于产业结构优化，不仅是因为互联网技术对三大产业产值贡献的差异所致，还由于第二、三产业工资制度改革滞后，市场化进程缓慢以及消费性服务业发展滞后影响第二、三产业依托互联网基础条件对就业岗位的创造，导致互联网技术对第二、三产业产值的驱动作用远大于对就业增长的影响，致使三大产业生产率不趋同；(3) 对于产业结构朝着“服务化”方向发展的地区，互联网技术进步对其结构高度化的驱动作用远大于产业结构具有“工业化”特征的地区，是由于互联网创新成果与服务业的融合极大地推动了前一地区服务业的产值增长和生产率提升，增强了互联网技术进步对产业结构升级的促进作用。

主要贡献：现有关于互联网与产业结构升级的研究并不多，特别是较少有文献通过理论模型考察互联网影响产业结构的逻辑，对于互联网技术进步没有进行准确测算，也很少重视区域产业结构的差异性特征。该文通过构建互联网技术驱动下的产业结构变迁模型，提出以互联网技术对三大产业产出贡献率为视角来考察互联网技术进步对产业结构调整的影响。然后，对互联网技术进步率进行测算，并利用区域层面动态面板数据，从产业结构合理化和高度化角度实证研究互联网技术进步对产业结构调整的影响。在此基础上，重点考察区域产业结构特征在各地产业结构调整过程中发挥的作用。

现实意义：(1) 充分利用互联网技术培育一批网络化和智能化的现代生态农业新模式，加快完善新型农业生产经营体系并培育多样化农业互联网管理服务模式，建立农产品质量安全追溯体系，促进农业现代化水平明显提升。这有利于增强互联网技术进步对第一产业产出增长的贡献，从而促进第一产业产值和生产率的提升，进而改善产业结构不合理的现状；(2) 打破第二、三产业的垄断力量，加快产业的市场化改革和工资制度改革，实现依托互联网基础条件，按照市场机制对生产要素的有效选择；改善“重工业，轻服务业”的发展模式，鼓励制造业利用互联网技术拓展产品价值空间，实现向制造业服务化的转型，促进第二、三产业的相互融合和促进，从而增强互联网技术进步对产业结构升级的驱动作用；（3）产业结构具有“服务化”倾向的地区应发挥互联网开放创新优势，淘汰落后产能，提高自主创新能力；具有“工业化”特征的地区则应率先解决“互联网+”新业态发展面临的体制机制障碍和跨界人才匮乏等问题，逐步推动互联网技术的应用。同时，应做好区域间的产业配套与衔接，形成产业发展的合理梯度，为全国产业结构调整提供更大空间。

10. 陈彦斌，林晨，陈小亮．人工智能、老龄化与经济增长［J］．经济研究，2019，54（7）：47-63.

研究背景：中国的老龄化程度不断加剧，而且面临“未富先老”“未备先老”的局面，如果不采取有效对策，那么老龄化对中国经济的冲击可能比其他国家更严重。在中国经济增速持续放缓，而“两个一百年”等重要目标的实现都需要经济增速保持在一定水平的背景下，很有必要深入研究如何才能有效应对老龄化对经济增长的不利影响，以促进经济与社会的平稳运行。

基本结论：研究发现，人工智能主要通过三条机制应对老龄化的冲击，进而促进经济增长：一是提高生产活动的智能化和自动化程度从而减少生产活动所需的劳动力，二是提高资本回报率从而促进资本积累，三是提高全要素生产率。数值模拟结果进一步显示，人工智能可以较好地应对老龄化对经济增长的不利影响，而且其效果明显优于延迟退休政策。

主要贡献：（1）构建了同时包含人工智能和老龄化的模型，从而能够回答人工智能究竟能否应对老龄化给中国经济增长带来的冲击这一重要问题；（2）在理论建模的基础上结合中国实际情况进行参数校准，并且进行了丰富的数值模拟实验，从而可以较好地对人工智能的影响进行定量分析；（3）该文还基于所构建的模型研究了延迟退休政策应对老龄化的效果，并将其与人工智能的影响进行对比，从而进一步明确了人工智能应对老龄化的显著效果，这有助于为政府应对老龄化提供可靠的决策依据。

现实意义：研究认为中国可以通过发展人工智能来应对老龄化对经济增长的冲击，考虑到人工智能可能带来的负面影响，政府部门既需要增加对人工智能关键技术领域的基础性研发投入，从而为人工智能创造良好的发展环境，又需要未雨绸缪以防范人工智能可能带来的失业和收入分配问题，这样才能使人工智能更加有效地应对老龄化对中国经济增长的不利影响。

第三节　重要著作

1. 李清娟．人工智能与产业变革［M］．上海：上海财经大学出版社，2019.

研究背景：在移动互联网、大数据、超级计算、传感网、脑科学等新理论新技术以及经济社会发展强烈需求的共同驱动下，人工智能加速发展，呈现出深度学习、跨界融合、人机协同、群智开放、自主操控等新特征。人工智能作为新一轮产业变革的核心驱动力，将进一步释放历次科技革命和产业变革积蓄的巨大能量，并创造新的强大引擎，重构生产、分配、交换、消费等经济活动各环节，形成从宏观到微观各领域的智能化新需求，催生新技术、新产品、新产业、新业态、新模式，引发经济结构重大变革，深刻改变人类生产生活方式和思维模式，实现社会生产力的整体跃升。中国经济发展进入新常态，深化供给侧结构性改革任务艰巨，必须加快人工智能深度应用，培育壮大人工智能产业，为中国经济发展注入新动能。

内容提要：该书系统分析人工智能发展特征，厘清人工智能的产业链，考察了人工智能与汽车、高端装备制造业以及现代物流等多个产业融合发展的趋势，为人工智能与中国产业转型和融合发展提出决策和政策建议。

基本结构：全书共14章，包括：（1）人工智能发展概述及产业链分布；（2）人工智能关键共性技术发展现状及趋势；（3）人工智能产业政策比较分析；（4）人工智能与高端装备制造业转型及融合；（5）人工智能与汽车产业转型及融合；（6）人工智能与现代农业转型及融合；（7）人工智能与现代物流业转型及融合；（8）人工智能与商务服务业融合及商务服务转型；（9）人工智能与医疗产业转型及融合；（10）人工智能与现代金融业转型及融合；（11）人工智能与家居业转型及融合；（12）人工智能与养老服务业转型及融合 ；（13）人工智能与环保产业研究；（14）人工智能与能源互联网融合及电网调度控制技术转型。

主要贡献：该书比较系统地论述了人工智能产业的生态，对于人工智能与主要产业的转型和融合进程及趋势进行了相对深入的分析，可以为相关领域的研究以及政策制定提供参考。

现实意义：对于高端装备制造业、汽车、现代农业、现代物流、现代金融业、家居业、养老服务业、环保产业、能源等产业，应把握其与人工智能融合的特点，通过有针对性的政策制定引导市场主体行为，以实现这些产业的转型升级。

2. 左鹏飞．信息化对中国产业结构转型升级影响研究［M］．北京：经济管理出版社，2019.

研究背景：信息化作为现代经济社会发展的动力，已经深刻地影响了中国经济社会发展。时下，能否抓住信息化发展带来的历史性机遇，乘势加快推进中国产业结构转型升级，是事关中国走向世界经济强国的关键问题。目前就信息化与产业结构之间的关系，学术方面理论分析居多，实证分析较少，有必要就这一问题进行系统的研究和论述。

内容提要：该书以信息化推动产业结构转型升级为研究主线，以深入分析信息化对产业结构转型升级的作用机理为切入点，着力于对信息化与产业结构转型升级之间的动态关系和信息化对产业结构转型升级的推动作用进行实证分析，进而围绕如何加快信息化推动中国产业结构转型升级提出了相关对策建议。

基本结构：共分为八章，具体内容如下：（1）绪论；（2）相关概念及理论基础；（3）信息化对产业结构转型升级的影响机理分析；（4）中国信息化与产业结构发展的现状分析；（5）信息化与中国产业结构转型升级关系的实证分析；（6）信息化推动中国产业结构转型升级的空间计量分析；（7）信息化推动产业结构转型升级的国际比较与启示；（8）加快信息化推动中国产业结构转型升级的对策建议。

主要贡献：一是从产业改造和产业融合两个方面分析了信息化对产业转型升级的影响

机理；二是测度了中国信息化发展水平和产业结构转型升级程度；三是构建了面板向量自回归模型（PVAR）研究信息化与产业结构转型升级之间的动态关系；四是引入空间计量模型研究信息化对产业结构转型升级的推动作用；五是有针对性地提出了相关对策建议。

现实意义：肯定了信息化对产业结构转型的作用，可以从以下几个角度推动产业结构转型：一是进一步强化信息化基础设施建设，包括加大基础设施投入并考虑区域差异；二是逐步建立和完善信息技术自主创新体系；三是构建新一代信息产业创新生态体系；四是探索发展新型市场体系，解决好市场和政府的关系；五是加快推动互联网、大数据、人工智能和实体经济深度融合。

3. 周剑，等．信息化和工业化融合：方法与实践［M］．北京：电子工业出版社，2019.

研究背景：当今世界正处于从工业社会向信息社会加速转型的大变革时代，数据日益成为经济社会发展的新驱动要素，从以物质生产、物质服务为主的工业经济发展模式加速向以信息生产、信息服务为主的数字经济发展模式转变，这是一个复杂巨系统工程，是一个不断演进的长期历史进程。为顺应信息化和工业化融合（简称“两化融合”）发展的趋势，全球各国都在结合自身优势加强总体战略布局，发达国家顺应新工业革命要求加快对高端产业再调整、再布局，发展中国家则致力于抓住从工业化向信息化变轨发展的重大机遇，力求“换道超车”。在中国由工业社会向信息社会转型的长期历史进程中，工业时代传统的理论方法已无法满足信息时代的产业发展需求。持续深入推进两化融合，既无现成经验可借鉴，也无既有方法可遵循，需要同时把握并融会贯通好信息化和工业化的发展规律和特征，从战略目标、发展理念、主要任务、工作方法和推进机制等方面进行系统创新，以把握融合发展进程中遇到的机遇和挑战，找到产业升级“换道超车”的有效路径。在长期的两化融合实践探索过程中，广大企业普遍面临发展方向不清、推进路径不明、方法工具缺失等共性问题，急需形成一套能够更有效引领企业融合创新发展的系统性理论体系、方法体系和工具体系。

内容提要：该书主要对2009—2019年中国两化融合推进过程中形成的理论和实践成果做了一个阶段性总结。首先分析了两化融合的基本内涵和战略定位以及两化融合生态系统通用参考架构；然后分析两化整合评估诊断模型和指标体系；接着阐释中国首套自主研制且实现大范围应用的两化融合管理体系，包括提出背景、理论框架、实施方法以及新型能力打造路径；在此基础上对新时代中国两化融合发展重点进行展望，并针对两化融合未来发展提出建议。

基本结构：全书分五编，第一编背景趋势；第二编体系架构；第三编评估诊断；第四编管理体系；第五编发展展望。

主要贡献：在系统总结过去几十年中国推进工业化和信息化经验成果的基础上，逐步形成了一套国际首创的两化融合系统工程体系，创新提出了覆盖两化融合发展全局、全要素、全过程的参考架构——两化融合生态系统，提出中国应用最广、系统描绘融合发展全景图的两化融合评估体系，以及中国首套自主研制且实现大范围应用推广的两化融合管理体系，建立了以平台为载体的线上线下一体、多方协调互动的协同工作模式和第三方服务体系，为各方合力推进融合创新发展提供体系化的理论、方法和工具支持。

现实意义：当前，这套两化融合系统工程体系已经实现了大规模产业应用，并发布 5 项国家标准和 2 项国际标准，13 万余家企业应用两化融合评估标准开展了自评估、自诊断、自对标，17000 余家企业开展了两化融合管理体系标准贯彻，在引领企业“提质”“降本”“增效”尤其是转型创新发展方面带来了显著实效。

4. 许冠南，等. 新范式下中国制造业数字化转型：理论与实践［M］. 北京：北京邮电大学出版社，2018.

研究背景：当前中国制造业发展面临新的挑战，新一轮科技革命为中国制造范式转变提供了契机。在此背景下，有必要借鉴发达国家的发展经验，结合中国的实际情况，就新范式下制造业的数字化转型进行理论和实践方面的深入研究，加强对中国制造业数字化转型的深刻理解，为政策制定提供相关的决策依据。

内容提要：该书对制造业数字化转型理论与实践做了剖析和梳理。理念部分剖析制造范式变革与数字化转型的内涵、中国制造业数字化转型的动力机制、发展路径与模式；然后基于“数控一代”、工业机器人、3D 打印等数字化制造关键产业深度案例，分析中国制造业的数字化转型实践；基于此解析中国制造业数字化转型相关政策及区域政策；提出制造业数字化转型发展路线图，并对数字化制造的进一步网络化、智能化发展进行展望。

基本结构：全书共分为 10 章，具体为：（1）新范式下制造业数字化转型的战略；（2）新范式下制造业数字化转型的新模式；（3）新范式下制造业数字化转型的治理工具；（4）制造业数字化转型领域技术预见；（5）工业机器人：数字化转型的主战场；（6）3D 打印：数字化转型的新领地；（7）伺服电机：数字化转型的动力源；（8）中国制造业数字化转型相关产业政策解析；（9）区域制造业数字化转型政策比较分析；（10）制造强国建设与数字化转型。

主要贡献：在理论上阐述了新范式下制造业数字化转型的新模式，并且对于制造业数字化转型的重点领域技术进行预测，区分数字化转型的主要领域，就不同产业进行深入分析和评估；在此基础上提出细化的有针对性的发展政策建议。

现实意义：对新范式下制造业数字化转型的治理工具的分析对比可以为政策工具选择提供参考；新范式下建设制造强国需要继续大力推进制造强国建设、培育完善产业创新生态系统、处理好市场主导与政府调控的关系以及自主创新与开放发展的关系。

第四节　学 术 会 议

1. 2018 中国信息经济学会学术年会

会议主题：信息经济与管理理论创新与中国实践

主办单位：中国信息经济学会

协办单位：《经济研究》和《管理世界》杂志社

承办单位：中山大学管理学院

会议时间：2018 年 11 月 23—25 日

会议地点：中山，中山大学

会议概述：会议由信息经济学优秀博士生论坛、杰出学者论坛、学术年会三部分组成，共邀请7位资深学者作特邀报告，6位各领域专家作分论坛特邀报告，2位乌家培奖获得者和3位理论贡献奖与青年创新奖获得者作获奖报告，颁发了中国信息经济学会终身成就奖、中国信息经济学乌家培奖、理论贡献奖和青年创新奖等8个奖项，表彰了多个优秀个人和团队。同时，本次会议还分别举办了2场学术沙龙和2场专题论坛。来自北京大学、清华大学、中国人民大学、复旦大学、南京大学、武汉大学、南开大学、厦门大学等近百所高校的320多位教师、博士生以及企业家代表参与了此次汇聚中国信息经济与信息管理领域中坚力量的学术盛会。

11月23日上午，优秀博士生论坛召开，由5篇优秀博士生论文作者作报告。陈禹教授、谢康教授、肖智教授等多位嘉宾对论文进行了点评。下午，杰出学者论坛召开，清华大学经管学院陈国青教授作了题为《管理学“遇见”大数据——范式转变与前沿课题》的特邀报告，中山大学管理学院谢康教授作了题为《互联网发展给信息经济研究带来的创新机会》的特邀报告。

11月24日上午，学术年会拉开帷幕，中国信息经济学会理事长谢康教授代表学会致辞。中山大学管理学院院长王帆教授代表中山大学管理学院致辞。《经济研究》杂志社社长张永山先生对年会的召开表示热烈祝贺。《管理世界》杂志社主编李志军先生通过信函对本届年会的召开表示祝贺。下午，年会举行了8个平行分论坛，主题包括“信息经济理论与实践、数字经济与平台经济、金融科技创新、社交媒体与电子商务、数字化转型、电子商务与经济发展、金融创新与方法研究”等，邀请相关嘉宾及年会论文作者分享研究成果。晚上，年会邀请《经济研究》的编辑和点评嘉宾对年会最佳论文获得者的报告进行点评交流。

11月25日，首先进行各个奖项的颁奖仪式。为陈禹教授颁发中国信息经济学终身成就奖；为钟课枝女士、吴屏女士和郭世亮先生颁发中国信息经济学乌家培奖捐赠者奖；为李建培教授和林志杰副教授颁发2018中国信息经济学乌家培奖；为叶强教授博士生团队和李三希副教授博士生团队颁发2018中国信息经济学乌家培优秀博士生奖；颁发中国信息经济学2018理论贡献奖与青年创新奖；对最佳审稿人、年会最佳论文、博士生优秀论文进行表彰。

随后，乌家培奖获得者——对外经济贸易大学国际经济贸易学院李建培教授分享了题为《团队合作中的道德风险》的报告，南京大学商学院林志杰副教授分享了题为《共享经济供应商：市场进入、定位与收益》的报告。两位获奖者展示了在团队激励领域和共享经济领域的最新成果，得到了与会嘉宾的一致赞誉。

最后，理论贡献奖与青年创新奖的3位获奖代表分别作了报告。北京交通大学经济管理学院曹志刚教授作了题为*Cooperative Function*的报告，清华大学经管学院郭迅华副教授作了题为《企业内部社会化媒体行为分析与信息提取》的报告，清华大学经济管理学院郑捷副教授作了题为*Hierarchical Bayesian Persuasion*的报告，展现了各自领域的前沿研究。

2. 2019中国信息经济学会学术年会

会议主题：信息经济与数字经济

主办单位：中国信息经济学会

承办单位：上海对外经贸大学人工智能与变革管理研究院、工商管理学院、数据科学

与管理决策重点实验室

会议时间：2019 年 10 月 25—27 日

会议地点：上海，上海对外经贸大学

会议概述：此次会议总共历时 3 天，由信息经济学优秀博士生论坛、杰出学者论坛、学术年会三部分组成，共邀请了 7 位资深学者作特邀报告与获奖报告。会议还设有 8 个分论坛，来自北京大学、清华大学、中国人民大学、复旦大学、南京大学、武汉大学、南开大学、厦门大学等近百所高校的 320 多位教师、博士生以及企业家代表参与了此次汇聚中国信息经济与信息管理领域中坚力量的学术盛会。

10 月 25 日，优秀博士生论坛开幕，5 篇优秀博士生论文作者分别作了论文报告。张玉林教授、肖智教授等多位嘉宾对论文进行了点评。当天下午，2019 中国信息经济学杰出学者论坛召开。香港城市大学商学院赵建良教授作了题为 *Data-Centric Research in Information Systems*：*Framework and Examples* 的报告，浙江大学经济学院王汝渠教授作了题为《信息经济学的理论和实践及中美贸易摩擦中的信息经济学》的报告。

10 月 26 日上午，学术年会正式拉开帷幕，中国信息经济学会理事长谢康教授代表学会、上海对外经贸大学党委书记殷耀代表上海对外经贸大学分别致辞。在特邀报告环节，首都经济贸易大学副校长王永贵教授作了题为《量身定制 VS 千篇一律：顾客定制的相关研究探索》的特邀报告。王永贵重点讲述了在信息经济和共享经济时代下，如何发现新的、有价值的研究课题，介绍了其团队在顾客定制领域的研究成果。随后，工业和信息化部前副部长杨学山、中山大学管理学院院长王帆教授、瑞士弗里堡大学终身教授张翼成、北京大学新结构经济学研究院副教授颜建晔分别作了题为《以融合为基础，推动数字经济健康发展》《基于大数据的金融风险智能监管与防控》《个人智能助手可能引发的信息经济革命》，*Supervision Intensity*，*Incentives and Policy Burden* 的特邀报告，介绍了有关金融科技监管、个人智能助手发展趋势等前沿学术课题。

10 月 26 日下午，本次年会的 7 个学术主题分论坛分别举行。与会嘉宾围绕“信息经济与理论创新”“经济发展与政策研究”“信息系统管理与创新”“金融科技与管理创新”“跨境电商与数字贸易”“社交媒体与用户行为”和“平台发展与价值共创”等主题进行了深入的研讨。本次年会还创造性地举办以“人工智能与变革管理”为主题的企业家论坛，该论坛由人工智能与变革管理研究院齐佳音院长与张国锋副院长共同主持，邀请了数字经济与人工智能领域六位嘉宾作了专题报告和交流。

10 月 27 日，学术年会举行闭幕式，闭幕式上举行了学术年会获奖论文颁奖仪式，获奖论文作者分别作了论文报告。乌家培奖获得者、清华大学经济管理学院刘登攀教授作了题为《信息系统优化与管理决策中若干问题的研究》的报告，中山大学管理学院陈斌副教授作了题为《基于不可验证信息的激励机制设计》的报告。理论贡献奖与青年创新奖的 3 位获奖代表也分别作了报告。重庆大学经济与工商管理学院黄河教授作了题为 *Altruism or Shrewd Business*? *Information Strategy on Technology Openness* 的报告；复旦大学管理学院张诚教授作了题为《API 促进创新还是抄袭？基于火狐平台的实证》的报告；北京大学经济学院助理教授刘冲作了题为《组织中的目标设定与激励机制》的报告，分别探讨了各自领域的前沿研究热点问题。

◎ 参考文献

[1] 郝寿义，曹清峰．后工业化初级阶段与新时代中国经济转型［J］．经济学动态，2019（9）：26-38.

[2] 曾世宏，杨鹏，徐应超．互联网普及与产业结构服务化——兼论乡村振兴战略中的农村服务业发展［J］．产经评论，2019，10（1）：36-55.

[3] 车明好，邓晓兰，陈宝东．产业结构合理化、高级化与经济增长：基于门限效应的视角［J］．管理学刊，2019，32（4）：12-20.

[4] 昌忠泽，孟倩．信息技术影响产业结构优化升级的中介效应分析——来自中国省级层面的经验证据［J］．经济理论与经济管理，2018（6）：39-50.

[5] 昌忠泽，陈昶君，张杰．产业结构升级视角下创新驱动发展战略的适用性研究——基于中国四大板块经济区面板数据的实证分析［J］．经济学家，2019（8）：62-74.

[6] 陈庆江，赵明亮，耿新．信息化、市场分割与产业结构合理化［J］．经济问题，2018（6）：14-19.

[7] 陈维涛，韩峰，张国峰．互联网电子商务、企业研发与全要素生产率［J］．南开经济研究，2019（5）：41-59.

[8] 陈彦斌，林晨，陈小亮．人工智能、老龄化与经济增长［J］．经济研究，2019，54（7）：47-63.

[9] 程承坪，彭欢．人工智能影响就业的机理及中国对策［J］．中国软科学，2018（10）：62-70.

[10] 戴美虹．互联网技术与出口企业创新活动——基于企业内资源重置视角［J］．统计研究，2019，36（11）：62-75.

[11] 高丽娜，蒋伏心．阶段特征、比较优势演化与中国特色新型工业化发展［J］．经济学家，2018（2）：46-53.

[12] 郭凯明．人工智能发展、产业结构转型升级与劳动收入份额变动［J］．管理世界，2019，35（7）：60-77，202-203.

[13] 郭美晨，杜传忠．ICT 提升中国经济增长质量的机理与效应分析［J］．统计研究，2019，36（3）：3-16.

[14] 韩保江，杨丽．新中国 70 年工业化历程、成就与基本经验［J］．改革，2019（7）：5-15.

[15] 韩先锋，宋文飞，李勃昕．互联网能成为中国区域创新效率提升的新动能吗［J］．中国工业经济，2019（7）：119-136.

[16] 韩玉玲，李积龙．新时代中国新型工业化发展研究［C］//中华外国经济学说研究会，程恩富，郑文红．外国经济学说与中国研究报告（2019）．北京：中国经济出版社，2019：216-221.

[17] 何小钢，梁权熙，王善骝．信息技术、劳动力结构与企业生产率——破解“信息技术生产率悖论”之谜［J］．管理世界，2019，35（9）：65-80.

[18] 贺娅萍，徐康宁．互联网对城乡收入差距的影响：基于中国事实的检验［J］．经济

经纬，2019，36（2）：25-32.
［19］洪银兴．新时代社会主义现代化的新视角——新型工业化、信息化、城镇化、农业现代化的同步发展［J］．南京大学学报（哲学·人文科学·社会科学），2018，55（2）：5-11，157.
［20］黄群慧，余泳泽，张松林．互联网发展与制造业生产率提升：内在机制与中国经验［J］．中国工业经济，2019（8）：5-23.
［21］简新华，向琳．新型工业化道路的特点和优越性［J］．管理世界，2003（7）：139-149.
［22］李坤望，邵文波，王永进．信息化密度、信息基础设施与企业出口绩效——基于企业异质性的理论与实证分析［J］．管理世界，2015（4）：52-65.
［23］李清娟．人工智能与产业变革［M］．上海：上海财经大学出版社，2019.
［24］林毅夫，董先安．信息化，经济增长与社会转型．北京：北京大学中国经济研究中心，2003.
［25］刘飞，田高良．信息技术是否替代了就业——基于中国上市公司的证据［J］．财经科学，2019（7）：95-107.
［26］刘海洋，高璐，林令涛．互联网、企业出口模式变革及其影响［J］．经济学（季刊），2019，19（1）：261-280.
［27］刘航，伏霖，李涛，孙宝文．基于中国实践的互联网与数字经济研究——首届互联网与数字经济论坛综述［J］．经济研究，2019，54（3）：204-208.
［28］刘键，蒋同明．新型工业化视角下的工业设计产业升级路径研究［J］．宏观经济研究，2018（7）：122-131.
［29］刘艳红，郭朝先．改革开放四十年工业发展的“中国经验”［J］．经济与管理，2018，32（3）：1-11.
［30］农村财政扶贫攻坚综合开发治理课题组，韩连贵．关于探讨拓展城乡一体“四化”建设小康之路的方略［J］．经济研究参考，2018（16）：3-62.
［31］潘家栋，肖文．互联网发展对我国出口贸易的影响研究［J］．国际贸易问题，2018（12）：16-26.
［32］茹玉骢，李燕．电子商务与中国企业出口行为：基于世界银行微观数据的分析［J］．国际贸易问题，2014（12）：3-13.
［33］邵文波，匡霞，林文轩．信息化与高技能劳动力相对需求——基于中国微观企业层面的经验研究［J］．经济评论，2018（2）：15-29.
［34］邵文波，李坤望．信息技术、团队合作与劳动力需求结构的差异性［J］．世界经济，2014，37（11）：72-99.
［35］沈悦，郭品．互联网金融、技术溢出与商业银行全要素生产率［J］．金融研究，2015（3）：160-175.
［36］施炳展，金祥义．注意力配置、互联网搜索与国际贸易［J］．经济研究，2019，54（11）：71-86.
［37］施炳展．互联网与国际贸易——基于双边双向网址链接数据的经验分析［J］．经济

研究，2016，51（5）：172-187.
［38］石良平，王素云．互联网促进我国对外贸易发展的机理分析：基于31个省市的面板数据实证［J］．世界经济研究，2018（12）：48-59，132-133.
［39］孙早，刘李华．信息化提高了经济的全要素生产率吗——来自中国1979—2014年分行业面板数据的证据［J］．经济理论与经济管理，2018（5）：5-18.
［40］谭用，孙浦阳，胡雪波，张为付．互联网、信息外溢与进口绩效：理论分析与经验研究［J］．世界经济，2019，42（12）：77-98.
［41］佟家栋，杨俊．互联网对中国制造业进口企业创新的影响［J］．国际贸易问题，2019（11）：1-15.
［42］王娟．"互联网+"与劳动生产率：基于中国制造业的实证研究［J］．财经科学，2016（11）：91-98.
［43］王可，李连燕．"互联网+"对中国制造业发展影响的实证研究［J］．数量经济技术经济研究，2018，35（6）：3-20.
［44］王永进，匡霞，邵文波．信息化、企业柔性与产能利用率［J］．世界经济，2017，40（1）：67-90.
［45］吴敬琏．思考与回应：中国工业化道路的抉择（上）［J］．学术月刊，2005（12）：38-45.
［46］魏后凯，王颂吉．中国"过度去工业化"现象剖析与理论反思［J］．中国工业经济，2019（1）：5-22.
［47］肖利平．"互联网+"提升了我国装备制造业的全要素生产率吗［J］．经济学家，2018（12）：38-46.
［48］徐伟呈，范爱军．"互联网+"驱动下的中国产业结构优化升级［J］．财经科学，2018（3）：119-132.
［49］许冠南．新范式下中国制造业数字化转型：理论与实践［M］．北京：北京邮电大学出版社，2018.
［50］许家云．互联网如何影响工业结构升级？——基于互联网商用的自然实验［J］．统计研究，2019，36（12）：55-67.
［51］闫超，杜睿，隋建利．中国新型工业化道路演进的结构性转变与时变性特征［J］．软科学，2019，33（4）：11-15.
［52］杨德明，刘泳文．"互联网+"为什么加出了业绩［J］．中国工业经济，2018（5）：80-98.
［53］余东华，信婧．信息技术扩散、生产性服务业集聚与制造业全要素生产率［J］．经济与管理研究，2018，39（12）：63-76.
［54］余文涛，吴士炜．互联网平台经济与行业生产效率变革——基于第三次经济普查数据的实证研究［J］．财经科学，2019（8）：55-68.
［55］余文涛．地理租金、网络外部性与互联网平台经济［J］．财经研究，2019，45（3）：141-153.
［56］岳云嵩，李兵．电子商务平台应用与中国制造业企业出口绩效——基于"阿里巴

巴”大数据的经验研究［J］. 中国工业经济，2018（8）：97-115.
［57］杨骞，秦文晋．中国产业结构优化升级的空间非均衡及收敛性研究［J］. 数量经济技术经济研究，2018，35（11）：58-76.
［58］张鹏飞．人工智能与就业研究新进展［J］. 经济学家，2018（8）：27-33.
［59］张三峰，魏下海．信息与通信技术是否降低了企业能源消耗——来自中国制造业企业调查数据的证据［J］. 中国工业经济，2019（2）：155-173.
［60］张奕芳．互联网贸易红利能否弥补人口红利——基于福利效应的内生贸易模型及中国经验［J］. 国际贸易问题，2018（7）：15-27.
［61］周剑，等．信息化和工业化融合：方法与实践［M］. 北京：电子工业出版社，2019.
［62］左鹏飞．信息化对中国产业结构转型升级影响研究［M］. 北京：经济管理出版社，2019.
［63］Acemoglu，D. and Restrepo P. Artificial intelligence，automation and work［J］. NBER Working Paper，2018（24196）.
［64］Acemoglu，D. and Restrepo P. Demographics and automation［J］. NBER Working Paper，2018（24421）.
［65］Acemoglu，D. and Restrepo P. Modeling automation［J］. NBER Working Paper，2018（24321）.
［66］Dauth，W.，Findeisen，S.，Suedekum，J.，and Woessner，N. Adjusting to robots：worker-level evidence［J］. Federal Reserve Bank of Minneapolis，Opportunity and Inclusive Growth Institute，2018（13）.
［67］Goldin，C. and Katz，L. F. The origins of technology-skill complementarity［J］. The Quarterly Journal of Economics，1998（113）：693-732.
［68］Graetz，G. and Michaels，G. Robots at work［J］. Review of Economics and Stats，2018，100（5）：753-768.

第九章 城市化、区域经济与空间经济结构变迁

魏丽莉
（兰州大学）

城市化是国家现代化的主要标志，是经济增长的巨大引擎和经济高速发展的重要推动力。我国城市化的发展，正在由单体城市转向城市群，逐渐形成物质空间与社会空间相协调的高质量发展形势。任何经济活动总是在一定地理空间中发生，经济活动与特定空间的结合所产生的区域经济，促进了经济资源与生产要素在空间上的合理配置和有效利用。这种资源和要素的配置、流动与重组使得地区空间经济结构得到不断的调整和优化，从而促进区域经济的发展。本章对 2018—2019 年中国学者的重要研究进行梳理，同时对学者的重要论文、著作和具有影响力的学术会议进行简要介绍，为未来的研究思路和方向提供借鉴和参考。

第一节 研究综述

伴随着工业化发展，经济资源与生产要素在城市集聚，中国城市化驱动了城镇产业结构优化升级与新兴产业发展，是保持经济持续健康发展的重要推动力。同时，城市化建设是缩小区域差距、加速区域经济一体化进程、国家走向现代化的重要保障。本部分对城市化的发展演化趋势、综合测度与影响机制、制约因素及高质量发展、区域经济增长与协调发展以及城市规模、经济集聚与空间经济结构的相关文献进行研究与解读。

一、中国城市化的发展趋势、影响机制与高质量发展

（一）中国城市化的发展趋势

城镇化是人类社会发展最为显著的变化之一，也是发展的必然趋势。自 1979 年开始国内城市化问题的相关研究逐渐展开。随着改革开放的不断深化、社会主义市场经济体制的不断完善以及社会经济的不断发展，国内城市化问题研究逐渐深入。在“十五规划”中，中央明确指出城市化是中国推进现代化进程中的新动能；“十六大”报告中突出“实施城镇化战略”的重要性，提出坚持大中小城市和小城镇协调发展，走有中国特色的城镇化道路；“十八大”报告中提出应将以人为核心的新型城镇化发展作为建设重点和中国经济发展的引擎，缩小城乡二元鸿沟；“十九大”报告中首次提出实施乡村振兴战略和区域协调发展战略，更是将城镇化发展推向新阶段。城乡之间、农业与非农产业之间的巨大

差距，决定了城镇化的发展程度。因此，为更好地发挥城镇化对乡村振兴的作用，应健全城乡融合发展的体制机制和政策体系，促进城乡要素和资源的双向流动，以实现城乡以及区域协调发展的战略目标。

方创琳（2019）对中国城镇化发展取得的重要成就和进展进行梳理，从城镇化发展阶段、发展道路、发展质量三方面进行讨论。从城镇化的发展阶段来看，中国城镇化水平从改革开放初期的19.4%提高到2017年的58.5%。与世界平均水平相比，中国城镇化率从低于世界平均水平20.1%提高到超越世界平均水平3.7%。中国的城镇化也顺利完成了初期和中期快速成长的阶段性任务，迈入后期成熟阶段。从城镇化发展道路来看，40年来在数度调整与改革实践中，中国走出了一条既不同于西方发达国家，也不同于拉丁美洲国家的中国特色新型城镇化发展道路。中国的发展在为我国新型城镇化发展做出巨大贡献的同时，也为世界城镇化发展和人类文明进步贡献了中国智慧和中国模式。从发展质量来看，40年来中国抵御了“伪城镇化”的冲击，通过多种渠道提升了真实的城镇化水平和相应的城镇化发展质量，并取得了显著的阶段性成效。随着《国家新型城镇化规划（2014—2020）》的实施和试点推进，我国城镇化向更高质量、更真实、健康和完美的方向发展。

回顾改革开放40年来我国城镇化与城市群建设取得的辉煌成就，在总结成功经验的同时，还应反思存在的问题与不足。在习近平新时代中国特色社会主义思想指导下，应牢牢把握城镇化与乡村发展蕴含的重大机遇，妥善应对城镇化与城市群建设面临的风险挑战，加快推进中国城镇化与乡村振兴的协调发展进程。我国将继续坚定不移地实施新型城镇化战略，推进新型城镇化向高质量、高效率和高水平方向发展；继续将城市群作为国家新型城镇化的空间主体，推进城市群向高度一体化、绿色化、智慧化和国际化方向发展；继续实施乡村振兴战略，推进新型城镇化与乡村振兴向同步化、融合化、共荣化方向发展。

（二）中国城市化的系统性综合测度及其对经济发展的影响机制

1. 人口城市化与流动人口市民化

早期城镇化的相关研究主要集中在农村人口向城市地区转移等问题。随着经济社会发展多元性和复杂性的增加，城镇化成为涉及多方面内容的社会经济过程。城镇化概念内涵丰富，包括人口的城镇化、土地的城镇化、产业的城镇化等多方面。虽然城镇化发展取得了举世瞩目的成就，然而在工农与城乡二元结构以及“城市偏向”政策的长期影响下，中国的城镇化发展出现片面追求数量而缺乏质量等问题。在就业、教育、医疗、社会保障等方面，中国始终未能完全打破基于行政区划和户籍制度的制度分割。外来人口和本地户籍人口在权利、义务等方面存在巨大差距，造成“半城镇化”和农村进城务工人员“城乡双漂”现象。这严重阻碍了转移人口的市民化进程和社会经济发展质量的提升，人口城镇化呈现出一种低质的非健康发展状态。郭远智等（2018）以浙江省为研究对象，从县域尺度刻画了“五普”至“六普”期间浙江省常住人口城镇化的发展，探讨县域常住人口城镇化的空间格局和主体构成问题，并基于不同类型城镇常住人口的来源，通过县域城镇化发展的贡献度与县域城镇常住人口增速对县域城镇化的影响进行类型划分。结果表明，户籍城镇常住人口是浙江省县域城镇常住人口的主要构成，但绝大部分区县呈现出占比下降的趋势，对县域城镇化发展的贡献较小；浙江省县域城镇化可划分为省内人口主导低速增长、省外人口主导中低速增长、县外人口主导中速增长、省外人口主导高速增长和户籍人口萎缩增长停滞五种类型。因此，应针对不同城镇化发展类型面临的问题，因地制宜，采取有针对性的措施，提升县域城镇化的发展质量。黄琴诗等（2018）提出在后城镇化时期，我国人口城镇化滞后于土地城镇化，农业转移人口的社会融合进程缓慢等问题已成为制约城市发展质量的短板之一。作者以杭州市第六次人口普查数据为基础，利用城市因子生态分析与聚类分析方法，对杭州市 99 个街道，通过 99 项指标进行社会区分析，并构建“职业+学历+社保-农业-低收入”OESAL 的市民化空间结构与阶段特征的综合评价模型，定量研究新时期东部沿海综合性大城市人口城镇化的主要影响因子与社会区类型。研究结果显示，市民化质量与职业、学历、社保因子正相关，与农业、低收入因子负相关；杭州市 2010 年社会区主要有高社会经济地位人口聚居区、社会经济基础较好的城市市民聚居区、工薪阶层与外来人口聚居的主城区边缘、外来人口与农业人口混居的城市郊区、经济水平较低的市民聚居区与开发区、农业人口分布区 6 种主要类型，呈交叉与散点分布。

城市流动人口的居留和迁移意愿是近年来我国研究的热点问题。以往人口城镇化对人口迁移的研究主要立足于普查等数据中对“已迁移”流动人口的统计，而对“未迁移”流动人口居留和迁移意愿的研究稍显薄弱，且大多从个体、家庭等微观视角展开，较少综合考虑城市间经济、社会、文化等宏观因素的影响及其作用机制。古恒宇等（2018）使用 2015 年流动人口动态监测数据，运用空间与趋势面分析方法，试图刻画我国城市流动人口居留意愿的空间分布格局，解释流动人口自身因素与城市外部因素如何影响居留意愿。研究显示，中国流动人口居留意愿空间格局在南北向呈现北高南低态势、东西向则为“U 形”的分布特征，且有显著的正向空间自相关性；城市流动人口居留意愿受流动人口内部因素（家庭因素、流动特征因素、经济因素）的影响大于城市外部因素（经济因素、社会因素）；同时流动人口居留意愿存在空间依赖效应，其宏观影响载体是城市空间溢出，微观影响载体是流动人口社会网络变化带来的社会、文化空间溢出。

2. 土地城市化与城市规模

中国城镇化发展基于城市经济发展需求，同时又出现了大城市论和小城镇之争，即通过优先发展大城市带动城镇化，还是重点发展小城镇促进城镇化。潘士远等（2018）指出各城市的最优规模需实现有效的城市间劳动力配置，并将中国经济的增长来源分解为两部分：各城市加总 TFP 的增长与城市间劳动力配置效率的改善，基于 2001—2010 年中国 261 个城市的数据，应用并扩展 Hsieh 和 Moretti 的模型，分析城市规模及城市间劳动力配置对中国经济增长的影响。结果显示，在考虑劳动力配置优化的作用下，一线城市对中国经济增长的实际贡献率要高于其 GDP 直接影响总产出的名义贡献率，应将优先发展一线大城市作为中国城镇化发展的重要路径。唐为（2019）提出国家新型城镇化规划要求形成大中小城市协调发展的健康城市体系。在“小城市发展导向”的城镇化政策下，我国广泛实施了撤县设市政策，城市数量得以大幅提升，从根本上形塑了我国现有的城市体系。在城市数量迅速增加的同时，城镇化率在这一阶段也进入快速上升阶段。因此，作者基于1992—2012年的县级面板数据和双重差分方法，考察经济分权促进中小城市发展的重要政策——“撤县设市”对地方经济发展和城镇化的影响。

3. 人口-土地-经济多维度的城市化水平测度

作为一个包含人口、经济、土地和社会等多要素的高度复杂系统，高质量的城镇化应当包含内部各子系统间的相互协调。而如何保证城镇化数据的科学性是正确衡量城镇化水平的基础。近年来，夜晚灯光数据、遥感影像图等都为科学提取城镇空间范围和空间动态研究提供了保障。贺三维和邵玺（2018）以2000—2012年京津冀县级层面的数据为基础，运用熵值法、综合评价指标体系，构建探索性空间数据分析和耦合协调度模型，以测度京津冀城镇化人口、土地、经济子系统的空间分布特征、空间集聚规律及耦合协调性时空演变特征。结果显示，京津冀人口-土地-经济城镇化发展总体协调度较低，空间极化现象严重；市辖区人口城镇化明显滞后，而县区的土地和经济城镇化滞后。最后作者提出应优化京津冀土地开发空间结构，促进内部的交通一体化和公共基础服务均等化，减少京津对河北以及市辖区对县域的虹吸效应。吴艳艳和袁家冬（2018）以陕西省为例，提出西部大开发政策实施以来，陕西省在城镇化进程中暴露出城镇规模狭小、地级市对周边地区发展带动不足、发展效率低下、片面追求GDP快速增长等诸多问题，造成城镇化水平与质量不相协调的“畸形城镇化”现象。作者借鉴系统耦合发展理论，分析2000年以来陕西省10个地级市城镇化质量与水平间发展协调度的空间演化问题。结果显示，陕西省城镇化质量高于城镇化水平，主要是由于城镇体系不合理造成的西安市独大，极化作用最大化，涓滴效应未充分体现；城镇化质量与水平协调耦合度区域差异显著，到2015年渐趋均衡，总体上呈现出西南—东北方向倒“U”形的空间分布特点；陕西省城镇化发展协调度等级较低，处于低水平均衡状态，亟待提升。孔雪松等（2019）以2009—2016年湖北省的数据为基础，分析城乡人口、土地与产业发展的内在关系，构建人口、土地与产业城镇化测度指标，综合运用三角模型和动态耦合度模型，探析湖北省县域生产要素城镇化的时空分异特征及其动态耦合关系。结果表明，湖北省体现出区域的“一体两化”特征，省内人口、土地与产业城镇化分异特征显著；三者的动态耦合度明显低于2009年和2016年两个时点的静态耦合度，部分县域出现负向动态耦合现象；静态耦合度呈上升式演进趋势，整体比例趋于协同，但其动态耦合体现出与县域社会经济发展水平不一致的波动性。

现今，也有部分研究基于产业结构的视角探讨城镇化发展水平，但对城镇化发展中的产业创新、产业效率等要素的关注度不高。徐乐怡等（2018）从产业视角重构城镇化的评价指标体系，在纳入产业结构要素的基础上，也着重强调了产业创新、产业效率等产业发展的关键要素，以及涉及进口、出口、对外直接投资等的对外经济因素，以此构建城镇化质量空间格局演变与国际贸易的理论分析框架。研究发现，中国城镇化质量在东西方向上存在较为稳定的“东高西低”的空间结构特征，在南北方向上呈现“两端低中间高”的空间结构特征；虽然通过增加出口、吸引外商投资、加强对外合作等路径可以有效提升当地的城镇化质量，但增加对外投资则会对城镇化质量提升产生负向影响。文章基于以上研究提出，城镇化质量的提升需要从产业基础、产业生态、产业创新、产业效率等多方面综合考虑；同时政府可以通过鼓励出口、吸引外商投资和促进对外合作的方式提升当地城镇化质量。

4. 城市化对经济发展的影响机制

城镇化影响城市经济发展的相关研究一直是学界的热点。周亮（2019）以2000—2013年中国336个地级及以上城市为研究对象，构建城镇化与经济增长综合评价指标体系，采用熵权-突变级数、耦合协调模型和空间自相关模型，探究城镇化与经济增长的耦合协调关系。叶文平等（2018）利用2010—2014年全国56个城市的面板数据，将异质性社会个体与企业家创业的职业选择假设引入垂直联系的自由企业家模型中，构建了一个异质性社会个体区位流动与创业选择的两区域空间经济模型，考察集聚经济影响下城市间的社会个体流动与职业选择对城市创业活跃度的影响。实证结果发现，较大的市场规模、较强的知识溢出效应与较低的中间投入品价格是城市吸引创业型流动人口的重要因素，并提升了城市的创业活跃度。文先明（2019）基于湖南省2000年、2005年、2010年、2015年的面板数据，构建新型城镇化建设和金融支持水平的综合评价体系，使用熵值法并建立耦合协调模型分析了湖南省各市州新型城镇化和金融支持水平综合指数、协调发展状况以及时空演化特征。文章指出面对现阶段我国对于城市建设的强烈需求，金融应扮演好其在资源配置和资金融通方面的关键角色，加强支撑城市建设的金融创新，这对进一步推动我国城镇化发展进程具有不容忽视的作用。朱高立等（2018）利用全国多个省会城市2004—2015年的人口、土地数据测算出各省会城市的人口城镇化与土地城镇化协调度，实证分析了房地产经济对全国及东、中、西三大区域人口城镇化与土地城镇化协调发展的影响。

自20世纪90年代中后期开始，大量的劳动力和资本集中到沿海地区，逐步形成劳动密集型的“世界工厂”，并推动了快速的城镇化进程。虽然产业和人口向城市的集中造成部分乡村地区的“空心化”或“空壳化”，但仍然不能忽视乡村社会具有极强的内生性发展动力。党的十九大报告提出的“乡村振兴”战略作为城镇化进一步发展的必然方向，促进了要素在城乡之间的有序流动，形成了城乡一体化的分工网络。推进城乡统筹协调发展，也是深入理解城市之后的必然选择。付伟（2018）以浙江省L市偏远乡村地区的来料加工为例，试图通过案例研究的方式探索乡村产业繁荣的社会基础，以深入理解中国独特的乡村发展与城乡融合发展路径。研究显示，来料加工的生产过程紧紧“嵌入”乡土社会，乡土社会的人际关系与社会伦理确保来料加工的生产管理模式成为乡村产业发展的社会基础。实施乡村振兴战略，除在土地、金融、产业政策上对乡村加以扶持外，还需理顺乡土的社会基础，充分利用乡土的社会资源，从而激发乡村社会的内生性动力。

（三）城市化的制约因素与高质量发展

1. 户籍制度与城市化

城镇化高质量发展的关键在于改进劳动力、资本与土地资源的空间配置，以实现经济增长、效率和福利的最大化。而劳动力资源在空间上的配置效率受制于户籍制度造成的人口流动障碍。张吉鹏和卢冲（2019）指出，长期以来地方政府将户口作为促进城镇化发展和控制人口流动的工具，降低了社会流动性，不利于劳动力和其他生产资源在空间上的有效配置，阻碍了公民福利水平的提升，抑制了经济和社会均衡发展。因此，他们将2000年以来各级政府出台的落户政策进行量化分析，按照不同类别的落户安排和不同级别的城市分别构造相应的落户门槛指标体系。研究发现，一线城市和部分二线城市设置了较高的落户门槛，且有上升趋势；三、四和五线城市总体上落户门槛较低而且呈下降趋势；人口规模、公共服务和经济发展水平等因素与落户门槛有较强的相关性。Yang 和 Dunford（2018）分别对2000年和2010年人口普查数据进行了分析，提出由于人口控制的政策，336个中国城市中有88个城市人口数量下降。他们利用有序 logit 模型研究了中国特定人口控制背景下制造业衰退、服务业增长和人口活力的相互作用。结果显示，尽管一些城市在新兴经济体中充当增长引擎，但严格的人口控制致使一些城市可能会出现萎缩，而这一过程可能会在城乡过渡完成之前发生。

2. 经济集聚与城市化

生产要素在城市的集聚作用是一种全方位的外部经济效应，是城镇化的根本动力。但迅速扩张的城市规模也带来了交通拥挤、环境污染等“城市病”，特别是雾霾污染等大气质量恶化问题已成为中国绿色发展的桎梏。邵帅等（2019）提出城市化对雾霾污染表现出较为复杂的双重影响。一方面，从经验来看，京津冀、长三角等近些年雾霾污染较为严重的地区，均是中国城市化水平较高的地区；另一方面，城市化进程也可能表现出对雾霾污染的抑制效应。随着城市化的推进和收入水平的提高，民众往往会对环境质量提出更高的诉求，并通过消费偏好和舆论压力影响政府的环境规制和企业的生产与排污行为。作者以1998—2013年中国省域面板数据为基础，将全球夜间灯光数据构建的灯光复合指数作为城市化水平的度量指标，并利用卫星监测的 PM2. 5 浓度来表征雾霾污染程度，从而分析城市化对雾霾污染的影响及其作用机制。邓宗兵等（2019）根据高质量发展的内在要求，把公共服务均等化、资源环境水平等内容纳入新型城镇化评价体系，把国土空间优化、制度健全保障等内容纳入生态文明建设评价体系，使用客观赋权法进行赋权，从时间和空间两方面分析区域间耦合协调发展水平。王镝和唐茂钢（2019）在土地利用结构引起产业结构变化的视角下，运用动态最优化模型，分析经济快速发展过程中土地城市化对生态环境质量的影响机理，并运用空间自适应半参数模型实证分析土地城市化率和地均土地生态环境质量之间的关系。

同时，也有学者提出不同的观点，指出城市人口增长将伴随着更严重的污染是有关城市发展的误解。是否长期存在城市规模越大，交通拥堵、环境污染、住房紧张等“城市病”也越加明显，这一命题值得深入探究。郑怡林和陆铭（2018）提出人口并非城市病发生的主要原因。历史上有诸多国际大都市曾在第二次世界大战之后出现过环境恶化等问题。如今，相较于半个多世纪前这些城市的人口显著增加，而环境质量却得到极大的改善。因此，作者针对既有成见，在宏观方面，将城市数据和环境污染排放数据相匹配，构建了2005—2013年中国地级市的面板数据；微观上，通过将2013年中国综合社会调查的个体数据同地级市人口数据相匹配，探究城市人口规模与污染之间的关系。结果表明，人口增长会使得城市排污产生规模效应，进而减少人均排污量；新进入城市的移民会受原住居民的同群效应影响，提高自身的环保意识和环境知识水平，且大城市的同群效应更强。

二、区域经济增长、要素流动与区域协调发展

改革开放40年来，我国国民经济长期保持高速发展，但呈现出区域间发展差距不断

扩大，区域经济发展方式不可持续的区域经济不协调等问题。对落后地区而言，大量比较优势较强的生产要素流向发达地区，难以实现跨越式发展；对发达地区而言，急需优化发展方式推动可持续发展。基于地区间的资源禀赋，产业转移能够有效优化资源空间配置，推动经济结构调整。本部分将对区域发展战略、要素流动、区域协调发展相关研究进行探讨。

（一）区域发展战略与趋势

中国区域经济根植于中国经济的整体发展，是中国经济发展的空间表现和有效支撑。刘秉镰等（2019）在中国区域经济发展70周年之际，对中国区域经济发展进行回顾和展望，指出不能仅囿于区域现象做“就事论事”的讨论，而应该从更广泛的经济发展、转型背景、时代环境出发，还原经济发展的历史过程，形成一个逻辑一致的理论框架。作者构建了由国内外环境、国家战略、制度变迁和区域战略组成的中国区域经济发展四元逻辑框架。其发展逻辑是：中国政府在正确识别国内外环境动态变化基础上，选择相应的国家战略来指导国家的经济社会建设。随着国家战略的明确，中国政府先后采取计划经济、有计划的商品经济、社会主义市场经济等方法，破解要素配置中的积累性障碍、竞争性障碍、流动性障碍和结构性障碍，形成制度变迁。制度变迁的空间维度又进一步推动中国区域经济发展战略的落实，进而推动区域经济发展。作者对中华人民共和国成立后的区域经济发展战略进行梳理，指出中国在立国战略、富民战略和强国战略三大国家战略下，呈现出不同的空间格局和区域特征，形成区域计划调控期、区域增长极点孕育期、区域增长方式构建期、区域经济关系调整期与区域经济结构重整期五大阶段。

中国区域经济发展，本质上是要素在空间层面的增长、流动与配置过程。中华人民共和国成立后到改革开放前，中国加快重工业建设，积极调整内地与沿海、城市与乡村的生产力布局。改革开放后，效率优先的序幕拉开。然而由于政府与市场关系并没有完全理顺，一种脱胎于计划经济思维、强调国家对经济实现高强度控制的统治经济模式一直存在，加之多级政府间复杂的利益博弈，导致了较为严重的资源错配，产生了较大的空间成本，阻碍了中国区域经济的健康发展。为解决当前中国区域经济面临的诸多问题，未来中国区域经济将以高质量发展为导向，在增强区域战略弹性、推动空间经济增长、加快区域协调发展、调整区域多元关系、促进区域新经济、构建区域绿色生态、优化城市群空间结构、扩大区域开放等方面有所作为。

为推动中国区域经济学科持续快速发展，形成中国特色的区域经济学理论及分析框架，并为中国区域经济学领域的优秀成果与前沿研究提供高水平的学术交流与分享平台，2019年启动了首届中国区域经济学者论坛。张志强和席强敏（2019）以《新时代中国区域经济理论与实践研究的新进展——首届中国区域经济学者论坛综述》为题进行了相关分析。该论坛既汇集了中国高校区域经济学的学科带头人，也吸引了诸多杰出中青年学者，共有来自著名高校和机构的专家学者200多人参加了这一学术盛会。论坛围绕区域协调发展、区域经济增长、区域政策理论与实践、区域创新与高质量发展、产业集群、区际贸易理论与实践以及城市群与新型城镇化等7大主题进行深入研讨。与会专家一致认为，中国实现区域高质量发展需要为区域发展注入新活力，建立对外联系、利用外部资源有助于弥补区域发展新经济活动所面临的资源与技术缺口，避免陷入路径锁定导致发展停滞甚至衰退。

（二）产业转移、要素流动与区域经济增长

随着中国经济结构调整和产业转型升级的步伐加快，近年来劳动力、土地和原材料等要素成本不断上涨，导致制造业生产面临愈发严重的要素约束。同时西部大开发、东北老工业基地振兴和中部崛起等区域发展战略的陆续出台，为产业转移提供了良好的政策支撑。因此，制造业呈现出由东南沿海逐步向内陆转移的趋势，早期主要出现在以加工贸易为主的劳动密集型产业，随后部分资本密集型和技术密集型行业同样出现逐步转移的现象。产业转移表现为发达地区的部分企业将生产转移到欠发达地区，其本质是产业要素在地理空间上的优化再配置过程，是促进区域协调发展的重要途径。孙晓华等（2018）创新性地将要素集聚引入产业转移的研究中，提出产业转移要通过影响要素集聚水平进而作用于地区经济发展的理论逻辑。作者以2004—2013年中国多个省份的面板数据为样本，构造了包含规模和方向性的产业转移指数，并依据测算结果刻画劳动、资本和技术密集型行业的产业转移地图，总结出中国制造业转移的空间特征。刘智勇等（2018）从人力资本要素的角度分析人力资本结构高级化与经济增长的关系，指出中国人力资本结构变化的主要特征是从初级人力资本向高级人力资本演进，该过程与经济增长的协调发展是中国经济发展的一个典型特征。人力资本结构高级化能够通过推动技术结构升级和产业结构升级对经济增长产生重要的促进作用。作者构建了各层次人力资本相对变化的人力资本结构高级化指数，并采用动态面板模型，探讨人力资本结构高级化对中国经济增长与地区差距的影响。结果发现，相对于人力资本存量等其他因素，人力资本结构高级化能更好地解释东中西部地区差距。秦蒙等（2019）指出城市化进程中人口的集聚和空间上经济要素的分布格局，对城市经济活动及区域经济增长有重要影响。作者采用校准后的夜间灯光数据度量地区经济增长，用动态面板数据模型和工具变量法考察城市规模和城市蔓延对经济增长的影响。

（三）区域协调与绿色发展

1. 区域不平衡发展

改革开放后，中国经济取得了“奇迹般的成就”。然而，中国经济整体的高速增长并没有带来区域之间的均衡协调发展。发展的“不平衡”首先体现在地区之间的不平衡，地区差距是区域发展中普遍存在的现象，并且是长期存在的发展问题之一。而这种不平衡在结构转型、技术进步、全球化等多种因素的影响下呈现出不断加重的趋势。这不仅表现在地区之间经济发展水平的差距扩大，而且在发展能力等方面的差距也出现不同程度的扩大，导致部分相对落后地区可能会陷入低水平发展的陷阱。这种地区低水平发展不利于整个国家资源空间配置的效率以及经济的可持续发展。孙志燕和侯永志（2019）从地区劳动生产率、经济增长活力、要素空间流动、发展能力、发展机会等多个维度观察分析当前区域发展不平衡的主要特征，从更深层次上剖析了区域发展不平衡的内在机理。结果发现，我国地区经济活力、居民收入和福利水平、人口资本等要素都存在显著差异。文中提

出要发挥城市群的引领作用；重视构建有利于地区之间“共享增长”的区域协调发展机制；以全球价值链为依托，集中更多优势资源于建设中西部欠发达地区专业化、功能化的区域平台，推动中西部欠发达地区进一步开放。张鹏飞等（2019）以地方干部的历史来源为理论视角，探究我国经济发展的地区差异问题。结果发现，中国革命的历史发展路径对中华人民共和国成立后地方的干部来源产生了持续的深刻影响；在不同历史来源的地方干部中，地方政府的行为倾向和经济政策选择存在显著差异；且地区之间不同的经济政策导向决定了经济增长绩效的区域差异。汪晨等（2019）构建了二部门或二产业的一般均衡模型，从理论上探讨结构变迁和收入分配的关系，并将基尼系数的不均等变化分解为两大成分：一是由结构变迁带来的不均等变化，称之为结构性成分或结构效应；二是由除结构变迁之外其他因素带来的不均等变化，称之为集中性成分或集中效应。如果不均等的变化主要由结构性成分组成，那将代表一个中长期趋势。反之，如果不均等的变化由后者所主导，则会产生一个短期趋势。作者将上述分解方法运用于中国省级的产业人均增加值数据，探究1978—2016年中国区域差距的变化与结构转型之间的关系。结果显示，中国的区域差异在1978—1990年呈下降趋势，自1990年起出现明显上升的趋势，但近10年来有所下降；从基尼系数的分解来看，区域差异的上升在2004年之前主要源于结构性成分，而近年已基本消失；从产业的角度分析，第一产业的发展一直对不均等起到减缓的作用；制造业的发展虽然长期引起收入分配的恶化，但其影响一直在下降，并且近年来已经成为减少不均等的行业；第三产业发展一直带来区域差异的上升，从20世纪80年代后期起不断强化，其影响已经超过其他两个产业。

长江经济带拥有优越的区位条件、丰富的自然资源、雄厚的工业基础，且人力资源颇具优势，经济发展潜力巨大。长三角、长江中游及成渝城市群是长江经济带经济增长的战略核心区，具有极大的经济辐射带动作用。然而三大城市群同样面临发展不均衡问题，存在着明显的时空差异。Li 和 Wu（2018）指出长三角地区的区域研究见证了城市区域主义的发展，且不同的区域规模机制影响了区域的整合与合作：自上而下的国家授权过程和地方政府发起的自下而上的过程。但这并不是一个平稳的过程，它是由中国国家格局产生的内部政治所塑造的。该文以长江三角洲为例，指出中国的地域行政区划是一种历史形态，对于理解城市区域建设以及建立新地方政府空间的失败至关重要。晁静等（2019）基于城市群及市域尺度，采用DMSP-OLS和NPP-VIIRS多源夜间灯光影像分别构建长江经济带三大城市群1995—2015年夜间灯光总量集成序列来表征城市经济规模；采用Dagum基尼系数比较三大城市群之间及各城市群内经济差异时序特征；利用标准差椭圆及重心模型对比经济差异空间演化特征。结果表明：三大城市群经济规模呈东中西梯度递减特征，经济增速呈西中东梯度递减特征。但总体差异、群内差异及群间差异均逐年缩小；三大城市群经济空间结构均存在“路径依赖”现象；政府投资、市场水平及对外开放是推动三大城市群之间及各城市群内部经济差异的核心因素，人口规模、医疗水平、文教水平及交通水平等因子的作用随城市群区域及阶段的变化而存在差异。

2. 能源安全与区域绿色发展

作为一个负责任的大国，中国已经意识到大量二氧化碳排放产生的严重环境问题，并努力解决能源供给与能源安全、经济增长与环境保护之间的矛盾。徐斌等（2019）基于中国多个省区市1979—2016年的真实数据和2017—2030年的预测数据，运用非参数可加回归模型深入探究清洁能源发展对区域经济增长和二氧化碳排放的线性和非线性影响。结果显示，单纯从线性角度来看，清洁能源发展没有起到显著减少二氧化碳排放和促进经济增长的作用。但从不同发展阶段来看，清洁能源发展对东中西三大区域二氧化碳和经济增长的影响差异显著。对于东部地区，清洁能源发展对经济增长的非线性影响显著；中部地区表现为一个平缓的"W"形，而西部地区为"倒U形"。因此，中央和各地方政府应根据清洁能源在不同发展阶段发挥的不同作用因时施策，以充分发挥清洁能源发展在二氧化碳减排和经济增长中的促进作用。

三、城市规模、经济集聚与空间经济结构

中国城市正在发生着巨大转变，表现出城市内部功能的不断健全和空间结构的变迁，城市规模的绝对性增大，集聚的规模经济效应显著。而随着城市规模的不断扩大，城市受资源环境的约束日益显著，表现出资源减少、交通拥堵、环境恶化等问题。因此，梳理城市空间经济结构的动态变化规律和发展趋势对探析城市空间结构的优化升级极为重要。本部分将对城市规模、经济集聚、空间经济结构的相关研究进行讨论。

（一）城市规模与空间格局

一个国家或地区城镇体系的合理性，取决于其是否能形成不同规模城市之间的分工与协调发展格局。城市规模分布作为城市发展格局的核心内容，其合理性直接关系到城市体系功能的发挥和竞争力的提升。中国城市规模分布问题备受学界和政府关注：一是城市规模分布命题本身极具研究价值，可以极大地丰富城市区域经济学、地理学、城市经济学、新经济地理学等学科相关理论和经验证据；二是中国城市规模分布具有显著的外部效应。部分学者提出合理控制各层次城市数量及人口规模，直接关系到城市经济结构转变和区域经济高质量发展。万庆等（2018）梳理相关文献后，提出学术界对中国城市规模分布时空演化特征观点不一，主要原因在于城市样本选择策略的不同，导致了样本的差异以及数据处理上的技术差异。主要表现在以下几个方面：其一，以往研究大多按照中国官方的界定标准，采用地级及以上城市样本。实际上，1997年以后，县改市被基本"冻结"，致使一些城市功能完备、具备改市条件的县城被长期排除在城市研究样本之外；其二，考察城市规模分布动态演化规律时，往往忽略了行政区划变动对样本数据的影响。因此，作者根据"五普"和"六普"城镇常住人口数据，采用国际上常用的城市人口规模阈值标准筛选城市样本，同样也考虑到行政区划变动对样本数据的影响，采用不同的样本选择策略，并按照相对规范的统计分布检验方法，从全国、区域和省域三个层面探究中国城市规模的统计分布特征、空间分布特征和结构演化特征。魏守华等（2018）提出Zipf定律和Gibrat定律通常都被应用于检验不同国家或地区的城市规模分布状况，但仍然存在较大争议。主要原因在于现有研究大多选择其中一个进行单一分析，缺乏系统性阐释两个定律的理论基础及运用同一样本检验两个定律的适用性过程。因此，作者从理论上运用统计学分布律、经济学原理对Zipf定律和Gibrat定律进行阐释，并运用2000年和2010年全国人口普查的646个县级以上城市数据检验中国城市规模的分布特征。李恩康等（2019）指出区域作为

地理学的核心概念，当将其视为研究对象时，往往侧重于对发生在该区域的人口、经济现象进行探讨，却忽视了对其基本属性的研究与把握。而土地面积作为区域的基本属性之一，通过空间规模的约束框定了社会经济发展的边界。例如超级大城市在极其有限的区域上聚集了过多的人口，在为经济发展做出巨大贡献的同时也衍生了许多城市病；但相当一部分区域，虽然面积广大，但人口稀少、经济发展缓慢，致使出现了空间失衡的局面。作者以江苏省地级市所辖104个区域为研究对象，利用2015年的行政区划格局、GDP、土地面积、常住人口及一般公共预算支出数据，以面积表征区域空间规模并作为自变量建立三次函数模型，探讨了区域利润和空间规模的关系，在此基础上分析了区域的适度空间规模。陆铭（2019）从“空间政治经济学”视角指出中国经济增长下滑的症结在于资源的空间错配。行政力量阻碍了生产要素的市场流动，致使经济资源配置到效率低的行业和地区，导致资源配置效率恶化和经济增长速度放缓。区域之间的“平衡”发展不等于经济和人口的“均匀分布”，而应该着眼于“人均”意义上的平衡发展。

（二）经济集聚与空间经济结构

1. 经济集聚与规模效应

随着人口和其他要素的集聚，城市规模不断扩大，出现了部分超大规模城市，由此产生了明显的规模收益。与此同时，外部成本也逐渐攀升。为破解要素过度集聚带来的“大城市病”，中国对超大城市的发展政策是严格控制城市规模。然而除了规模以外，空间作为城市发展的关键要素，其结构也对城市综合效率产生了重要影响。席强敏和李国平（2018）从城市规模效应、城市空间结构测度与效应三个角度，对中国超大城市规模与空间结构的综合效应进行了系统研究，以此深化城市空间结构的基本理论，同时有助于把握城市发展规律，统筹城市规模和空间结构，探索人口高度密集地区的优化开发模式。最后作者提出，未来研究中急需将城市规模效应与空间结构效应结合起来，构建城市综合效率提升导向下城市规模效应和空间结构效应相互作用机制的理论框架和实证模型，深化对中国超大城市规模与空间结构的相互影响研究。赵立平等（2019）以湖南省122个县（市、区）为基本研究单元，选取1995年、2000年、2005年、2010年、2016年5个时间截面，运用空间自相关分析，探析湖南省区域经济发展差异、演变规律和变化趋势。结果表明，湖南区域经济处于集聚发展阶段，发展水平趋同性集聚较为明显；湖南经济发展高值区主要分布在长沙、株洲和湘潭，其发展较快；低值区分布在湖南西部及西南部边缘县市，其发展速度缓慢。作者提出在考虑资源禀赋的前提下，适度实施区域倾斜发展战略，注重各区域间经济的协调发展；明确区域空间的拓展方向，构建南北经济廊道，在各种优惠政策的积极作用下，全面促进经济建设。

2. 经济集聚对要素空间配置的影响机制

经济活动的区位选择和生产要素在空间上的配置对解释城市间经济增长的差异至关重要。刘修岩等（2019）从劳动力工资收入的角度，指出空间外部性对工资收入的影响主要有两方面：一是具有集聚优势的技术外部性。经济要素在城市内部的空间集聚会通过技术溢出、高效率匹配以及资源共享效应而提高生产率，在要素投入既定的情况下提升产出与工资收入。二是具有市场潜能的货币外部性。城市规模扩大，通过增强本地市场潜能，有助于工资的提高。因此，作者探讨了城市规模、密度与形态等空间结构因素对劳动者工资收入影响的理论机制，借助夜间灯光数据和 LandScan 人口分布数据，设计了 3 组城市内部距离指标以刻画城市空间形态，并结合中国家庭金融调查，使用两阶段工具变量法检验了城市人口规模、密度和空间形态等对劳动者工资收入的影响强度。结果发现，城市聚集的规模和密度都存在正外部性，城市规模越大，密度越高，劳动者获得的工资收入就越高；而“劣质”的城市空间形态会显著降低劳动者工资收入，表明城市形态也是影响城市空间外部性的一个重要维度。兰峰和达卉莉（2018）认为公共资源供需的“空间失配”将低收入群体挤出优势区位并导致城市空间功能重组，而住房价格分异成为公共资源非均衡配置的市场化表达，映射出城市空间分化、重构的过程和结果。作者选取西安市七个城区为研究对象，从时空二重维度分别构建计量模型和空间分析模型，采用 1994—2015 年社会经济统计数据，实证分析住房价格分异、公共基础设施与城市空间重构的演化关系。Zhang 和 Ji（2019）评估了基础设施对中国区域工业生产率的影响，并区分了区域内和区域间空间溢出的影响。文章分析了三类基础设施：电力、公路和铁路，指出电力和道路基础设施有短期正向的空间相互影响。从长远来看，基础设施存量的空间溢出在各省之间是正向的，但在电力方面生产率相似的省份之间以及在公路和铁路基础设施方面出口相似的省份之间则有负向的影响。赵瑞丽等（2019）借鉴 Combes 等的理论框架，通过引入城市规模和集聚外部性，在理论上拓展了城市规模影响企业加成率及其分布的作用机制，使用 1998—2007 年中国工业企业数据库数据，估计了各城市内每个企业的加成率，并结合《中国城市统计年鉴》中的数据分析城市规模扩张对企业加成率及其分布的影响。结果显示，无论是否存在集聚外部性或集聚对不同生产率企业的非对称影响，大城市企业的加成率水平都较低；而大城市企业加成率的分布比小城市更均匀，其资源配置效率更高。Shixiang 和 Minyuan（2018）从更加微观的角度分析地理距离和技术距离对知识溢出的影响，进而通过企业来影响经济的空间格局。文中通过关注集群的显著特征来考虑地理距离和技术距离的共同作用，分析了企业选择与本地实体之间的技术距离如何受到集群中竞争环境以及企业内部技术结构的影响。基于全球半导体行业的经验进行分析发现创新实体以增加与邻间的技术距离，来减少意外的知识溢出。尤其是当实体是多地点公司的一部分时，表现为地理距离较小，技术距离较大。跨地点公司的内部整合能力更强，可以通过控制地理和技术的距离增加知识的获取能力，从而影响经济的空间格局。Weiyang 等（2018）从城市间日常出行的角度分析中国长三角地区的区域化问题。文章使用了社区检测算法来分析长三角的日常城际流动网络以产生交互的区域化，并与基于属性的区域化进行对比，探索区域生产的基础过程。结果表明，政治边界和社会经济一体化的历史模式非常明显，且物理、经济、文化和行政空间重叠对区域一体化的影响较为显著。

林伯强和谭睿鹏（2019）通过分析生产要素在空间上的流动强度和规模，探讨经济集聚对中国“绿色发展”的影响。作者使用非径向方向距离函数，在超效率 DEA 框架下构建中国地级及以上城市的绿色经济效率指标，并且使用各城市地形起伏度以及 1933 年是否通铁路作为经济集聚度的工具变量来解决经济集聚与绿色经济效率之间的内生性问题。结果发现，经济集聚度大小合理时，对绿色经济效率的影响为正（集聚效应）；当经济集聚程度大于临界值时影响为负（拥堵效应）；从行业看，第二产业和第三产业集聚对绿色经济效率的影响与整体集聚度的影响类似，表现为先促进后抑制的作用。

四、总体述评

中国城镇化的发展正从单体城市走向城市群，从单一集中型走向集中型与扩散型相结合的历史演进阶段。以城市群为主体构建大中小城市和小城镇协调发展的城市格局，是未来我国城镇化发展的主要形式。从当前城镇化的相关研究可以看出，人口城镇化、土地城镇化以及人口-土地-经济城镇化综合测度的空间演化和空间不协调，是城镇化研究的热点之一。城镇化促进了社会经济发展，激发了社会经济活力与潜力，推动农业人口和非农产业在城市集中，重塑人口、资本、技术等生产要素的空间分布，形成社会化专业协作的生产方式以及集聚式、动态式的生活方式。但在我国城镇化推动区域经济高速增长的同时，速度与质量不平衡问题凸显。户籍制度、土地制度以及集聚造成的环境污染问题导致了城镇化质量滞后，阻碍了城镇化的高质量发展。从现有研究可以看出，城镇化推动城市经济增长以及城镇化的高质量发展都是研究的关键问题。

区域经济发展是要素在空间层面的增长、流动与配置过程。通过劳动力流动、资本转移和技术扩散的共同作用，产业转移所产生的经济增长效应，不仅促进了区域空间结构的发展与优化，更有助于实现区域经济从不平衡向平衡发展的目标。改革开放以来以效率优先为特征的富民战略在快速形成财富积累的同时，也在一定程度上影响了中国经济发展的平衡性、协调性和可持续性。近年研究的重点从根据单一数据分析的区域不平衡程度，转变为从产业视角、地方干部历史来源等多维度探究的区域发展空间不均衡问题。由于中国区域发展呈现出板块间分化凸显、板块内部分化明显和南北分化加剧的新特点，区域协调发展将从以东西平衡为重点，转向东西与南北平衡并重的协调目标。新时代区域协调发展战略结构体系将更加多元化，涵盖四大板块、重点地区、城镇化与城乡融合、陆海统筹、欠发达地区扶贫与乡村振兴等多个维度，致力于构建连接东中西、贯通南北方的多中心、网络化、开放式的区域开发格局，不断缩小地区发展差距。

经济活动在空间范围上的集聚，产生了正负外部性的影响。集聚经济与适度的城市规模是城市空间结构的重要研究问题。该命题表明：与地区相符合的适度城市规模能够提高城市发展效率，过度集聚致使资源环境对城市产生约束而引发的“城市病”问题也给城市发展带来诸多困境。在不平衡与不充分发展相互交织的现实条件下，区域协调发展战略作为新时代高质量发展的重要路径，不仅致力于解决地区间的公平问题，也承担着增长任务。

第二节　重要论文

1. 方创琳. 改革开放40年来中国城镇化与城市群取得的重要进展与展望［J］. 经济地理，2018，38（9）：1-9.

研究背景：1978—2018年的40年，是我国实施改革开放政策取得举世瞩目成就的40年，是我国城镇化发展创造世界奇迹与城市群建设取得巨大成就的40年，是中国经济体量和城市体量不断壮大的40年。中国作为世界第二大经济体，城市数量由193个增加到657个。40年的改革开放极大地提高了我国的综合国力和国际地位，极大地改变了我国城乡发展面貌，显著地提高了人民生活水平和生活质量。在这40年间，我国城市群建设取得了巨大成就，创造了世界城市群发展奇迹，城市群数量从仅有长江三角洲城市群1个发展到现今的19个城市群，城市群建设体量不断增加，已经成为参与全球竞争和国际地域分工的全新地域单元。

基本结论：通过回顾40年的重要进展，得到如下结论：40年来，我国城镇化水平翻了1.5倍，超过了世界平均城镇化水平3.7个百分点，顺利完成了城镇化初期和中期的快速成长阶段，即将迈入后期成熟阶段；在数度调整与改革创新的实践中走出了一条中国特色的新型城镇化发展道路；召开了首次中央城镇化工作会议，完成了城市规模划分标准的历史性重大调整；抵御了来自“伪城镇化”的冲击，通过“去伪存真”提高了城镇化发展质量。40年来，我国城市群的研究与发展顺利完成了从激烈的理论纷争到实践应用的历史性跨越，进入引领全球城市群发展的21世纪新时代，城市群连续15年被纳入国家新型城镇化的空间主体，其国家及国际战略地位得到快速提升，对国家城镇化和经济发展做出了不可替代的巨大贡献。

现实意义：回顾改革开放40年来我国在城镇化与城市群建设方面取得的辉煌成就，总结成功经验，反思存在的问题与不足，在新时代习近平中国特色社会主义思想指导下，要牢牢把握城镇化与乡村发展蕴含的重大机遇，准确研判城镇化发展与乡村振兴的新特点与新规律，妥善应对城镇化与城市群建设面临的风险挑战，加快推进中国城镇化与乡村振兴进程。

2. 贺三维，邵玺．京津冀地区人口-土地-经济城镇化空间集聚及耦合协调发展研究［J］. 经济地理，2018，38（1）：95-102.

研究背景：改革开放以来，中国的城镇化建设取得了巨大成就。城市群作为城镇化推进的主体，在推进新型城镇化建设、优化城市空间结构、促进区域一体化中起到了巨大作用。与此同时，城市群中的城镇化问题也显得尤为严重。高质量的城镇化应当满足内部各子系统间的相互协调。而现有文献对于城镇化内部子系统间的耦合协调性问题研究较少，部分文献仅从人口和土地两方面去衡量城镇化内部系统的协调性问题，忽略了城镇化的社会经济属性，且当前对于城镇化的研究主要集中在地级市层面。

基本结论：基于京津冀150个县市单元2000—2012年的面板数据，综合运用熵值法、人口-土地-经济城镇化的多指标评价体系、探索性空间数据分析以及耦合协调分析的方法，对京津冀地区人口、土地、经济城镇化的发展阶段、时空演变特征及空间集聚模式加以分析，并进一步探索了城镇化子系统的耦合协调类型及其空间分布规律。结果表明：（1）市辖区的人口城镇化发展滞后，未来发展应当严格控制新增建设用地，更加注重人的城镇化，着重解决城市居民的生活环境及居住质量问题；（2）县域地区土地开发潜力巨大，但开发动力不足，各县域应当以新型城镇化为契机，结合自身资源禀赋，培育具有内生比较优势的产业，主动承接京津资源，推动经济发展与土地建设；（3）促进京津冀内部的交通一体化和公共基础服务均等化，促进京津冀资源要素的自由流转和市场一体化，减少京津对河北以及市辖区对县域的虹吸效应。

主要贡献：充分采用多时相夜晚灯光数据、遥感影像等数据以真实反映京津冀土地城镇化的动态变化情况。在研究城镇化内部子系统间的耦合协调性问题时，充分考虑了城镇化的社会经济属性，以及县域经济发展作为促进城市群发展和推进新型城镇化的重要方式。从县级尺度探讨城镇化人口、土地、经济子系统间的耦合协调性，能够更加全面具体地分析新型城镇化子系统间耦合协调性的空间演替，这对于促进京津冀城乡统筹规划和经济一体化具有重要意义。

现实意义：京津冀人口-土地-经济城镇化空间极化现象严重，一方面，京津对临近县域形成空间溢出效应，且这种空间溢出和扩散效应逐步减弱；另一方面，环渤海经济带对河北形成了明显的虹吸效应，河北南部形成大片低城镇化连片区。未来京津冀协同发展，需要减弱虹吸效应，促进河北承接环渤海的产业转移和自我产业结构调整，激发其发展潜能。

3. 付伟．城乡融合发展进程中的乡村产业及其社会基础——以浙江省 L 市偏远乡村来料加工为例［J］．中国社会科学，2018（6）：71-90，205-206.

研究背景：乡村产业是乡村振兴的重要基础，乡村产业的发展是促进城乡融合的重要推动力。乡村产业提供了大量的就业和创业机会，外出打工群体“返乡创业”的现象也越来越成为学界研究的重点。由于乡村产业分散化、多元化导致了巨大的行业和区域差异，因此应加深对乡村产业发展规律和本质特点的深入认识。乡村社会除为产业提供廉价的土地、劳动力和原材料外，更为重要的是乡村的社会关系和文化传统为产业发展提供了重要的社会基础。

基本结论：该文以浙江省 L 市偏远地区的来料加工为案例，详细阐明了来料加工得以铺展的具体原因，更重要的是从伦理意涵的角度理解乡村产业的社会基础，采取实地调研和对关键人物进行深度访谈的方法获得材料，探究乡村产业兴起与发展的社会基础，从而深入理解中国独特的乡村发展与城乡融合发展路径。结果表明：（1）乡村产业是城乡体系的产物，其发展反过来也会促进城乡融合；（2）通过来料加工，沿海发达地区为偏远地区提供市场、原料和资本，并把落后地区与全球市场紧密关联起来，进而实现区域协调发展；（3）乡土社会和外界提供的物质资源、人力资源并不足以构成乡村产业的全部条件，乡村产业发展和乡村振兴仍需要有可以依托和调动的社会基础。乡土社会的关系和伦理是生产管理的必要条件，使得乡村产业可以克服工期和质量上的管理难题，也使得欠发达的乡村地区能够在资本、技术、地理区位等条件都不占优势的情况下取得发展，并融入全球化生产链。

主要贡献：传统观点认为乡村产业是必然要被城市工业替代的落后的产业形式，这是研究不够深入而导致的教条主义观念。作者认为中国的乡村产业会走出“一条与西方工业化迥然不同的道路，是适合中国国情、具有中国特色的农村工业化道路”。浙江省偏远乡村兴起的来料加工就是一种典型的乡村产业形式，塑造了独具特色的乡村发展和社会转型道路。乡村产业有着顽强的生命力，而这种生命力来自中国社会和文化的涵养孕育。因而，该文以具有典型性的来料加工作为研究案例，探索乡村产业繁荣的社会基础。

现实意义：随着来料加工在浙江省偏远乡村的兴起，乡村积极利用特色资源和丰富的劳动力，承接发达地区的产业转移，繁荣和丰富了乡村业态。通过来料加工，发达地区与落后地区紧密结合，乡村劳动力与沿海城市紧密联系，并进一步通过沿海城市与全球市场紧密相连。因而，来料加工成为带动乡村产业兴旺、实现乡村振兴的重要力量，一定程度上也推动了城乡融合发展，并促使乡村社会融入全球化生产链。

4. 邵帅，李欣，曹建华．中国的城市化推进与雾霾治理［J］．经济研究，2019，54（2）：148-165.

研究背景：中国经济的高速增长是以严重的环境污染为代价的，特别是近年来以雾霾天气频发为代表的大气污染问题已经引起了公众、政府与学界的广泛关注。从经济学视域来看，污染加剧与粗放的经济发展方式、畸高的煤炭消费比重、滞后的产业结构升级、低下的环境治理效率等诸多经济失当因素密切相关。尽管现有研究对上述因素已开展了一些探索，但与这些直接诱因相比，不断加速的粗放式城市化发展道路对雾霾污染的影响尤其需要重视。事实上，城市化对雾霾污染可能表现出较为复杂的“双重”影响。因此，中国城市化的快速推进究竟对雾霾污染产生了推波助澜的影响，还是能够通过其正外部性对雾霾污染产生促降效应，现有研究对此尚未提供明确的经验证据和机制解释。

基本结论：该文以1998—2013年中国省域面板数据为研究样本，将基于全球夜间灯光数据构建的灯光复合指数作为城市化水平的度量指标，利用卫星监测的PM2.5浓度表征雾霾污染程度，主要采用GS2SLS系统考察了城市化推进对雾霾污染的影响及其作用机制，检验了紧凑集约型和规模扩张型两种城市化推进模式对雾霾污染的异质性影响。结论如下：中国的雾霾污染具有显著的空间溢出效应；就全国整体而言，在考虑了雾霾污染的空间溢出效应并控制了内生性后，发现我国的城市化进程尚处于加剧雾霾污染的阶段。我国以往粗放式的城市化发展道路对雾霾污染的促增效应远超其促降效应，这表明城市化进程加剧了雾霾污染。分区域样本显示，雾霾污染加剧并非城市化推进的必然结果而是其阶段性表现，城市化与雾霾污染之间的“脱钩”在一定条件下是可以实现的。进一步将城市化推进模式区分为深度推进和广度推进模式后发现，深度推进模式对雾霾污染具有显著的促降效应，而广度推进模式则不利于抑制雾霾污染。影响机制分析表明，集聚效应和结构效应是城市化影响雾霾污染的主要传导途径，而技术进步效应的中介作用并不显著。

主要贡献：（1）考虑到采用城镇人口占比表征的城市化率可能存在制度性缺陷和统计性误差，文章将夜间灯光数据进行矢量化处理，构造了一个度量城市化水平的综合指标——灯光复合指数，进而采用能够同时控制空间溢出效应和内生性的广义空间两阶段最小二乘法就城市化对雾霾污染的影响进行了经验考察；（2）分别采用三级及以上河流总长度、火点观测密度以及人口出生率作为城市化水平的工具变量，强化了对内生性问题的控制，得到了更稳健的实证结果；（3）识别了不同的城市化推进模式——以深度推进为主的紧凑集约型城市化和以广度推进为主的规模扩张型城市化对雾霾污染的异质性影响；（4）采用中介效应模型识别了城市化影响雾霾污染的作用机制。

现实意义：探究城市化对雾霾污染的影响，有利于把握雾霾污染随城市化进程的演化规律，进而有的放矢地开展“治霾”工作。雾霾污染并非单纯的局部污染，在大气等自然作用及产业转移等经济活动的影响下，雾霾污染具有较强的空间相关性。因而，充分考虑雾霾污染本身的空间溢出效应，能够得到更为准确的研究结果，从而为治霾提供科学的经验证据。

5. 刘秉镰，边杨，周密，朱俊丰．中国区域经济发展 70 年回顾及未来展望［J］．中国工业经济，2019（9）：24-41.

研究背景：中国区域经济根植于中国经济的整体发展，是中国经济发展的空间表现和有效支撑，因此，研究中国区域经济不可能脱离中国经济发展的宏微观实践。区域经济正是在中国经济的大逻辑框架下动态演化的结果。对 70 年来中国区域经济发展经验的总结，既是对以往中国智慧的领悟与提炼，又能为中国今后深化改革开放和区域经济发展提供有益指导。

基本结论：回顾中国区域经济 70 年的发展历程，得到如下结论：（1）中国区域经济发展并不是孤立的事件，而是国内外环境、国家战略、制度变迁、区域战略四元因素内外联动、综合作用的结果。总体看，区域经济依托于内外部环境变化与国家战略的实施，通过制度变迁重点解决要素的空间配置方式问题，以促进要素在空间层面的增长与流动，从而加快财富的空间生成，保障财富的空间分配，形成了极具中国特色的区域经济发展；（2）中华人民共和国成立后，中国在立国战略、富民战略和强国战略三大国家战略的指引下，呈现出不同的空间格局和区域特征，形成区域计划调控期、区域增长极点孕育期、区域增长方式构建期、区域经济关系调整期与区域经济结构重整期五大阶段；（3）中国区域经济发展，本质上是要素在空间层面的增长、流动与配置过程；（4）改革开放后，由于政府与市场关系并没有被完全理顺，一种脱胎于计划经济思维、强调国家对经济实现高强度控制的统治经济模式一直存在，加之多级政府间复杂的利益博弈，导致了较为严重的资源错配，产生了较大的空间成本，阻碍了中国区域经济的健康发展；（5）区域经济的空间增长动力不足，区域差距加大，地方保护与市场分割问题突出，资源承载力不足，大城市病与中小城市功能性萎缩并存，区域开放程度差异较大。

主要贡献：该文从更广范围的经济发展、转型背景、时代环境出发，对 70 年来中国区域经济发展进行总结，还原经济发展的历史过程，形成了一个逻辑一致的理论框架，为解决当前中国区域经济面临的诸多问题，增强区域战略弹性、推动空间经济增长、加快区域协调发展、调整区域多元关系、促进区域新经济、构建区域绿色生态、优化城市群空间结构、扩大区域开放提供了理论依据。

现实意义：中国经济处于新的发展时期，外部经济环境正在发生深刻复杂变化，寻找新动能、加快经济转型，跨越中等收入陷阱成为发展的重要目标。这些正影响着区域经济增长的速度、方式与方向，使区域经济呈现出新要求、新特征与新趋势。外部经济环境的变化构成了中国区域经济发展的多重背景，也将使区域经济发展面临新的挑战和机遇。只有从中国经济整体的高度去认识和理解中国区域经济发展，才能客观评价 70 年来区域经济发展的是非功过，并对未来进行有益的展望。

6. 徐斌，陈宇芳，沈小波．清洁能源发展、二氧化碳减排与区域经济增长［J］．经济研究，2019，54（7）：188-202.

研究背景：工业革命以来，工业经济快速增长成为世界经济持续增长的主要推动力。然而工业属于高耗能、高排放部门，长期依靠工业经济推动经济增长必然消耗大量化石能源，从而导致二氧化碳排放总量持续增加。积极发展清洁能源不仅可以满足日益增长的能源需求、减少化石能源消费带来的大量二氧化碳排放，还可以优化经济结构、实现可持续经济增长。现有文献已对清洁能源发展能否减少二氧化碳排放和促进经济增长进行深入研究，但还存在一定的改进空间。（1）现有文献大多假定经济变量之间的关系是线性形式，因而使用传统线性模型进行研究。事实上，经济现象是复杂易变的，这导致经济变量之间往往存在着大量非线性关系；（2）现有文献大多从国家层面研究清洁能源发展对经济增长和二氧化碳排放的影响。中国领土幅员辽阔，而且由于历史和市场经济发展的原因，各地区在经济发展、产业结构、技术水平、能源消费和环境污染等方面都存在显著差异。忽略这些客观存在的区域差异，只从国家整体层面研究而获得的结论难以适用于不同地区发展清洁能源的需求。

基本结论：该文主要考察清洁能源发展对二氧化碳减排的影响，以及清洁能源发展对经济增长的作用。基于中国多个省区市1979—2016年的真实数据和2017—2030年的预测数据，运用非参数可加回归模型深入探究清洁能源发展对区域经济增长和二氧化碳排放的线性和非线性影响。结果表明：单纯从线性角度来看，清洁能源发展没有起到显著减少二氧化碳排放和促进经济增长的作用。但是，这并不代表清洁能源在不同发展阶段对二氧化碳减排和经济增长的积极影响是有限的。非线性结果表明：在不同发展阶段，清洁能源发展对东中西三大区域二氧化碳排放和经济增长的影响差异明显。（1）清洁能源发展对东部地区二氧化碳排放产生“M形”非线性影响，即在早期阶段，清洁能源发展没有起到减少二氧化碳排放的作用。中期阶段，宏观经济冲击导致清洁能源发展出现波动，其对二氧化碳排放的影响也有小幅起伏。长期来看，清洁能源发展有助于二氧化碳减排；（2）清洁能源发展对中西部地区二氧化碳排放产生平缓正“U形”的非线性影响，即在后期阶段，清洁能源的二氧化碳减排作用难以有效体现；（3）清洁能源发展对东中部地区经济增长的非线性影响表现为平缓的“W形”模式，即在早期阶段，清洁能源发展没有起到拉动经济增长的作用。在后期阶段，清洁能源发展对经济增长的促进作用逐步显现；（4）清洁能源发展对西部地区经济增长的非线性影响为“倒U形”模式，表示清洁能源发展起到“先促进、后制约”的作用。

主要贡献：（1）现阶段中国清洁能源产量规模仍较小，其对二氧化碳减排和区域经济增长的贡献可能是有限的，该文基于各变量1979—2016年的真实数据，采用统计预测法预测出各变量2017—2030年的数值，从更长远角度来考察清洁能源发展对二氧化碳减排和经济增长的作用；（2）在理论模型上，针对经济变量之间存在的大量非线性关系，该文采用非参数可加回归模型代替传统线性模型减小了估计结果中存在的误差；（3）在研究内容上，考虑各地区客观存在的区域显著差异，该文从省域层面细致考察清洁能源发展对区域经济增长和二氧化碳排放的影响，并基于阶段性视角，分别对东部、中部和西部地区进行回归估计。

现实意义：现今，中国是世界上最大的石油进口国和二氧化碳排放国，积极发展清洁能源对于保障能源安全、控制二氧化碳排放和实现绿色经济增长具有重要现实意义。在不同发展阶段，清洁能源发展对东中西三大区域二氧化碳排放和经济增长的影响差异明显。因此，中央和各地方政府应该根据清洁能源在不同发展阶段发挥的不同作用因时施策，以充分发挥清洁能源发展在二氧化碳减排和经济增长中的促进作用。

7. Xu C, Jones C, Munday M. Tourism inward investment and regional economic

development effects: perspectives from tourism satellite accounts [J]. Regional Studies, 2020, 54 (9): 1226-1237.

研究背景：物质资本、人力资本和技术是经济增长的关键要素。在一些地区，旅游需求在当地经济需求中所占比重较大，而且该现象常常出现在经济发展水平较低的地区。受旅游需求支持的行业通常在物质资本、人力资本和技术方面的进入壁垒较低。较为贫穷的地区可能无法获得足够的资源，而这些地区以外的旅游业投资可能会产生显著的积极影响。然而，由于数据的缺乏和旅游业的复杂性，旅游业投资对地区经济增长的贡献难以评估。

基本结论：该文以威尔士的区域经济作为分析视角，研究旅游业的外来投资对区域发展的影响，研究结果表明：(1) 威尔士旅游业会因资产所有权的不同而有显著差异；(2) 通过对旅游相关产业的核算方法进行改进，发现以结构化方式提供信息有助于概括旅游相关行业的本地和外部拥有部分之间的差异；(3) 旅游业的非区域性要素可以提高区域总增加值的显著水平，并且将外部资金投入一些生产率较高的部门；(4) 重组和完善旅游卫星账户框架，可以区分旅游产品供应中的区域和非区域所有权，并从总附加值、生产率和就业率的角度衡量非区域性企业在旅游业中的贡献。

主要贡献：(1) 基于资产所有权的角度，区域旅游卫星账户框架在揭示旅游相关行业经济特征的关键差异方面发挥了重要作用；(2) 解释了旅游相关行业的一些差异性特征，揭示了“纯”所有权效应的重要性；(3) 揭示了区域旅游卫星账户框架作为构建区域旅游活动的经济分析方法的价值。

现实意义：进一步研究不同类别的旅游需求对区域性和非区域性旅游部门的影响具有重要意义；未来需要更加关注与旅游业相关的所有权差异对区域经济产生的不同影响；将针对资产所有权修改的区域旅游卫星账户与区域投入产出表进行整合，有利于未来进行深入研究，探索当地的旅游业公司对区域经济的影响。

8. 孙志燕，侯永志. 对我国区域不平衡发展的多视角观察和政策应对 [J]. 管理世界，2019，35 (8): 1-8.

研究背景：党的十九大报告提出，我国社会主要矛盾已经转化为“人民日益增长的美好生活需要和不平衡不充分的发展之间的矛盾”。发展的“不平衡”首先体现在地区之间的不平衡，而这种不平衡在结构转型、技术进步、全球化等多种因素的影响下呈现出不断加重的趋势。发展的不平衡导致相对落后地区有可能陷入低水平的发展“陷阱”，地区性潜在的财政风险、社会风险可能出现积聚。相对领先的地区又可能由于经济和人口活动的过度聚集而引发更加严重的生态环境、交通拥堵等问题。如果任其发展，既不利于整个国家资源要素空间配置效率的提高，也不利于经济社会的可持续发展。

基本结论：受全球分工格局的深度调整和产业数字化转型等多重因素的影响，我国区域发展不平衡呈现出更复杂的特征。该文从地区劳动生产率、经济增长活力、要素空间流动、发展能力等多个维度观察分析当前区域发展不平衡的主要特征，从更深层次上剖析了区域发展不平衡的内在机理，并围绕“如何在国家整体资源配置效率最优化的前提下实现区域更加平衡发展”，提出了相关的政策建议。结果表明：在上一轮工业化和城市化发展阶段，我国区域发展不平衡形成的内在机制主要是国家非均衡区域发展战略和相关区域政策引导下的要素非均衡布局所致。与之相比，当前我国区域发展不平衡形成的动因更加复杂多元，除了与资源要素在空间配置上的非均衡有关，更多是由于各地区在过去高速增长发展阶段，经济增长路径和发展积累等方面出现了分化，再与新时期要素在空间上形成的“循环累积”效应，以及技术进步导致的要素非均衡流动等相互叠加而形成的“非平衡”发展结果。

主要贡献：（1）指出解决区域发展不平衡需要把握要素空间布局的新态势，突破传统四大区域板块和行政区的分工格局，着力发挥城市群在引领区域平衡发展中的作用；（2）提出将实现“地区公共服务的均等化”作为现阶段促进区域平衡发展的首要任务，利用新技术创新公共服务的供给方式和配置模式；（3）重视构建有利于地区之间“共享增长”的区域协调发展机制，从机制层面破解发达地区“虹吸效应”的难题；（4）建议未来集中更多政策资源和优质要素资源，引导支持中西部欠发达地区融入全球价值链分工体系，以全面开放加快这些区域的发展。

现实意义：在政策层面上思考解决当前区域不平衡发展的问题时，一方面要构建与新发展阶段更加匹配的区域政策工具体系，优先采用那些能够为欠发达地区创造更多发展机会和改进其发展能力的政策工具；另一方面要更加重视区域协调发展机制的重构，通过体制机制的改革创新来激发不同地区发展的潜力，以此实现更加平衡的区域发展。

9. 陆铭．中国经济的症结是空间错配［J］．深圳大学学报：人文社会科学版，2019，36（1）：79-87.

研究背景：在改革开放的进程中与当前全球经济的复杂背景下，中国面临着经济增长与区域平衡的双重目标。长期以来，经济空间集聚和区域平衡发展两者间一直被认为是存在矛盾的。面对经济增长持续下滑和地方政府债务风险加剧的现状，深入剖析产生问题的根源，从而兼顾发展的效率与平衡，对于当前中国经济发展尤其重要。在既有研究中，有文献发现中国经济存在严重的资源错配，而作者及其团队的一系列研究指出，“空间错配”问题被社会各界严重忽视。

基本结论：在2003年前后，行政力量引导经济资源配置到资源产出效率较低的行业和地区，形成了明显的政策拐点，但结果是经济的整体效率恶化，空间错配问题日益严重。透过中国经济增长速度下滑的现象，发现经济增长下滑的真正原因与区域均衡发展政策被误解、资源被错配有关，资源的空间错配对城市化进程、房地产市场和地方政府债务等问题产生了一系列影响。该文指出：（1）中国地区之间经济发展水平的“收敛”，不能简单地被作为一件好事来看待，而应该看到，中西部地区更加偏重数量型增长，而非质量和效率的提高；（2）中国的房地产市场出现了严重的空间错配，在人口流入地土地供应收紧后出现供不应求和房价快速上涨，而在人口流出地大量建设新城，出现了鬼城和空城现象；（3）从债务-GDP比率来看，中国地方政府债务高企也不是全国性的问题。

主要贡献：（1）该文基于“空间政治经济学”视角，分析得出中国经济增长下滑的症结在于资源的空间错配，行政力量阻碍了生产要素（劳动力、土地、资本）的市场流动；（2）区域之间的“平衡”发展不等于经济和人口的“均匀分布”，而应该着眼于“人均”意义上的平衡发展。

现实意义：面对经济增长持续下滑和地方政府债务风险加剧的现状，深入剖析产生问题的根源，从而兼顾发展的效率与平衡，对于当前中国经济发展尤其重要。未来，要让市场真正成为配置资源的决定性力量，促进国内市场整合和生产要素跨地区再配置，让中国经济在“集聚中走向平衡”的道路上兼顾效率与平衡，才能充分发挥大国发展的优势，追求高质量发展，更快更好地实现中国梦。

10. 林伯强，谭睿鹏．中国经济集聚与绿色经济效率［J］．经济研究，2019，54（2）：119-132.

研究背景：中国经济改革开放40多年来取得了巨大成就，但付出了严重的环境和能源资源代价。在中国经济迅速发展的过程中，经济集聚成为另一个典型的经验事实。整体来说，中国各地区的经济集聚程度均有所增加。经济集聚与经济增长高度相关，但影响的具体方向尚未有定论，经济集聚与环境污染的关系也没有统一结论。现有文献已对集聚与经济增长和环境污染进行研究，但主要存在以下几个方面的缺陷：（1）鲜有研究者考虑集聚对经济发展和环境污染的综合影响；（2）集聚与经济增长和环境污染可能存在反向因果关系，由此导致的内生性问题在多数文献中没有得到很好的解决；（3）多数文献研究太过宏观，无法捕捉到更加微观层面的信息。

基本结论：该文利用2004—2016年中国285个地级及以上城市的面板数据，使用非径向方向距离函数在超效率DEA框架下构建能够评价中国地级及以上城市的绿色经济效率指标，并进一步从理论和实证两个角度分析了经济集聚对绿色经济效率的影响。主要结论有：（1）经济集聚对综合考虑经济增长、资源节约和环境保护的衡量指标值的影响是非线性的。经济集聚度大小合理时，对绿色经济效率的影响是正向的（集聚效应），当经济集聚程度大于临界值时影响是负向的（拥堵效应）；（2）分行业看，第二产业和第三产业集聚对绿色经济效率的影响与整体集聚度的影响类似；（3）经济集聚对绿色经济效率的倒“U”形影响，主要通过三种途径进行传导，即基础设施、劳动力市场高级程度以及环境规制。

主要贡献：在生产函数中加入能源要素，推导了经济集聚对绿色经济效率的影响；综合考虑经济增长、资源节约和环境保护三个方面构建评价中国地级及以上城市绿色经济效率的指标，并分析经济集聚的影响和传导路径；为解决经济集聚的内生性问题，使用中国地理数字高程模拟数据结合GIS技术构建出中国地级及以上城市地形起伏度，并将其作为经济集聚的一个工具变量。

现实意义：现阶段不要人为地采取行政措施限制人口向中国大城市聚集，经济集聚程度在一定范围内提高有利于绿色经济效率的改善。同时，中国经济要继续增加集聚程度，但在发展过程中也要考虑到当地经济、基础设施以及自然资源的承载力，防止集聚程度过大带来的负向效应。

第三节　重要著作

1. 方创琳，余丹林．China's urban pattern［M］．北京：科学出版社，2018.

内容提要：中国城市发展的当代空间格局是指全球化和中国新型城市化背景下的一种特定的城市空间秩序和配置安排。作者认为，这种空间格局应融合中国的国情和资源格局、社会经济发展格局和生态安全格局。这种城市发展模式的空间顺序和配置旨在创建有序的等级制度，进行合理的功能划分以及为中国未来城市发展提供示范。作者试图探索优化中国城市发展空间格局的理论、方法、策略和轨迹。具体而言，该文的研究调查了公平优先理论、模式优化理论、流动空间理论，居住、生产和生态空间的最佳组合理论，平衡网络理论和空间信息系统理论，以及它们如何应用于优化中国城市发展的空间格局。最后尝试为中国城市空间格局的优化提供措施和政策建议。

基本结构：本书共分为六章：第一章试图分析优化中国城市发展空间格局的战略背景和紧迫性。在分析的基础上，进一步提出并讨论了指导中国城市发展空间格局优化过程的6种理论，同时提出了用于优化中国城市发展空间格局的系统框架，该框架包括2个宏观层次，8个中等层次和15个微观层次；第二章通过文献回顾、统计分析和GIS方法，分析过去60年中国城市发展空间格局的动态演变和重心运动轨迹；第三章通过分析影响机制，构建了一套诊断指标体系，以评估中国城市发展的规模结构、功能结构、空间结构以及总体空间格局的合理性；第四章基于前文对中国城市发展空间格局的诊断，提出在新时期新型城市化战略背景下的中国城市发展空间格局应遵循公平正义、适度集聚、合作发展、创新及可持续发展的原则；第五章通过分析驱动因素和约束条件，研究构建了约束指标体系，以优化中国城市发展的空间格局。利用有序加权回归方法、经济与人口空间差异算法、经济因素吸引力模型、就业导向预测模型、最短路径算法的可及性以及数据标准化模型和GIS技术，模拟了中国城市发展下的空间格局；第六章则强调建立创新型城市和形成创新的网络格局，需要着眼于建设国际大都市和新的国际发展格局的全球化战略，必须实施生态优先战略，建设生态城市，积极发展智慧城市，推动低碳产业有序发展，打造文化历史名城。

主要贡献：作者通过广泛的经验和工作，系统地分析了中国城市发展的宏观背景、理论基础与框架、影响因素，演变轨迹以及空间格局。尝试定量“评估”当前中国城市发展空间格局的合理性，并模拟各种优化空间格局的方案。通过实地考察和模拟结果，提出了优化中国城市发展空间格局的原则、目标、重点、模式和计划，并尝试为这种优化提供保证措施和政策建议，即制定合理的城乡人口流动政策，优化城市规模结构，制定有序的城市产业转移政策，优化城市功能结构；提高中小城镇的工业集中度和城市化水平，制定差异化的城市发展政策，提高中西部地区的工业、城市融合度和城市化水平等。通过正确处理各种关系，优化城市发展空间格局，最终形成公平、平衡、包容的城市发展新空间格局。该著作对优化中国城市空间格局的理论发展具有重要意义，也为全面推进中国新型城市化进程提供了指导性建议。

2. 曾刚．中国城市研究（第十三辑）［M］．北京：科学出版社，2018.

内容提要：城市是人类创造的一种具有高度文明的聚居形式，它在人类活动的历史长河中很早就占有一定的地位。但因生产力发展长期处于落后的水平，农村一直是人类的主要聚居形式，直至进入工业化时代，城市化进程开始加速。中国有着数千年的城市发展史。1978年实施改革开放政策后，融入全球化时代的中国城市开始进入快速发展时期，面貌日新月异，在世界城市体系中的地位也不断上升。但是，中国城市化快速推进的过程也出现了一系列社会、经济和环境问题，使走中国特色的可持续城市化道路显得更为迫切。作为一种复杂的社会经济现象，城市化是经济、社会、政治、历史、自然、技术等多因素综合作用的结果，没有哪一门学科能够独立解释城市这一复杂的系统。只有从整体和系统的高度突破学科边界、整合城市研究的各个学科、集中多学科的合力共同研究城市，才能更深刻地了解和认识城市发展的规律，促进城市化的健康发展。

基本结构：本书共收录八篇论文，分为八章：第一章研究认为，秉承全球生产网络组织框架并依据创新实质进行演化，全球创新网络表现出价值分布的差异性、组织体系的开放性、创新联系的网络性三大主要特征，相应构成了全球研发网络、全球知识网络、全球联通网络三大子网络，本章对三大网络子系统进行了详细分析；第二章利用普华永道会计师事务所提供的 2017 年全球研发 1000 强企业数据，识别全球创新中心及其比较优势产业，衡量了全球旗舰企业作为全球科技创新的主体所发挥的作用；第三章探讨中国风险投资机构的城市分布偏好，分析影响这些企业空间集聚的主要因素，以期为新兴产业发展和区域经济管理提供有益的政策启示；第四章系统化地对城市系统分级进行了文献总结，并定义了造成单中心城市系统消失的元素，同时归纳了四种多中心城市系统，认为一个城市根据该城市系统所处的不同空间尺度，可以具备从地区尺度到区域尺度甚至全球尺度的区位重要性；第五章旨在将空间科学与网络科学相结合，对基于交通联系的城市网络进行仿真模拟。在借鉴 Vértes 等人的经济型聚类模型的基础上，提出了一种生成式网络模型，该模型同时考虑了传统空间模型（如引力模型）和网络仿真模型（如随机行为者模型）中的常用影响因子，假设城市间联系的生成可以通过一系列或正向或负向的驱动力相互作用下的概率进行仿真。基于该模型，对长三角城际铁路网络和公路网络进行仿真模拟；第六章基于 1995—2017 年的中国国际航运数据，运用枢纽度模型与复杂网络方法重点分析了宁波舟山港在“21 世纪海上丝绸之路”沿线的港口地位变化；第七章基于“地方空间”向“流动空间”发展演化的视角，综合利用复杂网络和地理信息系统空间分析技术，在详细刻画城市体系空间格局的基础上，探究了 2000 年和 2012 年航空网络与城市体系在经济格局、对外服务功能、人口规模结构三个方面的空间关联特征；第八章提出西南地区城市和区域研究具有紧迫性且研究基础薄弱，其城市与区域研究具有地域的独特性和案例的典型性，因而在多所科研单位城市和区域研究领域的学者共同倡议下成立了“西南地区城市与区域研究联盟”，并将每年定期开展学术讨论与交流，诚邀国内外专家同行，共同促进西南地区的城市和区域发展研究。

3. 杨开忠．新中国城镇化发展 70 年［M］．北京：人民出版社，2019.

内容提要：城市发展和城镇化率的提高是中华人民共和国成立 70 年来取得的诸多历史性成就之一。总结中国城镇化的 70 年历程，是加深对中国特色社会主义道路认识的重要内容，有助于加深对未竟的城镇化之路以及相应改革的认识，也可以为其他发展中国家的发展道路选择提供借鉴，为丰富发展经济学提供中国智慧。作者从城镇化的动力、城镇化对经济增长的贡献、城镇化与工业化、城镇化与城乡关系、城市规模、城市规划、城镇化过程中的经验教训等方面系统总结了中国城镇化 70 年的历程。作者认为，随着城镇化进程的推进，人们逐步认识到，城镇化带来的聚集效应与工业化相辅相成。过去 70 年的进程表明，实践的发展推动了认识的深化，而只有对城镇化本质有更深刻的认识，城镇化之路才能更顺畅、更健康。

基本结构：全书共分为十二章：第一章讲述了中华人民共和国成立之初的城镇化水平、城镇化政策与制度安排；第二章讲述了计划经济与城镇化，包括重工业优先发展战略、逆城镇化政策及其后果、城镇化与工业化的背离以及未能实现赶超的结构原因；第三章讨论了重启城镇化的前奏。第四章指出人口迁徙是推动城乡发展的重要动力；第五章讨论城镇化与工业化的相互关系及其在中国城镇化进程中发挥的作用；第六章讲述了城镇化所引发的资源重新配置对经济发展的影响；第七章讨论了城市规模的概念与基础、城市规模分布变化，得出走规模中立之路的结论；第八章分别讨论了城市级别与城市管理体制、城市的分布规律与城市管理体制及走向自我融资的城市发展；第九章和第十章分别讲述了城乡一体化中的城镇化和区域经济中的城镇化；第十一章研究了中华人民共和国城市化规划，主要有城市规划理论研究、中华人民共和国城市规划编制办法转型和城市规划管理转型；第十二章深化对城镇化规律的认识，提出走以人为核心的城镇化道路。

主要贡献：该书指出，当前经济快速发展产生的城镇化需求仍然没有得到满足。放眼未来，由于中国经济发展水平将继续提升，城镇化质量仍有提升的空间。同时，与城镇化相关的改革任重道远，在面临新的问题和挑战时，需要顺应城镇化的发展规律，使改革助力城镇化进程。城镇化发展中既有成功经验，也有值得总结的教训，总结中国城镇化的 70 年历程，是加深对中国特色社会主义道路认识的重要内容。

4. Huang Youqin. Chinese cities in the 21st century [M]. London: Palgrave Macmillan, 2020.

内容提要：中国正处于历史性的发展转折点，面临着经济增长显著放缓、大规模人口流动以及来自以美国为首的西方国家的强力遏制的国内外新局势等状况。21 世纪的中国城市迈入新时代，面临新挑战。本书主要基于美国纽约州立大学奥尔巴尼分校地理系黄友琴教授，在 2017 年 4 月组织的“中国城市经济转型与影响的国际会议”参会者的成果编撰而成。为理解中国城市正在经历的发展模式、面临的主要挑战和未来发展方向提供新见解。与会者主要来自中国研究领域多学科（经济学、地理学、城市规划、社会学、政治学、公共政策和城市研究）的知名学者，例如经济学家巴里·诺顿、社会学家梁在、城市社会学家任雪飞、城市规划教授吴维平、城市经济学家郑思齐、经济学家陶然、地理学家周尚意、徐伟等，他们对中国城市的最新变化和挑战进行了深入探讨。

基本结构：本书共分为十四章，按 21 世纪中国城市面临的四大挑战分为四个部分：新的国内和国际形势、新的城市发展模式、流动人口家庭融入城市与可支付住房问题和城市可持续发展；第一章引言，对全书的内容进行简要介绍；第二章习近平的经济政策与中国城市化，深入评估了习近平经济政策的制定和治理风格及其对于中国城市发展的影响；第三章世界城市体系中的中国城市，关注中国城市在全球经济中的作用，利用正式网络分析方法将中国城市置于全球城市体系的等级结构之中，确定中国城市在全球网络中所处的相对位置，并指出中国城市在全球网络中的中心化程度的变化；第四章中国、印度和巴西的非正规社区的再开发，重点探讨了中国城市在快速城市化过程中所面临的主要挑战之一——非正规社区。任雪飞采用国际比较方法研究中国城市如何采用与其他全球南方国家不同的方式开发非正规社区；第五章中国地方发展的城市主义：一个制度方法，从公共财政的角度解读土地城市主义的制度根源。财政体制的再中心化让地方政府陷入财政短缺，而经济自由化和区域竞争加剧了地方政府的财政收入需求。土地政体提供了最后的制度环节，使地方官员能够利用城市基础设施和房地产进行产业扩张；第六章中国基础设施的私营部门参与：经验与前景，关注中国城市新的发展模式的如下方面：中国城市基础设施的快速发展以及在快速城市化过程中公共资金捉襟见肘的情况下，私营部门参与城市基础设施融资的作用日益重要。第七章路径依赖、央地关系、结构与自主性：余杭是如何城市化的？通过追溯浙江余杭的发展道路，并阐述余杭如何从一个以农业为中心的传统社会转变为以现代工业、先进技术和工业化为特色的城郊中央商务区，从而研究中国的发展模式；第八章中国人口迁移、家庭分居安排与儿童健康，关注流动家庭中儿童健康的问题。本章采用生命历程的视角比较流动儿童和留守儿童的健康状况，指出人口迁移对儿童健康的影响非常复杂，并非简单的正面或负面影响；第九章长三角城市群人口对房价的空间影响，分析城市人口变迁对房价的影响，利用2004—2015年长三角城市群的数据，论述长三角房价存在显著的空间自相关，人口变化对房价的空间集聚具有显著的正向影响；第十章北京蚁族的住房选择：消费者均衡理论视角，关注快速城市化过程中年轻专业人士的非正规住房问题，从消费者行为理论出发，解释了所谓“蚁族”社区的存在；第十一章双重老龄化：保护居住环境的熟悉性，协调老年人口和老化建筑，关注如何为老龄化人口提供合适的住房。本章提出利用老年人家庭多余的建筑面积作为社会空间资源的策略，这为即将到来的“养老城市主义”提供了新启示；第十二章中国城市的环境可持续发展，从住房市场和城市居民自我保护行为中所揭示的偏好证据，说明中国城市居民对绿色城市的需求不断上升。将绿色环保纳入地方官员的提拔标准以及信息透明度的提高，激励地方领导通过污染治理来回应这种需求。同时，还探讨了中国污染与环境正义未来的发展趋势和动态；第十三章戳穿中国城市化“泡沫”：可持续发展城市化的理论与政策，聚焦土地供需，提出城市化泡沫的四种不同状态。基于实证分析，本章评估了中国城市化泡沫的程度，认为2008年后很多城市出现了土地城市化泡沫，不可控的城市化泡沫主要发生在非一线城市；第十四章评估中国生态脆弱地区的绿色发展指数，关注中部地区一个生态脆弱地区——秦巴山区的城市。本章通过建立绿色发展综合指数（GDI），并采用全阵列-多边形的方法建立评价指标体系，对绿色发展程度进行评估。

第四节　学术会议

1. 中国区域经济学会年会（2019）

会议主题：区域协调发展新征程、新战略、新机制

主办单位：中国区域经济学会
　　　　　重庆工商大学

会议时间：2019年11月16日

会议地点：重庆，重庆工商大学

会议概述：为全面贯彻党的十九大精神，回顾总结中华人民共和国成立70年来区域发展经验和区域研究进展，深刻把握我国经济由高速增长转向高质量发展阶段的历史特征和要求，积极探讨新时代区域协调发展新征程、新战略、新机制，提升新时代区域发展的

理论和实践水平，中国区域经济学会与重庆工商大学合作，于 2019 年 11 月 16 日在重庆工商大学举办“中国区域经济学会年会（2019）”。

大会邀请了国家发展改革委员会、国务院研究室、中国社会科学院、河南省社会科学院、湖北省社会科学院、武汉大学、四川大学、吉林大学、山东大学等单位 300 余名专家学者，并邀请了《中国工业经济》《中国高校社会科学》《改革》《经济学家》《当代经济研究》《财经科学》《经济纵横》《经济与管理研究》《宏观质量研究》《软科学》《经济与管理评论》《区域经济评论》《西部论坛》等学术期刊参会交流。围绕会议主题“区域协调发展新征程、新战略、新机制”进行了交流。

会议第一项为开幕式，主持人重庆工商大学副校长、教授柏群首先介绍了与会领导与来宾，随后重庆工商大学校长孙芳城教授、中国区域经济学会副会长兼秘书长陈耀研究员分别致辞。

会议的第二项为主题演讲，本届年会的主题演讲分为三节进行。第一节由中国社会科学院工业经济研究所张世贤研究员主持；第二节由中央民族大学管理学院院长李曦辉教授主持；第三节由重庆工商大学长江上游经济研究中心常务副主任、经济学院院长李敬研究员和《中国工业经济》编辑部主任王燕梅编审主持，与会嘉宾分别就区域经济研究视角、区域协调发展战略和区域经济、宏观经济形势、新型城镇化、长三角一体化等议题作了主题发言。

会议第三项为分会场讨论，大会共设置了六个平行论坛。各个分会场的主题依次为“区域协调发展战略与政策”“区域经济理论与实证研究”“城市、产业与公共管理”“研究生论坛”（两个）“学术期刊与作者交流”。在平行论坛环节，各位专家学者进行了广泛的交流，共有 71 名学者在论坛上分享了自己的学术成果。

中国区域经济学会年会（2019）极具权威性和前瞻性，从不同侧面探讨了新时期区域协调发展的新路径、新战略、新机制，对完善、创新、促进区域经济协调发展，服务国家区域发展战略及地方发展都具有深远意义，是一次理论与实践、创新与发展完美结合的学术盛会。

2. 全国区域经济学学科建设年会（2019）

会议主题：中华人民共和国成立 70 年区域经济发展与区域经济学科建设

主办单位：中国人民大学应用经济学院
南开大学城市与区域经济研究所
兰州大学经济学院
暨南大学经济学院

会议时间：2019 年 11 月 16—17 日

会议地点：广州，暨南大学经济学院

会议概述：为研讨中华人民共和国成立 70 年区域经济发展的经验和规律、中国区域经济学科建设的成就及未来发展方向，中国人民大学应用经济学院、南开大学城市与区域经济研究所、兰州大学经济学院和暨南大学经济学院合作，于 2019 年 11 月 16—17 日在暨南大学经济学院举办“第十八届全国区域经济学学科建设年会”。

大会邀请了河南财经政法大学校长高新才教授、中国人民大学应用经济学院副院长张可云教授、南开大学经济与社会发展研究院院长刘秉镰教授、中国人民大学区域与城市经济研究所原所长孙久文教授、新疆财经大学副校长高志刚教授、兰州大学经济学院院长郭爱君教授、南昌大学经济管理学院院长、长江学者刘耀彬教授，暨南大学社科处处长潘启亮、经济学院院长助理钟韵及来自中山大学、中南大学、华南理工大学、郑州大学等高校和研究机构的专家学者150余人参会交流。大会围绕“粤港澳大湾区战略”“创新与区域高质量发展”“区域发展战略”和“区域网络与区域协调发展”等议题展开研讨。

会议第一项为开幕式，开幕式由暨南大学经济学院党委书记张志主持，随后宋献中校长，中国人民大学区域与城市经济研究所原所长孙久文教授等分别致辞。

会议的第二项为主题演讲，各位与会嘉宾分别在自己擅长的领域进行了主题演讲。随后，会议的协办方《开发研究》《中国工业经济》《区域经济评论》《产经评论》《财贸经济》以及《经济学动态》杂志社的相关负责人或编辑就区域经济学领域文章的撰写和发表同与会的专家和学者进行了交流。

会议第三项为分会场讨论，大会共设置了六个分论坛。各个分会场的主题依次为“粤港澳大湾区建设”“创新与区域高质量发展”“区域发展战略”“区域网络与区域协调发展”“城市经济与乡村振兴”和“区域经济学理论、方法与政策”。在平行论坛环节，各位专家学者进行了广泛的交流。

全国区域经济学学科建设年会是面向学科建设、国家战略和区域需求，探讨区域经济学学科建设中的一系列问题，分享学术研究成果，促进学术交流的重要平台。本次会议的研讨成果极具针对性和前瞻性，极大地促进了全国区域经济学学科建设。

3. 中国产业经济研究学术年会（2019）

会议主题：国家治理和产业高质量发展

主办单位：中国电子信息行业联合会
电子工业出版社
西北大学

会议时间：2019年12月7日

会议地点：西安，西北大学经济管理学院

会议概述：为搭建政府、高校、科研院所以及企业进行学术交流沟通的平台，形成产学研协同效应，聚焦产业经济学科前沿研究动态，促进相关产业行业的政策研究、实践经验交流和学术思想争鸣，以产业经济理论探索与实践应用为立足点，为中国经济深化改革和产业转型升级提供前瞻观察和学术支撑服务。中国电子信息行业联合会、电子工业出版社与西北大学经济管理学院合作，于2019年12月7日在陕西省西北大学举办“中国产业经济研究学术年会（2019）”，会议主题围绕相关产业政策调整、制度与标准完善，以及制造业高质量发展、数字经济、中西部工业发展、对外贸易与企业机遇、“一带一路”工业产业国际合作、服务业的对外开放与挑战、创新创业与企业理论，以及各个研究机构的产业经济学术研究成果和理论创新展开研讨交流。

大会邀请了工业和信息化部财务司副司长郭守刚、中国电子信息行业联合会副会长兼秘书长、工信部原总经济师周子学、西北大学党委常委、副校长王尧宇、电子工业出版社总编辑兼华信研究院院长刘九如、中国社会科学院工业经济研究所副所长李海舰、南京大学中国智库研究与评价中心副主任李刚教授、西北大学经济管理学院白永秀教授、中国人民大学中国经济改革与发展研究院副院长张杰教授、北京大学国家发展研究院副研究员郑世林等领导和专家，以及来自全国各地高校与科研院所关注产业聚集研究的专家学者200多人。此次会议入选优秀论文48篇，围绕会议主题“国家治理和产业高质量发展”进行了论文交流。

会议第一项为开幕式，主持人西北大学经济管理学院党委书记杜勇首先介绍了与会领导与来宾，随后西北大学副校长王尧宇和电子工业出版社总编辑兼华信研究院院长刘九如分别代表主办单位致辞。

会议的第二项为主题演讲，主持人为华信研究院产业经济研究所、《产业经济评论》编辑部李亚光博士，随后各位与会嘉宾分别在自己擅长的领域进行了主题演讲。

主题演讲结束后，大会进行分会场讨论。大会共设置六个分会场，各个分会场的主题依次为“区域与产业政策”“国际贸易与企业行为”“环保政策的经济影响”“僵尸企业、要素配置与产能过剩”“企业、资本与上市公司”和“新经济、减贫和经济增长”。在分会场，相关主题的论文作者宣读论文并与参会者进行学术交流与讨论。

4. 全国经济地理研究会年会（2019）

会议主题：中华人民共和国成立70年中国经济地理演进与重塑

主办单位：全国经济地理研究会
安徽财经大学

会议时间：2019年4月13—14日

会议地点：蚌埠，安徽水利和顺大酒店

会议概述：为进一步总结和交流经济地理和空间区域领域的最新研究进展和成果，并展望其发展方向。全国经济地理研究会和安徽财经大学于2019年4月13日在安徽蚌埠共同举办“第二十二届全国经济地理研究会年会”。

大会邀请了北京大学、中国人民大学、首都经济贸易大学、上海财经大学、武汉大学、南开大学、兰州大学、吉林大学、中山大学、北京师范大学等80多所高校和研究机构的专家学者以及安徽财经大学相关部门和学院主要负责人、学校“城市与县域经济研究中心”学科特区全体研究人员。此次会议入选论文六十余篇，围绕会议主题“中华人民共和国成立70年中国经济地理演进与重塑”进行了论文分享、交流。

会议第一项为开幕式，主持人安徽财经大学经济学院院长李刚教授介绍了与会领导与来宾，随后安徽财经大学党委常委、副校长、教授周加来和全国经济地理研究会会长、中国人民大学区域与城市经济研究所所长、教授孙久文先后致辞。

会议第二项为主题演讲，分为上下半场，上半场主持人为中国人民大学区域与城市经济研究所所长孙久文教授，下半场主持人为兰州大学经济学院院长郭爱君教授，这一环节与会嘉宾分别就自己研究的领域进行了主题演讲。

主题演讲结束后，大会进行分会场专题报告。大会共设置六个分会场，各个分会场的主题依次为“中华人民共和国成立70年区域经济协调发展中的理论问题”“中华人民共和国成立70年经济地理理论体系与研究方法演进”“区域经济高质量发展的测度方法与政策建议”“新时代区域经济与经济地理变化”“开放经济与区域经济和经济地理发展”

和“创新型城市与区域创新体系”。在分会场，相关主题的论文作者宣读论文，并与参会者进行学术交流、讨论。

会议最后由嘉宾再次进行主旨演讲，中国人民大学应用经济学院副院长张可云教授主持。演讲结束后，南开大学研究所教授、博士生导师、东北师范大学特聘教授安虎森主持闭幕式，研究会会长孙久文教授致闭幕词。

2019 第二十二届全国经济地理研究会年会为专家学者探讨新思想、交流新技术、展示新成果提供了良好的互动平台。此次大会为推动我国区域经济和经济地理理论与实践创新、深入研讨新时代供给侧结构性改革与区域发展新动能做出了重要贡献。

5. 中国经济学年会（2019）

会议主题：经济学相关领域

主办单位：中国经济学年会秘书处

南开大学

会议时间：2019 年 12 月 14—15 日

会议地点：天津，南开大学

会议概述：为促进中国经济学研究，加强中国高等院校经济类院系以及国内外其他经济学科研、教学机构之间的交流与合作。中国经济学年会秘书处和南开大学于 2019 年 12 月 14 日在南开大学联合举办“第十九届中国经济学年会”。

大会邀请了 18 家年会理事单位、近 40 位国内知名高校经济学院系负责人、100 余位入选论文作者以及来自 15 家出版单位、13 家学术期刊的参会代表逾 500 人。会议聚焦经济学学术前沿，围绕国家重大经济问题，开展学术交流，为中国经济的改革发展提供理论支持。

会议第一项为开幕式，主持人南开大学副校长李靖教授介绍与会领导与嘉宾，中国经济学年会理事长、北京大学校务委员会副主任、北京大学汇丰商学院院长海闻出席并致辞。此次会议共 115 篇优秀论文入选。

会议第二项为主旨演讲，中国经济学年会秘书长、北京大学国家发展研究院讲席教授张晓波主持主旨演讲环节。随后，美国宾夕法尼亚大学方汉明教授、加拿大多伦多大学朱晓冬教授、南开大学经济学院盛斌教授以及北京大学国家发展研究院院长姚洋分别做年会主旨演讲。

主旨演讲结束后，大会进行分会场专题报告。大会共设置 68 个分会场，分会场主题包括女经济学者专题、中国健康与养老追踪调查专题、中国家庭动态跟踪调查专题、中国企业创新创业调查专题、新结构经济学专题以及资源与环境、区域经济发展、金融学、产业组织理论、不平等与微观行为、劳动经济学、发展经济学、国际经济与贸易、宏观经济学、financial market and economic growth、微观理论经济学、经济金融大数据分析、两阶段 DEA 专场、经济增长与波动研究、精准扶贫等。在分会场，相关主题的论文作者宣读论文，并与参会者进行学术交流、讨论。

除举行主旨演讲、分论坛外，年会还陆续举行了理事单位会议、经济学院院长（主任）联席会议、女经济学者午餐会、高校经济学师资招聘会、经济学类图书展、学术期刊论坛等多项活动。

2019 年第十九届中国经济学年会为广大从事经济学教学科研的中国师生搭建了一个开放、互动的平台。本届年会为深入解读中国经济的发展、改革和开放进程，为培养中国经济学人才、促进中国经济学教学与学术研究水平的提高，推动中国经济学界自由开放、严谨务实的学术环境发展做出了重大贡献。

6. 中国区域经济学者论坛（2019）

会议主题：新时代中国区域经济理论与实践研究的新进展

主办单位：南开大学经济与社会发展研究院

南开大学城市与区域经济研究所

会议时间：2019 年 3 月 23 日

会议地点：天津，南开大学

会议概述：为促进区域经济理论研究深化，加快区域经济学科建设，推动区域经济学者的交流合作，致力于为中国区域经济学领域的优秀成果与前沿研究提供高水平的学术交流平台。南开大学经济与社会发展研究院和南开大学城市与区域经济研究所，于 2019 年 3 月 23 日在南开大学举办首届“中国区域经济学者论坛”。

大会邀请了中国社科院、中国科学院、北京大学、清华大学、复旦大学、上海交通大学、中国人民大学、浙江大学等高校及研究机构的 200 余名专家学者参会交流。此次会议入选论文共 35 篇。

会议第一项为开幕式，主持人南开大学经济与社会发展研究院院长刘秉镰教授介绍了与会领导与来宾，南开大学党委副书记张亚教授、《经济研究》编辑部主任刘霞辉教授先后致辞。

会议的第二项为主题演讲，由河南财经政法大学校长高新才教授主持，与会专家分别就宏观经济政策、新空间经济学、结构变化模型建构、改革开放以来的区域经济发展与前瞻趋势等内容发表了主题演讲。

主题演讲结束后，大会进行分会场讨论。大会共设置七个分会场，各个分会场的主题依次为“区域协调发展”“区域经济增长”“区域政策理论与实践”“区域创新与高质量发展”“区域产业集聚”“区际贸易理论与实践”和“城市群与新型城镇化”。在分会场，相关主题的论文作者宣读论文，并与参会者进行学术交流与讨论。

论坛的召开是新时期南开大学区域经济学科向更高层次迈进的一次尝试，引领了区域经济学的学术方向，吸引了区域经济学领域众多优秀学者加入，为区域经济学理论的完善发展提供了高层次的学术平台。

◎ 参考文献

[1] 方创琳．改革开放 40 年来中国城镇化与城市群取得的重要进展与展望［J］．经济地理，2018，38（9）：1-9.

[2] 郭远智，周扬，成天婵，刘彦随．浙江省县域人口城镇化解构及其类型划分［J］．经济地理，2018，38（10）：63-71.

[3] 黄琴诗，朱喜钢，吴伟进，刘风豹，钭利珍．社会区视角下的市民化空间结构与阶段特征——以杭州市为例［J］．经济地理，2018，38（9）：114-121.

［4］古恒宇，肖凡，沈体雁，刘子亮．中国城市流动人口居留意愿的地区差异与影响因素——基于2015年流动人口动态监测数据［J］．经济地理，2018，38（11）：22-29.

［5］潘士远，朱丹丹，徐恺．中国城市过大抑或过小？——基于劳动力配置效率的视角［J］．经济研究，2018，53（9）：68-82.

［6］唐为．经济分权与中小城市发展——基于撤县设市的政策效果分析［J］．经济学（季刊），2019，18（1）：123-150.

［7］贺三维，邵玺．京津冀地区人口—土地—经济城镇化空间集聚及耦合协调发展研究［J］．经济地理，2018，38（1）：95-102.

［8］吴艳艳，袁家冬．2000—2015年陕西省城镇化发展协调度空间演化［J］．经济地理，2018，38（7）：75-83.

［9］孔雪松，谢世姣，朱思阳，何义国，银超慧．湖北省人口—土地—产业城镇化的时空分异与动态耦合分析［J］．经济地理，2019，39（4）：93-100.

［10］徐乐怡，曹信生，刘程军．产业视角的中国城镇化质量分级与演化研究［J］．经济地理，2018，38（12）：68-75.

［11］周亮，车磊，孙东琪．中国城镇化与经济增长的耦合协调发展及影响因素［J］．经济地理，2019，39（6）：97-107.

［12］叶文平，李新春，陈强远．流动人口对城市创业活跃度的影响：机制与证据［J］．经济研究，2018，53（6）：157-170.

［13］文先明，王策，熊鹰，肖锦，谢伟俊．湖南省新型城镇化与金融支持的耦合协调发展［J］．经济地理，2019，39（7）：96-105.

［14］朱高立，王雪琪，李发志，邹伟．房地产经济对人口城镇化与土地城镇化协调发展的作用机理——基于中国30个省会城市面板数据的经验分析［J］．经济地理，2018，38（5）：68-77，116.

［15］付伟．城乡融合发展进程中的乡村产业及其社会基础——以浙江省L市偏远乡村来料加工为例［J］．中国社会科学，2018（6）：71-90，205-206.

［16］张吉鹏，卢冲．户籍制度改革与城市落户门槛的量化分析［J］．经济学（季刊），2019，18（4）：1509-1530.

［17］Yang Z，Dunford M. City shrinkage in China：scalar processes of urban and hukou population losses［J］. Regional Studies，2018，52（8）：1-12.

［18］邵帅，李欣，曹建华．中国的城市化推进与雾霾治理［J］．经济研究，2019，54（2）：148-165.

［19］邓宗兵，宗树伟，苏聪文，陈钲．长江经济带生态文明建设与新型城镇化耦合协调发展及动力因素研究［J］．经济地理，2019，39（10）：78-86.

［20］王镝，唐茂钢．土地城市化如何影响生态环境质量？——基于动态最优化和空间自适应半参数模型的分析［J］．经济研究，2019，54（3）：72-85.

［21］郑怡林，陆铭．大城市更不环保吗？——基于规模效应与同群效应的分析［J］．复旦学报（社会科学版），2018，60（1）：133-144.

［22］刘秉镰，边杨，周密，朱俊丰．中国区域经济发展70年回顾及未来展望［J］．中国

工业经济，2019（9）：24-41.
［23］张志强，席强敏．新时代中国区域经济理论与实践研究的新进展——首届中国区域经济学者论坛综述［J］．经济研究，2019，54（4）：199-203.
［24］孙晓华，郭旭，王昀．产业转移、要素集聚与地区经济发展［J］．管理世界，2018，34（5）：47-62，179-180.
［25］刘智勇，李海峥，胡永远，李陈华．人力资本结构高级化与经济增长——兼论东中西部地区差距的形成和缩小［J］．经济研究，2018，53（3）：50-63.
［26］秦蒙，刘修岩，李松林．城市蔓延如何影响地区经济增长？——基于夜间灯光数据的研究［J］．经济学（季刊），2019，18（2）：527-550.
［27］孙志燕，侯永志．对我国区域不平衡发展的多视角观察和政策应对［J］．管理世界，2019，35（8）：1-8.
［28］张鹏飞，李国强，侯麟科，刘明兴．区域经济增长差异的再反思：历史起因与演化逻辑［J］．经济学（季刊），2019，18（1）：151-166.
［29］汪晨，万广华，张勋．区域差异与结构变迁：中国 1978—2016［J］．管理世界，2019，35（6）：11-26，194.
［30］Li Y，Wu F. Understanding city-regionalism in China：regional cooperation in the Yangtze River Delta［J］. Regional Studies，2018，52（3）：313-324.
［31］晁静，赵新正，李同昇，青雨馨．长江经济带三大城市群经济差异演变及影响因素——基于多源灯光数据的比较研究［J］．经济地理，2019，39（5）：92-100.
［32］徐斌，陈宇芳，沈小波．清洁能源发展、二氧化碳减排与区域经济增长［J］．经济研究，2019，54（7）：188-202.
［33］万庆，吴传清，罗翔，曾菊新．中国城市规模分布时空演化特征——基于“五普”和“六普”人口统计数据的实证研究［J］．经济地理，2018，38（4）：81-90.
［34］魏守华，孙宁，姜悦．Zipf 定律与 Gibrat 定律在中国城市规模分布中的适用性［J］．世界经济，2018，41（9）：96-120.
［35］李恩康，陆梦秋，陆玉麒，王毅，陈娱，黄群芳．区域的适度空间规模及边际扩张效应——以江苏省为例［J］．经济地理，2018，38（10）：46-53.
［36］陆铭．中国经济的症结是空间错配［J］．深圳大学学报（人文社会科学版），2019，36（1）：77-85.
［37］席强敏，李国平．超大城市规模与空间结构效应研究评述与展望［J］．经济地理，2018，38（1）：61-68.
［38］赵立平，张亨溢，蒋淑玲，陈国生．湖南区域经济发展空间差异及结构优化策略研究［J］．经济地理，2019，39（8）：29-35，43.
［39］刘修岩，秦蒙，李松林．城市空间结构与劳动者工资收入［J］．世界经济，2019，42（4）：123-148.
［40］兰峰，达卉莉．住房价格分异、公共基础设施与城市空间重构——基于西安市的时空演化视角［J］．管理世界，2018，34（3）：172-173.
［41］Zhang Y，Ji S. Infrastructure，externalities and regional industrial productivity in China：

a spatial econometric approach [J]. Regional Studies, 2019, 53 (8): 1112-1124.
[42] 赵瑞丽，尹翔硕，孙楚仁．大城市的低加成率之谜：集聚效应和竞争效应 [J]. 世界经济，2019，42 (4)：149-173.
[43] Shixiang W, Minyuan Zh. A tale of two distances: a study of technological distance, geographic distance and multilocation firms [J]. Journal of Economic Geography, 2018, 18 (5).
[44] Zhang W. et al. Regionalization in the Yangtze River Delta, China, from the perspective of inter-city daily mobility [J]. Regional Studies, 2018, 52 (4): 528-541.
[45] 林伯强，谭睿鹏．中国经济集聚与绿色经济效率 [J]. 经济研究，2019，54 (2)：119-132.
[46] 方创琳，余丹林．China's urban pattern [M]. 北京：科学出版社，2018.
[47] 曾刚．中国城市研究（第十三辑）[M]. 北京：科学出版社，2018.
[48] 杨开忠．新中国城镇化发展 70 年 [M]. 北京：人民出版社，2019.
[49] Huang Youqin. Chinese cities in the 21st century [M]. London: Palgrave Macmillan, 2020.

第十章　金融与经济发展

钱雪松
（华中科技大学）

金融如何影响经济一直是学术界、实业界以及政府部门关注的焦点。围绕“金融与经济发展”，本章系统梳理了2018—2019年的相关研究成果，并对这一时期的重要论文、著作和学术会议进行了介绍，以厘清现有研究脉络，并展望未来的研究方向。

第一节　研究综述

在“金融与经济发展”领域，一个始终有待回答的问题是金融是否以及如何影响经济发展。围绕这一问题，学术界进行了丰富的探讨，相关文献不断涌现，但可能是由于经济发展阶段不同、研究方法不同、数据样本和指标测度不同，学术界对金融与经济发展之间的关系及其运作机理始终存有争议。与此同时，当前我国经济已经由高速增长阶段转向高质量发展阶段，在经济转型过程中，我国还出现了实体经济金融化、数字普惠金融方兴未艾等新问题新情况。在此背景下，探究金融对经济发展的影响及其作用机制不仅具有重要的理论价值，而且对政府部门有效运用金融手段促进经济高质量发展至关重要。

整体来看，近年来围绕“金融与经济发展”这一话题，学术界主要从以下几个方面开展研究。其一，金融发展对经济增长的影响研究。正规金融、非正规金融等不同金融机制是否有助于经济增长？金融发展与经济增长之间的关系呈现出线性关系还是非线性关系？其二，金融影响经济发展的作用机制研究。在经济结构层面，金融发展如何影响产业结构、区域结构、收入分配结构等？在资本配置和生产效率层面，金融如何影响投资、融资、全要素生产率等指标？在创新层面，金融如何影响创新投入、创新产出、创新绩效等创新指标？其三，基于我国经济转型实践的热点问题研究。一些学者研究了我国实体经济金融化问题，包括经济金融化的影响因素、经济金融化的经济后果等；还有一些学者十分关注我国的普惠金融发展，包括普惠金融的测度、普惠金融对经济发展的影响等。

基于此，本章分别从“金融对经济增长的影响”“金融影响经济增长的作用机制”“经济金融化与普惠金融问题研究”等三个方面系统梳理了2018—2019年金融与经济发展领域的相关研究文献，在此基础上，结合我国金融供给侧结构性改革和新型冠状病毒疫情冲击等新鲜经济实践，我们进一步思考了“金融与经济发展”领域的研究趋势，以厘清研究思路，并指出未来的研究方向。

一、金融对经济增长的影响

长期以来，作为经济发展最直观的体现，金融发展是否以及如何影响经济增长一直是学术界关注的焦点问题。但针对这一重要问题，学术界一直没有达成共识，有学者认为金融发展促进经济增长，也有学者认为金融发展抑制经济增长，还有学者认为金融发展与经济增长呈现非线性关系。

（一）金融对经济增长的线性影响

大多数学者认为金融发展有助于促进经济增长。例如，郑江淮、宋建、张玉昌、郑玉和姜青克（2018）基于2002—2016年中国国家统计局的数据进行的研究发现，金融发展促进了经济增长，但金融发展对经济增长的促进作用逐渐减小，随着TFP增长率的下降而减弱。王劲屹（2018）运用1980—2014年中国国家统计局的数据考察了农村金融发展对经济增长的影响，研究发现，农村金融发展有助于促进经济增长，并进一步探究其机制发现，农户储蓄存款、农民工汇款显著促进了农村经济的增长。王修华和赵亚雄（2019）运用2006—2016年中国31个省份（未含港澳台地区）的金融发展数据实证检验了金融包容性发展的增长效应，研究发现，金融包容性发展显著促进了地区经济增长，进一步探究其成因发现，金融包容性发展为低收入居民、家庭及小微企业提供了金融服务和产品，从而降低了其交易成本，提升了其风险管理能力，促进了其能力创新，最终有助于经济增长。

与上述研究不同，也有部分学者认为金融发展抑制了经济增长。例如，刘锡良和文书洋（2019）运用2005—2015年中国多个省份的面板数据考察了金融发展对经济增长的影响，研究发现，在经济增长路径上，信贷资源流向污染部门会导致经济增长质量的下降，进一步探究其机制发现，信贷歧视带来的资本错配会加剧环境污染，从而增加了经济增长的环境代价。Hao，Wang和Li（2018）基于1995—2014年中国多个省份的面板数据检验了金融发展与经济增长之间的动态关系，研究发现，金融发展抑制了经济增长。Ouyang和Li（2018）运用1996—2015年中国多个省份的面板数据考察了金融发展、能源消耗对经济增长的影响，研究发现，金融发展显著降低了能源消耗，从而抑制了经济增长，进一步研究发现，与中部地区相比，对东、西部地区而言，金融发展对经济增长的抑制作用更为显著。Pan和Mishra（2018）使用单位根检验和自回归分布滞后模型研究了股票市场对中国实体经济的影响。分析结果表明，股票市场与实体经济长期存在负相关关系，这证明了股票市场的非理性繁荣。

（二）金融对经济增长的非线性影响

学术界还有部分学者认为，金融发展对经济增长的影响是非线性的，在一定的范围内有助于促进经济增长，而一旦超出了这个范围就会对经济增长产生负面影响。一些研究围绕如何解释和验证金融发展与经济增长的非线性关系展开。例如，潘彬、杨鑫、肖继宏和文凤华（2018）基于2013—2016年中国数据的研究发现，民间金融的发展对经济增长有显著影响，并表现出先促进后抑制的特征。李健、张兰和王乐（2018）运用1998—2015

年中国多个省份的面板数据实证检验了金融发展与经济增长之间的关系，研究发现，金融发展对经济增长的影响取决于金融发展和实体经济之间的增长差异，进一步研究发现，当金融发展增速和实体经济增速差异低于24.34%时，金融发展会促进经济增长，反之，金融发展会对经济增长产生负面影响。聂高辉和邱洋东（2018）运用2005—2015年中国31个省份（未含港澳台地区）的面板数据考察了非正规金融对经济增长的影响，研究发现，非正规金融的发展和经济增长之间存在显著的倒U形关系，进一步探究其促进机制发现，非正规金融的发展推动了产业结构的转型升级，从而有助于经济增长。

二、金融影响经济发展的作用机制

金融对经济增长的影响十分复杂，其原因在于金融影响经济增长的作用渠道十分丰富。基于此，在探究金融对经济增长影响的基础上，很多学者从经济结构、资本配置和生产效率、创新等视角切入，考察了金融影响经济增长的作用机制。

（一）金融影响经济发展的作用机制：基于经济结构视角

在学术界对金融部门在经济发展过程中的作用和作用机制的探讨中，随着研究的多样化开展，学者们不单单关注金融对经济增长的线性、非线性影响，也不局限于探讨金融变革与发展对经济的正、负面作用，更多地尝试着基于不同视角研究金融影响经济发展的作用机制，其中从经济结构来看，学者们在研究金融对经济结构的影响时，可以归结为三大类：金融结构对产业结构的影响、金融对区域发展的影响、金融对收入分配的影响。

1. 金融结构对产业结构的影响

所谓金融结构，一般是指金融体系中金融市场和金融中介（银行部门）的相对比重。当金融结构与该国的产业结构相适应时，金融结构就达到了最优水平，这样便能最大限度地实现持续快速的经济增长。不同的金融结构安排在动员储蓄、分散风险和配置资金方面各有优劣，进而会直接影响经济表现，比如 Liu 和 Zhang（2018）基于扩展的新古典增长模型探讨了金融结构与经济增长之间的内生机制，其理论分析表明，经济增长的不同阶段对应存在一种最优金融结构，金融结构应当随着经济发展的变化而不断动态调整。因而国内学者在研究金融对产业结构的影响时，大多选择从金融结构切入。杨子荣和张鹏杨（2018）采用面板门限模型，利用中国2001—2008年的省际面板数据检验了金融结构、产业结构与经济绩效之间的关系，认为金融结构只有与产业结构相适应时，才会促进产业增长，而金融结构只有与特定发展阶段要素禀赋及其结构内生决定的产业结构相适应时，才能够促进经济增长。黄永明和姜泽林（2019）采用2005—2015年中国省际面板数据，实证分析了金融结构、产业集聚对经济高质量发展的作用机理，发现金融结构对多样化产业集聚与专业化产业集聚的作用存在差异性，同时金融结构与我国经济高质量发展之间存在正相关关系且存在区域差异性。

在研究金融结构对产业结构的影响中，部分学者更关注金融结构的主导类型。刘晓光、刘元春和申广军（2019）利用OECD国家1970—2010年的面板数据进行研究发现，相比于银行主导型金融结构，市场主导型金融结构能够更加有效地促进资源配置向最优配置状态收敛，而且，外部资金依赖度高和中小成长型公司占比大的部门，在市场主导程度更高的金融系统中，向最优配置状态的收敛速度更快。盛斌和景光正（2019）利用世界银行的全球金融发展数据库（GFDD），采用半参数广义可加模型拟合金融结构和全球价值链地位指标的关系，通过研究发现：第一，相较于银行主导型金融结构，市场主导型金融结构更有利于提升一国全球价值链地位；第二，金融结构对全球价值链地位具有异质性影响，一国全球价值链分工地位越上升，金融市场的作用越重要。

2. 金融对区域发展的影响

金融对区域发展的影响主要体现在其对城市规模及分布的影响上。陈诗一、刘朝良和冯博（2019）首先构造理论模型分析了资本配置对城市经济的影响，然后使用2005年工业企业数据估计出城市间资本配置情况，最后通过反事实分析量化资本配置效率低下对城市规模与社会福利的影响，研究表明，资本配置扭曲是中国大中城市偏少、小城市数目过多的重要原因，消除资本的配置扭曲会使得社会福利提高38%，并伴随着50%的人口重新配置。李力行和申广军（2019）基于2003—2011年《中国城市统计年鉴》和人口抽样调查数据，使用双向固定效应模型考察了金融发展对城市规模的影响，研究发现，金融发展有益于城市规模的扩大，并且该效应是通过教育回报率这一渠道实现的，因为金融发展提高了教育回报率，而教育回报率较高的城市吸引了大量的人口流入。Ye、Sun 和 Chen（2018）基于中国长江经济带77个城市的面板数据，运用空间计量方法考察了金融集聚对人口城市化和经济城市化的影响。研究发现，长江三角洲具有金融集聚特征，而且金融集聚对人口城市化和经济城市化具有显著的积极影响，进一步研究显示，与西部地区相比，对于东部和中部地区而言，金融集聚对人口城市化和经济城市化的影响相对较大。

3. 金融对收入分配的影响

金融对收入分配的影响十分复杂，其既可能给予贫困人口新的脱贫方式，从而缩小了收入分配差距，也可能通过扩大资源分配差距而加剧收入分配的不平等。多数研究指出，金融发展有助于缩小收入差距。单德朋（2019）利用中国家庭追踪调查（CFPS）2014年度调查数据，运用Probit模型考察了金融素养对贫困脆弱性的影响。研究发现，金融素养对城市贫困减缓具有显著积极影响，而且金融素养对资产贫困和贫困脆弱性的影响要大于对收入贫困的影响；异质性检验结果表明，贫困深度更浅的贫困主体从金融素养提升中获得的相对收益更高，而且基本金融素养比高级金融素养更有助于城市贫困减缓，并受到同伴效应的影响。Su，Song，Ma 和 Tao（2019）运用1978—2017年中国省级数据考察了金融发展对城乡收入差距的影响，研究发现，金融发展有助于缩小城乡收入差距，而且，对华东地区省份而言，这一影响更为显著，进一步研究发现，随着金融发展，城乡收入差距先增后减，这也为库兹涅茨曲线假说提供了来自中国的经验证据。Yu，Zhang 和 Wen（2019）运用1997—2008年中国国家统计局数据对此进行了考察，研究发现，境外投资自由化提高了女性的技能溢价，从而有助于其职场晋升，最终增加了女性收入，改善了其经济地位。

此外，也有少量文献发现，金融发展导致收入差距扩大。刘晓光、刘元春和王健（2019）利用世界银行1981—2015年跨国面板数据以及中国家庭追踪调查数据，就杠杆率对收入分配的影响进行实证分析。研究发现，杠杆率的增加提高了高收入群体的收入份额，降低了其他各收入水平群体的收入份额；进一步的，微观机制分析表明，初始收入较高的家庭更容易获得信贷，并通过加杠杆进行金融投资或创业获取更高的收入增长，从而加剧了收入分配不平等程度。

（二）金融影响经济增长的作用机制：基于资本配置视角

当前中国正处于经济结构转型的关键时期，提升经济社会运行中的资源配置效率对于经济高质量发展具有重要意义。特别地，作为市场经济活动中资源配置的重要手段，金融在企业融资、投资等资本配置过程中发挥了重要作用。基于此，下文基于资本配置视角，分别从企业融资和投资两个角度对既有文献进行梳理，以考察金融对经济发展的内在作用机制。

1. 金融对融资的影响

作为促进经济发展的重要因素，企业融资是学术界关注的热点之一。特别地，我国企业融资难、融资贵等现象十分突出。金融发展有助于缓解企业的融资约束，进而通过改善资本配置效率对经济发展产生影响。因而，一些学者从企业融资视角切入，考察金融发展对经济发展的内在作用机制。钱雪松、唐英伦和方胜（2019）使用中国工业企业数据，以《物权法》出台为标志的担保物权制度改革这一冲击作为研究素材，考察了我国金融法律保障体系完善对微观企业债务融资的影响，研究发现，《物权法》出台后，与固定资产占比较高的企业相比，固定资产占比较低企业的债务成本显著降低，而且与法律制度环境较好地区企业、金融市场化程度较高地区企业、融资约束较弱企业相比，《物权法》出台对法律制度环境较差地区企业、金融市场化程度较低地区企业、融资约束较强企业债务成本的降低作用相对更强。部分学者还从政府融资视角出发，考察了金融对经济发展的内在作用机制。例如，田国强和赵旭霞（2019）构建动态随机一般均衡模型（DSGE）考察了金融体系效率对地方政府债务的动态影响机制，研究发现，金融体系效率下降会推高金融系统自身的融资成本并造成金融资源错配，导致民企融资难、融资贵和地方政府债务高垒；而地方政府债务增加反过来又会加剧金融系统和民营企业的融资困境，使得金融体系效率与地方政府债务形成紧密的循环关联性，从而导致了民营企业融资难、融资贵现象。

此外，李树和于文超（2018）实证考察了村庄金融多样性对农民创业决策的影响，研究发现，金融多样性每增加一个标准差，农民创业概率将提高 0.8 个百分点。而且，金融多样性对农民创业概率的影响具有显著差异：金融多样性能有效促进“雇主”型创业，而对“自雇”型创业无显著影响；非正规金融机构对农民创业的促进作用明显强于正规金融机构；正规金融机构有助于“雇主”型创业，而非正规金融机构有助于“自雇”型创业。因而，在融资过程中，融资方应充分利用上述互补效应，综合采用非正规金融和正规金融两种融资方式。

2. 金融对投资的影响

中国经济增长主要依赖投资驱动。近年来投资增速回落明显制约我国实体经济发展，引致宏观经济增长持续低迷。此背景下，一些学者考察金融发展对投资的影响，以揭示金融影响经济发展的内在作用机制。其一，金融发展对投资效率影响的研究。王晓亮、田昆儒和蒋勇（2019）以 2011—2015 年省级城投债企业为研究对象，考察地方政府投融资平台企业的投资效率问题。研究结果表明，企业所处的金融生态环境越好，该地区实体经济基础越发达、金融发展与政府治理水平越高、法律制度环境越好，平台企业融资成本越低，这有助于缓解融资约束造成的投资不足现象；同时，政府治理、法律制度环境能够抑制平台企业过度投资，法律制度环境与政府治理对提高平台企业投资效率存在替代作用。其二，金融发展对投资增长影响的研究。例如，李晓龙、冉光和郑威（2018）使用1999—2009年中国省级面板数据，采用GMM动态面板方法考察了金融要素扭曲对企业创新投资的影响。研究发现，金融要素扭曲显著抑制了中国高技术企业创新投资的增长，该效应在金融要素扭曲程度越高的地区越明显。进一步研究表明，在地区经济发展水平、产权结构状况、财政收入水平与对外开放程度的不同门槛值区间，金融要素扭曲对高技术企业创新投资的影响程度和方向都存在明显差异。张蕴萍、杨友才和牛欢（2018）在测算山东省17个地市金融效率的基础上，采用空间动态面板杜宾模型考察了金融效率对FDI吸收的影响。研究发现，山东省各市2001—2016年FDI的分布存在空间相关性和路径依赖性，短期内金融效率对FDI的流入在区域内具有抑制作用，但是在区域间产生空间促进效应，且这种效应在长期内得到了加强。

（三）金融影响经济发展的作用机制：基于创新视角

当前，创新已经成为引领我国经济高质量发展的第一动力。考虑到资本等投入要素是影响科技创新的重要因素，金融发展在激励创新行为、缓解融资约束、提升创新效率、分散创新风险等方面都有着不可替代的作用，在此背景上，很多学者从创新角度出发，研究金融对经济发展的内在作用机制。一些研究发现，资本市场、银行信贷市场等金融市场发展有助于促进企业创新，进而提升区域创新绩效。资本市场改革课题组（2019）指出，资本市场可以有效促进企业创新从而推动经济高质量发展。吕铁和王海成（2019）研究发现，在放松银行准入管制的背景下，股份制商业银行进入可以通过缩短银企距离、提高银行业竞争程度等渠道促进企业创新。进一步的，王栋和赵志宏（2019）研究表明，金融科技发展有助于优化区域创新效率，其内在机理在于，金融科技的发展优化了区域金融生态环境，并通过扩大金融发展规模、优化金融结构和效率推动区域创新绩效提升。进一步研究发现，金融科技促进了区域贸易并促使投资开放度提升，进而提升了创新成果转化效率。

同时，也有一些学者从金融周期、企业创新偏好等视角切入，考察了不同条件下金融对创新的差异性影响。苗文龙、钟世和和周潮（2018）研究发现，在金融繁荣阶段，金融市场发展对各行业的技术投入具有显著促进作用，而且，金融市场对高密度创新行业技术投入的推动作用更为显著，银行对低密度稳定行业技术投入的推动作用更为显著；在金融紧缩阶段，金融市场对高密度创新行业技术投入的紧缩效应更为剧烈，银行对低密度稳定行业的技术投资下行起到了缓解作用。徐飞（2019）考察了银行信贷强度对企业创新的影响，研究发现我国银行信贷更偏好前期低创新企业，而且，银行信贷强度增加会增加企业持续低创新频率，抑制企业持续高创新频率，从而加剧低创新企业陷入持续低创新困境；加强银行业竞争、降低四大国有银行寡头垄断等举措能够缓解银行信贷对于企业的创新偏好，从而有助于企业创新。

此外，也有研究指出，金融发展和企业创新的关系并不一定是线性的、正向的。潘敏和袁歌骋（2019）研究发现，金融中介创新发展有利于促进企业技术进步，而当金融中介创新超过某一特定水平后，会抑制企业的技术创新。而且，相较于科学价值较低、风险较小的增量型技术创新和来自企业现有技术改进的技术创新，金融中介创新对激进型技术创新和企业通过吸收外部知识进行的技术创新的非线性影响更明显。

三、经济金融化与普惠金融问题研究

一直以来，经济增长、经济结构、资本配置、生产效率、创新等问题始终是“金融与经济发展”领域关切的重要问题，因此，前文重点从上述视角进行文献梳理。但同时需要指出的是，当前中国经济正在由高速增长阶段向高质量发展阶段转型，在此背景下，中国经济发展和制度环境均面临很多新问题新情况。例如，在经济下行时期，很多实体企业将业务向金融领域拓展，造成实体经济金融化现象；又如，为了缓解企业“融资难融资贵”问题，我国大力发展普惠金融，为企业融资创造了宽松制度环境，从而会对企业投融资决策产生复杂影响。基于此，为了揭示近年来“金融与经济发展”领域关注的热点问题及其相关研究成果，下文进一步从经济金融化、普惠金融视角进行文献梳理。

（一）经济金融化问题研究

近年来，金融化问题正在成为经济金融领域的一个前瞻性研究主题，受到了社会各界的广泛关注。金融化的内涵颇为丰富，目前各界对“金融化”的定义较为宽泛和模糊，一般沿用西方学界的逻辑框架，用金融化来表示金融对经济领域的渗透和主导，大致可以分为宏观和微观两个视角。从宏观视角定义的金融化概念，大体上可以归纳为“金融的发展”“泛金融业的膨胀”或“泛金融业的金融化”，即金融部门在国民经济部门中的相对比例上升（如产出占比、利润占比等）；从微观视角定义的金融化，本质上可以概括为“微观企业的金融化”，即非金融企业的金融投资占比及金融渠道获利占比的不断提升。特别地，非金融企业是实体经济的核心构成，实体企业金融化是经济金融化在微观上的重要体现。近年来，为了深入探寻经济金融化的本质，学者们从微观视角切入考察实体企业金融化动因及影响的研究不断涌现。基于此，本章尝试对2018—2019年的相关文献进行梳理以厘清研究思路。

1. 经济金融化的动机

关于经济金融化的成因，学术界存在蓄水池效应理论、“投资替代”理论和银行存在融资歧视三种主流观点。其一，蓄水池效应（预防和储备）理论。刘贯春、张军和刘媛媛（2018）基于2007—2016年中国非金融类上市公司的半年期数据研究发现，金融资产持有份额与企业杠杆率显著负相关，这表明金融资产持有份额扮演着“蓄水池”角色，企业持有金融资产的目的是进行流动性储备，以防止现金流冲击带来的资金链断裂风险。其二，“投资替代”理论。王国刚（2018）指出，金融活动的收益率与实体经济投资收益率的差距导致更多资源流向了金融部门而非实体经济，在市场利率不变时，资产边际收益率降低将削弱资金流向实体企业的动能。陈彦斌、刘哲希和陈伟泽（2018）研究指出，在经济下行时，生产效率较低的僵尸企业等负债主体过度依赖“借新还旧”的方式来滚动债务，从而导致了实体经济低迷与金融体系活跃的分化格局。特别地，在当前中国经济环境下，房地产投资被认为是一种具有金融属性的虚拟经济活动。彭俞超、黄娴静和沈吉（2018）利用我国 2003—2013 年 283 个城市的面板数据，对房地产投资占比与金融效率的关系进行了实证检验，研究发现房地产繁荣对实体经济投资存在挤出作用，且这种作用在房地产供给过剩的中西部更显著。其三，银行的融资歧视现象。彭俞超和黄志刚（2018）以金融体制为出发点，以 2007—2016 年沪深两市所有 A 股上市公司作为样本，构建两部门内生融资约束模型，研究指出在企业缺少直接融资方式的情况下，模型中银行差别性对待风险异质性企业，经营风险越小的企业能够从银行获得越多的信贷支持，进而将多余的资金投向影子银行体系，造成企业金融化。周彬和谢佳松（2018）以 2000—2014 年沪深两市的所有 A 股上市公司为样本，研究 2008 年之后企业所持金融类资产与实体经济业务之间的关系，研究指出虚拟经济的发展使得影子银行规模高速膨胀，而影子银行的资金具有逐利性强的特征，因此企业更倾向于配置金融资产，这促进了实体企业的金融化，使得经济“脱实向虚”。

此外，也有学者从企业内部特征和宏观经济政策视角切入探讨经济金融化的影响因素。从企业内部特征看，管理者过度自信（闫海洲和陈百助，2018）、高管金融经历（杜勇、谢瑾和陈建英，2019）、机构投资者短视行为（刘伟和曹瑜强，2018）、控股股东股权质押比例（柯艳蓉、李玉敏和吴晓晖，2019）都会显著地促进实体企业金融化，而企业社会责任与企业金融化呈负相关关系，是抑制企业金融化的重要管理工具（刘姝雯、刘建秋、阳旸和杨胜刚，2019）。从宏观经济政策看，彭俞超、韩珣和李建军等（2018）认为，经济政策不确定性上升会抑制实体企业金融化，杨筝、王红建、戴静和许传华（2019）研究发现，放松贷款利率下限管制能够显著抑制非国有企业金融化。

2. 经济金融化的影响

实体企业金融化是一把双刃剑，其对经济发展的影响视企业持有金融资产的动机而定。其一，实体企业金融化会抑制实体经济的发展。盛明泉、汪顺和商玉萍（2018）选取 2007—2015 年我国 A 股上市公司的经验数据，考察实体企业金融化对全要素生产率的影响，结果显示，实体企业金融化通过挤占实体投入以及抑制企业创新降低企业全要素生产率，并且这种负面影响在融资约束更低以及短视性更强的样本企业内更加凸显。周彬和谢佳松（2018）指出，不管是实体部门企业自身的金融化还是整个社会的金融化都显著抑制了实体经济发展，这种抑制在短期主要表现在地方国有企业和民营企业中，而在长期主要表现在民营企业中，且这种效应对于地处发达地区的企业更显著，对制造业的影响最为严重。其二，实体企业金融化会抑制企业创新。肖忠意和林琳（2019）利用 2007—2017 年中国 A 股非金融上市公司的面板数据，在新结构经济学关于资源禀赋结构的理论框架下实证检验了企业金融化对持续性创新的影响。研究发现，企业金融化对非金融上市公司的持续性创新表现具有抑制作用，企业金融化与上市公司长期的持续性创新之间存在不匹配的特点。其三，实体企业金融化会恶化财务绩效，增加经营风险。李建军和韩珣（2019）考察了非金融企业影子银行化对企业经营风险的影响以及作用机制，研究发现非金融企业影子银行化会增加经营风险，在融资约束程度较高、公司治理较差的企业中，企业影子银行化行为对经营风险的正向影响更为显著。其四，实体企业金融化会降低资本结构调整速度。刘贯春、刘媛媛和闵敏（2019）基于 2007—2015 年中国非金融类上市公司半年期数据，系统考察了经济金融化对资本结构调整速度及其偏离度的影响。研究表明，伴随着经济金融化格局的逐渐形成，企业对金融渠道获利的依赖使得其缺乏主动降杠杆率的动机，而固定资产投资下降导致其抵押担保能力不足，实体企业金融化会加剧实际资本结构偏离目标值的程度并降低调整速度。其五，实体企业金融化会引起系统性金融风险。彭俞超、倪骁然和沈吉（2018）基于2007—2016年沪深两市A股非金融上市公司的财务数据，从企业金融投资如何影响股价崩盘风险的视角，实证检验了上市公司金融化对金融市场稳定的影响，研究发现，企业金融化显著提升了下一期的股价崩盘风险。平均而言，企业金融投资每增加一个标准差，未来一期的股价崩盘风险增加5.5%个标准差。

当然，经济金融化也有积极影响，刘贯春、张军和刘媛媛（2018）认为适当的金融化将有利于经济的发展，当企业内部资金短缺时，变卖短期金融资产能为企业提供资金以满足实体经营的需要，并缓解对外部融资的依赖。戚聿东和张任之（2018）指出企业管理者也有可能出于战略规划的目的，在企业融资约束较低时，将富余资金配置到短期金融资产中，利用短期金融资产的高收益性和交易的灵活性来支持企业扩大资本性投资，促进企业的长远发展，此时，企业金融化不仅不会挤出资本性投资，反而会促进资本性投资。

（二）普惠金融问题研究

根据世界银行的定义，普惠金融（inclusive finance）是指能够广泛获得金融服务且没有价格、非价格方面的障碍，能够为社会所有阶层和群体提供合理、便捷、安全的金融服务的一种金融体系。近十年来，世界银行、国际货币基金组织、普惠金融联盟以及全球普惠金融合作组织等国际机构在全球范围内大力推广普惠金融实践，中国也积极参与其中。2014年以来，“普惠金融”这一关键词连续六年出现在政府工作报告之中，同时被写入“十三五”规划。2015年12月，国务院印发了我国首个发展普惠金融的国家级战略规划——《推进普惠金融发展规划（2016—2020年）》，提出了发展普惠金融的一系列政策措施和保障手段，将我国普惠金融推向了新的发展阶段。近年来，随着我国普惠金融的持续推进和完善，如何测度我国普惠金融发展水平，普惠金融的经济效应和作用机理等问题受到广泛关注。基于此，我们对2018—2019年相关研究进行了细致梳理。

1. 普惠金融的发展现状和测度

随着普惠金融在全球范围内的推广和发展，普惠金融相关数据的可得性不断提高。2009年国际货币基金组织发起了全球金融可得性调查；2011年世界银行成立了全球普惠金融指数库；2016年北京大学数字金融研究中心和蚂蚁金服集团组成联合课题组，开始发布中国数字普惠金融发展指数。这些数据为普惠金融相关研究提供了数据支持，也为合理评估中国普惠金融发展水平提供了参照。尹志超、彭嫦燕和里昂安吉拉（2019）使用2017年中国家庭普惠金融调查（CHFIS）数据构建全面的普惠金融指标体系，从微观家庭视角展示了中国家庭普惠金融发展的总体状况及其在不同群体间的差异。测度结果显示，2017年中国家庭普惠金融发展总体处于中上等水平，领先于大部分金砖国家，但是和欧美发达国家相比还存在较大差距。农户、贫困家庭、低收入家庭、年老家庭尤其是夹心层家庭，享受到的普惠金融水平明显较低（齐红倩和李志创，2019）。进一步地，沈丽、张好圆和李文君（2019）、王修华和赵亚雄（2019）使用我国省际面板数据构建金融包容指数，考察普惠金融的区域差异及动态演进趋势，结果显示，中国普惠金融的发展存在明显的区域差异和俱乐部收敛特征，与东中部相比，西部地区发展速度较快，呈上升趋势；东部地区多极分化现象明显，中部和西部地区多极分化逐渐消失。

2. 普惠金融对家庭消费和收入分配的影响研究

普惠金融的宗旨是为社会所有阶层提供价格合理、需求匹配的金融服务，将被排斥在外的低收入居民、家庭和小微企业等“长尾”群体重新纳入金融服务对象。由此可见，中低收入家庭是普惠金融的重点服务对象。近年来，随着家庭微观数据的不断丰富，许多学者从家庭视角出发，实证考察了家庭在多大程度上享受了普惠金融服务以及其如何影响家庭的福利水平。一方面，普惠金融的发展显著提高了中低收入家庭的消费水平。易行健和周利（2018）运用中国数字普惠金融发展指数和中国家庭追踪调查数据进行的实证研究的结果显示，数字普惠金融的发展通过缓解流动性约束和便利居民支付两种机制显著促进了居民消费，并且这一促进效应在农村地区、中西部地区以及中低收入阶层家庭更为明显。当户主的受教育程度越高、认知能力越强时，促进效应越明显（傅秋子和黄益平，2018）。另一方面，普惠金融的发展有助于提高中低收入家庭的收入，促进收入分配的公平性。范香梅、刘斌和邹克（2018）研究指出，普惠金融既能直接提高低收入人群的收入水平，也能间接通过促进城镇和农村家庭的创业缩小城乡收入差距和居民贫富差距。谢绚丽、沈艳、张皓星和郭峰（2018）、张勋、万广华、张佳佳和何宗樾（2019）运用中国数字普惠金融指数和中国家庭追踪调查数据进行的实证研究表明，数字金融有助于提升农村低收入家庭和低社会资本家庭的创业概率（何婧和李庆海，2019），进而帮助改善农村内部的收入分配状况。

3. 普惠金融对包容性增长的影响研究

普惠金融发展强调的是在促进经济增长的同时能够有效缓解贫困，进而实现包容性经济增长。基于此，学者们对普惠金融发展的减贫效应进行了深入探讨。李建军和韩珣（2019）从县域层面和省际层面出发的研究表明，相比传统金融机构，信息化普惠金融能够有效消除金融排斥和金融抑制租金，在不损失优质客户资源的情况下，对弱势群体实现包容，降低贫困发生率，从而推进包容性金融的发展，实现效率和公平的双重目标。特别地，良好的制度环境可以有效约束金融资本扭曲配置行为，纠正普惠金融对贫困减缓的负面效应。进一步的，运用微观数据的实证研究指出，通过提高金融产品和服务的可得性，普惠金融能有效改善农村居民的贫困状况，从而实现包容性增长。具体地，普惠金融不仅能通过提高农村家庭风险应对水平降低其贫困脆弱性（张栋浩和尹志超，2018），而且还能有效提高劳动年龄人口的收入水平，进而改善农村劳动年龄人口的多维贫困状况（杨艳琳和付晨玉，2019）。

四、研究展望

近年来，随着中国经济高质量转型，金融领域出现了一些新的经济现象和特征，进而在金融与经济发展相关研究中涌现出一些新的研究课题。其中，金融供给侧结构性改革和数字金融成为近几年乃至未来一段时间内金融领域关注的热点，这无疑会对中国金融体系运行以及中国经济高质量转型产生重要影响，并成为金融与经济发展研究的新兴领域和重要方向。具体如下所述。

其一，金融供给侧结构性改革问题研究。现阶段，实体经济和金融系统积累的结构性矛盾导致金融系统性风险隐患日显，主要表现为宏观杠杆率居高不下、地方政府隐形债务迅速攀升、影子银行缺乏监管导致金融资金系统内循环和空转、实体经济结构性改革导致跨行业和跨地域经济金融风险传染概率增大等问题。在深刻把握国内外金融形势以及金融本质的基础上，为了平衡好稳增长和防风险的关系，必须坚决打好防范化解包括金融风险在内的重大风险攻坚战。2019 年 2 月 22 日，习近平总书记在主持中共中央政治局第十三次集体学习时指出，要深化金融供给侧结构性改革，精准有效处置重点领域风险。在此背景下，金融供给侧结构性改革成为最近金融与经济发展相关研究的重要问题，目前已有研究只是在大方向上初步论证了金融供给侧结构性改革的内涵界定、改革任务等问题（黄涛和李浩民，2019；郑联盛，2019），尚未就金融供给侧结构性改革的理论基础、作用机制等内在问题深入考察，也缺乏对于金融供给侧结构性改革的定量刻画。一方面，金融供给侧结构性改革是供给侧结构性改革主线向金融领域的延伸。厘清金融供给侧结构性改革要义，须从供给侧结构性改革逻辑中寻找答案，因此学者可以从供给侧结构性改革的经济逻辑中寻找金融供给侧结构性改革的理论基础，探究金融结构的形成机理和影响因素，为解决金融结构性改革问题提供思路。另一方面，随着金融供给侧结构性改革的日益深化，已有从定性角度考察金融供给侧结构性改革问题的研究难以揭示金融供给侧结构性改革的实际情况，因此学者需要发展有关定量研究，借助量化指标与比较分析两类工具对金融供给侧结构性改革展开更精确和更深入的描述和探讨。

其二，数字金融问题研究。数字金融泛指传统金融机构与互联网公司利用数字技术实现融资、支付、投资和其他新型金融业务模式。中国数字金融的起始点可以从 2004 年支付宝账户体系上线算起，短短十几年过去，中国数字金融得到了长足发展。作为金融体系的新生事物，数字金融通过降低金融可得性门槛，无疑会给经济社会运行带来重要变革。既有研究主要从创业、减贫、创新、风险等视角切入考察数字金融的经济社会影响（谢绚丽、沈艳、张皓星和郭峰，2018；何婧和李庆海，2019；张勋、万广华、张佳佳和何宗樾，2019；李苍舒和沈艳，2019 等）。但由于发展迅速，相关数据难以获得，数字金融领域还有很多问题没有得到解答。例如，数字经济时代背景下，大数据分析如何有效地帮助建立新的征信体系并帮助金融结构进行风险评估？第三方支付的技术风险和金融风险是什么？网络贷款平台如何在坚持信息中介定位的前提下支持投资者的风险决策？与传统金融相比，数字普惠金融的风险有哪些特征？它对监管提出了什么新的要求？不同模式的数字普惠金融怎样支持实体经济的发展？通过学术研究对上述问题进行回答，将有助于理解数字普惠金融的运行机制，为业界和监管提出合理可行的建议。

最后需要指出的是，2020 年爆发的新型冠状病毒肺炎疫情对世界经济产生了深远影响。新冠疫情不仅对旅游业、航空业等实体经济产生了巨大负面影响，深刻地改变了消费者、企业等经济主体的行为，还对价值链、供应链的稳定和空间布局产生了深远影响。此背景下，新冠疫情对金融活动和风险施加了什么作用？如何有效防控金融风险？为了应对新冠疫情对实体经济的影响，如何制定和实施金融政策？这些问题将深刻影响未来金融体系运行和经济社会发展，并将成为未来金融与经济发展相关研究的重要领域和方向。

第二节　重要论文①

1. 陈诗一，刘朝良，冯博．资本配置效率、城市规模分布与福利分析［J］．经济研究，2019（2）：133-147.

研究背景：资本作为推动经济增长的重要因素之一，尤其是在依靠投资拉动经济的中国，在地区与城市发展中起着至关重要的作用。在运行有效率的资本市场上，不同城市取得资本的成本应该是相同的。但是，因为制度或者其他原因，资本的流动存在一定的障碍，资本成本在不同地区之间存在差异。这种资本配置扭曲对城市体系发展和社会福利会产生怎样的影响，这一问题亟待考察。

基本结论：文章先建立模型来分析资本配置对城市经济的影响，然后用工业企业数据估计出城市间资本配置情况，最后通过反事实分析量化资本配置效率低下对城市规模与社会福利的影响。研究表明：资本配置扭曲是中国大中城市偏少、小城市数目过多的重要原因，消除资本配置扭曲会使得社会福利提高38%，并伴随着50%的人口重新配置。另外，资本扭曲会带来劳动力配置的扭曲，这种扭曲加剧了当前中国居民的福利损失。

主要贡献：首先，文章基于空间一般均衡理论提供了一个框架来量化分析资本配置扭曲对城市规模与社会整体福利的影响，研究发现了如下重要机制：资本扭曲会带来劳动力配置的扭曲，这种双重扭曲加剧了当前中国居民的福利损失。其次，地区导向政策在中国的地区发展过程中起着重要作用，但是之前大量的研究仅仅局限于地区导向政策（如开发区政策）对地方经济的局部影响，文章的一般均衡研究在一定程度上弥补了这种空白。

现实意义：第一，深化金融体制改革，加快金融体系的市场化进程，降低资本在地区间的流动障碍，改善资本配置效率，优化城市体系发展。第二，政府实施地区发展导向的政策时，不能仅仅从该政策的地区局部效应考虑，应该目光放远，关注相关政策的一般均衡效果，以促进整个经济体运行效率的提升。第三，即使出于区域平衡发展的考量，在目前资本配置效率不变的情况下，部分城市治理效率较低也是造成我国居民福利损失的重要因素，所以需要积极促进地方政府拥挤治理效率的提高，以降低因此产生的额外损失。

2. 李苍舒，沈艳．数字经济时代下新金融业态风险的识别、测度及防控［J］．管理世界，2019，35（12）：53-69.

研究背景：近年来，中国数字经济发展迅速，规模已居全球第二位。产业数字化为我国经济发展带来新动力的同时也带来我国经济活动和经济环境的新风险。一方面，我国金融科技已经走在世界前列，众筹、数字货币、第三方支付等数字金融模式的出现与壮大，将推动经济转型升级与金融体系升级换代、促进数字普惠金融和经济可持续发展。另一方面，由于数字金融基础设施不足、民众缺乏风险自担意识、企业风控能力不够、监管滞后等原因，近年来金融科技行业风险事件频发，新金融业态也带来新的风险隐患。一旦相关风险得不到妥善处置和化解，就可能向正规金融体系蔓延，增加防范系统性金融风险的难度。因此，在数字经济时代，新金融业态风险的识别、测度和防控值得进一步深究。

① 所选论文按照第一作者姓氏拼音首字母排序。

基本结论：文章以网络借贷为切入点从规模、所有制、资金净流入 3 个角度来刻画新金融业态的风险特征，采用 VAR、CoVAR、格兰杰因果检验等方法来识别并测度新业态风险与系统性金融风险、经济金融不确定性及舆情的关系。研究发现，（1）出险平台的人均借款和人均投资都更小，出险前网贷平台普遍面临较大的资金流压力。（2）规模较大、利率异常的平台出险会大大提高整个网贷系统的风险。（3）网贷行业出险对银行业系统性金融风险、金融不确定性存在溢出效应。（4）舆情和经济不确定性不是网贷平台是否出险的决定因素。

主要贡献：（1）通过梳理我国网络借贷的发展历程以及我国新金融的主要业态与风险类型，说明我国网络借贷行业主体从事信用中介相关业务，而不是金融信息中介相关业务的现状。（2）在刻画新金融业态经营模式时，考虑诚信经营与庞氏骗局同时存在的模式，在此基础上总结出新金融业态的出险条件并做实证分析，这些分析为穿透式监管的预警模型提供了评估抓手。（3）从多维度测度新金融业态中的网络借贷风险，并发现规模大、利率存在异常的平台如果出现风险更容易有溢出效应；从守住不发生金融风险底线的角度看，网贷风险的出现有可能加大正规金融体系风险与经济金融不确定性。

现实意义：文章提出了建立金融科技监管沙盒制度、明确准入机制、大力发展监管科技并实行穿透式监管、加强对风险预警、测度和缓释机制的建设等建议，对推进新金融业态的稳步发展具有现实意义。

3. 李建军，韩珣．非金融企业影子银行化与经营风险［J］. 经济研究，2019，54（8）：21-35.

研究背景：近年来越来越多的非金融企业通过直接充当“实质性信用中介”或“间接参与影子信贷市场”的方式开展影子银行业务。但是，从微观层面对非金融企业影子银行化对经营风险的影响的研究还比较少。在此背景下，非金融企业的影子银行化行为对经营风险有何影响？进一步地，经营风险通过何种机制在企业部门之间、企业与金融部门之间进行传导？这些问题还有待进一步研究。

基本结论：文章利用 2004—2015 年沪深两市 A 股上市公司的数据，考察了非金融企业影子银行化对经营风险的影响。研究表明：（1）非金融企业影子银行化会增加经营风险，在融资约束程度较高、公司治理较差的企业中，企业影子银行化行为对经营风险的正向影响更为显著。（2）当企业通过委托贷款或民间借贷方式向资金需求方融出资金时，借款方的还款风险会降低贷款企业的偿债能力进而增加企业的经营风险。（3）当企业部门通过购买金融产品间接参与到影子信贷信用链条中时，金融体系的波动将通过“系统性风险联动机制”增加企业预期收益的波动性，从而加剧经营风险。

主要贡献：（1）根据非金融企业是否直接作用信用创造的主体，文章将其划分为两种不同业务模式，并从微观视角提出了两种业务模式下影子银行规模的测算方法。（2）从理论和经验层面剖析了非金融企业影子银行化对经营风险的影响，并且分析了在不同业务模式下，非金融企业影子银行化对经营风险的传导机制。

现实意义：文章识别了非金融企业的影子银行业务机制、测算了影子银行业务规模、厘清了不同业务模式下的风险传染机制，并且度量了系统性风险，对于维持金融市场和实体经济的平稳发展具有借鉴意义。

4. 李力行，申广军．金融发展与城市规模——理论和来自中国城市的证据［J］．经济学（季刊），2019，18（3）：855-876.

研究背景："城镇化建设"已经和新型工业化、信息化、农业现代化一起，成为未来中国发展的方向。扩大城市规模，进而提高集聚能力，应当是"新型城镇化建设"的主要内容之一。从理论和实证方面研究金融发展对城市规模的促进作用，估计该作用的大小，并识别作用机制，对讨论新型城镇化进程中如何继续提高城市集聚能力、扩大城市规模的现实问题，具有重要的借鉴意义。

基本结论：文章首次通过"资本技能互补"这一假设将金融发展与城市规模联系在一起。理论分析表明，金融发展程度较高的城市，由于企业更容易使用资本生产，"资本技能互补"意味着技能劳动的生产率提高幅度更大。这在短期内提高了技能溢价，长期内则吸引人口（尤其是技能人口）的流入，扩大了城市规模。在实证研究部分，文章发现金融发展确实有益于城市规模的扩大，并且这是通过教育回报率这一渠道实现的。

主要贡献：（1）文章指出了提高城市规模的一个有效途径，即促进金融发展。金融发展使得企业更易于得到生产资金，这一方面缓解了它们的融资约束，另一方面提高了劳动的边际产出。（2）文章指出了金融发展能够促进经济增长的另一个渠道：金融发展提高城市规模，增强城市集聚能力，使得规模经济效应得以充分发挥。（3）文章指出教育回报率存在地区差异，并将其归因为金融发展程度的差异。这加深了对不同的要素市场之间相互作用的理解，并为理解劳动力流转的结构性差异贡献了新的思路。

现实意义：文章考察了金融发展促进城市规模增长的作用，并分析了其通过提高教育回报从而促进高端人才集聚这一作用机制。金融发展有利于企业升级产业结构、采用新型生产技术，而且资本深化的过程也伴随着劳动需求的扩张，尤其是技能工人源源不断地流入。在下一步新型城镇化的进程中，金融发展将是大中型城市进一步集聚人气、保持城市规模增长的重要手段。

5. 钱雪松，徐建利，杜立．中国委托贷款弥补了正规信贷不足吗？［J］．金融研究，2018（5）：82-100.

研究背景：近年来，以委托贷款为重要组成部分的影子银行发展受到政府和实业界的广泛关注。然而由于影子银行微观数据难以获得，国内研究大多是从宏观层面切入研究影子银行对金融体系的影响，对于委托贷款等影子银行资金流向何处、发挥什么作用、具有怎样的风险等问题还有待进一步研究。

基本结论：文章利用2007—2015年委托贷款交易数据，从正规信贷周期视角切入实证考察我国影子银行运作问题。结果表明：（1）委托贷款这一影子银行机制呈现出鲜明的逆信贷周期特点，当正规信贷收缩时，企业发放委托贷款的概率和规模都显著增加。（2）委托贷款这一影子银行机制是对正规信贷不足的市场反应，正规信贷紧缩促使委托贷款流向融资约束较大地区和企业的同时也提高了影子银行风险。

主要贡献：由于影子银行微观数据难以获得，现有影子银行相关文献主要是基于理论模型的定性研究，实证研究较为缺乏。文章运用手工搜集的委托贷款这一独特数据，从信贷周期视角实证考察我国影子银行机制并探究其风险含义，增进了对中国影子银行运作机理及其风险的认识和理解。

现实意义：(1) 在我国资本市场不完善背景下，我们不仅需要关注委托贷款等影子银行机制对正规金融不足的补充作用，还要认识到其可能存在的风险问题。在推进金融市场化改革的同时，要积极引导委托贷款等影子银行机制合规发展，并加强对其风险的监测和防控。(2) 在影子银行快速增长背景下，为了增加货币政策有效性，货币当局应该在制定和实施货币政策过程中更加重视委托贷款等影子银行机制的作用和影响。

6. 田国强，赵旭霞．金融体系效率与地方政府债务的联动影响——民企融资难融资贵的一个双重分析视角［J］．经济研究，2019，54（8）：4-20.

研究背景：当前中国经济中的民企融资和地方政府债务问题，并不是单纯靠政策刺激就可以应对的周期性短期问题，而是与金融体系效率低下和财政体系不完善密切相关的深层次结构性中长期问题。可见，致使民企融资困境和地方政政府债务高企的金融和财政体系的结构性问题，已成为阻碍我国经济实现平衡充分良性发展的主要根源。因此，探究民营企业融资难、融资贵与地方政府债务问题之间的动态联动机制，需要同时考虑金融体系效率与财政制度的影响。

基本结论：金融体系效率下降会推高金融系统自身的融资成本并造成金融资源错配，导致民企融资难融资贵和地方政府债务高企；而地方政府债务增加，反过来又会加剧金融系统和民营企业的融资困境，从而金融体系效率与地方政府债务形成紧密的循环关联性，并且两者交织的合力导致民企融资难融资贵。反事实分析显示，对于金融运行低效率导致的经济下行，单纯依靠“债务驱动”发展的治理模式是不可行的。福利分析表明，金融体系效率下降会造成整个经济体福利水平下降。

主要贡献：第一，通过在 DSGE 模型中嵌入岛屿结构，从而将银行和企业异质性引入模型。这不仅可以将金融体系内部运作机制纳入模型之中，弥补了已有文献把金融体系当作“黑箱”处理的不足，而且可以刻画大型银行与中小银行的金融配置效率差异，使得研究结论更好地拟合中国经济事实。第二，已有研究集中于“就金融论金融”和“就财政论财政”的局部均衡分析范式，缺乏对不同部门经济问题之间的联动机制分析。文章基于中国金融体系效率和财政制度双重视角，考察民企融资难融资贵与地方政府债务的联动机制，为统筹解决当前的民企融资和地方政府债务问题提供了新思路和新方法。

现实意义：文章认为应加强金融与财政协同改革，破除问题背后的制度性根源，以市场化为导向提升金融运行效率和金融配置效率，并进一步推进优化地方政府官员考核晋升体系等一系列综合深层次制度性改革，这是打破民企融资难融资贵与地方政府债务高企关联困境的关键所在。

7. 杨子荣，张鹏杨．金融结构、产业结构与经济增长——基于新结构金融学视角的实证检验［J］．经济学（季刊），2018，17（2）：847-872.

研究背景：传统的金融发展理论都是以发达国家为参照系，来看发展中国家缺什么或发展中国家做得不好的地方，并以此作为改造发展中国家的依据。但是，事实证明，按照传统金融发展理论进行金融改革的经济体，皆以失败而告终。文章从新结构经济学的视角论证，这一理论指导的实践之所以失败，是因为它们没有意识到金融的本质应当是服务于实体经济，如果金融结构背离了经济发展阶段和产业结构而过度赶超，必然会反过来抑制经济绩效。

基本结论：(1) 金融结构只有与产业结构相适应时，才能够促进产业增长。当产业结构以低风险产业为主时，银行导向型的金融结构更有利于产业增长；而当产业结构以高风险产业为主时，市场导向型的金融结构则是更优选择。(2) 金融结构只有与特定发展阶段的要素禀赋结构及其内生决定的产业结构相适应时，才能够促进经济增长。

主要贡献：(1) 文章基于新结构金融学视角，为不同地区和同一地区不同发展阶段的金融结构的巨大差异提供了新的解释，为探究金融结构与经济发展之间的内在联系奠定了理论基础。(2) 文章利用面板门限模型，内生地识别出不同的经济发展阶段和产业结构条件下，金融结构安排对经济绩效的影响，为各地区因时因地制定金融发展战略和金融结构安排提供了经验支持。

现实意义：(1) 就整体而言，在样本期内，银行是更符合中国实体经济需求的融资渠道，不应在金融市场的发达程度上盲目赶超。(2) 中国是一个区域发展很不平衡的大国，处于不同经济发展阶段的区域应基于其要素禀赋与结构以及产业结构安排其金融结构。(3) 注意产业结构与特定发展阶段的要素禀赋及其结构相适应，是发挥金融体系资源配置与风险分散等功能的基础。(4) 金融机构是金融结构的组成部分，因此，加强金融机构管理，使得金融机构能够有效发挥其效用是讨论金融结构最优化的前提。

8. 张成思．金融化的逻辑与反思［J］．经济研究，2019，54（11）：4-20.

研究背景：新古典经济学、政治经济学和现代金融学等各流派对金融化逻辑的意见分歧很大，并展开了激烈而又长久的论战，导致各界对金融化的概念、属性、驱动因素及其逻辑内涵等重要问题的理解不但没有更清晰，反而日益模糊，这给决策层的现实判断也带来了极大困扰。

基本结论：文章基于宏观、微观、中观三个层次阐释金融化的逻辑，指出宏观金融发展说和微观金融市场说推动了泛金融业的金融化，并且影响了微观企业的经营理念，再加之实践中企业趋利避险，从而驱动了微观企业的金融化；而宏微观层次的金融化也微妙地催生了中观层次的商品金融化。

主要贡献：研究表明，三个层次的金融化本质上都反映了资本的逐利天性，并从深层次反映出经济体对多元化金融体系日益增长的需求。虽然过度金融化会带来负面冲击，增加经济的脆弱性，甚至可能引发危机，但负面冲击是随机冲击而不是系统性冲击，所以不能简单地将其等同于“矛盾的累积”甚至是“发展的陷阱”。

现实意义：正确认识和理解金融化的深层次逻辑并包容资本的逐利天性，合理运用金融化理念可以推进多元化和市场化金融体系发展，进而实现“好的金融”服务于实体经济和国计民生的目标。

9. 郑江淮，宋建，张玉昌，郑玉，姜青克．中国经济增长新旧动能转换的进展评估［J］．中国工业经济，2018（6）：24-42.

研究背景：中国经济增长进入了增速换挡、结构调整与“新旧动能”转换时期，从高速增长转向高质量发展需要增长动能呈现出新的变化。作为经济增长动能的综合指标——全要素生产率（TFP）水平 2008 年以来几乎停滞。这意味着，高投入、高消耗、高排放、低效率和低回报的增长方式是不可持续的，亟待促进 TFP 上升的“新动能”出现。

基本结论：文章从需求侧、供给侧及结构转换视角，探寻了中国经济发展的动力来源，构建了与全要素生产率变化同源的中国经济增长动能指数。根据党的十九大报告关于新旧动能转换的论述，揭示了现阶段“新动能”的特征。结果发现：（1）中国经济全要素生产率增速持续下降至2015年历史低谷时，经济增长动能指数在累积中已出现回升，但仍处于原有前沿下规模效率增长阶段；（2）“新动能”指数已于2013年超越“常规动能”指数；（3）供给侧动能2008年前后呈现持续上升趋势，但增长明显不足的需求动能与2011年进入停滞的结构转换动能，限制了供给侧动能的作用，并导致部分就业“迷失”；（4）开放型发展动能在持续上升，对TFP增长率下降起到了逆向调节的作用，但是出口产品空间上创新与升级动能由升转降；（5）创新动能、直接融资动能和金融发展效率动能处于低水平，有金融资源禀赋优势的上市公司增长动能趋缓；（6）持续上升的增长动能已转到要素、企业、居民等微观主体动能上。

主要贡献：文章基于柯布-道格拉斯生产函数，将TFP及其增长率分解成与要素生产率、要素密集度、要素在产业间再配置、要素结构以及内外需求增长相关的构成部分，以此作为经济增长动能指标来源，形成需求侧、供给侧和结构转换三类动能指标，构建出近似地替代TFP的动能指数。在此基础上，根据党的十九大报告对“新动能”的描述，区分出“新动能”和“常规动能”指数，揭示中国经济增长动能所处阶段、变化特征，在新时代为中国经济发展提供阶段性政策指导以及决策依据。

现实意义：经济增长的动能指数揭示了中国经济增长的动能在结构上已经转换到要素、企业、居民等微观主体动能上，要顺应资源再配置动能变化趋势和要求，切实遵循市场规律，让市场在资源配置中发挥基础性作用，激发居民消费升级、要素替代与企业创新的动能，深化开放型动能，面向出口产品空间中高技术复杂度产品领域的开放、技术及知识创新与扩散，应成为中国经济高质量发展阶段的政策重点。

10. 张勋，万广华，张佳佳，何宗樾．数字经济、普惠金融与包容性增长［J］．经济研究，2019，54（8）：71-86.

研究背景：人类正在经历以互联网为基础的第三次技术革命，从经济学的角度看，此次技术革命的影响可以归结到效率或增长和公平或收入分配两方面。中国尤其得益于互联网革命，其所带来的信息或数据的创造和共享，使得中国实现了数字经济和数字金融的快速发展，从而改善金融的可得性和普惠性，进而促进包容性增长。考虑到中国当前经济下行的压力，收入不均等状况并不乐观，系统、客观地探讨数字金融对包容性增长的影响尤为重要。

基本结论：文章首次将中国数字普惠金融指数和中国家庭追踪调查数据相结合，评估以互联网革命所推动的数字金融发展对包容性增长的影响。首先，基于分样本的实证分析发现，中国的数字金融不但在落后地区的发展速度更快，而且显著地提升了家庭收入，尤其是对农村低收入群体而言。数字金融的发展有利于缩小区域和城乡差别，促进中国的包容性增长。其次，就传导机制而言，数字金融的发展帮助改善了农村居民的创业行为，并带来了创业机会的均等化。最后，通过对物质资本、人力资本和社会资本的异质性分析，发现数字金融的发展特别有助于促进低物质资本或低社会资本的家庭的创业行为，从而促进了中国的包容性增长。

主要贡献：(1) 文章构建了实证框架并首次利用由北京大学数字金融研究中心和蚂蚁金服集团共同编制的中国数字普惠金融指数，研究数字经济和数字金融发展与包容性增长的关系。(2) 将中国数字普惠金融指数与中国家庭追踪调查数据相结合，从微观层面考察数字金融对居民收入和居民创业的影响，扩展数字金融经济效应的微观机制探讨。(3) 进一步地，挖掘数字金融如何通过物质资本、人力资本和社会资本的异质性影响居民的创业行为，丰富了关于创业决定因素的文献。

现实意义：(1) 证实了互联网革命下数字金融的包容效应。数字金融服务对急需提高收入的农村居民具有重要作用，因此需要继续推进数字金融的发展，强化其在创业、增收和改善收入分配上的作用。(2) 在推进数字金融发展的同时，要注重农村居民人力资本水平的提升，使得农村居民更好地享有数字金融所带来的普惠性。(3) 在具体推进数字金融发展，尤其是为创业家庭提供借贷服务时，也需要强化甄别机制，确保有限信贷资源的优化配置。

第三节　重要著作①

1. 贝多广 . 中国普惠金融发展报告 2018：攻坚“最后一公里” [M]. 北京：中国金融出版社，2018.

研究背景：普惠金融是指以可负担的成本为有金融服务需求的社会各阶层和群体提供适当、有效的金融服务，小微企业、农民、城镇低收入人群等弱势群体是其重点服务对象。当前，国际社会发展普惠金融虽已取得一定成绩，但仍有许多人群无法享受到最基础的金融服务，存在诸多不足。

2013 年 11 月 12 日，党的十八届三中全会通过《中共中央关于全面深化改革若干重大问题的决定》，正式提出要“发展普惠金融，鼓励金融创新和发展，丰富金融市场层次和产品”，自此，“普惠金融”第一次被正式写入党的决议之中，并作为全面深化改革的内容之一。为大力发展普惠金融，中国人民银行陆续推行了诸多普惠金融政策。

为推动我国普惠金融发展，中国普惠金融研究院自 2015 年以来，每一年均会出版一本年度中国普惠金融发展报告，每年的报告都会推出一个主题，2015 年的主题为“好金融、好社会”，2016 年的主题为“普惠金融国家发展战略”，2017 年的主题为“普惠金融与能力建设”。由于 2018 年全球普惠金融面临的最大难题就是所谓金融服务的“最后一公里”；并且，我国此时正在实施扶贫攻坚战略，普惠金融的“最后一公里”与扶贫攻坚的“最后一公里”有相当程度的契合。因此，2018 年中国普惠金融发展报告的主题为攻坚“最后一公里”，“最后一公里”问题即金融服务难以突破最后一段距离而触达边缘群体的现象，反映了在现有金融体系条件下，最边缘客户获得金融服务的难度远远超过其他客户的现象。基于“最后一公里”问题的背景，本书聚焦于金融服务机构与金融科技等在解决“最后一公里”问题中的探索与实践，并且总结了现有成果与对相关问题的思考，从而提出解决“最后一公里”问题的相关政策建议，实现“最后一公里”变为“第一公

① 所选著作按照第一作者姓氏拼音首字母排序。

里”的目标。

内容提要：“最后一公里”问题是普惠金融面临的一项全球性难题。它的难点有物理距离上的原因，但远不止于此。本书对此进行了比较深入的研究，发现至少可以从四个方面来剖析“最后一公里”的内涵。首先，容易理解的是，从物理位置上直观地表现为金融服务商与“最后一公里”客户之间的距离。其次，从成本角度看，为了服务客户，金融服务商需要付出相对较高的交通成本和时间成本，即便存在固定或临时服务网点，金融服务商提供服务的方式效率相对较低，难以保持商业可持续。再次，从供应方金融能力来看，金融服务商服务“最后一公里”客户多是产品导向，如此提供的产品往往难以适应客户的生产生活需求。最后，从需求方金融能力来看，客户使用金融服务的经验相对较少，金融素养和技能不足，金融态度和行为更容易与其金融利益相悖。由此可见，“最后一公里”只是一个形象的比喻，用比较学术的语言来表述，实际上就是金融服务的“缺口”。

关于解决“最后一公里”问题，作者在书中归纳了直营模式、代理模式、互助模式、数字模式和供应链金融模式五种模式以及诸多国际上的经验案例，并指出任何一种单一模式似乎都无法从根本上解决“最后一公里”问题。为解决普惠金融的“最后一公里”问题，需要思想认识上的头脑风暴，即回归初心、服务实体，真正把“最后一公里”客户当作服务本体，也就是“第一公里”的思维，从产品导向转变为客户导向，以客户为中心，由此出发来寻找解决久悬难题的答案。另外，作者还在书中提出“金融聚合器”的概念用以解决“最后一公里”问题。金融聚合器是金融服务提供商与其客户之间的“桥梁”，通过降低任意一方或双方的交易成本或风险，作为中介在大型金融服务供应商和目标客户之间提供服务，具有一定商业目标和公众协调力，金融聚合器可以是科技公司或代理商，甚至是本地商家、经纪人、社区机构等。金融聚合器有三种常见的模式，包括解决“最后一公里”问题的聚合器模式、风险共担的聚合器模式和基于就业保障的聚合器模式。目前，金融服务的“最后一公里”问题，往往出现在农村地区。因此，在农村金融中，聚合器在现阶段有其存在的必要性。由于中国农村社会、经济、文化、人群的发展能力与城市差别非常大，农村金融服务与城市金融服务有很大的不同，很多金融服务必须通过连接供给、需求双方的聚合器来完成。一方面，聚合器赋能于金融服务商，帮助其将服务能力传导到农村居民；另一方面，聚合器也赋能于农村居民，使其在与金融服务商的沟通中获取更多、更好的金融服务。比较典型的农村金融聚合器的类型包含村级金融服务站、农村地区的金融服务代理商、农村合作组织、农村基层组织、农业龙头企业、农村平台企业与金融监管机构搭建的平台等。

基本结构：全书共分五部分，具体如下：（1）绪论：攻坚金融服务的“最后一公里”；（2）跨越“最后一公里”的桥梁；（3）面向“中小微弱”的金融服务；（4）穿越“最后一公里”的环境条件；（5）决胜“最后一公里”的社会效果。

主要贡献及现实意义：本书介绍了在解决普惠金融“最后一公里”问题过程中的中国实践、存在的问题与不足、金融科技在普惠金融中的作用以及解决普惠金融“最后一公里”问题的政策建议，有助于推动中国普惠金融发展进程，提高金融机构对金融服务空白群体的服务能力，引导更多金融资源配置到经济社会发展的重点领域和薄弱环节，对实现“最后一公里”变为“第一公里”的目标及最终建设金融健康社会具有极大的政策参考价值。

2. 潘英丽，黄益平．新时代开启中的金融改革：结构重整与制度创新［M］. 上海：格致出版社，2019.

研究背景：近年来，中国经济的高杠杆与系统性风险的积累已引起国内外的高度关注，金融乱象与金融风险的积累很大程度上与金融体制的扭曲有关。但是需要明确的是，中国经济中的杠杆有多高、系统性风险积累到了什么程度、中国债市向何处发展、房地产泡沫高不高、金融危机会到来吗、注册制改革对股市好还是坏、金融监管应该宽松还是从紧、金融如何有效服务实体经济等热点话题在学术界引发广泛讨论，正反方思维激烈碰撞。

十九大报告在讨论现代经济体系建设时，对金融改革的任务做了具体的阐述：“深化金融体制改革，增强金融服务实体经济能力，提高直接融资比重，促进多层次资本市场健康发展。健全货币政策和宏观审慎政策双支柱调控框架，深化利率和汇率市场化改革。健全金融监管体系，守住不发生系统性金融风险的底线。”如何准确把握当前的经济金融形势？如何推进金融体制改革以及相应的配套改革，才能守住不发生系统性金融风险的底线，并提高金融服务实体经济的能力和效率？2017 年 11 月 12 日北京大学国家发展研究院“中国经济开放论坛”和“朗润·格政”论坛联合召开的主题为“十九大后的金融改革”的闭门研讨会对此做了系统深入的探讨。会议论文以论文集方式公开出版，以供学者、政府决策部门和实业界系统研究中国经济问题时参考。

内容提要与基本结构：近年来，中国经济的高杠杆与系统性风险的积累已引起国内外的高度关注。金融乱象与金融风险的积累很大程度上与金融体制的扭曲有关。本书为论文集，共分为三编，由十四篇文章组成，分别从宏观背景分析、金融风险排查与防范、金融监管体系改革三个方面，为今后的金融改革提供了问题导向和改革方向双重视角的应对思路。第一编“宏观背景与金融改革总论”共收录五篇论文，侧重讨论了金融改革、债务周期及其与宏观经济的关系，以及系统性金融风险的系统性应对策略。第二编“灰犀牛：金融风险排查与防范”共收录五篇论文，分别从非金融企业、政府预算与广义债务、房地产泡沫与影子银行以及供给侧改革动态过程中可能出现的金融风险等方面系统排查了当前中国系统性金融风险的现状与隐患，并就如何应对提出了相应思路。第三编“金融与监管制度改革”由四篇论文构成，分别探讨了银行业结构改革、股票市场注册制改革、债券市场存在的问题与未来变革以及金融监管制度变革问题。

主要贡献与现实意义：党的十九大报告提出“深化金融体制改革，增强金融服务实体经济能力”。而在此前召开的全国金融工作会议上则明确了服务实体经济、防控金融风险、深化金融改革的三项任务。国家最高决策层高度重视金融的地位、作用和存在的问题，并强调“金融是国家重要的核心竞争力，金融安全是国家安全的重要组成部分”。本书整合“中国经济开放论坛”和“朗润·格政”论坛联合召开的主题为“十九大后的金融改革”的闭门研讨会论文，并以论文集的形式出版。书中体现了金融学者对我国深化金融改革、防范金融风险以及提高金融服务实体经济能力等诸多当前金融热点、难点和重点问题的思考，对我国金融改革政策制定及金融市场协调、稳定发展具有极大的参考价值。

3. 吴晓求，等．中国金融监管改革：现实动因与理论逻辑［M］．北京：中国金融出版社，2018.

研究背景：中国现行的金融监管模式和架构是在中国金融市场化改革过程中渐进形成的，体现了中国金融“分业发展、分业监管”的时代特征，也符合这一时期中国金融改革和发展的现实要求。2008 年国际金融危机以来，中国金融结构开始发生趋势性变化，金融创新的步伐加快，金融创新呈现非资本性、复合性和高科技等特点，传统的边缘地带和结合部成为金融创新的重点，由此带来了金融功能的大幅改善和效率的提升，但新的金融风险点不断增多，金融风险的外部性不断扩展和延伸，监管真空扩大，系统性金融风险发生的概率增大。改革或调整中国金融监管架构，探索建立新的金融监管模式的要求日益迫切。考虑到金融的发展过程，也是金融监管改革和调整的过程。因此，研究金融监管改革，关注的重点应该是改革的逻辑，即是哪些因素的变化导致了必须推进金融监管改革，只有明确了改革的逻辑，改革的方向才不会出现趋势性错误。

内容提要：本书结合中国金融结构发生的趋势性变化、金融创新的新进展及金融风险呈现的新特点，以金融监管为线索，深入阐述我国金融监管改革的逻辑、方向，重点论述了金融监管及变革的逻辑起点、金融监管的核心目标、全球金融监管发展趋势、全球金融监管准则的变动、中国金融监管的历史演变、中国金融监管的动因、中国新金融业态的监管思路以及如何监管金融监管者等内容，并从监管模式、监管架构、监管重点、监管方式等方面提出中国金融监管改革的基本要点。

基本结构：本书共分十一章，具体如下：（1）导论：中国金融监管改革：逻辑与选择；（2）金融监管及其变革的逻辑起点：基于金融结构变动的分析；（3）金融监管的核心目标：效率与风险的平衡；（4）全球金融监管发展趋势：宏微观审慎监管的协调与平衡；（5）全球金融监管准则（规则）的变动分析：历史视野；（6）中国金融监管：历史演变；（7）中国金融监管规则变革：动因分析；（8）中国新金融业态的监管思路：探索与实践；（9）中国金融监管模式变革：基于风险分类的差别化监管；（10）如何监管金融监管者：进一步的思考；（11）后记。

主要贡献与现实意义：本书研究金融改革的逻辑重于研究金融改革的具体方案，同时也十分关注金融监管准则的变化及其动因。准则是金融监管制度形成的基石元素，体现的是金融监管的思想精髓。本书的研究对当前中国金融改革，特别是监管体系调整——行为监管与功能监管体系建设具有重要的政策参考价值。

4. 曾康霖，刘锡良，缪明杨．百年中国金融思想学说史［M］．北京：中国金融出版社，2018.

研究背景：在市场经济中，金融是现代经济的核心，是经济发展的助动器。从某种意义上说，金融发展状况与程度如何，代表了一个国家或地区的经济发展水准。同时，金融业已渗透到社会经济生活的各个方面、各个角落，在促进经济发展、推动社会进步中发挥着其他任何行业无法替代且极为重要的作用。

中国的金融学科建设有着自己的曲折萦回之路。我国先秦、汉初诸子有关货币金融的见解透彻、精辟，至今依然熠熠生辉，可惜的是社会长期停滞，后人只会反复引述古训而踏步不前。基于此，本书基于金融在国民经济和社会发展中的核心作用等，研究总结归纳我国近百年以来的金融发展历史和金融思想学说史，以史为鉴，以史明智，鉴往知今，古为今用，从而指导中国当下和未来经济社会，特别是对于指导中国金融改革发展具有重要的现实意义和深远的历史意义。

内容提要及基本结构：本书共三大卷。其中，第一卷共分 50 章，第二卷共分 48 章，两卷共 98 章，每章论述一位经济金融大家的思想学说，共论述了 98 位经济金融大家的思想学说，包括孙中山、郑观应、梁启超、陈光甫、马寅初、张嘉璈、南汉宸、陈岱孙、薛暮桥、王亚南、张培刚、黄达、刘鸿儒、盛宣怀、陈豹隐、章乃器、刘大钧、盛慕杰等人。第三卷以学派为基础，从纵向对百年中国金融思想学说进行了深入的研究，特别是以金融学术动态和具有学术含量的金融史实为基础，梳理了 71 位有识之士和经济学家的学术思想和政策主张，总共归纳为 17 个专题，展现了辛亥革命百年来经济金融领域各主要学派的学术观点，并对近百位有识之士和经济金融学家的学术思想和政策主张进行研究评介。

主要贡献与现实意义：事物的存在和发展总是因袭相承的，金融学科的存在和发展也必须承上启下。本书的出版问世，填补了中国金融史的空白，堪称我国第一部金融思想学说史专著，其不仅可以防止金融思想学说在中国的存在和发展出现“断档”，而且在考察金融学说于世界各国的存在和发展时可以使中国不致出现“空白”。另外，本书不只是向国内人士展示在这个领域发展中前人的所想、所为，而且能够在世界面前展示中国人在这一领域的睿智。

5. 张成思．财政金融政策与中国宏观经济波动［M］．北京：经济科学出版社，2018.

研究背景：近年来，世界各国的宏观经济波动性特征都出现了明显的结构性变化，特别是 20 世纪 90 年代以来，宏观经济波动性大幅下降的现象，被学术界称为“大稳定”（great moderation），这种下降是否与宏观调控政策特别是财政货币政策有联系以及有多大程度的联系，成为学术界与宏观决策层关注的焦点。经过不同的分析与研究，大部分文献认为货币政策的改进是宏观经济波动性减缓的原因，当然也有研究认为除了更有效的货币政策外，还要归功于更加温和的经济冲击、改善的存货管理方法和金融创新。

21 世纪后，中国的经济周期波动也呈现出新的特征，具体表现为峰位降低、谷位上升、由古典型波动转换为增长型波动，平均位势上升和波幅减小。很多学者对我国经济周期波动性的原因进行了长期不懈的探索和研究，并从不同侧面对中国经济周期波动的特征进行了颇有裨益的深入分析，但是研究框架未能涵盖有代表性的财政政策与货币政策变量。更重要的是，对中国而言，宏观经济波动性的变化还蕴含了大量具有鲜明中国特色的典型事实，诸如中国经济转型前后的结构性变化、内部动因与外生冲击并存、行业潮涌下的经济周期波动等。因此，本书基于既有理论对财政货币政策与宏观经济波动性关系进行拓展研究。

内容提要：财政货币政策与经济波动之间的关系一直是学术界研究的焦点。我国通过关注偏度与波动指标来调整财政政策，以影响总体经济变量；货币政策通过利率传导的途径使得资产价格变化进而影响价格指数，最终缓和经济波动。而通胀也是货币政策影响经济波动的一个方面，通胀惯性的减弱得益于货币政策的系统性改进，但其对通胀波动性影响较小。另外，贸易开放程度也影响经济波动，两者存在正相关关系。而在强制性技术变迁假说下，通过总供给-总需求模型发现，国家和产业部门的两种机制交互作用引起了经济周期。基于此，该书循序渐进地从财政货币政策与宏观经济变量的关系、经济周期的测度和宏观经济波动以及宏观政策与通货膨胀波动性关系等不同视角，对财政货币政策与宏观经济波动性的联系进行探索性研究，以期形成理解中国宏观经济波动性变化的参考依据。为了避免2008年金融危机造成的结构性突变对研究结果的影响，该书在实证分析过程中将研究样本主要聚焦于2008年之前。

基本结构：全书共分为三大部分：第一部分结合货币政策传导机制的理论、国内变迁及有效性、国内有关财政政策，充分论述了财政货币政策与宏观经济波动的关联；第二部分研究了经济周期与宏观经济波动，从缺口测算、经济周期平稳化、货币政策、贸易开放和中国经济周期模型的角度对其进行了相关阐发；第三部分深入分析了通货膨胀与宏观经济的关系，从外生冲击、货币政策、省级贸易开放与通货膨胀波动性的关联等方面进行论述。全书共分为十二章，具体内容为：（1）财政货币政策与宏观经济指标的因果关系初探；（2）货币政策与宏观经济波动关系的理论基础：货币政策传导机制；（3）中国货币政策传导机制的变迁及其有效性分析；（4）供给冲击与中国的财政政策；（5）缺口测算、经济周期与政策启示；（6）随机波动与经济周期平稳化；（7）货币政策与经济周期波动；（8）贸易开放与经济波动；（9）强制性技术变迁、不平衡增长与中国经济周期模型；（10）外生冲击、货币政策与通货膨胀惯性；（11）货币政策与通货膨胀波动性；（12）省际贸易开放与通货膨胀波动性。

主要贡献：在社会主义市场经济的背景下，如何通过有效的宏观经济调控实现市场资源有效配置，保持物价稳定，从而为经济长期均衡增长创造有利条件，最终实现熨平经济周期和降低经济波动幅度，维持经济总量大体平衡的目的？本书结论意味着，应坚持采用合理的、适度的财政货币措施进行宏观调控，以维持我国经济高质量发展及物价水平稳定。首先，应准确地判断形势、预测趋势，审时度势，结合我国宏观经济目标及发展规划选择财政政策与制订相应计划。其次，采取合理的、适时的、适度的税收政策或财政支出等具体财政政策手段，有问题及目标针对性地进行政策实施及引导。对财政政策实施的结果要有一定的预期，事前对相应后果及风险要进行预估与防范。最后，要充分发挥市场经济的价格调节作用，充分发挥政策的引导作用，使价格波动幅度得到有效的控制，使财政政策实施效果最优。

现实意义：本书不论是对财政与宏观经济的学术研究，还是对我国财政金融政策的制定调整、对中国经济高质量发展实践，都具有极佳的参考价值。特别是在当前全球经济格局复杂的背景下，本书对如何有效地运用货币政策工具，增强我国货币政策传导机制的有效性，且在货币政策框架内制定科学的主权财富基金投资组合策略，进一步运用宏观审慎的监管框架，实现我国宏观金融和微观金融的双重稳定，促进宏观经济高质量发展和价格水平的稳定具有重要的政策参考价值。

第四节　学术会议

1. 首届中国金融学者论坛（2018）

会议主题：银行与系统性风险、宏观货币政策、公司金融、资产定价

主办单位：北京大学光华管理学院、北京师范大学经济与工商管理学院、东北财经大学金融学院、对外经济贸易大学金融学院、复旦大学经济学院、《经济研究》编辑部、南开大学金融学院、清华大学五道口金融学院、上海财经大学金融学院、山东大学经济学院、首都经济贸易大学金融学院、天津大学管理与经济学部、天津财经大学经济学院、武汉大学经济与管理学院、厦门大学经济学院、浙江大学经济学院、中国人民大学财政金融学院、中山大学岭南学院、中央财经大学金融学院

会议时间：2018 年 4 月 28 日

会议地点：南京，南开大学

会议概要：为推动中国金融领域的学术交流与理论研究，2018 年 4 月 28 日，首届中国金融学者论坛在南开大学金融学院隆重召开，共有来自论坛理事单位和全国高校院所的 200 余人参加了本届论坛，与会专家学者基于规范的学术研究讲述中国金融的现实故事并就相关问题展开深入研讨，从而推进金融理论的发展。

会议第一项为论坛开幕式，由南开大学金融学院常务副院长范小云教授主持。《经济研究》杂志社社长张永山、南开大学副校长朱光磊出席开幕式，朱光磊教授在致辞中指出，金融服务实体经济的能力是解决目前我国发展不平衡不充分问题的关键因素，专家学者担负着如何使金融更好地提升能力、服务好实体经济的艰巨重任。张永山社长在致辞中回顾了论坛的创办过程，介绍了论坛对论文的遴选办法，并认为中国金融学者论坛将是中国最符合学术规范、代表中国金融学学术研究最高水平的论坛。在简短开幕式后，中国人民银行研究局局长徐忠博士作题为《中国金融改革下一步突破口》的主旨演讲，围绕当前我国金融体制改革进展、如何打赢防范化解重大风险的攻坚战等主题进行了深入阐述。主旨演讲结束后，大会进行分会场讨论。本次论坛共收到投稿论文 150 余篇，经过专家审定遴选，确定入选论文 23 篇，入选论文分四个子论坛进行论文展示与交流。

2. 第十五届中国金融学年会（2018）

会议主题：资产定价、公司金融、金融工程、行为金融、风险管理、数理金融、固定收益证券、资产价格的可预测性、对冲基金与量化投资、金融市场微观结构、货币理论与政策、金融市场与机构、国际金融、金融改革与开放等

主办单位：暨南大学和中国金融学年会理事会联合主办、暨南大学经济学院和暨南大学金融研究所承办、《南方金融》编辑部协办

会议时间：2018 年 11 月 10—11 日

会议地点：广州，暨南大学

会议概要：为了进一步增进中国金融学术界同仁的学术交流，促进中国金融理论研究和教育的发展，第十五届中国金融学年会于2018年11月10—11日在暨南大学成功举办。此次年会秉承中国金融学年会的一贯宗旨，为国内外金融学人提供一个开放的交流平台，广泛讨论、交流最新的研究成果、应用进展以及政策制定与实施。此次年会邀请了暨南大学校长宋献中教授、国家外汇管理局副局长陆磊教授、世界银行发展研究部首席经济学家徐立新教授以及第十五届金融学年会主席、暨南大学经济学院院长刘少波教授，第十五届金融学年会理事会主席、上海财经大学刘莉亚教授、中国金融学年会秘书长厦门大学郑振龙教授出席。

800多位来自北京大学、清华大学、中国人民大学、复旦大学、中山大学、武汉大学、厦门大学、上海财经大学、暨南大学等162所境内知名大学和香港大学、香港理工大学、澳门大学、台湾大学、美国宾夕法尼亚州立大学、哥伦比亚大学等60所境外知名学府及国际货币基金组织、国家外汇管理局、深圳证券交易所、证券公司、银行等20家机构或企业的专家学者展开金融学术前沿的广泛交流，将“百场系列活动庆祝暨南商科100周年”活动推向高潮。

论坛第一项为开幕式，由第十五届金融学年会主席、暨南大学经济学院院长刘少波教授主持。第十五届金融学年会理事会主席、上海财经大学刘莉亚教授在致辞中结合数据展示了十年来金融学年会的发展情况，一方面，金融学年会收到的独立作者的文章比例从20%下降至10%以下，说明学者们在研究中思维更加活跃，交流更加频繁，显示了当前中国金融学者跨校跨国跨领域的交流水平的提升；另一方面，年会收到的英文论文数量占比更高，地域涉及更广，体现了金融学年会开放式交流平台构建的成功，反映了其国际影响力的上升。最后，刘莉亚教授希望学者的论文研究内容能加强跨领域合作、主题更多关注新兴问题、更切合时代发展实际，为国家的进步提出切实可行的依据与支撑。中国金融学年会秘书长厦门大学郑振龙教授在致辞中回顾了金融学年会的发展历程，介绍了2018年理事会成员变动情况，重庆大学、青岛大学成为新的理事单位。

开幕式后，论坛进入主题演讲环节，由暨南大学经济学院蒋海副院长主持，国家外汇管理局副局长陆磊教授、世界银行发展研究部首席经济学家徐立新教授和暨南大学经济学院金融系陈创练教授分别作主旨演讲，为在场观众带来高质量的学术研究分享。陆磊教授以“中国金融改革开放四十年：逻辑与路径”为主题发表演讲，在演讲中就40年金融改革的光辉岁月、新金融改革创新的新命题、改革开放是金融学科建设的依托这三个角度展开讨论。他总结道：“风险是发展的生产物，在新的历史时期，改革开放40年的重大举措都具有问题导向和风险化解初衷，且都成功地克服了重重困难；当代中国金融学科依托改革而起，伴随开放而兴，知行合一，解决现实问题是根本；价值观和金融伦理是学科建设的重要突破方向，迎接面对挑战性的未来是金融学科发展的使命担当。”徐立新教授以“Stationary Bandits，State Capacity and the Malthusian Transition：the Long-term Impact of the Taiping Rebellion”为主题发表演讲。他从太平天国运动的时代讲起，以长期视角关注太平天国运动对其占领区的影响，发现其对人口的长期影响为负，而对经济发展的长期影响为正，促进了马尔萨斯转变。陈创练教授以“时变参数乘数效应与中国政府投融资政策效果”为主题发表主旨演讲。他提出，随着中国投资消费规模扩大，政府投资的乘数效应由强到弱，同时政府税收累积乘数的政策效果微弱下降，债务发行乘数显著下降，并有针对性地提出了一系列建议。

主题演讲结束后，大会进行分会场讨论。此次年会共设41场分论坛，共入选186篇论文，议题包括风险管理、公司金融、公司治理、国际金融、行为金融、宏观金融、货币政策、家庭金融、互联网金融、金融工程、金融机构、金融市场、企业创新、企业投资、资本市场、资产定价等16个，共有160余位学者报告了自己的最新研究成果。同时，经专家匿名投票，最终评选出6篇优秀获奖论文进行表彰。另外，中国新闻网、央广网、光明网、中国社会科学网、南方网、金羊网、界面新闻、大公报、香港商报等10多家媒体对本次年会盛况进行了报道。

3. 中国金融论坛·第九届《金融研究》论坛（2018）

会议主题：货币政策框架转型、金融支持经济高质量发展、金融风险的防范与化解、金融业改革与开放和金融市场的建设与发展等

主办单位：《金融研究》编辑部、中国人民大学财政金融学院、中国财政金融政策研究中心

会议时间：2018年12月8日

会议地点：北京，中国人民大学

会议概要：改革开放后，我国经济经历了高速增长的40年，如何实现我国经济从高速增长向高质量发展转型，既是保持经济持续健康发展的必然要求，也是遵循经济规律发展的必然要求。金融作为现代经济体系的“血液”，如何通过金融结构调整以支持我国经济高质量发展，逐渐引起了学术界的广泛关注与讨论。基于此，为推动我国经济金融研究事业发展，创造经济金融领域中青年学者良好交流平台，《金融研究》编辑部与中国人民大学财政金融学院和中国财政金融政策研究中心合作，于2018年12月8日在中国人民大学举办“中国金融论坛·第九届《金融研究》论坛”。此次会议论文经过严格的评审筛选，入选比例仅为16.7%，保证了入围论文的高质量，与会专家学者将围绕“纪念改革开放40周年暨金融支持经济高质量发展”进行论文宣读、交流；同时，本次论坛将通过现场公布的形式揭晓“年度最佳论文”。

会议第一项为论坛开幕式及第九届《金融研究》优秀论文颁奖仪式，由中国人民大学财政金融学院副院长张成思主持，随后中国人民大学财政金融学院院长庄毓敏致辞。致辞结束后，中国人民银行研究局局长、《金融研究》杂志主编徐忠宣布了《金融研究》“2017年度优秀论文”，并揭晓了“2017年度最佳论文”，中国人民大学中国财政金融政策研究中心主任瞿强对本次获奖的七篇论文逐一点评。

会议第二项为主题演讲，主持人为中国人民大学财政金融学院副院长谭松涛，与会的三位嘉宾分别作了主题演讲。中国人民银行研究局局长、《金融研究》杂志主编徐忠以“潜在产出、全要素生产率与货币政策分析”为主题，从中央银行关注潜在产出、自然利率以及全要素生产率等概念的原因，实践中面临的困难以及解决方法与经验，得出初步结论的含义三方面作了报告，认为宏观变量观测偏差与统计偏差，经济波动的反馈效应，人口结构老龄化，结构性因素导致的技术扩散的不均匀以及投资快速下降均对全要素生产率

和潜在产出下降产生了影响，并进一步指出，重新思考投资在宏观经济中的作用，正确认识和应对出现的问题具有重要意义。美国 Agnes Scott College 经济系主任、留美经济会理事齐力以“Behavio-ral Finance and Stock Market Anomalies”为主题，回顾了行为金融学自创立以来的发展历程，介绍了经济金融研究经典理论、研究行为金融的实验方法以及市场波动理论，并对运用行为金融学理论进行理论研究和实践应用的前景表示了期许。武汉大学金融发展与政策研究中心主任黄宪作了主题为“基于英美、德国、法国三大法系的金融发展与经济增长适配性研究”的报告，对法系内的核心要素以及它们对金融和经济增长关系的影响等方面进行了阐述，并指出，按照金融总量来衡量金融发展水平高低是有缺陷的，强调不同理念下的金融发展模式更为重要；进一步地，在深化改革中，需要综合考虑本国的元素，不断吸纳、扬弃和完善，才能形成与本国经济增长最具适配性的金融发展模式。

主题演讲结束后，大会进行分会场讨论。本次研讨会的五个平行分论坛，分别以公司金融、货币金融、金融中介、金融市场和金融风险为主题展开研讨。五大分论坛围绕各自主题，分别聚焦和探索企业财富、薪酬与税收策略；人民币汇率、存贷款利率与货币政策工具的选择；信贷风险化解、银企关系和金融错配；基金效益、新股分配、融资融券、互联网金融以及内外部各种金融风险等时下热点学术问题进行学术成果展示，参会者进行了学术交流与讨论。

分论坛讨论结束后，中国金融论坛·第九届《金融研究》论坛活动正式落下帷幕。本次论坛为经济金融领域的中青年学者交流当下热点经济金融问题提供了一个高效、良好的交流平台，与会学者们在本次会议上展示的学术成果及提出的重要政策建议，也为执政者就当前我国经济从高速增长向高质量发展转型提供了重要参考。此次大会为进一步推动我国经济金融研究事业的发展、促进学术交流进步及经济向高质量发展转型作出了极大贡献。

4. 第十六届中国金融学年会（2019）

会议主题：资产定价、公司金融、金融工程、行为金融、风险管理、数理金融、固定收益证券、资产价格的可预测性、对冲基金与量化投资、金融市场微观结构、货币理论与政策、金融市场与机构、国际金融、金融改革与开放等

主办单位：浙江大学和中国金融学年会理事会联合主办，浙江大学经济学院、浙江大学金融研究院和浙江大学工程师学院互联网金融分院共同承办

会议时间：2019 年 10 月 26 日

会议地点：杭州，浙江大学

会议概要：中国金融学年会成立于 2003 年 12 月。自 2004 年起，中国金融学年会每年举行一次，目前已成为中国最重要、学术水平最高的金融学会议之一。为了进一步增进中国金融学术界同仁的学术交流，促进中国金融理论研究和教育的发展，第十六届中国金融学年会于 2019 年 10 月 26 日在浙江大学成功举办。此次年会秉承中国金融学年会的一贯宗旨，为国内外金融学人提供一个开放的交流平台，广泛讨论、交流最新的研究成果、应用进展以及政策制定与实施。本届年会共有来自 200 多所国内外高校和金融机构的 1200 多位专家学者参会并开展学术交流。浙江大学文科资深教授、金融研究院院长史晋

川，浙江省特级专家、浙江大学工程师学院互联网金融分院院长、第十六届中国金融学年会主席金雪军，第十六届中国金融学年会理事会主席、暨南大学刘少波，第十六届中国金融学年会秘书长、厦门大学郑振龙，诺贝尔经济学奖获得者、美国哈佛大学商学院和麻省理工学院最高级“终身教授”罗伯特·C. 默顿（Robert Merton），蚂蚁金服集团总裁胡晓明等专家学者受邀出席并发表主题演讲。

26 日上午 8 点 30 分，第十六届中国金融学年会开幕式隆重召开，浙江大学经济学院院长黄先海主持了本届年会的开幕式，对全体参会代表、专家学者表示最真诚的欢迎。浙江大学党委副书记邬小撑，浙江大学文科资深教授、金融研究院院长史晋川教授，浙江省特级专家、浙江大学工程师学院互联网金融分院院长、第十六届中国金融学年会主席金雪军教授，第十六届中国金融学年会理事会主席、暨南大学刘少波教授，第十六届中国金融学年会秘书长、厦门大学郑振龙教授先后致辞。最后，主持人黄先海教授宣读了本届年会优秀论文获奖名单并进行优秀论文颁奖，郑振龙、史晋川、金雪军、刘少波、刘霞辉、袁清共同上台为获奖代表颁奖。

开幕式结束后，年会进入主题演讲环节。1997 年诺贝尔经济学奖获得者、美国哈佛大学商学院和麻省理工学院最高级“终身教授”罗伯特·C. 默顿作了题为 *Observations on the Digital Revolution*：*Financial Innovation and FinTech* 的主旨演讲。默顿教授着眼金融科技发展的必需要素，指出公开透明的运作机制，严谨可靠的验证机制是金融科技获得信任的必需条件。默顿教授指出只有在取得信任的前提下，金融科技才能在金融服务中发挥更大作用，而监管机构合理的监管制度能够帮助塑造金融科技集团的公信力，保障金融市场参与者的权益。蚂蚁金服集团总裁胡晓明作了题为《数字经济下的新金融科技》的主旨演讲。胡晓明先生指出金融科技必须遵循金融的两个基本规律：风险管理与驱动普惠金融的发展，并提出了金融科技创新的三大基石，互联网是基础设施，大数据是生产资料，计算是能力，以及五大“技数”能力，分别为数据智能、安全风控、区块链、生物识别、隐私保护。同时胡晓明先生还表示科技对未来金融贡献越来越大，这也是驱动金融生产创造力的最重要因素。浙江大学经济学院金融系助理教授、浙江大学金融研究院研究员、美国弗吉尼亚大学经济学博士邬介然以 *Macro-Financial Volatility under Disper-sed Information* 为题，围绕总体消费水平、实体经济、金融集团经济等展开演讲。三位学者精彩的主旨演讲之后，来自复旦大学的 Jing Yao 分享了他和上海财经大学 Jian jun Gao，香港城市大学 Duan Li 合作的一等奖优秀论文，并作了题为 *When Prospect Theory Preference Meets Mean-Reverting Asset Returns*：*a Dynamic Asset Allocation Model* 的报告。

主题演讲结束后，大会进入分会场讨论环节。本届年会论文征集受到各界的积极响应，共收到来自 300 多所高校和金融机构的学者投稿 720 篇，包括北京大学、清华大学、复旦大学、浙江大学等知名高校及国际货币基金组织、银行、证券公司等机构。经过多位金融领域专家学者组成评审委员会匿名审稿，最终产生了 205 篇入选论文。本届年会设有 45 个分论坛，围绕公司金融、风险管理、企业创新、资产定价等 16 个议题进行报告。各个议题引起热烈的讨论，学者们产生激烈的思想交锋，将本次年会推向了新一轮高潮。

10 月 25 日晚，中国金融学年会秘书长郑振龙教授主持召开第十六届中国金融学年会理事会，出席会议的嘉宾有来自各院校单位的近 60 位理事会成员以及申请加入理事单位和被推荐的理事成员。首先，第十六届中国金融学年会理事会主席刘少波致辞。接着年会主席金雪军教授对年会筹备情况、论文征集及评选工作进行了汇报，年会执行主席王义中教授向理事会通报优秀论文评审结果。随后，理事会在听取了申请加入理事单位的学校汇报后，进行无记名投票，最终华东师范大学、福州大学、上海外国语大学三所高校均以超过半数的有效票数，成功加入理事会。最后，理事们在听取了其学院发展情况及年会筹备条件相关汇报后，投票选举通过第十七届中国金融学年会由首都经济贸易大学承办。

5. 中国金融论坛·第十届《金融研究》论坛（2019）

会议主题：金融供给侧结构性改革、金融业改革开放与竞争、金融风险的防范与化解、金融宏观调控、金融市场的规范与创新发展、金融支持民营企业和小微企业和金融支持实体经济高质量发展等

主办单位：《金融研究》编辑部、厦门大学经济学院、厦门大学王亚南经济研究院

会议时间：2019年11月17日

会议地点：厦门，厦门大学

会议概要：2017年，中国共产党第十九次全国代表大会首次提出中国经济由高速增长阶段转向高质量发展阶段，表明我国经济发展步入新时代。现阶段，我国经济发展的主要矛盾已转化为结构性问题，矛盾的主要方面在供给侧，主要表现在供给结构不能适应需求结构的变化。因此，必须坚持以供给侧结构性改革为主线，推动经济高质量发展，供给侧结构性改革既是高质量发展的主线，也是高质量发展的抓手，金融作为现代经济体系的“血液”，如何通过深化金融供给侧结构性改革，从而提高金融对经济高质量发展的造“血”与输“血”功能，逐渐引起了学术界的广泛关注与讨论。基于此，为推动我国经济金融研究事业发展，从而增强金融服务实体经济能力，并进一步创造经济金融领域中青年学者良好交流平台，《金融研究》编辑部与厦门大学经济学院合作，于2019年11月17日在厦门大学举办“中国金融论坛·第十届《金融研究》论坛”，此次会议的主题为“深化金融供给侧结构性改革，增强金融服务实体经济能力”，与会专家学者将围绕主题展开深入研讨。

会议第一项为论坛开幕式及第十届《金融研究》优秀论文颁奖仪式，由厦门大学经济学院郭晔教授主持。厦门大学党委副书记、副校长李建发教授和厦门大学经济学院朱孟楠教授代表厦大经济学科先后致辞。致辞结束后，中国人民银行研究局王信局长宣布了《金融研究》“2018年度优秀论文”，并现场揭晓了“2018年度最佳论文”，厦门大学王亚南经济研究院、经济学院方颖教授为本次获奖论文做总体点评。

开幕式后，论坛进入主题演讲环节。中国人民银行研究局局长王信作了题为《气候变化的金融风险问题》的首场演讲，南京大学商学院范从来教授作了题为《市场化改革的次序：经济与金融》的主题演讲，西南财经大学中国金融研究中心王擎教授带来题为《房地产政策调控的效应分析》的演讲，对外经济贸易大学金融学院吴卫星教授进行了题为《退休待遇、话语权与家庭投资组合调整》的演讲，厦门大学经济学院、王亚南经济研究院陈国进教授带来题为《商业银行杠杆水平、金融稳定与宏观审慎政策》的报告。

主题演讲结束后，大会进行分会场讨论。在六个平行分会场，参会者围绕银行与金融科技、银行与监管、资产定价与微观金融、公司治理与高管激励、投资与金融市场、国际

金融、宏观金融、资本市场与企业融资、企业社会责任、风险管理等议题宣读论文，并与现场专家展开深入研讨。

2019年2月，习近平总书记在中共中央政治局第十三次集体学习时提到，改革开放以来，我国金融业发展取得了历史性成就。同时，我国金融业的市场结构、经营理念、创新能力、服务水平，在经济高质量发展的过程中还存在诸多矛盾和问题。他强调，要深化对国际国内金融形势的认识，正确把握金融本质，深化金融供给侧结构性改革，增强金融服务实体经济能力，推动我国金融业健康发展。本次金融论坛旨在进一步挖掘金融本质和发展规律，为提高我国金融业全球竞争能力，为走出中国特色金融发展之路建言献策。

◎ 参考文献

[1] 陈诗一，刘朝良，冯博．资本配置效率、城市规模分布与福利分析［J］．经济研究，2019，54（2）：133-147.

[2] 陈彦斌，刘哲希，陈伟泽．经济增速放缓下的资产泡沫研究——基于含有高债务特征的动态一般均衡模型［J］．经济研究，2018，53（10）：16-32.

[3] 戴赜，彭俞超，马思超．从微观视角理解经济“脱实向虚”——企业金融化相关研究述评［J］．外国经济与管理，2018，40（11）：31-43.

[4] 单德朋．金融素养与城市贫困［J］．中国工业经济，2019（4）：136-154.

[5] 杜传忠，张远．“新基建”背景下数字金融的区域创新效应［J］．财经科学，2020（5）：30-42.

[6] 杜勇，谢瑾，陈建英．CEO金融背景与实体企业金融化［J］．中国工业经济，2019（5）：136-154.

[7] 范香梅，刘斌，邹克．金融包容、创业选择及收入公平分配研究［J］．中国软科学，2018（9）：64-75.

[8] 封思贤，郭仁静．数字金融、银行竞争与银行效率［J］．改革，2019（11）：75-89.

[9] 傅秋子，黄益平．数字金融对农村金融需求的异质性影响——来自中国家庭金融调查与北京大学数字普惠金融指数的证据［J］．金融研究，2018（11）：68-84.

[10] 何婧，李庆海．数字金融使用与农户创业行为［J］．中国农村经济，2019（1）：112-126.

[11] 黄倩，李政，熊德平．数字普惠金融的减贫效应及其传导机制［J］．改革，2019（11）：90-101.

[12] 黄涛，李浩民．金融供给侧结构性改革：重点任务与路径选择［J］．改革，2019（6）：73-83.

[13] 黄永明，姜泽林．金融结构、产业集聚与经济高质量发展［J］．科学学研究，2019，37（10）：1775-1785.

[14] 柯艳蓉，李玉敏，吴晓晖．控股股东股权质押与企业投资行为——基于金融投资和实业投资的视角［J］．财贸经济，2019，40（4）：50-66.

[15] 李苍舒，沈艳．数字经济时代下新金融业态风险的识别、测度及防控［J］．管理世界，2019，35（12）：53-69.

［16］李建军，韩珣．非金融企业影子银行化与经营风险——基于上市公司的经验证据［J］．经济研究，2019，54（8）：21-35.

［17］李健，张兰，王乐．金融发展、实体部门与中国经济增长［J］．经济体制改革，2018（5）：26-32.

［18］李力行，申广军．金融发展与城市规模——理论和来自中国城市的证据［J］．经济学（季刊），2019，18（3）：855-876.

［19］李树，于文超．农村金融多样性对农民创业影响的作用机制研究［J］．财经研究，2018，44（1）：4-19.

［20］李晓龙，冉光和，郑威．金融要素扭曲的创新效应及其地区差异［J］．科学学研究，2018，36（3）：558-568.

［21］刘贯春，刘媛媛，闵敏．经济金融化与资本结构动态调整［J］．管理科学学报，2019，22（3）：71-89.

［22］刘贯春，张军，刘媛媛．金融资产配置、宏观经济环境与企业杠杆率［J］．世界经济，2018，41（1）：148-173.

［23］刘姝雯，刘建秋，阳旸，杨胜刚．企业社会责任与企业金融化：金融工具还是管理工具？［J］．会计研究，2019（9）：57-64.

［24］刘伟，曹瑜强．机构投资者驱动实体经济“脱实向虚”了吗［J］．财贸经济，2018，39（12）：80-94.

［25］刘锡良，文书洋．中国的金融机构应当承担环境责任吗？——基本事实、理论模型与实证检验［J］．经济研究，2019，54（3）：38-54.

［26］刘晓光，刘元春，申广军．杠杆率的收入分配效应［J］．中国工业经济，2019（2）：42-60.

［27］刘晓光，刘元春，王健．金融监管结构是否影响宏观杠杆率［J］．世界经济，2019，42（3）：47-68.

［28］吕铁，王海成．放松银行准入管制与企业创新——来自股份制商业银行在县域设立分支机构的准自然试验［J］．经济学（季刊），2019，18（4）：1443-1464.

［29］苗文龙，钟世和，周潮．金融周期、行业技术周期与经济结构优化［J］．金融研究，2018（3）：36-52.

［30］聂高辉，邱洋冬．非正规金融、产业结构升级与中国经济增长［J］．经济体制改革，2018（3）：125-131.

［31］潘彬，杨鑫，肖继宏，文凤华．民间金融与中国宏观经济——理论机制与实证分析［J］．中国管理科学，2018，26（3）：51-58.

［32］彭俞超，韩珣，李建军．经济政策不确定性与企业金融化［J］．中国工业经济，2018（1）：137-155.

［33］彭俞超，黄志刚．经济“脱实向虚”的成因与治理：理解十九大金融体制改革［J］．世界经济，2018，41（9）：3-25.

［34］戚聿东，张任之．金融资产配置对企业价值影响的实证研究［J］．财贸经济，2018，39（5）：38-52.

［35］齐红倩，李志创．中国普惠金融发展水平测度与评价——基于不同目标群体的微观实证研究［J］．数量经济技术经济研究，2019，36（5）：101-117.

［36］钱海章，陶云清，曹松威，曹雨阳．中国数字金融发展与经济增长的理论与实证［J］．数量经济技术经济研究，2020，37（6）：26-46.

［37］钱雪松，唐英伦，方胜．担保物权制度改革降低了企业债务融资成本吗？——来自中国《物权法》自然实验的经验证据［J］．金融研究，2019（7）：115-134.

［38］钱雪松，徐建利，杜立．中国委托贷款弥补了正规信贷不足吗？［J］．金融研究，2018（5）：82-100.

［39］沈丽，张好圆，李文君．中国普惠金融的区域差异及分布动态演进［J］．数量经济技术经济研究，2019，36（7）：62-80.

［40］盛斌，景光正．金融结构、契约环境与全球价值链地位［J］．世界经济，2019，42（4）：29-52.

［41］盛明泉，汪顺，商玉萍．金融资产配置与实体企业全要素生产率："产融相长"还是"脱实向虚"［J］．财贸研究，2018，29（10）：87-97，110.

［42］唐松，伍旭川，祝佳．数字金融与企业技术创新——结构特征、机制识别与金融监管下的效应差异［J］．管理世界，2020，36（5）：52-66，9.

［43］田国强，赵旭霞．金融体系效率与地方政府债务的联动影响——民企融资难融资贵的一个双重分析视角［J］．经济研究，2019，54（8）：4-20.

［44］王栋，赵志宏．金融科技发展对区域创新绩效的作用研究［J］．科学学研究，2019，37（1）：45-56.

［45］王国刚．金融脱实向虚的内在机理和供给侧结构性改革的深化［J］．中国工业经济，2018（7）：5-23.

［46］王劲屹．农村金融发展、资本存量提升与农村经济增长［J］．数量经济技术经济研究，2018，35（2）：64-81.

［47］王晓亮，田昆儒，蒋勇．金融生态环境与政府投融资平台企业投资效率研究［J］．会计研究，2019（6）：13-19.

［48］王修华，赵亚雄．中国金融包容的增长效应与实现机制［J］．数量经济技术经济研究，2019，36（1）：42-59.

［49］肖忠意，林琳．企业金融化、生命周期与持续性创新——基于行业分类的实证研究［J］．财经研究，2019，45（8）：43-57.

［50］谢绚丽，沈艳，张皓星，郭峰．数字金融能促进创业吗？——来自中国的证据［J］．经济学（季刊），2018，17（4）：1557-1580.

［51］徐飞．银行信贷与企业创新困境［J］．中国工业经济，2019（1）：119-136.

［52］闫海洲，陈百助．产业上市公司的金融资产：市场效应与持有动机［J］．经济研究，2018，53（7）：152-166.

［53］杨筝，王红建，戴静，许传华．放松利率管制、利润率均等化与实体企业"脱实向虚"［J］．金融研究，2019（6）：20-38.

［54］杨子荣，张鹏杨．金融结构、产业结构与经济增长——基于新结构金融学视角的实

证检验［J］. 经济学（季刊），2018，17（2）：847-872.

［55］易行健，周利. 数字普惠金融发展是否显著影响了居民消费——来自中国家庭的微观证据［J］. 金融研究，2018（11）：47-67.

［56］尹志超，彭嫦燕，里昂安吉拉. 中国家庭普惠金融的发展及影响［J］. 管理世界，2019，35（2）：74-87.

［57］张成思. 金融化的逻辑与反思［J］. 经济研究，2019，54（11）：4-20.

［58］张栋浩，尹志超. 金融普惠、风险应对与农村家庭贫困脆弱性［J］. 中国农村经济，2018（4）：54-73.

［59］张勋，万广华，张佳佳，何宗樾. 数字经济、普惠金融与包容性增长［J］. 经济研究，2019，54（8）：71-86.

［60］张蕴萍，杨友才，牛欢. 山东省金融效率、溢出效应与外商直接投资——基于空间动态面板 Durbin 模型的研究［J］. 管理评论，2018，30（12）：32-41.

［61］郑江淮，宋建，张玉昌，郑玉，姜青克. 中国经济增长新旧动能转换的进展评估［J］. 中国工业经济，2018（6）：24-42.

［62］郑联盛. 深化金融供给侧结构性改革：金融功能视角的分析框架［J］. 财贸经济，2019，40（11）：66-80.

［63］周彬，谢佳松. 虚拟经济的发展抑制了实体经济吗？——来自中国上市公司的微观证据［J］. 财经研究，2018，44（11）：74-89.

［64］周利，冯大威，易行健. 数字普惠金融与城乡收入差距："数字红利"还是"数字鸿沟"［J］. 经济学家，2020（5）：99-108.

［65］资本市场改革课题组. 创新驱动高质量发展要深化资本市场改革——兼谈科创板赋能创新发展［J］. 经济学动态，2019（10）：93-100.

［66］Changhua Ye，Chuanwang Sun，Litai Chen. New evidence for the impact of financial agglomeration on urbanization from a spatial econometrics analysis，Journal of Cleaner Production，Volume 200，2018，Pages 65-73，ISSN 0959-6526，https：//doi. org/10. 1016/j. jclepro. 2018. 07. 253.

［67］Hao Y，Wang L O，Lee C C. Financial development，energy consumption and China's economic growth：new evidence from provincial panel data［J］. International Review of Economics & Finance，2018.

［68］Liu G，Zhang C. Does financial structure matter for economic growth in China［J］. China Economic Review，2018：101194.

［69］Ouyang Y，Li P. On the nexus of financial development，economic growth，and energy consumption in China：new perspective from a GMM panel VAR approach［J］. Energy Economics，2018，71：238-252.

［70］Pan L，Mishra V. Stock market development and economic growth：empirical evidence from China［J］. Economic Modelling，2018（68）：661-673.

［71］Su C W，Song Y，Ma Y T，et al. Is financial development narrowing the urban-rural income gap? A cross-regional study of China［J］. Papers in Regional Science，2019，98

(4): 1779-1800.
[72] Yu L, Zhang J, Wen Y . Does foreign investment liberalisation enhance women's economic status? Micro-evidence from urban China [J]. The World Economy, 2019, 42 (12).

第十一章　贸易与经济发展①

李　酣　方宁静
（武汉大学）

中国经济已经进入了高质量发展的新时代。这一时期，中国经济发展的外部环境、内部约束和发展目标都发生了剧烈的变化。作为改革开放以来驱动中国经济发展的三大动力之一，对外贸易对于我国经济高质量发展的作用和意义都呈现出新的特征，学术界对此进行了理论和实证研究。本章将对 2018—2019 年中国学者有关这一问题的研究文献进行梳理、分析和总结，同时对部分重要论文、著作和学术会议进行简要介绍，厘清研究路径，指出存在的问题，以对未来的研究趋势和思路提供参考和借鉴。

第一节　研究综述

实现高质量发展是中国当前经济的最重要目标，而高质量发展的主要内容包括稳定而中高速的经济增长速度，创新成为经济增长的主要动力，产业结构得到进一步优化，居民的福利实现持续的改善等。根据中国学者近两年在国内外重要期刊发表的文章的选题和内容来看，有关贸易和发展文献的研究领域主要聚焦在贸易的不同维度，如进口、出口产品质量、价值链、贸易企业的劳动力、贸易政策不确定性等，以及它们与经济增长和经济发展的不同维度之间的关系上。国内学者之所以把研究聚焦在这些选题上，一方面与当前世界经济发展过程中新出现的现实问题有关，另一方面是为了与国内经济热点议题相结合。学术研究的热点与现实经济的热点问题的结合，在贸易和发展的这一支文献当中体现得非常明显。在本章中，我们将从经济发展的视角，根据贸易议题与高质量发展不同维度的结合来论述国内学者这两年来在这一领域取得的新进展。

一、贸易对经济增长的影响

保持中高速的经济增长是高质量发展的重要内涵之一。近年来，国内学者主要从贸易总量、进口、贸易产品质量、全球价值链、贸易政策不确定性和区域贸易协定等方面，检

① 本章的研究同时受国家社科基金项目“促进我国产品质量提升的企业责任机制研究”（15BJL022）、中央高校基本科研业务费专项资金项目“人力资本与技术结构的动态匹配与我国制造业产品质量提升关系的实证研究”（2018QN058）和武汉大学“中华人民共和国成立 70 周年、建党 100 周年”研究专项“中华人民共和国成立 70 年来对外开放经济理论和政策研究”的资助。

验了国际贸易对中国经济增长的影响。张二震、李远本和戴翔（2018）认为，改革开放40年以来，中国正是积极融入并抓住了全球化进程带来的机遇，所以取得了经济发展的巨大成就。盛斌、魏方（2019）更进一步总结了中华人民共和国成立70年来中国对外贸易发展的成果，得到结论是，中国的贸易在规模增长、结构升级、主体多元化和市场拓展等方面取得了辉煌成就，已经成长为名副其实的世界制造中心和贸易大国。

（一）商品和服务进出口与经济增长

贸易和对外开放在发展中国家的经济增长过程中发挥着不可或缺的作用。中国学者从产品或服务的贸易对经济增长的影响，以及贸易对于突破中等收入陷阱的作用等方面进行了分析。王勇（2018）用新结构经济学的理论架构建立了包含两个大国的理论模型来分析国际贸易和贸易政策对产业结构动态变迁和经济增长的影响。他们的模型模拟结果显示，当跨期替代弹性大于1时，发生在贸易伙伴国的投资专属性技术进步能够促进本国的产业升级和总体经济增长。贸易和经济增长因果关系的内生性是这类实证研究必须重视的问题。林发勤、冯帆和符大海（2018）用距离、面积和相邻的关系等地理因子构造工具变量，估计结果表明中国省级层面的双边贸易与人均GDP之间是倒U形关系，即贸易对经济增长的影响会呈现先上升再下降的态势。另外，王珏帅（2018）的研究发现以进出口总额的GDP占比衡量的对外开放对经济发展的促进作用，要受到初始经济状况的门槛效应的限制，人均GDP的初始水平越高，对外开放对经济增长的促进作用就越强。

服务贸易长期以来是中国对外贸易的短板，但近年来出现了新的发展趋势，对中国经济增长的作用也日益显著。江小涓、罗立彬（2019）指出，网络和信息技术改变了传统服务业的不可贸易性质，而中国当前在网络和数字技术、市场规模和商业模式等方面具备优势，所以应该借力于服务业全球化过程，同时利用国内外的市场和资源，保持中高速增长。顾晓燕、史新和和刘厚俊（2018）认为知识产权出口贸易实现了创新、产业和市场的结合，能够通过要素配置效应和创新溢出效应，实现创新驱动的经济增长。

微观企业的增长是宏观总量增长的基础。李小平、代智慧和彭书舟（2018）认为出口复杂度与企业产出波动显著负相关，出口复杂度越高的企业产出波动也越小，原因是人力资本而不是市场需求因素抑制了波动的幅度。这篇文章的政策含义就体现为促进企业的出口产品走向中高端，将会有利于降低宏观经济的波动，稳定经济增长速度。“中等收入陷阱”是中国经济发展过程中的一个重要关隘。刘再起、王曼莉（2018）指出如果保持生产能力和制度环境约束不变，采用基于要素禀赋的比较优势战略参与国际分工和贸易，将面对“比较优势陷阱”和“中等收入陷阱”，不利于经济进一步的持续发展。

2018年是改革开放40年，而2019年是中华人民共和国成立70年，学者们从这两个历史长跨度检验了贸易对中国经济增长的效应。张宇燕（2018）认为，通过扩大市场规模促进长期经济增长就是对外开放的基本经济逻辑。江小涓（2019）特别强调，中华人民共和国成立到改革开放前的近30年，中国总体上强调了自力更生的政策，但出发点不是排斥对外贸易，实践中也没有隔断对外经贸交流，这一时期的对外贸易和技术交流为我国的现代化经济建设打下了基础。在改革开放之后的40年，中国更是通过贸易和开放，广泛利用国内外两个市场及其资源，推动了增长、技术进步和产业升级。张小宇、刘永富和周锦岚（2019）在中华人民共和国成立70年的长期均衡视角下，识别出出口、进口和产出三个变量间显著的非线性协整关系：出口、进口贸易的增加对产出的拉动作用小于其下降带来的抑制作用，出口贸易对产出的促进作用又大于进口贸易；出口贸易对经济增长的拉动效应在渐次弱化，而进口贸易对经济增长的促进作用在逐步增强。周宇（2019）也是从70年的历史跨度探索中国高速经济增长的动因，他的基本结论是在经济市场化、所有制多元化、外资和出口四个因素中，出口对推动中国高速经济增长发挥了主要作用，中国得益于利用已有技术实现追赶的后发优势和利用廉价劳动力推动出口的低成本优势。

（二）全球价值链与经济增长

对于中国这样广泛参与全球化的发展中国家，全球价值链意义重大。沿着价值链稳步升级，获得更高的收益，既是转型升级和经济高质量发展的目标，也是实现经济发展的必要路径。学者们从我国产业，主要是制造业产业在全球价值链上的位置、参与全球价值链对经济增长的效应等维度进行了理论和实证研究。

1. 价值链的位置提升

在全球价值链上的位置本身就代表了企业在国际分工中的角色和地位，以及企业能够获得的增加值份额，也是显示一国产业结构和经济发展程度的指标之一。国内学者基本证实了中国近年来在全球价值链的位置处于上升的趋势。唐宜红、张鹏杨（2018）的测度发现中国企业在产业链升级效应主导下实现了出口产品价值链位置的小幅度提升，而在贸易结构效应和产业链升级效应共同作用下，实现了进口产品价值链位置的大幅度提升。王振国、张亚斌、单敬和黄跃（2019）区分了中国以不同贸易方式嵌入的全球价值链的位置，他们认为以一般贸易方式和中等技术嵌入全球价值链的行业所处的价值链位置会更高，而计算机、电子和光学设备制造业等加工贸易更突出的部门，还处于向价值链上游迈进的过程中。张会清、翟孝强（2019）的测度揭示了中国的制造业部门已经接近全球价值链的中上游位置，具备“制造强国”的基本特征。

从区域和地缘政治层面，陈旭、邱斌、刘修岩和李松林（2019）研究了受城市多中心结构影响的中国不同省份的全球价值链位置，结论是由于服务业集聚在中心城市，而制造业分布在周边次级城市，中国大约有1/3省份伴随着多中心城市结构的发展，它们在全球价值链的位置也在上升过程中。另外，李建军、孙慧和田原（2019）检验了“一带一路”国家的产品内分工对它们全球价值链攀升的促进作用，而且经济增长、资本积累和FDI技术溢出形成了协同效应。

2. 价值链与经济增长

参与全球价值链的分工和贸易，对经济增长有利弊双重影响。曲越、秦晓钰、黄海刚和夏友富（2019）发现参与全球价值链使得贸易对中国经济增长的拉动作用，呈现出先小幅下降、后大幅上升、近年来有所减缓的转换过程。刘梦、戴翔（2019）指出，全球价值链主导的国际分工使得贸易已经渗透到交换、生产和消费等多种经济活动中，成为经济变量相互作用的重要中介，这使得贸易对经济增长的驱动作用机制，从单纯的需求拉动演变为透过全球生产网络中投入产出关联所诱发的乘数性循环动态机制。易先忠、高凌云（2018）的经验分析表明，贸易部门脱离本土需求去片面融入全球价值链，难以实现出口升级，无法带动国内生产率的整体改进，也很难成为经济持续增长的引擎。陈启斐、巫强（2018）认为，虽然离岸服务外包和在岸服务外包都可以显著促进区域经济协调发展，但离岸产品外包具有低工资的成本节约型特征，不利于区域经济的协调发展，而在岸产品外包具有促进本地研发创新和提高工人技能水平的特征，会促进区域经济协调发展水平提升。

经济波动是广义的经济增长的一个侧面。邵朝对、李坤望和苏丹妮（2018）将全球和国内价值链贸易同时纳入分析后发现，与传统双边贸易相反，参与全球价值链贸易会放大国内价值链贸易对于中国不同地区之间经济周期联动的协同影响。唐宜红、张鹏杨和梅冬州（2018）的行业层面分析更进一步发现，服务业和制造业的相互嵌入带来了更大的经济周期联动效应，而在跨国层面，欧盟、北美和亚太区域间价值链对经济周期联动的影响较大，中国的全球价值链嵌入对经济周期联动总体上具有积极影响。杨继军（2019）提出，增加值贸易对经济联动具有显著的正向作用，而且在价值链贸易的轮轴国家与辐条国家之间具有非对称性。如果我国积极推进与轮轴国家间的增加值贸易，就可以充分利用这种关联效应，这有助于我国实现向高收入经济体的增长收敛。

（三）贸易政策与经济增长

2008年全球金融危机之后，在资本主义世界长期性经济增长停滞的诱发，尤其是美国对中国发起贸易摩擦的推波助澜下，传统的针对部分商品的、临时性的关税和非关税的贸易措施，已经让位于大国之间在贸易等领域的新型全局性博弈，其中主要包括贸易政策不确定性，以及中国为应对这种不确定性而采取的区域贸易协定、“一带一路”倡议和国内自贸区建设等措施。这些贸易政策对中国经济发展的影响成为研究的一大热点。

1. 贸易政策不确定性

由于中美贸易摩擦的动荡起伏，贸易政策不确定性变成了国内理论和实证研究的焦点之一。贸易政策不确定性的上升不仅会带来贸易量的下降，也会对经济增长和福利产生负面影响。吕江林、申屠廉盛（2019）分析了不同情景设定下中美贸易摩擦导致的宏观经济效应。他们发现，如果中国不反制美国发起的贸易摩擦，那么短期产出和贸易盈余都会明显恶化，若采取对等反制策略和措施，在中短期反而会提升这些宏观经济指标的表现。因此，中国应该坚决反对并反制美国发起的贸易摩擦。何宇、陈珍珍和张建华（2019）同样认为，中国应该用“以牙还牙”的策略应对美国对中国的贸易摩擦威胁，不过中国同时应该扩大进口以缓解中美贸易的结构性矛盾，而且这有助于中国国内产出和福利的提升，还能优化产业结构。

2. 区域贸易协定

在全球化不断退缩，世界贸易组织（WTO）的功能日益萎缩的当下，不同国家和地区之间的区域性贸易协定却方兴未艾。中国不断积极寻求与各个贸易伙伴签订不同范围和层次的贸易协定，这些有助于抵御美国发起的贸易摩擦，巩固国际贸易发展的既有成果，保障中国贸易和经济增长。

李春顶、郭志芳和何传添（2018）评估了中国当前参与的大型区域贸易协定谈判的潜在经济影响。他们的定量模拟结果显示，这些协定都有利于提高中国的福利、产出和贸易，而产出增长的效应仅次于贸易增加效应，其中对中国最有利的选择是建立亚太自贸区和区域全面经济伙伴关系协定。杨军、董婉璐和胡继亮（2019）利用全球动态一般均衡模型，考察了在关税削减和非关税壁垒下降等因素影响下，中国和欧盟建立自贸区对于双方的产业结构调整和经济增长的正向影响。孙瑾、施戍杰和封于瑶（2018）认为，高质量的亚太区域贸易协定能更有效推动亚太地区的经济增长和福利提升，但发展中国家首先要提高执行能力，才能获得和发达国家一样的正面经济效果。张洪、王庭东（2018）用 GTAP 模型研究了上合组织成员方建立自贸区的潜在经济影响。他们发现这符合各成员方的长远利益，能有效拉动各成员方经济增长和产业结构调整。

3. 国内自贸区建设

国内的自由贸易试验区已经成为中国在国际贸易领域重要的制度变革。设立自贸区的目标有促进对外开放和进出口，以及形成制度改革的范本等，但最终还是帮助实现高质量发展。叶修群（2018）用省一级的季度数据构建面板数据进行分析发现，虽然有明显时间滞后，但成立自贸区显著提高了所在地区的 GDP 增长率。应望江、范波文（2018）从设立沪津闽粤四大自贸区的政策效应评估中证明，自由贸易试验区政策对实施地的经济增长具有积极的促进作用。刘秉镰、吕程（2018）选取中国 31 个省、市、自治区（未含港澳台地区）的月度面板数据，通过对比自贸区挂牌成立前后各地区经济变量的实际值与合成控制地区经济变量的"反事实"估计值之差，证实了建立自贸区有利于推动贸易自由化进程，也会对经济增长产生正面促进。

4. "一带一路"倡议

"一带一路"倡议带来的贸易、投资便利化和基础设施建设，以及社会文化交流，已经成为沿线各国经济增长的推动力。王婉如（2018）分析了"一带一路"倡议背景下，降低技术壁垒和降低关税的不同组合方案，发现降低技术壁垒将对中国的 GDP 和贸易规模等产生正向促进作用。石敏俊、美丽古丽、黄文和李娜（2018）基于 GTAP 模型和情景模拟方法证明，如果以上海合作组织成员为主建立自由贸易区，有助于提升中国和"丝绸之路经济带"沿线国家的经济和贸易合作关系，而且能够推动中国的 GDP 总量增加。

在经济增长的波动性方面，黄赜琳、姚婷婷（2018）测算了中国与"一带一路"沿线国家经济周期协同变化的动态特征，发现双边贸易、双边直接投资、专业化分工和金融一体化是引起跨国经济周期协同性变化的主要传导路径。曹伟、金朝辉和赵静梅（2019）测度了中国经济波动对"一带一路"沿线国家的外溢，以及"一带一路"沿线国家的经济波动对中国经济增长带来的反向冲击效应。他们发现来自中国的经济冲击对独联体各国的经济增长影响最大，对东南亚国家的影响最小。由于中国经济波动对国际原油价格产生了较大影响，从而对西亚地区特别是产油国的经济增长带来了较大冲击。此外，"一带一路"沿线国家的经济波动，对中国均存在一定的反向冲击效应，其中特别是俄罗斯的经济冲击，对中国实际 GDP 的影响最大，而由中亚地区国家带来的这种冲击影响最小。崔连标、洪雪雯和宋马林（2018）的量化评估也认为，"一带一路"倡议有助于沿线国家经济增长的改善，而且能够缓解美国的 TPP 政策对中国经济增长的不利冲击。

二、贸易对经济结构优化的影响

经济结构的动态变化是发展中国家经济发展的重要特征之一，结构优化也就成为发展经济学的研究重点。参与国际贸易会对发展中国家的各类经济结构产生不同作用，进而影响到这些国家的经济发展成效。国内学者从市场结构、产业结构、产品结构等角度，深入地分析了贸易对经济发展的效应。

（一）贸易与市场结构

孙浦阳、侯欣裕和盛斌（2018）发现，开放服务业中间品市场允许外资参股的政策降低了成本，从而提高了下游制造业的出口。由于这种效应在管理效率高的企业更为显著，因此有助于优化出口企业的市场结构。裴长洪、刘斌（2019）认为互联网与跨境电商促进了服务业和制造业的融合，改变了全球价值链体系中的微观主体、分工模式和组织结构，也为中国提供了跃升到全球价值链高端的新机遇。代谦、高雅婷（2018）从经济史的量化分析着手，使用中国古代宋朝“草市镇”数据验证对外贸易对经济长期发展的意义。他们认为，南宋相对于北宋，在农业土地要素禀赋方面发生了重大改变，比较优势转向了非农产业和商品经济，这时的海外贸易更加促进了国内外市场的融合，产生了向“商业革命”的转型。此外，李嘉楠、代谦和庄嘉霖（2019）以19世纪中国被迫向各国开埠作为对外开放的准自然实验，他们发现这种开放促进了当时的各府与周边地区国内市场的整合，尤其是在设立了租界的口岸这种效应更强。

（二）贸易与产业结构

产业结构升级既是经济发展的表征，也是经济发展质量提升的因素之一。唐宜红、俞峰、林发勤和张梦婷（2019）将高铁开通作为准自然实验，发现高铁可以通过降低固定贸易成本促进企业出口，而这种效应对资本和技术密集型行业的影响更大，从而有助于优化出口的产业结构和转型升级。邵朝对、苏丹妮（2019）认为企业贸易方式从加工贸易向一般贸易的转变，引致了产业集聚，并且通过结构效应促进了出口中的国内增加值的增长，这成为中国企业沿着全球价值链升级的本地化路径之一。姚星、蒲岳、吴钢、王博和王磊（2019）运用多区域投入产出数据进行分析发现“一带一路”倡议使沿线国家产业融合的深度和广度不断提高，但中国各产业与沿线各国的融合程度和市场地位并不一致，劳动密集型、资本密集型制造业和生产性服务业的外向支撑地位较高，而资源需求型产业则是内向引进地位较高。

从进口方面来看，魏浩、张瑞和王徽（2018）测度了中国工业行业的进口专业化程度，结果表明无论全行业还是资本密集型行业，进口专业化程度的提高对行业的增长都有显著正效应，但这种效应在劳动密集型行业中不稳健。杜运苏、彭冬冬（2019）发现生产性服务进口复杂度和制度质量能够显著地提升一国制造业分工地位，不过高技术含量的生产性服务进口在此过程中对制度质量的依赖更强。这两个变量对制造业分工地位的影响存在门槛效应，越是开始向全球价值链的中高端攀升，它们发挥的作用越大。

李正、武友德和胡平平（2019）认为在新兴市场经济国家当中，中国参与制造业全球价值链的程度更深，并且明显表现出由低技术产业向高技术产业演进的趋势。潘秋晨（2019）实证考察了嵌入全球价值链，通过中间品效应、链中学效应和竞争效应对中国装备制造业转型升级的影响。他们发现1995—2014年全球价值链分工促使中国装备制造业整体的转型升级呈现出上升趋势。丁一兵、刘威（2018）的研究表明，中高技术行业的进口产品复杂度对产业结构高级化具有促进作用，而除了能源类行业，中低技术行业进口产品复杂度对产业结构高级化的影响更显著。张建华、何宇、陈珍珍（2018）发现在开放经济中，产业结构的变化都表现出农业部门份额持续下降、工业部门份额保持不变、服务业部门占比持续增加的趋势。当受到外贸冲击时，经济体的产出结构比消费结构具有更大的波动性，这是因为消费者偏好的调整效应抵消了部分外贸价格冲击。

中美贸易摩擦对两国相关行业的贸易和生产的影响具有异质性。王霞（2019）的模拟结果显示，美国挑起的贸易摩擦会使得美国各行业产出的下降幅度大于中国，但由于中国这些行业的产出总量更大，部分行业的绝对损失额会高于美国，因此美国发动贸易摩擦会牵制中国走向“制造业强国”的进程。聂飞（2019）则分析得出自贸区建设通过贸易便利化的进口质量效应和投资便利化的专业化分工效应，有效促进了制造业结构的合理化。

（三）贸易与产品结构

产品结构是贸易的微观基础，进出口产品结构关系到国际贸易的获益，进而影响经济增长和发展。梁经伟、毛艳华和文淑惠（2019）发现，东亚国家之间整体的生产分割长度，即产品在东亚国家内部的生产阶段数量呈现递增趋势，并且国内与国际生产阶段的数量存在互补关系，他们验证了东亚国家的生产结构复杂度不断提升，同时全球化分工的参与程度也在不断提升的特征性事实。胡贝贝、靳玉英、姚海华和王开（2019）的研究表明，企业出口产品当中含有的要素禀赋和这种产品在整个出口产品空间中的位置，决定了企业出口技术复杂度的提升，从而带动了企业出口产品的升级。丁小义、程惠芳（2018）的测算结果表明，当前产品内分工出现了类似于发达国家和发展中国家在世界经济当中的相对地位的“中心-外围”格局，而且各国的分工形态和分工地位具有一定的延续性，或者称其为分工模式的黏性，这使得发展中国家的各种驱动政策极易陷入失效的境地。

王思语、郑乐凯（2018）将制造业的服务化视为推动中国制造业转型升级的关键，而这种转型升级就体现在出口产品的技术复杂度水平的提升上。罗军（2019）认为生产性服务的进口促进了中国制造业企业在全球价值链中的产品升级。贸易自由化在这一进程中发挥着重要作用，而且具有显著的门槛效应，这种效应会随着扩大服务贸易开放而逐渐增强。

三、贸易对经济发展方式的影响：要素配置和生产率

近年来，资本的配置效率而不是资本的数量，人力资本而不是劳动力的数量成为制约中国经济增长的重要约束条件。同时，提升劳动生产率和全要素生产率已经成为中国经济高质量发展的根本动力。国内学者从国际贸易与这些投入要素的关系，以及贸易对全要素

生产率的影响等路径，进一步阐释了贸易对经济发展的影响机制。

（一）资本要素

张同斌、刘俸奇（2018）分析了“贸易开放→产能利用率→经济增长”和“贸易开放→资本深化→经济增长”这两种从贸易到经济增长的传导效应。他们发现贸易开放度的提高不仅能够产生引致需求和增进要素使用效率并提高产能利用率，还可以通过吸引投资加速资本积累和资本深化来加快产出的增长。

（二）劳动力要素

资本的数量已经不是中国当前经济发展的紧约束。另外，较低劳动力成本所代表的劳动力数量红利虽然是改革开放后中国外贸增长的动力源泉，但近年来这种红利已逐渐消失殆尽。李建强、赵西亮（2018）比较了中国与一些主要出口竞争对手的制造业单位劳动力成本的高低，结果显示中国的单位劳动力成本已经高于印度尼西亚、泰国和马来西亚等东南亚国家。此外，由于近年来中国人口红利的快速消失，中西部地区劳动力成本也已经高于这些东南亚国家，这就可以解释中国的中西部地区为何没能及时接收东部地区的产业转移，反而出现这些产业转移到东南亚国家的现象。

在劳动力成本红利消失的背景下，人力资本的提升对于经济增长的作用就凸显了。喻美辞、蔡宏波（2019）认为出口产品质量的提高，增加了对高技能劳动力的相对需求，也显著提升了劳动力技能溢价，而且这种效应在高技术行业更为明显。耿晔强、白力芳（2019）的理论模型纳入了人力资本和研发强度，分析这两个因素对发展中国家价值链升级的作用，随后的实证分析也表明它们显著地提升了中国制造业在全球价值链当中的位置。不过，这主要是通过资本技术密集型行业，而不是劳动密集型行业发挥的效应。周茂、李雨浓、姚星和陆毅（2019）用始于1999年的高校扩招构造了准自然实验，它们发现高校扩招带来了人力资本的扩张，但技能劳动力集聚在城市，并引发资源在城市制造业内部不同出口产品间的优化再配置，进一步深入企业层面，带来了城市制造业的出口升级。

然而，也有一些结果相悖的实证研究，邵敏、武鹏（2019）的实证结果就表明，中国的出口导向性经济发展模式，虽然带来了出口扩张，甚至使中国成为“世界工厂”，但却导致较差的农村进城务工人员就业稳定性，且人力资本越高的农村进城务工人员，主动转换工作的概率越大，这不利于形成一定规模的稳定的高技能产业工人队伍，进而不利于中国的产业体系走向高端。

（三）生产率

蒋灵多、陆毅和纪珽（2019）证明，以关税下降代表的贸易自由化，会让效率低的高杠杆企业退出市场，降低了在位企业的平均杠杆率，政府应该进一步采取措施扩大开放，提高市场中企业的平均效率水平。张先锋、谢正莹和蒋慕超（2019）的分析发现，中间品进口能够促进企业提高产能利用率，这有助于化解一段时间以来中国企业中广泛存在的产能过剩。他们进一步认为是中间品进口的数量效应和种类效应对企业产能利用率产生了正向影响。

孙楚仁（2019）通过在一般均衡贸易模型中引入个体技能异质性，证明了贸易自由化将会导致企业生产率和劳动力市场的平均技能水平上升以及技能种类增加，从而提高个体福利和总产出。盖庆恩、方聪龙、程名望和朱喜等（2019）认为，消除国内劳动力市场扭曲，再加之国外贸易成本的降低，能更好地提升劳动生产率。显然，同时改进这两个市场的总效应要高于单独改革的效应，这就表明中国的改革应该统筹内部改革和加强对外开放才能获得更好的效果。

当然，全要素生产率的提升对于经济的高质量发展更具根本性意义。黄新飞、高伊凡和柴晟霖（2018）的实证研究显示，初次选择进口国外中间投入品的企业，在当年就能实现生产率的提升，在之后的三年当中，这种效应还显著地持续存在，中间品进口企业所在行业的技术密集度越高，这种生产率提升效应就越强。郑玉、姜青克（2018）的投入产出分析发现，无论是前向参与还是后向参与全球价值链，都会提升全要素生产率，但前向参与的效应略大。陈明、魏作磊（2018）证实了生产性服务业双向开放对服务业生产率都有着显著的正向作用，其中生产性服务业走向国际市场带来的生产率提升效应更大一些，这在研发设计与其他技术服务、信息服务和货物运输仓储以及邮政快递服务中体现得更明显。王欠欠、夏杰长（2019）的实证结果显示，服务业全球价值链嵌入位置的提升对于制造业企业技术进步具有显著促进作用，而国内服务业全球价值链位置提升对制造业生产率的创新效应要大于国外服务要素向国内投入带来的溢出效应。刘威、丁一兵和关然（2019）的研究表明，在全世界范围内，中国进口复杂度的提升促进了全要素生产率和技术进步的增长。叶建亮、杨滢（2019）的研究发现，由于存在进口的选择效应和学习效应，进口的企业相比没有进口的企业的全要素生产率更可能发生显著和持续性的提高。

四、贸易对经济发展动力的影响：创新

熊彼特早就论证了创新对于经济发展的意义。中国经济增长进入新常态和高质量发展阶段之后，研发创新和由此产生的技术进步相对于要素的投入，具有更持续的经济增长效应，进而推动宏观经济的高质量发展。国际贸易能够从要素的供给和需求两方面刺激企业选择创新的行为，更充分发挥创新对经济发展的能动效应。

（一）贸易开放与创新

王思文、管新帅和刘雪强（2018）证明，企业创新活动具有显著的自我选择效应，企业扩大出口会伴随更多的创新。张宽、黄凌云（2019）发现，贸易开放能够通过提升人力资本积累增强自主创新能力，这是因为人力资本具备吸收国际知识和技术的核心能力，而且人力资本积累程度越高，贸易开放对自主创新能力的正向影响就越大。罗知、宣琳露和李浩然（2018）发现，与出口贸易不同，进口贸易会使得一国的技术进步方向偏向资本。内在原因是进口贸易减轻了劳动价格扭曲，进而使得资本价格相对劳动价格而言，更低于其边际产出，促使企业选择了偏向资本的技术进步方式。邢孝兵、徐洁香和王阳（2018）认为，自我国实施鼓励先进技术设备和关键零部件进口的政策之后，高技术水平产品的进口对于技术创新有显著的负向影响，而低技术水平产品的进口则对技术创新

有显著的正向影响。姚博、汪红驹（2019）的分析表明，虽然有较长的时滞，中间品进口通过技术外溢效应显著提高了我国企业的技术进步水平和竞争力，这是因为中间品进口促进了企业的研发行为和研发力度。另外，相比来自新兴市场国家和落后国家的进口中间品，从 OECD 国家进口的中间品对企业技术进步的影响明显更大。魏浩、连慧君和巫俊（2019）认为，中美贸易摩擦激化的背景下，来自美国的进口竞争对内资企业、低融资约束企业的创新产出更具有显著的促进作用。

苏二豆、薛军（2019）的研究表明，向外资开放服务业能够有效降低下游制造业企业的生产和交易成本，从而促使企业进行研发创新，同时这也会吸引更多下游企业进入市场，通过竞争效应激励企业选择创新。陆菁、潘修扬和刘悦（2019）发现，在远离技术前沿阶段的时候，面临劳动力成本上涨压力的低效率企业，会选择运用效率而非质量创新策略来增强出口竞争力。当企业的效率水平跨越一定门槛后，处于准技术前沿的企业会选择产品质量创新策略，通过压缩产品范围并提高产品集中度来获取更高的出口竞争力。贸易还会对出口目的地国家的创新产生影响，贸易的创新效应对进出口双方都有益。刘志东、高洪玮（2019）发现中国的制造业出口会引发美国企业的生产要素从非核心制造业行业向核心制造业行业转移，这促进了美国制造业企业的创新产出。

（二）全球价值链与创新

全球价值链对企业创新的影响方向可能不是单向度的。吕越、陈帅和盛斌（2018）的实证研究发现，由于对技术外溢的过度依赖、技术吸收能力和发达国家的“俘获效应”等原因，企业嵌入全球价值链反而会抑制企业的研发创新。即便是中国加入 WTO 这种正向外生冲击，价值链嵌入依然不利于制造业企业的研发，而且嵌入价值链的程度越高，对创新的抑制作用就越强。不过，陈婷玉（2019）将中国制造业纳入创新价值链中进行分析发现，国内需求引致了中国制造业研发支出快速增长，美国、日本等发达国家的需求引致的中国制造业研发投入最多，而金砖国家的外需引发中国制造业研发投入增长的速度最快。此外，王磊、王琼和庞莹（2019）的检验表明，进口中间品带来了企业利润的增长及出口规模的扩张，从而有助于实现中国企业技术创新的模式走向高端前沿。

（三）贸易政策与创新

贸易政策不确定性是影响企业创新行为的重要因素。毛其淋、许家云（2018）考察了中国加入 WTO 后获得美国授予的永久正常贸易关系，结果表明这使得贸易政策不确定性下降，进一步激励企业加大了新产品研发力度。庄子银、李宏武（2018）分析了美国的 337 调查对中国出口企业自主创新活动的影响。他们发现 337 调查对中国出口企业创新存在着显著的正向影响，而且对高技术企业的激励作用要大于中高和中低技术企业。另外，从控股的资本来源上看，337 调查对在华外资控股企业存在显著的激励作用，而对内资企业的激励作用相对较弱。王雄元、卜落凡（2019）以“中欧班列”开通为准自然实验，验证了这种贸易活动通过提高出口贸易促进了企业创新。“中欧班列”开通之后，以往财务资源不足但产品竞争力较强的企业抓住机遇进入国际市场，从而实现创新驱动发展。那些通过“中欧班列”参与国际贸易的企业，更可能选择通过对外投资以持续增强创新活动，同时也更可能吸引外商直接投资以更好满足企业创新投入的资金需求。

五、贸易对经济高质量发展目标的影响

在高质量发展的历史阶段，经济发展的终极目标是满足广大人民对美好生活的需求，这其中既包括公平的收入分配、社会福利的改进，也包括生态环境的改善。国内学者分析了贸易对以上经济发展目标的影响。

（一）贸易与收入分配

收入分配是影响人们对经济发展成果的获得感的重要因素之一，而贸易会显著影响收入分配结构。王娟、张鹏（2018）发现工业行业的熟练和非熟练劳动力之间的工资差距与该行业的劳动生产率之间呈现倒“U”形关系，内在原因是中国的出口贸易嵌入全球价值链分工网络之后，本国熟练劳动力供给不足，本国的人力资本水平和生产的技术无法完全匹配。段志民（2018）发现国际贸易导致中国的高技能和低技能职业的工资增长率要显著高于中等技能职业，而且进口贸易主要促进高技能劳动力就业，而出口贸易则更有利于低技能劳动力就业，同时内陆城市中国际贸易对职业选择的两极分化作用较沿海城市弱。刘灿雷、王永进（2019）认为中国加入WTO之后实现了大规模的出口扩张，而这导致了企业间工资差距的扩大。另外，通过分解这种工资差距的组成，他们发现主要是利润增加带来的工资分享，而不是员工技能组成差异的机制发挥了主要作用。吴云霞、蒋庚华（2018）认为中国参与全球价值链分工和贸易，以及随着时间推移发生的价值链位置变化，缩小了不同技能劳动力之间的工资报酬差距，尤其是在服务业领域更加明显。

李胜旗、毛其淋（2018）认为以关税下降代表的贸易政策不确定性的下降，提高了企业劳动密集型产品的出口占比，促进企业雇用了更多非技术劳动力，这不仅显著促进了企业就业净增加，提高了企业平均工资，而且缩小了企业员工之间的工资差距。侯欣裕、孙浦阳（2019）则认为外部需求冲击对我国企业工资有显著的正向影响，尤其是低技术行业受到冲击之后会更大幅度地调整工资。

从性别差异看，陈怡、田靖和孙文远等（2018）认为贸易对低技能劳动力的性别工资差距有缩小作用，却对高技能劳动力的性别工资差距有扩大作用，但总体上国际贸易扩大了性别工资差距。此外，国际贸易提高了沿海地区的工资水平，有助于缓解该地区的性别工资差距，但对内陆地区工资水平的提高则有不利影响。从区域层面来看，戴觅、张轶凡和黄炜（2019）的研究发现，在中国加入WTO之后，通过削减关税实现的贸易自由化对不同城市工资的相对增长存在差异性影响。其中，受关税冲击较大的城市，低技能劳动力工资增长相对较慢。Fan，Jingting（樊静霆，2019）则指出，中国的贸易提高了具有相同技能的工人之间的地区间不平等，以及技术工人和非技术工人之间的区域内不平等，忽视空间摩擦会低估贸易对整体不平等的影响，也会高估贸易对技能总溢价的影响。王跃生、吴国锋（2019）证明，出口、最终品和中间品进口等三种贸易形式的贸易自由化都显著缩小了中国城乡收入差距，这主要是因为贸易自由化促进了农村劳动力在非农业部门的就业。谢申祥、陆毅和蔡熙乾（2019）分析了开放经济条件下贸易政策稳定性对劳动者工资议价能力的影响。他们认为更稳定的贸易政策提升了劳动者的工资议价能力。

（二）贸易与福利改进

国际贸易对一国居民福利的影响巨大。孙浦阳、侯欣裕和盛斌（2018）揭示了外资进入提高贸易福利的作用机制。他们认为对上游制造业，而不是服务业的外资管制的放松，扩大了企业使用外资生产的中间投入品范围，提高了企业生产率水平，进而推动一国福利的上升。张奕芳（2018）构建了互联网内生贸易模型，并通过检验发现互联网带来的贸易福利可以弥补因人口红利消失而减少的贸易福利。

在进口对贸易福利的作用上，张永亮，邹宗森（2018）通过模型推导出精确的价格指数和产品质量，继而运用中国1995—2014年的进口数据测算发现，中国消费者平均每年由于进口产品质量升级而获得的福利相当于GDP的1.24%。徐小聪，符大海（2018）构建了可变需求框架下进口种类增长的福利效应估算模型，并利用1995—2010年CEPII-BACI数据库估算了中国和其他9个进口国的进口种类福利效应，他们发现进口种类增长带来的福利效应提升相当于各国GDP的0.07%到3.36%，而对于中国，进口种类增长带来的福利在可变需求情形相比不变需求增加了0.94%。

在贸易自由化的福利效应上，孙楚仁（2019）的异质性个体贸易一般均衡模型给出了贸易自由化一个新的福利来源，即贸易自由化将导致个体选择当企业家的临界技能水平上升，促使企业生产率和劳动力市场平均技能水平上升以及技能种类增加，进而导致劳动力配置效率上升和总产出增加，最终使个体福利上升。王备、钱学锋（2020）基于生活成本指数，利用1992—2009年中国城镇住户调查数据考察了贸易自由化对家户部门消费福利的影响。他发现中国城市居民家庭的生活成本指数呈上升趋势，且在不同收入水平的群体间存在差异，贸易自由化引致的进口关税削减会降低中国城市居民家庭的消费品与消费性服务生活成本指数。特别地，贸易自由化在某种程度上有助于缩小不同收入群体间的实际消费福利差距。

（三）贸易与生态环境

生态环境的改善是高质量发展的重要内涵，而贸易对生态环境的影响也是近年来研究的热点问题。马光明、唐宜红和郭东方（2019）认为贸易方式反映了当地制造业生产过程的特点，可能从“清洁效应”与“技术效应”两个渠道影响工业排污强度。他们发现各省区市加工贸易比重与排污强度负相关，而加工贸易转型区各省区市加工贸易占比与当地排污强度正相关，并验证了“贸易方式结构——制造业生产特点——排污强度”的逻辑关系。郭树龙（2019）的检验结果表明，中间品进口通过资源配置效应和技术溢出效应降低了企业污染排放，且环境规制强化了东部地区中间品进口的污染减排效应，但中间品进口的环境政策溢出效应并不能促进企业污染减排。朱启荣、王玉平和刘璇（2018）计算了我国工业品出口贸易的工业废气与废水的排放强度与排放量，他们的研究结果表明，虽然废气与废水排放密集型行业产品出口在我国工业品出口贸易中的总体占比较小，但我国工业品出口行业的废气与废水排放量均很大，分别占国内工业废气与废水排放总量的22%与32%。毛熙彦、贺灿飞（2018）基于中国2003—2009年261个地级市30个制造业大类数据检验发现，贸易的专业化集聚将形成多个层面的拥挤效应，不利于区域的环境污染治理，而环境规制将有效抑制区域的污染演化。因此，尽管对外贸易扩张在一定程度上强化了污染行业在专业化区域的集聚，但并未因此造成污染排放在区域之间形成两极分化。

六、研究展望

我们对贸易与经济发展的相关研究进行的综合分析和总结表明，商品和服务的进出口贸易本身有助于推动中国的经济增长。另外，在当前的国际分工和全球化进程日趋复杂化的环境中，学者们还探讨了参与国内外价值链对经济增长的影响，以及贸易政策不确定性对经济增长的阻碍，并且分析了中国在这种外部挑战之下，如何通过推动区域贸易协定、“一带一路”倡议和国内自贸区改革，以应对逆全球化和价值链脱钩对中国发展的不利影响。此外，贸易还可以通过影响市场结构、产业结构，产品结构和收入分配结构等经济结构，作用于资本和劳动力的配置、生产率，以及通过创新等方式促进经济发展。贸易对于高质量发展的意义，还体现在改变收入分配的结构、改进人民福利水平和改善生态环境等领域。

然而，当前的全球化进程暗流涌动，逆全球化的政治、经济和社会因素日渐突出，美国发起的中美贸易摩擦，以及中国和其他国家的贸易摩擦前景未明，中国已经走向了经济发展的新常态和高质量发展的新征途，这些都要求学者们从新的视角研究贸易与发展的关系。在理论上，由于中国经济发展面对的外部贸易、分工和生产的不确定性环境，以及高质量发展背景下对贸易所发挥作用的新要求，已经不能用那种把发展中国家作为同质性，或者作为小国的贸易理论来解释贸易与经济发展的关系了，需要从理论架构上进行重塑。在实证分析上，不确定性正在深刻地影响分工、生产和交换这些国际贸易的核心要素，人们对这种不确定性的起因、表现形式、对贸易各维度的作用方式以及影响发展的不同机制需要进一步的分析。面对贸易摩擦进一步激化的可能性，以及全球价值链重构的前景，贸易对于中国经济增长和发展的作用和意义也正在转变，同时也需要更多关注贸易对本国居民福利、环境、分配结构等更具包容性增长因素影响的研究。此外，新的信息技术、人工智能等技术创新的出现，正在深刻地改变人们的生产和生活在时间和空间上的分布，而贸易理论和实证的分析需要相应研究这些新问题和新趋势。

对于中国学者而言，面对中国经济增长落入中等收入陷阱的可能性、地缘政治因素影响上升和大国经济发展的前景等独具中国经济发展特色的问题，除了借鉴各国发展的历史经验、最新的前沿理论之外，也要形成新的实证分析方法、工具和应用，进行新的贸易与经济发展关系的理论分析。

总而言之，在从理论和经验分析的综合维度，研究贸易和经济发展的相互作用这一重要的学术领域，未来我国学者还可以从新的经济实践中提出新的理论架构和机制，并从实证分析中探寻更多重要的特征性事实和效应，以便更有助于政府相关政策的设计和实践。

第二节　重要论文

根据上一节对2018—2019年国内学术界关于贸易和经济发展相关议题的文献综述，我们选择国内知名学者在该领域取得的重要突破性进展，从论文的研究背景、主要结论、理论和实证贡献，以及现实意义这些角度做更详细的介绍和分析。

1. 江小涓，罗立彬．网络时代的服务全球化——新引擎、加速度和大国竞争力［J］．中国社会科学，2019（2）：68-91，205-206.

研究背景：网络和信息技术从根本上改变了传统服务业低效率和不可贸易的性质，由此网络时代服务全球化进程必将加速，也使服务全球化的推动力大大加强。在网络时代服务业全球化过程中，中国在发展阶段、市场规模、商业模式、网络和数字技术应用、开放程度等方面具有优势，能够并应该在服务全球化的过程当中形成较强竞争力。

主要结论：首先，服务全球化将持续推进并出现新特点。一方面，它的规模经济和范围经济特征极为明显，劳动力与劳务可以分离，生产者跨国提供服务的成本极低。另一方面，消费者也能极为便利地从世界各国选择所需服务。其次，中国由于在人口规模、经济体量、互联网技术创新、移动终端普及程度等方面具有独特优势，因此在网络时代的服务全球化发展中，有显著的规模经济优势，并将形成较强的全球竞争力。最后，扩大服务市场对外开放应该并正在成为我国当前推动供给侧结构性改革的重要组成部分。

主要贡献：此项研究首先从理论上论述网络时代对服务业发展和服务全球化的影响问题。其次，从实证角度对服务贸易全球化的趋势将会逆转还是继续前行做出了判断。最后，对服务全球化的态势对中国经济的影响进行了量化测算。

现实意义：过去40年的对外开放政策已经使得全球化成为推动我国经济快速增长、结构调整和技术升级的一个关键因素。近几年来，有关全球化停滞、逆转和未来前行艰难的流行判断引发了人们的普遍关切。中国刚刚进入服务业为主的发展时代，但是多年来服务全球化进程落后于制造全球化。如果本就相对滞后的服务全球化还会逆转倒退，将对我国未来发展产生重要影响。这项研究表明，我国能够并应该通过服务全球化，充分利用国内外“两个市场、两种资源”，保持中高速增长和持续提升效率水平。

2. 洪俊杰，商辉．中国开放型经济的“共轭环流论”：理论与证据［J］．中国社会科学，2019（1）：42-64，205.

研究背景：中国抓住第三次全球化浪潮的历史机遇融入全球贸易体系，是改革开放以来我国取得一系列重要成就的关键因素。通过融入全球价值链，中国企业得以和世界级企业进行合作与竞争，从而提升了生产效率，并在全球生产体系和价值链中逐步向上攀升。然而，实证研究也显示，由于发达国家跨国公司的垄断和控制力，中国企业在发达国家主导的全球价值链中处于“被分工”的地位，在这一价值环流中向上攀升的空间是有限的，需要拓展新的发展空间。

主要结论：全球贸易网络可以分为发达国家间的价值环流和发展中国家间的价值环流两部分，而这两者互相联系和影响，又形成了一种“共轭环流”。中国已成为“共轭环流”的枢纽，这一特殊地位有利于提升我国在国际分工中的地位。中国嵌入发达国家价值环流时，技术水平的提升会促进其国际分工地位的攀升，使其承接更复杂工序，但提升速度逐步放缓，存在收敛趋势。在中国与其他发展中国家的价值环流中，后者分工地位的提升，有利于推动中国国际分工地位的进一步提升，从而实现向中高端的攀升。

主要贡献：文章在回顾中国对外开放历史、总结对外开放实践经验的基础上，结合全球价值链的最新发展，在多国-产品内分工框架下，刻画作为衔接发达经济体价值环流和其他发展中经济体价值环流“枢纽”的中国这一新兴市场经济体。进一步又分析中国国际分工地位形成及提升的内在机理，提出中国开放型经济的“共轭环流”，构造了中国特色的开放型经济理论。

现实意义：为了破解低端锁定效应，实现向价值链中高端的攀升，中国在积极嵌入发达国家价值链的同时，应积极打造并引领发展中国家的价值环流。“一带一路”建设为打造以我国为主的全球价值链提供了难得的历史契机。先期可以在我国具有比较优势的行业打造若干以我为主的价值链，条件成熟后再进行进一步拓展。巩固中国在“共轭环流”中的枢纽地位，着力加强国内自主创新能力建设。在发达国家价值环流中，通过学习效应和竞争效应，提升企业技术水平和生产效率，而在发展中国家价值环流中，增强我国对该环流的引领能力，通过两个价值环流的良性互动实现“双轮驱动”。

3. 杨继军．增加值贸易对全球经济联动的影响［J］．中国社会科学，2019（4）：26-48，204-205.

研究背景：近年来，国际贸易的发展导致国家间的经济往来和经济联动不断增强。在新的国际分工格局下，生产链条纵向延伸，中间品贸易逐渐替代制成品贸易，继而成为国际贸易的主体。这些新贸易现象和新联系使得如何测度真实的国际贸易水平，如何识别国际贸易对全球经济联动的影响，变得尤为复杂。

主要结论：在控制了总值贸易强度、网络中心度、产业结构相似度、金融开放度、引力变量等因素后，无论最终产品出口中的国内增加值，还是中间产品出口中隐含的国内增加值，均显著推动了各国之间的经济联动。轮轴国家中增加值贸易对经济联动的影响更大。进一步研究发现，同一子群内增加值贸易对经济联动的影响趋强，不同子群间影响趋弱。此外，美国次贷危机后，无论增加值贸易还是网络中心度，其对经济联动的影响均不及危机前。

主要贡献：首先，依据价值来源地和价值吸收地原则对增加值进行分解，利用国家间投入产出模型，充分考虑出口贸易中的价值折返和价值转移行为，剔除“重复核算”成分，为破解“贸易-经济联动之谜”提供了新的视角。其次，文章将局部性的双边贸易拓展至整体性的国际贸易网络，结合网络中心度和凝聚子群的分析，识别了贸易影响经济联动的不对称性和分层聚类特征。

现实意义：全球经济联动背景下，“以邻为壑”必然陷入“以己为壑”。中国要实施非均衡开放战略，积极推进与轮轴国家高效、顺畅的增加值联结。面对中美贸易摩擦，中国仍要诉诸 WTO 多边贸易体制，对话与磋商才是解决贸易摩擦的正确选项。当然，应该建立科学的风险防范体系，警惕防范外部风险沿着增加值贸易链条拖累中国经济。

4. 潘文卿，李跟强．中国区域的国家价值链与全球价值链：区域互动与增值收益［J］．经济研究，2018，53（3）：171-186.

研究背景：改革开放以来，中国越来越深地嵌入全球价值链。然而，以生产过程“碎片化”为特征的垂直专业化分工，使得中国只能在产品生产的某一环节或某些环节，通过增加值创造获得贸易利得。基于总值的传统贸易核算体系可能因为中间产品在不同国家间的多次流转而造成“重复统计”，一定程度上扭曲了各国在国际分工中的价值创造和利益分配。我们从增加值供给与需求的双重视角，考察参与国家价值链（NVC）与全球价值链（GVC）的过程中，中国各区域之间以及它们与亚太各经济体的增加值互动关系和增加值收益。

主要结论：中国各区域在增加值流转上有两大特征。首先，中国各区域存在增加值地域上的“向极性”特征，而且这种特征在沿海和内陆存在差异。中国的内陆区域与国内临近的经济极的增加值关联更强，而沿海区域则与日本和美国两大经济极的增加值关联更强。其次，在供求的双向互动上，中国内陆各地区所需的区域外增加值更依赖于邻近沿海经济极，自身创造的增加值也更多供给到邻近沿海经济极，而中国沿海各区域出口所需的区域外增加值更依赖于海外的美国和日本，自身创造的增加值也更多供给到美国和日本。

主要贡献：（1）利用包含中国各区域和亚太其他主要经济体的区域间投入产出表，把 NVC 和 GVC 对接起来将对增加值国外来源的讨论细分到亚太地区主要经济体，更精细地讨论中国不同区域与亚太经济体在 NVC 与 GVC 互动中的协作和分工角色。（2）从增加值供给和需求的双重视角讨论了全球价值链上中国各区域与亚太各经济体的增加值互动，展现了中国内陆、沿海和亚太其他经济体在增加值供需上的不同地域特征。

现实意义：中国尽管在国际分工中扮演着越来越重要的角色，但出口中自身创造的增加值比例以及从 GVC 参与中获取的收益率仍然较低。因此，中国需要“双轮驱动”，既要积极参与 GVC，力争在国际竞争与合作中不断提升中国各区域在 GVC 上的分工地位和获利能力，还要从根本上提高国家创新能力和促进国家价值链，尤其是制造业价值链的延伸和升级。在中国与世界其他经济体之间的交往中，中国需要积极参与全球价值链，遏制贸易保护主义，管控贸易分歧，以“一带一路”为契机加强与世界各经济体，尤其是亚太经济体的经贸合作。

5. 孙浦阳，侯欣裕，盛斌．服务业开放、管理效率与企业出口［J］. 经济研究，2018，53（7）：136-151.

研究背景：改革开放以来，中国的服务业开放缓慢，鼓励外资参股的政策也很少。这种保护性措施客观上造成我国服务业整体上竞争水平低，技术发展相对滞后。另外，现有研究忽视了作为制造业重要生产投入的服务业发展滞后在很大程度上制约了制造业从“量”向“质”的跨越。

主要结论：服务业外资参股限制政策的开放，显著地提高了制造业企业的出口倾向和出口额的增长，但是随着外资参股限制开放程度的深入，这种促进作用在逐步降低。此外，服务业外资参股开放促进出口的作用，更多地是被行业中管理效率相对而言更高的企业所吸收了。

主要贡献：第一，将服务作为制造业企业生产和出口的重要投入纳入企业贸易模型，揭示了服务业开放政策影响企业出口行为的机制。第二，对中华人民共和国服务贸易具体承诺减让表和国家发改委颁布的关于服务业外资投资项目的详细指导规定进行量化，构建了衡量我国 1997—2007 年服务业外资参股比例开放进程的指标。

现实意义：当前应当着力推进与制造业生产及出口相关的服务业对外开放，同时将服务业开放的范围进一步扩大，以助力于我国出口贸易的持续发展，优化我国的出口市场结构。另外，在不断推进服务业外资参股限制开放的过程中，应当加快服务业破除行政垄断、引入市场机制的进程。

6. 唐宜红，俞峰，林发勤，张梦婷．中国高铁、贸易成本与企业出口研究［J］．经济研究，2019，54（7）：158-173.

研究背景：从2008年开通第一条高速铁路开始，中国高铁的飞速发展，极大地完善了国内交通网络，对贸易成本产生了重要的影响。当前，越来越多的国内外研究关注到交通基础设施建设引致的国内贸易成本变化对贸易的影响，但是较少有人关注旨在降低客运成本的基础设施建设对企业出口的影响。将高铁这种客运专线的开通作为准自然实验，为探究人员流动的贸易成本效应对企业出口的影响提供了便利。

主要结论：（1）开通高铁城市的企业出口提高了12.7%。（2）以“市场准入”指标为固定贸易成本的代理变量进行分析发现开通高铁降低了面对面交流成本，使得企业能更快更好地获取复杂信息，促进企业出口。（3）文章的异质性分析发现，开通高铁促进了企业出口扩展边际的增长，对资本或技术密集型行业、时间敏感性产品、东部地区城市和高铁直达港口的城市出口促进作用更大。

主要贡献：首先，文章是国内最早关注中国高铁对企业出口影响的文献之一。其次，开创性地基于地理信息数据为高铁构建了工具变量来处理内生性问题，以识别高铁对企业出口影响的因果关系。

现实意义：首先，研究发现开通高铁显著促进了企业出口，但是高铁的出口效应作用范围为高铁站距离城市中心30公里以内的道路距离，为现实中各地区“争路运动”到“高铁选址”的转变提供了理论依据。鉴于高铁站相对城市中心位置对高铁经济效应的影响，未来高铁站布局是提高规划的科学性及增强高铁的福利效应的有效优化改进方向。其次，研究发现高铁作为客运专线，主要通过降低固定贸易成本对企业出口的扩展边际产生促进作用。

7. 姚星，蒲岳，吴钢，王博，王磊．中国在“一带一路”沿线的产业融合程度及地位：行业比较、地区差异及关联因素［J］．经济研究，2019，54（9）：172-186.

研究背景：在产业层面进行交融互动，是国家间产业协同发展的基础，更是国家间经济融合的关键组成部分。中国与“一带一路”沿线国家通过上下游产业链和关联产业实现协同发展，是推动高水平、深层次“一带一路”经济融合的关键所在。因此，分析“一带一路”的经济融合有必要将产业融合问题扩展到国际层面。

主要结论：首先，中国在“一带一路”沿线的产业融合广度、深度以及地位，在整体上呈增长态势；其次，中国的劳动密集型制造业、资本密集型制造业以及生产性服务业在“一带一路”沿线的外向支撑地位较高，而中国的资源需求型产业在该区域的内向引进地位较高；最后，中国在“一带一路”沿线的产业融合程度与共同语言、经济制度差异、政治制度差异等因素正相关，但与地理距离、法律制度差异、国家产业发展差异等因素负相关。

主要贡献：文章以“国家-产业”为节点，以“国家-产业”之间的投入产出关系为边，构建有向加权的“一带一路”沿线国家间的产业支撑网络，采用排名等级的网络方法，系统分析了中国在“一带一路”沿线的产业融合程度和地位，并对其主要关联因素进行了探讨。

现实意义：文章的研究具有重要的政策含义。首先，要优化调整产业政策，推动纺织品与服装等劳动密集型产业转型升级；其次，应该鼓励自主创新，积极培育产业发展的核心技术；最后，要构建“一带一路”沿线国家产业链共同发展的协同机制。

8. 戴觅，张轶凡，黄炜．贸易自由化如何影响中国区域劳动力市场？［J］．管理世界，2019，35（6）：56-69.

研究背景：贸易理论指出，一国的贸易自由化虽然能在总体层面带来社会福利的提升，其过程却通常伴随着劳动力市场的调整和收入的再分配。入世带来的关税削减可能使经济中的部分群体受到进口竞争的负面冲击，从而对其就业和收入产生不利的影响。然而，对于“入世”带来的调整成本和收入分配效应，学术界仍然缺乏足够的经验证据。

主要结论：关税下降导致的进口竞争显著地影响了地区劳动力市场和收入分配。首先，受关税削减冲击较大的城市工资增长相对较慢，关税每下降一个百分点，地区工资增长率相对下降1%。在可贸易部门，关税每下降一个百分点，地区工资增长率相对下降2.4%。同时，低技能工人受到关税冲击的负面影响更大。关税下降一个百分点，低技能工人和高技能工人的工资增长率分别下降1.2%和0.4%。

主要贡献：贸易自由化会带来收入在不同群体间的再分配，了解哪些群体在贸易自由化的过程中受到的冲击较大，有助于政府制定相应的收入再分配政策以减少贸易自由化带来的调整成本。文章考察了关税削减对地区工资相对增长的影响，由此从区域劳动力市场的角度探讨贸易自由化过程中的收入分配效应。此外，利用不同行业关税削减幅度的差异以及不同城市“入世”前产业结构的差异，文章也构建了地区层面的关税削减指标来对入世的效果进行识别。

现实意义：在进一步降低关税，推进贸易开放的过程中，中国应该充分考虑到低技能工人等群体的利益，通过适当的再分配政策对其进行补偿。另外，中国的劳动力在地区间的流动并不充分，从而使得劳动力在受到贸易的负面冲击时无法通过迁移到其他地区来减少贸易的影响。因此，放松户籍管制，加快劳动力在地区间的流动，对于降低贸易自由化所带来的调整成本，进一步促进对外开放，具有重要作用。

9. 盖庆恩，方聪龙，朱喜，程名望．贸易成本、劳动力市场扭曲与中国的劳动生产率［J］．管理世界，2019，35（3）：64-80，206-207.

研究背景：由于制度等方面的限制，中国经济仍存在较多扭曲（如户籍制度所引致的劳动力市场扭曲），而贸易也面临诸多障碍，进一步深化改革、扩大开放对未来中国经济增长仍然具有深远的意义。此外，由于中国劳动力市场扭曲和贸易开放同时存在，需要重视两者之间的相互影响。

主要结论：首先，1995年以来，中国贸易成本已经大大下降。其次，若能进一步将贸易成本降低至理想状态，1995—2013年中国加总劳动生产率平均将提高44.29%。此外，贸易成本、劳动力市场扭曲对劳动生产率的改进程度具有相互影响。1995—2013年，仅消除劳动力市场扭曲时，样本期间中国加总的劳动生产率平均可以提高20.51%；仅消除贸易成本，加总劳动生产率平均可以提高44.29%；若能够同时消除劳动力市场扭曲和贸易成本，此时加总劳动生产率可以提高67.98%，这要高于分别改革两个市场所得到的总效应。

主要贡献：本研究结合中国实际引入劳动力市场扭曲，构建开放经济下多部门模型研究了贸易成本、劳动力市场扭曲对中国经济增长的影响，明确了两者的相互关系，并阐明了其对经济增长的影响路径，评价了这些扭曲所造成的效率损失。

现实意义：文章强调了贸易成本的降低有助于淘汰低效率的企业，从而提高部门生产效率，进一步通过影响结构转型来间接影响经济的劳动生产率。基于此初步探讨了贸易成本、劳动力市场扭曲对中国经济增长的影响。但是，对外贸易还可能通过其他方面来影响经济的发展，如中间品投入、企业的学习效应等，在未来的研究中若可以进一步明确这些机制对经济增长的影响，将更加有助于我们认识和评价改革开放对中国经济增长产生的影响。

10. 吕越，陈帅，盛斌．嵌入全球价值链会导致中国制造的“低端锁定”吗？［J］．管理世界，2018，34（8）：11-29.

研究背景：与世界先进制造业强国相比，中国制造仍然面临大而不强、质量良莠不齐、核心技术缺失的尴尬境地。此外，由于核心技术的缺失，美国等发达国家更屡次以侵犯专利为由限制中国制造的产品进军其本土市场。在众多案例和数据中，中国制造陷入全球价值链“低端锁定”似乎已成不争的事实。然而对嵌入全球价值链是否导致中国制造陷入“低端锁定”，需要更严谨的学术探讨，进而为推进国家创新驱动发展战略提供重要理论支持。

主要结论：不论是从企业自主研发意愿还是研发强度的角度看，全球价值链对企业研发创新具有显著的抑制作用，对于外资企业、加工贸易企业以及高技术产业来说尤为突出。通过影响机制的分析来看，参与全球价值链的正向促进机制，不足以抵消过度依赖于进口高质量高技术的中间投入而产生的替代效应，导致企业丧失研发创新的动力。此外，本土企业的吸收能力不足，也阻碍了企业将 GVC 溢出技术转化为自身研发创新能力的渠道，使其无法通过全球价值链网络生产带动自身创新能力提升。

主要贡献：文章考察了制造业企业参与全球价值链是否以及如何影响我国的自主研发创新，并且从技术外溢的过度依赖、企业的吸收能力以及发达国家的“俘获效应”等角度，进一步探究了参与价值链没有产生预期技术升级的原因。

现实意义：文章的研究为国家创新驱动战略的持续推进提供了重要的理论支持和经验证据。深入分析现阶段中国参与全球价值链的技术创新效应，不仅有利于明确中国在全球价值链新型分工体系中的位置和利得，更有助于为实现中国制造突破价值链“低端锁定”和实现价值链攀升找到切实可行的突破口，即有赖于企业增强自身吸收能力、引入竞争机制和强化危机意识以及更深度地参与国际贸易规则的全球治理来实现。

第三节　重要著作

我们根据 2018—2019 年国内学者在贸易和经济发展领域的重要研究选题和热点问题，选择部分著作，从研究背景、主要内容、章节结构、研究贡献和现实意义等方面对它们进行介绍。

1. 余淼杰．企业创新、产品质量升级与国际贸易［M］．北京：北京大学出版社，2019.

研究背景：21世纪以来的国际贸易最前沿的企业异质性理论，融合了生产率的异质性、产品质量的异质性等企业层面的不同特征，可以对新的国际贸易现象给出更深入的解释。而中国之所以在21世纪依然保持着强劲的出口势头，除了相对于美欧各国仍存在一定的劳动力低成本优势，制造业企业不断增长的研发投入和创新活动也是推动我国制造业企业出口增长的重要原因。此外，我国工业品的产品质量得以不断提升，国际竞争力得以增强。同时，产品附加值也稳步提升。然而，目前随着劳动力成本的进一步上升，我国劳动力密集型产品的低成本优势将越来越小，但如果企业能够加强研发投入，通过创新来提升企业全要素生产率，则依然可以在国际竞争中保持核心竞争力。

内容提要：全书主要讨论了21世纪以来，中国制造业企业特别是出口制造业企业的研发、专利等创新情况，国家宏观层面各项贸易政策、人民币汇率政策、相关产业政策等如何影响微观制造业企业的创新，以及企业的创新又是否提升了企业产品的质量，是否提高了产品的出口附加值，制造业企业的这些异质性特征在多大程度上提高了中国出口的国家竞争力，以及是通过何种机制实现了这种竞争力。

基本结构：全书第一部分研究了国际贸易与企业创新研发，包括贸易与企业创新、中间品贸易自由化和企业研发，以及出口竞争与企业创新等章。第二部分研究了国际贸易与产品质量，包括贸易自由化与进口中间品质量升级、贸易自由化与企业成本加成、中国制造业出口质量的衡量等章。第三部分研究汇率变动对加工贸易企业国内附加值比的影响，包括人民币升级与出口质量提升效应等章。最后分析了法律制度和契约执行对出口产品质量的影响。

主要贡献：(1) 认为企业在出口前进行研发可以提高其吸收能力，从而使其在出口后更加有效地学习国外先进技术与管理经验，促进生产率得到更大的提高。(2) 提出新的出口产品质量测算办法，全面考虑了供给和需求因素，而且这一测算方法基于微观数据，体现了企业生产率异质性的重要作用，测度了企业-产品层面的出口质量。(3) 拓展了文献当中对比较优势具体作用机制在质量维度的认识。该书的研究还表明，在当前我国经济面临产业升级、产品质量提升的双重压力的情况下，提高司法质量水平，构建良好的履约环境，有助于提升我国贸易品的质量和竞争力。

现实意义：随着中国加入WTO，关税进一步减免，中间品贸易自由化提高了企业的研发水平，有利于加快产品更新换代和企业转型升级，促进企业由低端加工的出口模式向高端自主研发的模式转变。随着改革开放的深化，我国正在上海自贸区等地进行贸易便利化的试点，这将进一步带动企业研发和产业结构升级，促进经济可持续发展。贸易自由化能够促使我国企业成本加成的上升，所以更应该坚定不移地实行对外开放的政策。另外，虽然最终品关税的下降会给企业定价带来较大压力，但通过使用性价比高的进口中间投入品也能促使企业成本加成上升，提高企业市场竞争力。从这个意义上来讲，企业更应该关注全球市场，实现对全球最优的中间投入品的采购。

2. 余淼杰．中国对外贸易的奇迹：40年开放强国之路［M］. 上海：格致出版社，2018.

研究背景：改革开放以来的40年间，中国的进出口贸易额持续上升，且增幅明显，中国已跃升至世界第二大经济体，并在2009年成为世界第一大出口国。虽然中国也受到了全球金融危机和经济下滑的不利影响，但进出口贸易仍在世界市场中扮演了重要角色。随着改革开放的不断推进，在新的时代背景下重新探讨贸易对中国经济增长的作用，具有重要的现实意义。

内容提要：本书将中国对外开放的40年分为3个阶段：广度开放（1978—2001年加入WTO）、深度开放（2001—2017年党的十九大）和全面开放（2017年之后）。基于这三个阶段，本书分五部分探讨了改革开放40年来不同时期的贸易战略对经济发展的影响。第一部分是改革开放之前所采取的进口替代战略；第二部分是从20世纪80年代初开始大力推行的出口导向战略；第三部分是贸易自由化战略；第四部分是全球金融危机背景下的深度开放战略；第五部分是当前新时期的全方位开放战略。

基本结构：全书分五部分来探讨中国40年对外开放的伟大实践。第一部分主要研究改革开放之前所采取的进口替代战略以及相关替代政策对中国经济的影响。其中第1章主要就中国外贸40年做概括性描述，并探讨了中国外贸发展如何促进产业结构升级；第2章通过工农“价格剪刀差”模型来估算我国的政府目标函数。第二部分主要研究20世纪80年代初的出口导向战略如何推进中国经济发展。其中第3章主要介绍中国的出口导向战略；第4章提供了对中国加工贸易趋势与特征的全面分析；第5章分析了加工贸易对中国出口企业生产率的负面效应；第6章讨论了国家级开发区的设立对企业生产率的影响。第三部分主要研究贸易自由化战略对企业生产率、利润率及创新的作用和WTO效应。其中第7章研究了进口中间品和最终品关税减免对参与贸易的大型中国企业生产率的影响；第8章研究了最终品进口自由化对本国纯内销企业利润率的影响；第9章研究中间品关税下降对进口企业研发的影响。第四部分主要研究全球金融危机背景下的深度开放。第10章讨论人民币升值如何影响出口企业决策；第11章分析研究了汇率变动对加工贸易企业国内附加值比的影响；第12章讨论在“银行-企业”不完全信息条件下国内企业和出口企业的信贷约束如何产生；第13章研究汇率变动对异质性出口企业对外直接投资的影响及其机制。第五部分主要讨论新时期全方位开放战略下的一些政策影响，并提出相应的政策建议。

主要贡献：揭示了中国对外贸易发展过程中不同的增长模式，实际上是由人口决定的同一增长路径的不同阶段，发挥一国的比较优势（常在于劳动密集型产业）可以推动经济的快速增长。本书首次研究了加工贸易在中国企业生产率提升中的作用，认为关于中国出口企业的研究都应当对加工贸易与非加工贸易企业分别进行分析。此外，虽然加工贸易在创造发挥中国劳动力比较优势方面发挥了不可替代的作用，但是由于长期增长在很大程度上取决于生产率的进步，继续发展加工贸易是否能维持中国经济的长期增长还值得进一步探讨。

现实意义：21世纪以来，国际经济格局发生了深刻的变化，中国产业升级所倚赖的两股动力（比较优势和规模经济递增）不断弱化。为保证产业升级得以继续，企业生产率继续提升，应该赋予改革开放政策以新的时代内涵，由“对内改革，对外开放”向“对外改革，对内开放”转变。中国应该开发新的贸易伙伴，降低对少数几个发达国家的贸易依存以分散系统化风险，同时加快建设同周边国家的自由贸易区，调整加工贸易模式。对内开放就是要破除各地区的贸易壁垒，放开各要素市场，进一步开放产品市场。通过“对外改革，对内开放”政策，为产业升级和经济增长提供源源不断的动力。

3. 王孝松，刘晓光．贸易摩擦的属性、影响与对策［M］．北京：中国社会科学出版社，2018.

研究背景：中国经济对美形成快速追赶，同时美国对华贸易仍然存在高额的逆差，中国的技术进步和产业政策发展势头给美国带来一定的压力，全球逆全球化盛行，贸易保护主义抬头，中美贸易摩擦不断升级，给中国对外贸易发展和宏观经济稳定带来严重的不确定性。这些都意味着中国发展的外部环境发生了重大变化，贸易摩擦极有可能引发国际经贸规则加速重构，所以需要对中美贸易摩擦对中国经济的影响进行模拟分析，并提出改革和应对的具体方案。

内容提要：本书首先从历史数据出发，揭示本次中美贸易摩擦的特征与属性，随后在第二部分使用可计算一般均衡方法对本次中美贸易摩擦的影响进行模拟分析，第三部分根据美国发布的相关报告，提炼出中美分歧和冲突的聚焦点，并对美方提出的问题进行解析和澄清，第四部分为政策建议，提出以深化改革开放妥善解决中美贸易摩擦的具体方案。

基本结构：全书分为四个部分，第一部分内容包括美国经济发展的总体状况、中国经济对美形成快速追赶、高额的美国对华贸易逆差、中国的技术进步和产业政策，以及逆全球化和贸易保护主义抬头；第二部分内容包括中美双方加征关税清单情况、模拟方法及税率变动情况、情景设定、模拟结果、技术进步的影响、贸易摩擦向金融领域扩展的可能性分析和贸易摩擦的直接延伸，即美国加强投资限制；第三部分包括技术获取、产业政策、市场开放、海外投资和遵守多边规则；第四部分提出以深化改革开放妥善解决中美贸易摩擦的基本策略和具体政策。

主要贡献：本书的情景模拟表明，当中美贸易摩擦总额限定在500亿美元商品范围内的时候，其对中国的出口、经济增长和社会福利影响有限；限定在2500亿美元商品范围内，风险是可控的；但随着贸易摩擦加剧，中国的福利损失会不断增加，极端情况下负面影响将十分严重，因此中国要采取措施和手段防止贸易摩擦升级。美国挑起的贸易摩擦直接加剧了中国经济的不确定性，使投资者对中国市场信心下降，导致了一段时间内人民币快速贬值和资本异动。美国可以通过多种途径将贸易摩擦向金融领域扩展，中国可能将因此而面临更为严重的金融风险。面对这种不利局面，坚持技术进步是扭转外部环境不利因素的重要力量，当技术提升达到一定程度时，中国的社会福利和GDP将大幅度上升，且会对美国造成负面冲击。

现实意义：应对贸易摩擦的过程中，要本着“坚守底线、消除误解、正视问题”的原则，妥善解决不同性质的分歧与冲突。贸易摩擦可以成为中国深化改革开放的外部推动力量，中国各界要进一步深化改革、扩大开放。贸易摩擦极有可能引发国际经贸规则加速重构，中国要坚持多边原则，争取对自身有利的重构方案，不断提升国际话语权。发生不利的外部冲击时，国内各界的信心非常重要，中国要探索稳定信心的方案与策略。科技实力是立国之本，中国未来要加大科技研发投入，提高研发水平和效率，以产出原创性领先技术。

第四节 学术会议

2018年和2019年，贸易领域的国内学者围绕贸易和经济发展关系的热点和前沿选题，在不同区域和层次上组织了一系列的学术会议。研究者们以这些会议为平台，交流最新研究成果，碰撞学术思想，推动了对这一重大问题的研究进展。我们从中选取部分规模较大、代表性更强的重要学术会议进行介绍。

1. 第五届中国世界经济学科专家和中青年学者学术论坛（2018）

会议主题：世界经济新格局与新时代中国经济增长

主办单位：复旦大学世界经济研究所

会议时间：2018年5月18—20日

会议概述：2018年，为纪念中国实施改革开放战略40周年和中国入世18周年，以及研究和应对特朗普政府不断地制造经贸摩擦，加剧了世界经济不确定性的威胁，120多位专家学者参会，围绕“世界经济新格局与新时代中国经济增长”这一主题进行了研讨。

复旦大学华民教授认为，迫切需要通过贸易自由化来缓解中美贸易摩擦。中国推进贸易自由化的空间极其巨大，关键在于体制改革能否走向深化。南开大学李坤望教授指出，“一带一路”区域内国家之间的贸易联系较为薄弱，贸易比重偏低，总体上沿线国家的对外贸易更偏重于区域外的市场，开展经济合作的基础并不牢固。宁波大学钟昌标教授分析了逆全球化态势下民企的转移与转型，指出发明技术和产品的企业常常无法从中获益，而竞争者或模仿者从别人的技术发明中获益。企业必须发展互补性资产才能够从创新中获益。

中山大学毛艳华教授探讨了我国过去40年的改革发展中，在开放政策和开放思路上做出的调整探索，指出今后的主要任务是提高自由贸易协定水平，发展更高层次开放型经济。上海财经大学鲍晓华教授指出，区域服务贸易协定对缔约国服务出口有着显著的促进作用，且对于开放水平越高的协定，这种正面促进效应越强。复旦大学沈国兵教授认为，特朗普政府使用的各种经贸政策工具都是服务于“美国利益优先”的战略理念，我们需要深入地跟踪研究这一战略理念动态变化的内涵，以及特朗普政府实施的政策工具。

本次会议研讨了中国当前在对外开放过程中遭遇的深层次问题。其中微观领域包括知识产权问题、反倾销问题、金融市场开放问题等，宏观领域包括“一带一路”与自贸区问题等。这些宏微观领域的丰富议题，对于中国未来的经济增长都会产生重要的影响。

2. 第四届国际经济学前沿论坛（2018）

会议主题：全面开放、大国发展、发展战略

主办单位：《经济研究》编辑部、对外经济贸易大学国际经济贸易学院、东南大学经济管理学院、南开大学经济学院、浙江大学经济学院、厦门大学经济学院、湖南大学经济与贸易学院

会议时间：2018年5月12—13日

会议概述：2018年，为探讨国际经济学前沿研究领域的新方法、新问题与新方向，以及当下中国在全面深化对外开放过程中所面临的现实问题，来自中国社会科学院、北京

大学等 30 多个科研机构和高等院校的专家学者进行了深入交流和讨论。

大会邀请了湖南大学经济与贸易学院院长张亚斌，南开大学经济学院佟家栋，《经济研究》编辑部主任刘霞辉，浙江大学经济学院黄先海，东南大学国际经济研究所邱斌，厦门大学国际经济与贸易系彭水军，对外经济贸易大学国际经济贸易学院洪俊杰进行了主旨演讲。

佟家栋教授的演讲题目为《对外开放 40 年中发展与改革非同步分析》。他从企业激励角度解读了中国经济发展的两个机制，从政府干预角度阐释了中国经济扭曲的成因，从市场经济角度分析了推动技术进步和技术创新的机制，最后提出了将市场经济转型作为深化改革中心的构想。

黄先海教授以《进口中间品质量、创新行为与企业竞争力动态》为题将创新作为中间机制，分析了进口中间品质量对企业加成率的影响。他认为从静态来看企业进口中间品质量与加成率关系由生产率决定，两者显著正相关。此外，一般贸易进口中间品质量提升具有显著正向动态加成率效应，但是加工贸易并无明显动态效应。

邱斌教授以《GVC 嵌入、生产分割解构与我国服务业分工链条拓展》为题发表演讲，他发现我国服务行业参与全球价值链分工呈现出“U”形的结构演化规律。

洪俊杰教授的演讲题目为《中国开放型经济的共轭环流论》。他基于全球经济进入价值链主导时代后，新兴经济体和欠发达国家多已加入并跟随已有价值链，从而提高了生产能力和国际分工地位的背景，提出了以双重价值链格局为核心的“共轭环流”理论。

国际经济学前沿论坛已经成功举办四届。作为广大中国经济学者最新学术成果交流的最高端平台之一，论坛推动了广大经济学者积极投身国际经济学前沿问题研究。该论坛不仅可以推动我国国际经济学学科发展，为丰富和发展国际经济学理论创造有利条件，还可以促进本学科基础理论和应用研究相结合，运用理论工具分析我国现实经济问题，推进我国贸易强国建设。

3. 第四届中国服务经济与贸易论坛会议（2018）

会议主题：服务业开放、服务贸易、经济增长质量

主办单位：全国高校国际贸易学科协作组、福建商学院

会议时间：2018 年 6 月 9 日

会议概述：2018 年，为适应服务业在中国对外贸易中日益重要的地位，以及研究服务贸易在经济增长中的作用，第四届中国服务经济与贸易论坛会议在福州举办，全国 40 多所高校近 130 位代表主要围绕中国服务业发展与经济增长质量、服务业开放与服务贸易竞争力提升、国内管制与服务贸易自由化三个方面展开了深入讨论和交流。

在此次会议期间，关于服务业发展与经济增长质量的讨论，主要从服务业发展的内生要素对经济增长质量的影响、服务业碳排放与环境污染的影响两个方面展开。上海对外经贸大学黄建忠基于中外经验观察及“富克斯悖论”“鲍莫尔成本病”等理论，详细剖析了中国服务业劳动生产率为何难以提高，指出服务业产出及生产率的测度存在低估现象。四川大学李优树等指出现代服务业发展对经济增长结构的优化具有长期正向影响，但在长期内对经济增长创新能力的影响非常有限。武汉理工大学门小璐、王恕立将 ACT 模型迁移至服务业领域，考察了服务贸易对污染排放的影响。

服务业开放与服务贸易竞争力提升是本次论坛的一个热点，与会专家围绕服务业发展进程、“一带一路”与服务贸易发展和服务贸易竞争力提升三个方面展开讨论。南开大学孙浦阳首次从服务业开放的视角，基于微观企业出口行为构建的贸易模型，揭示出服务行业实施开放政策将促使外资进入，提高服务业竞争水平，且服务业外资参股限制的开放将显著地提高制造业出口倾向。四川大学的郑颖和蒋瑛认为，我国生产性服务业的生产对国外增加值的依赖性较高，而独立生产能力相对较弱。北京邮电大学李宏兵论证了多种模式下竞争性产品进口质量的提升对同类产品出口质量的影响路径和理论机制。上海对外经贸大学章韬等探讨了企业进口中间品转换对企业在行业中比较优势产生的影响。

国内管制与服务贸易自由化是该领域研究的一个新视角，国内管制可能会对服务贸易自由化带来正反两方面的效应。南开大学盛斌通过详细比对 GATS、TISA 和 TPP（CPTPP）三份协定，探讨了中国服务贸易谈判与协定的框架、途径和瓶颈，指出我国加入高水平服务贸易协定谈判，要求加强国内服务业的监管政策。

4. 第五届国际经济学前沿论坛（2019）

会议主题：全面开放、创新、包容发展

主办单位：《经济研究》编辑部、对外经济贸易大学国际经济贸易学院、东南大学经济管理学院、南开大学经济学院、厦门大学经济学院、湖南大学经济与贸易学院

会议时间：2019 年 5 月 11—12 日

会议概述：2019 年，为了深入研究中国全面开放新格局的形成，以及创新包容开放型世界经济的建设，推动国际经济学学科发展，第五届国际经济学前沿论坛于 2019 年 5 月 11—12 日在湖南大学召开。来自中国社会科学院、中国科学院、对外经济贸易大学、南开大学、东南大学、厦门大学、湖南大学、复旦大学、浙江大学、武汉大学等 30 多所科研机构和高等院校的专家学者，共同探讨国际经济学前沿研究领域的基础理论和应用研究，并就当下中国在全面深化对外开放过程中所面临的现实问题进行了深入交流和讨论。

佟家栋教授的演讲题目为《国际经济学面临挑战：从自由贸易到对等贸易》。他认为当前正在经历百年未有之大变局，国际经济学正在走向国际政治经济学。美国总统特朗普上台以来，全球贸易进入所谓的对等贸易时期，跨国公司倡导的经济全球化，导致国家界限的模糊化。相反，伴随着经济全球化，各国的民族意识更加强化，以致经济的逆区域化和逆全球化开始强烈凸显出来。

洪俊杰教授的演讲题目为《创新能力、母国市场与国际分工枢纽地位》。他的研究结果显示中国过去 30 年在国际分工中的枢纽地位持续提升，当前已成为全球第二大枢纽国。创新能力和母国市场是影响一国在国际贸易网络中枢纽地位的关键因素，其中创新能力对一国在高技术产品贸易网络中枢纽地位的影响更为显著，而母国市场对一国在中低级技术产品贸易网络中的影响更为显著。

黄先海教授的演讲题目为《知识产权保护、技术距离与中国全球价值链升级》。他认为，中国要想在当前激烈的国际竞争中占据主导地位，就必须超越传统资源禀赋所带来的比较优势，以制度质量作为新型国际竞争优势的支撑体系，通过制定适宜的知识产权保护制度更好地推动形成以先进技术、知识等为核心的新型国际竞争优势，进而提升我国的全球价值链分工地位。

张亚斌教授的演讲题目为《关于推进形成全面开放新格局的思考》。他认为，中国当前应推动形成全面开放新格局，形成陆海内外联动、东西双向互济的局面。在实现路径上，应依赖于产业结构、分工模式和运输方式的改变，合理协调产业结构和特定运输网络的布局。另外，还可以通过缩小中西部地区的交易费用和物流成本，促进内地城市的开放。

会议还安排了16个专题论坛，涵盖了“一带一路”倡议与WTO改革、全球价值链深化、扩大进口战略、企业创新与贸易发展、贸易摩擦与增长不确定性等研究专题。此次论坛作为国际经济学学术交流的高端平台之一，不仅推动广大学者应用前沿理论和方法，深入研究和解决国际经济领域的现实问题，促进国际经济学前沿研究成果的交流和探讨；而且有力支撑了国际经济学学科发展，促进学科基础理论和应用研究相结合，为推动形成全面开放新格局，致力共建创新包容的世界经济提供理论和政策创新。

◎ 参考文献

[1] 曹伟，金朝辉，赵静梅．中国经济增速换挡、进出口贸易波动的外溢效应与反向冲击效应研究［J］．数量经济技术经济研究，2019，36（1）：3-21.

[2] 陈启斐，巫强．国内价值链、双重外包与区域经济协调发展：来自长江经济带的证据［J］．财贸经济，2018，39（7）：144-160.

[3] 陈明，魏作磊．生产性服务业开放对中国服务业生产率的影响［J］．数量经济技术经济研究，2018，35（5）：95-111.

[4] 陈明，魏作磊．生产性服务业开放对中国制造业生产率的影响分析——基于生产性服务细分行业的角度［J］．经济评论，2018（3）：59-73.

[5] 陈陶然，谭之博，张慧慧．出口变动、产业特性与失业——基于中国微观数据的实证研究［J］．国际贸易问题，2018（2）：70-80.

[6] 陈婷玉．中国制造业在世界创新网络中的多维定位与融入路径研究［J］．数量经济技术经济研究，2019，36（11）：60-80.

[7] 陈旭，邱斌，刘修岩，李松林．多中心结构与全球价值链地位攀升：来自中国企业的证据［J］．世界经济，2019，42（8）：72-96.

[8] 陈怡，田靖，孙文远．国际贸易对性别工资差距的影响：基于CHFS数据的研究［J］．世界经济研究，2018（5）：95-111，137.

[9] 崔连标，洪雪雯，宋马林．“一带一路”倡议能否缓解TPP对中国的负面影响？［J］．财经研究，2018，44（8）：4-17.

[10] 代谦，高雅婷．刀锋上的商业革命：要素禀赋效应与宋朝的海外贸易［J］．经济学（季刊），2019，18（1）：235-252.

[11] 戴觅，张轶凡，黄炜．贸易自由化如何影响中国区域劳动力市场？［J］．管理世界，2019，35（6）：56-69.

[12] 戴翔，李洲，何启志．中国制造业出口如何突破“天花板约束”［J］．统计研究，2018，35（6）：56-67.

[13] 丁小义，程惠芳．高、低端型产品内国际分工模式变迁及驱动因素分析［J］．数量

经济技术经济研究，2018，35（9）：78-95.
[14] 丁一兵，刘威．进口产品复杂度对产业结构高级化的影响——来自中国 34 个工业行业的经验研究［J］．经济评论，2018（3）：31-45.
[15] 杜运苏，彭冬冬．生产性服务进口复杂度、制度质量与制造业分工地位——基于 2000-2014 年世界投入产出表［J］．国际贸易问题，2019（1）：41-53.
[16] 段玉婉，杨翠红．基于不同贸易方式生产异质性的中国地区出口增加值分解［J］．世界经济，2018，41（4）：75-98.
[17] 段志民．国际贸易、技能调整与职业选择——来自中国的经验证据［J］．经济评论，2018（2）：44-58.
[18] 樊海潮，张丽娜．中间品贸易与中美贸易摩擦的福利效应：基于理论与量化分析的研究［J］．中国工业经济，2018（9）：41-59
[19] 盖庆恩，方聪龙，朱喜，程名望．贸易成本、劳动力市场扭曲与中国的劳动生产率［J］．管理世界，2019，35（3）：64-80，206-207.
[20] 高翔，黄建忠，袁凯华．价值链嵌入位置与出口国内增加值率［J］．数量经济技术经济研究，2019，36（6）：41-61.
[21] 耿晔强，白力芳．人力资本结构高级化、研发强度与制造业全球价值链升级［J］．世界经济研究，2019（8）：88-102，136.
[22] 顾晓燕，史新和，刘厚俊．知识产权出口贸易与经济增长——基于创新溢出和要素配置的研究视角［J］．国际贸易问题，2018（3）：12-23.
[23] 郭丽燕，庄惠明．第四届中国服务经济与贸易论坛会议综述［J］．国际商务（对外经济贸易大学学报），2018（5）：155-156.
[24] 郭树龙．中间品进口与企业污染排放效应研究［J］．世界经济研究，2019（9）：67-77，135.
[25] 何冰，周申．贸易自由化与就业调整空间差异：中国地级市的经验证据［J］．世界经济，2019，42（6）：119-142.
[26] 何宇，陈珍珍，张建华．中美贸易摩擦与扩大开放：基于理论和量化研究［J］．世界经济与政治论坛，2019（4）：29-47.
[27] 洪俊杰，商辉．中国开放型经济发展四十年回顾与展望［J］．管理世界，2018，34（10）：33-42.
[28] 洪俊杰，商辉．中国开放型经济的“共轭环流论”：理论与证据［J］．中国社会科学，2019（1）：42-64，205.
[29] 侯欣裕，孙浦阳．外部市场需求冲击与企业工资调整［J］．国际贸易问题，2019（10）：53-66.
[30] 黄赜琳，姚婷婷．中国与“一带一路”沿线国家经济周期协同性及其传导机制［J］．统计研究，2018，35（9）：40-53.
[31] 黄新飞，高伊凡，柴晟霖．中间投入品进口与企业生产率：短期效应与长期影响［J］．国际贸易问题，2018（5）：54-67.
[32] 胡贝贝，靳玉英，姚海华，王开．中国企业出口产品转换与升级研究——基于产品

空间视角的分析［J］. 国际贸易问题，2019（5）：41-53.
［33］胡艺，张晓卫，李静 . 出口贸易、地理特征与空气污染［J］. 中国工业经济，2019（9）：98-116.
［34］蒋灵多，陆毅，纪珽 . 贸易自由化是否助力国有企业去杠杆［J］. 世界经济，2019，42（9）：101-125.
［35］蒋为，宋易珈，李行云 . 全球制造业生产分工的演变、分布与贸易效应［J］. 数量经济技术经济研究，2018，35（9）：3-21.
［36］江小涓 . 新中国对外开放 70 年：赋能增长与改革［J］. 管理世界，2019，35（12）：1-16，103，214.
［37］江小涓，罗立彬 . 网络时代的服务全球化——新引擎、加速度和大国竞争力［J］. 中国社会科学，2019（2）：68-91，205-206.
［38］李春顶，郭志芳，何传添 . 中国大型区域贸易协定谈判的潜在经济影响［J］. 经济研究，2018，53（5）：132-145.
［39］李春顶，何传添，林创伟 . 中美贸易摩擦应对政策的效果评估［J］. 中国工业经济，2018（10）：137-155.
［40］李嘉楠，代谦，庄嘉霖 . 开放、市场整合与经济空间变迁：基于近代中国开埠的证据［J］. 世界经济，2019，42（9）：27-51.
［41］李建军，孙慧，田原 . 产品内分工如何影响发展中国家全球价值链攀升——以“丝绸之路经济带”沿线国家为例［J］. 国际贸易问题，2019（12）：91-105.
［42］李建强，赵西亮 . 中国制造还具有劳动力成本优势吗［J］. 统计研究，2018，35（1）：22-31.
［43］李胜旗，毛其淋 . 关税政策不确定性如何影响就业与工资［J］. 世界经济，2018，41（6）：28-52.
［44］李磊，韦晓珂，郑妍妍 . 全球价值链参与增加了劳动力就业风险吗?：基于中国工业企业的经验分析［J］. 世界经济研究，2019（6）：71-81，135.
［45］李小平，代智慧，彭书舟 . 出口复杂度影响了产出波动吗——来自中国制造业企业的证据［J］. 国际贸易问题，2018（11）：45-58.
［46］李晓庆，魏浩 . 进口中间品是否会促进企业增加人力资本投资？［J］. 世界经济研究，2019（8）：42-59，135.
［47］李正，武友德，胡平平 . 1995—2011 年中国制造业全球价值链动态演进过程分析——基于 Ti VA 数据库的新兴市场国家比较［J］. 国际贸易问题，2019（5）：69-84.
［48］梁经伟，毛艳华，文淑惠 . 东亚地区嵌入全球生产网络的演变路径研究——基于生产分割的视角［J］. 国际贸易问题，2019（3）：56-70.
［49］林发勤，冯帆，符大海 . 国际贸易与经济增长一定是线性关系吗——基于中国省级面板数据的因果效应再估计［J］. 国际贸易问题，2018（8）：11-23.
［50］林桂军，崔鑫生 . 以全球价值链比较优势推动再开放——对改革开放 40 年外经贸重大里程碑事件的回顾与展望［J］. 国际贸易问题，2019（1）：1-13.

［51］刘秉镰，吕程．自贸区对地区经济影响的差异性分析——基于合成控制法的比较研究［J］．国际贸易问题，2018（3）：51-66.
［52］刘灿雷，王永进．出口扩张与企业间工资差距：影响与机制［J］．世界经济，2019，42（12）：99-120.
［53］刘灿雷，王永进，李宏兵．出口产品质量分化与工资不平等——来自中国制造业的经验证据［J］．财贸经济，2018，39（1）：101-117.
［54］刘铠豪，佟家栋，刘润娟．中国出口扩张的健康成本——来自成年人发病率的证据［J］．中国工业经济，2019（8）：118-135.
［55］刘磊，步晓宁，张猛．全球价值链地位提升与制造业产能过剩治理［J］．经济评论，2018（4）：45-58.
［56］刘梦，戴翔．价值链贸易如何驱动经济增长——基于全球投入产出机制的新解释［J］．国际贸易问题，2019（7）：82-99.
［57］刘威，丁一兵，关然．中国进口贸易结构对全要素生产率的影响［J］．商业研究，2019（12）：87-96.
［58］刘再起，王曼莉．全球价值链中的“比较优势陷阱”——基于整体网和国别面板数据的实证分析［J］．国际贸易问题，2018（3）：100-112.
［59］刘志东，高洪玮．中国制造业出口对美国企业创新的影响［J］．中国工业经济，2019（8）：174-192.
［60］陆菁，潘修扬，刘悦．劳动力成本、倒逼创新与多产品企业出口动态——质量选择还是效率选择［J］．国际贸易问题，2019（10）：67-83.
［61］罗军．生产性服务进口与制造业全球价值链升级模式——影响机制与调节效应［J］．国际贸易问题，2019（8）：65-79.
［62］罗知，宣琳露，李浩然．国际贸易与中国技术进步方向——基于要素价格扭曲的中介效应分析［J］．经济评论，2018（3）：74-89.
［63］吕江林，申屠廉盛．中美贸易摩擦对两国的宏观经济效应——基于两国 DSGE 模型的分析［J］．江西财经大学学报，2019（6）：3-15.
［64］吕越，陈帅，盛斌．嵌入全球价值链会导致中国制造的“低端锁定”吗？［J］．管理世界，2018，34（8）：11-29.
［65］马丹，何雅兴，张婧怡．技术差距、中间产品内向化与出口国内增加值份额变动［J］．中国工业经济，2019（9）：117-135.
［66］马海燕，刘林青．产品密度、模仿同构与产业升级——基于产品空间视角［J］．国际贸易问题，2018（8）：24-37.
［67］马光明，唐宜红，郭东方．中国贸易方式转型的环境效应研究［J］．国际贸易问题，2019（4）：143-156.
［68］毛其淋，许家云．贸易政策不确定性与企业储蓄行为——基于中国加入 WTO 的准自然实验［J］．管理世界，2018，34（5）：10-27，62，179.
［69］毛熙彦，贺灿飞．贸易开放条件下的区域分工与工业污染排放［J］．地理研究，2018，37（7）：1406-1420.

[70] 倪红福，龚六堂，陈湘杰．全球价值链中的关税成本效应分析——兼论中美贸易摩擦的价格效应和福利效应［J］．数量经济技术经济研究，2018，35（8）：74-90.
[71] 聂飞．自贸区建设促进了制造业结构升级吗？［J］．中南财经政法大学学报，2019（5）：145-156.
[72] 潘秋晨．全球价值链嵌入对中国装备制造业转型升级的影响研究［J］．世界经济研究，2019（9）：78-96，135-136.
[73] 潘文卿，李跟强．中国区域的国家价值链与全球价值链：区域互动与增值收益［J］．经济研究，2018，53（3）：171-186.
[74] 潘雨晨，张宏．中国与“一带一路”沿线国家制造业耦合性的四维分析［J］．统计研究，2019，36（5）：69-84.
[75] 裴长洪，刘斌．中国对外贸易的动能转换与国际竞争新优势的形成［J］．经济研究，2019，54（5）：4-15.
[76] 彭支伟，张伯伟．中国国际分工收益的演变及其决定因素分解［J］．中国工业经济，2018（6）：62-80.
[77] 齐鹰飞，LI Yuanfei．跨国投入产出网络中的贸易摩擦——兼析中美贸易摩擦的就业和福利效应［J］．财贸经济，2019，40（5）：83-95.
[78] 曲越，秦晓钰，黄海刚，夏友富．对外贸易促进中国经济增长的非线性机制研究——基于全球价值链视角的 PSTR 模型［J］．中国地质大学学报（社会科学版），2019，19（4）：128-144.
[79] 权衡．对外开放四十年实践创新与新时代开放型经济新发展［J］．世界经济研究，2018（9）：3-9，135.
[80] 邵朝对，李坤望，苏丹妮．国内价值链与区域经济周期协同：来自中国的经验证据［J］．经济研究，2018，53（3）：187-201.
[81] 邵朝对，苏丹妮．产业集聚与企业出口国内附加值：GVC 升级的本地化路径［J］．管理世界，2019，35（8）：9-29.
[82] 邵敏，武鹏．出口贸易、人力资本与农民工的就业稳定性——兼议我国产业和贸易的升级［J］．管理世界，2019，35（3）：99-113.
[83] 盛斌，魏方．新中国对外贸易发展 70 年：回顾与展望［J］．财贸经济，2019，40（10）：34-49.
[84] 施建军，夏传信，赵青霞，卢林．中国开放型经济面临的挑战与创新［J］．管理世界，2018，34（12）：13-18，193.
[85] 石敏俊，美丽古丽，黄文，李娜．丝绸之路经济带背景下上海合作组织国家贸易自由化的经济效应——基于 GTAP 模型的政策模拟分析［J］．管理评论，2018，30（2）：3-12.
[86] 苏二豆，薛军．服务业外资开放与制造业企业创新［J］．中南财经政法大学学报，2019（6）：142-153.
[87] 孙楚仁．贸易自由化、生产再配置与国民福利：个体异质性的视角［J］．世界经济，2019，42（1）：26-50.

［88］孙瑾，施成杰，封于瑶．亚太区域贸易协定的经济增长效应——基于 RTAs 数量与质量的对比研究［J］．经济理论与经济管理，2018（12）：70-83.
［89］孙浦阳，侯欣裕，盛斌．服务业开放、管理效率与企业出口［J］．经济研究，2018，53（7）：136-151.
［90］孙浦阳，侯欣裕，盛斌．外资自由化与贸易福利提升：理论与经验研究［J］．世界经济，2018，41（3）：29-53.
［91］孙湘湘，周小亮．服务业开放对制造业价值链攀升效率的影响研究——基于门槛回归的实证分析［J］．国际贸易问题，2018（8）：94-107.
［92］谭用，孙浦阳，胡雪波，张为付．互联网、信息外溢与进口绩效：理论分析与经验研究［J］．世界经济，2019，42（12）：77-98.
［93］唐宜红，俞峰，林发勤，张梦婷．中国高铁、贸易成本与企业出口研究［J］．经济研究，2019，54（7）：158-173.
［94］唐宜红，张鹏杨．中国企业嵌入全球生产链的位置及变动机制研究［J］．管理世界，2018，34（5）：28-46.
［95］唐宜红，张鹏杨，梅冬州．全球价值链嵌入与国际经济周期联动：基于增加值贸易视角［J］．世界经济，2018，41（11）：49-73.
［96］铁瑛，黄建忠，高翔．劳动力成本上升、加工贸易转移与企业出口附加值率攀升［J］．统计研究，2018，35（6）：43-55.
［97］王备，钱学锋．贸易自由化、生活成本与中国城市居民家庭消费福利［J］．世界经济，2020，43（3）：69-92.
［98］王娟，张鹏．产品内国际分工下中国工业部门收入分配格局对产业升级影响研究［J］．数量经济技术经济研究，2018，35（2）：99-115.
［99］王磊，王琼，庞莹．中间品进口与制造业企业技术创新模式的选择——基于世界银行调查数据的实证分析［J］．世界经济与政治论坛，2019（6）：28-49.
［100］王欠欠，夏杰长．服务业全球价值链位置提升与制造业技术进步［J］．世界经济研究，2019（5）：67-79，135.
［101］王思文，管新帅，刘雪强．出口、创新与生产率：基于异质性企业的联合决策模型［J］．经济评论，2018（5）：75-89，105.
［102］王思语，郑乐凯．制造业出口服务化与价值链提升——基于出口复杂度的视角［J］．国际贸易问题，2018（5）：92-102.
［103］王婉如．技术标准、贸易壁垒与国际经济效应研究——基于“一带一路”沿线国家的实证分析［J］．国际贸易问题，2018（9）：80-94.
［104］王霞．中美贸易摩擦对全球制造业格局的影响研究［J］．数量经济技术经济研究，2019，36（6）：22-40.
［105］王雄元，卜落凡．国际出口贸易与企业创新——基于“中欧班列”开通的准自然实验研究［J］．中国工业经济，2019（10）：80-98.
［106］王晓星，倪红福．基于双边进口需求弹性的中美经贸摩擦福利损失测算［J］．世界经济，2019，42（11）：27-50.

[107] 王勇．产业动态、国际贸易与经济增长［J］．经济学（季刊），2018，17（2）：753-780.
[108] 王珏帅．我国各省份对外开放与经济增长关系的门槛效应研究［J］．当代经济科学，2018，40（1）：55-61，126.
[109] 王跃生，吴国锋．贸易自由化与中国的城乡收入差距——基于地级城市面板数据的实证研究［J］．国际贸易问题，2019（4）：64-75.
[110] 王振国，张亚斌，单敬，黄跃．中国嵌入全球价值链位置及变动研究［J］．数量经济技术经济研究，2019，36（10）：77-95.
[111] 魏浩，连慧君，巫俊．中美贸易摩擦、美国进口冲击与中国企业创新［J］．统计研究，2019，36（8）：46-59.
[112] 魏浩，张瑞，王徽．进口专业化与中国工业行业的经济增长［J］．国际商务（对外经济贸易大学学报），2018（1）：1-11.
[113] 魏悦羚，张洪胜．进口自由化会提升中国出口国内增加值率吗——基于总出口核算框架的重新估计［J］．中国工业经济，2019（3）：24-42.
[114] 吴云霞，蒋庚华．全球价值链位置对中国行业内劳动者就业工资报酬差距的影响——基于 WIOD 数据库的实证研究［J］．国际贸易问题，2018（1）：58-70.
[115] 向洪金，邝艳湘，徐振宇．全球视角下中国主动扩大进口的行业层面福利效应研究［J］．数量经济技术经济研究，2019，36（4）：120-138.
[116] 肖宇，夏杰长，倪红福．中国制造业全球价值链攀升路径［J］．数量经济技术经济研究，2019，36（11）：40-59.
[117] 谢申祥，陆毅，蔡熙乾．开放经济体系中劳动者的工资议价能力［J］．中国社会科学，2019（5）：40-59，205-206.
[118] 邢孝兵，徐洁香，王阳．进口贸易的技术创新效应：抑制还是促进［J］．国际贸易问题，2018（6）：11-26.
[119] 许和连，祝树金，徐航天．加快推动形成全面开放新格局，致力共建创新包容的世界经济——第五届国际经济学前沿论坛综述［J］．经济研究，2019，54（6）：199-203.
[120] 许统生，方玉霞．中国农产品进口种类增长的消费者福利测算——基于混合法的 Armington 微观替代弹性估计［J］．国际经贸探索，2019，35（12）：4-22.
[121] 徐小聪，符大海．可变需求与进口种类增长的福利效应估算［J］．世界经济，2018，41（12）：25-48.
[122] 薛继亮．产业升级、贸易结构和就业市场配置研究［J］．中国人口科学，2018（2）：50-63，127.
[123] 薛荣久．入世在中国改革开放中的意义、作用与维护［J］．国际贸易问题，2018（10）：1-15.
[124] 杨继军．增加值贸易对全球经济联动的影响［J］．中国社会科学，2019（4）：26-48，204-205.
[125] 杨军，董婉璐，胡继亮．构建中国-欧盟自由贸易区的经济增长和福利效应——基

于全球动态一般均衡模型的分析［J］. 产经评论，2019，10（4）：122-135.
［126］姚博，汪红驹 . 中间品进口与企业技术进步：影响机制及其检验［J］. 世界经济与政治论坛，2019（3）：44-69.
［127］姚星，蒲岳，吴钢，王博，王磊 . 中国在“一带一路”沿线的产业融合程度及地位：行业比较、地区差异及关联因素［J］. 经济研究，2019，54（9）：172-186.
［128］叶建亮，杨滢 . 进口与企业技术进步：来自我国制造业企业的证据［J］. 国际贸易问题，2019（5）：12-21.
［129］叶修群 . 自由贸易试验区与经济增长——基于准自然实验的实证研究［J］. 经济评论，2018（4）：18-30.
［130］易先忠，高凌云 . 融入全球产品内分工为何不应脱离本土需求［J］. 世界经济，2018，41（6）：53-76.
［131］喻美辞，蔡宏波 . 出口产品质量与技能溢价：理论机制及中国证据［J］. 统计研究，2019，36（8）：60-73.
［132］张二震，李远本，戴翔 . 从融入到推动：中国应对全球化的战略转变——纪念改革开放 40 周年［J］. 国际贸易问题，2018（4）：1-10.
［133］张洪，王庭东 . 上合组织自贸区经济效应的前瞻性研究——基于 GTAP 模型的模拟［J］. 南方经济，2018（3）：84-98.
［134］张会清，翟孝强 . 中国参与全球价值链的特征与启示——基于生产分解模型的研究［J］. 数量经济技术经济研究，2018，35（1）：3-22.
［135］张建华，何宇，陈珍珍 . 国际贸易冲击与产业结构变迁：基于经济稳定视角［J］. 经济评论，2018（4）：31-44，83.
［136］张建中，潘慧，沈国兵 .“世界经济新格局与新时代中国经济增长”会议综述——暨第五届中国世界经济学科专家和中青年学者学术论坛综述［J］. 世界经济文汇，2018（4）：118-120.
［137］张宽，黄凌云 . 贸易开放、人力资本与自主创新能力［J］. 财贸经济，2019，40（12）：112-127.
［138］张丽娟，赵佳颖 . 全球价值链下中美贸易利益分配与影响因素的测度研究——基于相对出口增加值率的视角［J］. 国际贸易问题，2019（8）：16-32.
［139］张同斌，刘俸奇 . 贸易开放度与经济增长动力——基于产能利用和资本深化途径的再检验［J］. 国际贸易问题，2018（1）：20-31.
［140］张小宇，刘永富，周锦岚 . 70 年中国对外贸易与经济增长的动态关系研究［J］. 世界经济研究，2019（10）：3-14，66，134.
［141］张奕芳 . 互联网贸易红利能否弥补人口红利——基于福利效应的内生贸易模型及中国经验［J］. 国际贸易问题，2018（7）：15-27.
［142］张永亮，邹宗森 . 进口种类、产品质量与贸易福利：基于价格指数的研究［J］. 世界经济，2018，41（1）：123-147.
［143］张宇燕 . 中国对外开放的理念、进程与逻辑［J］. 中国社会科学，2018（11）：30-41.

[144] 赵锦春，范从来．贸易自由化、劳动力市场分割与益贫式增长［J］．世界经济研究，2018（11）：116-134，137.

[145] 赵伟．中国对外贸易 40 年：政策回顾与展望［J］．世界经济研究，2019（2）：29-36，135.

[146] 郑玉，姜青克．全球价值链双向参与下的生产率效应——基于 WIOD 数据库的实证研究［J］．财贸研究，2019，30（8）：26-42.

[147] 周茂，李雨浓，姚星，陆毅．人力资本扩张与中国城市制造业出口升级：来自高校扩招的证据［J］．管理世界，2019，35（5）：64-77，198-199.

[148] 周宇．论中国高速经济增长的动因：基于国际比较视角的分析［J］．世界经济研究，2019（11）：15-23，134.

[149] 诸竹君，黄先海，余骁．进口中间品质量、自主创新与企业出口国内增加值率［J］．中国工业经济，2018（8）：116-134.

[150] 朱启荣，王玉平，刘璇．大气与水环境保护约束下中国工业品出口贸易结构优化研究［J］．世界经济研究，2018（8）：37-48，135-136.

[151] 庄子银，李宏武．贸易、知识产权与出口企业创新：基于美国 337 调查的实证分析［J］．世界经济研究，2018（4）：75-87，136.

[152] Fan，Jingting. Internal geography，labor mobility，and the distributional impacts of trade［J］. American Economic Journal：Macroeconomics，2019，11（3）：252-288.

第十二章　国际投融资与经济发展

余静文　李濛西
（武汉大学）

从曾经仅为国际经贸规则的被动“参与者”，到如今扮演“制定者”的大国角色，从鼓励“引进来”，到大力支持“引进来”与“走出去”双向投资，中国在国际投融资方面积累了大量的理论与事实经验，这对正处于开放型经济转型升级重要转折点的中国经济来说具有极大的现实意义。本章将对2018—2019年中国学者关于国际投融资的驱动因素以及经济效应的研究进行梳理，并对中国国际投融资中有关“一带一路”倡议的文献进行分析，对部分重要论文、著作和学术会议进行简要介绍，以期从这些研究中总结规律，拓宽未来研究领域，为推动我国国际投融资发展建言献策。

第一节　研 究 综 述

国际投融资事实上就是资本跨越国界的流动，有关其与经济发展研究的评述可以从资本项目开放所涉及的资本流动的角度来进行分类阐述。具体而言，首先，国际投融资包括投资和融资，其中投资为资本流出，融资为资本流入。我们将从资本流入、资本流出的角度来评述有关国际投融资与经济发展关系的文献。其次，国际投融资包括直接投资、股权投资、债券投资等。我们主要聚焦于直接投融资，从外商直接投资与经济发展关系的研究和对外直接投资与经济发展关系的研究两个方面来回顾最新的文献。最后，我们还将对涉及国际投融资方面的“一带一路”倡议研究文献进行回顾。自2013年“一带一路”倡议被提出以来，政策沟通、设施联通、贸易畅通、资金融通、民心相通等五通建设取得明显进展。中国与“一带一路”沿线国家的双边投资已然为实现中国产业结构转型，促进“一带一路”沿线国家经济发展做出重要贡献，成为重铸全球价值链的重要举措。

一、资本项目开放对经济发展的影响

国际投融资发挥作用的前提是资本项目管制的放松，国际投融资与经济发展的关系可以被描述为事实上的资本项目管制放松导致的资本流动与经济发展的关系。当前关于这部分的研究比较成熟，得到学术界认可的有两点。第一，资本项目开放产生积极作用存在一定的阈值（郭桂霞和彭艳，2016；Bumann and Lensink，2016；Wei，2018；陈中飞和王曦，2019）；第二，次贷危机以来的经验表明，资本管制能够起到抵御金融风险的作用（Chamonand Garcia，2016；Alfaro et al.，2017；Chamon et al.，2017；Zeev，2017；

Pasricha et al., 2018)。当前学术研究重视的领域体现在两个方面，第一是资本项目开放指标的全面性、系统性（Peng and Yu，2019）；第二是估算资本项目开放产生积极经济效应的阈值（陈中飞和王曦，2019）。

（一）资本项目开放指标的构建及应用

资本项目开放对经济发展影响的实证研究中，比较关键的内容是确定资本项目开放的衡量指标。学术研究中较为常用的指标有两个，第一个是 Chinn 和 Ito（2006）构建的资本项目开放指标，通常被记为 KAOPEN 指数。第二个是 Fernández 等（2016）构建的资本项目开放指标。主要信息来源同样是国际货币基金组织的《汇兑安排与汇兑限制年报》。跨国指标的问题在于工作量巨大，资本项目管制、跨境资本流动管制的信息可能搜集得并不完全。一些国家制定颁布了资本项目开放的政策，但是可能是某一局部的开放或者是有条件的开放，这些条件可能在之后还在被不断地放宽，但是体现在资本项目指标上，可能是该国资本项目依然呈现管制状态，其赋值保持不变。中国采取的是渐进的开放策略，因此，这些指标难以刻画中国资本项目开放的进程。比如，2002 年《合格境外机构投资者境内证券投资管理暂行办法》出台，规定单个合格投资者投资额度不得低于等额 5000 万美元的人民币，不得高于等额 8 亿美元的人民币；2009 年《合格境外机构投资者境内证券投资外汇管理规定》出台，规定单个合格投资者申请投资额度每次不得低于等值 5000 万美元，累计不得高于等值 10 亿美元；2016 年将合格投资者的基础额度标准做了进一步放宽，比如合格投资者或其所属集团的资产主要在中国境外的，计算公式为 1 亿美元加上近 3 年平均资产规模的 0.2%，再扣除已获得的人民币合格境外机构投资者额度。期间还逐步开放了对中国境内合格投资者的条件限制。由于中国依然对资本市场中的资本流入有所管制，所以已有的资本项目开放指标难以反映这种渐进式的开放进程。事实上，从 Chinn 和 Ito（2006）的 KOPEN 指标来看，中国资本项目开放程度长期保持不变。如果根据 KOPEN 指标来分析中国资本项目开放问题，那么就容易忽视中国渐进改革的特点。此外，Abiad 等（2010）也构建了金融改革指标，其中一个子指标为资本项目开放指标，Delis（2012）和余静文（2013）使用该指标进行了相关研究，但是该指标运用并不普及，原因在于其样本年份没有更新。以上均为法理上的资本项目开放指标。Lane 和 Milesi-Ferretti（2007）构建了事实上的资本项目开放指标。

为了解决渐进式资本项目开放导致的资本项目开放衡量指标变异不够的问题，Chen 和 Qian（2016）采取了新的方法来衡量资本项目开放程度。他们仅考察了中国资本项目开放进程，编制了衡量中国资本项目开放程度的指标，数据时间涵盖 1999—2012 年。原始资料来源不局限于国际货币基金组织的《汇兑安排与汇兑限制年报》，还包括中国外汇管理局、中国人民银行、发改委等官方渠道发布的信息、新闻报道、学术论文中关于中国资本项目开放的政策介绍和分析。资本项目开放指数下面有六个子指数，包括股权、债权证券、货币市场工具、商业信贷、金融信贷和直接投资。分指数是对某一个类型的资本流动管制情况的记录。一般情况下，子指数下面有四个分指数，用于区分资本流入和资本流出，比如，对债券买卖的管制可以分为，非居民在中国购买债券（purchase locally by nonresidents）、非居民在中国发售债券（sale or issue locally by nonresidents）和居民在海外购买债券（purchasea broad by residents）和居民在海外发售债券（sale or issue abroad by residents）。其中，非居民在中国购买债券以及居民在海外发售债券为资产输出（资本输入），非居民在中国发售债券以及居民在海外购买债券为资产输入（资本输出）。该指标以 1999 年 1 月为基础，如果此后出现了资本项目管制放松的政策，那么在原指标基础上减去 1；如果此后出现了资本项目管制趋紧的政策，那么在原指标基础上加上 1，资本项目开放程度越深，该指标越小，表示资本项目管制越松。

此外，Chen 和 Qian（2016）还构建了资本项目开放的混合指标，法理指标的构建赋予每一类资产相同的权重，但是资本项目中各个资产的输入、输出规模往往存在较大差异，赋予各类资产输入、输出同样的权重会引起测量误差的问题。鉴于此，他们利用各个类型资本流动占整个资本流动的比重进行加权平均，得到资本项目开放的混合指标。与已有文献其他指标相比，该指标在时间维度上的变化更大，更符合中国项目开放的渐进过程，这也就避免了在研究中国资本项目开放问题时，量化指标没有变化或者变化很小所导致的因果关系识别困难的问题。Peng 和 Yu（2019）采取了 Chen 和 Qian（2016）的资本项目开放指标对中国资本项目开放的经济效应进行了评估，同时，他们也比较了 Chinn 和 Ito（2006）以及 Fernández 等（2016）构建的关于中国资本项目开放进程的指标，结果发现，Chen 和 Qian（2016）所构建指标的变异程度明显大于 Chinn 和 Ito（2006）以及 Fernández 等（2016）构建的指标。该指标构建方法还有一个优势就是能够构建更高频的资本项目开放指标，从而可以更好分析国际资本的月度、季度的流动情况（Gurnain et al.，2018）。

（二）资本项目开放产生经济效应的条件

资本项目开放对经济绩效的影响一直以来都是开放宏观经济学或国际金融学领域的重要研究方向。从理论上来说，资本项目开放对经济发展的影响可以概括为以下四个方面：平滑消费、有效投资、分散风险以及加强宏观经济政策的纪律约束。

根据新古典增长模型的预测，发展中国家会受益于资本项目开放，资本项目开放会吸引资本流入，降低融资成本，提高投资（Bekaert and Harvey，2000；Henry，2003）。同时资本流入还能够促进金融发展，缓解企业的融资约束，改善企业治理，从而有利于生产率的提升（Rajan and Zingales，2003）。然而，一些经验研究并没有发现资本项目开放对经济绩效有显著提升作用（Rodrik，1998；Edison et al.，2002，Prasad et al.，2009）。资本项目开放对经济绩效的积极效应存在阈值，且受到一些条件的制约，国内金融发展、金融监管有效性、制度质量、不同的内部改革次序都会影响资本项目开放的经济效应（Arteta et al.，2001；Bussière and Fratzscher，2008；Bumann and Lensink，2016；Wei，2018；郭桂霞和彭艳，2016；黄志刚和郭桂霞，2016）。对于发展中国家而言，本国存在诸多方面的扭曲，不仅在资本项目的交易方面存在限制，而且劳动力市场、国内金融市场等都存在扭曲，当其他扭曲没有消除时，单单消除资本项目交易方面的限制不一定能够提高经济运行的效率（Wei，2018）。此外，Quinn 和 Toyoda（2008）还将资本项目对经济绩效影响的不一致性归因于资本项目开放指标存在测量误差。

研究的焦点更多在于资本项目开放在什么情况下能够对经济发展产生积极作用。最近的研究从三个方面对这一问题进行了回答。首先，资本项目中各子项目的开放及次序安排会产生不同效果。陈中飞和王曦（2019）研究了资本账户不同子项目开放对经济增长的影响。他们使用了 Guisinger 和 Brune（2017）构建的跨国资本账户开放分类数据库，采取标准增长方程，使用固定效应模型和动态面板 GMM 估计方法来处理内生性问题。研究用交互项（初始人均 GDP、制度质量与资本项目开放指标的交互项）来估计门槛效应，即资本项目开放产生经济效应的阈值。资本账户各子类项目在初始人均 GDP、制度质量上存在门槛效应；外商直接投资流入、信贷流入和流出、资本市场流出的门槛值较低；外商直接投资的流出、资本市场的流入的门槛值较高；房地产子项目的门槛值最高。门槛值较低的子类项目可以优先开放。谢芳和郭娜（2019）利用跨国企业层面数据研究了资本项目子项目开放对企业创业的影响。他们发现，FDI、股票资本流入有助于提高资本流入国企业的研发投入，相反，债务资本流入则不利于企业创新。FDI、股票资本流入的创新效应还受到经济发展水平、金融发展水平、贸易开放度的影响，如果一个国家或经济体的经济发展水平、金融发展水平和贸易开放度越高，那么其创新效应越显著。

其次，国内金融发展程度会影响资本项目开放的经济效果。资本项目开放经济效应发挥作用的阈值一直都是该领域研究的重要问题。从一些国家经济发展经验来看，有的国家采取了优先进行外部金融改革的策略，有的国家采取了优先进行内部金融改革的策略。比如，日本、菲律宾、泰国、墨西哥、委内瑞拉等均优先进行外部金融改革，即资本项目自由化；阿根廷、巴西、智利、韩国、印度尼西亚等则优先进行了内部金融改革，即国内金融市场自由化。进一步而言，先进行外部金融改革的国家，如日本经济表现比较好，部分自由化后 10 年，人均 GDP 增长率达到了 3.73%，菲律宾经济表现较差，部分自由化后 10 年，人均 GDP 增长率仅为-0.88%；先进行内部金融改革的国家，如韩国经济表现较好，部分自由化后 10 年，人均 GDP 增长率为 4.85%，巴西表现较差，部分自由化后 10 年，人均 GDP 增长率为 1.34%。国内金融发展可能会影响资本项目开发的经济效果。阙澄宇和李金凯（2019）基于跨国面板数据库，采用动态 GMM 估计方法和中介效应模型研究了资本项目开放对经济发展方式转变的影响及其传导机制，其中经济发展方式转变用全要素生产率来衡量。研究发现，法理上的资本项目开放对经济发展方式转变具有显著促进作用，而事实上的资本项目开放抑制了经济发展方式转变。在间接传导机制方面，无论是法理上还是事实上的资本项目开放均通过金融发展促进经济发展方式转变，通过金融波动抑制经济发展方式转变。金融发展水平越高越有利于降低事实上的资本账户开放对经济发展方式转变的负向影响。谢芳和郭娜（2019）基于跨国微观数据也发现了资本项目子项目开放的创新效应存在阈值，阈值取决于经济发展水平、金融发展水平和贸易开放度。阙澄宇和黄志良（2019）采取相似的方法，从制度环境视角实证研究了资本项目开放对货币国际化的影响，并发现这一影响同样存在阈值。当制度质量较低时，资本项目开放并不利于货币国际化进程的推进，随着制度质量的提高，资本项目开放对货币国际化的影响由负转变为正。在制度环境较差的情形下，直接投资开放程度的提升不利于货币国际化水平的提高，证券投资开放程度提升对货币国际化的影响与直接投资相反，而金融衍生品投资开放对货币国际化的影响则不显著。

最后，资本项目开放指标的设计会影响到资本项目开放经济效应的实证结果。资本项目开放方面的实证研究在资本项目开放程度度量上存在差别，研究者所选择的指标并不完全统一。有的选择法理上的资本项目开放指标，有的选择事实上的资本项目开放指标，法理上的指标也存在不同的构建方式。不同指标所得结果可能存在差异，比如阙澄宇和李金凯（2019）发现法理上的资本项目开放对经济发展方式转变具有显著促进作用，相反，事实上的资本项目开放抑制了经济发展方式转型。研究结果存在差异的原因之一在于，如果一个国家采取渐进式的资本项目开放，按照法理上的资本项目开放指标构建方式，那么该国法理上的资本项目开放指标可能会长期不变，也就不能很好地衡量渐进式资本项目开放进程（Peng and Yu，2019）。

此外，还有研究探讨了资本项目开放与全要素生产率、人均收入水平、汇率市场化的关系。彭红枫等（2018）构建了开放经济 DSGE 模型，并同时融入资本管制和外汇市场干预因素，考察不同政策组合对经济福利的影响。浮动汇率制度配合资本项目开放所获得的经济福利水平要显著高于固定或有管理浮动汇率下的经济福利水平。协同推进汇率市场化和资本项目开放是合宜的政策选择。如果汇率未完全实现市场化，那么资本管制就显得尤为必要。资本项目开放会对系统性银行危机爆发产生影响，导致经济体金融脆弱性增加，进而影响经济体整体的生产率水平。江春等（2019）基于 83 个国家 1996—2011 年的数据，将资本项目开放可能引起的金融冲击纳入资本项目开放影响全要素生产率的模型中，研究了资本项目开放对全要素生产率增长率的影响。即便考虑了金融冲击，资本项目开放对经济体全要素生产率的影响依然为正，资本项目开放通过改善国内金融市场配置效率促进全要素生产率的提升。梅冬州等（2019）基于 1980—2014 年的跨国数据研究了资本项目开放对收入不平等的影响。资本项目开放加剧了收入不平等程度，这一效应在非 OECD 国家更为突出。其中的影响渠道在于，资本项目开放促进高技术产业的发展，提高了对高技能劳动力的需求，增加了高技能劳动力的工资，加剧了贫富差距。

二、外商直接投资与经济发展

改革开放以来，体制机制改革引起的劳动力要素与对外开放引进的资本的结合对经济产生了巨大的推动力量，是中国经济增长奇迹的重要原因。过去很长一段时间，学术界对外商直接投资影响中国经济发展的机制以及力度大小进行了较充分的研究。学术研究发现的主要影响机制是资本扩张及技术外溢效应。由于该领域研究较为成熟，我们将聚焦于外商直接投资对中国新旧动能转换、中国经济发展模式转型等的影响的研究。在人口老龄化和资源环境约束加强的背景下，当前中国亟待从过去要素驱动型经济增长模式转向效率、创新驱动型经济增长模式。外商直接投资在其中的角色如何？李志翠等（2019）在庆祝中华人民共和国成立 70 周年之际对改革开放以来中国利用外资的实践、成效等进行了回顾和总结。其研究按照试点探索起步阶段、快速发展阶段、高层次发展阶段、全面开放新阶段对利用外资的发展阶段进行划分，并从经济增长、产业结构升级转型、技术进步、就业几个方面来概括引入外资的经济效应。

（一）外商直接投资的影响因素研究

跨境资本流动的影响因素主要是收益和风险，更准确地说是经过风险调整后的收益，诺贝尔经济学奖得主卢卡斯曾提出了资本逆流之谜，即资本为什么从发展中国家流向发达国家？根据新古典增长模型，相较于发达国家，发展中国家人均资本更低，因此资本边际回报会更高，具有逐利性的资本理应从发达国家流向发展中国家。但是，现实却是资本从发展中国家流向发达国家，这其中的一个原因在于，发展中国家的投资风险往往较高，实际投资回报可能还低于发达国家。

最近关于外商直接投资影响因素的研究也聚焦到能够影响其实际回报的因素。李磊等（2019）基于中国企业数据进行分析，认为外商直接投资的驱动因素还包括劳动力成本，他们的研究利用中国各地区最低工资标准的差异识别了最低工资标准上升对外资逃离的影响。最低工资标准上升引起外资企业退出中国的效应在不同特征企业之间存在异质性，主要导致低生产率、低端制造以及加工贸易外资企业退出中国。这是从经营成本角度来考虑外商直接投资的区位选择。郭娟娟（2019）采取双重差分方法研究了城市层面最低工资标准对企业引资行为的影响，最低工资标准对外商直接投资决策和数量均有显著的抑制作用。谢科进等（2018）也得到了相似结论，他们基于我国省级面板数据，发现劳动力成本升高对我国吸引外资产生显著负面影响。

环境规制加强也会加大外商直接投资的成本。过去很长一段时期，中国采用要素驱动型经济增长模式，第一产业释放出来的大量劳动力与外资相结合，对经济产生了巨大推动力量，这其中还包括低廉的环境成本。随着人口老龄化的到来，以及环境规制的加强，企业经营成本将会提高，这也会对外商直接投资的区位选择产生影响。王兵和肖文伟（2019）基于中国省级层面的数据，采用数据包络分析方法研究了环境规制对外商直接投资的影响。进入 21 世纪以来，我国环境规制成本呈现上升趋势，环境规制强度的变化导致我国外商直接投资平均每年减少 0.74%，这种环境规制对外商直接投资的抑制效应在东部地区最明显，在东北地区则最弱。史贝贝等（2019）以中国 2007 年出台的环境信息披露制度作为一个外生冲击，并基于地级市与微观企业相匹配的数据，使用双重差分法和三重差分法研究信息披露对该地区外商直接投资的影响。结果表明环境信息披露显著阻碍了地区整体外资流入，并存在着明显的时滞及长期性。随着外资饱和度与规制强度的提高，环境信息披露对地区外资流入的阻碍作用变得更强。值得注意的是，环境信息披露增强了污染型企业的市场退出与清洁型企业的投资增加，有助于促进外资结构的生态转型与优化。

经营过程中的不确定性也会影响外商直接投资的区位选择。在外商直接投资的决策过程中，税收负担及税收环境的不确定性是关键因素，直接影响着外商投资者的税后盈利空间及其对盈利空间的稳定预期。税收征管不确定性会通过营商环境影响外商直接投资，杨武和李升（2019）发现税收征管不确定性会影响外商直接投资，我国税收征管不确定性对外商直接投资的影响与税负高低有关。低税负时，税收征管不确定性对外商直接投资有促进作用；相反，高税负时，税收征管不确定性对外商直接投资有抑制作用。知识产权保护程度也是不确定性的体现。沈国兵和黄铄珺（2019）使用知识产权审判结案数来测度城市层面知识产权保护强度，并以此来分析知识产权保护对中国企业引入外资的影响。加强知识产权保护有助于企业引入外资，对中小城市和中等收入城市内的企业以及高技术行业的企业来说这一效应更为显著，体现了知识产权保护的“地区追赶效应”和“产业调整效应”。同时，这一效应对本土市场导向度高、技术引进水平高的企业引进外资的促进作用更为显著，体现了知识产权保护的“降低市场成本效应”和“提高技术收益效应”。不确定性中还有一个重要类别，即政策不确定性。Zhong 等（2019）利用中国市委书记更替的冲击，基于中国工业企业数据库研究了由领导人更迭引起的政策不确定性对外资存续率以及企业全要素生产率的影响。这种不确定性显著降低了外资存续率以及企业绩效。

国际投资领域关于竞争中性原则的讨论也比较热烈，林梦瑶和张中元（2019）采用“条款计数指数”方法，构建了区域贸易协定竞争政策水平深度，并以 OECD 国家为主要样本分析了竞争政策条款水平深度对外商直接投资的影响，研究发现，区域贸易协定中竞争政策水平深度的提升对集约边际外商直接投资没有明显影响，但是显著提高了外延边际外商直接投资流量。研究还将竞争政策条款分为四个分类项（竞争政策的监管、竞争政策的合作、竞争政策的“横向原则”和国有企业条款）来分析各子项条款水平深度对外商直接投资的影响，结果表明，竞争政策的合作水平深度、竞争政策的“横向原则”、国有企业水平深度提升有助于提高双边对外直接投资。相反，竞争政策的监管水平深度的提升不利于提高双边的外商直接投资。此外，Lu 等（2018）利用 2012 年中国工业企业数据库，以及 CGSS 数据研究了社会信任对外资企业绩效的影响，研究将 2010 年人口普查的省级层面民族多样化指标作为社会信任的工具变量展开分析，发现社会信任显著提高了外资企业的资产回报率以及净利润占销售额的比例。

（二）外商直接投资的经济效应研究

中国经济增长奇迹的一个解释便是涌入的外资与农村地区释放的劳动力相结合，国内也展开了大量对外商直接投资经济效应的研究，这方面的研究比较成熟。近年来的研究更重视识别策略的有效性和研究主题的创新。在识别策略上，研究往往利用《外商投资产业指导目录》的出台和变化，采取双重差分法来推断外商直接投资的经济效应（孙浦阳等，2018；毛其淋，2019）。孙浦阳等（2018）发现上下游的联动是外商直接投资促进我国经济发展的重要渠道。他们基于中国海关数据库、投入产出表、《外商投资产业指导目录》展开分析，发现上游外资管制放松扩大了企业使用外资生产的中间投入品范围，提高了企业生产率水平，由此推动了福利的提升。进一步的分析结果还表明，外资自由化对福利的提升效应主要来自上游制造业的外资自由。并且，这种福利提升效应还与贸易方式相关，上游外资管制放松显著提高了以一般贸易方式获得的福利。事实上，孙浦阳等（2015）也采取了类似的识别策略研究上游外资自由化对企业出口的影响。上游外资自由化程度提高有助于企业出口，这种出口促进效应依赖于技术距离，接近国际技术前沿的行业和企业出口所受到的影响更显著。理论上，外商直接投资还具有技术外溢效应，当然也可能因为技术转移降低了本土企业的创新激励。由于外资流入本身是一个内生选择，因此，需要找一个恰当的情境来推断因果关系。毛其淋（2019）利用 2002 年《外商投资产业指导目录》的修订为准自然实验，采用双重差分法研究了外资进入对我国企业创新的影响。研究结果显示，外资进入不仅有利于提高我国企业的创新能力，而且还有利于延长企业创新的持续时间。这种激励创新的效应在知识产权保护越完善的地区越显著，其间的影响机制在于研发能力增强与融资约束程度降低。

外商直接投资的溢出作用还体现在帮助本土企业融入全球产业链，实现价值链的攀升。罗伟和吕越（2019）基于中国工业企业数据库、中国固定资产投资统计年鉴、中国经济普查企业名录数据和进出口贸易明细数据，并结合世界投入产出数据库构建了反映我国企业所有制属性的世界投入产出表，尝试回答外资是否有益于促进我国在全球价值链分工中的地位提升这一问题。研究发现，外资提升了中国在全球价值链分工中的参与度以及参与模式的复杂度，但其高加工贸易倾向使中国制造业在融入过程中向全球价值链下游移动。此外，张磊等（2018）发现外商直接投资会对雾霾污染产生影响，验证了“污染避难所”假说。外商直接投资的雾霾污染效应具有一定的异质性。发展中国家外商直接投资会增加污染程度，发达国家外商直接投资的污染效应则不显著，关键原因在于发达国家环境制度较完备，引资标准和排放标准较高。东道国的经济增长在扩大东道国生产及排放规模的同时，对应财政收入的增加可能起到了一定的治污减排效果。田毕飞等（2018）利用跨国数据从制度环境的视角分析了外商直接投资对东道国国际创业的影响。东道国的制度环境及管制环境、规范环境、认知环境均对东道国国际创业产生显著的促进作用，但东道国制度环境对东道国国际创业的正向影响主要体现在管制环境和规范环境对国际创业的影响上。研究还将机制变量与外商直接投资变量的交互项加入计量模型来分析影响机制，结果表明外商直接投资会带来更多海外市场信息、经营规则等，进而促进国际创业，这种促进作用又表现在鼓励本土创业者，降低其对创业失败的畏惧上。研究发现外商直接投资可正向调节东道国制度环境与东道国国际创业的关系。张开迪等（2018）从家庭层面考察了外商直接投资对居民创业的影响。外商直接投资对创业既有正向溢出影响，又有负向挤出影响。正向溢出体现在外商直接投资具有知识溢出效应，负向挤出体现在外资进入产生的竞争效应。哪种效应占据主导还取决于一系列条件。比如，外资企业集中于出口市场时，外商直接投资对大众创业的挤出效应越弱；外资企业有形资产占比更高时，溢出效应更强。另外，外商直接投资对生存型创业的挤出效应弱，对机会型创业的挤出效应强。

外资进入的一个直接影响是资本的增进，这将有助于改善本土企业面临的融资约束问题。这也是资本项目开放所产生的一个直接的经济效应。才国伟和杨豪（2019）基于 Hsieh 和 Klenow（2009）的测算框架，利用中国 1998—2013 年的制造业企业数据，测算了资本市场和劳动力市场的资源错配程度，并以此作为关键变量来考察外商直接投资对资源错配的影响。研究表明，外商直接投资对资本市场资源错配的矫正作用要显著高于劳动力市场，其中的影响机制在于企业融资约束的降低、生产效率的提升和政策扭曲程度的下降。外商直接投资的缓解资源错配效应还受到宏观经济波动、地区经济环境、产品市场竞争程度和行业外部融资依赖度的影响。白俊红和刘宇英（2018）采取相似的分析框架研究了对外直接投资对本国资源配置的影响。

三、对外直接投资与经济发展

近年来，中国涌现出大量企业成功“走出去”的案例，企业对外直接投资规模也在不断攀升，2016 年中国对外直接投资流量为 1961.5 亿美元，仅次于美国的 2990 亿美元，位列全球第 2；按存量计为 13574 亿美元，位列全球第 6，直接投资分布全球 190 个国家和地区。从 2014 年开始，中国对外直接投资规模已经超过了外商直接投资的规模。企业对外直接投资通过将生产经营中的部分或全部环节转移到其他国家和地区，产生“溢出效应”，进而对东道国企业、国民经济产生影响。已有的关于外商直接投资的文献对这方面进行了大量研究。与此同时，企业对外直接投资所引起的学习效应、市场规模的扩大等都会反馈作用于对外直接投资的企业本身，即企业对外直接投资能够产生“反馈效应”。我们将细分两个对外直接投资子领域的文献，分别是对外直接投资的驱动因素以及对外直接投资的经济影响，并依次对这两支文献进行梳理和回顾。一般而言，对外直接投资可以分为以下三种类型。市场主导型，该类型投资以开辟新市场的方式，一方面规避贸易保护、贸易壁垒，另一方面也有助于解决国内产能过剩问题；资源导向型，该类型投资是为解决国内自然资源需求方面的缺口，通过对外直接投资获取稀缺资源，维持生产原材料供给的稳定性；技术导向型，即通过吸收学习先进技术，并了解国际技术最新动态。不同类型的对外直接投资对本国经济的影响也不尽相同。市场主导型的对外直接投资往往会导致生产环节的转移，引起所谓的“产业空心化”问题；资源导向型的对外直接投资更多是出于战略层面的需要，对于维持经济稳定十分重要；技术导向型的对外直接投资往往能够弥补本国技术环节、生产技艺、管理模式方面的不足，能够提高对外直接投资企业的技术能力和管理水平，对企业生产效率等都将产生积极影响。太平和李姣（2019）在庆祝中华人民共和国成立 70 周年之际对中国对外直接投资的历程、存在的问题进行了分析，并对未来中国对外直接投资路径进行了展望。他们提出两个需要审视的问题，第一是对外直接投资的政策环境，包括无专有的对外投资法、对外投资保险制度滞后等；第二是对外直接投资服务体系，如金融服务体系不健全、不完善，信息共享平台建设滞后。展望未来，他们提出中国对外直接投资需要拓展双边及区域投资合作，加强对外直接投资制度保障体系，完善对外直接投资配套支持和服务体系，创新对外直接投资模式以及提高企业国际化经营能力。

（一）对外直接投资的驱动因素

2019 年 *Economic Journal* 发表了一篇中国对外直接投资的经典文献，文章认为国内要素市场上的扭曲会助推企业进行对外直接投资。Chen 等（2019）基于中国企业数据发现了三个典型事实：第一，中国私有非跨国公司的生产率要高于国有非跨国公司，但是私有跨国公司的生产率要低于非跨国公司；第二，私有企业进行对外直接投资的比例要大于国有企业（对外直接投资私有企业/私有企业要大于对外直接投资国有企业/国有企业）；第三，私有跨国公司的相对规模要小于国有跨国公司（私有跨国公司规模/私有非跨国公司规模要小于国有跨国公司规模/国有非跨国公司规模）。这三个典型事实是反直觉的。首先，国有企业比私有企业规模大，并且会得到更多政府支持，那么为什么从数据中反而看到私有企业进行对外直接投资的比例更大；其次，私有企业生产率要高于国有企业，那么为什么进行对外直接投资的企业中，私有企业生产率反而低于国有企业；最后，国有企业更有可能进行对外直接投资，并且国有企业更容易得到支持，因此其相对规模应该要小于私有企业。研究基于 Helpman-Melitz-Yeaple（2004）将制度套利（institutional arbitrage）和逆向选择（selection reversal）加入模型中，并使用《境外投资企业（机构）名录》、

ORBIS 数据库对以上现象进行了解释。在中国，私有企业购入投入要素的成本要高于国有企业，私有企业对外直接投资可以绕开这种歧视。Fan 等（2018）观察到中国劳动力成本和对外直接投资具有相同变化趋势，中国劳动力成本上升和大规模企业“走出去”两种现象几乎同时发生，他们利用中国最低工资标准研究了劳动力成本上升对企业对外直接投资的影响，结果发现国内劳动力成本提高是驱动企业进行对外直接投资的重要因素。

对外直接投资的发展离不开金融的支持。一方面，国内金融发展可以缓解融资约束，融资约束是制约企业对外直接投资的重要因素。另一方面，海外金融分支机构在给予资金支持的同时，可以带来更多投资信息，从而缓解信息不对称问题。Yan 等（2018）使用中国工业企业数据库和《境外投资企业（机构）名录》研究了融资约束和对外直接投资之间的关系。结果表明生产率和融资约束都对企业“走出去”产生了影响，融资约束程度下降有助于提高企业“走出去”的概率，生产率的提升可以提高融资约束程度下降对企业“走出去”的促进效应。这一影响也具有异质性，融资约束对企业“走出去”的影响在私有企业中的效应更大，并且外部融资约束的影响要大于内部融资约束的影响。吕越和邓利静（2019）基于中资银行海外分支机构数据，分析了本国金融发展对企业对外直接投资的影响。中资银行在海外开设的分支机构越多，越有利于中国企业对外直接投资。中资银行“走出去”对发展中国家和“一带一路”沿线国家的对外直接投资带动效应尤为突出。

“引进来”与“走出去”的关系也是研究的焦点之一。李磊等（2018）基于中国工业企业数据库和《境外投资企业（机构）名录》研究中国引入外资是否有助于企业走出去。研究根据《外商投资产业指导目录》构建了“外商投资产业政策”变量，设定数值 0 到 3，分别表示“禁止”“限制”“允许”“鼓励”，并利用 GB 编码与工业库合并。结果发现“引进来”显著促进了中国企业“走出去”。黄凌云等（2018）基于制造业细分行业数据考察了对外投资和引进外资的互动关系，研究表明技术引进、模仿创新和自主研发这三种技术进步路径直接抑制了中国双向外商直接投资的互动发展水平；双向外商直接投资互动发展水平还受物质资本、制度质量和行业规模等因素影响。

对外直接投资还涉及收益回报不确定的问题，双边关系的紧张、行业的不确定性、汇率波动都会影响对外直接投资所面临的风险及实际回报。余振和陈鸣（2019）利用中国对 29 个国家或地区的制造业行业的投资及这些国家或地区对应行业对华反倾销存量的数据，分析了贸易摩擦对我国制造业对外直接投资的影响。结果表明对外直接投资目的地对华反倾销措施会促进中国制造业对外直接投资。这种促进作用具有异质性，对外直接投资目的地的营商环境越好，这种促进作用越显著，并且本国资本密集型行业的反倾销措施更容易促进对外直接投资。王泽宇等（2019）基于中国对外直接投资的企业层面数据从制度环境、行业不确定性、生命周期阶段的角度考察了中国对外直接投资的驱动因素。企业所处行业不确定性较高将推动企业向制度风险更低的高制度治理水平国家投资以降低经营风险。企业所在地区制度治理水平越高、所处行业不确定性程度越大和所在生命周期阶段越趋于后期，均会显著推动企业投资区位转型，即由已有的向单一制度治理水平国家投资转型到同时向两类制度治理水平国家投资。这种不确定性还体现在汇率制度上。张夏等（2019）基于《境外投资企业（机构）名录》，研究了双边事实固定汇率制度对企业对外直接投资的影响。结果表明双边事实固定汇率制度能提高企业进行对外直接投资的概率。陈琳等（2020）更进一步分析了汇率波动对企业对外直接投资的影响。结果表明人民币汇率波动增加，减少了中国对外直接投资的可能性，也抑制了投资规模。

此外，政治关联、区位关联也是影响对外直接投资的重要因素。闫雪凌和林建浩（2019）基于对外直接投资的区位选择理论，通过对领导人访问数据和《中国对外直接投资统计公报》的整合，分析了领导人访问对中国对外直接投资区位分布的影响。研究发现，领导人访问对中国对外直接投资的区位分布具有显著的当期促进效应，中国领导人出访效应大于东道国领导人来访效应，且随着中国经济全球影响力上升和外交政策调整，领导人访问的当期促进效应逐渐增强。蒋为等（2019）采用网络分析方法来分析中国对外直接投资的驱动因素，识别了出口网络对中国企业对外直接投资区位选择的路径效应、社群效应与邻伴效应。中国企业对外直接投资趋向于选择经济临近、社群内地理临近地区作为目的国。同时，企业对外直接投资决策依赖于出口网络的社群分布，且更趋向于选择社群内地区进行对外直接投资。此外，邻伴企业的出口网络显著影响企业对外直接投资的决策。

（二）对外直接投资的经济效应

关于对外直接投资经济效应的研究主要集中在对外直接投资是否引起“产业空心化”问题。对外直接投资一个直接的经济效应就是生产的转移引起“产业空心化”。中国是否也存在对外直接投资“产业空心化”的引致效应呢？这对于稳定产业和就业具有重要政策含义。孙好雨（2019）基于商务部《境外投资企业（机构）名录》研究了我国企业对外直接投资对国内投资的影响，关注的是产业转移和对外直接投资带来的产业空心化问题。研究发现，对外直接投资在短期能够促进对内投资，但是长期效果不明显。垂直类与生产服务类的对外直接投资对对内投资的促进作用更显著。利用中介效应模型进行研究还发现提高企业生产率、扩大企业规模以及提升企业出口额是促进对内投资重要的影响渠道。杨连星和殷德生（2019）从中间品进出口视角研究了外商直接投资对企业产出的影响。总体而言，对外直接投资能够显著促进企业产出，但影响具有异质性。首先，商贸服务型、前向垂直型对外直接投资显著促进产出，当中间品出口占比高于临界值时，水平型对外直接投资才能够促进产出；当中间品进口占比超出临界值后，后向垂直型对外直接投资才能够促进产出。其次，研究开发型、没有中间品出口的水平型对外直接投资会挤出产出。孔群喜等（2019）从地区和企业两个维度实证考察了对外直接投资对经济增长质量的影响效应，总体上，对外直接投资能够有效促进经济增长质量水平的提升，并且向发达国家进行的投资行为更有利于提高企业的经济增长质量。贾妮莎等（2019）基于制造业企业数据，采取马氏距离匹配和双重差分方法研究了对外直接投资的就业效应。研究发现对外直接投资显著促进了母国就业，但是这一就业效应具有异质性。商贸服务类、技术寻求型对外直接投资促进了母国就业的绝对量；相较于投资发展中国家，投资于发达国家促进了母国就业的绝对量。

此外，我国正处于结构转型、要素驱动型经济增长模式向效率、创新驱动型转型的重要节点。企业对外直接投资是否能够出现逆向技术溢出，帮助母国企业转型升级，提高全球价值链地位？Fu 等（2018）使用英国大学和中国大学联合对广东企业调研的数据研究了对外直接投资对创新的影响。其中产生作用的是学习机制（learning mechanism），强调跨国公司和子公司之间的内部信息等传输。研究提出四个假说。第一，对发达国家的对外直接投资与企业创新正相关；第二，知识寻求型对外直接投资对企业创新的作用更大；第三，对外直接投资获取知识与国内研发获取知识存在替代关系；第四，国际经验可以提高对外直接投资对创新的影响。整体而言，对外直接投资对创新有正向影响，但是这一影响取决于企业的其他特征，比如研发、国际经营经验等。对于跨国公司来说，内部研发和对外直接投资存在一种替代关系。王泽宇等（2019）基于中国对外直接投资的企业层面数据进行研究发现企业向低制度治理水平国家投资提高了投资收益率，但对生产力水平的提升不显著；企业向高制度治理水平国家投资有效提升了企业的生产力水平，但对投资收益率影响不显著。白俊红和刘宇英（2018）基于中国分省份面板数据测度各地区资本错配和劳动力错配指数，并通过构建静态和动态面板计量模型，分析了对外直接投资对资源错配的影响。研究发现中国各地区均存在着一定程度的资本和劳动力错配，资源错配存在显著的路径依赖性。同时，对外直接投资显著地改善了整体的资本和劳动力的资源错配程度，提高了资源配置的效率。

与以上文献的研究结论不同，沈春苗和郑江淮（2019）发现对外直接投资并没有产生技能偏向性技术进步。他们从技能偏向性技术进步视角，分析中国对外直接投资的成效问题，提出了四个理论假说：第一，本土企业全球价值链低端嵌入程度越高，对外直接投资对技能偏向性技术进步的逆向技术溢出效应越弱。第二，距离前沿经济体的技术差距越小，对外直接投资对技能偏向性技术进步的逆向技术溢出效应越弱。第三，产能过剩越严重，对外直接投资对技能偏向性技术进步的逆向技术溢出效应越弱。第四，本土企业技术吸收能力越弱，对外直接投资对技能偏向性技术进步的逆向技术溢出效应越弱。他们使用省级层面数据对此进行了一一验证。研究发现对外直接投资逆向技术溢出对国内技能偏向性技术进步产生了抑制效应，但自主创新对技能偏向性技术进步产生了促进效应。其中，制约对外直接投资逆向技术溢出效应的因素既与国内存在的产能过剩和技术吸收能力不足有关，也与全球价值链低端锁定和发达国家的技术封锁意愿有关。

四、"一带一路"倡议与经济发展

"一带一路"倡议是以贸易畅通、资金融通为主要内容的，深化对外开放和鼓励"走出去"的新战略和新举措，也是在经济新常态下实现经济结构调整，经济发展模式转型的积极战略部署。"一带一路"倡议需要中国对外开放，同时也需要"一带一路"沿线国家的对外开放。这一部分，我们将聚焦于三方面的文献。首先是"一带一路"建设影响因素的分析。其次是"一带一路"倡议对中国经济的影响。"一带一路"倡议会为中国经济带来怎样的影响？会对中国经济增长模式转型，区域价值链融合和全球价值链攀升产生怎样的效应？最后是"一带一路"倡议对东道国经济的影响。从数据上来看，中国对"一带一路"的投资主要聚焦在基础设施上，对东道国的影响偏长期，短期是否带来东道国的债务负担，拖累经济发展，是当前政策讨论的热点问题。裴长洪和刘洪愧（2018）以习近平新时代对外开放思想为基础，分析了"一带一路"倡议的贡献，总结了经济全球化发展至今的经验教训，为中国开放型经济与开放型世界经济的内外联动提供了中国方案。

（一）“一带一路”建设的影响因素

税收因素是企业参与“一带一路”建设所考虑的要点。徐思等（2019）基于同花顺“一带一路”板块中受“一带一路”政策支持的企业，采取双重差分的方法研究了“一带一路”倡议对企业融资约束的影响。研究表明“一带一路”倡议降低了企业融资约束，银行借贷成本、债券融资成本都有所下降，并且税收优惠增加。这也表明了“一带一路”的支持政策切实发挥了作用。邓力平等（2019）利用中国A股和“新三板”公司数据研究了双边税收协定对中国“一带一路”投资的影响。研究有三个发现：第一，税收协定对不同税负水平和制度质量的东道国的影响存在异质性，税收协定减轻了东道国高税负水平和制度环境不足带来的负面影响。第二，东道国税收协定网络的广度对中国企业进入有正向作用，税收协定网络可以替代东道国制度环境的不足。第三，税收协定对不同所有制企业参与“一带一路”沿线国家投资的影响并无显著差异。

此外，产业融合、发挥比较优势是“一带一路”建设实现共赢的基础。姚星等（2019）将传统产业融合拓展到国际层面，利用Eora MRIO数据库的多区域投入产出数据，从社会网络视角分析中国在“一带一路”沿线的产业融合程度和地位，并探讨其关联因素。研究发现“一带一路”沿线国家间产业融合的广度和深度不断提升，在“一带一路”沿线，中国的产业融合程度和地位呈增长态势。此外，中国在“一带一路”沿线的产业融合程度及地位受共同语言、经济制度差异、政治制度差异、自由贸易协定、产业链关联、国家产业发展合力等因素的影响。李兵和颜晓晨（2018）则从公共安全视角分析了中国与“一带一路”沿线国家双边贸易的新比较优势。研究发现恐怖袭击显著降低了“一带一路”沿线国家的出口和进口。相对其他国家而言，恐怖袭击对中国与“一带一路”沿线国家之间的贸易的负面影响较小。这一现象可以从两个方面加以解释：第一，我国从事外经贸实务的人员具有勤劳勇敢、勇于开拓进取的企业家精神。第二，我国“和平共处、互不干涉内政”的外交政策。这两个方面共同构成了我国与“一带一路”沿线国家双边贸易的新比较优势。

（二）“一带一路”倡议对中国经济的影响

刘志彪和吴福象（2018）基于对中国加入全球价值链的概况梳理和逻辑分析，提出中国企业在“一带一路”倡议背景下加入全球价值链的模式，即“双重嵌入”。他们从理论层面分析全球价值链嵌入机制，并核算全球价值链的上游度位置、中间贸易品和附加值贸易等，定量研究全球价值链。研究发现，嵌入全球价值链的各主体技能水平落差太大时，产业协调度和资源配置效率都会下降，导致各方技能水平提升效应下降。当产品工序空间可垂直分离时，工序间的对称性替代程度越高，全球产业链分工越精细，产出品质量越高；上下游工序可替代时，上游工序很少选择外包，下游工序大多选择一体化；若为互补关系，上游工序更多选择一体化，下游工序更少选择外包。吕越等（2019）利用2005—2016年全球对外绿地投资数据库、世界银行世界发展指数和全球治理指数的合并数据，对199个国家和地区进行研究，其中包括60个“一带一路”沿线国家和地区。他们采用双重差分的方法，将“一带一路”倡议的提出作为政策事件，对“一带一路”倡议的实施效果进行系统的评估，并基于“一带一路”倡议提出的“五通”展开机制研究。研究表明“一带一路”倡议实施可以促进中国企业对外绿地投资，并通过“五通”体现积极的促进作用；“一带一路”倡议的对外投资促进效应在海上丝绸之路沿线国家和临近“一带一路”国家尤为明显。王桂军和卢潇潇（2019）采取双重差分的方法，基于2012—2017年中国上市企业数据进行研究发现“一带一路”倡议的提出有助于中国企业的转型升级。Du和Zhang（2018）基于绿地投资数据和跨国并购数据，采取双重差分法研究“一带一路”倡议是否促进了企业对外直接投资。他们发现，“一带一路”倡议促进了企业对外直接投资，特别是对跨国并购的促进效应更加明显，而对绿地投资没有明显促进效应。在对外直接投资中，国有企业在基础设施领域投资更为突出，非国有企业聚焦在非基础设施领域投资。此外，中亚、西亚、西欧和俄罗斯是中国对外直接投资的主要目的地。王雄元和卜落凡（2019）以“中欧班列”开通为事件冲击，采取双重差分法分析“一带一路”倡议提出背景下国际贸易增加对企业创新的影响。研究表明“中欧班列”开通显著增加了企业的专利申请量，文章验证了“中欧班列”开通促进了企业创新，其中出口贸易是重要影响渠道。

（三）“一带一路”倡议对东道国经济的影响

姜慧和孙玉琴（2018）基于“一带一路”沿线62个国家样本，采取动态面板门限模型分析了中国对外直接投资中的东道国制度的门槛效应，研究表明东道国的制度指标都存在显著的单门槛效应，只有越过该门槛，中国对外直接投资才能促进东道国经济增长。金刚和沈坤荣（2019）基于2005—2018年“中国全球投资跟踪”微观数据库研究了“一带一路”倡议对中国企业在沿线国家交通行业的投资效应，回答了中国投资是否使东道国陷入债务陷阱这一问题。研究表明，“一带一路”倡议显著加大了中国企业对沿线国家交通行业的投资规模，同时并未显著增加交通“问题投资”。此外，“一带一路”倡议主要推动国有企业对沿线国家交通投资的发展效应，企业投资模式偏向跨国并购。曹伟等（2019）采用双重差分法研究了“一带一路”倡议对各省份进口商品结构变化、进口汇率传递效应的影响。研究表明“一带一路”倡议提升了中国在进口市场中的国际定价权，特别是在劳动密集型产品的进口市场中，中国的定价权大幅提高。“一带一路”倡议提出后，随着劳动密集型产品进口占比的上升，人民币贬值使进口价格出现小幅下降。其原因可能在于，“一带一路”倡议提高了中国在劳动密集型产品进口市场中的定价权。姬超（2019）基于中国与“一带一路”沿线国家的双边经贸数据，从对外贸易、对外直接投资和对外承包工程三个方面对参与“一带一路”的中国要素进行了分解，结果发现“一带一路”倡议显著促进了沿线国家的经济增长，为这些国家提供了发展机遇。其中比较重要的机理在于，双边贸易在“一带一路”沿线国家经济增长中发挥了突出作用，同时，中国对外直接投资在改善“一带一路”沿线国家市场环境，提高其市场效率方面发挥了重要作用。此外，陈瑛等（2019）基于东南亚三国中资企业雇主-雇员匹配调查数据进行研究，发现在“一带一路”沿线直接投资能够通过在职培训、职业流动提高劳动力认知能力和非认知能力。

五、研究展望

第一，关于“一带一路”倡议的研究越来越多，并更加关注“一带一路”建设中迫切需要解决的现实问题。“一带一路”倡议对于中国而言至关重要。随着其不断推进，这方面的研究将越来越多。在知网以“一带一路”作为主题来检索，结果显示《经济研究》在 2017 年和 2018 年发表学术论文各 1 篇，2019 年发表学术论文 3 篇。研究主题更关注“一带一路”建设过程中出现的一系列问题。比如，“一带一路”沿线国家债务高筑的问题与“一带一路”倡议的关系涉及一些国家和智库大肆渲染的“债务陷阱论”，成为学术界和政策制定者关注的焦点问题，金刚和沈坤荣（2019）的研究发现“一带一路”倡议并未显著提升企业对外交通投资股权占比，也没有加剧沿线国家债务增长。他们利用翔实的证据驳斥了“债务陷阱论”。“一带一路”倡议有没有实现预期效果？吕越等（2019）不仅对“一带一路”沿线国家投资项目进行了分析，而且从“五通”，即设施联通、政策沟通、资金融通、贸易畅通、民心相通的视角分析了“一带一路”倡议产生影响的机制。产业融合，优势互补是“一带一路”沿线国家实现共赢的基础，姚星等（2019）结合多区域投入产出表，分析了中国在“一带一路”沿线的产业融合程度和地位，以及融合程度的影响因素。这些都是具有重大现实意义的研究主题。

第二，数据日益丰富，特别是关于对外直接投资的研究呈现出从宏观层面转向微观层面，从现象阐述转向机制探究的趋势。微观数据的使用和机制的分析是未来研究的侧重点。过去关于资本项目开放研究更多的是跨国研究，并利用宏观数据进行分析。未来资本项目开放研究将更重视将宏观层面的资本项目开放指标与微观层面的数据相结合来展开分析（Peng and Yu，2019）。此外，一些指标构建的基础性工作正在进行。资本项目开放方面的研究需要更系统、更全面的指标体系以反映不同国家的资本项目开放进程，特别是发展中国家的渐进式开放进程。关于对外直接投资的微观数据越来越受到重视。目前微观企业层面对外直接投资研究中较多使用商务部《境外投资企业（机构）名录》，该数据库包括投资目的地、境内投资主体、境外投资企业、所在省市、经营范围以及投资核准日期（Yan et al.，2018；Chen et al.，2019）。此外，微观数据还包括，fDi Markets 全球企业绿地投资数据库，其汇集了全球企业海外绿地投资业务的最全信息，涵盖了全球范围内所有国家和地区的绿地投资项目，提供了企业海外投资项目的具体信息（吕越等，2019）；BVD（Zephyr）合资和并购企业数据库，该数据库是国际并购研究领域知名的分析库，每天在线向用户发布全球并购（M&A）、首发（IPO）、计划首发、机构投资者收购（IBO）、管理层收购（MBO）、股票回购（Share Buy back）、杠杆收购（LBO）、反向收购（reverse takeover）、风险投资（VC）、合资（JV）等交易的最新信息。目前 Zephyr 收录了全球各行业 150 万笔并购记录，每年新增约 15 万笔。数据可追溯至 1997 年，并涵盖亚太地区的交易记录（李磊等，2018）；中国“全球投资跟踪”数据库（China global investment tracker），该数据库来自美国企业研究所和美国传统基金会，包含 2005 年以来中国企业对外投资额超过 1 亿美元的每笔投资或承包工程合同数据（金刚和沈坤荣，2019）；Thomson One 数据库，其提供跨国并购数据（Duand Zhang，2018）。

第三，研究更加重视因果关系识别。宏观层面的研究更多地是采取动态 GMM 方法以及双重差分法来进行因果关系识别。微观层面的研究更多地是基于事件冲击，采取双重差分法来进行因果关系识别。宏观层面的研究由于数据局限，一般采取动态 GMM 方法来应对内生性问题，陈中飞和王曦（2019）采取动态 GMM 方法研究了资本项目的子项目开放的门槛效应，并估计其阈值。也有研究基于宏观事件冲击，采取双重差分的方法来展开研究，Peng 和 Yu（2019）基于中国的资本项目开放指标的时间维度变化，以及行业层面不同融资特点，采取双重差分的方法研究了资本项目开放的经济效应。微观层面的因果关系识别主要是双重差分法。在外商直接投资中，研究往往基于《外商投资产业指导目录》来展开，有文献基于其内容信息对不同产业管制程度进行赋值，以此为基础构建相应的指标（孙浦阳等，2019）。有文献利用《外商投资产业指导目录》的修订，将其作为准自然实验采取双重差分法来展开研究（毛其淋，2019）。在对外直接投资方面，包括“一带一路”倡议经济效果的研究中，企业对外直接投资在时间维度上的差异往往被用来构建双重差分估计量（贾妮莎等，2019）。“一带一路”倡议出台也被视为外部事件冲击，适合采取双重差分的方法来展开研究（吕越等，2019；徐思等，2019）。此外，Fan 等（2018）利用不同城市最低工资标准的差异，将城市边界的企业作为研究样本，采取类似于断点回归的方法研究了最低工资标准对企业对外直接投资的影响。值得注意的是，最低工资标准也往往被作为外商直接投资研究的制度背景，以此来研究劳动力成本提高对外资进入的影响（李磊等，2019）。

第二节　重要论文

1. 裴长洪，刘洪愧．习近平新时代对外开放思想的经济学分析［J］. 经济研究，2018（2）：4-19.

研究背景：改革开放走过了 40 年，中国在世界舞台上的地位高于从前，时代所赋予的责任与任务也超出从前，新时代要求中国“不谋全局者不足以谋一域，不谋万世者不足以谋一时”。习近平新时代对外开放思想既是时代要求的产物，也是中国进一步扩大开放的行动方向，因此，对习近平新时代对外开放思想的解读显得尤为重要。

基本结论：首先文章根据习近平新时代对外开放思想总结四项基本内容，分析“一带一路”倡议的历史贡献“既解决国内对外开放的空间布局问题，又为沿线国家寻求出路”。其次文章总结了经济全球化发展至今的经验教训，证明中国提出的道路是合作共赢、共建共享的道路。最后文章以“非经济人假设”和“非霸权主义的国际公共产品供给”作为经济学基础剖析习近平新时代对外开放思想，并立足于全球性新技术变革和生产力发展的客观规律阐明习近平对外开放思想的物质基础和实践依据。

主要贡献：首先，文章总结概括了习近平新时代对外开放思想，并结合国内外实际情况分析其主要贡献，表明了中国在新时代要求下，大国的担当和与各国共同进步的决心，强调真正能推动全球化和世界发展的是各国人民的“理念”。其次，文章阐释了“非经济人假设”和“非霸权主义的国际公共品供给”两个重要的习近平新时代对外开放思想的经济学基础。再次，文章全面解读了习近平对外开放思想的物质基础和理论依据，证明思想的提出是立足于国内外实际情况的，是符合客观发展规律的。

现实意义：习近平新时代对外开放思想应新时代要求而生，是全新的，甚至会冲击到发达国家原有地位的，中国需要让世界看到中国与各国携手发展的诚心和决心。文章不但依据马克思主义的观点和方法论论证习近平新时代对外开放思想的马克思主义科学性，而且为之后中国对外开放在新的实践中总结新的经验事实做好了铺垫。

2. 孙浦阳，侯欣裕，盛斌．外资自由化与贸易福利提升——理论与经验研究［J］．世界经济，2018（3）：29-53.

研究背景：随着外资自由化进程的不断推进，外资进入导致中国上下游企业经济关联更为密切，进而影响下游企业的发展，尤其是下游企业的出口行为。异质性贸易理论认为市场资源会向高生产率企业配置，已有研究表明外商直接投资存在溢出效应，而与外资技术距离不同的企业获取溢出效应的程度不同。同时，企业使用外资生产的中间投入品范围的提升有助于生产率水平的提高，进而有助于一国贸易福利提升。

基本结论：文章从上下游产业链与企业技术距离的角度出发，以异质性贸易理论为基础，利用行业层面数据，基于《外商投资指导目录》测算和分析中国外资自由化进程，并运用投入产出表构建外资自由化程度，就外资自由化进程对中国贸易福利的影响进行研究。研究发现，上游外资管制放松扩大了企业使用外资生产的中间投入品范围，提高了企业生产率水平进而推动了一国贸易福利的上升。此外，福利促进作用主要来源于上游制造业外资自由化而非服务业，外资自由化对福利的提升主要通过一般贸易方式实现。

主要贡献：首先，文章基于 Melitz 和 Redding（2015）的分析框架，将生产率内生决定扩展，即将外资自由化引入生产率决定过程，从理论层面揭示外资自由化对一国贸易福利的影响机制。其次，文章基于贸易福利估算方程，并结合中国微观企业出口数据，构建了行业层面的福利指标。最后，文章首次利用上游外资管制指标就理论模型进行经验分析。

现实意义：文章对外资自由化的研究，对中国经济的改革和转型有重要的现实意义。研究结论说明外资自由化可以推动企业发展，提高一国贸易福利。上游行业外资自由化的福利提升效应也意味着，中国应逐步提高市场在资源配置中的地位，减少不恰当的政府干预。要更大程度发挥外资自由化的正面效应，还应通过合理的产业政策缩小本国企业与国际技术前沿的距离。

3. 刘志彪，吴福象．“一带一路”倡议下全球价值链的双重嵌入［J］．中国社会科学，2018（8）：17-32.

研究背景：中国以加工贸易加入全球价值链（GVCs），至今仍处于被动地位，迫切希望通过“一带一路”倡议改善当下局面。中国嵌入“一带一路”全球价值链，一方面可以构建以中国为主的全球价值链，另一方面又可以融入发达国家主导的全球价值链。如今中国企业嵌入“一带一路”全球价值链与以往不同，嵌入任务既包括企业先加入本地产业集群，再“抱团”嵌入全球价值链，又包括在原有发达国家主导的全球价值链基础上再向全球创新链（GICs）融入，文章称之为“双重嵌入”。

基本结论：文章基于对中国加入全球价值链的概况梳理和逻辑分析，提出中国企业在“一带一路”倡议背景下加入全球价值链的模式，即“双重嵌入”。通过构造异质性禀赋匹配基准等模型，文章从理论层面分析全球价值链嵌入机制，并核算全球价值链的上游度位置、中间贸易品和附加值贸易等，定量研究全球价值链。研究表明，嵌入全球价值链的各主体技能水平落差太大时，产业协调度和资源配置效率都会下降，导致各方技能水平提升效应下降。当产品工序空间可垂直分离时，工序间的对称性替代程度越高，全球价值链分工越精细，产出品质量越高；上下游工序可替代时，上游工序很少选择外包，下游工序大多选择一体化；若为互补关系，上游工序更多选择一体化，下游工序更少选择外包。

主要贡献：首先，文章梳理了中国加入全球价值链的模式，既通过构造模型从理论层面展开分析，又利用贸易核算进行解析。其次，中国正处于发达国家全球价值链中的被动地位，文章阐述了"一带一路"倡议带来的转机和未来方向，提出全球价值链的"双重嵌入"模式，强调了中国塑造"一带一路"全球价值链链主地位和向全球创新链发展的决心。

现实意义：中国在发达国家主导的全球价值链中面临发展困境，文章对中国更好发挥"一带一路"全球价值链链主作用提出政策建议。首先，中国可以利用自身制造业产能优势，针对不同国家制定差异化的贸易和投资政策。其次，中国可以与主要贸易对象国强化和拓展双边贸易和投资领域，并结合自身技术优势，实现价值链、技术链、创新链、人才链、就业链等共生共荣。

4. 陈中飞，王曦．资本账户子项目开放的经济增长效应及中国应用［J］．管理世界，2019（1）：97-114.

研究背景：资本账户开放是中国改革的重要议题之一，中国人民银行调查统计司以及一些学者的研究表明中国已具备资本账户开放条件，但关于开放进程相关问题却没有具体答案。资本账户开放会在降低融资成本、促进技术溢出和金融发展等方面对本国经济增长产生影响，但影响方向并不明确。学术界普遍认为资本账户开放存在门槛效应，即只有本国经济条件达到某一水平时，资本账户开放才能促进经济增长。

基本结论：文章选择 1970—2004 年全球 187 个主要经济体作为研究样本，采用线性门槛模型，利用法理上资本账户开放指标衡量资本账户开放程度，证明资本账户各子项目在初始人均 GDP、制度质量方面均存在显著的门槛效应，并通过计算门槛值判断资本账户各子项目合理开放顺序。对标中国资本账户开放的实际情况，文章对中国总体资本账户开放进程持谨慎态度，并鼓励在经济发达地区进行资本账户开放试点工作。

主要贡献：第一，以往学者对于门槛效应的研究以定性为主，文章弥补已有研究样本和时间覆盖范围的不足，提供了更加完整的实证结果；第二，文章聚焦资本账户子项目异质性，结合国家实际情况全面分析子项目的开放顺序，并将国际经验应用于中国，为中国资本账户开放顺序和时机提供参考。

现实意义：中国资本账户开放的问题迫在眉睫，但资本账户不同子项目开放的顺序和时机尚无定论。文章以门槛效应作为切入点，以促进经济增长作为最终目的，为资本账户开放进程提供前瞻性分析和解决思路。

5. 毛其淋．外资进入自由化如何影响了中国本土企业创新？［J］．金融研究，2019（1）：72-90.

研究背景：近年来中国经济腾飞，引资环境不断完善，吸引了大量外国直接投资，那么大量外资引入是否会对中国本土企业产生积极影响？企业自主创新能力对一国经济增长和可持续发展起着决定性作用，外资进入可能在资金来源、人才引进以及中间品投入等方面影响企业自主创新行为。以往研究更多聚焦于宏观层面的影响，文章将从微观企业角度出发展开分析。

基本结论：文章基于中国工业企业数据库，将《外商投资产业指导目录》的修订作为准自然实验，使用双重差分法研究外资进入自由化对本国企业创新的影响和作用机制。研究发现，外资进入自由化既能提高创新程度，又可以延长创新持续时间，且知识产权保护越完善促进作用就越大。文章对影响机制的研究表明，外资进入主要是通过研发能力增强和融资约束程度降低两个渠道促进本土企业创新。

主要贡献：文章的主要贡献体现在四个方面：第一，文章基于准自然实验，采取双重差分法克服研究中的内生性问题；第二，文章丰富了外资进入对于东道国技术创新影响这一类的文献；第三，文章考虑了在知识产权保护程度不同的情况下，外资进入对本土企业创新的影响效果；第四，文章构建了中介效应模型研究外资进入对于本土企业创新的影响机制。

现实意义：文章的研究结果对于外资进入自由化有很强的现实意义和政策意义。外资进入对于本土企业自主创新有正面影响，文章建议出台或完善相关政策，提高外资进入的便利化水平。知识产权的保护程度会影响促进效果，所以文章认为应该健全知识产权保护相关的法律法规，加大执法力度，强化外资进入对本土企业创新的促进效应。

6. 沈春苗，郑江淮. 中国企业“走出去”获得发达国家“核心技术”了吗？——基于技能偏向性技术进步视角的分析［J］. 金融研究，2019（1）：111-127.

研究背景：技能偏向性技术进步是推动创新型经济发展的关键。已有研究表明，对外直接投资逆向溢出效应能够促进母国技术进步，为美国等发达国家质疑中国对外直接投资、实施技术壁垒提供理论依据，严重影响中国企业“走出去”进程。反击此类质疑首先需要解答母国企业是否可以通过海外投资获得来自发达国家的技能偏向性技术外溢，若不可以，则接下来需要研究限制条件有哪些。

基本结论：文章使用中国省级面板数据，利用门槛效应模型研究对外直接投资对技能偏向性技术进步的逆向技术溢出效应，以及该效应受到何种因素的影响。研究发现，对外直接投资逆向技术溢出对国内技能偏向性技术进步的促进效果不明显，而自主创新对技能偏向性技术进步产生了促进作用。限制对外直接投资逆向技术溢出的，既有产能过剩严重和技术吸收能力不足等国内因素，也有发达国家对中国企业的技术封锁和中国企业全球价值链低端锁定的外部因素。

主要贡献：首先，文章回应了美国对中国海外投资窃取高科技领域技术和知识产权的指控，证明中国并未从发达国家获得有助于长期结构调整和竞争力提升的技能偏向性技术进步；其次，文章分析了对外直接投资对技能偏向性技术进步的作用机理，完善了对外直接投资和技能偏向性技术进步的相关理论；最后，文章探讨了对外直接投资逆向技术溢出效应的影响因素，为促进技能偏向性技术进步提供了重要的经验证据。

现实意义：文章的研究结论既有力地反驳了美国等发达国家对于中国海外投资的指控，又为推动中国技能偏向性技术进步提供了政策建议。第一，中国自主创新能力提高有利于突破技术封锁和全球价值链低端锁定，促进产业结构升级；第二，供给侧结构性改革，过剩产能的化解，既能促进产业结构高级化，又有助于实现关键核心技术的“进口替代”，有效促进技能偏向性技术进步发展；第三，人力资本培育力度的加大有助于国民经济适应于产业结构演变，满足经济发展对于高技能劳动力的需求。

7. 罗伟，吕越．外商直接投资对中国参与全球价值链分工的影响［J］. 世界经济，2019（5）：49-73.

研究背景：以往学者关于全球价值链的研究成果颇丰，但关于跨国公司在全球贸易中扮演何种角色的研究却受限于数据匮乏而进展缓慢。在全球价值链深化发展的背景下，跨国公司理论发展了以跨国公司内部化和产业内贸易理论为基础的全球价值链治理理论，并进行了从两国模型扩展至三国或多国的尝试，这些跨国公司理论可以定性解释跨国公司参与全球价值链的情况。已有研究也对跨国公司如何影响东道国贸易结构进行了定量分析，且有增加值贸易统计的发展为文章提供了方法支持。

基本结论：文章使用中国工业企业数据库、中国固定资产投资统计年鉴、中国经济普查企业名录数据、进出口贸易明细数据以及世界投入产出数据库，估算世界投入产出表，分解内外资参与的增加值贸易情况，评估跨国公司在中国经营如何影响出口贸易规模和增加值结构。结果表明，外资凭借与跨国公司全球价值链网络的天然联系，强化了中国融入全球价值链的深度和复杂度，也因高加工贸易倾向促使中国制造业在融入过程中向全球价值链下游移动。但外资对贸易增加值规模的贡献趋于下滑，对贸易增加值结构的影响与中国经济发展新阶段脱节。

主要贡献：第一，文章从跨国公司角度出发，评估了外商直接投资对中国出口增加值规模和结构的贡献。第二，在研究框架上，文章基于世界投入产出表在部门、双边和双边部门层面做补充研究。第三，在研究内容上，文章扩大了研究区间，扩展了研究范围和分析层面，丰富了关于全球价值链背景下跨国公司的相关研究。

现实意义：文章有助于回答“外资是否促进了中国在全球价值链分工中地位提升”的相关问题。总体来说，中国在全球价值链分工中的参与度和参与模式复杂度得到提高，但在全球价值链中的位置趋于下滑。中国既应该在先进制造业和现代服务业开拓新的引资增长点，也应注重打造承接高端价值环节转移的有利环境。

8. Hongfeng Peng，Jingwen Yu. Pain or gain? Chinese experience of capital account liberalization［J］. China &World Economy，2019，72（5）：108-134.

研究背景：新古典增长理论表明，对于资本稀缺的经济体，资本项目开放将会带来资本流入，产生资本增进的效应，从而有利于经济增长。然而，现实中，很多经济体却因为资本项目开放而陷入金融动荡。实证研究中，关于资本项目开放对经济增长影响的结论也并不一致。结论不一致的原因之一在于资本项目开放政策的评估和度量上存在差异。实证研究基于研究目的和样本的不同，采用的资本项目开放指标并不完全一致。特别是对于发展中国家，资本项目开放进程往往比较缓慢，传统资本项目开放指标可能会出现长期不变的情况，也就难以利用资本项目开放指标的变化去识别资本项目开放对经济绩效的影响。这篇文章将利用能够反映资本项目开放渐进变化的指标，研究中国资本项目开放对经济绩效的影响。研究能够为其他发展中国家资本项目开放路径提供借鉴，同时也能够为资本项目开放经济效应提供新的经验证据。

基本结论：文章基于中国数据，使用了能够反映资本项目开放渐进变化的指标展开资本项目开放经济效应的研究，实证结果表明：第一，从省级层面数据来看，资本项目开放能够显著促进经济绩效，人均 GDP 和全要素生产率都能够得到提升。第二，资本项目开放并没有显著提高产出波动，并且资本项目开放指标与金融危机指标之间并不存在格兰杰因果关系。第三，从企业层面数据来看，资本项目开放有助于改善资源配置效率，对企业生产率以及企业研发投入都能够产生积极影响。

主要贡献：文章的主要贡献体现在两个方面。第一，实证研究关于资本项目开放经济效应的结论并不完全一致，其中的原因之一在于资本项目开放指标构建的差异，该文章使用能够反映资本项目开放渐进变化的指标，对最大发展中国家的资本项目开放问题展开研究，能够为资本项目开放经济效应提供新的经验证据，有助于更好理解资本项目开放的经济效应。第二，该文章利用企业层面数据，从企业生产率、企业研发活动出发来分析资本项目开放经济效应的微观机制，更好地揭示了金融发展与创新行为的关系。

现实意义：中国自 1978 年改革开放以来，对外开放带来的资本与农村地区释放的劳动力相结合，对经济产生巨大的推动作用，中国经济所取得的成就离不开对外开放的举措。中国采取的资本项目开放与经济绩效之间是否存在显著关联？如果存在显著关联，那么是正向的关联还是负向的关联？对最大发展中国家的资本项目开放经济效应的研究，能够为其他发展中国家资本项目开放路径提供借鉴，同时也能够为资本项目开放经济效应提供新的经验证据。

9. 吕越，陆毅，吴嵩博，王勇．“一带一路”倡议的对外投资促进效应——基于 2005—2016 年中国企业绿地投资的双重差分检验［J］. 经济研究，2019（9）：187-202.

研究背景：自“一带一路”倡议被提出以来，中国对“一带一路”沿线国家的直接投资逐年增长，绿地投资是主要投资方式。统计发现，中国对“一带一路”经济体的绿地投资高于非“一带一路”经济体近一倍。但“一带一路”倡议是否对企业对外直接投资有实际促进作用？如果有作用，那么影响机制是什么？是否存在异质性效果？这些问题的答案尚未可知。文章试图运用事件评估的有效识别方法对“一带一路”倡议的投资促进效应进行全方位的研究。

基本结论：文章利用 2005—2016 年《全球对外绿地投资数据库》、世界银行 WDI（world development index）和 WGI（worldwide governance indicators），对 199 个国家和地区进行研究，其中包括 60 个“一带一路”沿线国家和地区。文章采用双重差分法，将“一带一路”倡议的提出作为政策冲击，对“一带一路”倡议的实施效果进行系统评估，并从“一带一路”倡议提出的“五通”展开机制研究。研究发现，“一带一路”倡议实施可以促进中国企业对外绿地投资，并通过“五通”体现积极的促进作用。“一带一路”倡议的对外投资促进效应在海上丝绸之路沿线国家和临近“一带一路”的沿线国家尤为明显。

主要贡献：首先，文章通过双重差分法进行因果关系识别，对“一带一路”倡议的实施效果进行系统评估，聚焦分析“一带一路”倡议对于投资的促进效果和异质性影响。其次，文章对“一带一路”倡议促进对外直接投资的机理进行分析，加深分析层次，由

"是什么"推进到"为什么"，有助于厘清当前"一带一路"倡议的实施效果和潜在问题。

现实意义："一带一路"倡议大力支持中国企业参与沿线国家基础设施建设和产业投资，已经颇有成效。但也应注意，"一带一路"倡议并未对重点省份产生显著的对外投资促进效应，且投资促进效应主要体现为集约边际的扩张，这为未来重点省份的激励政策和"一带一路"倡议的调整方向提供了理论参考。

10. 姚星，蒲岳，吴钢，王博，王磊．中国在"一带一路"沿线的产业融合程度及地位：行业比较、地区差异及关联因素［J］．经济研究，2019（9）：172-186.

研究背景：中国与"一带一路"沿线国家实现经济融合的过程中，产业融合为重要一环，即具有一定关联性和产品技术替代性的企业之间产业界限模糊化。中国与"一带一路"沿线国家间的产业融合是国际产业融合问题，需强调跨国跨产业的合作行为与支撑关系，注重分析全球产业体系中各子系统的相互作用。在测度产业融合方面，主要有分析产业间整体关联情况和产业间技术或业务融合、投入产出法以及社会网络分析法等四种思路或方法，常用投入产出法和社会网络分析法相结合来分析国际层面的产业融合。

基本结论：文章选择 1995—2013 年为研究区间，包括中国在内的 61 个"一带一路"国家（地区）作为研究样本，采用 Eora MRIO 数据库中的 Eora 26 多区域多产业投入产出表的中间需求矩阵部分构建国际产业支撑网络，利用网络分析基本指标，分析在"一带一路"沿线中中国产业融合的程度和地位，并讨论主要关联因素。研究发现，第一，"一带一路"倡议提升了"一带一路"沿线产业融合的广度和深度；第二，中国产业融合在深度、广度和地位发展的同时，伴随有发展不平衡的问题；第三，共同语言、经济制度差异以及政治制度差异会对产业融合产生正面影响，而地理距离、法律制度差异和国家产业发展差异会对产业融合产生负面影响。

主要贡献：文章提出国际产业融合概念，首先将投入产出法和社会网络分析法相结合探讨国家间产业融合程度和地位，为国际产业融合问题提供了新的研究视角和分析框架。其次，文章研究中国在"一带一路"沿线产业融合程度、地位的关联因素，为理论研究和政策推动提供了参考依据。

现实意义：文章的研究对于推动国内产业转型升级，提升中国在"一带一路"沿线的产业融入程度和地位具有重要的现实和政策意义。文章提出的政策建议具体包括：第一，优化调整产业政策；第二，构建增强创新动力的体制机制；第三，推动先进技术和优秀人才培养和引进；第四，关注"一带一路"沿线产业链建设；第五，积极推动中国与"一带一路"沿线的政策沟通、设施联通、贸易畅通、资金融通、民心相通；第六，在"一带一路"沿线建立公开公平的市场秩序，营造稳定的国际市场环境。

第三节 重要著作

1. 赵蓓文．"一带一路"建设与中国企业对外直接投资新方向［M］．上海：上海社会科学院出版社，2018.

研究背景：上一轮经济全球化进程中，全球经济空前繁荣，国家联系更加紧密，但许多问题也浮出水面，例如，发达国家和发展中国家内部都出现了不同程度的失衡情况。2008年金融危机之后，失衡问题继续扩大，逆全球化呼声较高。经济全球化分工体系中各国的地位和角色等都在发生变化，全球化发展正处在转型的新阶段，全球治理体系的改革和完善迫在眉睫。“一带一路”倡议顺应时代而生，中国提出“一带一路”倡议旨在与世界各国共建共享，推动更加包容和平衡的全球化时代。

回顾40年改革开放，中国获益良多，但在新时代的要求下，中国的开放型经济亟待转型升级，中国需承担国际经贸规则的参与者和制定者新角色的责任、提升产业核心竞争力，转变参与全球价值链方式，解决国内发展不平衡的问题。“一带一路”倡议是解决这些问题，推动中国开放型经济高质量发展的重大抉择。

“一带一路”倡议已初步取得成效，但是理论体系和理论准备还不够完善。“一带一路”倡议的理论体系涉及多学科多领域，建立完整的“一带一路”理论体系需要整理已有的理论基础，并研究“一带一路”倡议对已有理论带来的创新和发展。

内容提要：该书以“一带一路”建设与投资各方面问题为主要脉络，从国内和国际两个角度进行分析，讨论了“一带一路”建设与投资的全局观：包括“一带一路”投资在当前国际形势下的优势，结合国家特定的经济形势和投资环境如何推进“一带一路”建设，以及中国“对外投资”和“引进外资”形成的良性循环对中国经济增长的影响。在“一带一路”建设的实践中，产业是贸易的基础，金融是贸易的外在表现，该书从当前发展状态、未来投资推进、配套政策选择三方面对“一带一路”投资的金融制度、贸易制度以及产业制度进行分析。“一带一路”投资需要中央政府和地方政府的协调与支持，该书从理论基础到政策实践与建议，深入思考了政府对内应如何充分发挥地区优势，对外应如何帮助企业融入当地经济生活等问题。最后，该书对“一带一路”沿线国家的特点进行了分析，并展开案例研究。

基本结构：全书共分为九章，具体内容如下：(1)“一带一路”倡议的提出顺应经济全球化诉求和中国双向投资的变革；(2) 投资和协作应结合沿线国家的国情和产业特点进行；(3)“对外投资”和“外商引资”促进中国经济增长良性循环；(4) 中国的金融制度存在资源配置的问题，中国应制定合理的金融政策助力于发挥自身优势；(5) 中国制定的贸易政策应与投资政策相配套；(6) 合理的产业政策可以帮助中国输出优势产业同时引入发展所需资源和要素；(7) 政府在“一带一路”投资中扮演的角色以及任务；(8) 分析沿线国家特点；(9)“一带一路”投资的案例研究。

主要贡献：该书基于“一带一路”倡议的实践经验，从多学科多领域出发，对“一带一路”投资进行了全面系统的解析，建立了完整的理论分析体系。该书指出“一带一路”倡议既是时代的产物，也是时代赋予中国的责任，我国政府应结合沿线国家国情、产业特点以及投资环境，制定合理的金融、贸易、产业制度的配套政策。

现实意义：随着“一带一路”实践中积累的经验教训越来越多，我们需要从理论上进行深入的思考和系统的分析，然而“一带一路”投资本身就是复杂的工程，涉及的理论十分广泛，这也可能是“一带一路”建设的理论研究相对滞后的原因。该书既有沿线国家特点和优秀案例的研究，又有对政府职能和配套政策的建议，对于指导“一带一路”建设的后续实践，推动“一带一路”建设的理论研究有着重要的引领作用。

2. 胡兵，乔晶．我国对外直接投资的贸易效应及政策研究［M］．北京：科学出版社，2019.

研究背景：中国从“引进来”的外商直接投资中受益良多，但因过去中国处于经济全球化的被动地位，外商直接投资也给中国本土带来产业结构发展不平衡和抑制本土技术创新等弊端。中国逐渐具备了主动参与全球经济活动的实力和条件，开始鼓励企业“走出去”，实施“对外直接投资”和“外商直接投资”双向投资政策，如今中国对外直接投资流量大有攀升之势。中国出口贸易总额久居世界高位，但随着中国开放型经济进入新时代，出口贸易格局也发生了变化。劳动力成本红利减少和资源约束的国内因素以及贸易摩擦和全球经济趋缓的国外因素，使得中国出口贸易增速回落。中国虽为贸易大国但并非贸易强国，出口贸易规模虽大但质量仍需提升。中国对外直接投资进入增长关键的阶段，中国出口贸易也面临增速回落、质量有待提升的局面，中国对外直接投资对出口贸易的影响是互补还是抑制，具体如何影响出口贸易的规模和质量，这些都值得研究。

内容提要：该书研究对外直接投资的贸易效应是从出口数量和出口质量两个角度出发的。该书建立在中国对外直接投资和出口贸易的实践与理论之上，证明中国对外直接投资实为不足而非过度。在影响贸易规模方面，得出商贸服务型对外直接投资对出口贸易有促进作用。在影响贸易质量方面，实证表明外商直接投资抑制而对外直接投资促进本土出口质量提升。该书总结了美国和日本的经验：美国以跨国企业为支点，为对外直接投资完善配套的国内环境，包括战略政策、法律以及服务机构等；日本除配套的服务体系以外，还注重中小企业的对外直接投资，以及国际化品牌的建立。最后，该书为坚定“走出去”战略，扩展对外直接投资空间提出建议。

基本结构：全书共分为九章，具体内容为：（1）本书研究对外直接投资贸易影响的必要性，以及研究特色与创新；（2）对外直接投资及其贸易效应的理论与文献评述；（3）中国对外投资和出口贸易现状，利用实证说明中国对外直接投资不足；（4）利用倾向得分匹配和双重差分法，整合中国工业企业数据库和《境外投资企业（机构）名录》，研究对外直接投资对出口规模的影响；（5）基于面板向量自回归模型，使用中国工业企业数据库的数据测算出口技术复杂度，来分省份度量出口质量并研究对外直接投资对出口质量的影响；（6）总结发达国家对外直接投资的经验；（7）梳理中国对外直接投资的政策体系、面临的问题和挑战；（8）为我国对外直接投资战略和政策提出建议；（9）总结结论，并提出展望。

主要贡献：第一，该书以出口贸易规模和质量为切入视角，聚焦中国对外直接投资如何影响出口贸易发展。第二，该书将现有理论和文献，与中国实践发展相结合作为研究起点，符合国情，分析严密。第三，该书使用实证方法，模型合理，论证清晰，为后续研究和政策制定提供了依据。第四，该书总结国外经验教训，探索中国对外直接投资的战略方向和政策思路。

现实意义：中国经济步入新常态，经济结构和增长方式需要转型，对外直接投资是关键一环，对外直接投资对中国经济有何积极作用受到社会关注和讨论。该书的研究不仅有学术意义，更有政策内涵。该书结合中国内外部环境的实际情况，丰富了中国对外直接投资的理论和研究。同时在中国提出“一带一路”倡议的背景下，该书的研究结论可为政府相关决策提供参考。

3. 中国人民银行国际司．“一带一路”倡议与对外投融资合作框架［M］．北京：中国金融出版社，2019.

研究背景：“一带一路”倡议不仅仅是经济合作，还涵盖“政策沟通、设施联通、贸易畅通、资金融通、民心相通”五个领域，其他四通是“资金融通”发挥价值的“软环境”，而“资金融通”是其他四通的基础，所以对“资金融通”的研究极为重要。“一带一路”的建设不仅需要大量的资金，还需要完善的配套设施，不仅需要政府的努力，还需要其他方力量的支持。该书从“一带一路”建设的实际出发，试图搭建“一带一路”倡议的对外投融资合作框架。

内容提要：该书以资金融通的现状为研究角度，分析“一带一路”国家的要素禀赋优势、需求以及金融发展情况和合作现状，发现“一带一路”建设有巨大的融资缺口。参考投融资的国际经验，该书以投融资参与方、投融资模式、投融资币种以及合作可持续发展为基础搭建投融资合作框架，提出坚持“共商、共建、共享”，强调多方参与——私人部门或社会资金、多边开发银行、开展第三方合作以及利用国际金融优势等。此外，中国政府应有所为有所不为，使开发性金融和出口信贷相辅相成。考虑到人民币在“一带一路”沿线国家有一定使用基础，该书建议进一步推进人民币国际化。对外投融资合作框架还要以保障可持续发展为实践准则，大力推动融资绿色化。

基本结构：全书共分为十三章，具体内容为：（1）分析“一带一路”沿线国家基本情况，以及从金融部门、金融机构以及金融市场等方面来分析沿线国家的金融发展现状；（2）对外投融资面临的政治、金融等国家层面的风险，以及企业面临的管理经营、融入当地的风险；（3）投融资合作可参考的主要模式及优劣势；（4）投融资合作框架包含的内容；（5）开发性金融在“一带一路”中的应用；（6）中国应建立出口信贷新规则；（7）“一带一路”基础性金融需求大，为完善金融服务提出建议；（8）支持“一带一路”需要调动多方力量；（9）投融资合作可以更多地使用人民币，因为人民币既有一定使用基础，又能满足沿线国家的投融资需求；（10）发展本币债券市场有助于解决期限错配与货币错配问题，有利于“一带一路”建设；（11）投资主体与政府决策应充分考虑“一带一路”投融资绿色化；（12）建设良好的投融资“软环境”，还需完善宏观经济、营商环境与融资框架；（13）企业、金融机构和政府各司其职，有序、健康、理性地开展“走出去”。

主要贡献：“一带一路”发展潜力巨大，资金缺口大，中国也逐渐向对外直接投资大国转变，搭建科学、合理、可持续的对外投融资合作框架尤为重要。该书以“一带一路”沿线国家基本情况和投融资发展现状为基础，结合国际成功经验，梳理“一带一路”投融资合作框架。研究既包含理论分析，又配以数据和案例，帮助读者对“一带一路”投融资形成清晰完整的认识，为资金融通的未来发展方向和政策制定提供思路。

现实意义：自“一带一路”被提出以来，中国金融部门在“资金融通”、支持“一带一路”建设方面砥砺前行，取得显著成就。实践出真知，该书总结已有金融机构和金融市场实践的经验，以习近平总书记提出的共建“一带一路”核心精神为中心，对中国的对外投融资合作进行深入研究。该书构建的对外投融资合作框架可以帮助“一带一路”

沿线国家完善当地金融服务设施，改善当地投融资环境，引导中国有序、健康、理性地对外投资。

4. 阎虹戎．对外直接投资与国内就业变动——基于中国微观企业数据的研究［M］．北京：人民出版社，2019.

研究背景：中国对外直接投资无论在增速还是规模方面都实现了大幅度增长，投资的经济行业类别也更加广泛，势必会对国内的产业结构、劳动要素需求等造成影响。跨国企业海外经营促进了东道国就业，国内社会担忧对外直接投资会对国内就业产生“替代效应”，加之对外直接投资引发劳动密集型行业向海外转移，会对国内就业造成更大打击。据美国和日本等发达国家的经验，对外直接投资易造成“产业空心化”问题。中国作为发展中国家，与发达国家国情不尽相同，而关于发展中国家对外直接投资与母国就业关系的文献较少。面对国内社会担忧和研究不足，该书探讨中国对外直接投资对国内就业变动的影响。

内容提要：该书针对中国对外直接投资大规模增长和以往发达国家出现的“产业空心化”问题，尝试研究对外直接投资对国内就业变动的影响。首先，该书研究跨国公司对外直接投资如何影响母公司就业。总量方面，对外直接投资是否会对国内就业产生“替代效应”？结构方面，对外直接投资是否会影响母公司对熟练劳动力的相对需求？其次，该书研究跨国公司对外直接投资是否存在“外部效应”，即是否会影响跨国公司所在行业和所在地区就业变动。

基本结构：全书共分为六章，具体内容如下：（1）对外直接投资对国内就业总量、结构以及行业与地区异质性影响的已有研究分析；（2）理论分析出口与技术进步是对外直接投资影响母公司就业总量的原因，利用倾向得分匹配的双重差分法进行验证以及拓展研究；（3）借鉴劳动需求简约方程，实证研究对外直接投资对母公司就业结构的影响，构建中介效应研究影响渠道；（4）借鉴企业异质性理论和产业经济学基本理论，研究对外直接投资对跨国公司所在行业内企业就业变动的影响；（5）实证研究对外直接投资对跨国公司所在地区的企业就业变动产生的影响，以及不同生产率企业就业变动的异质性影响；（6）分析对外直接投资可能的负面影响并提出建议。

主要贡献：在数据方面，利用中国微观企业数据，相较于以往的宏观层面分析，有更好的微观基础。在研究视角方面，研究对外直接投资对就业变动的影响，既关注总量变动又包涵就业结构，既有跨国公司主体又有其外部效应，研究内容完整且具有稳健性。证明对外直接投资可以在一定程度上促进国内就业增长，有利于我国为产业结构升级进行人力资本积累。

现实意义：就业稳定是政府施政目标和社会关注议题，发达国家对外直接投资暴露出种种问题，我国对外直接投资迅速增长，引发对外直接投资对国内就业可能存在“替代效应”的担忧，所以研究对外直接投资对国内就业变动的影响具有极强的现实意义。以往研究多是针对发达国家对外直接投资的研究，对于中国的研究更多也是在“引进来”的领域，所以该书可以为发展中国家对外直接投资经济影响的研究提供研究思路和参考。

第四节 学 术 会 议

1. 第十一届中国金融与投资论坛暨《2018 中国金融发展报告》成果发布会

会议主题：新时代中国金融改革发展与理论创新

主办单位：《经济研究》编辑部
　　　　　中南财经政法大学金融学院
　　　　　中国财经政法大学产业升级与区域金融湖北省协同创新中心

会议时间：2018 年 6 月 23 日

会议地点：武汉，中南财经政法大学

会议概述：2017 年 10 月，习近平总书记在党的十九大报告中指出“中国特色社会主义进入了新时代。”在金融方面，习近平总书记提出了在新时代背景下金融服务实体、深化金融改革、健全货币政策以及金融监管体系等方面的思路，为金融和投资领域的学者提出了具有时代意义的研究方向。为进一步讨论新时代下中国金融与投资领域发展，《经济研究》编辑部与中南财经政法大学金融学院、产业升级与区域金融湖北省协同创新中心，于 2018 年 6 月 23 日在中南财经政法大学举办“第十一届中国金融与投资论坛暨《2018 中国金融发展报告》成果发布会”。

大会邀请了中南财经政法大学副校长邹进文教授，《经济研究》杂志社常务副主编郑红亮教授，美国佛罗里达大学教授 Jay Ritter、Yuehua Tang，北京金信网银金融信息服务有限公司金融科技总监贾小婧女士，对外经济贸易大学金融学院院长、青年“长江学者”吴卫星教授等。此次论坛公开征集学术论文 64 篇，经专家严格评审，最终有 32 篇论文进入论坛进行宣讲。

会议开幕式上，首先由中南财经政法大学副校长邹进文教授、《经济研究》杂志社常务副主编郑红亮教授代表主办方致辞。青年“长江学者”杜在超教授主持了“成果发布会与主题发言（1）”环节。中南财经政法大学金融学院金融工程系主任陈红教授代表《2018 中国金融发展报告》的主创人员发布了报告的主要研究成果，报告主题为“2017 金融监管：转折与变革”。美国佛罗里达大学教授 Jay Ritter、Yuehua Tang 分别发表了题为《经济增长与股票收益》和《宏观经济消息与知情交易》的主题演讲。

《经济研究》杂志社张永山社长主持了“主题发言（2）”环节。嘉宾贾小婧女士以《金融科技的监管创新与实践》为题，吴卫星教授以《社会公平感与子女出国留学》为题，杜在超教授以《房地产行业与系统性风险》为题分别发表了主题演讲。

论坛设立四个专题研讨会，主题分别为“证券市场风险、货币政策、金融监管、公司融资约束”。分别由《经济研究》杂志社副编审王丽娜、西南财经大学教授鲁万波、南开大学副教授杨光、厦门大学副教授刘晔等主持。有来自 10 余所高校的师生报告研究论文，并进行学术交流。

“中国金融与投资论坛”自 2003 年由中南财经政法大学金融学院发起，中南财经政法大学金融学院从 2002 年开始每年撰写出版一部《中国金融与投资发展报告》（从 2012 年起接受教育部哲学社会科学发展报告建设项目资助并更名为《中国金融发展报告》）。

“中国金融与投资论坛”聚焦于中国经济社会和金融发展中的重大理论和现实问题，汇集各研究领域优秀学者对问题进行讨论、建言献策。论坛的举办有利于促进新时代中国经济发展的理论创新，具有鲜明的时代特征和重要的现实意义。

2. 新兴经济体研究会2019年会暨第七届新兴经济体论坛国际学术会议

会议主题：制度型开放与“一带一路”高质量发展

主办单位：中国新兴经济体研究会
　　　　　中国国际文化交流中心
　　　　　广东工业大学

会议时间：2019年11月9日—10日

会议地点：广州，广州白云国际会议中心

会议概述：为推动“一带一路”高质量发展，讨论中国“走出去”和“引进来”双向投资问题，为发展新兴经济体协同合作关系建言献策，新兴经济体研究会、中国国际文化交流中心、广东工业大学等单位于2019年11月9日—10日举办“新兴经济体研究会2019年会暨第七届新兴经济体论坛国际学术会议”。来自新兴经济体研究会、致公党广东省委、广东工业大学等国内70多所大学、研究机构以及部分政府、企业的160余名专家、学者、企业家和官员代表参加此次会议。会议邀请了中国新兴经济体研究会会长张宇燕，广东省新兴经济体研究会会长蔡春林，副会长陈万灵，广东省政协副主席黄武，广东工业大学副校长栾天罡，中国社会科学院政治学研究所所长张树华等。

11月9日为新兴经济体研究会年会。首先由中国新兴经济体研究会副秘书长徐秀军和广东省新兴经济体研究会副会长陈万灵分别作了关于中国新兴经济体研究会、广东省新兴经济体研究会2019年度的工作报告。其次由广东省新兴经济体研究会会长蔡春林教授主持专题报告，主要提出两点：（1）数字技术是未来金砖国家合作的重点领域，应加快数字经济发展、促进数字经济合作；（2）粤港澳大湾区进一步产金融合势在必行，还应解决制度不完善、金融与实体脱节严重的问题。

11月10日上午，举办2019年新兴经济体论坛国际学术会议开幕式。五位专家发表主旨演讲。在主题论坛中，与会专家学者就“构建开放型世界经济面临着企业层次的动态能力提升”“‘关键区位’选择”“对外投资和引进外资双向互动”等问题进行讨论并提出建议。

11月10日下午，大会开设四个分论坛，主题分别为“制度型开放的理论基础与实现途径”“新兴经济体的共同发展与开放合作”“‘一带一路’高质量发展的机遇与挑战”“共建‘一带一路’的海外利益风险与防范”。共有七十余位国内外优秀专家学者参与讨论。

在此次会议中，许多专家认为中国应积极参与全球治理，“一带一路”建设应与相关国家之间实现全方位互联互通，坚持“一带一路”高质量发展，既造就中国经济开放新高地，又帮助有关国家打破发展瓶颈；粤港澳大湾区作为新兴经济体第一个国际一流湾区和世界级城市群的良好示范，不少专家学者对其给予厚望。新兴经济体论坛聚集了国内外一流专家学者，为关于新兴经济体的发展进行学术交流、政策研究并提出见解。

3. 第十九届中国青年经济学者论坛（2019）

会议主题：新时代中国特色社会主义经济建设：问题与探索

主办单位：中国社会科学院经济研究所《经济研究》编辑部

北京大学光华管理学院

武汉大学经济与管理学院/高级研究中心

会议时间：2019 年 9 月 20—22 日

会议地点：武汉，武汉大学

会议概述：为在实现中华民族伟大复兴这一伟大历程中贡献青年经济学家的力量，为我国经济高质量发展提供建言献策的平台，由中国社会科学院经济研究所《经济研究》编辑部、北京大学光华管理学院和武汉大学经济与管理学院/高级研究中心主办的第十九届中国青年经济学者论坛于 2019 年 9 月 20—22 日在武汉大学经济与管理学院召开。会议邀请了武汉大学党委副书记赵雪梅研究员，中国社会科学院经济研究所所长、《经济研究》主编黄群慧研究员，论坛学术理事会副理事长、《经济研究》常务副主编刘霞辉研究员，《经济研究》杂志社社长张永山副研究员，北京大学社会科学部部长龚六堂教授，嘉实基金管理有限公司赵学军董事长，武汉大学经济与管理学院党委书记杜晓成老师，武汉大学经济与管理学院院长宋敏教授，以及中国青年经济学者论坛主旨演讲嘉宾、理事会单位代表和其他参会代表等 200 余人。本届论坛共收稿 751 篇，经过二轮评审，共有 185 篇稿件在本届论坛中展示。

9 月 21 日上午，第十九届中国青年学者论坛在武汉大学图书馆报告厅举行开幕式。首先，中国社会科学院经济研究所所长、《经济研究》主编黄群慧研究员，武汉大学党委副书记赵雪梅分别为本届论坛致开幕辞。论坛学术理事会副理事长、《经济研究》常务副主编刘霞辉研究员汇报了本届论坛的筹备、论文收审、“中国青年经济学家论文奖”改革情况。

随后，《经济研究》杂志社社长张永山宣布了第一届“中国青年经济学家奖”的获奖名单并主持颁奖环节。暨南大学经济与社会研究院院长、长江学者冯帅章教授和清华大学经济管理学院经济系主任、长江学者陆毅教授获此殊荣。二位获奖者分别发表获奖感言，并基于自己的学术历程在学术规划和面对科研工作困难等方面给青年经济学者们提出自己的建议。

开幕式结束后，武汉大学经济与管理学院院长宋敏教授等六位嘉宾为本届论坛带来了六场主旨演讲，演讲主题分别为“信用评级膨胀”“非有效市场与大数据、AI 赋能的基本面研究”“竞争锦标赛、土地财政与中国经济波动”“研究品味的经济学分析”“人工智能能否缓解老龄化对经济增长的不利影响?”“不平等的经济学”。主旨演讲既有各位教授及嘉宾的最新学术成果，也有其关于学术研究的独到见解及经验。21 日下午和 22 日上午，在武汉大学经济与管理学院开设了“国际金融”“国际贸易”“金融发展”“政治经济学”“宏观金融与政策”等 37 个分论坛。来自全国数十所高校的近 200 名专家展示学术成果，畅所欲言。各位青年经济学者在我国经济发展进入新常态和世界经济格局发生变革的背景下，就我国经济目前出现的重大理论和现实问题进行探讨研究，如三大攻坚战，深化供给侧结构性改革，转变经济增长方式等。在国际投融资方面，专家学者围绕“中美贸易摩擦的经济影响”“中国对外援助与直接投资”“环境规则与直接投资的区位选择”

等主题展示论文，并进行了热烈讨论。

中国青年经济学者论坛自2001年开始举办，在经济学界一直有良好的反响。中国青年经济学者论坛不仅为青年经济学者提供了展示学术成果、互相交流的机会，也成为极具影响力的学术盛宴，为新时代中国特色社会主义经济学的发展与繁荣注入了新鲜血液。

4. CF40十一周年年会（2019）

会议主题：变局与解局：中国经济金融改革下一程

主办单位：中国金融四十人论坛

会议时间：2019年4月20日

会议地点：北京

会议概述：中国经济发展正式迈入新阶段，中国也在积极参与经济全球化的变革，从旁观者身份向参与者、规则制定者转变。为寻求中国经济稳中求进之策，防范金融对外开放等风险，助力小微企业发展，中国金融四十人论坛于2019年4月20日在北京召开十一周年年会，并就“变局与解局：中国经济金融改革下一程”这一主题进行研讨。

第十二届全国政协副主席、CF40常务理事会主席陈元，CF40常务理事会副主席、北方新金融研究院院长蔡鄂生，中国金融四十人论坛资深研究员肖钢、张晓慧，CF40学术顾问、中国证券监督管理委员会副主席阎庆民，中国进出口银行董事长胡晓炼，中央财经委员会办公室副主任尹艳，全国社会保障基金理事会副理事长陈文辉，清华大学经济管理学院原院长钱颖一，国有重点金融机构监事会主席于学军，CF40常务理事、中国人民保险集团董事长缪建民，CF40学术委员会主席、北京大学国家发展研究院副院长黄益平，CF40学术委员、清华大学经济管理学院院长白重恩，国务院发展研究中心副主任隆国强等300位来自官、学、商界的经济金融领域专家出席了本次盛会。

大会第一单元为论坛内部议事会，论坛常务理事会主席陈元首先致辞，CF40秘书长王海明主持论坛。论坛常务理事会主席陈元为到会的CF40新任理事、CF40资深研究员颁发聘书，为获得2018年论坛内部优秀课题的论坛成员颁发荣誉证书，为获得2018年“CF40年度金融书籍”“CF40年度推荐书籍”的作者颁发荣誉证书。本次获评2018年论坛内部优秀课题的是孙国峰牵头的《地方金融监管与金融科技发展》；获评2018年“CF40年度金融书籍”的图书是《中国金融开放的下半场（《2017径山报告》）》；获评2018年“CF40年度推荐书籍”的图书是《中国式产能过剩：风险·症结·治理》（纪志宏、纪敏等著）、《构建货币政策和宏观审慎政策双支柱调控框架》（李波主编）。

大会第二单元为“变局与解局：中国经济金融改革下一程”专题研讨会，肖钢、阎庆民、胡晓炼、缪建民、殷勇、张晓慧、李波等发表主题演讲，主题分别为“深化金融供给侧结构性改革”“优化金融体系结构、深化资本市场改革”“推进改革、提升金融业竞争能力”“大变局下的保险商业模式变革”“进一步提升金融服务中小微企业发展的能力”“QE常态化的思考”“什么是开发性金融”。论坛成员和嘉宾就以上主题进行讨论。

下午举办三场平行论坛，主题分别为“结构转型期的宏观政策组合”“金融风险防控与经济稳中求进之策”“金融科技助力小微企业发展”。平行论坛一在中国经济稳超预期的背景下，讨论“货币政策”和“金融供给侧结构性改革”等问题，提出“货币政策转向为时尚早，财政政策应发挥更大作用”等观点。银保监会再推12条对外开放新措施，平行论坛二就“金融风险防控与经济稳中求进之策”进行讨论。与会专家认为金融对外开放包含金融服务贸易和资本账户开放两部分，金融服务贸易开放可先行于资本账户开放，但在数字金融崛起的时代，监管部门还应提前做好准备。国务院常务会议为支持小微企业融资出台多项举措，平行论坛三以“助力小微企业发展”为主题，与会专家发表见解并讨论。专家针对小微企业融资难、融资贵等问题，指出三点疑虑并提出建议：（1）小微企业发展需要多方共同努力；（2）解决融资难问题，政府和银行应该有所为有所不为；（3）可以考虑利用产业数字化和金融科技相结合改善小微企业生存问题。

中国金融四十人论坛成立于2008年4月12日，由40位40岁左右的金融精英组成，通过举办会议，进行课题研究，出版系列专著等方式，汇集官、学、商界领域专家聚焦于中国金融经济发展，并进行政策研究与交流，是中国极具影响力的非官方、非营利性金融专业智库平台。

◎ 参考文献

［1］白俊红，刘宇英．对外直接投资能否改善中国的资源错配［J］．中国工业经济，2018（1）：60-78.

［2］才国伟，杨豪．外商直接投资能否改善中国要素市场扭曲［J］．中国工业经济，2019（10）：42-60.

［3］曹伟，万谍，金朝辉，钱水土．“一带一路”背景下人民币汇率变动的进口价格传递效应研究［J］．经济研究，2019（6）：136-150.

［4］陈琳，袁志刚，朱一帆．人民币汇率波动如何影响中国企业的对外直接投资［J］．金融研究，2020（3）：21-38.

［5］陈瑛，杨先明，姚晓兵．中国OFDI企业海外雇用的劳动力技能提升：流动还是培训更起作用？［J］．世界经济研究，2019（4）：59-70.

［6］陈中飞，王曦．资本账户子项目开放的经济增长效应及中国应用［J］．管理世界，2019（1）：97-113.

［7］邓力平，马骏，王智烜．双边税收协定与中国企业“一带一路”投资［J］．财贸经济，2019（11）：35-49.

［8］郭桂霞，彭艳．我国资本账户开放的门槛效应研究［J］．金融研究，2016（3）：42-58.

［9］郭娟娟．最低工资标准与中国制造业企业引资行为［J］．世界经济研究，2019（10）：99-118.

［10］黄凌云，刘冬冬，谢会强．对外投资与引进外资的双向协调发展研究［J］．中国工业经济，2018（3）：80-97.

［11］黄志刚，郭桂霞．资本账户开放与利率市场化次序对宏观经济稳定性的影响［J］．世界经济，2016（9）：3-27.

［12］贾妮莎，申晨，雷宏振，兰娟丽．中国企业对外直接投资的“就业效应”：理论机制与实证检验［J］．管理评论，2019（6）：49-59.

［13］江春，张沛，袁庆禄．资本账户开放对全要素生产率的影响：考虑金融危机因素的跨国实证研究［J］．世界经济研究，2019（1）：31-43.

［14］姜慧，孙玉琴．中国 OFDI、东道国基础设施建设与双边经济增长［J］．经济理论与经济管理，2018（12）：84-97.

［15］蒋为，李行云，宋易珈．中国企业对外直接投资快速扩张的新解释——基于路径、社群与邻伴的视角［J］．中国工业经济，2019（3）：62-80.

［16］姬超．"一带一路"建设的中国要素分解及其外部性检验［J］．国际贸易问题，2019（9）：83-96.

［17］金刚，沈坤荣．中国企业对"一带一路"沿线国家的交通投资效应：发展效应还是债务陷阱［J］．中国工业经济，2019（9）：79-97.

［18］孔群喜，王紫绮，蔡梦．对外直接投资提高了中国经济增长质量吗［J］．财贸经济，2019（5）：96-111.

［19］李兵，颜晓晨．中国与"一带一路"沿线国家双边贸易的新比较优势——公共安全的视角［J］．经济研究，2018（1）：183-197.

［20］李磊，王小霞，蒋殿春，方森辉．中国最低工资上升是否导致了外资撤离［J］．世界经济，2019（8）：97-120.

［21］林梦瑶，张中元．区域贸易协定中竞争政策对外商直接投资的影响［J］．中国工业经济，2019（8）：99-117.

［22］刘志彪，吴福象．"一带一路"倡议下全球价值链的双重嵌入［J］．中国社会科学，2018（8）：17-32.

［23］罗伟，吕越．外商直接投资对中国参与全球价值链分工的影响［J］．世界经济，2019（5）：49-73.

［24］吕越，邓利静．金融如何更好地服务实体企业对外直接投资——基于中资银行"走出去"的影响与机制分析［J］．国际金融研究，2019（10）：53-63.

［25］吕越，陆毅，吴嵩博，王勇．"一带一路"倡议的对外投资促进效应［J］．经济研究，2019（9）：187-202.

［26］毛其淋．外资进入自由化如何影响了中国本土企业创新？［J］．金融研究，2019（1）：72-90.

［27］梅冬州，王思卿，雷文妮．账户开放会扩大收入不平等吗？——基于跨国面板数据的研究［J］．国际金融研究，2019（4）：45-54.

［28］裴长洪，刘洪愧．习近平新时代对外开放思想的经济学分析［J］．经济研究，2018（2）：4-19.

［29］彭红枫，肖祖沔，祝小全．汇率市场化与资本账户开放的路径选择［J］．世界经济，2018（8）：26-50.

［30］阙澄宇，黄志良．资本账户开放对货币国际化的影响：基于制度环境视角［J］．世界经济研究，2019（6）：17-27.

［31］阙澄宇，李金凯．资本账户开放与经济发展方式转变——基于金融发展和金融稳定的中介效应分析［J］．经济学家，2019（4）：80-88.
［32］沈春苗，郑江淮．中国企业“走出去”获得发达国家“核心技术”了吗？——基于技能偏向性技术进步视角的分析［J］．金融研究，2019（1）：111-127.
［33］沈国兵，黄铄珺．城市层面知识产权保护对中国企业引进外资的影响［J］．财贸经济，2019（12）：143-157.
［34］史贝贝，冯晨，康蓉．环境信息披露与外商直接投资结构优化［J］．中国工业经济，2019（4）：98-116.
［35］孙好雨．对外投资与对内投资-替代还是互补［J］．财贸经济，2019（6）：117-130.
［36］孙浦阳，侯欣裕，盛斌．外资自由化与贸易福利提升：理论与经验研究［J］．世界经济，2018（3）：29-53.
［37］孙浦阳，蒋为，陈惟．外资自由化、技术距离与中国企业出口——基于上下游产业关联视角［J］．管理世界，2015（11）：53-69.
［38］太平，李姣．中国对外直接投资：经验总结、问题审视与推进路径［J］．国际贸易，2019（12）：50-57.
［39］田毕飞，梅小芳，杜雍，王波浪．外商直接投资对东道国国际创业的影响：制度环境视角［J］．中国工业经济，2018（5）：43-61.
［40］王兵，肖文伟．环境规制与中国外商直接投资变化——基于DEA多重分解的实证研究［J］．金融研究，2019（2）：59-77.
［41］王雄元，卜落凡．国际出口贸易与企业创新——基于“中欧班列”开通的准自然实验研究［J］．中国工业经济，2019（10）：80-98.
［42］王泽宇，刘刚，梁晗．中国企业对外投资选择的多样性及其绩效评价［J］．中国工业经济，2019（3）：5-23.
［43］谢芳，郭娜．资本账户子项目开放对企业创新的影响［J］．中南财经政法大学学报，2019（5）：124-133.
［44］谢科进，蔡云芝，包尚艳．劳动力成本上升对我国吸引FDI的影响研究［J］．管理世界，2018（7）：166-167.
［45］徐思，何晓怡，钟凯．“一带一路”倡议与中国企业融资约束［J］．中国工业经济，2019（7）：155-173.
［46］闫雪凌，林建浩．领导人访问与中国对外直接投资［J］．世界经济，2019（2）：147-169.
［47］杨连星，沈超海，殷德生．对外直接投资如何影响企业产出［J］．世界经济，2019（4）：77-100.
［48］杨武，李升．税收征管不确定性与外商直接投资：促进还是抑制［J］．财贸经济，2019（11）：50-65.
［49］余静文．最优金融条件与经济发展——国际经验与中国案例［J］．经济研究，2013

(12)：106-119.

[50] 余振，陈鸣．贸易摩擦对中国对外直接投资的影响：基于境外对华反倾销的实证研究［J］．世界经济研究，2019（12）：108-120.

[51] 张磊，韩雷，叶金珍．外商直接投资与雾霾污染：一个跨国经验研究［J］．经济评论，2018（6）：69-85.

[52] 张开迪，吴群锋，高建，李纪珍．外商直接投资对大众创新的影响［J］．中国工业经济，2018（12）：79-96.

[53] 张夏，汪亚楠，施炳展．事实汇率制度选择、企业生产率与对外直接投资［J］．金融研究，2019（10）：1-20.

[54] Abiad, A., E. Detragiache, and T. Tressel. A new database of financial reforms [J]. IMF Staff Papers, 2010, 57 (2): 281-302.

[55] Alfaro, L., A. Chari, and F. Kanczuk. The real effects of capital controls: firm-level evidence from a policy experiment [J]. Journal of International Economics, 2017 (108): 191-210.

[56] Arteta, C., B. Eichengreen, and C. Wyplosz. When does capital account liberalization help more than it hurts [R]. NBER Working Paper, 2001 (8414).

[57] Bekaert, G., and C. Harvey. Foreign speculators and emerging equity markets [J]. Journal of Finance, 2000, 55 (2): 565-613.

[58] Bumann, S., and R. Lensink. Capital account liberalization and income inequality [J]. Journal of International Money & Finance, 2016 (61): 143-162.

[59] Bussière, M., and M. Fratzscher. Financial openness and growth: short -run gain, long-run pain? [J]. Review of International Economics, 2008, 16 (1): 69-95.

[60] Chamon, M., and M. Garcia. Capital controls in brazil: effective? [J]. Journal of International Money & Finance, 2016 (61): 163-187.

[61] Chamon, M., M. Garcia, and L. Souza. FX interventions in Brazil: a synthetic control approach [J]. Journal of International Economics, 2017 (108): 157-168.

[62] Chen, J., and X. Qian. Measuring on-going changes in china's capital controls: a de jure and a hybrid index data set [J]. China Economic Review, 2016 (38): 167-182.

[63] Chinn, M. D., and H. Ito. What matters for financial development? Capital controls, institutions, and interactions [J]. Journal of Development Economics, 2006, 81 (1): 163-192.

[64] Delis, M. D. Bank competition, financial reform, and institutions: the importance of being developed [J]. Journal of Development Economics, 2012, 97 (2): 450-465.

[65] Du, J., and Y. Zhang. Does one belt one road initiative promote chinese overseas direct investment [J]. China Economic Review, 2018 (47): 189-205.

[66] Edison, H., R. Levine, L. A. Ricci, and T. M. Slok. International financial integration

and economic growth [J]. Journal of International Money and Finance, 2002, 21 (6): 749-776.

[67] Fan, H., F. Lin, and L. Tang. Minimum wage and outward FDI from China [J]. Journal of Development Economics, 2018 (135): 1-19.

[68] Fernάndez, A., M. W. Klein, A. Rebucci, M. Schindler, and M. Uribe. Capital control measures: a new dataset [J]. IMF Economic Review, 2016, 64 (3): 548-574.

[69] Fu, X., J. Hou, and X. Liu. Unpacking the relationship between outward direct investment and innovation performance: evidence from chinese firms [J]. World Development, 2018 (102): 111-123.

[70] Guisinger, A., and N. E. Brune. The diffusion of financial liberalization in developing countries [J]. Foreign Policy Analysis, 2017, 34 (2): 2083-2084.

[71] Gurnain, K. P., F. Matteo, B. Martin, and A. Joshua. Domestic and multilateral effects of capital controls in emerging markets [J]. Journal of International Economics, 2018 (115): 48-58.

[72] Helpman, E., M. J. Melitz, and S. R. Yeaple. Export vs. FDI [J]. American Economic Review, 2004, 94 (1): 300-316.

[73] Henry, P. B. Capital account liberalization, the cost of capital, and economic growth [J]. American Economic Review, 2003, 93 (2): 91-96.

[74] Hsieh, C. T., and P. J. Klenow. Misallocation and manufacturing TFP in China and India [J]. Quarterly Journal of Economics, 2009, 124 (4): 1403-1448.

[75] Lane, P. R., and G. M. Milesi-Ferretti. The external wealth of nations mark II: revised and extended estimates of foreign assets and liabilities, 1970-2004 [J]. Journal of International Economics, 2007, 73 (2): 223-250.

[76] Lu J. W., Y. Song, and M. Shan. Social trust in subnational regions and foreign subsidiary performance: evidence from foreign investments in China [J]. Journal of International Business Studies, 2018 (49): 761-773.

[77] Pasricha, K. G., M. Falagiarda, M. Bijsterbosch, and J. Aizenman. Domestic and multilateral effects of capital controls in emerging markets [J]. Journal of International Economics, 2018 (115): 48-58.

[78] Peng, H. F., and J. W. Yu. Pain or gain? the chinese experience of capital account openness [J]. China & World Economy, 2019, 72 (5): 108-134.

[79] Prasad, E., K. Rogoff, S. Wei, and M. Kose. Financial globalization: a reappraisal [J]. IMF Staff Papers, 2009 (56): 8-62.

[80] Quinn, D. P., and A. M. Toyoda. Does capital account liberalization lead to growth? [J]. Review of Financial Studies, 2008, 21 (3): 1403-1449.

[81] Rajan, R. G., and L. Zingales. The great reversals: the politics of financial development

in the twentieth century [J]. Journal of Financial Economics, 2003 (69): 5-50.

[82] Rodrik, D. Who needs capital account convertibility? [J]. Princeton Essaysin International Finance, 1998 (207): 1-10.

[83] Wei, S. J. Managing financial globalization: insights from the recent literature [R]. NBER Working Paper, 2018. (24330).

[84] Yan, B., Z. Yu, Y. Shen, and J. Han. Productivity, financial constraints and outward foreign direct investment: firm-level evidence [J]. China Economic Review, 2018 (47): 47-64.

[85] Zhong, W., L. Ya, D. Gao, and H. Yang. Does politician turnover affect foreign subsidiary performance? Evidence in China [J]. Journal of International Business Studies, 2019 (50): 1184-1212.

第十三章 政治、政府、市场与经济发展

赵奇伟
（武汉大学）

政治与经济发展的关系一直是学术界研究的重点。制度经济学认为，历史上经济增长的源泉是有效率的制度安排，只有建立合适的制度安排，才能使生产规模扩大和技术进步所带来的收益得以实现。据此，制度经济学家诺斯提出了著名的“诺斯悖论”，国家（政府）是一国经济增长的关键，也是经济衰退的根源。在“制度至关重要”思想的影响下，发展经济学对经济发展进行了深入的制度分析，认为政府是重要的经济参与者，不仅可以通过制定政策刺激潜在需要，实现经济的持续增长，更重要的是，政府可以通过与市场适宜地结合，为经济活动创造一个有利的环境。而在转型经济的背景下，中国最明显的制度特征表现在政府与市场相互关系的动态演变，政治、政府与市场如何影响到经济的持续增长备受政府和学界的关注。

第一节 研究综述

本章在梳理2018—2019年度中国学者在国内外发表的该领域重要论著的基础上，着重从政府政策、政治环境、政府治理以及政府与企业、市场的关系四个方面对既有的研究进行评述。

一、政府政策与经济发展

作为关键的外部环境，政府制定的政策会改变企业的经营环境，是经济发展过程中的重要角色。政府合理有效的政策是维护经济平稳发展的重要保障。党的十九大报告指出，推动经济高质量发展是当前和今后确定发展思路、制定经济政策、实施宏观调控的根本要求。近两年政府政策与经济发展的相关研究主要集中于税收政策、产业政策、环境保护政策以及政府补贴四个方面。

（一）税收政策

税收政策是提振宏观经济的重要政策工具，是促进地区经济增长、协调区域发展的重要手段（罗鸣令等，2019；刘安国等，2019）。石绍宾等（2019）认为税收政策的周期性对稳定经济发展至关重要。中国的税收政策总体上是非周期性的，但将国、地税部门分开看，两者具有相反的周期特征，地方税收政策的顺周期运行会削弱逆周期宏观稳定政策的

作用，有必要从源头上治理地方税收政策的顺周期。而区域性政策对促进政策支持地的就业增长和企业发展具有重要作用。林智平和徐迪（2018）基于经典的报童模型框架研究了营业税改征增值税对资金约束供应链融资均衡的影响，通过数值计算表明，供应链效率在增值税税制下会更高。所以，营改增有利于生产性服务业的发展和提高供应链效率，这在一定意义上支撑了国家营改增的合理性。刘柏惠等（2019）利用2007—2012年全国税收调查数据测算多档税率并进一步通过采矿业税率改革的准自然实验进行分析，实证结果发现减少税率差异对全要素生产率具有提升效果，从经济效率的角度证明了增值税单一税率的重要性，为通过增值税税率简并改革推动全要素生产率提升提供了证据。李彦龙（2018）对税收优惠政策与高技术产业创新效率之间关系的分析发现，税收优惠政策使研发效率上升了8%~10%，带来的创新产出占总产出的比重也一直维持在10%以上。

在企业层面，马双等（2019）借助2004年东北地区增值税转型政策进行分析，发现2004年受政策影响的企业相对于不受影响的企业应交增值税减少了15.0%。然而，增值税减少的情况并未持续到2005—2007年，减税在长期并未成为政府的负担。同时，增值税转型带来的减税使企业活力得到显著提升。范子英和王倩（2019）以税收超收的视角尝试解释财政补贴的低效率之谜。基于2008—2011年全国税收调查的微观企业数据所构建的税收超收指标进行研究的结果表明：税收超收与财政补贴之间存在明显的“列收列支”关系，即政府对企业的税收超支显著提高了企业下一期获得的财政补贴，这一“列收列支”导致财政补贴的绩效被低估，扣除超收税后财政补贴对企业全要素生产率的提升作用明显增强。该研究对理解屡禁不止的“过头税”以及中国财政补贴的真实性具有重要意义。李明等（2018）采用规模以上工业企业数据评估了中国税率波动的经济效应。利用2002年所得税分享改革“准自然实验”以及断点回归模型分析发现，企业所得税由国、地税局分别征管的二元体制，导致改革前成立旧企业的实际有效所得税税率约比改革后成立的新企业低1.99%。进一步的检验显示，税率每下降1%，企业劳均增加值增速约提高3.2%。这显示减税的作用值得期待。此外，程瑶和闫慧慧（2018）以2015年深圳证券交易所上市公司（A股主板）的面板数据为基础进行研究发现：税收优惠政策对企业研发投入量及企业研发投入强度具有激励作用。

（二）产业政策

长期以来，产业政策一直是国家调控经济活动的重要工具。改革开放以来中国经济取得高速增长，这与国家出台的各项产业政策紧密关联。郭杰等（2019）从地方政府行为的角度研究国家产业政策对于企业实际税率的影响。通过借助国家“五年规划”重点行业的划分度量国家产业政策进行研究的结果表明，产业政策引致重点扶持行业资本回报率增加，使得地方政府面临降税引资和增税增收的权衡；此时，地方政府将会降低产业政策重点鼓励行业的实际税率。赵婷和陈钊（2019）围绕比较优势分析了中央和地方出台产业政策的特征规律。研究结果发现，中央选择的重点产业仅在东部地区具备或能够培育起比较优势，在中西部则不然。与此同时，在地方尤其是中西部地区扶持的重点产业中，中央重点产业占比越来越高，这导致中西部地区在产业政策选择上越来越偏离自己的比较优势。钱学锋等（2019）基于中国国内市场逐步内生形成了不同所有制企业、不同市场结构在上下游产业非对称分布的竞争格局，构建上游国有企业为多寡头，下游民营企业为垄断竞争的“垂直结构”模型，然后将“交互补贴”政策嵌入“垂直结构”模型中，从下游市场企业进入数量的角度，考察“垂直结构”模式和“交互补贴”产业政策对资源配置效率和社会总福利的影响。模型分析表明：“垂直结构”模式使得下游民营企业存在进入不足倾向，导致了资源误置，降低了社会总福利。而“交互补贴”政策则进一步恶化了“垂直结构”的负面影响。文章据此提出，未来的产业政策选择可考虑实施“上游征税、下游补贴”，以期有效促进国有企业利润再分配，鼓励民营企业进入，从而减缓垂直结构导致的资源误置，提升社会总福利。

在企业层面，陈冬华和姚振晔（2018）对我国产业政策实施的影响进行研究发现：产业政策的宣告使获得产业政策支持的企业股价同步性下降，且在受到重点支持的企业中更加明显。侯方宇和杨瑞龙（2018）利用委托代理模型分析政商关系对产业政策有效性的作用及影响机制。研究发现，在扭曲的政商关系下，企业与地方政府会利用信息优势来规避产业政策，从而导致产业政策在治理“潮涌现象”中的低效甚至无效。该研究结论对于通过构建新型政商关系以提升产业政策的有效性具有重要的理论启示。

（三）环境保护政策

虽然改革开放以来，中国经济取得了世界瞩目的成绩，但中国当前也面临着较为突出的环境问题。党的十九大报告强调生态文明建设的重要地位，并将“坚持人与自然和谐共生”写进新时代坚持和发展中国特色社会主义的基本方略。在取得经济发展的同时，兼顾环境保护也是当前的重要议题。我国政府已出台一些环境规制政策予以应对。这些政策应当如何有效发挥作用具有重大的现实意义。吴茵茵等（2019）学者指出，提高环保税额标准不一定能够实现“环境红利”，当地区之间的环保技术差距偏大、环保技术较落后地区的企业数量较多，或者污染物的外溢性较强时，对技术较落后地区执行较低的税额标准都将扭曲环保税的减排功能。范庆泉和张同斌（2018）研究表明，渐进递增的动态环境税和渐进递减的动态减排补贴率的政策组合，可以提高企业的污染减排动机，有效控制环境污染累积水平，实现鞍点路径上的福利最大化目标。Yuan 和 Xiang（2018）通过构造扩展 CDM 模型，并使用了 2003—2014 年中国制造业的面板数据来研究环境法规对工业创新和绿色发展的影响。结果表明：环境法规显著提高了制造业的劳动生产率，同时促进了能源效率和环境效率。陈诗一和陈登科（2018）基于 2004—2013 年中国 286 个地级及以上城市 PM2.5 浓度的雾霾数据的研究表明，雾霾污染加剧显著降低了中国经济发展的质量，而政府对于环境治理的干预能够有效降低雾霾污染从而促进经济发展质量的提升。

（四）政府补贴

近两年对政府补贴的关注主要集中于政府补贴对企业创新、企业生产率以及企业绿色发展影响效应的研究。

1. 政府补贴与企业创新

创新驱动发展已经成为当前我国实现经济结构转型、产业迈向全球价值链中高端的战略手段。然而，由于企业研发活动具有公共物品属性，知识生产的正外部性导致企业技术创新投入不足。因此，政府补贴成为多数国家和地区用以弥补市场失灵、激励企业创新的普遍做法。

中国政府对高新技术企业投入了大量补贴以激励它们创新，但是对补贴效果的研究并未达成一致结论。第一种是促进论（翟柱玉等，2019；郭玥，2018；张嘉望等，2019）。李杰等（2018）通过构建垂直市场结构下的讨价还价博弈模型，探讨研发补贴政策对下游企业研发投入及社会福利的影响时发现，研发补贴和中间品贸易自由化都会促进下游企业的研发投入。陈红等（2019）也验证了政府补助对企业的开发性、探索性创新绩效均有激励作用。郑江淮和张玉昌（2019）利用工业企业的创新活动数据检验了中国政府研发资助对企业研发创新投入和产出的促进效应。第二种是抑制论。周燕和潘遥（2019）选取新能源汽车产业上市公司及新三板挂牌公司对上述理论推导的含义进行了检验，发现政府补贴对研发支出的影响不显著，税费返还比财政补贴更能增进企业总收入和净利润，进而建议包括新能源汽车在内的高新技术产业政策应由财政补贴转向行业性的税收减免。叶祥松和刘敬（2018）采用中国省级面板数据研究发现，现阶段，政府对科技创新活动的支持显著地抑制了科技创新效率的提高，抑制作用主要来自政府对科研机构的支持而非对企业创新活动的支持；政府支持对科技创新效率的影响效果存在显著的门槛效应，当地区技术市场规模超过门槛值时，政府支持对提高科技创新效率的抑制作用可以转变为促进作用。赵玉林和谷军健（2018）的研究表明政府补贴分配与创新激励作用存在结构性偏差。基于制造业上市企业数据并运用倾向得分匹配法（PSM）进行研究发现，政府补贴倾向流入国有、大型、成立时间长、盈利性高、负债率低及有研发基础的企业，但在现有分配倾向下政府补贴整体上没有对企业研发投入产生激励效应；相反，政府补贴对民营、中小型、高融资约束及低市场化地区企业具有创新激励作用。这一结构性偏差可能是整体上补贴政策效果不佳的原因。第三种是兼具“激励效应”和“挤出效应”。章元等（2018）采用 PSM 与 DID 法对政府补贴对中关村 3 万多家高新技术企业在 2001—2012 年样本期的效果进行了研究，结果发现：政府补贴显著提高了创新经费支出、新产品销售收入和专利申请数量；但进一步将创新细分为自主创新和购买引进新技术之后发现，政府补贴存在“挤出效应”，被补贴企业的自主创新明显下降，而购买引进新技术显著增加。

2. 政府补贴与企业生产率

提高全要素生产率是党的十九大对新时代实现经济转型发展提出的新要求。政府是保障经济高质量发展的重要力量，应当在推动全要素生产率提升过程中有所作为。政府补贴作为支持和引导企业发展最直接的方式，对于提高经营效率具有重要的导向性和保障性作用。

李政等（2019）基于我国制造业上市公司数据，验证了政府补贴有效促进了企业全要素生产率提升。进一步对企业所有权异质性进行考察发现，政府补贴对非国有企业全要素生产率的提升作用高于国有企业。胡春阳和余永泽（2019）的研究发现，仅考虑企业内部因素时，政府补助对企业全要素生产率具有促进作用，但外部因素可能产生 U 形效应。另一部分研究的实证结果则支持抑制论。金晓雨（2018）利用 1998—2007 年我国工业企业面板数据，研究政府补贴的资源误置效应对制造业生产率的影响及微观机制时发现，政府补贴是导致这种资源误置的重要因素，补贴会改变市场的广延边际和集约边际，导致资源在受补贴企业和未受补贴企业之间的误置，降低制造业的生产率，并且这种资源误置效应在国有资本比重高的行业中更严重。彭红星和王国顺（2018）利用A股高科技上市公司2009—2014年的数据，运用OLS和PSM模型进行实证研究的结果表明，创新补贴显著地降低了高科技公司全要素生产率。

3. 政府补贴与企业“绿化”

“污染防治”是党的十九大提出的全面建成小康社会决胜时期的三大战役之一。引导企业实现绿色化生产经营，干预环境公共产品引起的市场失灵，实现生态环境领域国家治理体系和治理能力的现代化，已成为当前中国政府环境治理进程中不可忽视的重大问题。其中，政府对减排者进行补贴就是一种重要的经济手段。

卢洪友等（2019）选取2010—2016年247家重污染上市公司为研究对象，利用企业环保投资与环境责任评分衡量企业的“绿色度”，实证检验了财政补贴对企业环保投资和绿色生产的激励效应。结果显示，财政补贴显著增强了企业的环境责任意识，促进了企业的环保投资。Huang等（2019）通过建立绿色贷款和政府补贴对企业绿色创新活动影响的实证模型，证明了政府补贴作为一种支持绿色创新和环境保护的干预手段的有效性。刘相锋和王磊（2019）基于微观数据和修正的污染物削减费用模型，研究发现地方政府补贴并没有显著提升企业环境治理效率，却显著提升了企业环境治理效率提升的稳定性。文章认为地方政府补贴的主要作用在于资金补充效应和背书信号作用，在引导大量优质资源进入企业的基础上提升环境治理效率提升的稳定性，减少不确定因素。

二、政治环境与经济发展

（一）政策不确定性

当前，面对中国经济进入“新常态”，中国政府频频采取各类宏观政策组合，但公众对宏观经济运行形势的预判却莫衷一是，从而一定程度上形成政策不确定性。从既有文献看，对政策不确定性指标的选取主要分为两类：一类是基于Baker的经济政策不确定性（EPU）指数。Huang和Luk（2019）依据《北京青年报》《广州日报》等多家报纸上有关股票价格、就业以及产出下降预期的信息，构建了2000—2018年中国经济政策不确定性的月度指数。另一类是基于中国地方官员变更引起的政策不确定性（吕冰洋，2018；陈德球和陈运森，2018；Zhong et al.，2019）。近两年，学术界对中国政策不确定性的宏观效应及其传导机制做了如下尝试性的探讨。

许志伟和王文甫（2019）基于Max-share分析方法构建了一个包含政策不确定指数、总产出、总消费、总投资以及价格水平的结构向量自回归（SVAR）系统，脉冲反应显示宏观政策不确定性表现为一个负向的需求冲击，使得产出（包括消费、投资）和价格水平显著下降。刘威和黄晓琪（2019）利用2007—2017年中国30个地区的月度面板数据，检验了经济政策不确定性与保险需求间的内在联系。结果发现经济政策不确定性会对保险需求产生显著的正向影响，且这种效应在地区人身险需求上表现得更明显。顾海峰和于家珺（2019）选取2006—2017年中国219家商业银行的微观面板数据进行分析，实证结果表明经济政策不确定性上升会削弱银行主动风险承担，加剧银行的被动风险承担及破产风险。雷立坤等（2018）以 Baker 的经济政策不确定性（EPU）指数和我国股市代表性的股价指数——上证综指为对象，运用广义自回归条件异方差混频数据抽样（GARCH-MIDAS）模型，分析了经济政策不确定性对上证综指波动率的影响，实证结果表明，EPU 指数能够很好地解释我国股市波动的长期成分。苏治等（2019）将中国股市波动率和经济政策不确定性指数作为不确定性的度量，构造经济产出和价格水平因子作为货币政策调控效果的衡量指标，系统考察了高低两种经济不确定性情形下的货币政策有效性，并将金融危机前后的差异进行对比。结果显示，不确定性仅会在量上影响货币政策调控效果，并不会改变其作用方向，不确定性会削弱货币政策有效性，这种弱化程度在金融危机后表现得更加明显。

在企业层面，李胜旗和毛其淋（2018）将 2002 年美国正式给予中国“永久性正常贸易关系”地位这一历史事件作为考察关税政策不确定性下降对中国制造业企业就业与工资的影响的准自然实验，采用双重差分（DID）法考察了政策实施后关税政策不确定性下降对中国企业就业与工资的影响。研究结果发现，关税政策不确定性下降通过“提高企业就业创造”“降低企业就业破坏”和“出口扩张”三个途径显著促进了企业就业净增长。亚琨等（2018）研究发现，经济政策不确定性加重了企业金融资产配置对创新投资的挤出效应，抑制了企业创新投资。才国伟等（2018）的研究发现，地方官员更替产生的政策不确定性会降低企业的外部融资，进而降低企业投资。纪洋等（2018）研究发现，随着经济政策不确定性的增加，由于政府的隐性担保，国企获得的信贷资源越来越多，非国企获取的信贷资源越来越少，两者的差距逐渐拉大。此外，有学者研究表明，经济政策不确定性会导致企业杠杆率的分化。其传导途径包括金融抑制企业的固定资产投资（刘贯春等，2019）、增加企业的银行贷款成本（宋全云等，2019）、降低企业的杠杆率（宫汝凯等，2019）、抑制企业金融化（彭俞超，2018）、减少企业提供的商业信用（陈胜蓝和刘晓玲，2018）以及阻碍企业资本结构的动态调整（王朝阳等，2018；顾研和周强龙，2018）。

同时，中国企业“走出去”开展对外投资活动正在成为新的潮流和趋势，中国也逐步转型为对外直接投资（OFDI）大国。在这一背景下，学者们深入探讨中国经济政策不确定性与 OFDI 之间的相关性，以期明确经济政策不确定性对 OFDI 的影响效应和机制。杨永聪和李正辉（2018）通过构建动态面板回归模型，检验了母国和东道国经济政策不确定性对中国对外直接投资的影响。实证结果表明：中国在东道国的对外直接投资规模与国内经济政策不确定性水平显著正相关，而与东道国经济政策不确定性水平显著负相关。国内经济政策不确定性水平的上升以及东道国经济政策不确定性水平的下降共同驱动了中国企业 OFDI 规模的增长，两者分别在中国企业“走出去”对外投资过程中发挥了“推力”和“引力”的作用。刘竹青和佟家栋（2018）利用 1997—2012 年中国对 18 个经济体的出口数据，采用贸易引力模型分析了国内和国外政策不确定对中国出口贸易广义边际和集约边际的作用及其分解的影响，发现国内外经济政策不确定性的加剧都阻碍中国出口贸易的发展，但前者的负面冲击格外突出。席艳乐等（2019）利用 CEPII-BACI 数据库中 2000—2015 年中国与 175 个国家和地区的双边贸易数据并构建扩展的引力模型进行研究发现，经济政策不确定性波动会通过抑制制度质量导致中国的出口技术复杂度降低。周定根等（2019）以中国加入WTO后企业出口所面临的贸易政策不确定性大幅下降为切入点进行研究发现：贸易政策不确定性的下降有助于提升出口持续时间，改善出口稳定性。Cao等（2019）的研究表明，政治不确定性会影响跨境收购的数量和结果。一方面，目标国家的政治不确定性阻碍了外国公司的海外收购，尤其是当目标国家有更大的征收风险时。另一方面，收购国的政治不确定性倾向于鼓励企业进行海外收购。贾玉成和张诚（2018）基于2000—2016年中国企业对91个国家的跨国并购数据进行研究的结果表明，经济政策不确定性显著促进中国企业跨国并购，并且在国企样本中表现得更为明显。

（二）双边政治关系

当前，国际投资领域上演着越来越多的“中国故事”，越来越多的中国企业“走出去”开展对外投资活动。出于维护国家安全、加强经济交往、扩大国际影响等战略考虑，一国与其他国家会结成一定的政治上的亲疏关系。政治关系既具有相对稳定性，但也会因为权力转移、政府更迭、领土争端、极端事件而发生变化。双边政治关系的状态会对一国经济的发展产生影响。

学者戴利研和李震（2018）认为双边政治关系对中国对外直接投资有显著影响，中国与其他国家政治关系的亲密有利于中国对该国的直接投资，反之，政治关系的疏远将对中国对外直接投资产生负面作用。中国改善与“一带一路”沿线国家的政治关系，可以显著促进中国的对外直接投资。此外，近期中美贸易摩擦在全球市场造成了巨大的不确定性，且对中国经济产生了不小的影响。据此，Zhang等（2019）利用这两个主要全球经济参与者的经济政策不确定性作为政策立场的衡量标准，构建模型以估计美国和中国对几个主要国际市场（股票、信贷、能源和大宗商品市场）的影响。研究发现中国的经济波动率在2008年全球金融危机前有所下降，但美国的经济波动率明显影响了中国的经济波动率。从美国到中国和主要国际市场的经济不确定性溢出现象表明，中国和美国之间最近的经济争端没有真正的经济基础，更可能受到政治激励的推动。中美政治关系不确定性的增加，会对中国经济产生什么样的影响，以及中国应如何应对是我们未来一个重要的研究方向。

三、政府治理与经济发展

近两年对政府治理的研究主要集中在政府债务、财政分权、反腐败以及扶贫等方面对经济的影响上。

（一）政府债务

学者们十分关注政府债务问题，并致力于研究政府在处理债务问题时的种种治理手段对经济的影响。郭玉清和毛捷（2019）认为，中华人民共和国70年的地方政府债务治理经历了计划调节、探索扩张、宽幅起落、试点扩容、全面转型五个层次分野的演进阶段，是在“激励”与“控制”目标的审慎权衡中，应对地方政府融资策略博弈，推进债务治理规范化、透明化、制度化的过程。随着《国务院关于加强地方政府性债务管理的意见》

和2015年新《预算法》的相继施行，地方政府进行基础设施建设投资开始面临更多的约束。由于地方政府债务偿还的不确定性增加，财政部为了缓解地方政府的存量债务问题开始进行置换。梁琪和郝毅（2019）认为存量债务置换对由负向技术冲击所导致的宏观经济风险具有一定的缓释作用，同时提高了地方政府支出的短期效果，但由于“资产负债约束效应”和“收益预期效应”双重作用，中长期产出下降更多。在存量债务置换过程中，扩张型财政政策的有效性增加，但会在短期内使经济出现更大波动。此外，随着债务置换的不断进行，数量型货币政策更有助于增加财政政策的有效性，但会带来经济通胀风险。王德祥和黄杰（2018）从供给侧的角度出发研究政府债务的影响，并认为政府在供给侧对科技R&D活动、基础设施、公共服务和公共产品生产的投资是连接政府债务与TFP和物质资本积累的“桥梁”，最终对经济增长产生影响。但Ru（2018）从企业的角度研究政府主导的贷款项目对企业的影响并提出政府信贷项目是一把双刃剑。文章发现，国开行对国有企业的贷款挤占了同一行业的私营企业，表现为资产投资、就业和销售的减少，其中下游的私营企业占了很大比例。下游行业中更高效的私营企业可以从国开行信贷到上游国有企业中获得更大的收益。

（二）财政分权

1994年我国实行分税制改革后，中央和地方之间、各地区之间的财力格局随着财政关系的非均衡发展也发生了明显的变化，最为显著的是由于事权下移和财权上移，地方政府承担了更多的财政职责和更大的财政支出压力。那么财政分权对经济会带来哪些影响呢？学者们从多个角度进行了分析。张庆君和闵晓莹（2019）从企业角度出发进行分析认为，财政分权对企业杠杆的影响存在显著的刺激效应，其中，地方政府债务水平的提高对非国有企业杠杆具有更加明显的挤出效应；而企业规模越小，财政分权通过地方政府债务对企业杠杆的挤出效应越明显。李琛等（2019）研究了财政分权对OFDI的影响，并发现财政分权对地区OFDI增长具有显著的调节效应，地方政府竞争和经济规制是重要的传导机制，而且财政分权对经济规制的调节作用能够缓解政府干预的负面影响，强化市场环境和服务保障体系的正向信号传导。关于财政分权的作用，从更宏观的角度看，朱军和许志伟（2018）认为深度财政分权会在短期内加强地方财政支出的波动效应而削弱中央财政支出的波动效应，同时又在长期提高整个经济总产出与社会总福利。李政和杨思莹（2018）认为财政分权促进了区域创新效率提升，财政分权和政治晋升的联合效应对能源生态效率的改善作用显著。

（三）反腐败

中国经济经历了三十多年近两位数的年均增长速度，但是高速增长也积累了许多社会问题，其中，腐败现象较为突出，成为许多社会问题，包括收入分配不公和缺乏社会诚信等问题的根源。2012年11月8日召开的中国共产党第十八次全国代表大会，选举产生了以习近平同志为总书记的新一届中央领导集体。新一届领导集体上任后开展了大规模的反腐倡廉活动，对中国政治与社会生活各方面都产生了重大而深远的影响。腐败、反腐败与经济增长也成为学术界关注的研究问题。

汪锋等（2018）以中国的反腐斗争作为具体的分析案例，把中国各省份地方党报在样本期间所出现的“腐败”关键词作为政府反腐的力度，把各省份查获腐败官员数量分解为反腐力度和腐败程度两个要素，并把它们及其交叉项植入一个内生经济增长条件收敛模型，从而构建一个反腐如何促进经济增长的理论框架。基于各省份在2000—2014年的面板数据以及差分GMM估计方法进行实证分析的结果表明：腐败程度较低时，政府采取积极的反腐行动将有利于经济增长。只有当腐败问题非常严重时，反腐行动无法对腐败产生足够的威慑作用，反腐败的政府行动才会带来经济增速放缓。另外，从长期来看，由于反腐力度加大会增加腐败的成本，进而减少腐败行为发生的可能性，使腐败程度降低，反腐力度对经济增长速度影响的偏导数符号将由负变正，可以预期反腐败的政府行为最终能够促进长期经济增长。但王岭等（2019）的研究表明，当前中国技术创新环境并不优越，高新技术企业技术创新水平的提升依然依赖于政治关联：企业进行技术研发需要大量的资金投入，政治关联通过为企业带来政府补贴等优惠政策，缓解了企业的资金压力，促进了企业技术创新能力的提升。

（四）扶贫

在区域协调发展的研究中，政府主导的扶贫工作会对地区经济发展产生什么样的影响，也引起了更多学者的关注。陆汉文等（2018）在其专著《政府市场社会大扶贫格局》中，针对当前扶贫工作“政府热、社会弱、市场冷”的局面，在系统回顾近年来扶贫工作的主要成效、扶贫工作存在的普遍性问题，特别是系统总结中国特色社会扶贫体系面临新挑战的基础上，借鉴国际经验，阐述了构建政府、市场和社会三者之间各司其职、协调发展、共同作用的和谐互动模式和符合国情、政情的“政府主导、市场能动、社会参与”的中国特色扶贫格局，总结提炼了国内外引导并鼓励社会力量和市场力量参与扶贫工作的经验及模式。2020年是脱贫攻坚战的收官之年，研究中所讨论的一些问题可能已经被实践所超越，未来的研究可以继续在总结经验吸取教训的基础上展开。

四、政府与企业、市场的关系

（一）政治关联

政府是企业经营的重要制度环境，因此政府与企业的关系以及政府与企业的互动，影响着经济发展的进程。对于企业来说，政治关联行为到底是福是祸？学者围绕这一话题从不同的角度开展了大量研究，角度的不同也带来了对政治关联影响的不同看法。

王艺明和刘一鸣（2018）研究了政治关联对企业融资的影响并认为慈善捐赠、政治关联均有助于企业获得更多外部融资支持，大大缓解了私营企业的“融资难”问题。有研究表明，企业与政府的关系越强，土地出让价格越低（杨广亮，2019）、企业现金持有量越高（Ruiyuan et al.，2018）。焦豪和杨季枫（2019）认为企业实施政治策略，对于企业成长价值具有积极的提升作用，也提升了企业成长价值。此外，政治关联对绩效影响的实证结论是不一致的。郭海等（2019）则认为，政治关联对企业绩效的影响因企业发展阶段而异。对处于成长期的企业来说，政治关联正向影响企业绩效；对处于成熟期的企业来说，政治关联负向影响企业绩效。此外，上述关系进一步受到所处行业环境的影响。行业竞争强度削弱了政治关联对绩效的影响，行业结构不确定性削弱了成熟期企业政治关联对绩效的负向影响。Hung 等（2018）研究发现，与非关联企业相比，政治关联企业更不愿意自我披露。Li 等（2019）认为国有企业相比其他类型的公司更不透明。当国有企业进行跨境收购时这种不透明倾向于产生阻力，因为不透明性会加剧被收购方对国有企业半政治性质及其代理问题的担忧，使其更难获得合法性。此外，赵奇伟和吴双（2019）从投资者的角度出发，认为政治关联企业由于多重目标的约束且存在信息不对称，引致投资者对企业的跨国并购绩效有较低的预估，从而产生不利影响。

（二）政府与市场的关系

2013 年 11 月中国共产党第十八届三中全会通过的《中共中央关于全面深化改革若干重大问题的决定》在确定“全面深化改革的总目标是完善和发展中国特色社会主义制度，推进国家治理体系和治理能力现代化”的大前提下，明确我国要“坚持社会主义市场经济改革方向”，要“紧紧围绕使市场在资源配置中起决定性作用深化经济体制改革”。政府也更多地强调市场在经济中的主导作用。如何确定和完善政府在经济发展中的角色，一直是中国经济发展过程中的重要命题（周文和宁殿霞，2018；付敏杰，2018）。近两年来学者在此基础上探索了政府与市场的关系该如何处理以及市场机制的转变对我国经济发展的影响等问题。

中国特色社会主义市场经济中市场和政府的关系应该如何处理？两者如何协调在资源配置中的作用以带来经济的可持续发展？学者们从不同的角度提出了见解。陈云贤（2019）认为中国特色社会主义市场经济是有为政府与有效市场相结合的经济。文章不仅从理论层面分析了斯密和凯恩斯理论的不足，即随着经济发展和时代进步，资源配置既要考虑“资源稀缺”，也要考虑“资源生成”，而且从实践层面进行了深入分析，即政府在“资源生成”领域大有作为。此外，陈云贤（2019）在其专著 *New Economic Engine: Effective Government and Efficient Market* 中对中国改革开放的成功经验做出了理论解释，并对市场经济理论做出了新的探索。该书提出成熟的市场经济是“强式有为政府+强式有效市场”的经济，同时认为在现代市场体系的“有为政府+有效市场”下，经济的增长引擎已经发生了改变，从以往的以需求为主导的贸易引擎转化为以供应为主导的结构性引擎，供给侧新的结构性引擎包括投资引擎、创新引擎和监管引擎。颜廷峰等（2019）认为互联网金融与经济增长质量之间存在显著的门限效应，适度的政府干预有利于互联网金融的健康发展和经济增长质量的提升。赵建国等（2019）研究了政府对网贷平台的监管行为并认为，政府监管能够缓解信息不对称导致的市场失灵，保证市场的有效性。李俊生和姚东旻（2018）从新市场财政学的角度出发，重构政府与市场的关系，提出了“市场平台观”。新市场财政学将市场视为交易平台，国家作为市场政治边界的规定者；政府是市场的参与者，是社会经济体内在的成员，也是国家的“受托人”，其行为受国家规范。该研究为政府制定旨在充分发挥市场在资源配置过程中的决定性作用的财政政策提供了相应的理论依据。

五、总结与评述

（一）研究路径概述

通过梳理国内外的文献，可以发现 2018—2019 年度政治、政府、市场与经济发展领域的文献所涉及的研究主题如图 1 所示。近两年的文献主要集中在政治环境、政治关联、政府政策、政府治理以及政府与市场的关系五个方面。政治环境相关的研究主要关注政策不确定性以及国际情境下双边政治关系的宏观效应。另外，由于政府是决定企业外部环境的最重要因素，企业政治关联也成为研究的热点。政府政策相关的文献主要集中于税收政策、产业政策、环境保护政策以及政府补贴对经济发展的影响。政府治理方面的文献则主要聚焦于政府债务、财政分权、反腐败以及扶贫等方面。最后，在中国经济转型的时代背景下，政府与市场的关系这一核心命题也备受学界关注。

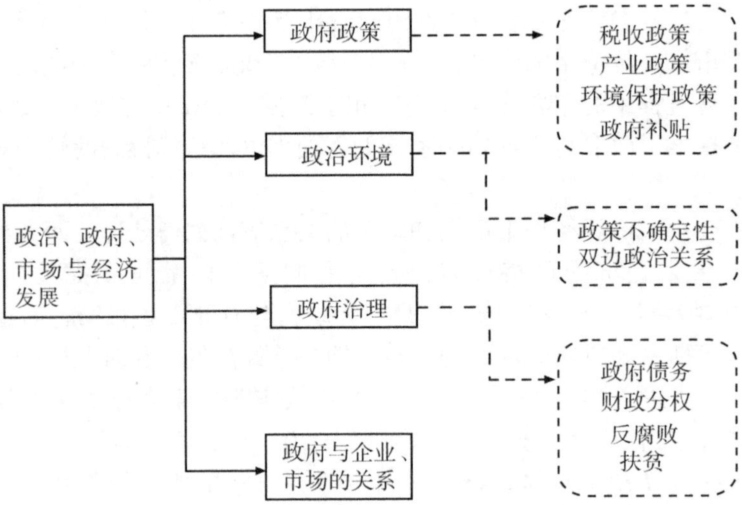

图 1　政治、政府、市场与经济发展研究路径图

（二）研究结论概述

上文已对政治环境、企业政治关联、政府政策、政府治理以及政府与市场相关方面的研究成果进行了具体介绍，这里再次对已有的研究成果进行概述。

1. 政治环境

大多数研究认为，政策不确定性对经济发展以及企业成长都带来了不利影响，具体而言，宏观政策不确定性会产生负向的需求冲击，加剧银行被动风险承担及破产的风险，并促成股市波动。在企业层面，政策不确定性会增加企业融资成本、抑制企业创新、降低企业投资等。但在国际情境下，政策不确定性对我国跨国企业的影响结果是不一致的。一部分研究表明，国内经济政策不确定性驱动了中国 OFDI 规模的增长，促进中国企业跨境收购，但是另一部分学者则认为，经济政策不确定性降低了出口技术复杂度以及出口稳定性，阻碍了中国出口贸易的发展。此外，双边政治关系方面的研究则表明，良好的双边政治关系有利于改善本土企业在国际市场的不利处境，促进中国的对外直接投资。

2. 政府政策

既有研究主要探讨了税收政策、产业政策、环境保护政策以及政府补贴对经济发展和企业成长的影响。在税收政策方面，研究表明营改增（营业税改征增值税）有利于提高供应链效率；增值税税率简并改革提高了全要素生产率，提升了企业活力；此外，税收优惠政策对企业研发投入量和投入强度具有激励作用。在产业政策方面，既有研究主要聚焦于产业政策对重点扶持行业、资源配置效率和社会总福利的影响，对提升产业政策的有效性具有重要的理论启示。在环保政策方面，大部分研究表明我国环境规制政策促进了企业的环保动机，提高了能源效率和环境效率。但也有学者指出，环保政策应考虑不同地区之间的环保技术差距以及污染物的不同外溢性，以避免环保政策的扭曲和失效。在政府补贴方面，政府补贴对企业创新以及企业生产率影响的研究结果均是不一致的，包括促进论和抑制论。而对于企业“绿化”，既有研究表明政府补贴可以激励企业的环保投资，提升企业环境治理效率。

3. 政府治理

在政府治理方面，存量债务置换、财政分权以及政府在互联网金融、环境治理方面的干预对企业和经济增长具有积极效应。反腐败对企业影响的结论并不一致，既有学者认为政府采取积极的反腐行动将有利于经济增长，但也有一些学者得出了不同的结论。

4. 政府与企业、市场关系

政治关联对企业影响的结论是不一致的。一些研究认为，政治关联可以给企业带来各种资源与优势，包括融资支持、更低的土地购买价格、更多的现金持有量以及信息优势；但也有学者认为，政治关联会使企业承担多重的目标约束和政策负担，进而损害企业绩效。此外，在国际情境中，也有研究表明，政治关联的国有企业由于其不透明、政治性质以及代理问题，在跨境收购时更难获得合法性。

政府与市场关系的核心问题中，既有研究均认为市场机制应该在资源配置过程中发挥主导作用，而政府的主要功能则在于弥补市场失灵，从而在现代市场体系的“有为政府+有效市场”下，以促进中国经济平稳健康发展。

基于既有文献，上述政府对经济生活的干预直接体现为政府职能的具体化，即政府活动对社会经济生活产生的影响。而这种干预往往通过特定的政府政策来实现，所以政府政策的性质、有效性就在极大程度上决定着政府经济干预的实际效果，比如税收政策和产业政策如何促进地区经济增长、协调区域发展，政府补贴如何提升企业创新能力和生产率。对于企业而言，政府是其经营的重要制度环境。企业热衷于建立政治关联，是因为政治关联可以为企业带来很多的政治资源、政策优惠，为企业创造更好的生存发展环境。此外，由于政策环境直接决定企业的生产、投资决策，不稳定的政策环境会负面影响企业的经营和绩效。

此外，政府会面临环境污染、政治腐败、贫富差距、市场失灵等挑战，在这种情况下，政府干预被看作保证社会经济正常运行的必要条件。经济过程中某些情况对个人或企业而言的经济效率，对整个社会而言则是“效率损失”，比如生产导致的环境污染、生态质量下降等，一些特定的政府干预比如环保政策、减排补贴就是针对这种经济过程产生的“外部效应”实施的，其目的在于协调个人利益与社会利益。此外，评估政府行为、制定政策有效性标准以及进行有效监督的困难给予政府官员任意行使权力的空间，因此政府的腐败治理，可以提高政府活动的有效性。另外，市场经济的竞争过程不可避免地导致社会成员之间收入（财富）分配极化问题，这与广为接受的公平概念相违背，扶贫等政府干预可以在不损害经济效率的同时改善收入分配不合理的状况。最后，市场不完全、信息不完备和其他原因导致市场在引导资源有效配置上出现阶段性失灵，产生诸如资源非充分利用、劳动者失业、经济结构失调等问题，政府有选择地进行市场干预有助于市场经济恢复正常运行状态。简而言之，近两年的研究表明，政府干预在治理环境、反腐败、促进社会公平、缓解市场失灵等方面具有不可替代的积极作用。

（三）存在的问题与未来研究趋势

1. 政治环境

既有研究对政策不确定性的测量多采用 Baker 的经济政策不确定性（EPU）指数和官员更替，衡量方式较为单一，未来的研究可以采用其他直接或间接的方式衡量政策不确定性。此外，未来理论模型可以继续深入分类研究不同类型的政策不确定性（比如，财政政策、货币政策以及政府管制）对宏观环境、微观企业动态行为的影响渠道。双边政治关系对中国企业对外直接投资的实证分析多局限于“一带一路”沿线国家，涉及的国家数量有限，而且多属于发展中国家，它们与主要发达国家的市场环境和制度环境有很大的差异，双边政治关系与中国企业在发达国家市场上的逆向投资还缺乏足够的实证研究。近期中美贸易摩擦在全球市场造成了巨大的不确定性，且对全球经济产生了不小的影响。因此，中美政治关系不确定性的增加，会对中国经济产生什么样的影响，以及中国应如何应对是未来一个重要的研究方向。

2. 政府政策

既有研究大多静态分析政府政策的影响，而较少关注政策效应随时间的变化。未来的研究者可以将时间序列数据引入其中，探究随着中国市场改革的深入以及社会环境的不断变化，政府政策在不同发展阶段会有怎样不同的作用。此外，考虑到政府补贴可能同时存在激励效应和挤出效应，因此政府如何做到适当补贴保证政策的有效性以促进企业创新和提高生产率，也是未来重要的研究方向。

3. 政府治理

多年的高速发展使中国经济总量步入了世界前列，但也带来了不可忽视的生态环境问题。政府应如何把握污染排放惩罚与减排补贴两者的主次关系和力度大小，以便既能够保持经济持续增长和社会福利改善，又能够推动企业进行污染减排，这需要从未来的深入研究与中国环境治理实践中寻找答案。

4. 政府与企业、市场关系

对政治关联的测量仍然需要完善。既有研究对政治关联的衡量主要采用董事会成员是否具有政府背景以及股权类型，相对单一，未来的研究可以通过企业是否与政府存在业务关系、获得政府补贴频率等多个指标构建复合指标进行测量。此外，大部分研究主要关注企业的正式政治关系，探讨非正式政治关系，如政治家和 CEO 之间的友谊，也是未来的研究方向。

在政府与市场关系的论述中多使用定性分析方法，缺乏定量分析的研究。因此在未来的研究中可以基于理论模型，通过收集数据和构建指标并使用计量方法进行实证分析，来验证理论推导的准确性。

第二节　重要论文

基于 2018—2019 年中国学者在国内外期刊上发表的“政治、政府、市场与经济发展”相关主题论文，本章进一步根据论文主题相关度、引用率、转载率、下载率以及期刊影响因子等指标对论文进行筛选。其中，论文主题聚焦于政治环境、企业政治关联、政府政策和政府治理对经济发展的影响，中文期刊的复合影响因子在 6 以上，英文期刊的影响因子在 2. 5 以上，中英文论文引用率均在 15 以上。按照这种标准，本报告选择其中 10 篇重要论文，对其进行详细介绍。

1. 郭玥. 政府创新补助的信号传递机制与企业创新 [J]. 中国工业经济，2018 (9): 98-116.

研究背景：中国经济已由高速增长转向高质量发展阶段，正处在转变发展方式、优化经济结构、转换增长动力的攻关期。党的十八大提出实施创新驱动发展战略，党的十九大进一步指出：“创新是引领发展的第一动力，是建设现代化经济体系的战略支撑。”创新正日益成为适应把握引领经济发展新常态、驱动中国经济持续健康发展的决定性因素。作为经济创新驱动最主要的动力来源，企业创新发展是学界持续关注和研究的重点。财政补助是产业政策实施的主要财税手段之一，研究中国财政补助对微观企业创新的影响，不可避免地会触及中国产业政策之争问题，文章通过创新补助信号传递机制模型和实证分析为中国产业政策研究提供经验证据。

基本结论：创新补助会显著促进企业研发投入和实质性创新产出的增加，而非创新补助对企业创新无显著影响。创新补助对民营企业、处于成长期及公司高管具有研发背景的企业的研发创新有显著激励作用。进一步实证分析验证了政府创新补助的信号传递机制，即企业获得创新补助会向外释放积极信号，从而争取到更多的社会资源集聚。文章认为，应提高政府对创新补助项目的技术审查能力及监管效率，优化项目筛选标准及程序。在创新政策制定时要坚持以市场机制为基础、以企业为主导，重在发挥政府支持有限社会资源向企业科技创新配置的引导作用。

主要贡献：第一，已有研究中有关中国政府补助抑制企业创新的结论很有可能是因为主要研究变量中混杂了非创新补助的影响。为使研究结果更具有针对性和准确性，文章通过精细的手工搜集和数据筛选，将政府补助划分为“创新补助”和“非创新补助”，既可以剔除非创新补助的影响，有针对性地研究创新补助对企业创新影响的政策效应，又可以通过两种类型补助的比较研究，进一步探寻创新补助影响企业创新能力提升的作用机制。

第二，文章构建理论模型分析了创新补助对企业与外部投资者间信息不对称的信号作用，分别从隐藏信息的逆向选择和隐藏行动的道德风险两个方面进行分析。

现实意义：第一，创新补助的信号传递机制模型表明了产业政策中有限有为政府的作用。有创新补助的企业可通过信号传递获得更多的研发资金投入，但政府部门的技术审查能力及项目监管能力必须满足一定条件，而且政府部门的技术审查能力及项目监管能力越强，越有利于创新补助激励效应的发挥。第二，文章的研究还证实了高管研发技术背景有益于政府创新补助更好地发挥积极作用，政府在筛选优质扶持对象的标准制定上，应加入更多综合性的、能反映企业研发创新能力、能体现企业研发项目合理性和可行性的考核指标，如项目研发说明书的质量、管理团队的研发技术背景等，重视对高新技术企业人力资本、知识水平的考察，通过有效信息的提取择优进行精准补助，从而最大化创新补助的激励效应。同时要赋予企业创新团队更大的人财物支配权和技术路线决策权，以此进一步放大创新补助的政策效果。第三，实证结果显示创新补助对成长型企业的激励更强。基于此，政府对申请补助企业的甄别与筛选应把握以考察企业研发创新项目前景及企业创新发展后劲为主、以企业已有创新能力为辅的原则，避免政府替代市场人为“挑选赢家”，政府应全力扶持和激励处于初创期和成长期的新兴技术企业积极开展研发创新生产活动，通过频繁的试错性研发获取具有核心竞争优势的技术和产品，最终由市场挑选出“黑马”。

局限性与未来研究方向：创新补助对企业创新的正向激励和非创新补助无显著作用，两者对比，一定程度上解释了产业政策的积极作用及产业政策滥用引发的产业政策无效。但本文的模型分析中无法引入中国政府创新补助与企业研发创新互动这一因素，即政府根据国家经济发展和产业升级的战略选择制定创新补助项目类别，无法判断政府政策选择的准确性，而这恰恰是中国产业政策的主要特征。政府试图以自身的判断主导创新资源配置，企业等创新主体更多地不是根据自身对未来市场与技术发展趋势的判断而是按照政策制定部门的决策来选择具体创新方向与创新路线，这很大程度上会造成技术创新与市场脱节，甚至会导致许多企业为获得产业政策支持在指定的技术路线上进行低水平、重复性的研发活动。有关这一主题未被纳入文章研究范围，有待进一步深入探究。

2. 范庆泉，张同斌．中国经济增长路径上的环境规制政策与污染治理机制研究［J］．世界经济，2018（8）：171-192.

研究背景：工业革命以来，环境污染与治理是世界各国在经济发展过程中共同面临的重要课题。在工业化进程中，经济发展消耗了大量的能源资源，使得各国普遍出现了严重的环境污染。实践表明，企业是污染排放的主要来源，自然也成为污染减排的主体。因此，为应对环境污染问题，各国政府都采取污染排放惩罚、减排补贴等多种环境规制政策以激发和提高企业的污染治理动机。未来一段时期内，环境税的征收及其使用问题将会对中国经济增长与生态环境产生重要影响。政府应如何把握污染排放惩罚与减排补贴两者的主次关系和力度大小，以便既能够保持经济持续增长和社会福利改善，又能够推动企业进行污染减排，需要从理论研究与中国环境治理实践中找出答案。

基本结论：渐进递增的动态环境税和渐进递减的动态减排补贴率的政策组合，提高了企业的污染减排动机，有效控制了环境污染累积水平，实现了鞍点路径上的福利最大化目标。相比而言，仅实施环境税政策对企业污染减排动机的激励不足，环境污染无法得到有效控制，将会产生倒U形的污染累积路径，并造成较高的生产效率损失和社会福利损失；而过高的减排补贴政策虽然短期内缓解了环境税对产出的不利影响，但长期会扭曲生产要素的配置，扩大的产出规模并没有带来更高的福利水平。实现环境税与减排补贴之间的优化组合，对于发挥环境规制政策的有效性具有重要意义。

主要贡献：文章构建包含环境污染累积过程的理论研究框架，刻画污染减排的机制，采用射击方法求解新古典模型鞍点路径上的均衡解，既使得初始资本的选择不再受到求解的技术限制，又可以刻画出中国经济增长的现实特征，同时将环境污染的出现及累积过程内生于经济增长中，解释不同经济发展阶段环境规制政策对企业污染治理投入的影响差异。文章设计动态环境税和减排补贴率的环境规制政策组合，对于发展中国家建立完善的环境规制政策体系，实现经济平稳增长和环境质量改善，具有重要的参考价值。

现实意义：文章的研究具有一定的政策启示。渐进递增的动态环境税和渐进递减的动态减排补贴率的环境规制政策组合平衡了经济增长与环境污染的关系，提高了企业的污染减排动机，并使得企业治污资本的投入时点与环境污染出现的时点一致，不仅有效控制了环境污染的累积，而且实现了鞍点路径上的福利最大化目标，解决了环境税在控制环境污染和保持经济增长之间的两难选择问题，是最优的环境规制政策组合。

3. 朱军，许志伟．财政分权、地区间竞争与中国经济波动［J］．经济研究，2018（1）：21-34.

研究背景：中央与地方政府在中国转型经济中扮演了关键角色，而多级政府结构往往为传统的财政政策文献所忽略。文章将中央与地方两级政府结构引入主流的动态一般均衡模型中，考察财政分权下地方性财政政策对中国宏观经济的动态影响。

基本结论：（1）具有财政分权的多级政府基准模型可以解释约64%的总产出波动、47%的投资波动以及62%的消费波动；（2）地方性公共投资对本地经济具有促进作用，同时通过地区间贸易对其他地区产生正的溢出效应；且该溢出效应会随着地区间财政竞争程度的加深而显著加强，因此财政竞争为地方性投资政策提供了重要的传导机制；（3）反事实分析表明，深度财政分权会在短期内加强地方财政支出的波动效应而削弱中央财政支出的波动效应，同时又在长期内提高整个经济总产出与社会总福利。文章为定量研究我国经济转型期的财政政策动态效应提供了一个新的视角。

主要贡献：首先，作者将多个区域经济引入传统的DSGE模型中，从一般均衡角度刻画了多个地方政府与中央政府并存的多级政府结构；同时，文章区分了中央与地方各个层面不同类型的财政支出（诸如公共消费与公共投资），并定量分析了它们对宏观经济（地方与总体）的动态影响和溢出效应。其次，地方间竞争的进一步引入使我们能够定量讨论地方政府间“锦标赛竞争”如何影响宏观经济及其背后的传导机制。最后，对地方与中央多级政府的刻画，使得我们能够定量研究财政分权对整个经济的动态影响（长期与短期），从而在我国完善财政体制改革的背景下，为研究各级政府主体的财政政策效应提供了一个新的平台。

现实意义：我们认为由于中央与地方政策具有显著不同的动态效应，从多级政府层面区分中央与地方政策十分必要；在讨论财政分权时应注重不同层级政府的支出效率，确定集权与分权的合理水平；尤其是在利用财政政策调节宏观经济运行的过程中，应区分中央财政政策和地方财政政策两大类型，通过中央和地方两级财政支出政策的配合与协调，改变以往以中央调控为主的现状。

4. Yang D，Wang A X，Zhou K Z，et al. Environmental strategy，institutional force，and innovation capability：a managerial cognition perspective［J］. Journal of Business Ethics，2019（159）：1147-1161.

研究背景：尽管人们对环境战略越来越感兴趣，但很少有研究考察管理层对环境战略的认知如何影响实际创新能力的发展。文章从管理认知的角度，探讨管理者对制度压力的认知如何与他们对前瞻性环境策略的关注相关联，进而影响企业实际的创新能力。

基本结论：通过对中国上市公司的一次调查和三个二手数据集的研究发现，管理者感知到的业务和社会压力与其关注积极的环境战略正相关，从而促进了创新能力的发展。此外，国家所有制和政府行政控制削弱了管理层对主动环境战略对创新能力的影响。这些发现对于管理认知如何在制度压力和政府干预的影响下支持环境战略和组织能力建设具有重要意义。

主要贡献：第一，文章通过显示管理者对制度压力的看法如何与他们对环境战略的关注相联系，从而实现了创新能力。第二，通过研究机构力量在 PES 的形成与实施，文章促进了 ESCR 研究的制度视角。第三，文章关注的是未被充分研究但越来越重要的中国背景，并展示管理层对环境战略的重视如何将感知到的制度压力转移到创新能力。文章促进了对如何加强环境战略和新兴市场创新的深入了解。

现实意义：（1）文章的发现对中国的环境保护具有重要的理论和实践意义。尽管管理者通常将环境责任视为一种负担，被动地应对环境要求，但文章的发现揭示了管理者对 PES 的认识的积极影响。通过强调战略启动和在环境管理方面的这种管理认知有助于培养较强的创新能力。因此，管理者应该考虑追求环境以责任为契机发展组织能力和创造独特的竞争优势。（2）管理者应该了解体制的力量。管理者通常将机构压力视为必须遵守的责任，但这种压力实际上激发了管理者致力于环境问题，进而促进创新。因此，当面临业务压力时从市场细分或来自非市场细分的社会压力来看，管理者应该积极主动地应对环境问题并转换这些压力成为创新发展的动力。此外，管理者应警惕政府对 PES 实施干预的不利后果。国有企业管理者需要平衡他们在政治期望和企业经济目标之间的注意力和承诺。（3）研究结果还表明，决策者应制定政策，提高管理者的环保意识，更重要的是，制定合规框架以环境政策作为创新发展的契机。同时，政策制定者也应该增加各自区域的环保意识。（4）政策制定者应确保政府目标更倾向于市场导向的目标，以及鼓励择优任用和考核国有企业管理者。政策制定者也应该努力减少政府对经济的任意干预并提高行政效率。这些努力将促进公司实施环境战略，从而提高创新产出。

局限性和未来研究方向：第一，虽然文章使用了带有滞后因变量的主数据源和辅助数据源，但管理者对环境战略的认知与制度力量之间的相互作用是复杂和动态的。有必要使用纵向数据集分析，以便对其进行全面评估。第二，文章只将创新能力作为管理层关注 PES 的结果。未来的研究可以考察其他类型的能力，如营销和运营；其他类型的成果，如流程创新以及员工的绩效。同样，文章只考虑了政府干预的调节作用。值得研究的是，其他类型的制度因素是如何与环境战略相互作用的。第三，文章的样本是中国上市公司。由于上市公司受到强有力的监管和公众监督，而且中国是一个具有独特性的新兴经济体，文章应该谨慎地将其结论推广到其他领域。未来的研究应参考私人公司和其他国家的理论框架。

5. Chunfang Cao，Xiaoyang Li，and Guilin Liu. Political uncertainty and cross-border acquisitions [J]. Review of Finance，2019 (23)：439-470.

研究背景：政治家经常做出改变企业经营环境的决定，这给收购决策带来了大量的不确定性。文章使用国家选举作为不确定性外生变量的来源进行的研究表明政治不确定性影响跨境收购的数量和结果。当一个国家即将举行全国大选时，这就阻止了外国公司的海外收购，尤其是当东道国带来更大的征收风险时。即将到来的母国选举鼓励企业进行海外跨境收购，尤其是针对拥有自由贸易协定的国家、军事盟友或治理更好的国家。在交易层面发现跨境交易的公告回报包含政治不确定性因素。总体而言，这些结果揭示了政治不确定性通过跨境收购渠道产生的影响。

基本结论：文章考虑到跨境收购的重要性日益增加，以及高管对政治不确定性加剧的担忧，使用 2001—2013 年 47 个国家的选举作为不确定性外生变量的来源，研究政治不确定性如何影响跨境收购的数量和结果。基于威慑假说、延迟假说和套期保值假说的理论框架得出：(1) 在目标国家大选前一年，跨境入境交易量大幅下降，这支持了威慑假说。(2) 相比之下，在收购国国家选择之前的一年，境外跨境收购的数量显著增加，这一证据支持我们的套期保值假说，而不是延迟假说。(3) 文章随后构建了三个变量来衡量一个国家的征收风险，实证结果发现，在国家选举之前，在国家征收风险较大的国家，外来并购的数量显著下降。这些结果表明，对国家征收的恐惧是一个重要的渠道，通过这个渠道，目标国家的选举阻止了外来收购。(4) 企业探索跨境收购以对冲本国政治不确定性时，它们会避开即将举行选举的目标国家，以减少不确定性。在母国选举之前，海外收购者倾向于拥有自由贸易协定或军事联盟的目标国家。(5) 在交易层面，结果表明股票市场对跨境交易的反应包含政治不确定性，即在目标国家的选举前几年，收购公司的公告回报较低。政治不确定性会影响跨境收购的数量和结果。一方面，目标国家的政治不确定性阻碍了外国公司的海外收购，尤其是当目标国家有更大的征收风险时。另一方面，收购国的政治不确定性鼓励企业进行海外收购，特别是倾向于拥有自由贸易协定或军事盟友的目标国家，这与不确定性对冲假说的预测一致。在交易层面，在收购国大选前，股票市场对跨境交易反应更为积极，但在该国大选前，对涉及目标公司的交易反应则不那么积极。

主要贡献：先前的研究主要围绕政治不确定性对资本结构的影响，文章涉及关于跨国合并决定因素的新兴文献，通过识别政治领域中影响公司收购决策的因素来补充这些研究。同时补充了关于政治不确定性对经济结果影响的文献。

局限性与未来研究方向：当前学术界有关政治不确定性的研究起步较晚，成果不够深入，且学界对其内涵和测度尚未形成一致看法。文章选择国家选举作为政治不确定性的指标进行分析仍有待改善，因此学界对政治不确定性指标的设计是未来研究需要解决的一大问题。

6. 蒋灵多，陆毅，陈勇兵．市场机制是否有利于僵尸企业处置：以外资管制放松为例 [J]. 世界经济，2018 (9)：121-145.

研究背景：更多运用市场机制实现优胜劣汰是深化供给侧结构性改革的重要发力点。文章以外资自由化为例考察市场机制是否有利于僵尸企业的妥善处置，基于1998—2007年中国工业企业数据，利用外资管制放松政策这一准自然实验构建双重差分模型考察外资自由化对行业僵尸企业占比的影响。

基本结论：僵尸企业个数占比与僵尸企业资产占比分别为12.02%与19.07%；外资管制放松政策显著降低了行业僵尸企业占比；该政策效应通过提高僵尸企业复活率而非退出率来得以实现，并提高了行业全要素生产率与创新能力。政府应加快推进外资自由化进程，推动僵尸企业焕发活力，以促进中国经济平稳健康发展。

主要贡献：第一，率先从市场机制视角就如何处置中国僵尸企业问题进行经验研究，为政府提出的“以市场为导向，发挥市场在僵尸企业处置中的决定性作用”提供经验支撑，为政府深化供给侧结构性改革的政策制定提供有益思路；第二，从外资自由化这一全球化而非国内视角考察僵尸企业的处置问题，为进一步深化国有企业混合制改革提供参考方向；第三，利用外资管制放松政策这一准自然实验研究僵尸企业问题，可以有效缓解样本选择偏差等内生性问题。

现实意义：第一，让外资更好地发挥优化中国经济结构的作用。美国等发达国家的“再工业化”战略与东南亚国家等新兴经济体工业化进程加快使得国际引资日趋激烈。若要实现外商投资在僵尸企业处置过程中继续发挥重要的积极作用，政府应继续推进外资自由化进程，稳定外商投资，扩大外资市场准入，全面引入负面清单管理模式；同时，通过简化行政审批程序、提高政策法规透明度等增强营商环境对投资者的吸引力。第二，以市场为导向实现中国经济新旧动能的转换。政府应更多地利用市场机制淘汰落后产能与资源使用效率低下的僵尸企业，从而提高行业资源的配置效率。第三，深化国有企业改革。由于僵尸企业主要存在于国有企业中，政府应加快推进国有企业混合所有制改革，鼓励非国有资本投资主体通过出资入股、收购股权、认购可转债、股权置换等多种方式，参与国有企业改制重组或国有控股上市公司增资扩股以及企业经营管理，以期有效降低国有企业中僵尸企业的占比。

7. 张晓晶，李成，李育．扭曲、赶超与可持续增长——对政府与市场关系的重新审视［J］．经济研究，2018（1）：4-20.

研究背景：快速增长的经济体在什么时候会面临一个瓶颈，从而陷入所谓的增长陷阱（无论中等收入陷阱还是高收入陷阱），是近年来国际学界讨论的热点问题。这一问题涉及增长动力的可持续性，因此可以进一步分解为：哪些因素导致了经济体的快速增长？随着时间推移，哪些因素还可以继续发挥积极的作用？哪些因素不再发挥积极的作用？哪些曾经的积极因素现在变成了消极的阻碍因素？剖析这些问题，对于快速增长的经济体在面临增长瓶颈的情况下如何顺利进入可持续增长轨道，有着十分重要的政策含义。我们从市场扭曲的视角来探讨这一问题。扭曲是指对资源配置最优均衡状态的偏离，一般分为内生性扭曲和政策引致型扭曲。一定条件下，存在“良性扭曲”是可能的。

基本结论：文章给出了四种可供选择的理论解释：后发优势、次优原则、协调失败以及政治经济学视角的解释。国际经验和中国实证均表明，扭曲在发展的早期阶段对于全要素生产率有促进作用，但随着收入水平的提高，这种促进作用逐步减弱；特别是进入中高收入阶段，其负面作用越来越大，并成为导致中等收入陷阱的重要因素。因此，减少和纠正扭曲是实现可持续增长的关键。对于处在中等收入阶段即将迈向高收入阶段的中国而言，要旗帜鲜明地消除扭曲，切实发挥市场在配置资源中的决定性作用。否则，在赶超的口号下，政策引致型的扭曲会频频发生，并导致市场化改革的方向发生游移和摇摆。减少和纠正扭曲很大程度上是探索政府和市场边界的过程，这对所有经济体都是重大挑战；而寻找政府与市场之间的完全组合与微妙平衡，也正是人类在制度建设上孜孜以求的目标。

主要贡献：文章为扭曲提供一个“全景式”分析，指出不同阶段扭曲的作用，扭曲与经济绩效间的非线性关系及其背后存在的理论机制，从而为正确对待赶超背景下的扭曲及中国下阶段发展模式选择给出一个正面的回应。

现实意义：第一，过去种种政策性扭曲为赶超型增长作出了巨大贡献，但同时也累积了诸多问题，成为可持续增长的障碍。因此，跨越中等收入陷阱，实现向高收入经济体行列迈进，核心在于全面深化改革，减少政府不当干预，消除制度性与政策性扭曲。第二，减少和纠正扭曲，绝不是不要政府。从理论上，并不能将政府作用与扭曲画等号。现代市场经济发展根本离不开政府，国家能力视角进一步突出了政府的作用。即便是发达经济体，也在强调政府（比如在创新领域）的积极作用。第三，认清良性扭曲存在的前提条件，明确改革的方向。扭曲与发展之间的关系是非线性的，良性扭曲高度依赖于不同发展阶段的特定语境和历史路径。特定条件下促进发展的所谓良性扭曲，到了新的条件下可能就会成为发展的障碍。随着中国发展水平的提高以及市场体系的逐步完善，这些前提条件会慢慢消失，良性扭曲也就难以存在了。正因为如此，要旗帜鲜明地消除扭曲，切实发挥市场在配置资源中的决定性作用，摒弃对待扭曲问题上的保留和犹豫态度。

8. 汪锋，姚树洁，曲光俊．反腐促进经济可持续稳定增长的理论机制［J］．经济研究，2018（12）：65-80.

研究背景：2011 年之前，中国经济经历了 30 多年近两位数的年均增长速度。但是高速增长也积累了许多社会问题，其中腐败现象较为突出，成为许多社会问题，包括收入分配不公和缺乏社会诚信等问题的根源。党的十八大以后，我国不仅要面对多种内外严峻的挑战，而且必须建立社会诚信，提高党的执政能力和老百姓的信心。从 2013 年开始，党内展开了一场强力反腐斗争，逐步落实“八项规定”精神，进行全面从严治党，努力构建一个风清气正的政治生态。五年来的强力反腐斗争，没有让经济增长速度明显放慢，而是进入一个相对稳定的时期。中国经济早在 2011 年的第一季度就开始告别两位数的增长，而强力反腐斗争是在 2013 年初党的十八大以后才开始的。2011—2012 年间经济下滑速度最快，这段时期的经济下滑与十八大以后的反腐斗争没有必然联系，而是由于中国在后世界经济危机期进行结构性调整以及外部环境变化。之后五年的反腐斗争却与稳定的经济增长相得益彰。中国经济稳定向好的发展，说明反腐没有减弱中国经济增长的力量。相反，反腐使中国在全球经济危机的笼罩下表现出勃勃生机，展现了其实现可持续稳定增长的能力。如何理解反腐促进中国经济持续稳定增长，需要从理论和实证两个层面出发。文章从理论的高度，利用近五年来反腐斗争与经济增长的省级面板数据，证明理论与实证的高度统一性，在具有中国特色的经济发展中，提出了有力的理论观点并得出了相应的实证结论。

基本结论：文章以中国的反腐斗争作为具体的分析案例，把中国各省地方党报上在样本期间含有关键词“腐败”的文章出现频率作为政府反腐力度的测量指标，把各省查获腐败官员数量分解为反腐力度和腐败程度两个要素，并把它们及其交叉项植入一个内生经济增长条件收敛模型，从而构建一个反腐如何促进经济增长的理论框架，利用各省市自治区在2000—2014年的面板数据，通过差分GMM估计方法实证分析文章的理论假设并量化腐败、反腐败与经济增长的关系。主要结论包括：（1）反腐力度与经济增长之间的关系受腐败程度的影响，当腐败程度较低时，政府采取积极的反腐行动将有利于经济增长。只有当腐败问题非常严重，反腐行动无法遏制及降低腐败程度的时候，反腐才会阻碍经济增长。党的十八大以后，腐败程度明显下降，反腐的努力没有妨碍经济增长，中国最近几年的经济稳定增长，表现明显好于全球其他主要经济体就是最好的例证，完全符合文章的理论推断。（2）从长期来看，持续高强度的反腐能遏制腐败现象的滋生，降低腐败程度，逐渐使市场自由竞争取代腐败活动成为资源配置的主要方式，从而促进长期经济增长。（3）文章的研究结果表明片面强调腐败对经济起到的“润滑剂”作用，进而简单地认为“反腐行动会对中国经济增长带来负面影响”的观点是错误的。文章从理论和实证两方面证明了反腐斗争不仅没有影响中国的经济增长，相反高强度反腐斗争将有利于中国经济长期可持续的发展。

主要贡献：（1）文章打破现有文献传统的研究方法，其并未直接讨论腐败与经济增长的关系，而是从理论的高度，利用近五年来反腐斗争与经济增长的省级面板数据，采用崭新的分析方法讨论腐败、反腐败与经济增长之间的三角关系，也证明了理论与实证的高度统一性，提出了有力的理论观点并得出了相应的实证结论，弥补了这方面研究的理论和实证空白。（2）对中国地区腐败问题研究中被广泛使用的各省检察机关“立案数”的性质进行了检验，指出并验证了腐败案件数量不应作为腐败程度的代理变量，而应被视为反腐力度和腐败程度共同作用的结果，找到一个可以替代反腐力度的变量，也找到一个可以替代“腐败和反腐力度”的变量，从而可以分别估计腐败和反腐败，从实证方面为研究腐败和经济增长之间的关系找到一条切实可行的路径。

现实意义：（1）前人的文献都局限于研究腐败与经济增长的关系，没有涉及反腐力度与经济增长的关系。然而，腐败与反腐败是紧密联系的两个概念。要系统、全面理解腐败与经济增长的关系，还必须研究“反腐败是否会影响中国经济增长”这一重大社会命题，现有中外文献鲜有涉及该问题。这正是文章的研究焦点所在，也是文章对该领域相关的贡献。（2）利用中国省级数据研究了外生的政府反腐力度对经济增长的影响，并以此为基础研究反腐如何促进经济可持续稳定增长的理论机制。在后世界金融危机时期，中国对外贸易和吸引外资拉动经济增长的力度放缓。中国经济增长速度下降最快的时期是2011年和2012年，这与党的十八大以后的强力反腐没有关系。相反，从2013年到2017年的上半年，中国经济进入了一个平稳而且持续的增长状态，这与十八大以后的强力反腐斗争相得益彰。2017年上半年，在全球其他经济体还处于低迷的状态下，中国实现经济平稳向好的发展。GDP增长速度回升，外贸总量出现超过两位数的增长，人民币汇率稳定并略有回升，就业情况出现前所未有的良好趋势，这些我们认为都与反腐斗争有关。因为有效反腐不仅不会拖累经济增长，反而会增加国内外投资者的信心，一个风清气正的国家才可以保证经济长期可持续而稳定的增长。

不足和未来研究方向：(1) 腐败与反腐败的测量问题一直是该领域需要突破的重难点。未来研究应该从腐败的维度、权重等方面去考虑如何定量测度不同国家、不同地区的腐败程度以及反腐败程度。(2) 在实证部分，研究者也应关注如何选取合适的工具变量，处理腐败与经济增长之间可能存在的内生性问题。(3) 腐败与反腐败是紧密联系的两个概念。要系统、全面理解腐败与经济增长的关系，还必须研究“反腐败是否会影响以及如何影响中国经济增长”这一重大社会命题。未来关于腐败与经济发展的研究焦点需在此方面继续深入研究。

9. 郭杰，王宇澄，曾博涵．国家产业政策、地方政府行为与实际税率——理论分析和经验证据［J］．金融研究，2019（4）：56-74.

研究背景：分析产业政策和财政政策协调的重要制度背景，是我国特有的财政制度安排。为调动地方政府积极性，中央政府赋予了地方政府一定的经济自主权，使得地方政府在经济发展和产业结构升级等方面拥有比较大的独立性，因而地方政府实际上是国家产业政策的直接执行者和推动者。地方政府可以通过政策配套、税收优惠和财政补贴、行政审批干预以及信贷扶持等方式推动国家产业政策的实施。上述可能机制的存在，构成了研究产业政策与财政货币政策联动的一个现实基础。现有文献基本认同地方政府财政工具是中国式产业政策发挥作用的关键，但对于上述潜在机制的相关实证研究还不足，也少有研究从地方政府行为出发，关注地方推动国家产业政策实施背后的激励与动机。

基本结论：理论模型分析表明，地方政府预期产业政策将带来重点支持行业资本回报率上升，会通过降低该行业实际税率吸引资本进入，提高行业总产出，并且变化程度与地方政府的财力水平有关。经验研究发现，中央五年规划中的产业政策将会降低地方政府对于鼓励行业的实际税率水平。对于一般性鼓励产业，地方政府实际税率将平均下降约0.2%；对于重点鼓励产业，地方政府实际税率将平均下降约0.6%。对于鼓励行业，企业报告利润与会计利润之差更大，因此实际税率的下降通过降低对重点行业的征税努力的方式实现。这说明地方政府为了地方经济发展，可能在税收征管方面默许重点行业更宽泛的合理避税空间。分企业类型发现，实际税率的降低主要存在于私营企业而非地方国有企业和中央企业，这一现象可能与地方国企和央企资本的流动性更低有关。

主要贡献：第一，文章将产业政策和政府税收行为纳入统一的分析框架，借助理论模型研究地方政府在产业政策实施中的作用，并且利用中央“五年规划”的重点行业划分变动，使用微观数据对于政策的因果效应进行识别。第二，文章从地方政府角度出发，着重考察中央与地方的财政关系，将地方政府视作面临最大化产出和最大化公共物品提供的权衡的理性人，将其税收决策纳入产业政策分析当中，为这类文献提供一定补充。第三，文章的研究为理解我国政策间协调问题，以及产业政策实施过程中规范地方政府行为等问题提供了理论依据。

现实意义：文章的结论证实了国家产业政策对地方政府税收行为的影响。得到的政策启示是：一方面，地方政府行为可能是解释产业政策差异化效果的重要原因，因此在制定国家产业政策时需要考虑地方政府对于政策执行的激励和能力及其对于政策效果的可能影响。另一方面，产业政策的效果受到地方政府财力水平的影响。在经济发展水平较高、财力较强的地方得到更好的推行和落实，从而惠及的是本来已经比较发达的地区。因此，孤立使用产业政策可能会使区域间产业结构优化和经济发展的差距扩大，这意味着中央层面的产业、财政等政策的协调非常重要。

10. 陈云贤．中国特色社会主义市场经济：有为政府+有效市场［J］．经济研究，2019（1）：4-19.

研究背景：美国经济学家米尔顿·弗里德曼曾说："谁能正确解释中国改革和发展，谁就能获得诺贝尔经济学奖。"中国经济的发展成为世界经济中的重要经济现象，对中国经济发展的理论研究和实证分析，必将成为经济理论的重要成果之一。然而，时至今日，国内外对"市场与政府"的关系及作用的论断，大多数仍囿于亚当·斯密 240 多年前《国富论》的定调。因此，从亚当·斯密理论的源头和世界经济发展尤其是中国改革开放 40 多年来的成功经验中找出其突破点，就显得格外重要。

基本结论：中国特色社会主义市场经济是有为政府与有效市场相结合的经济。文章不仅从理论层面分析了斯密和凯恩斯理论的不足，即随着经济发展和时代进步，资源配置既要考虑"资源稀缺"，也要考虑"资源生成"，而且从实践层面进行了深入分析，即政府在"资源生成"领域大有作为。文章将城市资源分为"可经营性资源""非经营性资源"和"准经营性资源"。其中，从经济学意义上把"准经营性资源"作为新的"资源生成"，深圳政府通过"政府推动、企业参与、市场运作"方式，解决其投资载体和资金运营问题，成为"有为政府"与"有效市场"相结合促进区域经济可持续增长的示范。深圳政府按市场规律办事，在市场运行中担当城市经济的主要参与者、产业政策的主要实施者和民生福祉的主要提供者，也成为中国特色社会主义市场经济的一个绝佳样本。现代市场机制的着眼点不仅仅在产业经济的提升发展上，而且在城市经济的资源配置、区域竞争力和可持续发展上，它将引领中国和世界经济实践的发展和经济学理论的提升。

文章贡献：一是突破了西方主流经济学体系和市场理论框架的局限，二是从经济学角度有效解释了中国（尤其是深圳）改革开放 40 多年来的成功密码，三是创建新经济学体系和市场理论没用"中国"这个定语，但中国改革开放 40 多年来的成功经验为这一理论发展提供了广阔素材。

现实意义：文章理论的创新，也是对当前中美贸易摩擦背后美国政府理论逻辑的重击。2018 年 7 月 26 日，美国常驻世贸组织大使谢伊就中美贸易问题对中国经济模式横加指责，认为"国家在中国经济中的作用不断增强""中国的经济规模放大了由国家主导的重商主义贸易和投资方式所造成的损害""我们关注中国的经济模式，该模式已被证明特别具有贸易破坏性"，等等。而文章正是从世界经济学基本理论和基本框架研究出发，证实了美国也不是完善的市场经济，而中国特色的社会主义市场经济模式——"有为政府+有效市场"，正是成熟市场经济模式的发展方向。它将有效驳斥当前中美贸易摩擦背后的美国理论逻辑，对进一步增强"中国理论""中国道路"的"中国自信"具有重要作用。

第三节　重要著作

1. 陈云贤 . New economic engine：effective government and efficient market ［M］. 北京：外语教学与研究出版社，2019.

研究背景：中国经济改革40多年来的成就举世瞩目，美国经济学家米尔顿·弗里德曼曾说："谁能正确解释中国改革和发展，谁就能获得诺贝尔经济学奖。"该书以改革开放40多年的变化为背景，对中国取得的成功经验做出理论解释，并对市场经济理论做出了新的探索。

内容提要：该书突破了西方主流经济学体系和市场理论框架的局限：首先，在市场经济理论方面，作者提出成熟的市场经济是"强式有为政府+强式有效市场"的经济，并展开分析了"市场经济横向体系"，即资源配置、资源稀缺、资源生成，以及民生经济、产业经济、城市经济和各类型经济在市场横向体系中的角色、作用；探讨了"市场经济纵向体系"，即包括市场要素体系、市场组织体系、市场法制体系、市场监管体系、市场环境体系和市场基础设施在内的构成市场规则的六个子系统；探讨了"市场竞争双重主体"，即产业经济竞争主体主要是企业，城市经济竞争主体主要是政府，两者相互区分，互相联系，成为各国产业提升和国家发展的双重原动力，指出产业经济竞争和城市经济竞争都需要遵循市场规则，企业和政府作为双重竞争主体，首要的仍是遵循市场规则，参与市场竞争，同时政府在其中更好地发挥作用；提出了世界各国经济发展中存在的很多理论与实践问题不是市场本身的问题，而是源于传统市场理论的缺陷和现代市场理论的空白。其次，在经济学体系方面，作者提出了创建中观经济学架构的设想。微观经济学以产业经济为载体，从商品、价格、供求、竞争、均衡分析入手展开的阐述较具完整性，而宏观经济学在全球经济一体化的格局中既具有可行的一面，又有需要改革创新之处，因此应创立以区域经济或城市经济作为运行载体、区域政府作为竞争主体之一，并在新生成性资源配置中发挥政府竞争作用的中观经济学体系。这对纠正传统经济学体系的缺陷和填补现有经济学体系的空白，有着积极的创新发展作用。最后，在世界各国经济增长方面，作者提出了经济新引擎理论。这种新引擎在资源生成领域，有别于产业经济和民生经济，现阶段主要体现在以基础设施软硬件投资建设乃至智能城市开发运营为主体的城市经济发展中，未来还会逐步体现在太空资源、深海资源以及极地经济、网络经济的开发运营中。

基本结构：该书共分为九章和一个附录。第一章探讨了亚当·斯密如何分析政府的运作，并探讨了政府应该扮演的角色及其功能。第二章揭示凯恩斯并没有解释为什么政府应该参与甚至成为促进基础设施投资和建设的主要主体之一，而是匆忙地推出了一系列政府干预有效需求的措施。第三章明确指出，"资源生成"研究是当前主流经济理论的空白。第四章指出政府是"生成性资源"领域的竞争者。第五章对政府竞争广义和狭义的范畴进行了描述。第六章描述了有效市场的三个层次。第七章描述了高效政府的三个层面。第八章阐述了有为政府和有效市场的九种组合模式。第九章提出了在"生成性资源"领域构建新的经济引擎的必要性。附录中提出了构建中等经济学框架的建议。

主要贡献：作者从亚当·斯密和凯恩斯对政府角色的分析开始，探讨有为政府和有效市场的组合模式，主要作出了以下贡献。第一，该书探讨了区域政府的双重属性。区域政府相对于全球或国家来说，具有“准宏观”属性和“准微观”属性。准宏观属性强调的是“协调”，准微观属性强调的是“利益”。这样的双重属性促使区域政府在民生经济中实施“基本托底、公平公正、有效提升”政策，在产业经济中实施“规划、引导、扶持、调节、监督、管理”政策，在城市经济中实施“参与竞争、调配监督”政策。第二，该书分析了市场双重竞争行为，即在产业经济领域存在以企业为主体的市场竞争，在城市经济领域存在以政府为主体的市场竞争。政府通过对前文所说的“经济新引擎”的建设，不断开拓新的经济增长点，推动一国经济的可持续增长。第三，该书指出，成熟市场经济一定是强式有为政府与强式有效市场有机结合、有序运行的经济。有效市场按现代市场体系六大子系统发挥作用的情况，分为“弱式”“半强式”“强式”三个层次；有为政府按国家对民生经济、产业经济和城市经济配套政策措施的有无，分为“弱式”“半强式”“强式”三个层面：这两者的有机结合形成“有为政府+有效市场”的九种模式。其中，“强式有为政府+强式有效市场”是成熟市场经济的目标模式。中国的市场经济模式仍有需要提升之处，而美国的市场经济模式也还不是成熟的市场经济。第四，该书提出了政府超前引领的观点。政府超前引领的前提是依靠市场规则和市场机制；政府超前引领的原则是市场决定资源配置，同时政府对产业经济发挥导向、调节、预警作用，对城市经济发挥调配、参与、维序作用，对民生经济发挥保障、托底、提升作用；政府超前引领的手段是运用规划、投资、消费、价格、税收、利率、汇率、法律等政策，开展理念、制度、组织、技术创新；政府超前引领的目的是推动供给侧或需求侧结构性改革，形成经济增长的领先优势和科学、可持续的发展路径。这确保了企业做企业该做的事，政府做企业做不了和做不好的事，两者都不空位、虚位。第五，该书探讨了政府竞争创新，指出政府处于九方面的竞争中，包括项目竞争、产业链配套竞争、人才科技竞争、财政金融竞争、基础设施竞争、进出口竞争、环境体系竞争、政策体系竞争和管理效率竞争。竞争中的政府需要不断创新，其中，理念创新在一国要素驱动阶段对资源配置有实质推动作用，组织管理创新在一国投资驱动阶段对资源配置具有乘数效应，制度与技术创新在一国创新驱动阶段对资源配置具有关键制胜作用，全方位、全过程、全要素的不断创新在一国发展的各阶段均能促进资源配置科学、可持续发展。

现实意义：该书提出了有为政府与有效市场的概念，并对两者的辩证关系进行了创新性研究，具有以下现实意义：第一，该书指出城市是全球竞争的主要参与者，是衡量主要国家创新的标尺，也是解读市场与政府之间互动的窗口。作者以佛山的发展作为例子，指出京津冀、珠江三角洲和长江三角洲是中国三大经济增长极，其全面推行城乡规划，促进基础设施建设，规划产业布局等举措都取得了显著成效，城市化已成为一个新的经济增长动力，进而逐步促进了工业经济的转型升级。第二，该书指出在现代市场体系的有为政府+有效市场下，经济的增长引擎已经发生了改变，从以往的以需求为主导的贸易引擎转化为以供应为主导的结构性引擎，供给侧新的结构性引擎包括投资引擎、创新引擎和监管引擎，它们结合了有形和无形因素，将对全球经济治理和发展产生重要影响。第三，作者创建了中观经济学体系与现代市场理论，跳出了亚当·斯密的产业经济领域或微观经济学范畴，又与凯恩斯主义政府干预理论的本质、研究重点、政府行为和运行模式等完全相异，致力于探索市场经济理论和经济学体系的颠覆性创新。

该书提出的理论模型十分详细，对理论模型提出的证据以及后续的分析也十分细致，在未来的研究中可以基于该书的理论模型，收集数据进行实证分析，以得到更具有说服力的结论。

2. 刘凤良，等. 全球技术进步放缓下中国经济新动能：从政府主导的模仿赶超到市场激励相容的创新引领［M］. 北京：中国社会科学出版社，2018（8）.

研究背景：世界经济在深度调整中曲折复苏，上一轮科技进步和产业革命提供的经济动能面临消退，新一轮经济增长的动能尚在孕育之中。在新旧动能转换的关键时期，中国经济能否实现持续稳定增长、跨越“中等收入陷阱”，是我们当前面临的重要节点。为此，我们需要挖掘有潜力的增长源泉，构建中国经济的新动能，以实现两个一百年的长远目标。传统动能消失之后，就需要寻找替代动能。在世界技术进步放缓的背景下，挖掘旧动能，构建新动能，以技术前沿创新代替技术模仿，将是我国实现长期持续增长的关键。

内容提要：2011 年以来，中国经济面临的下行压力主要是长期潜在增长率下滑，其中主要原因是技术模仿空间缩小和第一次系统性改革的红利逐渐减弱。中国未来可以着力于实现下面几项新旧动能的转换：（1）以技术前沿创新代替技术模仿；（2）以人口质量红利代替人口数量红利；（3）以技术创新导向的民间资本设备投资取代政府主导的基础设施投资；（4）以质量提升为导向的农业现代化和深度工业化代替原来数量扩张为导向的农业产业化和工业化；（5）以攀升国际价值链的新型开放和提升国内居民消费水平取代外需的数量扩张；（6）以城市群一体化为代表的深度城市化代替简单数量增加的城市化；（7）以新一轮结构性改革红利提升原有改革红利。实现这 7 大动能转换，技术创新是先导，改革是手段，最为根本的是构建与新动能激励相容的体制机制，激励市场主体和政府行为与新动能相一致。

基本结构：全书有四章和一个附录。第一章介绍了中国经济增长中的动能转换和维持持续增长的国际经验。第二章介绍了中国经济新动能构件中可能的方向，分别从世界技术增速放缓背景下中国在 ICT（信息和通信）领域的前沿创新、质量红利为特征的第二次人口红利、技术创新导向的民间资本设备投资取代政府主导的基础设施建设投资、借助 ICT 技术和应用提升质量导向的农业现代化和深度工业化、新型开放和提升国内居民消费、以城市群一体化为代表的深度城市化六个方面进行探讨。第三章表明新动能的载体可能产生的影响，并从 ICT 前沿技术对经济的影响、ICT 技术应用：互联网+和以城市群建设为核心的区域协同发展来进行详解。第四章解释了新动能构建的政策基础，其中包括构建与创新引领激励相容的供给侧结构性改革和长短期平衡中的短期政策建议。附录为“新动能指数”的指标、样本选取、计算方法及结果分析。

主要贡献：作者探讨了改革开放以来 1979—2015 年潜在增长率发生变化的原因，并结合美日韩等国家跨越中等收入陷阱的国际经验，分析下一阶段推动经济发展的新动能从何而来。该书将时间区间分为六个阶段，给出了每个阶段中国的全要素增长率及其成因并结合国际经验指出跨越中等收入陷阱，一方面要正确认识到经济增长放缓的必然性，另一方面要转变增长模式，寻找新动能支撑的持续增长。同时，作者从微观视角对新动能的一些载体进行了具体说明和测算，构建了一个完整的新动能指标体系，计算我国各省份当前一段时期内的新动能指数，从而为预测各省份未来基于新动能的发展提供基础。在实证方面，该书通过对全国11个城市群进行分析，发现珠三角城市群、京津冀城市群、哈长城市群和关中城市群的一体化程度提升对GDP有较大的影响，长三角城市群的外溢性最大，而长三角城市群和京津冀城市群在区域新增长方面具有较高的潜力。作者还在供给侧结构性改革和长短期平衡中的短期政策方面提出了政策建议：首先，在短期内需要维持较为宽松的流动性，不急于降杠杆。其次，财政政策还需要维持较为宽松的态势，但是在支出投向上需要更多以改革为目标，逐步实现财政支出结构的调整。最后，为了维持国内稳定的宏观环境，需要对资本流动进行密切关注，以防范国际风险。

现实意义：该书分析了中国2011年以来经济面临下行压力的原因，并结合中国国情提出了新旧动能转换是产生新动力的关键，具有以下现实意义：第一，作者从技术、人口、技术创新、农业现代化的质量提升、国际价值链、城市群一体化和结构性改革七个方面指出了中国经济新动能构建可能的方向，并站在国际视野上给出了证据，为我国寻找经济发展的新动能提供了重要参考。第二，该书抓住了中国在信息技术领域的优势，分析了信息技术领域下中国相关行业的发展现状且对未来发展趋势做了预测，便于我们总结优势产业经验，并运用于其他产业的发展上。第三，该书在供给侧结构性改革和长短期平衡中的短期政策方面提出了切实可行的政策建议。

该书仍然存在一些研究的盲点，未来的研究也可以在此基础上展开。第一，虽然该书进行了大量具有数据支持的理论推导，但其对数据的应用大多停留在描述性统计上，并未进行进一步的分析。因此在未来的研究中可以对这些数据和构建的指标使用计量方法进行实证分析，来验证理论推导的准确性。第二，该书对中国较为发达的ICT行业进行了详细说明和举例，分析了其在中国未来的发展中如何扮演一个新动能的角色并发挥其作用，在未来的研究中可以分析非发达行业在中国经济发展放缓的背景下，如何有效利用政府和市场的作用迅速赶超发展并提供动能。第三，该书在对地区进行分析时选择的是中国11个城市群，在未来的研究中可以拓宽概念和细化概念，分析地区或者单个省份甚至单个城市，为新动能的发展潜力提供地区建议。

3. 薛菁，等．中小企业融资服务有效性：政府与市场作用辨析［M］．北京：经济科学出版社，2018.

研究背景：中小企业在一国经济发展中占重要地位。在经济新常态下，中小企业的发展深刻影响着我国经济，是推进我国供给侧结构性改革的重要力量。20世纪90年代以来在我国政府的推动下逐步形成了各级政府为主导、金融机构、民间信贷等市场主体积极配合，共同为中小企业融资服务的支持体系。但是，我国中小企业特别是小微企业融资困境并没有得到显著改善，究其原因，除广为认可的体制、经济、法律等原因外，还有一个因素常被忽略，即政府和市场在中小企业融资服务市场中的职能分工问题。因此，我国政府和市场在中小企业融资服务体系中的职能分工是一个复杂的课题，与其相关的研究不仅具有学术价值，而且随着普惠制金融概念的提出和被认可、供给侧结构性改革的深化、中小企业促进法的修订，政府和市场在中小企业融资服务体系中关系的研究越发具有现实必要性和实践价值。

内容提要：政府与市场的关系既是理论问题，又是实践问题。将政府与市场关系的理论研究成果与中小企业融资服务实践相结合，不仅是对政府与市场辩证关系的再检验，而且丰富了中小企业融资难问题的研究视角，对中小企业融资服务的创新和中小企业融资服务体系的有效实施具有实践价值。为此，该书以“提高中小企业融资服务效率，缓解中小企业融资困境”为视角，从以下七个部分探析中小企业融资服务体系中政府、市场作用有效性的问题：(1) 中小企业融资的市场失灵与融资服务中的政府失灵；(2) 中小企业融资服务体系中政府与市场作用有效性理论边界；(3) 政策性银行、商业银行、民间信贷在中小企业融资服务体系中作用有效性分析；(4) 中小企业融资信用担保模式适用性分析；(5) 政府背景和非政府背景风投资本的中小企业融资服务效率比较；(6) 新金融生态下多元化融资渠道缓解小微企业融资困境有效性探析；(7) 中小企业融资服务体系中政府与市场作用有效发挥的环境保障。

基本结构：全书有八章和四个附录。第一章介绍了中小企业融资中市场失灵与融资服务中的政府失灵，并分析了其失灵的原因。第二章主要探析了中小企业融资服务体系中政府与市场作用有效性的理论边界，以及其边界动态调整的影响因素和政府职能变化的逻辑。第三章实证分析了政策性银行、商业银行和民间信贷在中小企业融资服务体系中的有效性。第四章实证分析了中小企业融资信用担保模式的适用性。第五章用实证分析比较了政府背景和非政府背景风投资本的中小企业融资服务的效率。第六章实证分析了新金融生态下多元化融资渠道缓解小微企业融资困难的有效性。第七章从财政政策环境、金融政策环境、信用环境、技术环境和公共服务环境五个方面介绍了中小企业融资服务体系中政府和市场作用有效发挥的环境保障。第八章为结语，给出了该书的主要研究结论和不足之处以及未来的研究方向。附录为融资现状调查问卷、融资业务开展情况调查问卷、融资服务效率 DEA 计算结果汇总和融资服务效率分析相关的数据资料。

主要贡献：该书以缓解中小企业融资困难的有效性为衡量标准，探究政府和市场在中小企业融资服务体系中的作用边界和职能分工，其主要贡献体现在以下七个方面。第一，该书指出中小企业融资服务中存在的市场失灵和政府失灵要求界定政府与市场在融资服务体系中的作用有效性边界。中小企业融资难是中小企业融资领域市场失灵的产物，在信贷市场上表现为因银企间信息不对称造成中小企业外源债务资金融资困难，资本市场表现为中小企业未来收入不确定和资本市场高门槛造成中小企业外源权益资金融资困难。不管何种性质的融资困难，其产生的主要原因是资金供需双方的信息不对称。第二，该书指出了政府和市场在中小企业融资服务体系中的作用有效性边界具有动态特征。第三，该书指出提高政策性银行贷款、商业性银行贷款、民间信贷三种信贷资金为中小企业融资服务效率的关键在于合理界定其在中小企业融资服务体系中的服务功能和服务区间。第四，该书指出不同模式的融资担保机构为中小企业融资服务效率的地区差异是界定担保机构为中小企业融资服务最适区间的主要依据。第五，该书提出处理好政府背景和非政府背景风投资本在中小企业融资服务体系中的关系及从政策上引导非政府背景风投资本投资方向是提高融资服务效率的关键。第六，该书指出新兴融资渠道的小微企业信贷业务与大银行在贷款数量上存在替代关系，在贷款对象上形成互补关系，但对小微企业融资需求满足度影响不显著。第七，该书认为政府与市场在中小企业融资服务体系中职能边界的合理界定和作用的有效发挥需要外部环境的支持。

现实意义：该书将理论与实证相结合，不仅全局性地研究了新金融生态下小微企业融资渠道中政府与市场的有效性，还对我国当前支持中小企业融资的主要举措进行了研究，其现实意义在于：第一，该书在已有的理论基础上进一步探析多元化中小企业融资服务主体中政府、市场作用有效性问题，为中小企业融资服务创新和中小企业融资支持体系有效实施提供了一个新的研究视角。政府与市场的关系既是理论问题，又是实践问题。在中小企业融资服务体系中，只有正确认识和恰当界定政府与市场作用有效性边界，才能找准政策着力点，实现政府与市场、社会的充分互动，产生最优的服务效果。第二，该书使用大量实证分析研究了政策性银行、商业银行和民间信贷在中小企业融资服务体系中的有效性、中小企业融资信用担保模式的适用性、政府背景和非政府背景风投资本的中小企业融资服务的效率以及新金融生态下多元化融资渠道缓解小微企业融资困难的有效性，用数据对理论进行验证，具有说服力。第三，该书指出无论是政府还是市场在中小企业融资服务体系中的努力都无法改变中小企业的融资困境，需要建立一套征信制度来改善中小企业面临的信用环境。而互联网的高普及率为普惠金融发展提供了机会，也为金融机构为小微企业提供融资服务奠定了技术环境基础，由此出现的手机银行、互联网金融、众筹平台等新兴融资模式为中小企业缓解融资困难提供了新的途径。为此提醒我们需要加快信息技术与中小企业融资市场的融合，鼓励建设互联网金融平台，建设数据交易市场，改变政府和市场在中小企业融资服务中的职能分工。

该书的研究仍然可以进一步改进，未来的研究也可以在此基础上展开。第一，虽然该书使用了大量实证的方法对理论进行了验证，但其使用的数据是对中小微企业和中小企业融资担保机构的一次性调查问卷，其准确性比较容易受到回答者的个人偏好、对相关概念的理解偏差的影响。因此在未来的研究中可以对这些样本机构进行连续几年的跟踪调查，获得动态数据资料进行相关研究分析，会大大减少一次性随机问卷调查的缺陷。第二，该书的实证研究虽然较为丰富，但是大多使用一种方法进行实证分析，缺少将不同方法得出的不同结果进行比较以验证结论的稳定性。因此在未来的研究中随着数据资料的丰富，应该运用其他的计量工具和变量指标进行实证分析，并与现有的结论相互补充，从而更加全面、确切地评价我国融资服务体系中政府和市场两股力量为中小企业融资服务的状况。

第四节　学术会议

1. 中国制度经济学论坛（2019）

会议主题：多维经济制度与发展、制度与秩序、实践中的制度改革和区域、城乡发展的制度框架

主办单位：山东大学经济研究院
北京大学国家发展研究院
浙江大学经济学院
《经济研究》杂志社

承办单位：中山大学岭南（大学）学院

会议时间：2019年11月23—24日

会议地点：广州，中山大学

会议概述：中国制度经济学论坛由山东大学经济研究院、北京大学国家发展研究院、浙江大学经济学院和《经济研究》编辑部联合发起，目的是为中国制度经济学的研究者打造交流平台，推动制度经济学理论与应用研究在中国的发展，探索制度经济学未来的发展方向，进一步提升中国制度经济学研究的国际化水平，构建中国特色、中国风格、中国话语体系的经济学研究。中山大学副校长郃忠智，《经济研究》常务副主编刘霞辉教授，中国制度经济学论坛理事长、山东大学经济研究院院长黄少安教授分别在开幕式上致辞。来自北京大学、清华大学、山东大学、中国人民大学、复旦大学、浙江大学、中山大学、香港中文大学以及中国社会科学院等海内外知名高校和科研机构的100多位专家学者参加论坛。论坛主题报告分四个阶段，分别以“多维经济制度与发展”“制度与秩序”“实践中的制度改革”和“区域、城乡发展的制度框架”为主旨话题展开讨论。本次论坛围绕“经济增长与转型”“制度与宏观金融”“制度与微观金融”“农村与农业经济”“制度与劳动经济学”“公共治理与公司治理”“科技进步、创新与创业”“制度与产权理论”“制度与环境经济学”“制度与国际经济学”等专题设置了9个分论坛，收到72篇论文。分论坛上最后推选出的10篇优秀论文作者在“中青年优秀论文专场报告会”上进行了现场汇报。

与会专家学者围绕政府制度、政策和市场、经济的关系先后作了精彩纷呈的学术报告。清华大学龙登高教授作了题为《士绅，还是组织与制度？传统中国基层公共品的供给》的报告，认为法人、组织和制度而非士绅个体本身推动了传统中国基层公共品的提供。浙江大学潘士远教授作了题为《放松管制、垂直结构与中国经济增长》的报告，建立了包含两个垂直结构部门的增长模型，通过定量分析发现放松管制促进了竞争和更高的生产率。中山大学王曦教授作了题为《影子银行规制与货币政策有效性》的报告，基于数理模型研究影子银行对货币政策有效性的影响。复旦大学王永钦教授作了题为《制度、金融与发展：一个新框架》的报告，提出产权和金融改革是高质量发展的关键。中央财经大学陈斌开教授作了题为《国际政治经济形势与供给侧结构性改革》的报告，指出在反全球化浪潮下，供给侧结构性改革的着力点应注重产品市场和要素市场的改革，同时促进地方政府职能的转变。中山大学徐现祥教授作了题为《商事制度改革的决定因素》的报告，运用文本分析的方法度量商事制度改革，发现初始经济环境的恶化会显著增加商事制度改革实施的概率。山东大学黄少安教授报告的题目是《南北城市功能差异与南北经济差距》，针对南北方经济增长极带动能力不同的现象，指出其背后原因在于南方大城市的市场机制更健全，而北方大城市建设更依赖政府力量。

2. 第十九届中国青年经济学者论坛

主办单位：中国社会科学院经济研究所《经济研究》编辑部
北京大学光华管理学院
武汉大学经济与管理学院/高级研究中心

承办单位：武汉大学经济与管理学院

会议时间：2019年9月20—22日

会议地点：武汉，武汉大学

会议概述：随着全面建成小康社会的三大攻坚战的展开和供给侧结构性改革的持续推进，我国经济正向高质量发展稳步迈进。为了在实现中华民族伟大复兴这一伟大历程中贡献中国青年经济学者的智慧，第十九届中国青年经济学者论坛在武汉大学顺利举行。中国青年经济学者论坛旨在推动全国青年经济学者针对中国经济问题积极开展研究，加强青年学者之间的交流，培养中国经济研究的后备力量，并努力为中国经济发展和改革实践服务。中国青年经济学者论坛依托于《经济研究》杂志，《经济研究》始终坚持中国特色社会主义政治经济学的重大原则，坚持学术性、时代性、创新性和前沿性等特点。论坛在武汉大学经济与管理学院开设了“政治经济学”“宏观金融与政策”“土地制度与经济增长”“劳动经济学”“税收政策与制度”“环境经济学”等37个分论坛。来自全国数十所高校及科研机构的200余名专家齐聚一堂，运用中国特色社会主义经济学的基本理论和方法，立足我国经济发展进入新常态的重大判断，考虑世界政治经济格局的深度调整，就打好防范化解重大风险、精准脱贫、污染防治的三大攻坚战，继续深化供给侧结构性改革，激发各类市场主体活力，通过激发消费潜力和关键核心技术创新转变经济增长方式等亟待解决的重大理论和现实问题展开深入研究讨论，为新时代中国特色社会主义经济学的发展与繁荣做出贡献。

武汉大学党委副书记赵雪梅研究员，中国社会科学院经济研究所所长、《经济研究》主编黄群慧研究员，论坛学术理事会副理事长、《经济研究》常务副主编刘霞辉研究员，《经济研究》杂志社社长张永山副研究员，北京大学社会科学部部长龚六堂教授，嘉实基金管理有限公司赵学军董事长，武汉大学经济与管理学院党委书记杜晓成老师，武汉大学经济与管理学院院长宋敏教授，以及中国青年经济学者论坛主旨演讲嘉宾、理事会单位代表和其他参会代表等200余人出席了论坛。

在论坛上，学者们讨论了政府、土地以及房产市场和中国宏观经济的关系。北京大学社会科学部部长龚六堂教授主旨演讲的主题为“竞争锦标赛、土地财政与中国经济波动”。龚六堂教授指出，对中国土地和房产市场数据的研究表明，抵押渠道效应这个宏观经济波动的经典加速器并不明显，应该从地方政府竞争锦标赛和土地财政的角度解释中国经济波动。龚六堂教授在研究中构建了一个包含中央政府和地方政府的两地区DSGE模型，引入了地方政府之间的竞争锦标赛来研究其对经济周期的影响，研究发现：多级政府下地方政府之间的竞争锦标赛能放大并传导住房需求冲击，成为驱动中国经济波动的重要机制；加入政府间税收返还制度后，地方政府之间竞争进一步加强，房产偏好冲击的放大效果也会随之增强。

3. 中国特色社会主义政治经济学论坛第二十一届年会

会议主题：中华人民共和国成立70年：回顾和展望

主办单位：中国社会科学院经济研究所

协办单位：中国《资本论》研究会

承办单位：湖南师范大学商学院
《经济学动态》编辑部

会议时间：2019年11月30日至12月1日

会议地点：长沙，湖南师范大学

会议概述：中国特色社会主义政治经济学论坛第二十一届年会开幕式由中国社会科学院经济研究所王振中研究员主持，经济研究所副所长胡乐明、湖南师范大学副校长欧阳峣致辞。来自中国社会科学院、清华大学、中国人民大学、复旦大学、南开大学、武汉大学、南京大学、四川大学、吉林大学、西北大学、湖南师范大学等50多所高等院校和科研单位的150多位专家学者出席了年会。系统总结中华人民共和国成立70年建设和改革的基本轨迹、基本经验和基本规律，对于新时代下坚持和发展中国特色社会主义具有重要意义。中华人民共和国成立70年的建设和改革，都离不开处理政府和市场的关系来促进经济的发展。西北大学任保平教授提出了中华人民共和国成立70年经济发展的八个转型方向，即现代工业化国家、市场经济体制、集约型发展、多元经济结构、人与自然和谐共生、民富优先、质量效益战略、开放发展。武汉大学简新华教授指出，中华人民共和国成立70年经济发展成就取得的根本原因在于坚持和改善党的领导、坚持和创新发展马克思主义、建立和完善社会主义制度。湖南师范大学欧阳教授提出“多极雁行格局”逻辑范式，认为产业链向价值链转换是新兴市场国家跨越中等收入陷阱的必要条件，创新驱动是新兴市场国家实现产业链向价值链转换的必由之路。中国社会科学院的武鹏副研究员通过对转型国家经济增长来源的核算和收敛机制的实证分析，对中国经济增长奇迹给予了解释。中国社会科学院陈健副研究员指出，社会主义建设中大国的优势在于更有条件利用超大规模经济，更容易形成超大规模市场，可以集中力量办大事。

基于不同视角，学者对政治、政府和未来经济发展进行了分析。中国社会科学院王振中研究员在政治经济学视野下探讨了马克思主义治国理政思想，提出应当以无产阶级国家崭新的民主组织形式来取代资产阶级议会制度，防止国家和国家机关由社会公仆变为社会主人。基于发展转型视角，南京大学沈坤荣教授剖析了全球视野下中国经济发展及其面临的形势与矛盾，提出通过城市群建设实现区域经济高质量发展的理论构想，预测了中国未来投资方向和企业发展前景。基于发展阶段视角，南京工程学院王仕军教授认为，新时代和高质量发展阶段的中国，需要统筹处理好经济发展过程中机遇与风险的互动关系。基于发展机制视角，扬州大学时磊副教授分析了中华人民共和国成立70年来“政府—市场”之间的关系，认为“新一轮科技革命”提高了政府治理效率。基于发展结构视角，清华大学李帮喜副教授分析了经济增长对宏观经济中生产结构、技术结构、分配结构、国内需求结构的要求。基于发展战略视角，上海行政学院郝身永副教授论述了中华人民共和国成立70年来的工业化赶超战略及工业化道路的共性与个性。基于微观制度视角，中国社会科学院张弛认为中华人民共和国成立70年来党组织在国有企业中的地位、组织形式及作用机制不断发展完善，已经形成了以党组织参与公司治理为核心特征的中国特色现代国有企业制度。基于宏观制度视角，中国人民大学翟丽芳提出了中华人民共和国成立70年来公有制经济演变的三个时期，即探索时期，建设时期、新时代时期。

4. 中国社会学会年会“经济社会学论坛”

会议主题：经济社会学视野下的变革与发展

主办单位：中国社会学会经济社会学专业委员会

承办单位：中央财经大学社会与心理学院

上海师范大学哲学与法政学院

会议时间：2019 年 7 月 13—14 日

会议地点：昆明，云南大学

会议概述：2019 年 7 月 13—14 日，以“回溯与前瞻：社会学与中国社会变迁”为主题的 2019 中国社会学会年会在云南大学召开，来自北京大学、清华大学、中国社会科学院、中国人民大学、复旦大学、南京大学、中山大学、武汉大学、厦门大学等高校与科研机构的近 2000 名专家学者齐聚一堂，涵盖了当今中国社会学界的主要研究力量。年会的 73 个分论坛围绕中国社会变迁、中国人口问题、中国现代社会转型等重要问题展开深入研讨。与会专家学者们为中国更好地开展社会治理与社会建设提供了丰富多样又切实可行的研究方案，活跃的学术氛围折射出中国社会学蓬勃发展的势头。年会的“经济社会学”分论坛由中国社会学会经济社会学专业委员会主办，中央财经大学社会与心理学院、上海师范大学哲学与法政学院联合承办。论坛以“经济社会学视野下的变革与发展”为主题，深入研讨中华人民共和国成立 70 年经济社会变迁的经验和面向未来新时代的经济社会学研究议题。来自国内外 30 多所高校和科研院所的 60 多位专家学者、研究生和本科生参加了分论坛。经济社会学论坛共收到 42 篇高质量论文，会上报告 28 篇论文，设置企业与市场、金融与资本、治理与发展、网络与信息、创新与创业、社会保障与民生、改革与变迁等 7 个研讨单元。

在企业与市场单元，专家学者们讨论了政商关系和企业收购中的政治逻辑。清华大学柳建坤博士报告的论文利用第十三次全国私营企业抽样调查数据，从资源依赖视角展示了非公党建工作促进企业绩效的制度逻辑，凸显围绕党组织构建新型政商关系的意义。上海财经大学刘长喜副教授利用宝能并购万科股权事件的资料，分享《从市场主导到政治主导——宝能并购万科之争的行动逻辑转变》一文，从行动者行动逻辑的转变解释收购行动的失败，即市场场域内市场逻辑转变为政治逻辑，导致宝能系的收购行动失败。在治理与发展单元，学者们讨论了政府机制和土地市场、房产市场等的关系。华南理工大学管兵教授以珠三角农村土地产权的变化为线索，讨论了土地归属的政治嵌入机制与社会嵌入机制，指出农村集体产权长期处在“脱嵌”与嵌入的双向摆动之中。上海财经大学吴淑凤老师从财政社会学角度分析地方治理小产权房的行动逻辑，即一种基于国家能力、集体行动和分配正义的“财政-社会契约”的理性社会建构过程。上海财经大学孙哲老师通过对上海长租公寓市场的研究，发现政府在建构市场过程中具有高度选择性，住房租赁市场成为更加精细化的治理工具。在网络与信息单元，学者们讨论了政府制度和网络市场的关系。华中师范大学李敏博士关注了网约车新型模式向巡游车传统模式的回归，指出其制度原因是政府基于稳定市场和社会秩序的逻辑参与市场治理从而塑造市场。河海大学邵占鹏老师借鉴马克思主义社会学理论，选取网络零售平台经济和农村网商为经验对象，分析利益分享和资本逐利之间的矛盾，进一步揭示平台经济的生产资料所有制。在“改革与变迁”单元，学者们讨论了政府在改革市场中的作用。北京大学王勇研究员以长期在新疆的实地观察为基础，讨论了“寺家网络”对企业经营模式及其发展变迁的影响。兰州大学冯国强老师利用数理模型和矿产资源开发案例，揭示了当代中国市场控制权的分配逻辑与变迁过程，并指出自上而下的激励与自下而上的治理同时发挥着作用。北京大学博士后昝馨对中国 1978—1992 年的公立医院改革做了梳理，指出国有企业“放权让利”及双轨制思路在公办医院改革中得到应用，却未取得理想的效果。华中师范大学硕士研究生韩继翔通过对已有政商关系研究的综述，提出经济制度的完善以及传统伦理规范的约束导致政商关系表现为一种“差序关系”。

5. 中国组织经济学研讨会

主办单位：中国组织经济学研讨会组委会

协办单位：《管理世界》编辑部

《经济理论与经济管理》编辑部

《世界经济》编辑部

《中国工业经济》编辑部

Economic and Political Studies 编辑部

中国人民大学企业与组织研究中心

承办单位：华南师范大学经济与管理学院

会议时间：2019 年 11 月 10 日

会议地点：广州，华南师范大学

会议概述：组织经济学（organizational economics）是以博弈论和契约理论等经济学方法来理解各种组织的本质、边界、行为、绩效、最优设计及其变迁的一门科学。20 世纪 70 年代以来，组织行为一直是经济学研究的前沿领域和管理学的热门话题。为了推进组织经济学在中国的科研教学水平并为中国改革实践建言献策，一群中国青年经济学者依托中国人民大学企业与组织研究中心（CFOS）于 2012 年创办了“中国组织经济学研讨会”（China Conference on Organizational Economics，CCOE）。2019 年 11 月 10 日，第七届中国组织经济学研讨会在华南师范大学经济与管理学院顺利举行。本届研讨会邀请了来自北京大学、清华大学、中国人民大学、复旦大学、厦门大学、中南财经政法大学、山东大学等国内著名高校的 44 位专家学者参加，围绕国家治理、制度变迁、社会资本及其影响、外部环境与创新、博弈论与实验经济学、企业与微观理论等主题展开深入的研讨。本次研讨会既涉及深入的理论模型分析，又涵盖了重要问题的细致实证研究，为与会代表提供了一场高水平的学术交流和研讨会。

研讨会主要从三个主题方向探讨了有关政治、政府和市场、经济的关系。主要有：（1）在国家治理主题下，探讨了中国政企关系的发展。中国人民大学聂辉华分享了《从政企合谋到政企合作——一个初步的动态政企关系分析框架》一文，指出政企关系的动态转变趋势。南京审计大学的丁加齐也讨论了政绩理性、政企合谋与企业质控关系的相关问题。中国人民大学杨其静探讨了土地用途、市场化改革与地方政府反应，分析了市场化改革过程中的地方政府反应的作用。（2）在制度变迁主题下，专家学者们讨论了制度变迁给中国经济带来的影响。对外经济贸易大学的毛捷从农村税费改革的证据出发，探讨了财政压力和土地财政的制度变迁对中国经济发展的作用。南开大学王永进研究了贸易开放、下游竞争与中国制造业市场分割，并讨论了中国的“以开放促改革”战略在此过程中扮演的角色。（3）在外部环境与创新的主题下，学者们基于行业层面的视角讨论了人工智能对经济增长的影响，基于资源配置的视角实证分析了僵尸企业如何迟滞了中国的产业升级等问题。

除了上述五个大型会议以外，还有许多经济学界的大型会议设有分论坛来探讨政治、政府、市场与经济发展的相关问题。例如，由来自中国社会科学院、北京大学、哈佛大学、多伦多大学、上海财经大学等国内外高校和科研机构的青年学者发起的香樟经济学论坛（CEC）。2018年第五届香樟经济学论坛下设的“发展经济学”“税收经济”议题以及《中国工业经济》应用经济学中青年学者论坛下设的“金融与公共经济管理”“经济发展”主题都与该领域十分相关。中国经济学年会同样也下设“发展经济学”“政治经济学”专题。政府经济学年会以及“新政治经济学十人谈”研讨会等一系列的会议都对该领域的问题进行了探讨。

◎ 参考文献

[1] 罗鸣令，范子英，陈晨．区域性税收优惠政策的再分配效应——来自西部大开发的证据［J］．中国工业经济，2019（2）：61-79.

[2] 刘安国，卢晨曦，杨开忠．经济一体化、集聚租和区际税收政策协调［J］．经济研究，2019，54（10）：167-182.

[3] 石绍宾，尹振东，汤玉刚．财政分权、融资约束与税收政策周期性［J］．经济研究，2019，54（9）：90-105.

[4] 林智平，徐迪．税制营改增下资金约束供应链的融资均衡［J］．管理科学学报，2018，21（10）：14-31.

[5] 刘柏惠，寇恩惠，杨龙见．增值税多档税率、资源误置与全要素生产率损失［J］．经济研究，2019，54（5）：113-128.

[6] 李彦龙．税收优惠政策与高技术产业创新效率［J］．数量经济技术经济研究，2018，35（1）：60-76.

[7] 马双，吴夕，卢斌．政府减税、企业税负与企业活力研究——来自增值税转型改革的证据［J］．经济学（季刊），2019，18（2）：483-504.

[8] 范子英，王倩．财政补贴的低效率之谜：税收超收的视角［J］．中国工业经济，2019（12）：23-41.

[9] 李明，李德刚，冯强．中国减税的经济效应评估——基于所得税分享改革“准自然试验”［J］．经济研究，2018，53（7）：121-135.

[10] 程瑶，闫慧慧．税收优惠对企业研发投入的政策效应研究［J］．数量经济技术经济研究，2018，35（2）：116-130.

[11] 郭杰，王宇澄，曾博涵．国家产业政策、地方政府行为与实际税率——理论分析和经验证据［J］．金融研究，2019（4）：56-74.

[12] 赵婷，陈钊．比较优势与中央、地方的产业政策［J］．世界经济，2019，42（10）：98-119.

[13] 钱学锋，张洁，毛海涛．垂直结构、资源误置与产业政策［J］．经济研究，2019，54（2）：54-67.

[14] 陈冬华，姚振晔．政府行为必然会提高股价同步性吗？——基于我国产业政策的实证研究［J］．经济研究，2018，53（12）：112-128.

[15] 侯方宇，杨瑞龙．新型政商关系、产业政策与投资“潮涌现象”治理［J］．中国工

业经济，2018（5）：62-79.
[16] 吴茵茵，徐冲，陈建东．不完全竞争市场中差异化环保税影响效应研究［J］．中国工业经济，2019（5）：43-60.
[17] 范庆泉，张同斌．中国经济增长路径上的环境规制政策与污染治理机制研究［J］．世界经济，2018，41（8）：171-192.
[18] Baolong Yuan，Qiulian Xiang. Environmental regulation，industrial innovation and green development of Chinese manufacturing：Based on an extended CDM model［J］. Journal of Cleaner Production，2018，176.
[19] 陈诗一，陈登科．雾霾污染、政府治理与经济高质量发展［J］．经济研究，2018，53（2）：20-34.
[20] 翟柱玉，王立勇，唐升．政府 R&D 资助稳定性与资助效果研究：基于综合科技进步的视角［J］．宏观经济研究，2019（8）：104-114.
[21] 郭玥．政府创新补助的信号传递机制与企业创新［J］．中国工业经济，2018（9）：98-116.
[22] 张嘉望，彭晖，李博阳．地方政府行为、融资约束与企业研发投入［J］．财贸经济，2019，40（7）：20-35.
[23] 李杰，王兴棠，李捷瑜．研发补贴政策、中间品贸易自由化与企业研发投入［J］．世界经济，2018，41（8）：129-148.
[24] 陈红，张玉，刘东霞．政府补助、税收优惠与企业创新绩效——不同生命周期阶段的实证研究［J］．南开管理评论，2019，22（3）：187-200.
[25] 郑江淮，张玉昌．政府研发资助促进企业创新的有效性：激励效应异质性假说与检验［J］．经济理论与经济管理，2019（12）：17-34.
[26] 周燕，潘遥．财政补贴与税收减免——交易费用视角下的新能源汽车产业政策分析［J］．管理世界，2019，35（10）：133-149.
[27] 叶祥松，刘敬．异质性研发、政府支持与中国科技创新困境［J］．经济研究，2018，53（9）：116-132.
[28] 赵玉林，谷军健．政府补贴分配倾向与创新激励的结构性偏差——基于中国制造业上市公司匹配样本分析［J］．财政研究，2018（4）：61-74.
[29] 章元，程郁，佘国满．政府补贴能否促进高新技术企业的自主创新？——来自中关村的证据［J］．金融研究，2018（10）：123-140.
[30] 李政，杨思莹，路京京．政府补贴对制造企业全要素生产率的异质性影响［J］．经济管理，2019，41（3）：5-20.
[31] 胡春阳，余泳泽．政府补助与企业全要素生产率——对 U 形效应的理论解释及实证分析［J］．财政研究，2019（6）：72-85.
[32] 金晓雨．政府补贴、资源误置与制造业生产率［J］．财贸经济，2018，39（6）：43-57.
[33] 彭红星，王国顺．中国政府创新补贴的效应测度与分析［J］．数量经济技术经济研究，2018，35（1）：77-93.
[34] 卢洪友，邓谭琴，余锦亮．财政补贴能促进企业的“绿化”吗？——基于中国重污

染上市公司的研究［J］. 经济管理，2019，41（4）：5-22.
［35］Zhehao Huang，Gaoke Liao，Zhenghui Li. Loaning scale and government subsidy for promoting green innovation［J］. Technological Forecasting & Social Change，2019，144.
［36］刘相锋，王磊. 地方政府补贴能够有效激励企业提高环境治理效率吗［J］. 经济理论与经济管理，2019（6）：55-69.
［37］Huang，Y，Luk，P. Measuring economic policy uncertainty in China［R］. NBER working paper，2019（20038）.
［38］吕冰洋. 官员行为与财政行为［J］. 财政研究，2018（11）：23-27.
［39］陈德球，陈运森. 政策不确定性与上市公司盈余管理［J］. 经济研究，2018，53（6）：97-111.
［40］Zhong，W.，Lin，Y.，Gao，D. et al. Does politician turnover affect foreign subsidiary performance? Evidence in China［J］. Journal of International Business Studies，2019（50）：1184-1212.
［41］许志伟，王文甫. 经济政策不确定性对宏观经济的影响——基于实证与理论的动态分析［J］. 经济学（季刊），2019，18（1）：23-50.
［42］刘威，黄晓琪. 经济政策不确定性、地区文化与保险需求［J］. 金融研究，2019（9）：39-56.
［43］顾海峰，于家珺. 中国经济政策不确定性与银行风险承担［J］. 世界经济，2019，42（11）：148-171.
［44］雷立坤，余江，魏宇，赖晓东. 经济政策不确定性与我国股市波动率预测研究［J］. 管理科学学报，2018，21（6）：88-98.
［45］苏治，刘程程，位雪丽. 经济不确定性是否会弱化中国货币政策有效性［J］. 世界经济，2019，42（10）：49-72.
［46］李胜旗，毛其淋. 关税政策不确定性如何影响就业与工资［J］. 世界经济，2018，41（6）：28-52.
［47］亚琨，罗福凯，李启佳. 经济政策不确定性、金融资产配置与创新投资［J］. 财贸经济，2018，39（12）：95-110.
［48］才国伟，吴华强，徐信忠. 政策不确定性对公司投融资行为的影响研究［J］. 金融研究，2018（3）：89-104.
［49］纪洋，王旭，谭语嫣，黄益平. 经济政策不确定性、政府隐性担保与企业杠杆率分化［J］. 经济学（季刊），2018，17（2）：449-470.
［50］刘贯春，段玉柱，刘媛媛. 经济政策不确定性、资产可逆性与固定资产投资［J］. 经济研究，2019，54（8）：53-70.
［51］宋全云，李晓，钱龙. 经济政策不确定性与企业贷款成本［J］. 金融研究，2019（7）：57-75.
［52］宫汝凯，徐悦星，王大中. 经济政策不确定性与企业杠杆率［J］. 金融研究，2019（10）：59-78.
［53］彭俞超，韩珣，李建军. 经济政策不确定性与企业金融化［J］. 中国工业经济，2018（1）：137-155.

[54] 陈胜蓝，刘晓玲．经济政策不确定性与公司商业信用供给［J］．金融研究，2018（5）：172-190.
[55] 王朝阳，张雪兰，包慧娜．经济政策不确定性与企业资本结构动态调整及稳杠杆［J］．中国工业经济，2018（12）：134-151.
[56] 顾研，周强龙．政策不确定性、财务柔性价值与资本结构动态调整［J］．世界经济，2018，41（6）：102-126.
[57] 杨永聪，李正辉．经济政策不确定性驱动了中国 OFDI 的增长吗——基于动态面板数据的系统 GMM 估计［J］．国际贸易问题，2018（3）：138-148.
[58] 刘竹青，佟家栋．内外经济政策不确定对中国出口贸易及其发展边际的影响［J］．经济理论与经济管理，2018（7）：16-30.
[59] 席艳乐，汤恒运，魏夏蕾．经济政策不确定性波动对中国出口技术复杂度的影响——基于 CEPII-BACI 数据库的实证研究［J］．宏观经济研究，2019（5）：20-32.
[60] 周定根，杨晶晶，赖明勇．贸易政策不确定性、关税约束承诺与出口稳定性［J］．世界经济，2019，42（1）：51-75.
[61] Chunfang Cao, Xiaoyang Li, Guilin Liu. Political uncertainty and cross-border acquisitions［J］. Review of Finance, 2019, 23（2）: 439-470.
[62] 贾玉成，张诚．经济周期、经济政策不确定性与跨国并购：基于中国企业跨国并购的研究［J］．世界经济研究，2018（5）：65-79，136.
[63] 戴利研，李震．双边政治关系、制度质量与中国对外直接投资［J］．经济理论与经济管理，2018（11）：94-109.
[64] Zhang D, Lei L, Ji Q, et al. Economic policy uncertainty in the US and China and their impact on the global markets［J］. Economic Modelling, 2019, 79（JUN.）: 47-56.
[65] 王艺明，刘一鸣．慈善捐赠、政治关联与私营企业融资行为［J］．财政研究，2018（6）：54-69.
[66] 杨广亮．政企关系影响土地出让价格吗？［J］．经济学（季刊），2019，18（1）：193-212.
[67] Ruiyuan C, Sadok E G, Omrane. G, et al. State ownership and corporate cash holdings［J］. Journal of Financial & Quantitative Analysis, 2018: 1-42.
[68] 焦豪，杨季枫．政治策略、市场策略与企业成长价值——基于世界银行的企业调查数据［J］．经济管理，2019，41（2）：5-19.
[69] 郭海，王超，房唯佳．政治关联能持续改善企业绩效吗——企业发展阶段与行业环境的作用研究［J］．经济理论与经济管理，2019（12）：45-58.
[70] Hung, M., Kim, Y. & Li, S. Political connections and voluntary disclosure: Evidence from around the world［J］. Journal of International Business Studies, 2018（49）: 272-302.
[71] Li, W., Ng, J., Tsang, A. et al. Country-level institutions and management earnings forecasts［J］. Journal of International Business Studies, 2019（50）: 48-82.
[72] 赵奇伟，吴双．企业政治关联、不透明度与跨国并购绩效——基于投资者视角的微观证据［J］．国际贸易问题，2019（3）：26-40.

［73］郭玉清，毛捷．新中国70年地方政府债务治理：回顾与展望［J］．财贸经济，2019（9）：51-64.
［74］梁琪，郝毅．地方政府债务置换与宏观经济风险缓释研究［J］．经济研究，2019，54（4）：18-32.
［75］王德祥，黄杰．政府债务和经济增长：基于供给侧的比较分析［J］．宏观经济研究，2018（3）：5-15，24.
［76］Ru，H. Government credit，a double-edged sword：evidence from the china development Bank［J］. The Journal of Finance，2018（73）：275-316.
［77］张庆君，闵晓莹．财政分权、地方政府债务与企业杠杆：刺激还是抑制［J］．财政研究，2019（11）.
［78］李琛，赵军，李喜洲．财政分权、政府行为与对外直接投资：抑制还是促进［J］．财政研究，2019（5）：77-91.
［79］朱军，许志伟．财政分权、地区间竞争与中国经济波动［J］．经济研究，2018，53（1）：21-34.
［80］李政，杨思莹．财政分权、政府创新偏好与区域创新效率［J］．管理世界，2018，34（12）：29-42，110，193-194.
［81］汪锋，姚树洁，曲光俊．反腐促进经济可持续稳定增长的理论机制［J］．经济研究，2018，53（1）：65-80.
［82］王岭，周立宏，祁晓凤．反腐败、政治关联与技术创新——基于2010—2015年创业板企业数据的实证分析［J］．经济理论与经济管理，2019（12）：78-92.
［83］陆汉文，梁爱有，彭堂超．政府市场社会大扶贫格局［M］．长沙：湖南人民出版社，2018.
［84］周文，宁殿霞．中国特色社会主义政治经济学：渊源、发展契机与构建路径［J］．经济研究，2018，53（12）：20-33.
［85］付敏杰．国家能力视角下改革开放四十年财政制度改革逻辑之演进［J］．财政研究，2018（11）：33-45.
［86］陈云贤．中国特色社会主义市场经济：有为政府+有效市场［J］．经济研究，2019，54（1）：4-19.
［87］陈云贤．New Economic Engine：Effective Government and Efficient Market［M］．北京：外语教学与研究出版社，2019.
［88］颜廷峰，袁安妮，徐旭初．互联网金融、政府干预与经济增长质量——基于面板门限回归模型的实证检验［J］．财政研究，2019（9）：47-61.
［89］赵建国，白昌易，于晓宇．政府监管与P2P网贷平台发展［J］．经济管理，2019，41（11）：5-19.
［90］李俊生，姚东旻．重构政府与市场的关系——新市场财政学的“国家观”“政府观”及其理论渊源［J］．财政研究，2018（1）：20-32.

第十四章　新结构经济学研究

王　勇　朱　欢　文永恒　惠　利

(北京大学)

新结构经济学的研究起始于中国的转型和发展问题的研究，学者们在探索过程中逐渐发现新结构经济学是一场推动现代经济学的结构革命。现代主流经济学来自西方发达国家，其理论总结于发达国家的经验。新结构经济学是用现代经济学中的新古典方法，即理性人的基本假设方法，研究一个经济体的经济结构和其转型的决定因素和影响的一门学科。其中，经济结构包括决定一个经济体劳动生产力水平的技术结构和产业结构，以及决定交易费用、影响一个经济体正在生产和使用的产业、技术所蕴含的生产力能否得到最大程度发挥的各种硬的基础设施和软的制度安排的结构。本章系统梳理 2018—2019 年关于新结构经济学的学术文献，并指出新结构经济学当前的几个主要研究方向，为促进未来相关学术研究在国内外的发展和运用提供参考。

第一节　研究综述

一、新结构经济学及其体系构建

经济学理论的目的是帮助人们认识世界，从而帮助人们改造好世界。从历史经验来看，没有任何一个发展中国家按照现在国际上盛行的理论去制定政策成功实现了向发达国家的追赶，少数几个成功实现追赶梦想的国家和经济体，它们在追赶时期推行的主要政策从当时主流的经济学理论来看是错误的。其原因在于发达国家的理论来自发达国家，于是主流理论便将发达国家的发展阶段、社会、政治、文化条件等作为理论的前提，忽略了发展中国家与发达国家在这些前提条件上的差异，把来自发达国家的理论运用于发展中国家自然难以实现改造好世界的目的。在此现实背景下，新结构经济学应运而生，成为旨在总结中国等发展中国家发展和转型成效而提炼出的第三波发展经济学思潮。

新结构经济学是用现代经济学中的新古典方法，即理性人假设为前提，来研究一个经济体的经济结构和转型的决定因素和影响的一门学科，其中经济结构包括决定一个经济体劳动生产力水平的技术结构和产业结构，以及决定交易费用、影响一个经济体正在生产和使用的产业、技术所蕴含的生产力能否得到最大程度发挥的各种硬的基础设施和软的制度安排的结构。换言之，新结构经济学的核心是认为一个经济体的技术、产业、硬的基础设施和软的制度安排等的结构是内生的，而不是外生给定的。如今，林毅夫教授提出的新结构经济学已经越来越受到国内外学术界和实务界的重视。*Economic Theory* 于 2019 年发表了林毅夫等人的文章 *Convergence*，*Financial Development*，*and Policy Analysis*，该文在具有信贷约束的熊彼特世代重叠模型中研究了通货膨胀、经济增长和金融发展之间的关系，并得到了广泛的引用。林毅夫和王勇于 2019 年在由牛津大学出版的 *Oxford Handbook of Structural Transformation* 中撰写了 *Remodeling Structural Change* 一章，就新结构经济学主张的禀赋驱动的产业升级机制及其重要性进行了论述。从国内来看，以中国知网数据为例（如图 1 所示），自 2011 年以来，新结构经济学的关注度呈现明显上升趋势，尤其是学术文章的引用率大大提高，相关的学术期刊例如《经济学（季刊）》《管理世界》《财经研究》《经济评论》《当代经济科学》《学习与探索》等期刊也先后连续发表新结构经济学文章，在国内学术界引起一定的反响。其中，《经济学（季刊）》于 2018 年又出版了一期新结构经济学专辑，SSCI 期刊 *China Agricultural Economic Review* 于 2019 年出版了一期《新结构经济学在农业经济学中的应用》专辑，*China Economic Review* 也出版了新结构经济学的专辑。基于中国和发展中国家的经验，沿着新结构经济学的理论框架和视角来做研究，我们必然会取得丰硕的研究成果，提出的理论实现“认识世界和改造世界”相统一的同时，践行了新结构经济学研究院“知成一体”的哲学观。

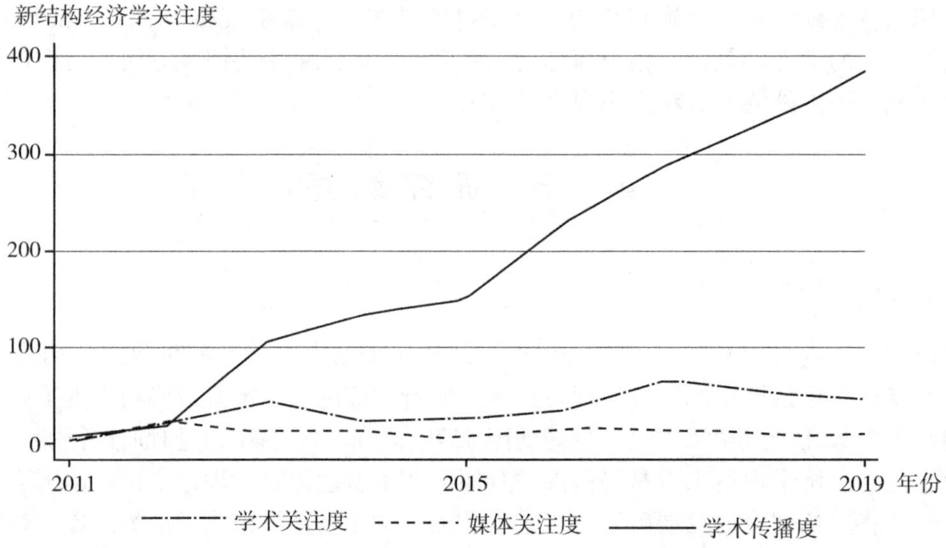

图 1　新结构经济学领域研究的年度成果动态①

本章主要围绕新结构经济学的研究体系，对两年来（2018—2019 年）国内外学者在国际、国内重要学术期刊发表和出版的新结构经济学重要学术论文和著作进行评价，试图

① 数据来源于中国知网，其中学术关注度是指篇名包含此关键词的文献发文量趋势统计；媒体关注度是指篇名包含此关键词的报纸文献发文量趋势统计；学术传播度是指篇名包含此关键词的文献被引量趋势统计。检索日期截至 2020 年 2 月 28 日。

厘清该学科的研究路径、梳理其研究脉络，指出可能存在的问题，并对相关研究趋势做出未来展望。我们将研究论文划分为新结构经济学的理论研究和新结构经济学分析方法与理论视角在其他子领域上的运用（产业政策、宏观经济、中等收入陷阱、金融结构、创新、环境经济学等）。

二、新结构经济学理论反思与重构

2018—2019年，从新结构经济学总体理论与反思来看，理论框架和学科体系构建、理论基础探讨、理论综述以及基准模型等方面取得一定进展。

首先，在新结构经济学理论框架和学科体系建设方面，2018年9月在北京大学新结构经济学研究院举办了“关于新结构经济学禀赋内涵的探讨”的内部研讨会。在此研讨会基础上，林毅夫、王勇、鞠建东等人（2019）就新结构经济学的禀赋内涵进行了讨论。新结构经济学强调要素禀赋结构的重要性，因为要素禀赋决定了每个时点上的总预算，要素禀赋之间的比例则决定了资本和劳动的相对价格，这两者是决策者做决策时的最重要参数，决定了某种类型的产业和技术具有比较优势，这是不同发展程度国家结构差异的最关键决定因素。此外，经济发展有赖于产业、技术升级，而产业和技术升级取决于要素禀赋结构的变化。参会老师们经过讨论，认为禀赋可以拓展归类为：要素禀赋（factor endowment）、制度禀赋（institution endowment）和自然禀赋（nature endowment）。同时，也正式将数据作为生产要素引入新结构经济学。新结构经济学主张做经济学研究时“要从真实世界的现象来考虑其背后的理论，而不是从现有的理论来观察真实世界的现象”。

其次，在新结构经济学理论基础探讨方面，Lin（2018）指出发展经济学是现代经济学的一个新的子学科。第一代发展经济学是结构主义，第二代发展经济学是新自由主义。但大多数发展中国家遵循上述两代发展经济学，却未能实现工业化和现代化。基于以上现状，Lin（2018）介绍了第三代发展经济学，即新结构经济学。新结构经济学借鉴了发展中国家成功和失败的经验，对发展中国家经济发展的性质和原因提出新的认识，指出结构主义之所以失败，是因为它忽略了经济发展过程中结构的内生性；新自由主义之所以失败，是因为它忽视了转型经济体扭曲的内生性。该文建议发展中国家的政府应该根据该国的比较优势，在市场经济的产业发展过程中发挥因势利导的作用。该文还讨论了政府如何利用产业政策来发挥这种因势利导的作用，并介绍了来自新结构经济学的一些新的理论见解。

最后，在新结构经济学的研究方面，林毅夫教授在2019年2月17日就《如何做新结构经济学的研究》给出详细的介绍。其一，什么是新结构经济学，包括新结构经济学的定义、为何要研究结构和结构变迁、把结构内生化的重要性，以及为何新结构经济学以要素禀赋结构作为内生化结构分析的核心自变量。其二，什么是新结构经济学的研究，总而言之，从一个经济体结构内生化及其影响来研究该经济体的发展、转型，以及从不同发展程度国家结构的内生差异性的视角来探讨关系经济运行的现代经济学的各个子领域的研究都属于新结构经济学的研究。其三，怎么做新结构经济学的研究，主要有以下几个原则：第一，一定要从现象出发，而非从理论模型或是流行的研究方法出发；第二，在面对一个现象时要秉持“常无”的心态；第三，回归到亚当·斯密，也就是回归到对所要解释的现象的“本质和决定因素的探讨”上来；第四，从特殊到一般；第五，要把发达国家的结构作为给定结构的二维主流经济学变为不同发展程度的国家内生地具有不同结构的三维经济学。

三、新结构经济学研究领域的具体进展

（一）新结构经济学视角下“有为政府”、产业政策与产业结构的相关研究

新结构经济学强调要素禀赋结构驱动的产业升级与结构转型，倡导“有效市场”与“有为政府”，主张“市场主导、政府因势利导”的产业政策。为了更加清晰严谨地阐述这些基本观点及其经济学逻辑，王勇、林毅夫和鞠建东（2019）构建了一个新结构经济学的理论模型。模型中含有资本与劳动两个要素，多个资本密集度不同的产业，且每个产业都具有马歇尔外部性。模型证明随着要素禀赋结构的内生变动，生产要素的“有效市场”通过价格信号可以帮助市场中的企业家和政府更好地甄别具有潜在比较优势的产业，同时，由于该目标产业存在马歇尔外部性，需要“有为政府”因势利导解决协调失灵，方能实现帕累托最优的产业升级。因此，新结构经济学主张，要素禀赋结构经由有效的要素市场价格信号发挥主导作用，帮助政府与企业家更好地识别符合要素禀赋结构所决定的目标产业，这是产业政策获得成功的先决关键条件，再由有为政府积极地因势利导，就能实现帕累托最优的产业升级。

彭文平和揭阳扬（2019）从新结构经济学的视角，将政府与市场的关系纳入产业比较优势和地区产业结构升级关系的探究中，在产业层面研究了比较优势对地区产业结构升级的影响，检验了在产业技术水平和产业发展阶段升级以及地区经济发展路径中，政府和市场在产业比较优势推动区域产业结构升级的过程中发挥的“因势利导”作用。基于中国1998—2007年的省际面板数据，实证检验发现产业比较优势对地区产业结构升级有显著的推动作用，政府干预和市场机制在培育产业比较优势中扮演着重要角色；在技术发展不同水平、经济发展不同阶段和产业发展不同程度上，政府的干预有所侧重，但随着地区经济腾飞，减少政府对市场的干预、实现政府与市场的良性互动才是实现产业结构升级的关键。

Justin Yifu Lin和Yong Wang（2020）基于有关中等收入陷阱的一些经验事实，建立了一个简单的多部门结构变迁与产业升级一般均衡模型。该模型刻画了生产性服务业和消费性服务业的区别以及不同部门之间的投入产出联系。该文证明生产性服务业的作用在不同的发展阶段是不对称的。在发展的早期阶段，一个不发达的生产性服务业部门不是经济发展的约束性障碍（有时甚至是有益的），但当经济达到中等收入水平时，它就成为发展的重要阻碍。为了跨越中等收入陷阱，政府需要干预以防止经济过早出现去工业化，并且政府应该因势利导地促进产业升级。此外，政府也需要适时消除对生产性服务业的进入壁垒以促进其生产力水平提高。

Wang，Xia和Xu（2019）从新结构经济学的角度研究了中国轻工制造业企业对劳动力成本上涨的不同应对。使用第一手试点调查数据，该文发现劳动力成本上涨一直是企业面临的首要挑战，尽管技术升级是企业应对的主导策略，但不同企业的反应有很大差异。

此外，该文发现行业和企业的劳动密集度是决定企业应对劳动力成本上升不同策略的决定因素，劳动密集度高的企业更有可能选择搬迁而不是技术升级。Xu 和 Hubbard（2018）研究了工资上涨是否驱使中国制造商向国外进行外国直接投资以降低生产成本。他们将中国商务部的海外直接投资登记簿与 2011—2013 年的中国工业企业调查数据以及地级市的年平均工资数据进行了比对，发现尽管高收入发达经济体是中国制造业在海外投资的首选目的地，但与纺织、服装和皮革工业相关的劳动密集型轻工制造业却集中在低收入国家，这与“飞雁效应”一致。但是这些只占中国投资的一小部分，大约占匹配的官方 ODI 注册数量的 6%。本研究进一步认为，现在就说要素价格上涨正在系统地将投资推向海外可能还为时过早。

此外，王勇（2019）从新结构经济学角度分析了我国当前的财政政策，是“有为政府”在财政政策这个具体问题上的运用。该文结合中国正在同时经历的结构转型、经济转轨、对外开放和大国崛起这四个结构性发展过程，以及显著的“垂直结构”特点，重点探讨了这些结构性因素对于财政政策的影响。同时，按照新结构经济学划分的“战略型”“追赶型”“领先型”“转进型”和“换道超车型”这五大类产业，分析各自对应的财政政策的差异。师俊国（2019）基于新结构经济学的视角，提出政府引导基金的发展策略：寻找具有潜在比较优势的产业并投资，待到市场培育成熟之后逐渐退出市场，转而投资于新的符合潜在比较优势的产业，以推进产业结构转型升级。王勇（2018）通过理论模型研究了产业动态、国际贸易与经济增长之间的关联。林毅夫、向为和余淼杰（2018）以中国开发区作为一种典型的区域型产业政策，研究了开发区与企业生产率的关系。惠利（2018）在综合分析我国装备制造发展变迁的主要特征、主要问题及其原因探究的基础上，提出我国装备制造业发展政策应从选择性产业政策过渡到因势利导型产业政策，采取提质增效、推动全球化与本土化协同发展、提高劳动力市场匹配度、打造核心技术和加强知识产权保护的发展措施。

（二）新结构宏观经济学

新结构宏观经济学是从新结构经济学的分析视角研究宏观经济学问题，强调从不同发展阶段的各种经济结构与政策内生性的角度去更深入地研究宏观经济现象。最新的研究成果如下。Lin，Miao 和 Wang（2019）① 基于存在信用约束的熊彼特重叠世代模型研究通货膨胀、经济增长和金融发展之间的关系。研究表明在基准情况下，货币是超中性的。只有当金融发展超过某个临界水平，后发国家的经济才会赶上并收敛到世界技术前沿的增长率。否则，其经济将趋向贫困陷阱，增长率低于技术前沿国家的增长率，并且通货膨胀率随着金融发展水平的降低而降低。在这种情形下，货币和财政政策的有机结合可以使市场均衡达到有效分配。Justin Yifu Lin 和 Xin Wang（2019）认为资本是否流向发展中国家取决于该国的发展战略。如果劳动充足的国家采用比较优势发展战略来促进劳动密集型部门的发展，那么其经济表现将更好，资本回报率更高，从而该国将吸引资本流入。相反，如

① Lin Y，Miao J，Wang P. Convergence，financial development，and policy analysis［J］. Economic Theory，2019（69）：523-568.

果政府在不适当的发展思潮影响下采取违背比较优势的发展战略，通过各种干预措施来促进资本密集型部门的发展，经济表现将很差，资本回报将受到抑制，结果如卢卡斯悖论（Lucas Paradox）所描述的，资本将发生外流。

Wang 和 Tang（2019）运用美国和跨国制造业的长周期经验数据，归纳出六个特征事实：（1）技能溢价和资本（熟练）劳动比之间存在正相关关系；（2）技能强度和资本密集度之间存在正相关关系；（3）行业间资本劳动比差异显著；（4）各行业均遵循倒 U 形生命周期的演化规律；（5）资本劳动比越高的行业到达市场占有率最高点的时间越晚；（6）与经济体禀赋结构偏离越大的行业市场占有率越低。基于上述特征事实，其在 Ju，Lin 和 Wang（2015）模型基础上引入内生的人力资本积累，研究在经济发展不同阶段最优的人力资本积累以及它与技能溢价、产业升级之间的逻辑关系。研究表明，技能溢价决定于由禀赋结构内生出来的产业结构，且最优的人力资本投资应该与由禀赋结构所决定的产业结构相匹配。此外，人力资本也要与物质资本的积累相匹配，这样才能避免出现在不同发展阶段的人力资本的过度投资或投资不足的问题。Boldrin，Wang 和 Zhu（2019）首先回顾了要素份额的经验证据，发现生产要素份额除了趋势性变化，也显示出一个很强的持续性周期模式，并对导致此现象的根源提出理论解释：在竞争性技术创新模式之下，要素相对价格的内生变化导致新技术替代旧技术。在经济扩张后期阶段，劳动要素份额和相对价格上升，造成采用劳动节约型技术的激励，新技术的采用引发经济增长，并且在新一轮扩张的早期阶段，劳动力要素份额下降，如此周期循环。该模型与 Ju，Lin 和 Wang（2015）模型的最重要的差异在于，后者假定资本是同质的，且所有技术都已经存在，所以是禀赋结构推动的技术选择模型，而前者假定不同代的资本是异质的，而且需要通过创新出新一代资本才能实现技术进步，包含新技术的新一代资本比包含旧技术的旧一代资本更能节省单位劳动投入，这是资本不断替代劳动的技术进步。

过去十几年，中国房产价格稳步快速增长，年均增长率 10%，相比之下，租房价格年均增长率只有 0.5%，于是很多人认为中国的房地产市场存在泡沫。传统观点认为房地产泡沫挤出资本投资，造成资本积累放缓，进而降低经济产出。但这种观点无法解释中国非住房投资也在增加的事实。Jiang，Miao 和 Zhang（2019）在其所构建的模型中引入基础设施作为第三个投资渠道，以研究中国房地产市场的“挤入效应”，并且建立一个内生的资产泡沫供给模型，以研究房地产泡沫如何在行业间配置资源。研究表明：土地销售这一政府收入渠道是中国房地产泡沫和非住房投资增长现象并存的原因。模型预测，如果房地产泡沫破灭，房产价格将下降 42%，GDP 下降 5.8%，但长期而言，经济产出水平会比房地产泡沫未破灭的情况更高。此外，征收房产税能够减小房地产泡沫，并抵消售地收入的减少。

Choi 和 Xu（2019）采用 Acemoglu 等（2016）的方法评估了中国贸易冲击对韩国劳动力市场的直接影响。采用 1993—2013 年企业和行业的数据进行分析，他们的直接估计结果显示，中国贸易冲击对韩国制造业就业的影响是创造了 52 万个就业机会。正的影响主要是由于中国为支持其向全球的出口扩张，增加了对韩国中间投入品和资本品的需求。进口竞争渠道在制造业就业影响中的作用却是微不足道的。相比之下，同期韩国平均工资下降了 2.4%，收入不平等程度在制造业中显著增加。此外，还发现中国贸易冲击的直接影响是通过将工人从大公司转移到中小型公司而降低韩国劳动力市场的集中度。

（三）新结构金融学的研究

新结构金融学是从新结构经济学的视角来研究金融结构与金融发展问题。新结构金融学认为，金融结构要服务于实体经济，就必须跟实体经济的结构特性相符合。首先，在不同发展阶段，由于禀赋结构不同，因此最优的产业结构是不一样的；其次，不同产业所需要的金融服务的特性是不同的，而不同的金融中介形式所擅长的金融服务也是不同的，因此存在最优匹配的问题；最后，随着产业结构的动态变化，最优金融结构也应该随之动态变化。同时，金融结构的变迁也会反过来通过影响资本的配置效率而影响要素禀赋结构的变动，从而反作用于产业结构的动态变化（林毅夫，2018）。

杨子荣和张鹏杨（2018）研究了金融结构、产业结构与经济增长的关系。利用中国2001—2008年的省际面板数据，采用面板门限模型，研究表明金融结构只有与特定发展阶段要素禀赋及其结构内生决定的产业结构相适应时，才能够促进经济增长，最好地服务于实体经济。

杨子荣（2019）基于理论模型和经验数据考察了不同经济发展阶段下金融结构的最优安排以及金融竞争对最优金融结构边界的影响。研究发现，经济发展阶段决定了金融结构的演化趋势，而企业盈利能力的分布决定了特定发展阶段下企业最优融资方式的选择与最优金融结构的具体形式，且金融竞争会改变金融机构的业务边界，进而导致最优金融结构的边界发生迁移。经验分析结果表明，文章的模型对发达经济体的金融结构及演化具有很好的解释力，文章同时分析了中国金融结构与理论上最优金融结构产生背离的原因。

Gong，Lin 和 Zhang（2019）研究了在经济发展的不同阶段，银行和股票市场相对重要性的演变过程。与以前的研究不同，该文提出了与经济相适宜的金融结构的需求侧理论。研究表明，对于发展中国家而言，基于银行的金融结构比基于市场的结构更为合适，而对于发达国家而言，基于市场的金融结构比基于银行的结构更为合适。这是源于不同的国家产业结构以及银行和股票市场为实体经济服务的不同优势。该发现与最近的经验事实相吻合，并为理解一个国家金融体系的结构变化提供了新的视角。张一林、林毅夫和龚强（2019）从新结构经济学的视角考察了企业规模、银行规模与企业最优融资渠道之间的关系，为最优银行业结构理论提供了理论基础。企业的规模决定了企业的信息特征和风险特征，银行的规模决定了银行克服信息不对称和为企业提供金融支持的方式，特定规模的银行只有在服务特定规模的企业时，才能充分发挥自身的比较优势，以最低的成本为企业提供最有效的金融支持，由此也决定了不同规模的企业对不同规模的银行有着不同的金融需求。此外，林毅夫、张一林和朱永华（2019）通过理论模型论证了发展战略与银行业结构的关系。政府对发展战略的选择会相应地决定一个国家的银行业结构。如果一个发展中国家推行重工业优先发展的赶超战略，并建立起以资本密集型产业为主的产业结构，则政府的理性选择是建立由大银行主导的垄断型银行业结构，通过发挥大银行在动员大规模资金上的优势，让资金需求规模巨大的资本密集型大企业能够以尽可能低的交易成本获取足够多的金融资源。但是，在大银行为主的银行业结构下，中小企业会陷入严重的融资约束，这是政府为推行赶超战略而扭曲银行业结构的必然结果和代价。文章指出，发展中国家适合以中小银行为主、大银行为辅的银行业结构，但要建立起这样的银行业结构，发展中国家首先要摒弃赶超战略，转而推行比较优势战略，发展符合本国比较优势的劳动密集型产业，并在这一过程中积累资本，让资本密集型大企业拥有自生能力，这是成功消除金融抑制（包括大银行垄断、利率管制、政府干预银行贷款等）的必要条件。

任晓猛和张一林（2019）基于新结构经济学视角下的最优金融结构理论，以要素禀赋结构为出发点，提出了一种新的最优金融结构度量方法并构建了新结构最优金融结构指标。具体的，采用1975—2017年217个国家和地区的数据，按照国家要素禀赋结构分组，在同一组中选出人均GDP增长水平最高的经济体，将其金融结构对应为该组中心经济体应有的最优金融结构。实证检验发现，经济发展的水平和结构均与最优金融结构有关，偏离最优金融结构将会显著影响经济增长速度，这种影响在国家和地区收入水平上表现出异质性。

林毅夫、付才辉和任晓猛（2019）认为我国金融创新的内涵从需求特色来讲就是金融精准支持的金融产品创新，从改革特色来讲就是金融结构改革的制度创新。现代化的金融体系要以服务现代化经济体系为金融创新的根本原则。目前中国金融体系的根本问题不在于总量不足和水平不高，而在于结构性矛盾，导致其服务实体经济的能力低下，跟不上高质量发展的需求。各地应该结合自身禀赋结构特征因地制宜地采取因势利导的金融创新，以更精准地满足本地实际的金融需求，而不是采取“一刀切”式的做法来落实国家的金融规划与金融政策或模仿其他地区的金融创新。Schclarek、Xu和Yan（2019）从理论上研究了商业银行（CB）和国家开发银行（NDB）对企业（投资者）的贷款期限。研究结果表明，与商业银行相比，国家开发银行向企业（投资者）提供了更长期的贷款。原因是国家开发银行发行的债券的价值比商业银行的债券价值（或商业银行在银行同业市场借贷价值）更高，因此在需要进行银行间支付的情况下，国家开发银行可以更好地应对流动性问题。国家开发银行债券具有更高的价值是因为国家开发银行由政府所有，与私人银行所有者相比，其资本重组意愿和能力更高。国家开发银行的期限展期能力与它们向实际投资项目贷款的债务或抵押能力、政府的资本重组意愿和财务能力以及它们的流动资产持有量成正比。

（四）新结构环境经济学

新结构经济学近年来在环境经济学领域得到了广泛且深入的运用。其中，学者基于新结构经济学的理论框架论证了财政分权与环境污染、发展战略与环境治理以及绿色金融与产业结构耦合协调发展的若干问题。

郑洁、付才辉和张彩虹（2018）认为在中国财政分权体制下，地区分权程度越高，则该地方政府对经济发展的自主权将越大，根据地方政府掌握的信息情况，其遵循比较优势发展战略的概率将越高，发展战略就越符合比较优势，地方的产业结构与其禀赋结构相匹配，其中的企业就有自生能力，地区的资本积累速度将可以达到最快，经济发展水平也有可能实现长期最快增长，从而地区的财政收入也越多，那么才能投入更多的财政支出用于治理环境，从而减少环境污染；反之，财政分权程度低，造成的环境污染越严重。基于此，作者利用1997—2014年中国省际面板数据进行实证检验，结果表明，财政分权总体上加剧了环境污染，但是，财政分权程度的提高有利于地区发展战略遵循其比较优势，从而有效地抑制财政分权对环境污染的负面冲击。

郑洁、付才辉和赵秋运（2019）基于新结构经济学视角，对发展战略与环境治理的关系进行了理论机制分析，并利用1997—2016年中国省际面板数据，实证检验了两者的关系及其机制。研究发现，地区的发展战略越是违背比较优势，其环境治理水平越弱；发展战略对环境治理分指标各维度的影响存在差异性，这种差异性对现实中环境治理问题的解释更加全面；违背比较优势的发展战略使得企业缺乏自生能力进而弱化了环境约束，并会导致政府的财政赤字更加严重，从而降低环境治理水平。

Wang、White和Mugera（2019）基于2000—2012年的省际面板数据，研究了中国经济增长与能源转型之间的关系。经验事实表明，中国的能源转型模式在不同的发展阶段有所不同，在不同部门也不同。采用静态模型（Fama-MacBeth，OLS，固定效应）和动态模型（difference and system GMM）分析国家和四个分部门（工业、农业、服务业和居民部门）的发展情况。在国家层面，能源转型与经济增长之间呈现U形曲线关系。在居民层面，则呈现倒U形曲线关系。农业部门的关系不明确，工业和服务业中的能源转型与经济增长无关。此外，还发现能源价格、自然资源禀赋、环境政策和技术在不同程度上影响着中国的能源转型。自2005年国家能源转型计划启动以来，能源转型模式发生了重大变化。表明这些产业政策有效地促进了能源转型，并且能源市场改革可以消除摩擦或扭曲，进而促使中国向低碳和可持续发展的轨道过渡。

魏丽莉和杨颖（2019）以新结构经济学为理论视角，将历史回顾与实证分析相结合，研究西北地区绿色金融发展和产业结构优化的耦合发展动态；构建了包括金融规模、绿色金融结构、金融效率三个维度的八个指标来测度绿色金融发展水平，并将产业结构分为高级化、合理化和绿色化三个维度。基于2000—2017年西北地区的面板数据进行研究发现，在时间维度上，西北地区的绿色金融发展与产业结构优化从长期持续的拮抗阶段开始转向磨合阶段，从中度耦合协调阶段转向高度耦合协调阶段；在空间维度上，除了新疆与甘肃的耦合协调度呈现出较好的状态，其他三省份的耦合协调度较低。

（五）新结构经济学在其他领域的运用

1. 收入不平等问题的研究

新结构经济学认为政府是否遵循比较优势发展战略将显著影响其国家的收入分配状况。学者们从不同的传导机制展开了细致研究，主要包括：中国城市化进程、金融发展、去工业化、基础设施建设等。赵秋运和马晶（2018）基于城市化和金融发展的双重视角，借助新结构经济学理论研究政府实施重工业偏向型发展战略导致收入不平等渐趋扩大的机制。基于中国1996—2011年省际面板数据，实证检验发现重工业偏向型发展战略与收入不平等之间不仅存在长期的正向协整关系，还存在短期的负向协整关系，这表明重工业偏向型发展战略在长期会扩大收入不平等，在短期则会缩小收入不平等。其源于重工业偏向型发展战略长期具有两种效应：既可以降低城市化水平而扩大收入不平等，又能通过降低金融发展水平而缩小收入不平等，前者的效应更强。而短期内，重工业偏向型发展战略仅能通过降低金融发展水平而减缓收入不平等。

余航、周泽宇和吴比（2019）基于新结构经济学的分析框架研究了城乡差距、农业生产率变化与农业补贴的关系，并从新结构经济学的政策导向出发对乡村振兴战略的具体实施提供了重要的借鉴意义。具体的，他们使用1986—2017年农业农村部固定观察点数据发现土地配置效率改进与留守农户平均生产率降低并存，后者部分抵消了土地流转对农业全要素生产率的改进；城乡二元结构的“拉力”主导农业生产效率，到经济发达地区和省会城市的距离能够在较大程度上解释农村内部农业生产率变动的原因；自上而下的农业补贴政策改革呈现出异质性效果，这能够成为乡村振兴战略有针对性地改善农业生产绩效的重要抓手；以农业补贴为主的各类农业产业政策的“推力”能够有效缓解城乡差距对农业生产率的负面冲击。

Yong Wang（2019）建立了一个异质性家户的动态一般均衡模型，以分析（去）工业化如何与农村收入分配相互作用，还探讨了其对GDP总量增长、农村收入分配的演变以及福利的影响。研究发现再分配政策有时会通过增加具有更高收入需求弹性（或更高生产率）的商品的产量来提高GDP和福利，因为对于这些商品的总需求由于收入不平等而受到抑制；再分配政策也可通过内化私人生产和消费决策对未来公共生产率的动态影响来提高GDP和福利。王勇和沈仲凯（2018）以禀赋结构为出发点，在新结构经济学理论框架下引入异质性家户与非位似偏好，构建了一个一般均衡模型考察内生的收入不平等与产业升级之间的互动关系。研究发现收入不平等与产业升级的程度之间呈现“倒U形”关系。

程锐（2019）基于新结构经济学的理论框架，从分工视角探析基础设施影响经济增长及收入差距的机理，并运用139个国家和地区1996—2014年的数据进行实证分析，研究结果显示软基础设施具有更为显著的经济增长促进效应，OECD国家的软硬基础设施均显著促进经济增长，而非OECD国家只有软基础设施显著促进经济增长；基础设施差距越大则人均收入差距越大，非OECD国家软基础设施对收入差距的影响更大。

2. 新结构创新经济学的若干问题

创新包含发明创新和模仿创新。发明创新所要求的投入大、不确定性高，而且在不同的禀赋结构条件与不同的产业中其回报也是不同的。从新结构经济学的视角来看，一个处在比较低发展阶段的经济体，对拓展世界技术前沿的发明创新的需求并不高，同时发明创新对投入的物质资本与人力资本需求较高，而在此发展阶段这些要素的供给较低，从而相对价格较高，因此此时发明创新的回报率并不高甚至还会亏损。所以经济发展的较低阶段，创新应该更多地偏向模仿创新。同理，在比较高的发展阶段，创新应该更多地偏向发明创造。换言之，新结构经济学强调技术进步的方式应该与要素禀赋结构相匹配。

朱兰（2019）基于新结构经济学，采用1975—1995年48个经济体专利引用数据，构建国家创新能力指标，使用面板门槛模型，考察国家创新能力对经济增长的影响。研究结果表明，国家创新能力对经济增长的影响存在显著的门槛效应，其依赖于经济体所处的收入阶段和要素禀赋结构。从收入阶段来看，国家创新能力有助于促进中上等和高收入经济体的经济增长；从国家创新能力不同维度来看，专利数量和质量均有利于促进经济增长，但专利集中度、技术周期、知识传播度、自主创新度对中等收入内部不同阶段经济体的作用不同。研究结论从经验上支持了新结构经济学最优创新结构理论，且为中等收入经济体实施创新驱动战略提供了理论支撑。

任晓猛和付才辉（2019）以发明专利和实用新型专利来表征企业的不同技术选择，运用1998—2007年中国工业企业与专利匹配数据库进行实证分析，尝试为新结构经济学在创新理论上提供微观证据。研究结果显示，在发展初期（低研发投入阶段），实用新型专利对企业销售收入的增长具有显著的正向效应，而发明专利的促进效应要在发展成熟期（高研发投入阶段）才得以显现；实用新型专利增长效应随着经济发展水平的提高而降低，而发明专利的增长效应却在提高。文章的结论在知识产权保护和地域的差异性上表现出显著的异质性。

任晓猛、顾夏铭和蒋海威（2019）从新结构经济学理论出发，从产业结构维度上为研发选择差异及其成因提供了一个可能的解释。具体的，结合新结构经济学五大产业类型，以产业间技术水平的差异为切入点，构建了一个包含产业结构与产业技术水平的加权指标，并利用1999—2015年OECD国家面板数据开展研究。实证结果显示，随着产业加权技术水平接近世界前沿，经济体的应用研究占研发总支出的比重呈现倒“U”形变化。同时，基础研究与应用研究之间存在相互溢出效应，对于应用研究占比较高的经济体，这一现象尤为显著，对于应用研究占比较低的经济体，产业加权技术水平与应用研究占比呈现正“U”形关系。

3. 新结构经济学在其他方面的运用与探讨

林毅夫（2019）论述了新结构经济学视角下的国有企业改革问题。首先，该文基于新结构经济学视角对改革开放的各个阶段进行了回顾与反思，同时归纳了国有企业改革各阶段的特点。其次，文章解释了国有企业所承担的战略性政策负担和社会性政策负担是其效率低下和预算软约束的根源。最后，根据中国国有企业的改革现状，对进一步深化国有企业改革提出相应的政策建议。

Lin（2019）解释了农村和城市地区结构变化与人们收入之间的关系，并从新结构经济学的角度分析如何消除贫困，然后讨论了如何将其变为现实。研究发现为了减少并最终消除贫困，增加个人收入将成为第一步。从国家的角度来看，结构性变化与收入增加有关。在农村和城市地区，结构变化通常都会伴随着新技术和就业机会，这将帮助人们提高收入。

文献中通常假定行业的生产函数是外生给定而且不变的。但是，Lin、Liu和Zhang（2019）发现相同行业的资本份额在不同国家随着时间的推移存在巨大的异质性。随后其建立了一个多行业的一般均衡模型，用于研究经济中产业结构的变化和每个产业的技术选择。在其模型中，除了投入的数量外，企业还可以选择生产函数将不同投入组合起来。研究发现资本要素的增加将压低资本价格，进而提高每个行业的资本密集度，并导致出现从劳动密集型到资本密集型的结构转型。在此过程中，技术选择主要取决于资本和劳动之间的替代弹性。文章基于该模型计算了美国制造业（1958—2011年）中的技术选择，并反推出该模型的关键参数。定量模型的反事实分析表明，由资本积累驱动的技术升级在很大程度上促进了从劳动密集型产业向资本密集型产业的结构转型。

付才辉（2018）从新古典经济学向新结构经济学的范式转化视角提出了最优生产函数理论。该文通过标准化的简约模型形式化了一个完整而简洁的经济结构及其变迁的新古典框架，阐述了以资源最优配置为核心的新古典经济学范式向以结构变迁为核心的新结构经济学范式的转化，将外生的C-D生产函数转换为内生的AK生产函数，推导了新结构经济学的基本定理，并拓展了结构变迁中的资本和劳动之间的收入分配问题，以及多维禀赋结构的专业化分工和统一增长问题。随后，付才辉（2018）也对新结构经济学一般均衡理论进行了初探。

关于新结构经济学在区域经济学上的运用，朱兰、王勇和李枭剑（2019）在新结构经济学理论指导下，提出了一个区域内城市经济高质量融合发展的分析框架，将要素一体化、产业一体化、基础设施一体化和制度一体化纳入进行统一分析，并以宁波与上海产业融合为例，展示了该分析框架在区域一体化发展中的应用。

四、评论与展望

通过上述研究综述可知，新结构经济学近年来在产业升级、产业政策、宏观经济学、收入不平等、金融结构、创新、环境经济学等不同领域得到了广泛的应用，并不断在其他经济学科的子领域中通过引入结构视角和发展阶段的探讨而经常获得对相关问题更加深刻的理解。前途是光明的，但是道路是曲折的。就当前而言，新结构经济学仍处于“初创期”，在国际顶级期刊和国内顶级期刊上的论文发表数量依旧较少，对于很多问题尚处于定性探讨阶段，还缺乏严谨的数理模型或实证模型进行学术分析。我们认为，未来几年新结构经济学在以下几个方面特别需要加大研究力度：

首先，发掘关于中国等发展中国家在经济结构转型等方面比较重要而且稳健的典型事实，尤其是梳理现有主流理论无法直接解释的现象。改革开放40多年，中国经济社会发展取得了举世瞩目的成就，其中与结构转型和经济增长相关的典型事实是什么？“一带一路”沿线国家大多是发展中国家，在这些发展中国家的典型事实是什么？这种典型事实不仅体现在宏观国家或地区层面，还应该体现在中观产业层面和微观企业层面。

其次，基于这些重要而且稳健的典型事实，构建能够体现出新结构经济学特色的理论。新结构经济学主张从真实现象出发，以“常无”的心态去了解这些现象背后的原因，然后再进行相应的理论建模与实证研究。相比于现代以发达国家成熟市场经济为主要蓝本的主流经济学理论，新结构经济学更加强调不同发展阶段的内生区别，各种结构的内生区别，各种政策与制度的内生区别。因此，我们认为其视角比当前主流理论更加全面，所以也更有可能产生原创性强的学术成果。

再次，在分析工具与方法上，希望可以通过对各种现有新结构经济学理论研究的总结与反思，充分借鉴现有数学等其他学科的研究成果，思考如何将结构更好地引入阿罗-德布鲁德一般均衡模型中，甚至能发展出比现有通用框架更好地体现结构和发展阶段的分析框架与数学方法。

最后，基于更加翔实可靠的微观数据、宏观数据以及计量经济学新近发展的因果识别工具，建立新结构经济学主要变量间的因果联系。同时，积极寻找更好的实证指标，比如发展战略TCI指标的重新构建。此外，也需要重视案例研究，尤其是产业发展的案例。我们知道，新结构经济体提倡“知成一体”的哲学观，将新结构经济学在实务界的应用整理成案例报告或智库报告也是未来的一项重要工作。我们期待国内外学者一起努力在新结构经济学这座“理论金矿”上能够尽快实现更大的突破。

第二节　重 要 论 文

1. Justin Yifu Lin, Jianjun Miao and Pengfei Wang. Convergence, financial development, and policy analysis [J]. Economic Theory, 2019 (69): 523-568.

研究背景：工业革命标志着各国经济发展的重大转折点。在 19 世纪，西欧和北美的许多技术领导者跃居世界前列，而其他国家则落后于此，并成为西方列强的殖民地或半殖民地。第二次世界大战后，大多数发展中国家在政治上独立，开始它们的工业化和现代化进程。可能有人期望随着技术的普及和后发优势的出现（Gerschenkron, 1962），世界应该见证各国收入和生活水平的收敛，但与此相反，第二次世界大战后是一个持续不断加速分化的时期（Pritchett, 1997）。根据麦迪逊（2008 年）的研究，美国作为 20 世纪最先进的国家，在 1950 年至 2008 年期间，其人均 GDP 年平均增长率为 2. 1%。除少数 OECD 国家与东亚经济体能够以年均增长率高于美国而缩小人均 GDP 差距外，拉丁美洲、亚洲、非洲的大多数国家未能做到这一点。尽管存在技术转让的可能，但为什么大部分国家仍无法实现增长率收敛?

基本结论：该文基于存在信用约束的熊彼特重叠世代模型来研究通货膨胀、经济增长和金融发展之间的关系。在基准情况下，货币是超中性的。只有当金融发展超过某个临界水平，后发国家的经济才会赶上并收敛到世界技术前沿的增长率。否则，其经济将趋向贫困陷阱，贫困陷阱中其增长率低于技术前沿国家的增长率，并且通货膨胀率随着金融发展水平的降低而降低。在这种情形下，货币和财政政策的有机结合可以使市场均衡实现有效配置。

主要贡献：该文的贡献是将货币引入 AHM（2005），并研究货币和财政政策如何才能使市场均衡实现有效配置。该文发现新增货币转移给代理人的方式对于货币对经济增长的长期影响是重要的。当新增货币按比例转移给代理人时，货币是超中性的。但当经济体处于足够低的金融发展水平时，经济就会陷入低增长高通胀的贫困陷阱。当新增货币是转移给最需要钱的年轻企业家时，货币就不是超中性的。货币政策将通过再分配机制影响实体经济。政府应首先改善信贷市场状况，以使企业家不再受信贷约束。存在着货币和财政政策的组合，使经济可以避免进入贫困陷阱并实现有效配置，在这种情况下，经济将在一段时间内以更快的速度收敛，最终达到与世界前沿相同的增长速度。

现实意义：该文发现在不同的发展阶段需要采用不同的金融政策。当经济面临严峻的信贷市场不完美时，政府应设法通过加强合同执行力以及更好地监督借款人来放松信贷约束，只有这样经济才能避免陷入贫困陷阱。

2. Justin Yifu Lin and Yong Wang. Structural change, industrial upgrading and middle-income trap [J]. Journal of Industry, Competition and Trade, 2020 (20): 359-394.

研究背景：世界银行（2010）将人均国内生产总值介于 1006~12275 美元的经济体定义为中等收入经济体，基于这一标准，1960 年全球共有 101 个中等收入经济体，而至 2008 年，其中只有 13 个从中等收入经济体变成高收入经济体（Agenor, Canuto and

Jelenic，2012）。换句话说，超过87%的中等收入经济体因增长速度不够快而无法进入富国俱乐部。该文的主要目的就是研究“中等收入陷阱”产生的原因以及跨越“中等收入陷阱”的方法。

基本结论：基于有关中等收入陷阱的一些经验事实，该文建立了一个简单的多部门结构变迁与产业升级一般均衡模型。该模型刻画了生产性服务业和消费性服务业的区别以及不同部门之间的投入产出联系。该文证明生产性服务业的作用在不同的发展阶段是不对称的。在发展的早期阶段，一个不发达的生产性服务业部门不是经济发展的约束性障碍（有时甚至是有益的），但当经济达到中等收入水平时，它就成为发展的重要阻碍。为了跨越中等收入陷阱，政府需要干预以防止经济过早出现去工业化，并且政府应该因势利导地促进产业升级。此外，政府也需要适时消除对生产性服务业的进入壁垒以促进其生产力水平的提升。

主要贡献：该文提出了一个在产业升级与结构变迁中因生产性服务业发展不足而陷入“中等收入陷阱”的机制，此外还通过以下方式为结构变化文献做出新贡献：（1）将生产性服务业与消费性服务业区分开，并将制造业分为基础制造业和高质量制造业；（2）通过不同子部门之间的投入产出联系来凸显生产性服务业的非对称作用；（3）研究存在国际贸易与不存在国际贸易两种情形下结构变迁（从制造业到服务业）与产业升级（制造业内）这两个相关的过程。

现实意义：中国应通过降低准入门槛，鼓励更多准入以进一步改善上游生产性服务业的市场竞争。只有这样，中国才能发展出高效的生产性服务业，从而促进制造业内的产业升级和向服务业的结构变迁。此外，该模型还提醒我们，如果政府在结构转型和产业升级中不作为，可能会阻碍结构转型和产业升级进程，也可能会导致过早地“去工业化”。

3. Fei Wang，Junjie Xia and Jiajun Xu. To upgrade or to relocate? Explaining heterogeneous responses of chinese light manufacturing firms to rising labor costs? [J].China Economic Review，2020（60）.

现实背景：中国在20世纪70年代末开始市场化改革，通过吸引东亚四小龙，尤其是韩国，中国香港和中国台湾的轻工制造业企业，抓住了机遇窗口。劳动密集型的轻工制造业与中国潜在的比较优势非常吻合，这有助于挖掘中国丰富而廉价的劳动力。这项改革使中国在过去的40多年中实现了惊人的经济增长，这种经济结构转型的过程被称为“飞雁”模式。但随着近年来中国劳动力工资水平的上涨，中国的劳动密集型制造业企业需要做出新的调整。

基本结论：该文从新结构经济学的角度研究了中国轻工制造业企业对劳动力成本上涨的不同应对。使用第一手试点调查数据，该文发现劳动力成本上涨一直是企业面临的首要挑战，尽管技术升级是企业应对的主导策略，但不同企业的反应有很大差异。此外，该文发现行业和企业的劳动密集度是决定企业应对劳动力成本上升不同策略的决定因素，劳动密集度高的行业和企业更有可能选择搬迁而不是技术升级。

主要贡献：该文旨在解释中国轻工制造业企业对劳动力成本上涨的不同反应。为此，该文在理论上，通过采用企业层面的微观证据研究要素禀赋结构（资本劳动比）如何影响行业层面对劳动力成本上涨的应对策略来完善新结构经济学（NSE）的理论。

现实意义：在实践方面，该文可以就如何为不同类型的企业制定不同的应对政策向决策者提供政策建议，以帮助他们应对劳动力成本上涨的挑战。

4. Yong Wang. A model of industrialization and rural income distribution [J]. China Agricultural Economic Review，2019，11（3）：507-535.

现实背景：该文旨在探讨（去）工业化过程与农村收入分配如何相互影响，以及它们对经济增长和福利的影响。

基本结论：该文建立了一个异质性家户的动态一般均衡模型，以分析（去）工业化如何与农村收入分配相互作用，并且还探讨了其对GDP总量增长、农村收入分配的演变以及福利的影响。再分配政策有时会通过提高具有更高的收入需求弹性（或更高的生产率）的商品生产来提高GDP和福利，对这些商品的总需求由于收入不平等而受到抑制；再分配政策也可通过内化私人生产和消费决策对未来公共生产率的动态影响来提高GDP和福利。

主要贡献：该文从多个方面为工业化和结构转型文献做出贡献。首先，该模型的一个主要新颖特征是，恩格尔定律是由准线性效用函数刻画，该函数不同于以往文献中的标准非齐次函数。其次，该文通过展示当部门生产率变化是内生时，（去）工业化是如何运行的，为结构变迁文献做出了贡献。该文还研究了农村收入分配的决定力量及其在结构变迁和城乡迁移过程中的动态演变。

现实意义：该研究表明，农村收入分配和（去）工业化具有内在联系，因此，一个过程的政策或制度扭曲通常会影响另一个过程。再分配政策可能会通过促进工业化来提高GDP和福利。

5. 张一林，林毅夫，龚强. 企业规模、银行规模与最优银行业结构 [J]. 管理世界，2019（3）：31-47，206.

研究背景：在任何国家，银行业都是金融体系的核心部分。然而，不同国家银行业的结构存在显著差异，但一个普遍性的规律是，一个国家的经济发展水平越高，其国内银行的平均规模往往越大，银行业结构越偏向于以大银行为主导。为何银行业结构与经济发展水平之间呈现出这样的关系？银行业的结构如何影响银行业的整体效率？发达国家的银行业结构是否适合于发展中国家？一个国家是否存在“最优”的银行业结构？最优银行业结构是否会随着该国发展阶段的变化而变化？对这些问题的探讨有助于我们理解银行业结构与经济发展的关系，也有助于针对一个国家的经济特征制定相适应的金融发展与银行监管政策。

基本结论：文章从理论上探讨企业规模与企业融资渠道偏好的关系，为“最优银行业结构”理论提供了一个微观基础。首先，考虑了一个由连续统的企业和银行构成的经济，其中银行分为大银行和小银行，所有参与者均为风险中性。企业和银行的所有者同时也是各自的经营者，企业和银行内部无委托代理问题，企业间以及银行间都为完全竞争。其次，构建了企业融资与大小银行的博弈时序，并在此基础上说明大银行和小银行决策方式的差异。再次，大银行融资和小银行融资的最大区别在于提供资金的前提条件不同，大银行的规模特性决定了大银行难以有效甄别企业的软信息，在这种情况下，大银行提供资金的前提条件是企业拥有足够的抵押，大银行利用抵押和清算制度防范企业家风险。小银行提供资金的前提条件则是小银行自身具备足够的软信息甄别能力，而企业是否拥有足够的抵押并不构成小银行提供资金的必要条件。最后，研究表明企业的规模决定了企业的信息特征和风险特征，银行的规模决定了银行克服信息不对称和为企业提供金融支持的方式，特定规模的银行只有在服务特定规模的企业时，才能充分发挥自身的比较优势，以最低的成本为企业提供最有效的金融支持，由此也决定了不同规模的企业对不同规模的银行有着不同的金融需求。总之，大企业选择向大银行融资能够最小化贷款利息支出，中小企业更容易从小银行获得金融支持。

主要贡献：文章从新结构经济学的视角考察了企业规模、银行规模和企业最优融资渠道之间的关系，为最优银行业结构理论提供了理论基础；扩展了已有文献只关注银行业结构的供给层面，而忽略了银行业结构的需求层面，正如文章指出的，不同规模的企业具有不同的企业特性和金融需求特征，而不同规模的银行具有不同的融资特性和比较优势，只有当企业的特性与银行的融资特性相互匹配时，银行的比较优势才能充分发挥，企业的金融需求才能得到充分满足。

现实意义：我国正处于金融体制改革的重要时期，文章的研究为中国未来银行业的发展指明了方向。第一，改善银行业结构，满足中小企业对中小银行的金融需求；第二，发展中小银行需辅以审慎监管，对中小银行实施严格的资本金要求；第三，发挥大银行在支持大企业和大规模投资方面的比较优势，适当减少大银行承担的支持中小企业发展的政策性负担。

6. 郑洁，付才辉，赵秋运．发展战略与环境治理［J］．财经研究，2019，45（10）：4-20，137.

研究背景：随着中国特色社会主义进入新时代，社会主要矛盾已经转化为人民日益增长的美好生活需要和不平衡不充分的发展之间的矛盾，环境问题也愈发重要，国家将污染防治作为全面建成小康社会的三大攻坚战之一。不仅如此，学术界也认为环境治理是解决环境污染问题的有效手段，立足于我国现实，发现我国仍然存在长期环境治理严重不足的问题，究其原因在于中国式地方政府竞争机制。但是，已有研究未能较好地解决反向因果等内生性问题，并且大多是基于新古典理论框架下对其进行解释，暗含了企业具有自生能力等。于是，文章从新结构经济学视角分析发展战略与环境治理的相关问题。

基本结论：文章根据新结构经济学相关理论，提出三个假说，一是在其他条件不变的前提下，发展战略越是违背比较优势，环境治理水平越不足；二是发展战略越是违背比较优势的地区，其企业自生能力将越弱，导致环境治理水平也越低；三是发展战略越是违背比较优势的地区，其财政赤字将越严重，环境治理水平也越低。为了验证以上三个假说，文章基于 1997—2016 年 30 个省级地区的面板数据进行实证检验，并得到了与假说一致的研究结论。

主要贡献：文章立足于新结构经济学，从企业自生能力出发对环境治理的相关问题进行解释。文章的可能贡献有三个：一是基于新结构经济学视角，对发展战略影响环境治理进行理论和实证分析，并识别出其主要影响机制，即企业自生能力机制和财政赤字机制；二是在环境治理指标选取上更为全面，根据污染产生过程和政府环境治理手段，选取地方环保法规和行政规章数、排污费、行政处罚案件数、环保人员数和环境治理投资总额等五类指标，并利用熵权法构造环境治理综合指数来度量环境治理；三是内生性问题的处理，根据已有研究和我国发展战略的历史演变逻辑，较为创新地选取“离受威胁地最短距离”和“老工业基地数目”作为发展战略的外生工具变量，有效识别发展战略对环境治理的影响及其机制。

现实意义：以上研究对于中国未来环境治理具有重要的政策启示：环境治理的最优发展战略是遵循比较优势的内生结果，只有当企业具有自生能力，政府的环境治理政策才能够得到有效执行，成为硬约束，企业在此条件下才会进行绿色技术创新、优化产能结构，走上波特效应的发展路径。不仅如此，环境污染的外部性决定了环境治理的外部性，因此政府在环境治理上需要更有作为。

7. 王勇．从新结构经济学角度看我国当前的财政政策调整［J］．学习与探索，2019（8）：132-137，192.

研究背景：作为处于中等收入阶段的 GDP 总量世界第二的大国，我国内部的经济结构在不断地调整，面临“中等收入陷阱”的挑战，处于从高速度增长向高质量增长转变的新常态。2018 年全国一般公共预算收入达 183352 亿元，全国一般公共预算支出为 220906 亿元，财政政策是实现国家某些目标的重要手段，财政的“收”与“支”的能力、体量、结构与影响都与发展阶段及国际环境密切相关。因此，有必要从新结构经济学的角度探讨如何调整我国的财政政策。

基本结论：首先，我国正在同时经历结构转型、经济转轨、对外开放以及大国崛起这四个结构性的过程，是一个处于中等收入阶段的大国，而且具有“垂直结构”的显著特点。对于结构转型与产业升级过程，财政政策体现在相关的税收、补贴、基础设施投资等很多相关方面，税基也在随着经济结构发生变动；对于经济转轨过程，需要研究补贴和税收政策，消除和纠正低效或者无效的补贴，优化税收结构；对于经济开放过程中，财政政策与国际贸易、资本和技术的流动一起，影响国际收支平衡；对于大国崛起过程，需要考虑对与国防和经济安全有关的战略型产业的财政支持。其次，按照新结构经济学五大类产业的划分，即战略型、追赶型、领先型、转进型和换道超车型产业，针对中国的不同发展阶段，需要适时分析在每一类产业中财政政策应该发挥什么样的作用，比如，战略型产业应该增加财政政策，鼓励自主创新；追赶型产业，通过产业园区和其他方式对外资进行财政补贴，促进对先进技术的吸收与学习，尤其是对发达地区要改善产业的营商环境、提升软的制度安排，降低企业交易成本和对人才的搜寻成本，为产业升级提供各种便利服务；领先型产业处于技术前沿，需要注重研发投入在财政支出中的效率问题，同时，还要考虑产业内和产业间的外部性以及一般均衡效应；针对转进型产业应该从产业国际转型和对外投资援助的角度进行考虑，作为大国的中国这些对外的财政政策可能也具有一定的乘数效应；针对换道超车型产业在财政上给予扶持等。最后，阐述了各级政府官员的激励问题与财政政策执行效果。有效的财政政策的落实执行，最终都要依靠各级政府的官员，所以对他们的考核标准将对财政政策产生重要影响。

主要贡献：从新结构经济学的角度探讨如何调整我国的财政政策，是“有为政府”在财政政策这个具体问题上的运用。

现实意义：文章结合我国正在同时经历的结构转型、经济转轨、对外开放以及大国崛起这四个结构性的过程，以及显著的“垂直结构”特点，重点探讨了这些结构性因素对于财政政策的影响。同时，按照新结构经济学划分的“战略型”“追赶型”“领先型”“转进型”“换道超车型”这五大类产业，分析了各自对应的财政政策的差异。这些结构性差异要求我们必须结合发展阶段、经济结构、外部宏观环境，以及各级政府官员考核激励机制来全面考虑如何调整我国财政政策的制定、执行与评估。

8. 林毅夫．我在经济学研究道路上的上下求索［J］．经济学（季刊），2018，17（2）：729-752.

研究背景：林毅夫教授自1986年在芝加哥大学经济系拿到博士学位开始，独立进行经济学的研究已经有30余年，文章系统梳理总结了林毅夫教授研究中国经济发展和转型问题的一些心得。

基本结论：首先介绍了林毅夫教授在芝加哥大学有关农业经济学的相关研究，尤其是中国的农业生产制度改革、农业合作化运动和农业现代化三个方面。其次是新结构经济学的研究，基于中国和其他发展中国家的现象和问题，在2009年担任世界银行首席经济学家的过程中他首次提出新结构经济学，新结构经济学从现代经济发展的本质来说是以决定劳动生产率水平的技术不断创新、产业不断升级，以及决定交易费用的软硬基础设施不断完善的结构变迁过程作为切入点，倡导以新古典的方法来研究经济发展过程中经济结构及其变迁的决定因素，主张在每一时点的经济结构内生决定于该时点给定的要素禀赋结构，强调思想理念在经济发展和转型成败上的决定作用。最后，介绍了林毅夫教授在新制度经济学、经济史、中国文化复兴和经济学方法论等领域的研究。

主要贡献：该文系统梳理了林毅夫教授多年的研究成果，使得我们能更好地理解新结构经济学的来龙去脉以及在未来经济学研究中的运用。新结构经济学是一座理论的金矿，值得我们一起努力，共同挖掘。

现实意义：理论的目的在于帮助人们认识世界，改造世界，新结构经济学是一个有别于现有的发展和转型经济学的理论体系，让我们运用新结构经济学的分析方法来实现改造世界的目的。

9. 林毅夫，向为，余淼杰．区域型产业政策与企业生产率［J］．经济学（季刊），2018，17（2）：781-800.

研究背景：自20世纪80年代以来，中国企业生产率迅猛提升，经济增速耀眼，有关研究指出产业政策促进企业优异表现，而经济开发区作为一种典型的区域产业政策，在区域经济发展过程中扮演着举足轻重的角色。但是，也有部分研究认为区域型产业政策可能造成开发区内资源与经济活动集中，开发区外资源缺失。换言之，在给定区域内，经济开发区对开发区内经济影响积极，对开发区外的经济活动造成消极影响。因此，经济开发区对于地方经济增长的总体影响不明确。此外，从研究内容来看，以往文献关注地区宏观加总变量，无法较好地理解微观企业的经济绩效。因此，文章基于企业生产率视角，研究国家级经济开发区与企业生产率的关联。

基本结论：通过利用2000—2005年中国规模以上工业企业数据库与国家级经济开发区的地理信息，有效识别企业是否位于经济开发区内，并采用系统GMM方法和LP方法估计企业生产率，使用扩展的OP方法和LP方法所估计的企业生产率进行稳健性检验。

同时，使用经济开发区内企业到离其最近的高速公路的距离的对数的倒数的最小值作为经济开发区哑变量的工具变量，较好地解决了模型的内生性问题。研究发现，平均而言，国家级经济开发区对企业全要素生产率存在提升作用。文章检验经济开发区对企业生产率影响的四种机制，发现经济开发区内企业的“生产率溢出”并非由政府挑选高生产率企业所致，经济开发区主要通过提供更好的政策环境（比如更低税收）来提升企业生产率。从企业生产率视角出发，经济开发区内的集聚效应并不明显。

主要贡献：第一，文章首次使用微观数据与严格计量方法探究区域产业政策对企业生产率的影响及其机制，并基于企业全要素生产率视角，丰富细化对于区域型产业政策效应的理解；第二，文章着眼于企业这一微观决策单元的表现，为评估中国国家级经济开发区的效果提供了全新思路；第三，文章对解决关于经济开发区实证研究中存在的内生性问题做出了一定贡献。

现实意义：从新结构经济学“有为政府”角度来看，政府应为企业提供更好的政策环境，从而促进企业全要素生产率提高，在经济开发区内的产业布局方面，相关部门应考虑如何有效促进形成企业间集聚效应。

10. 王勇 . 产业动态、国际贸易与经济增长［J］. 经济学（季刊），2018，17（2）：754-780.

研究背景：国际贸易如何影响经济增长与产业动态？在既有文献中，尤其是实证研究中国家贸易对经济增长的影响并未达成一致意见；而关于国际贸易和动态贸易政策对工业化和产业动态生命周期的影响，多数是使用封闭经济模型研究农业、工业和服务业这三个行业的结构组成的演变，未能较好刻画国际贸易是如何影响经济起飞的。基于此，文章构建理论模型论证国际贸易对产业动态和经济增长的影响。

基本结论：文章构建了一个具有两个大国的新结构经济学理论模型，讨论国际贸易与动态贸易政策将如何影响产业的动态生命周期和宏观经济增长。理论模型主要发现有两点：一是产业升级和宏观经济增长是内生性地同步进行的，而且，当且仅当跨期替代弹性大于 1 时，发生在贸易伙伴国的投资专属的技术进步才会促进本国的产业升级和总体经济增长；二是贸易自由化的加速对宏观产出增长和产业动态的影响是非单调的。

主要贡献：第一，对国际贸易与经济增长的实证文献给出一个理论上的统一解释，论证了贸易和贸易政策对经济增长的影响有可能是非单调的，在国际贸易及动态贸易政策如何影响经济增长的问题上，文章首次强调了跨期替代弹性的重要性；第二，在经济环境中存在无穷多个具有不同资本密集度的产业，这种设定更加符合现实，可以在微观层面探究在无穷无尽的产业升级过程中，贸易对于每一个产业的动态生命周期的影响。

现实意义：解释了以往实证研究中国际贸易与经济增长研究结论不一致的问题，并从新结构经济学视角分析国际贸易、产业升级与经济增长的动态关系，为以后的实证研究奠定了基础。

11. 王勇，沈仲凯 . 禀赋结构、收入不平等与产业升级［J］. 经济学（季刊），2018，17（2）：801-824.

研究背景：在现实中，个体消费随着收入的提高而不断丰富，不同商品之间存在一定的消费次序，另外，同一类商品往往也存在多种生产方式，从资本密集度上分为劳动密集型与资本密集型，随着经济发展和资本积累，产业生产方式向着资本密集度转变。美国1958—2011年的473个制造业数据显示随着经济发展，制造业的产业升级总是由相对劳动密集型向资本密集型的生产方式转移；此外，世界银行 All the Ginis 项目等数据也显示劳动收入占比与基尼系数之间呈现负相关关系。换言之，收入不平等程度总体上呈现上升趋势。在此基础上引入收入不平等结合禀赋结构这一供给侧的影响，进一步考察需求侧对于产业升级的影响。

基本结论：文章在新结构经济学理论框架下引入异质性家户与非位似偏好，构建一个具有无穷部门的一般均衡模型考察内生的收入不平等与产业升级之间的互动关系。文章将产业升级定义为同一产业内部的生产技术由劳动密集型升级到资本密集型，而后者由于实现了机械化与标准化的生产，所以呈现规模报酬递增。研究发现，劳动资本比的上升、资本密集型产业的固定成本上升或生产率水平下降，均会降低收入不平等程度，模型还证明劳动收入占比与收入不平等之间呈线性的负相关关系。该文还发现，收入越不平等，则产业升级所要求的总体经济的最低禀赋结构水平反而越低。此外，收入不平等与产业升级的程度之间呈现倒“U”形关系。

主要贡献：该文在新结构经济学理论框架下通过理论模型考察了禀赋结构与收入分布对产业升级的影响。构建一个一般均衡模型考察内生的收入不平等与产业升级之间的互动关系。研究表明劳动收入占比与基尼系数呈负相关关系，此外，收入不平等与产业升级之间具有倒“U”形关系。文章也为从产业升级维度解释各国劳动收入占比普遍下降的趋势提供了思路。

现实意义：文章认为未来有三个重要的拓展方向：一是考察开放经济条件下，收入不平等与产业升级之间的关系；二是考虑动态系统；三是考察多种要素不平等，例如人力资本的异质性等。

12. 林晨，陈斌开．重工业优先发展战略对经济发展的长期影响——基于历史投入产出表的理论和实证研究［J］. 经济学（季刊），2018，17（2）：825-846.

研究背景：第二次世界大战之后，在“大推进”“中心-外围”等理论思潮的影响下，很多发展中国家选择了重工业优先发展战略，因为政府的干预有利于克服投资领域的市场失灵，并可以带来规模收益，帮助落后国家脱离贫困陷阱。但是，重工业优先发展战略也会带来市场扭曲、资源错配等负面后果。基于此，文章基于历史投入产出表从经验上回答重工业优先发展战略是否为改革开放之后中国经济的快速发展奠定了坚实基础。

基本结论：文章通过构造多部门模型刻画轻工业技术选择与重工业技术之间的关系，研究表明轻工业的技术选择不仅取决于轻工业技术本身的特征，还受到本国重工业基础的影响。理论模型显示当重工业技术水平较高时，密集使用重工业投入的轻工业技术效率较高，而当重工业技术水平较低时，密集使用劳动的轻工业技术效率较高。进一步通过微观与宏观的数据显示重工业优先发展战略提高了重工业的技术水平，但没有改变轻工业技术选择的方向。1957—1992年的技术效率变化中，1957—1973年重工业技术系数变化贡献了34. 3%，1973—1987年重工业技术系数变化贡献了-14. 1%，而1973—1987年轻工业技术系数变化贡献了55. 8%。

主要贡献：第一，通过整合宏观统计数据和微观企业数据构建了中国1957—1973年历史投入产出表，刻画了重工业部门的前后向关联和技术外溢效应。第二，基于古典多部门分析框架，从理论上刻画了产业间关联效应，分析了重工业优先发展对轻工业技术选择的影响，从产业关联视角拓展了新结构经济学最优产业/技术选择的理论框架。第三，以历史投入产出表数据为基础，量化研究了重工业优先发展战略的长期影响，实证检验了产业结构变迁过程中的政府作用，为新结构经济学的实证研究做了有益补充。

现实意义：对于发展中国家，尽管优先发展重工业对技术效率提升有一定作用，但符合比较优势的轻工业技术的发展才是经济增长的核心动力。

13. 杨子荣，张鹏杨. 金融结构、产业结构与经济增长——基于新结构金融学视角的实证检验［J］. 经济学（季刊），2018，17（2）：847-872.

研究背景：已有文献中关于金融结构与经济发展的结论并未达成一致意见，然而，金融市场是否一定是比银行更加有效的制度安排？发展中国家的金融结构是否应当模仿发达国家，在金融市场的发达程度上进行赶超？决定一国最优金融结构的根本因素究竟是什么？这都是有待解决的关键问题。

基本结论：文章提出两个理论假说，一是金融结构只有与产业结构相适应时，才能够促进产业增长；二是金融结构只有与特定发展阶段要素禀赋及其结构内生决定的产业结构相适应时，才能够促进经济增长。文章选取中国 2001—2008 年的省际面板数据，利用面板门限模型实证检验不同的经济发展阶段和产业结构条件下，金融结构与产业增长以及经济增长的非线性关系，主要结论有：当产业结构以低风险产业为主时，银行导向型的金融结构更有利于产业增长，而当产业结构以高风险产业为主时，市场导向型的金融结构则是更优选择；产业结构与特定发展阶段的要素禀赋及其结构相符合，金融结构与产业结构相符合，是金融结构促进经济增长的两大必要条件。

主要贡献：文章从金融结构与经济发展阶段以及产业结构相互匹配的角度对最优金融结构进行探讨，主要的贡献有：第一，文章基于新结构金融学视角，为不同地区和同一地区不同发展阶段的金融结构的巨大差异提供了新的解释，为金融结构与经济发展之间的内在联系奠定了理论基础。文章发现金融结构只有内生于与特定发展阶段的要素禀赋及其结构相适应的产业结构，才能最大限度地发挥金融体系的效率，促进经济的可持续发展。第二，文章为中国不同地区和同一地区在不同发展阶段如何制定最优金融发展战略与安排金融结构提供了现实依据。

现实意义：本研究对于中国金融结构政策具有一定的启示意义：第一，在样本期内，银行是更符合中国实体经济需求的融资渠道；第二，注重产业结构与特定发展阶段的要素禀赋及其结构相适应，是发挥金融体系资源配置与风险分散等功能的基础；第三，应加强金融机构管理，完善金融结构功能，使得金融机构能够有效发挥其作用。

第三节　重要著作

1. Justin Yifu Lin, Alojzy Zbigniew Nowak. New structural policy in an open market economy［M］. Warsaw：University of Warsaw Faculty of Management Press，2018.

研究背景：这本新的双语出版物由林毅夫教授和 Alojzy Z. Nowak 教授共同编写，是对两位教授在2017年出版的 *New Structural Economics for Less Advanced Countries* 中所讨论问题的延续。

内容提要：本书分析了当前经济发展以及全球化进程中存在的困境。寻找新的系统解决方案来解决全球范围内遇到的若干问题，似乎是一项非常复杂的任务。然而，新结构经济学为许多与发展有关的困境提供了宝贵的启示，比如，政府在参与经济发展过程的规模、作用和性质。

基本结构：全书包括两个部分11篇学术论文，具体内容为：（1）全球经济的未来是什么？（2）自由贸易还是不受束缚的国家/企业利益？（3）关于新全球经济的欧洲政策议程；（4）世俗的结构过程，意外的结果；（5）针对中等收入陷阱的资本控制；（6）因势利导的政府与经济发展：政府在新结构经济学中的作用；（7）新结构经济学在波兰现代化以及经济创新性提高中的运用；（8）追赶OECD国家经济发展的过程以及外国直接投资在此过程中的作用；（9）波兰外国投资的法律环境；（10）政府可以变成汽车创新中心吗？（11）波兰走上中国丝绸之路：发展的机遇还是挑战？

主要贡献：本书是向读者提供的第二本波兰文-英文双语出版物，旨在激发人们对其所考虑主题的讨论。本书分析了新结构经济学理论的前提假设，并研究了如果采用新结构经济学的准则，那些希望赶上最先进经济体的发展中国家的发展可能性。该书还对波兰的发展机遇和动力做了坚定而合理的陈述。

现实意义：在当前全球化的背景下，各国经济发展面临新的困境，从而需要寻找新的系统解决方案来解决这些问题，需要对依赖新自由主义原则、依据华盛顿共识的全球化进行深刻的反思，此时，新结构经济学为许多与发展有关的困境提供了宝贵的启示，并有助于解释相关疑问。

2. 林毅夫，张军，王勇，寇宗来. 产业政策：总结、反思与展望［M］. 北京：北京大学出版社，2018.

研究背景：2016年8月21—22日北京大学新结构经济学研究院与复旦大学经济学院以在复旦大学联合举办的“产业政策研讨会”内容为基础，同时邀请了在此领域颇有建树的专家学者对产业政策问题进行了全方位的解读，以在产业政策、产业升级与结构转型领域共同探索学术研究与政策实践相结合的有效路径。根据参会人员的讨论等整理成该著作。

内容提要：中国经济正处于一个大变革时代，产业政策在经济增长、转型与升级等方面扮演了举足轻重的角色。那么，产业政策在过去的经济发展中起到了什么样的作用？中国过去所执行的产业政策是成功的还是失败的？在既有的产业政策制定和执行的过程中产生了哪些问题？未来中国的产业政策制定的依据是什么？应该如何着手？需要注意哪些问题？系统回答上述问题，对于破解当下中国经济面临的难题具有极其重要的意义。

基本结构：全书共6章，第1章介绍了产业政策的林张之辩，包括林毅夫教授从新结构经济学视角分析了产业政策与国家发展，张维迎教授的“我为什么反对产业政策”，以及林毅夫教授对于张维迎教授的若干回应；第2章是对现行产业政策的总结与反思，许成钢、黄益平、寇宗来等教授论述了制度在产业政策中的作用，怎样才算好的产业政策，以及在“特惠”视角下产业政策的关键问题等；第3章介绍了产业政策中政府与市场的关系，赵昌文教授系统分析了产业政策与政府和市场的边界，王勇副教授从新结构经济学视角分析了产业政策中的有效市场与有为政府，戚聿东教授分析了产业政策的竞争转型，付才辉研究员基于新结构经济学视角对产业政策的边界及其作用方式进行了界定并论述了政府在经济结构转型升级过程中的作用，耿曙研究员和陈玮研究员分析了“发展型国家”的兴衰及其对中国转型的启示，郭强教授论述了政府“不越位”比“有为”重要；第4章介绍了产能过剩、产业升级与技术创新，贾康经济学家分析了产业政策与供给侧改革，刘守英教授等人分析了提高产品复杂度与中国产业升级路径，刘学军主编论证了产能过剩与产业政策转型；第5章介绍了产业政策的实践，包括中国关于转售价格维持的立法与执行实践、最低工资标准、开发性金融、建章建制型产业政策、能源环境问题中的产业政策、中国物联网产业政策、产业政策与长三角区域协调发展等；第6章介绍了产业政策未来的发展，平新乔教授分析了关于产业政策的若干理论问题，顾昕教授从产业政策治理的政治经济学视角论述了发展主义的岔路口。

研究意义：给定人们对产业政策的不同认识，通过公开的讨论乃至辩论，进而有助于厘清有关产业政策的分歧、澄清相关误解，尽可能充分明确地展示各方观点的内部逻辑和外部论证，从而从整体上提高全社会对于产业政策的认识，为将来进一步的研究与实践打下更好的基础，尤其是对于学术研究来说，该著作有助于使得关于产业政策的各方达到“和而不同”的状态。

3. 林毅夫，付才辉．解读世界经济发展［M］．北京：高等教育出版社，2019.

研究背景：2008年全球经济金融危机至今，中国经济对世界经济增长的贡献超过30%，中国经济之所以在世界经济中有如此举足轻重的地位，得益于中华人民共和国成立70年尤其是改革开放40多年所取得的发展与改革成就。林毅夫等1994年出版的《中国的奇迹：发展战略与经济改革》是研究中国经济奇迹的经典之作；2011年，林毅夫首次提出，中国的经济转型升级和比较优势的转移，会给低收入的发展中国家创造巨大的工业化、现代化的发展机会；2017年首届“一带一路”国际合作高峰论坛召开之际，《世界经济结构转型升级报告——新结构经济学之路》发布，进一步修改后形成该书。

内容提要：全书共12章，阐释并分析了世界经济结构变迁的历史、现状、趋势与方案。在内容上，该书延续了《新结构经济学》《繁荣的求索》《从西潮到东风》《超越发展援助》和《战胜命运》等新结构经济学系列著作的核心内容。

基本结构：第1章概述了世界经济秩序、格局、理论与思路的变迁，为全书的绪论，并且系统介绍了新结构经济学作为取代战后旧结构主义与新自由主义的第三代发展经济学的理论与思路，概括性介绍了经济结构变迁的新结构经济学理论框架。第2章在更广阔的世界历史视野下，论述了经济结构变迁是发展的关键，既是对第1章所介绍的新结构经济学框架的理论深化，也是历史检验。新结构经济学在给定资源禀赋下求解最优经济结构，按此理论框架，本章量化核算了战后至今世界各个经济体的经济结构变迁对经济增长的影响，确认了经济结构转型升级是发展的关键。第3章应用新结构经济学的基本原理追踪了世界经济结构变迁的历史轨迹，并归纳了前沿发达经济体、发展中经济体以及陷入低收入陷阱和中等收入陷阱的经济体的结构变迁轨迹特征。第4章探寻了战后发展典范的经济结构变迁规律。第二次世界大战以后，有13个经济体实现了连续25年超过7%的经济增长，堪称发展典范，它们具有5个典型特征事实：对外开放、宏观稳定、禀赋积累、有效市场和有为政府，本章通过一一复原其经济结构转型升级的历程，以案例形式展现了新结构经济学所揭示的按照比较优势进行结构变迁的规律，统一解释了它们的典型特征事实。第5章以战后这13个发展典范的经济结构转型升级轨迹作为标杆，测评了世界各个经济体结构转型升级的达标程度及其效果。第6章以制造业及其就业结构变迁为焦点分析了世界经济结构变迁中的发展与机遇，本章继续应用新结构经济学的基本原理探索了全球制造业就业结构随禀赋结构变化而变化的一般规律与特征，并估算了其缺口。第7章以制约经济结构转型升级的瓶颈为焦点分析了世界基础设施建设，本章介绍了从局部到整体渐进式改善基础设施的中国经验，概括了世界各地区的水、电、交通、电信、互联网、能源等基础设施随发展阶段而变化的建设状况，归纳了发达国家与发展中国家的基础设施建设差异。第8章探讨了全球经济金融危机的根源及其出路，本轮危机发端于美国在房地产泡沫破灭后出现的金融体系崩溃。由于发达国家自身的结构性改革空间有限，全球经济金融危机的根本出路在于超越凯恩斯主义进行全球基础设施投资，以及超越狭隘的国家利益重构全球金融货币体系。然而，发展中国家比发达国家更易遭受经济波动的冲击，遵循比较优势发展是规避经济波动和金融危机的有效方式。第9章在回顾历史的基础上探讨了走向全新的国际货币金融体系的可能性，全球经济金融危机凸显了国际货币体系的主要缺陷，本章也探讨了发展中国家在当今非对称的国际货币金融秩序下所采取的在发达国家或主流理论看来是“错误”的货币金融制度安排其实有其合理性。第10章梳理了中国与世界经济结构转型升级的关系，发达国家依然是中国通过学习利用后来者优势的对象，需要充分利用中国与高收入经济体的经济结构转型升级，从发达国家“引进来”也能够促进中国与发达经济体的经济结构转型升级，中国有带给发展中经济体的产业转移机会与基础设施建设能力。第11章专门探讨了“一带一路”倡议如何推动世界经济发展，本章梳理了过去五年来“一带一路”倡议的主要进展，包括产能合作与经贸合作区、经贸投资成效、企业转型升级、人民币国际化等重要方面，以及“一带一路”沿线各国与中国各地区如何发挥比较优势参与“一带一路”。第12章总结了新结构经济学指引下的世界经济繁荣稳定之路，提供了一套推动世界各国经济结构快速、包容、可持续转型升级的新结构经济学措施，并附上了一份联合国工业发展组织开发的新结构经济学“增长甄别与因势利导”技术手册。

研究意义：本书是新结构经济学的一个初步应用和检验，尤其是为发展中国家的转型与发展提供了可行的方案，因为国际主流理论大多以发达国家的各种制度安排为假设前提，并将其理论适用于发展中国家，以期达到改造世界的目的，但是这种研究范式往往会使得发展中国家陷入发展困境。本著作通过对不同国家所处发展阶段的观察，通过对比发达国家与发展中国家相关的制度安排和软硬基础设施的异同，提供具有可行性的发展方案。

4. 林毅夫，付才辉．新结构经济学导论（试行本）［M］．北京：高等教育出版社，2019.

研究背景：习近平总书记2016年5月17日在哲学社会科学工作座谈会上强调“这是一个需要理论也必然产生理论的时代，这是一个需要思想也必然产生思想的时代，学科体系同教材体系密不可分，学科体系建设不上去，教材体系就上不去；反过来，教材体系上不去，学科体系就没有后劲”，随后中央在 2018 年 8 月 24 日发布的文件中也提出要大力发展新工科、新医科、新农科和新文科，在这些领域培养更多卓越的人才。经济学作为社会科学的明珠，是新文科的重点领域之一。新结构经济学是中国社会科学理论自主创新的一个方向，也是发展新文科的一个重要探索。在此背景下，新结构经济学研究院出版了该书。

内容提要：新结构经济学的研究发端于转型经济学和发展经济学，但引进结构内生性以后，涉及经济运行的所有经济学领域，全书对新结构经济学做了比较完整的导论，全书分上下册共 20 章，系统阐述了新结构经济学以历史唯物主义哲学观为指导，运用现代经济学的方法来构建真实世界现象背后逻辑体系的基本原理，以及秉持“知成一体”学风来认识世界和改造世界的新结构经济学应用。

基本结构：上册共 10 章分别阐述新结构经济学的来龙去脉、方法论等。第 1 章介绍新结构经济学概况，第 2 章介绍包括新结构经济学在内的现代经济学的基本方法与主要流派，第 3 章介绍新结构生产理论，第 4 章介绍新结构增长理论，第 5 章介绍新结构储蓄理论，第 6 章介绍新结构创新理论，第 7 章介绍新结构转型经济学，第 8 章介绍新结构分配理论，第 9 章介绍新结构公共经济学，第 10 章介绍新结构经济学核算。下册共 10 章分别阐述了历史唯物主义方法论与新结构经济学揭示经济基础与上层建筑辩证关系的生产结构供求原理，以及新结构经济学基本原理在各个领域的引导和应用。第 11 章介绍新结构政治经济学，第 12 章介绍新结构产业经济学，第 13 章介绍新结构金融学，第 14 章介绍新结构劳动经济学，第 15 章介绍新结构空间经济学，第 16 章介绍新结构国际经济学，第 17 章介绍新结构周期理论，第 18 章介绍新结构环境经济学，第 19 章介绍新结构制度经济学，第 20 章介绍应用新结构经济学。

研究意义：该书为新结构经济学学科体系的建设奠定了理论基础，是新结构经济学研究者的必读教材，也是第一本比较正式的新结构经济学自主理论创新的范本。该著作不仅从新结构经济学的分析视角对多个学科的相关研究命题进行解读，也为将来在中国各个高校开展新结构经济学的课程教学提供了学习教材和研究工具。

第四节　学术会议

两年来，为推动新结构经济学研究的深入开展，深化自主理论创新，夯实学科建设基础，推进国内外政策实践和交流合作，国内外召开了数十场相关会议。除了具有里程碑意义的研究院成立大会，我们从中选出了具有代表性意义的学术研究与交流、学科建设与人才培养、政策发展实践会议，并简要介绍每场会议的主题、讨论内容、活动意义或社会影响等内容。

一、新结构经济学研究院成立大会

会议主题：新结构经济学研究院成立、自主理论创新

主办单位：北京大学新结构经济学研究院

会议时间：2018 年 12 月 14 日

会议地点：北京，北京大学

会议概述：北京大学新结构经济学研究院成立大会于 2018 年 12 月 14 日在北京大学举行，北京大学校长郝平、教育部社科司司长刘贵芹、国家国际发展合作署国际合作司负责人田林、埃塞俄比亚总理特别顾问阿尔卡贝・奥克贝（Arkebe Oqubay）、诺贝尔经济学奖得主罗杰・梅森（Roger Myerson）和埃德蒙・费尔普斯（Edmund Phelps），以及来自清华大学、复旦大学、普林斯顿大学、斯坦福大学、剑桥大学等国内外兄弟院校和有关政府部门、国际机构、企业和媒体的 400 多名专家代表齐聚一堂，共同见证研究院的成立揭牌仪式。

贝宁总统、波兰总理、塞内加尔总统发来贺信，郝平、阿尔卡贝、埃德蒙・费尔普斯、刘贵芹、田林、于品海和林毅夫先后致辞，并在众多来宾的见证下，共同为北京大学新结构经济学研究院揭牌。林毅夫教授在欢迎辞中表示了对各上级部门、各兄弟院校、学校各级部门以及国际顾问委员会成员、院董会成员、参会嘉宾、工作人员的衷心感谢。他表示，经济学研究的目的和理论的作用，不仅在于帮助人们认识世界，更重要的是帮助人们改造世界，造福世界。新结构经济学研究院将立足中国及其他发展中国家的发展经验，深化新结构经济学的理论创新、运用与推广，建成引领国际发展思潮的学术研究基地和世界一流的旗舰型智库机构。

大会召开了“自主理论创新，引领学科发展”圆桌论坛，围绕“西方经济学主流理论反思、社会科学自主理论创新、新结构经济学理论体系的学术价值、潜在贡献、未来展望、学科建设与合作”展开交流讨论。大会还召开了以“学科建设与合作”“政府和国内智库”“国际发展”和“企业发展”为主题的四个平行论坛，分别就“学术交流、人才培养、期刊合作、学科建设”“新时代下的智库使命和新征程中的政府作为”“理念的新趋势和动向、实践的行动方案”“中国产业与企业发展研究”进行讨论。

此次大会被称为“中国及发展中国家社会科学自主理论创新”的誓师大会，具有代表性意义。北京大学新结构经济学研究院是中国第一个以社会科学自主理论创新为宗旨的科研机构，其前身为北京大学新结构经济学研究中心，由世界银行前高级副行长兼首席经济学家林毅夫教授创办于 2015 年 12 月，是国家首批高端智库试点单位之一。

二、新结构经济学学术研究与交流

新结构经济学的学术活动包括年度活动、不定期专题研讨会和日常学术活动等。年度活动包括每年 8 月份举办的新结构经济学国际会议、每年 12 月份举办的新结构经济学冬令营，中华发展经济学年会、中国经济学年会等大型经济学学术年会举办的新结构经济学专场，以及与合作单位新结构经济学研究中心举办的年度新结构经济学研讨会等。此次重点介绍的学术会议包括第五届、第六届新结构经济学国际会议，“产业政策：总结、反思与展望”再讨论暨图书发布会，INET-INSE 新结构经济学联合研讨会（2018），以及第三届和第四届全球经济发展年度高峰论坛暨“中国与西方：国家在经济发展中的角色”专题研讨会。

1. 新结构经济学国际会议（2018、2019）

会议主题：经济转型、产业升级与经济增长、经济发展和发展经济学

主办单位：北京大学新结构经济学研究院

会议时间：2018 年 8 月 6—7 日，2019 年 8 月 9—11 日

会议地点：北京，北京大学

会议概述：新结构经济学国际会议是研究院一年一度的常规会议，通过集结国际学界有影响力的机构和学者，以开放平台展开新结构经济学领域的国际对话，适时推出全球学术共同体。

第五届新结构经济学国际会议于 2018 年 8 月 6—7 日在北京大学举行，会议主题是“经济转型、产业升级与经济增长”。与会者围绕产业结构转型升级、中等收入陷阱、贫困问题、贸易问题和消费与投资等问题展开讨论。Yongseok Shin、Akos Valentinyi、Alexander Monge-Naranjo、苗建军、金刻羽、王勇等多位颇具国际影响力的教授分别进行了主题演讲，来自海内外著名高校与研究机构的十余名学者也相继报告了学术成果。此次新结构经济学国际会议还特别邀请了 Erzo G. J. Luttmer、平新乔、朱胜豪、张玉哲等国内外知名学者参加。

第六届新结构经济学国际会议于 2019 年 8 月 9—11 日在北京大学举行。会议主题为“经济发展和发展经济学：过去 70 年的经验”，包括“中等收入陷阱”“中国宏观发展”“技术和收入分配”“政府在经济发展中的作用”“金融与发展”五个专题会和围绕“主流发展理论和政策的过去、现在与未来发展”主题的两场圆桌讨论会。

林毅夫教授发表题为《中国的 70 年发展和现代经济学的反思》（*China's 70 Years of Development and Reflections of Modern Economics*）的主旨演讲。新加坡国立大学李光耀公关政策研究院院长 Danny Quah 教授主持“中等收入陷阱”专场，华盛顿大学圣路易斯分校 Seigle Family 经济学讲席教授王平报告题为 *Flying or Trapped* 的论文，美国联邦储备银行（圣路易斯）助理副行长文一报告论文 *Case Studies of Middle Income Trap*，北京大学新结构经济学研究院副教授王勇报告论文 *The Sandwich Effect*：*Challenges for Middle-income Countries*，Michael Sposi、江深哲、Joseph Kaboski 分别就以上三篇论文进行点评讨论。

韩国国立首尔大学教授 Keun Lee 主持“中国宏观发展”专场，约翰霍普金斯大学教授胡颖尧报告题为 *Illuminating Economic Growth* 的论文，波士顿大学教授苗建军报告题为 *China's Housing Bubble*，*Infrastructure Investment*，*and Economic Growth* 的论文，多伦多大学教授朱晓冬报告论文 *Selective Migration and Agricultural Productivity Gap*：*Evidence from China*，朱晓冬、陈凯迹、钟灵分别进行点评。

波兰华沙大学经济学院院长 Alojzy Nowak 教授主持“技术和收入分配”专场，美国埃默里大学副教授陈凯迹报告论文 *Aggregate and Distributional Impact of Housing Policy*：*China's Experiment*，美国亚特兰大联邦储备银行研究部经济学家 Lei Fang 报告题为 *High-Skilled Services and Development in China* 的论文，北京大学新结构经济学研究院助理教授夏俊杰报告论文 *Getting Rich in China*：*An Empirical Investigation of Wealth Mobility*。夏俊杰、姚雯、赵波分别对以上论文进行点评讨论。

美国联邦储备银行（圣路易斯）助理副行长文一主持“政府在经济发展中的作用”专场，北京大学新结构经济学研究院助理教授王歆报告论文 *Development Strategy and*

International Capital Flows，美国爱荷华大学教授 Raymond Riezman 报告论文 *Optimal Infant Industry Policy*，美国加州大学伯克利分校哈斯商学院院长 Ann Harrison 教授报告论文 *Can a Tiger Change Its Stripes? Reform of Chinese State-owned Enterprises in the Penumbra of the State*，北卡罗来纳大学教堂山分校助理教授 Simon Alder 报告题为 *Political Distortions and Infrastructure Networks in China：A Quantitative Spatial Equilibrium Analysis* 的论文，Simon Alder、Yunfang Hu、张轶凡、徐铭梽分别进行点评讨论。

清华大学国家金融研究院院长、国际货币基金组织（IMF）前副总裁朱民博士发表题为《中国走向高收入阶段：部门生产率增长和结构性改革》（*China's Move into the High Income Category：Sectoral Productivity Growth and Structural Reform*）的演讲。

8 月 11 日，非洲开发银行副行长、首席经济学家 Celestin Monga 主持“金融与发展”专场，美国德州农工大学终身教授甘犁报告了论文 *The Impact of Labor Income Reward Plan：An EITC Experiment in China*，美国南卫理公会大学助理教授 Michael Sposi 报告了论文 *Demographics and the Evolution of Global Imbalances*，阿根廷科尔多瓦国立大学助理教授 Alfredo Schclarek 报告了题为 *The Maturity Lengthening Role of National Development Banks* 的论文，Albert Park、赵敏强、Zhiyun Li 分别就以上三篇论文进行点评讨论。

加州大学伯克利分校哈斯商学院院长 Ann Harrison 教授主持圆桌讨论，王燕、Danny Quah、Celestin Monga、Alojzy Nowak、Kuen Lee 先后发言，林毅夫、朱晓冬、Michele Boldrin、巫和懋、甘犁等十几位学者参与进行了热烈深刻的讨论。

2. “产业政策：总结、反思与展望”再讨论暨图书发布会（2018）

会议主题：产业政策：总结、反思与展望

主办单位：北京大学新结构经济学研究院
北京大学出版社
北京大学博雅讲坛

会议时间：2018 年 12 月 17 日

会议地点：北京，北京大学

会议概述：“产业政策：总结、反思与展望”再讨论暨图书发布会于 2018 年 12 月 17 日在北京大学举行，此次活动由北京大学新结构经济学研究院、北京大学出版社和北京大学博雅讲坛共同主办，主题是“产业政策：总结、反思与展望”。适逢北京大学新结构经济学研究院成立之际，《产业政策：总结、反思与展望》一书的主创人员及各界关注产业政策的数十位专家学者齐聚一堂，围绕产业政策的关键问题展开深入探讨，以期进一步厘清分歧、增进沟通，在理论建构和政策实践方面取得实质性进展。此次会议也是年度活动新结构经济学冬令营议程的一部分。

林毅夫教授从新结构经济学的研究范畴出发，对产业政策进行了剖析。他提出对产业政策的研究是与发展经济学几代思想的变化相伴随的。不能仅仅因为产业政策可能会失败而不制定产业政策；怎样增加对产业政策的认识，提高政府在制定产业政策时的成功概率，是对中国和其他发展中国家而言更重要的议题。最后，林毅夫教授对两年前合办产业政策研讨会的复旦大学表达了诚挚感谢，并表示该书以及近两年来围绕这一议题的讨论将有助于深化产业政策相关研究，更好地推动国家发展。

图书发布环节，八位主创人员——北京大学新结构经济学研究院院长林毅夫教授，北京大学新结构经济学研究院学术副院长王勇教授，复旦大学经济学院副院长寇宗来教授，北京大学经管学部副主任、北京大学新结构经济学研究院特聘教授平新乔，中国人民大学经济学院刘守英教授，国务院发展研究中心产业经济部部长赵昌文教授，天津大学马寅初经济学院院长张中祥教授，北京师范大学经济与工商管理学院戚聿东教授，基于对产业政策的思考和认知发表了各自的观点，主创发言环节由北京大学新结构经济学研究院国内智库部主任黄斌主持。

随后的圆桌论坛环节由王勇教授主持，中国社会科学院经济政策研究中心主任郭克莎教授、国际供应链与运营管理学会副主席文健君先生、博海资本首席经济学家兼投资总监孙明春先生、中国社会科学院中小企业研究中心主任贺俊教授、中央财经大学经济学院院长陈斌开教授、麦格理集团首席中国经济学家胡伟俊先生、京东数字科技副总裁、首席经济学家沈建光先生、清华大学公共管理学院副教授陈玲女士、中国社会科学院世界经济与政治研究所国际发展研究室主任徐奇渊先生、万博新经济研究院院长滕泰先生、巴克莱银行中国首席经济学家常健女士、中兴大城智库首席经济学家李晓鹏先生、光大证券资产管理有限公司首席经济学家徐高先生围绕产业政策先后发言，各界专家学者从有效性、退出问题、区域政策、企业家、投资、新经济、不同层级政府、公共管理等角度对产业政策展开了热烈讨论。

3. INET-INSE 新结构经济学联合研讨会（2018）

会议主题：新结构经济学研讨会

主办单位：新经济思维研究所

北京大学新结构经济学研究院

会议时间：2018 年 12 月 13 日

会议地点：北京，芝加哥大学北京中心

会议概述：INET-INSE 新结构经济学联合研讨会于 2018 年 12 月 13 日在芝加哥大学北京中心举办，会议由新经济思维研究所（Institute for New Economic Thinking，INET）和北京大学新结构经济学研究院共同组织，会议主题是“新结构经济学研讨会”，会议邀请了国际国内 20 多名顶尖学者参与交流讨论。

会议首先由哈佛大学韦瑟黑德国际事务中心学者朱利安·格威茨（Julian Baird Gewirtz）发表题为《中国经济与 40 年改革》的主旨演讲，朱利安·格威茨以历史学家的视角讲述经济学及经济学家在中国过去 40 年发展中的作用。随后与会者就“新结构经济学：导言”“新结构经济学与发展经济学思潮的历史”“新结构经济学与中国经济改革 40 年”“新结构经济学与非洲经济”“经济哲学转变：东方与西方”共五个专题进行了激烈的讨论。

专题研讨一“新结构经济学：导言”由北京大学新结构经济学研究院学术副院长王勇主持。林毅夫院长根据对经济发展理论的反思阐释为什么要提出新结构经济学，然后详细介绍了新结构经济学的理论基础。新经济思维研究所主席罗伯特·约翰逊（Robert Johnson）提出需要研究清楚东亚经济成功及其为提高全球价值链位置所作出的努力，以及政府和市场作用的新特征。埃塞俄比亚总理特别顾问兼高级部长阿尔卡贝指出经济理论一定要切合政策制定，要对现实有作用。经济学和其他社会科学应该帮助国家应对变化的经济环境。

专题研讨二“新结构经济学与发展经济学思潮的历史”由《金融时报》驻京记者杨园（Yuan Yang）主持。印度德里大学经济学教授阿斯维妮·德什潘德（Ashwini Deshpande）倡导经济学界重新认识发展，香港科技大学教授雷鼎鸣（Francis T. Lui）肯定了新结构经济学将制度变化作为内生变量引入理论架构的突破，非洲开发银行副行长及首席经济学家、北京大学新结构经济学研究院国际学术委员会委员塞莱斯汀·孟加（Célestin Monga）认为新结构经济学是一门具有实际指导意义的经济学理论，UNUWIDER研究所所长、哥本哈根大学发展经济学教授、北京大学新结构经济学研究院国际学术委员会委员费恩·塔普（Finn Tarp）则从发展经济学的发展因素出发，肯定了新结构经济学在理论体系上所具有的完备性，并对其解决实际问题的效率和能力寄予厚望。四位学者就“发达国家和发展中国家学者对于发展经济学的不同见解”这一话题展开了讨论，各位专家结合自身经验各抒己见。

专题研讨三“新结构经济学与中国经济改革40年”由新经济思维研究所经济学家高旸（Jack Gao）主持。新经济思维研究所所长阿戴尔·特纳（Adair Turner）就中国过去40年经济成就的主要驱动力以及目前面临的挑战发表了意见，哥伦比亚大学资本主义与社会中心主任、2006年诺贝尔经济学奖得主、北京大学新结构经济学研究院国际学术委员会委员埃德蒙·费尔普斯从政府对企业干预的角度总结了“结构”的两种含义，林毅夫就过去40年中国经济高速发展的原因进行了阐述，多伦多大学经济学教授朱晓冬认为中国经济高速增长的最主要动力不是投资，而是生产率的发展，且这一发展主要得益于一系列的改革措施。哈佛大学韦瑟黑德国际事务中心研究员朱利安·格威茨强调了中国政治与经济的联系。与会嘉宾针对中国经济发展的主要驱动力展开了激烈讨论，并针对有关外部环境如何影响中国经济、中国的债务问题以及中国经验给非洲发展带来的启示等提问分享了精彩见解。

午宴上，在北京大学新结构经济学研究院学术副院长王勇教授的主持下，芝加哥大学哈里斯公共政策学院格里芬经济学系教授、2007年诺贝尔经济学奖得主、北京大学新结构经济学研究院国际学术委员会委员罗杰·梅森发表了题为《乡村社区和全球发展》的主旨演讲。演讲结束后，与会者就中央与地方政府权力、中国的民主、地方政府腐败等问题进行了讨论。

专题研讨四“新结构经济学与非洲经济”由加州大学伯克利分校哈斯研究所所长约翰·鲍威尔（John Powell）主持。阿尔卡贝强调了非洲领导者应该在政策制定方面向中国学习，并从中国是非洲发展所需借贷的重要来源等角度去更好地理解中国对于非洲的意义。戴尔·特纳（Adair Turner）指出了自动化技术飞速发展下非洲面临的重大挑战是创造就业岗位。塞莱斯汀·孟加（Célestin Monga）提出非洲经济的可持续发展需要且欢迎来自世界各地包括中国的投资。牛津大学博士后研究员佛拉莎德·苏雷（Folashadé Soulé）从协商的角度出发，认为好的协商结果取决于非洲国家的能力结构。之后，与会者就中非借贷、长期与短期投资、债务问题、好的发展战略等问题进行了讨论。

专题研讨五“经济哲学转变：东方与西方”由新经济思维研究所主席罗伯特·约翰

逊（Robert Johnson）主持。林毅夫指出了东方和西方的哲学传统的共性和差异，并对这些异同的根本原因进行了分析。清华大学中国语言文学系教授汪晖指出一些心理学研究表明中国人与西方人的思维不同，并从人文地理、文化和历史的角度分析中国人性格的形成。香港大学亚洲全球研究院杰出研究员沈联涛（Andrew Sheng）认为中国传统哲学是动态变化的，不同情境下的现实中常包含多种元素，主线是儒家思想和法家思想的交叠。复旦大学经济学教授李维森（韦森）从人类社会政治体系源于不同的信仰的角度，列举并分析了中国、英美、欧洲的政治体系如何为哲学和意识形态传统所塑造。随后，与会学者对中国、美国、欧洲不同哲学传统的视角和观点，以及不同经济思想和框架对应的结果进行了交流讨论。

4. 全球经济发展年度高峰论坛暨“中国与西方：国家在经济发展中的角色”专题研讨会（2019）

会议主题：中国与西方：国家在经济发展中的角色

主办单位：北京大学新结构经济学研究院
哥伦比亚大学国际与公共事务学院
哥伦比亚大学全球经济治理中心
哥伦比亚大学全球中心（北京）

会议时间：2019 年 3 月 21—22 日

会议地点：北京，北京大学

会议概述：全球经济发展年度高峰论坛暨“中国与西方：国家在经济发展中的角色”专题研讨会旨在通过探究国家在中国和西方国家经济发展中的角色，评定被中国、美国及欧盟这三个全球主要经济体所追随的不同增长战略和国家政策如何在世界舞台上演进发展。

第四届全球经济发展年度高峰论坛暨“中国与西方：国家在经济发展中的角色”专题研讨会由北京大学新结构经济学研究院、哥伦比亚大学国际与公共事务学院、哥伦比亚大学全球经济治理中心、哥伦比亚大学全球中心（北京）联合举办，于 2019 年 3 月 21—22 日在北京大学举行。

会议邀请约瑟夫·斯蒂格利茨、埃德蒙·费尔普斯、林毅夫、易纲、钱颖一、杰克·卢、马丁·费尔德斯坦等来自世界顶尖院校的著名经济学家以及来自国际货币基金组织、国开行、世界贸易组织、欧洲投资银行、中金、摩根大通等机构的高级研究学者和管理人员、政策制定者和商界领袖共 60 多人汇聚一堂，审视当今中国和西方政府在世界舞台中担当的角色，探究中国、美国、欧盟三个全球主要经济体的发展战略和政策议题。

自 2018 年 3 月在北京举办的第三届会议以来，中国、美国及欧盟都持续经历了重大政策的转变，探讨这三个主要经济体在经济发展中的角色具有重要意义。第三届论坛于 2018 年 3 月 22 至 23 日在北京召开，由哥伦比亚大学、北京大学和清华大学联合举办。第四届高峰论坛的专题讨论议题包括“市场准入-贸易、外来投资及知识产权”“前沿创新、新技术、创业及产业政策”“鉴于上述主题有关的未来调整和全球治理”“全球经济关系的未来：中国、欧盟、美国及其他国家的经验教训”。

三、新结构经济学学科建设和人才培养

为了加强与国内外高校的学术交流与合作，促进新结构经济学学科建设和人才培养，研究院近年在多所高校成立新结构经济学研究中心，举办了多场学术交流和学科建设会议。具有代表性意义的包括新结构经济学学科建设与合作会议、新结构经济学案例大赛和教学研究师资培训研讨班暨招聘会等。

1. 新结构经济学学科建设与合作会议（2019）

会议主题：新结构经济学学科建设与合作、新结构经济学研究联盟成立

主办单位：北京大学新结构经济学研究院
中南财经政法大学文澜学院

会议时间：2019 年 5 月 25 日

会议地点：武汉，中南财经政法大学

会议概述：新结构经济学学科建设与合作会议于 2019 年 5 月 25 日在武汉举行，此次会议由北京大学新结构经济学研究院主办、中南财经政法大学文澜学院承办。全国 40 余所高校、研究机构、学术期刊的专家学者齐聚一堂，围绕新结构经济学研究联盟的建设与合作、新结构经济学学科建设与发展、人才培养与科研合作等议题展开交流讨论。

会议在王勇副院长的主持和欢迎辞中拉开序幕。林毅夫院长表示，希望通过本次会议，广泛听取与会同仁对新结构经济学联盟及新结构经济学学科建设与发展的建议，更好地团结学术界，共同推动我国自主理论创新的事业。王勇副院长介绍了各兄弟院校新结构经济学研究中心和新结构经济学联盟的筹建情况，提出对新结构经济学联盟使命、内部架构的初步设想，获得了与会嘉宾的一致认可。

在与会嘉宾热烈的掌声中，新结构经济学研究联盟宣告正式成立。

随后，在王勇副院长主持下，北京大学新结构经济学研究院副教授颜建晔、助理教授夏俊杰、课程教材与案例报告研发中心主任付才辉、国内智库部主任黄斌、国内智库部博士后惠利、企业发展部博士后赵秋运先后介绍了研究院近期的工作内容和合作设想。与会嘉宾就如何加强新结构经济学的研究与实践、如何增进兄弟院校新结构经济学研究中心联动等议题提出中肯建议。宁波诺丁汉大学商学院院长 Martin Lockett、西藏大学珠峰研究院副院长李文勇、华中科技大学经济学院院长张建华、云南财经大学经济学院院长龚刚、浙江大学经济学院副院长潘士远对新结构经济学研究联盟的发展、学科建设与学术研究、人才培养与科研工作等提出建议。

此次会议是具有里程碑意义的学科建设会议，宣告了新结构经济学研究联盟的正式成立，是新结构经济学开放平台合作的起点。通过新结构经济学研究联盟的平台共同推动新结构经济学学科的建设与完善，有助于更好地团结学术界，共同推动我国自主理论创新的事业。截至 2019 年 12 月 15 日，北京大学之外已经正式挂牌成立了 18 家新结构经济学研究中心，还有大约 30 家机构正在积极筹建新结构经济学研究中心，研究院与北京大学出版社、高等教育出版社、《中国社会科学》《经济研究》《经济学季刊》《经济评论》等出版社与期刊密切合作。

2. 新结构经济学案例大赛（2018、2019）

会议主题：庆祝改革开放40周年、中国与世界各国现代化成败经验与一般规律

主办单位：北京大学新结构经济学研究院

会议时间：2018年12月17日，2019年12月18日

会议地点：北京，北京大学

会议概述：新结构经济学案例大赛旨在鼓励学界、智库界、媒体界、业界等关心国家发展和人类发展的海内外人士，特别鼓励青年知识分子和在校学生，运用新结构经济学总结各国、各地与各行各业成功的发展与改革经验（侧重于案例报告），为其存在的问题与未来的发展提出战略性和可操作性的对策（侧重于智库报告），目前为止共举办两届，案例大赛也属于年度活动冬令营的一部分。

第一届案例大赛于2018年12月17日在北京大学由新结构经济学研究院举办，会议主题是庆祝改革开放40周年，总结发展与改革经验，共十支代表队分八组对案例进行陈述展示，来自各高校、智库、媒体和北京大学新结构经济学研究院政策研究团队的评委对案例进行点评分析，对案例后续推广完善提出建议。来自北京大学、浙江大学、武汉大学、西安交通大学、西南财经大学、哈尔滨工业大学（深圳）、贵州大学、首都经济贸易大学、宁波诺丁汉大学、广西师范大学的团队分别汇报了他们的案例研究。

汇报选题包括城市案例“要素禀赋、因势利导与高新技术产业发展——深圳实践的新结构经济学解读”与“长江经济带中心城市经济增长研究——基于新结构经济学视角的案例分析”，省级案例“广西产业升级的增长甄别与因势利导”，县级案例“从制造到‘智造’：产业政策对产业结构升级的影响——以浙江省嘉善县为例”，乡村发展案例“西部贫困山区乡村产业发展研究——基于村级空间尺度的七个案例解剖”，行业层面案例“新结构经济学视角下弯道超车型产业的培育与发展——基于移动支付和共享单车双案例研究”与“我国民航运输业的结构变迁”，企业层面案例“新结构经济学视角下的产业政策与企业创新——基于宁波激智科技的案例分析”，海外园区案例“新结构经济学视角下的中非合作园区建设运营实践与经验——基于中埃泰达苏伊士经贸合作区的案例分析”，以及国别层面案例“新结构经济学视角下的智利经济奇迹——一种全新的解读”。最后，林毅夫教授总结案例研究的意义，会议上午由国内智库部博士后研究员惠利主持，下午由博士后研究员赵秋运主持。

第二届案例大赛于2019年12月18日在北京大学举办，会议主题是应用新结构经济学总结中国与世界其他国家现代化的成败经验和一般规律，来自全国各高校的12支参赛队伍分别报告了他们的案例研究成果，评委老师一一点评并给出建设性意见。研究院常务副院长徐佳君首先致辞，并为首届案例大赛获奖团队颁发奖项。

在参赛队伍汇报环节，贵州大学团队汇报了“产业结构、发展战略与交通基础设施发展——以勘设股份六十年变迁与发展为例”，北京大学团队汇报了“新结构经济学视角下的区域经济一体化研究：以宁波高质量融入长三角一体化为例”，广东外语外贸大学汇报了“精准扶贫视域下农业结构的动态演化模式与政府市场的双轨作用——广州从化荔枝产业的新结构经济学案例分析”，中山大学团队汇报了“新结构经济学视角下再看‘深圳奇迹’：产业升级和金融结构变迁”，清华大学团队汇报了“杭州丝绸：新结构经济学视角下的百年变迁”，清华大学团队汇报了“西安市70年来的经济结构变迁”，上海大学

团队汇报了“崇明区农业的结构变迁及其成功经验——基于新结构经济学的视角”，上海大学团队汇报了“从穗花、钢花、浪花到文化之花——中华人民共和国成立70年来宝山区产业转型升级的新结构经济学分析”，兰州大学团队汇报了“新结构经济学视角下西部重型装备制造业产业升级过程——中华人民共和国成立70年来兰石集团发展变迁”，清华大学团队汇报了“双城记：中国东部沿海7省14市的比较案例研究”，西安交通大学团队汇报了“贵州省旅游业与大数据协同发展模式”，武汉大学团队汇报了“广东工业发展的历史演进、逻辑解释与未来展望：新结构经济学的视角”，清华大学团队汇报了“曼德拉改革后的南非经济社会发展——新结构经济学的自生能力视角”，评委老师对每个案例都给出了继续深入研究的建议。付才辉主任对研讨会进行了总结，并提出加强合作交流，继续完善案例研究的要求。

3. 第一届新结构经济学教学研究师资培训研讨班暨招聘会（2019）

会议主题：新结构经济学教材课程建设、学科建设与科研进展、师资招聘

主办单位：北京大学新结构经济学研究院
　　　　　高等教育出版社

会议时间：2019年8月12—14日

会议地点：北京，北京大学

会议概述：第一届新结构经济学教学研究师资培训研讨班暨招聘会于2019年8月12—14日在北京大学顺利召开，会议由北京大学新结构经济学研究院与高等教育出版社共同举办。林毅夫教授担任本届研讨班班主任，国内外130余所高校的300多名教师、高年级博士生参加培训。

12日上午，研讨班开幕式在北京大学新结构经济学研究院常务副院长徐佳君的主持下拉开帷幕。教育部高教司吴岩司长、西南财经大学常务副校长兼西藏大学副校长杨丹、北京大学经济学院院长董志勇、高等教育出版社党委书记兼社长苏雨恒、北京大学新结构经济学研究院院长林毅夫先后致辞。

会上发布了国内首部新结构经济学教材——《新结构经济学导论（试行本）》。林毅夫教授作了题为《中华人民共和国成立70年来我国经济学理论与学科和教材体系创新》的主旨演讲。高等教育出版社文科事业部副主任刘清田主持“新结构经济学教材课程与支持开课措施介绍”环节，北京大学新结构经济学研究院教材课程与报告案例研发中心主任付才辉详细阐述了国内外院校新结构经济学课程开设情况、《新结构经济学导论（试行本）》教材定位与使用方式。随后举行了“新结构经济学教学经验交流会”，平新乔、周皓、龚强、曹淑江等教授先后发言，斯丽娟、王冬、熊德斌、郑飞虎等作为教师代表发言。会议还举办了“新结构经济学教学与人才培养”座谈会，尹应凯、秦涛等数十名兄弟院校院长、系主任以及新结构合作中心代表与师生，围绕新结构经济学课程开设、人才培养、人才培养计划等议题展开热烈讨论，并提出建议。

13日上午，在颜建晔副教授的主持下，王勇副院长介绍了新结构经济学科研进展、学科建设、校际合作情况，以及北京大学新结构经济学研究院开展的各项学术、政策实践活动。随后，付才辉主任主持“新结构经济学学术研究与发表的经验分享”圆桌讨论会，龚刚、刘明兴、刘培林、孙希芳、邢亦青、徐朝阳、王鹏飞、王冬、王燕、翁翕、张一林

等教授结合实践经历，分享了关于新结构经济学学术研究与发表的经验。

在由王勇副院长主持的“如何促进和提高新结构经济学的学术发表与出版”圆桌讨论会上，北京大学出版社经管图书事业部主任林君秀、高等教育出版社文科事业部副主任刘清田、《经济研究》编辑部主任刘霞辉、*Structural Change and Economic Dynamics* 编辑米志付、《中国工业经济》编辑覃毅、《财经研究》编辑部主任施祖辉、《经济学季刊》副主编汪浩、《经济评论》主编叶初升、《经济研究》社长张永山、香港科技大学教授王鹏飞从编辑的角度，先后对新结构经济学论文发表交流了看法与建议。在后续会议环节中，本届研讨班以新结构经济学学术研究五个子领域——A. 宏观与增长、B. 贸易与区域、C. 金融与发展、D. 其他应用、E. 原理与方法——以及政策实践为专题，设立了八场分论坛。在最后的招聘宣介环节，北京大学新结构经济学研究院学术研究和政策实践各部主任介绍了招聘需求。

此次会议是新结构经济学首届教学研究师资培训研讨班暨招聘会，与会者就新结构经济学教材课程建设、教学与人才培养、科研进展、学科建设、校际合作、学术研究、学术发表与出版等方面进行了交流探讨，对研究院学术研究和政策实践的招聘需求进行了介绍，有助于新结构经济学教学研究和人才队伍的培养与建设。

四、新结构经济学政策发展实践

新结构经济学倡导“因行得知，用知践行，唯成证知，知成一体”的理念，强调理论创新与实践成果相结合，主张只有真正在实践中取得成效的理论才是真知灼见，才是对人类发展有贡献的理论。为了深化新结构经济学运用与推广，促进政策发展实践的落实，研究院的国内智库部、国际智库部、企业发展部，以及 GReCEST 等国际组织，在国内外举办了多场政策发展与智库交流活动。本次重点介绍 GReCEST 年会、IFC-PKU 非洲工业化论坛、首届中非经贸合作发展论坛绍兴峰会、新结构经济学汽车产业发展研讨会。

1. 经济结构转型全球研究联盟（GReCEST）2019 年年会

会议主题：经济结构转型发展

主办单位：北京大学新结构经济学研究院
福特基金会

会议时间：2019 年 11 月 7—8 日

会议地点：北京，北京大学

会议概述：2019 年 11 月 7—8 日，由北京大学新结构经济学研究院主办、福特基金会赞助的“经济结构转型全球研究联盟（GReCEST）2019 年年会”在北京大学朗润园举行。本届年会围绕中国及全球在经济结构转型方面面临的挑战组织了两场主旨演讲、一场圆桌讨论和五场专题讨论，吸引 60 多位来自国内外高校、政策研究机构、政府部门、国际组织的专家学者参会。

会议在北京大学新结构经济学研究院常务副院长、GReCEST 秘书长徐佳君的主持下拉开帷幕。北京大学新结构经济学研究院院长、GReCEST 指导委员会主席林毅夫，国际食物政策研究所伙伴关系和业务发展主管 Teunis Van Rheenen，非洲经济转型中心主任 Rob Floyd，联合国南南合作办公室副主任王晓军，福特基金会北京办事处的中国主任兼首席代表高倩倩女士（Elizabeth Knup）分别致开场辞。随后，联合国驻华协调员罗世礼（Nicholas Rosellini）和中国财政部国合司司长张文才分别就“如何将联合国的援助和其2030年议程结合起来”以及“如何在不断变化的世界中创新国际发展合作”这两个话题作主旨演讲，为主题为“促进经济结构转型以实现可持续发展目标”的圆桌讨论会奠定基调。多位嘉宾就在实现可持续发展目标过程中如何甄别、应对不同发展阶段的发展中国家所面临的挑战，以及未来合作研究的方向等议题进行了热烈的讨论。

之后举行的五场专题研讨会，主题分别为“创新与发展”“新科技与农业和农村转型”“开发性金融”“转址或自动化：中国轻工业制造商如何应对劳动力成本上升”“经济特区”，由北京大学新结构经济学研究院、韩国首尔大学经济追赶中心、国际食物政策研究所、非洲经济转型中心、英国国际发展研究所、德国发展研究所等研究机构组织。

经济结构转型全球研究联盟（Global Research Consortium on Economic Structural Transformation，GReCEST）由北京大学新结构经济学研究院倡议并发起成立，旨在通过促进合作研究、数据收集和国别案例研究，形成一个有助于经济结构转型领域前沿思想交流、政策实践互动及相互学习的平台，助力发展中国家实现经济结构转型，促进其达成联合国2030年可持续发展目标。联盟于2016年在纽约联合国总部启动，是在“全球南南合作智库网络联盟”的大框架下成立的第一家联盟，目前包括来自欧美发达国家和亚非拉发展中国家的35家研究机构和国际组织。本次年会是经济结构转型全球研究联盟成立以来的第三届，前两届年会分别于2016年和2017年在北京和埃塞俄比亚亚的斯亚贝巴举行，会议均取得良好的成果，促进了经济结构转型领域前沿思想、学术研究和政策实践的交流与合作。

2. IFC-PKU 非洲工业化论坛（2018）

会议主题：非洲工业化

主办单位：世界银行国际金融公司

北京大学新结构经济学研究院

会议时间：2018年11月28—30日

会议地点：埃塞俄比亚，亚的斯亚贝巴

会议概述：IFC-PKU 非洲工业化论坛于2018年11月28—30日在埃塞俄比亚首都亚的斯亚贝巴举行，由世界银行国际金融公司（IFC）与北京大学新结构经济学研究院（INSE）联合举办，会议主题是“撒哈拉以南的非洲工业化——克服困难与抓住机遇”。会议持续3天，累计超过150位来自政产学研界的海内外专家学者以及银行和企业界代表围绕全球发展经验、非洲国家工业化进程中的机遇与挑战以及数字和颠覆性技术的兴起等方面展开热烈讨论，提出了切实可行的政策建议和展望。

11月28—29日，会议分别针对埃塞俄比亚、贝宁、尼日利亚和塞内加尔四国进行闭门研讨。会上政策制定者、公私营部门、学术研究机构、智库等代表共聚一堂，就四国工业化发展进程中的机遇与挑战展开热烈讨论，并探讨可行的解决方案。林毅夫院长在尼日利亚、塞内加尔国别讨论会上分别做了题为《从资源依赖型到多元性经济：与尼日利亚的合作经验》以及《塞内加尔经济发展：聚焦发展政策》的主旨演讲。国际发展合作部主任于佳博士在贝宁国别讨论会上从新结构经济学视角介绍了贝宁以经济特区（SEZ）为抓手的经济结构转型路径。项目研究专员李晨姝结合两年间在埃塞俄比亚的实地调研经验，深入剖析了埃塞俄比亚早期工业化的关键因素。

11 月 30 日，IFC-PKU 非洲工业化论坛在林毅夫院长、国际金融公司（IFC）埃塞俄比亚国别经理 Adamou Labara、世界银行非洲区首席经济学家 Albert Zeufack、埃塞俄比亚总理特别顾问 Arkebe Oqubay 的致辞下拉开帷幕。会议分别聚焦“工业发展在发展战略中的作用”“发展过程中公共私营部门的互动”“数字技术的影响”和“行业优先发展策略”等四个专题展开深入的交流与讨论。林毅夫院长以《从飞雁模式到飞龙模式》为题，介绍中国制造业产业转移在助力非洲工业化进程中扮演的重要角色。王燕指出“耐心资本”或超长期资本投资在非洲工业化进程中至关重要。于佳博士作了题为《依据新结构经济学“增长甄别与因势利导”框架，以“经济特区”助力经济结构转型》的主旨发言。

会议围绕制造业是否为非洲现阶段最佳发展方向、东亚发展经验在非洲是否可以复制、突破性技术对非洲工业化的影响，以及制造业是否在短期内被自动化取代等话题展开了激烈的讨论。会议的最后，参会代表达成共识，认为非洲的工业化将为全球提供近乎无限的投资机会，可以帮助非洲大陆的国家实现经济多元化，同时带来更高的增长率，减少外部冲击的风险。非洲国家应在此过程中抓住机遇之窗，整合全球公共部门与私营部门的发展融资基金，促进全球范围的知识共享与能力建设，以突破其瓶颈性限制，促进非洲工业化进程中的结构转型与升级。

3. 首届中非经贸合作发展论坛绍兴峰会（2019）

会议主题：新时代、新使用、新合作

主办单位：浙江省商务厅
绍兴市人民政府

会议时间：2019 年 11 月 24 日

会议地点：绍兴，浙江省绍兴市

会议概述：首届中非经贸合作发展论坛绍兴峰会于 2019 年 11 月 24 日在浙江省绍兴市举行，会议由浙江省商务厅、绍兴市人民政府主办，逾 20 个非洲国家部长级嘉宾及驻华大使齐聚在此，围绕“新时代、新使命、新合作”的主题，聚焦贸易、投资、合作园区等领域，共商中非经贸合作之大计和中非共同命运体建设。

林毅夫教授作题为《中国的经济发展和非洲的机遇》的主旨演讲，以中国经济发展的经验为例，向非洲各国政要传递了新结构经济学发展理念，为非洲国家的发展提供了重要建议。会上，《中非经贸合作绍兴倡议》发布，发出共建“一带一路”、共促地方交流、共筑合作平台、共推经贸合作等四大倡议。

大会还召开了由研究院协办的中非经贸合作分论坛，分论坛旨在落实峰会精神、《中非经贸合作绍兴倡议》和新结构经济学指导下的中非经贸交流方法，切实推进非洲各国政府、工业园区和绍兴市政府、工业园区以及企业达成实质性的合作。分论坛由国内智库部主任黄斌主持。商务部外贸发展事务局古玉鲁处长致开幕辞，国际智库部于佳主任作《以经济特区推动发展》的主题演讲。随后，尼日利亚驻华大使巴巴·艾哈迈德·吉达（Baba Ahmad Jidda）、毛里求斯驻华大使李森光（Lee Hon Chong）、埃塞俄比亚驻沪总领事魏澜（Workalemahu Desta）、索马里驻华大使阿瓦莱·阿里·库拉内（Awalle Ali

Kullane)、坦桑尼亚驻华公使伊迪·马萨罗（Saidi Hussein Massoro)、博茨瓦纳驻华大使莫图西·帕拉伊（Mothusi B. R. Palai)、津巴布韦驻华大使马丁·切东多（Martin Chedondo)、利比里亚不管部部长克普伊·特劳孔·塔赫洛（Kpui Trokon Tahlo)、尼日利亚卡杜纳州高级州长顾问沙克如·奥拉几米·拉瓦（Shakiru Olajimi Lawal）和贝宁国际发展合作署署长劳伦·冈格贝（Laurent Gangbes）热情地向与会企业家推介本国本地的投资环境。招商局集团海外部副部长李国锋先生代表已经在非洲开花结果的中国企业，介绍了他们在非洲的工作。与会企业积极向参会的各国部长、外交官询问投资、经贸事宜。会议最后由中国国际贸易促进委员会绍兴市委员会会长王凯先生代表主办方进行了总结致辞。

本次会议是新结构经济学研究院与地方政府合力促进经济发展和政策落实的具体表现，作为首届中非经贸合作发展论坛绍兴峰会的承办方之一，研究院愿在新结构经济学理论的指导下积极参与中非经贸合作，实质性地推动全球脱贫事业发展。

4. 新结构经济学汽车产业发展研讨会（2019）

会议主题：汽车产业发展

主办单位：北京大学新结构经济学研究院企业发展部

会议时间：2019 年 11 月 30 日

会议地点：北京，北京大学

会议概述：新结构经济学汽车产业发展研讨会于 2019 年 11 月 30 日在北京大学由新结构经济学研究院企业发展部举办，会议主题是中国汽车产业面临的机遇与挑战，来自海内外的业界资深人士、学界研究人员和硕博士 60 多人参会。

上午的会议由国家发展研究院 DPS 博士项目主任张宇伟老师主持，新结构经济学研究院常务副院长徐佳君老师致欢迎辞，陕西省人大代表、西安工商联副主席、西安汽车流通协会会长、西安公诚二手车市场董事长张建华作为嘉宾代表发言，新结构经济学研究院研究员赵秋运以《理论思潮、工业革命、企业发展与新结构经济学理论建构》为题做主旨报告，新结构经济学研究院国内智库部主任黄斌老师围绕“有效市场、有为政府与产业政策”分析了新结构经济学视角下市场与政府的关系，企业发展部主任刘长征老师汇报了“新结构经济学视角下中国汽车产业转型与发展研究”。

下午的会议在刘长征老师的主持下，浙江杉杉股份有限公司董事长庄巍、中国汽车工业协会再制造分会秘书长谢建军、哈尔滨工业大学（威海）创业商学院副院长杨小勇、爱卡汽车董事长助理刘蕊等四位特邀嘉宾、行业专家与企业代表各自结合自己的实践经历，围绕新能源汽车行业发展趋势、汽车零部件的制造与再制造、汽车产业区块链应用、汽车营销模式的变与不变，先后发表了主旨演讲。会议还举办了主题为“新能源汽车与产业政策”和“中国自主品牌与国内外市场发展战略”的圆桌论坛，与会代表就新能源汽车的发展模式、未来道路、学界与企业界合作等方面展开热烈讨论。

王勇副院长发表闭幕致辞，他指出新结构经济学作为一个“自主品牌”，其研究者始终坚持从现象到理论的研究方法，紧跟业界最新实践。此类会议对新结构经济学的理论创新具有重要意义，今后将举办更多同种类型的产业发展论坛。

◎ 参考文献

[1] Boldrin M, Wang Y, Zhu L. The cyclical behavior of factor shares [R]. NSE Working Paper, 2019 (E2019010).

[2] Choi J, Xu M. The labor market effects of the China syndrome: evidence from South Korean manufacturing [R]. NSE Working Paper, 2019 (E201900).

[3] Gong Q, Lin J Y, Zhang Y, et al. Financial structure, industrial structure, and economic development: a new structural economics perspective [J]. The Manchester School, 2019, 87 (2): 183-204.

[4] Jiang S, Miao J, Zhang Y. China's housing bubble, infrastructure investment, and economic growth [R]. NSE Working Paper, 2019 (E2019008).

[5] Lin Y, Liu Z, Zhang B. Endowments, technology choices and structural change [R]. NSE working paper, 2019 (C2019005).

[6] Lin Y, Miao J, Wang P. Convergence, financial development, and policy analysis [J]. Economic Theory, 2019 (69): 523-568.

[7] Lin Y, Nowak A. New structural policy in an open market economy [M]. Warsaw: University of Warsaw Faculty of Management Press, 2018.

[8] Lin Y, Wang X. Development strategy and international capital flows [R]. NSE working paper, 2019 (E2019003).

[9] Lin Y, Wang Y. Remodeling structural change [M] //Celestin Monga, Justin Yifu Lin. Oxford handbook of structural transformation. Oxford: Oxford University Press, 2017.

[10] Lin Y, Wang Y. Structural change, industrial upgrading and middle income trap [J]. Journal of Industry, Competition and Trade, 2020 (2): 359-394.

[11] Lin Y. New structural economics: the third generation of development economics [R]. NSE Working Paper, 2018 (E2018011).

[12] Lin Y. Structural change and poverty elimination [J]. China Agricultural Economic Review, 2019, 11 (3): 452-459.

[13] Schclarek A, Xu J, Yan J. The maturity lengthening role of national development banks [R]. NSE Working Paper, 2019 (C2019006).

[14] Wang D, White B, Mugera A. China's energy transition and economic growth: a national and sectoral level analyses [R]. NSE working paper, 2019 (E2019004).

[15] Wang F, Xia J, Xu J . To upgrade or to relocate? explaining heterogeneous responses of chinese light manufacturing firms to rising labor costs [J]. China Economic Review, 2019 (60).

[16] Wang Y, Tang X. Human capital, industrial dynamics and skill premium [R]. NSE working paper, 2019 (E2019009).

[17] Wang Y. A model of industrialization and rural income distribution [J]. China Agricultural Economic Review, 2019, 11 (3): 507-535.

［18］ Jiajun X U, Hubbard P . A flying goose chase：China's overseas direct investment in manufacturing（2011-2013）［J］. China Economic Journal，2018，11（2）：1-17.
［19］ 程锐．基础设施影响经济增长及收入差距的机理研究——新结构经济学框架下分工视域的理论探究和跨国数据的实证检验［J］. 西部论坛，2019（1）：21-33.
［20］ 付才辉．新结构经济学一般均衡理论初探［J］. 武汉大学学报（哲学社会科学版），2018（6）：129-138.
［21］ 付才辉．最优生产函数理论——从新古典经济学向新结构经济学的范式转换［J］. 经济评论，2018（1）：3-46.
［22］ 惠利．新时代背景下我国装备制造业发展对策研究［J］. 西部论坛，2018（5）：50-61.
［23］ 林毅夫，付才辉，任晓猛．金融创新如何推动高质量发展：新结构经济学的视角［J］. 金融评论，2019（11）：3-13.
［24］ 林毅夫，王勇，鞠建东．关于新结构经济学禀赋内涵的探讨［R］. 新结构经济学研究院工作论文，2019（C2019009）.
［25］ 林毅夫，向为，余森杰．区域型产业政策与企业生产率［J］. 经济学（季刊），2018（2）：781-800.
［26］ 林毅夫，张一林，朱永华．发展战略与银行业结构［R］. 新结构经济学研究院工作论文，2019（C2019005）.
［27］ 林毅夫．如何做新结构经济学的研究［R］. 新结构经济学研究院工作论文，2019（C2019006）.
［28］ 林毅夫．新结构经济学视角下的国有企业改革［J］. 社会科学战线，2019（1）：41-48.
［29］ 林毅夫．新结构经济学与最优金融结构理论［J］. 清华金融评论，2018（9）：105-106.
［30］ 彭文平，揭阳扬．比较优势推动产业结构升级中政府与市场的作用——基于新结构经济学视角的研究［J］. 上海经济研究，2019（10）：80-94.
［31］ 任晓猛，付才辉．发明专利一定越多越好吗？——新结构经济学视角下的理论讨论与微观证据［J］. 财经论丛，2019（10）：1-12.
［32］ 任晓猛，顾夏铭，蒋海威．新结构经济学视角下的产业结构与研发选择［J］. 社会科学战线，2019（1）：49-59.
［33］ 任晓猛，张一林．最优金融结构与经济发展：一种新的度量方法与应用［J］. 当代经济科学，2019（5）：1-10.
［34］ 师俊国．基于新结构经济学视角的政府引导基金发展策略［J］. 金融理论与实践，2019（9）：34-40.
［35］ 王勇，林毅夫，鞠建东．因势利导型有为政府与产业政策——一个新结构经济学模型［R］. 新结构经济学研究院工作论文，2019（C2019008）.
［36］ 王勇，沈仲凯．禀赋结构、收入不平等与产业升级［J］. 经济学（季刊），2018（2）：801-824.

［37］王勇．产业动态、国际贸易与经济增长［J］．经济学（季刊），2018（2）：753-780.
［38］王勇．从新结构经济学角度看我国当前的财政政策调整［J］．学习与探索，2019（8）：132-137.
［39］魏丽莉，杨颖．西北地区绿色金融与产业结构耦合协调发展的历史演进——基于新结构经济学的视角［J］．兰州大学学报（社会科学版），2019（5）：24-35.
［40］杨子荣，张鹏杨．金融结构、产业结构与经济增长——基于新结构金融学视角的实证检验［J］．经济学（季刊），2018（2）：847-872.
［41］杨子荣．企业盈利能力、金融竞争程度与最优金融结构［J］．世界经济，2019（6）：169-192.
［42］余航，周泽宇，吴比．城乡差距、农业生产率演进与农业补贴——基于新结构经济学视角的分析［J］．中国农村经济，2019（10）：40-59.
［43］张一林，林毅夫，龚强．企业规模、银行规模与最优银行业结构——基于新结构经济学的视角［J］．管理世界，2019（3）：31-47.
［44］赵秋运，马晶．重工业偏向型发展战略影响收入不平等的传导机制［J］．暨南学报（哲学社会科学版），2018（6）：18-29.
［45］郑洁，付才辉，张彩虹．财政分权与环境污染——基于新结构经济学视角［J］．财政研究，2018（3）：57-70.
［46］郑洁，付才辉，赵秋运．发展战略与环境治理［J］．财经研究，2019（10）：4-20.
［47］朱兰，王勇，李枭剑．新结构经济学视角下的区域经济一体化研究：以宁波高质量融入长三角一体化为例［R］．新结构经济学研究院工作论文，2019（C20190）.
［48］朱兰．国家创新能力视角下的中等收入转型——基于新结构经济学理论［J］．经济与管理研究，2019（12）：16-28.

附　　录

中华人民共和国
2018 年国民经济和社会发展统计公报[1]

国家统计局

2019 年 2 月 28 日

2018 年，面对复杂严峻的国际环境和艰巨繁重的改革发展稳定任务，在以习近平同志为核心的党中央坚强领导下，各地区各部门以习近平新时代中国特色社会主义思想为指导，全面贯彻党的十九大和十九届二中、三中全会精神，按照党中央、国务院决策部署，统筹推进“五位一体”总体布局，协调推进“四个全面”战略布局，坚持稳中求进工作总基调，深入贯彻新发展理念，落实高质量发展要求，以供给侧结构性改革为主线，着力深化改革扩大开放，坚决打好防范化解重大风险、精准脱贫、污染防治三大攻坚战，有效应对外部环境深刻变化，统筹稳增长、促改革、调结构、惠民生、防风险，做好稳就业、稳金融、稳外贸、稳外资、稳投资、稳预期工作，经济运行总体平稳、稳中有进，质量效益稳步提升，人民生活持续改善，保持了经济持续健康发展和社会大局稳定，朝着实现全面建成小康社会的目标迈出了新的步伐。

一、综　　合

初步核算，全年国内生产总值[2]900309 亿元，比上年增长 6. 6%。其中，第一产业增加值 64734 亿元，增长 3. 5%；第二产业增加值 366001 亿元，增长 5. 8%；第三产业增加值 469575 亿元，增长 7. 6%。第一产业增加值占国内生产总值的比重为 7. 2%，第二产业增加值比重为 40. 7%，第三产业增加值比重为 52. 2%。全年最终消费支出对国内生产总值增长的贡献率为 76. 2%，资本形成总额的贡献率为 32. 4%，货物和服务净出口的贡献率为-8. 6%。人均国内生产总值 64644 元，比上年增长 6. 1%。国民总收入[3]896915 亿元，比上年增长 6. 5%。全国万元国内生产总值能耗[4]比上年下降 3. 1%。全员劳动生产率[5]为 107327 元/人，比上年提高 6. 6%。

年末全国大陆总人口 139538 万人，比上年末增加 530 万人，其中城镇常住人口 83137 万人，占总人口比重(常住人口城镇化率)为 59. 58%，比上年末提高 1. 06 个百分点。户籍人口城镇化率为 43. 37%，比上年末提高 1. 02 个百分点。全年出生人口 1523 万人，出生率为 10. 94‰；死亡人口 993 万人，死亡率为 7. 13‰；自然增长率为 3. 81‰。全国人户分离的人口[6]2. 86 亿人，其中流动人口[7]2. 41 亿人。

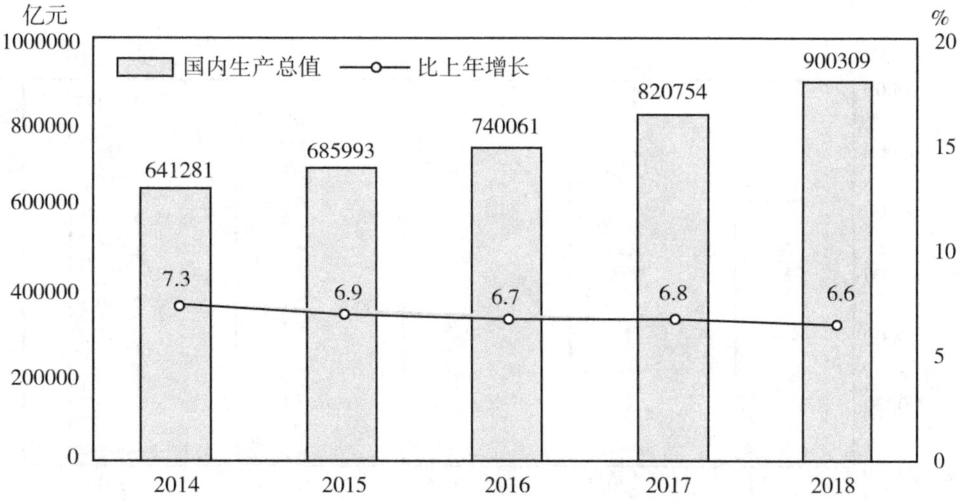

图 1　2014—2018 年国内生产总值及其增长速度

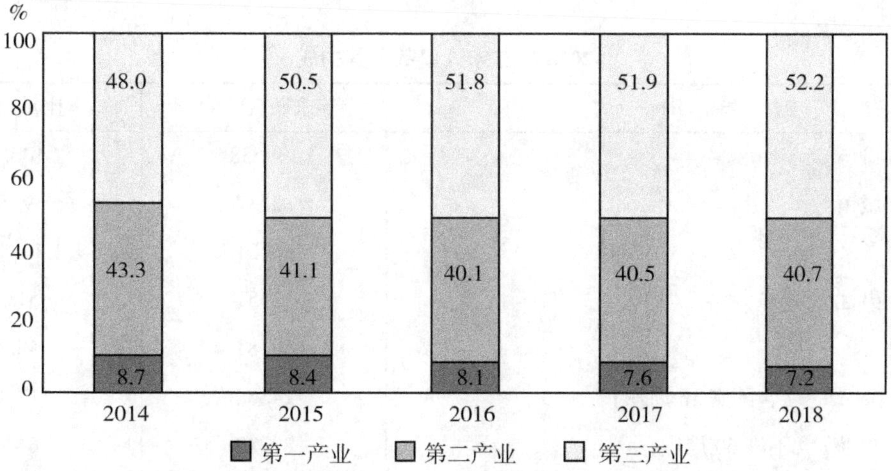

图 2　2014—2018 年三次产业增加值占国内生产总值比重

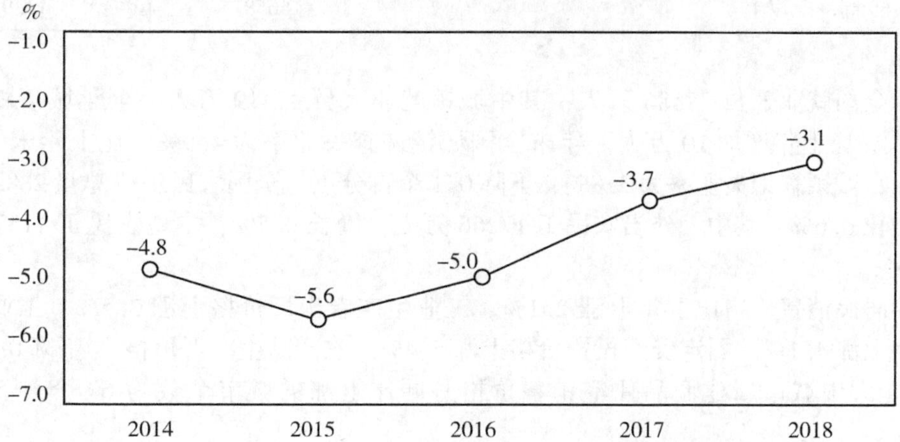

图 3　2014—2018 年万元国内生产总值能耗降低率

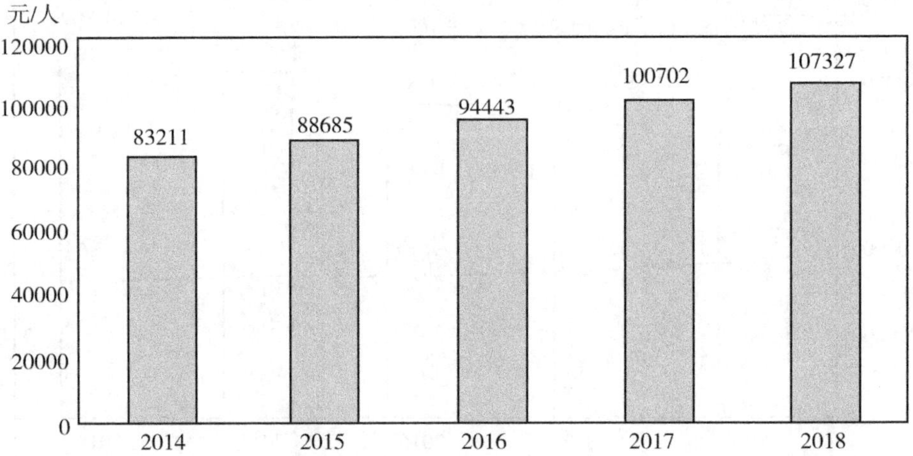

图 4　2014—2018 年全员劳动生产率

表 1　**2018 年年末人口数及其构成**

指　　标	年末数(万人)	比重(%)
全国总人口	139538	100.0
其中：城镇	83137	59.58
乡村	56401	40.42
其中：男性	71351	51.1
女性	68187	48.9
其中：0—15 岁(含不满 16 周岁)[8]	24860	17.8
16—59 岁(含不满 60 周岁)	89729	64.3
60 周岁及以上	24949	17.9
其中：65 周岁及以上	16658	11.9

年末全国就业人员 77586 万人，其中城镇就业人员 43419 万人。全年城镇新增就业 1361 万人，比上年增加 10 万人。年末全国城镇调查失业率为 4.9%，比上年末下降 0.1 个百分点；城镇登记失业率为 3.8%，下降 0.1 个百分点。全国农民工[9]总量 28836 万人，比上年增长 0.6%。其中，外出农民工 17266 万人，增长 0.5%；本地农民工 11570 万人，增长 0.9%。

全年居民消费价格比上年上涨 2.1%。工业生产者出厂价格上涨 3.5%。工业生产者购进价格上涨 4.1%。固定资产投资价格上涨 5.4%。农产品生产者价格[10]下降 0.9%。12 月份 70 个大中城市新建商品住宅销售价格月同比上涨的城市个数为 69 个，下降的为 1 个。

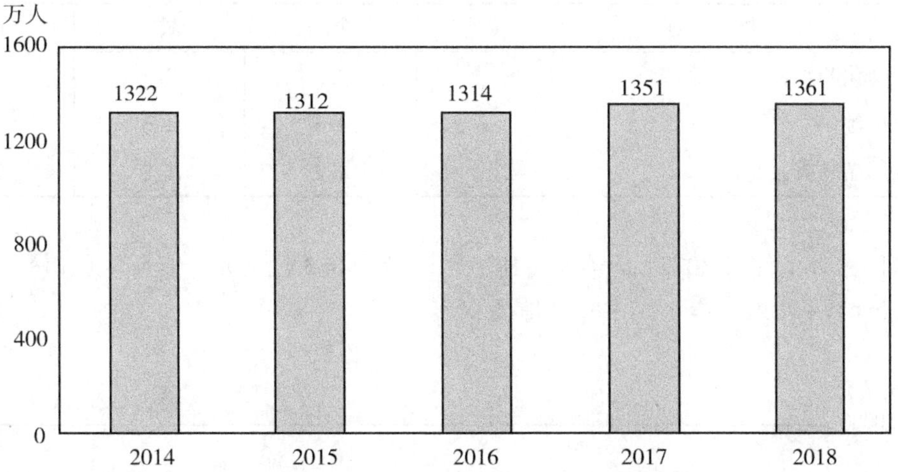

图 5　2014—2018 年城镇新增就业人数

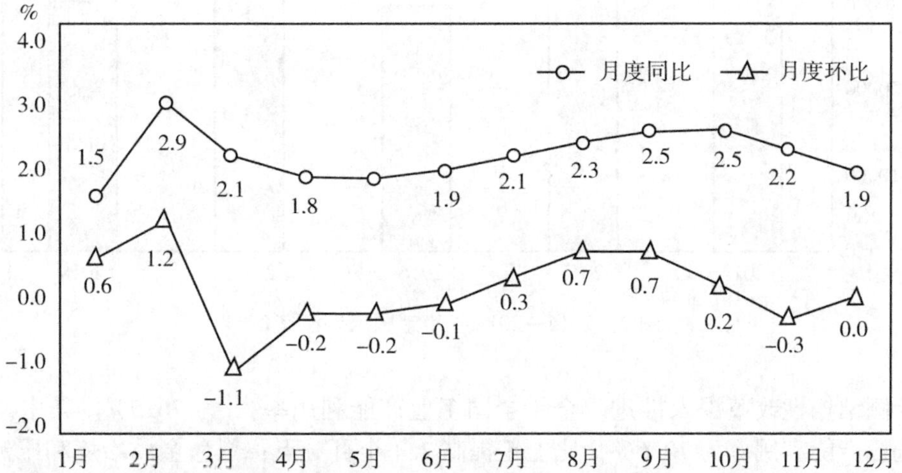

图 6　2018 年居民消费价格月度涨跌幅度

表 2　**2018 年居民消费价格比上年涨跌幅度(%)**

指　　标	全国	城市	农村
居民消费价格	2.1	2.1	2.1
其中：食品烟酒	1.9	2.1	1.1
衣　着	1.2	1.1	1.5
居　住[11]	2.4	2.1	3.3
生活用品及服务	1.6	1.6	1.6
交通和通信	1.7	1.6	1.8

续表

指　　标	全国	城市	农村
教育文化和娱乐	2.2	2.3	2.2
医疗保健	4.3	4.6	3.7
其他用品和服务	1.2	1.2	1.2

年末国家外汇储备30727亿美元，比上年末减少672亿美元。全年人民币平均汇率为1美元兑6.6174元人民币，比上年升值2.0%。

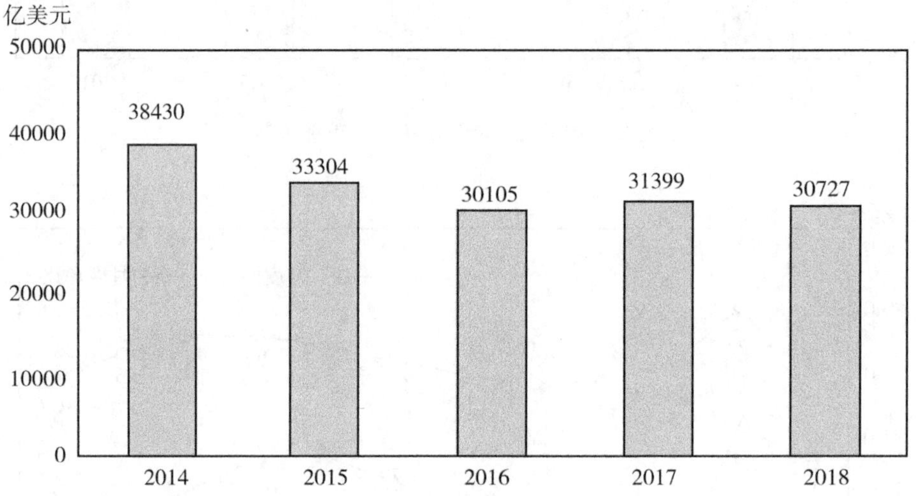

图7　2014—2018年年末国家外汇储备

供给侧结构性改革深入推进。全年全国工业产能利用率[12]为76.5%。其中，煤炭开采和洗选业产能利用率为70.6%，比上年提高2.4个百分点；黑色金属冶炼和压延加工业产能利用率为78.0%，提高2.2个百分点。年末商品房待售面积52414万平方米，比上年末减少6510万平方米。其中，商品住宅待售面积25091万平方米，减少5072万平方米。年末规模以上工业企业资产负债率为56.5%，比上年末下降0.5个百分点[13]。全年规模以上工业企业每百元主营业务收入中的成本为83.88元，比上年下降0.20元。全年生态保护和环境治理业、农业固定资产投资（不含农户）分别比上年增长43.0%和15.4%。

新动能持续发展壮大。全年规模以上工业中，战略性新兴产业[14]增加值比上年增长8.9%。高技术制造业[15]增加值增长11.7%，占规模以上工业增加值的比重为13.9%。装备制造业[16]增加值增长8.1%，占规模以上工业增加值的比重为32.9%。全年规模以上服务业[17]中，战略性新兴服务业[18]营业收入比上年增长14.6%。全年高技术产业投资[19]比上年增长14.9%，工业技术改造投资[20]增长12.8%。全年新能源汽车产量115万辆，比上年增长66.2%；智能电视产量11376万台，增长17.7%。全年网上零售额[21]90065亿元，比上年增长23.9%。

脱贫攻坚成效显著。按照每人每年2300元(2010年不变价)的农村贫困标准计算，年末农村贫困人口1660万人，比上年末减少1386万人[22]；贫困发生率[23]1.7%，比上年下降1.4个百分点。全年贫困地区[24]农村居民人均可支配收入10371元，比上年增长10.6%，扣除价格因素，实际增长8.3%。

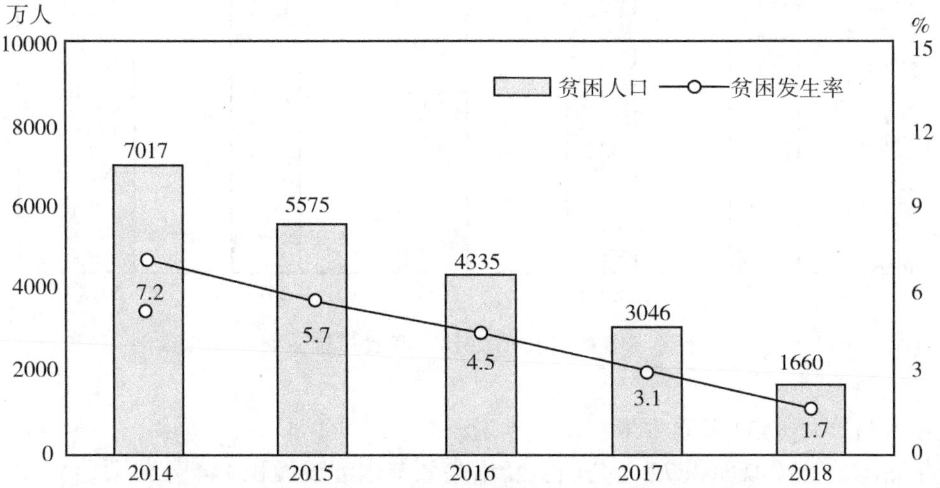

图8　2014—2018年年末全国农村贫困人口和贫困发生率

二、农　业[25]

全年粮食种植面积11704万公顷，比上年减少95万公顷。其中，小麦种植面积2427万公顷，减少24万公顷；稻谷种植面积3019万公顷，减少56万公顷；玉米种植面积4213万公顷，减少27万公顷。棉花种植面积335万公顷，增加16万公顷。油料种植面积1289万公顷，减少33万公顷。糖料种植面积163万公顷，增加9万公顷。

全年粮食产量65789万吨，比上年减少371万吨，减产0.6%。其中，夏粮产量13878万吨，减产2.1%；早稻产量2859万吨，减产4.3%；秋粮产量49052万吨，增产0.1%。全年谷物产量61019万吨，比上年减产0.8%。其中，稻谷产量21213万吨，减产0.3%；小麦产量13143万吨，减产2.2%；玉米产量25733万吨，减产0.7%。

全年棉花产量610万吨，比上年增产7.8%。油料产量3439万吨，减产1.0%。糖料产量11976万吨，增产5.3%。茶叶产量261万吨，增产5.9%。

全年猪牛羊禽肉产量8517万吨，比上年下降0.3%。其中，猪肉产量5404万吨，下降0.9%；牛肉产量644万吨，增长1.5%；羊肉产量475万吨，增长0.8%；禽肉产量1994万吨，增长0.6%。禽蛋产量3128万吨，增长1.0%。牛奶产量3075万吨，增长1.2%。年末生猪存栏42817万头，下降3.0%；生猪出栏69382万头，下降1.2%。

全年水产品产量6469万吨，比上年增长0.4%。其中，养殖水产品产量5018万吨，增长2.3%；捕捞水产品产量1451万吨，下降5.7%。

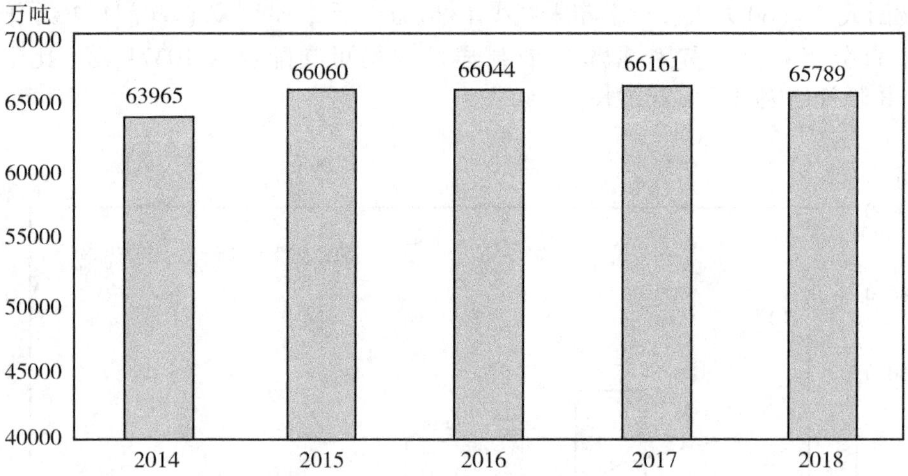

图 9　2014—2018 年粮食产量

全年木材产量 8432 万立方米，比上年增长 0.4%。

全年新增耕地灌溉面积 72 万公顷，新增高效节水灌溉面积 144 万公顷。

三、工业和建筑业

全年全部工业增加值 305160 亿元，比上年增长 6.1%。规模以上工业增加值增长 6.2%。在规模以上工业中，分经济类型看，国有控股企业增加值增长 6.2%；股份制企业增长 6.6%，外商及港澳台商投资企业增长 4.8%；私营企业增长 6.2%。分门类

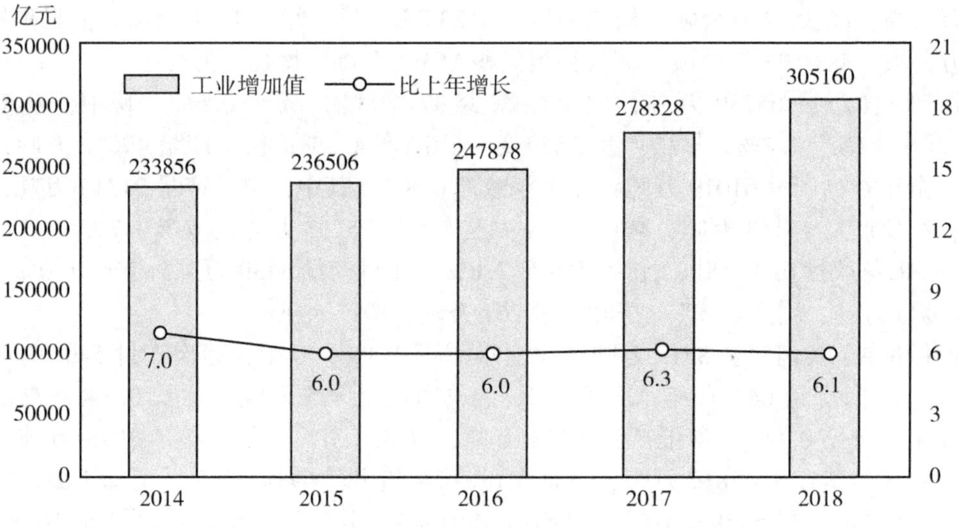

图 10　2014—2018 年全部工业增加值及其增长速度

看，采矿业增长 2.3%，制造业增长 6.5%，电力、热力、燃气及水生产和供应业增长 9.9%。

全年规模以上工业中，农副食品加工业增加值比上年增长 5.9%，纺织业增长 1.0%，化学原料和化学制品制造业增长 3.6%，非金属矿物制品业增长 4.6%，黑色金属冶炼和压延加工业增长 7.0%，通用设备制造业增长 7.2%，专用设备制造业增长 10.9%，汽车制造业增长 4.9%，电气机械和器材制造业增长 7.3%，计算机、通信和其他电子设备制造业增长 13.1%，电力、热力生产和供应业增长 9.6%。

表 3 **2018 年主要工业产品产量及其增长速度[26]**

产品名称	单位	产量	比上年增长(%)
纱	万吨	2958.9	-7.3
布	亿米	657.3	-4.9
化学纤维	万吨	5011.1	2.7
成品糖	万吨	1524.1	3.5
卷烟	亿支	23358.7	-0.4
彩色电视机	万台	18834.8	18.2
其中：液晶电视机	万台	18825.2	19.5
家用电冰箱	万台	7993.2	-3.9
房间空气调节器	万台	20486.0	14.7
一次能源生产总量	亿吨标准煤	37.7	5.0
原煤	亿吨	36.8	4.5
原油	万吨	18910.6	-1.3
天然气	亿立方米	1602.7	8.3
发电量	亿千瓦小时	71117.7	7.7
其中：火电[27]	亿千瓦小时	50738.6	6.7
水电	亿千瓦小时	12342.3	3.0
核电	亿千瓦小时	2943.6	18.7
粗钢	万吨	92800.9	6.6
钢材[28]	万吨	110551.7	5.6
十种有色金属	万吨	5702.7	3.7
其中：精炼铜(电解铜)	万吨	902.9	0.7
原铝(电解铝)	万吨	3580.2	7.5
水泥	亿吨	22.1	-5.3
硫酸(折 100%)	万吨	9129.8	-0.9

续表

产品名称	单位	产量	比上年增长(%)
烧碱(折 100%)	万吨	3420.2	2.7
乙烯	万吨	1841.0	1.1
化肥(折 100%)	万吨	5424.4	-7.9
发电机组(发电设备)	万千瓦	10600.5	-10.3
汽车	万辆	2781.9	-4.1
其中：基本型乘用车(轿车)	万辆	1160.1	-2.9
运动型多用途乘用车(SUV)	万辆	927.4	-7.7
大中型拖拉机	万台	24.3	-29.3
集成电路	亿块	1739.5	11.2
程控交换机	万线	1006.6	7.3
移动通信手持机	万台	179846.4	-4.8
微型计算机设备	万台	30700.2	0.1
工业机器人	万台(套)	14.8	6.4

年末全国发电装机容量 189967 万千瓦，比上年末增长 6.5%[29]。其中[30]，火电装机容量 114367 万千瓦，增长 3.0%；水电装机容量 35226 万千瓦，增长 2.5%；核电装机容量 4466 万千瓦，增长 24.7%；并网风电装机容量 18426 万千瓦，增长 12.4%；并网太阳能发电装机容量 17463 万千瓦，增长 33.9%。

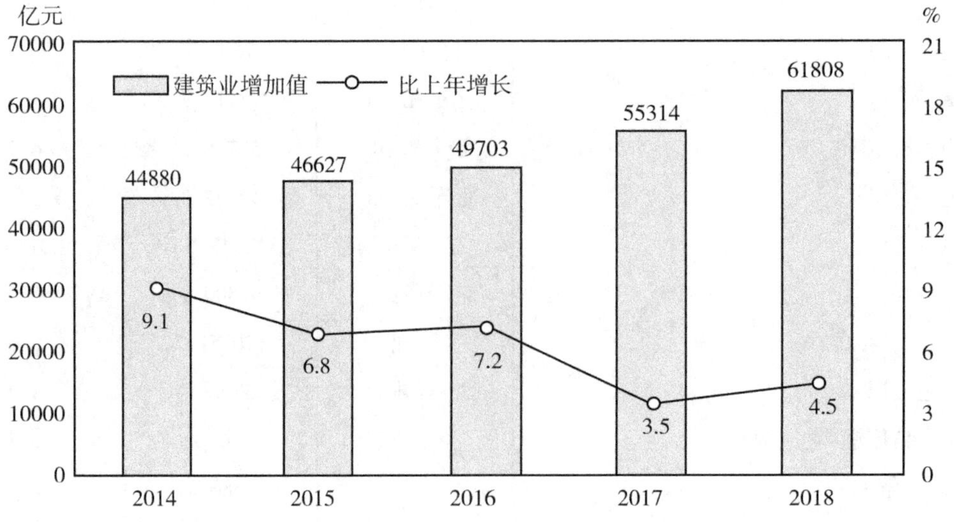

图 11　2014—2018 年建筑业增加值及其增长速度

全年规模以上工业企业利润66351亿元，比上年增长10.3%[31]。分经济类型看，国有控股企业利润18583亿元，比上年增长12.6%；股份制企业46975亿元，增长14.4%，外商及港澳台商投资企业16776亿元，增长1.9%；私营企业17137亿元，增长11.9%。分门类看，采矿业利润5246亿元，比上年增长40.1%；制造业56964亿元，增长8.7%；电力、热力、燃气及水生产和供应业4141亿元，增长4.3%。全年规模以上工业企业主营业务收入利润率为6.49%，比上年提高0.11个百分点。

全年全社会建筑业增加值61808亿元，比上年增长4.5%。全国具有资质等级的总承包和专业承包建筑业企业利润8104亿元，比上年增长8.2%，其中国有控股企业2470亿元，增长8.5%。

四、服 务 业

全年批发和零售业增加值84201亿元，比上年增长6.2%；交通运输、仓储和邮政业增加值40550亿元，增长8.1%；住宿和餐饮业增加值16023亿元，增长6.5%；金融业增加值69100亿元，增长4.4%；房地产业增加值59846亿元，增长3.8%；信息传输、软件和信息技术服务业增加值32431亿元，增长30.7%；租赁和商务服务业增加值24427亿元，增长8.9%。全年规模以上服务业企业营业收入比上年增长11.4%，营业利润增长6.5%。

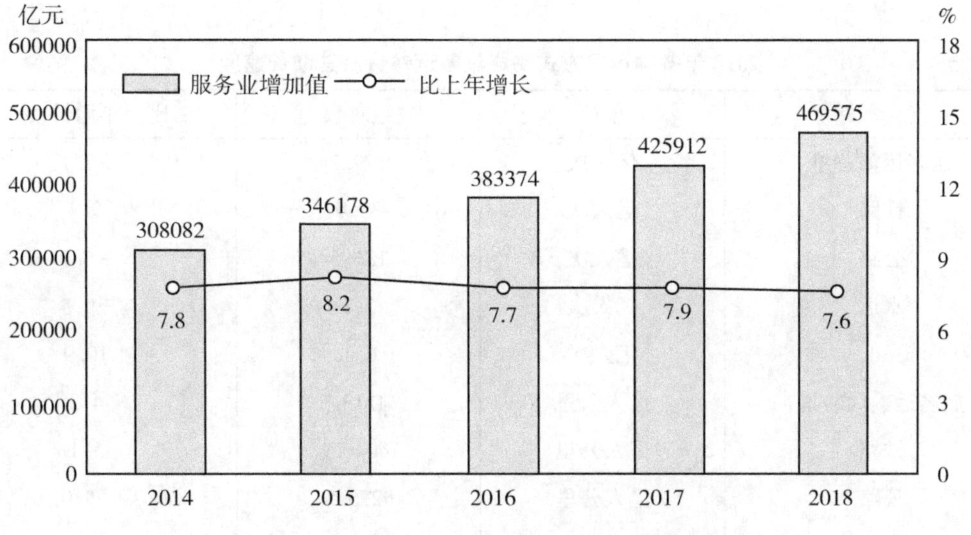

图12 2014—2018年服务业增加值及其增长速度

全年货物运输总量515亿吨，比上年增长7.1%。货物运输周转量205452亿吨公里，增长4.1%。全年规模以上港口完成货物吞吐量133亿吨，比上年增长2.7%[32]，其中外贸货物吞吐量42亿吨，增长2.0%。规模以上港口集装箱吞吐量24955万标准箱，增长5.2%。

表4　　**2018年各种运输方式完成货物运输量及其增长速度**

指　标	单位	绝对数	比上年增长(%)
货物运输总量	亿吨	514.6	7.1
铁路	亿吨	40.3	9.2
公路	亿吨	395.9	7.4
水运	亿吨	69.9	4.7
民航	万吨	738.5	4.6
管道	亿吨	8.5	5.4
货物运输周转量	亿吨公里	205451.6	4.1
铁路	亿吨公里	28821.0	6.9
公路	亿吨公里	71202.5	6.6
水运	亿吨公里	99303.6	0.7
民航	亿吨公里	262.4	7.7
管道	亿吨公里	5862.0	22.5

全年旅客运输总量179亿人次，比上年下降3.1%[33]。旅客运输周转量34213亿人公里，增长4.3%。

表5　　**2018年各种运输方式完成旅客运输量及其增长速度**

指　标	单位	绝对数	比上年增长(%)
旅客运输总量	亿人次	179.2	-3.1
铁路	亿人次	33.7	9.4
公路	亿人次	136.5	-6.3
水运	亿人次	2.8	-0.5
民航	亿人次	6.1	10.9
旅客运输周转量	亿人公里	34213.5	4.3
铁路	亿人公里	14146.6	5.1
公路	亿人公里	9275.5	-5.0
水运	亿人公里	79.8	2.7
民航	亿人公里	10711.6	12.6

年末全国民用汽车保有量24028万辆(包括三轮汽车和低速货车906万辆)，比上年末增长10.5%，其中私人汽车保有量20730万辆，增长10.9%。民用轿车保有量13451万辆，增长10.4%，其中私人轿车12589万辆，增长10.3%。

全年完成邮政行业业务总量[34] 12345 亿元，比上年增长 26. 4%。邮政业全年完成邮政函件业务 26. 8 亿件，包裹业务 0. 2 亿件，快递业务量 507. 1 亿件，快递业务收入 6038 亿元。全年完成电信业务总量[35] 65556 亿元，比上年增长 137. 9%。电信业新增移动电话交换机容量[36] 17267 万户，达到 259453 万户。年末全国电话用户总数 174835 万户，其中移动电话用户 156610 万户。移动电话普及率上升至 112. 2 部/百人。固定互联网宽带接入用户[37] 40738 万户，比上年末增加 5884 万户，其中固定互联网光纤宽带接入用户[38] 36833 万户，增加 7440 万户；移动宽带用户[39] 130565 万户，增加 17413 万户。全年移动互联网用户接入流量 711 亿 GB，比上年增长 189. 1%。全年软件和信息技术服务业[40] 完成软件业务收入 63061 亿元，按可比口径计算，比上年增长 14. 2%。

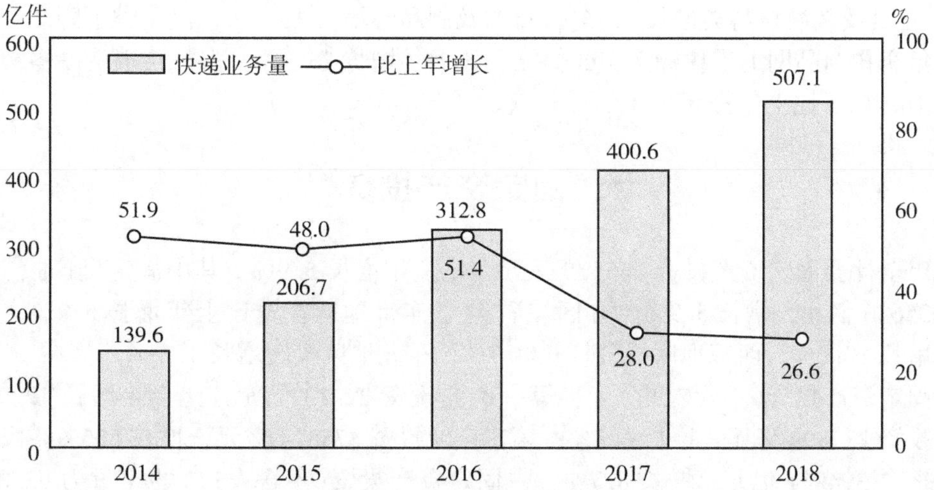

图 13　2014—2018 年快递业务量及其增长速度

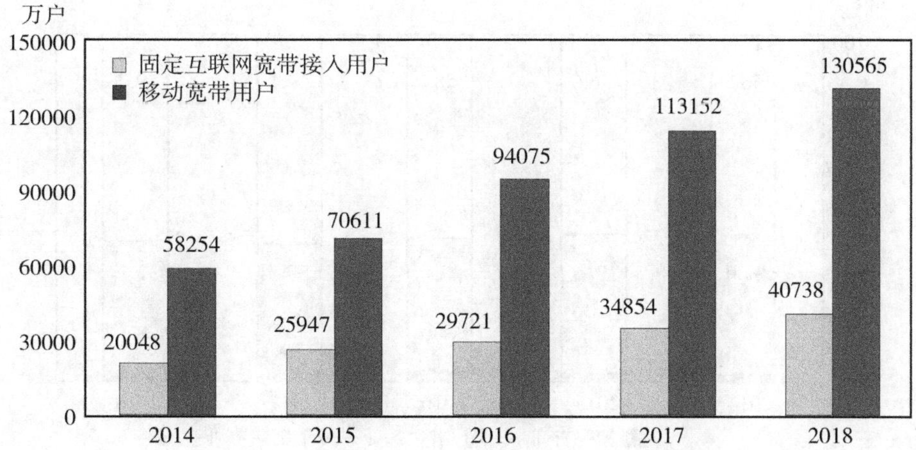

图 14　2014—2018 年年末固定互联网宽带接入用户数和移动宽带用户数

五、国内贸易[41]

全年社会消费品零售总额380987亿元，比上年增长9.0%。按经营地统计，城镇消费品零售额325637亿元，增长8.8%；乡村消费品零售额55350亿元，增长10.1%。按消费类型统计，商品零售额338271亿元，增长8.9%；餐饮收入额42716亿元，增长9.5%。

在限额以上单位商品零售额中，粮油、食品类零售额比上年增长10.2%，饮料类增长9.0%，烟酒类增长7.4%，服装、鞋帽、针纺织品类增长8.0%，化妆品类增长9.6%，金银珠宝类增长7.4%，日用品类增长13.7%，家用电器和音像器材类增长8.9%，中西药品类增长9.4%，文化办公用品类增长3.0%，家具类增长10.1%，通信器材类增长7.1%，建筑及装潢材料类增长8.1%，石油及制品类增长13.3%，汽车类下降2.4%。

全年实物商品网上零售额70198亿元，比上年增长25.4%，占社会消费品零售总额的比重为18.4%，比上年提高3.4个百分点。

六、固定资产投资[42]

全年全社会固定资产投资645675亿元，比上年增长5.9%。其中固定资产投资（不含农户）635636亿元，增长5.9%。分区域看[43]，东部地区投资比上年增长5.7%，中部地区投资增长10.0%，西部地区投资增长4.7%，东北地区投资增长1.0%。

在固定资产投资（不含农户）中，第一产业投资22413亿元，比上年增长12.9%；第二产业投资237899亿元，增长6.2%；第三产业投资375324亿元，增长5.5%。民间固定资产投资[44]394051亿元，增长8.7%，占固定资产投资（不含农户）的比重为62.0%。基础设施投资[45]增长3.8%。六大高耗能行业投资增长1.4%。

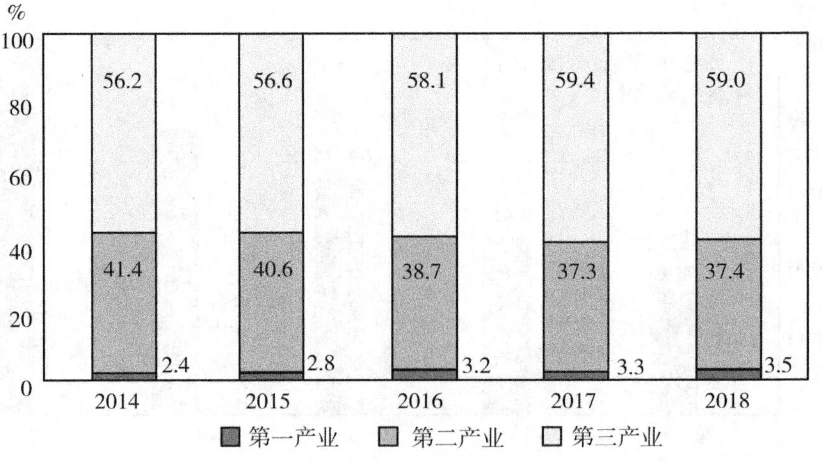

图15　2014—2018年三次产业投资占固定资产投资（不含农户）比重

表 6　　　　**2018 年分行业固定资产投资(不含农户)增长速度**

行　业	比上年增长(%)	行　业	比上年增长(%)
总计	5.9	金融业	-13.1
农、林、牧、渔业	12.3	房地产业[46]	8.3
采矿业	4.1	租赁和商务服务业	14.2
制造业	9.5	科学研究和技术服务业	13.6
电力、热力、燃气及水生产和供应业	-6.7	水利、环境和公共设施管理业	3.3
建筑业	-13.9	居民服务、修理和其他服务业	-14.4
批发和零售业	-21.5	教育	7.2
交通运输、仓储和邮政业	3.9	卫生和社会工作	8.4
住宿和餐饮业	-3.4	文化、体育和娱乐业	21.2
信息传输、软件和信息技术服务业	4.0	公共管理、社会保障和社会组织	-18.0

表 7　　　　**2018 年固定资产投资新增主要生产与运营能力**

指　标	单位	绝对数
新增 220 千伏及以上变电设备	万千伏安	22082
新建铁路投产里程	公里	4683
其中：高速铁路[47]	公里	4100
增、新建铁路复线投产里程	公里	4711
电气化铁路投产里程	公里	6474
新改建公路里程	公里	356045
其中：高速公路	公里	6063
港口万吨级码头泊位新增通过能力	万吨/年	26428
新增民用运输机场	个	6
新增光缆线路长度	万公里	578

全年房地产开发投资 120264 亿元，比上年增长 9.5%。其中住宅投资 85192 亿元，增长 13.4%；办公楼投资 5996 亿元，下降 11.3%；商业营业用房投资 14177 亿元，下降 9.4%。

全年全国棚户区住房改造开工 626 万套，基本建成 511 万套。全国农村地区建档立卡贫困户危房改造 157 万户[48]。

表 8　**2018 年房地产开发和销售主要指标及其增长速度**

指　标	单位	绝对数	比上年增长(%)
投资额	亿元	120264	9.5
其中：住宅	亿元	85192	13.4
房屋施工面积	万平方米	822300	5.2
其中：住宅	万平方米	569987	6.3
房屋新开工面积	万平方米	209342	17.2
其中：住宅	万平方米	153353	19.7
房屋竣工面积	万平方米	93550	-7.8
其中：住宅	万平方米	66016	-8.1
商品房销售面积	万平方米	171654	1.3
其中：住宅	万平方米	147929	2.2
本年到位资金	亿元	165963	6.4
其中：国内贷款	亿元	24005	-4.9
个人按揭贷款	亿元	23706	-0.8

七、对 外 经 济

全年货物进出口总额 305050 亿元，比上年增长 9.7%。其中，出口 164177 亿元，增长 7.1%；进口 140874 亿元，增长 12.9%。货物进出口顺差 23303 亿元，比上年减少

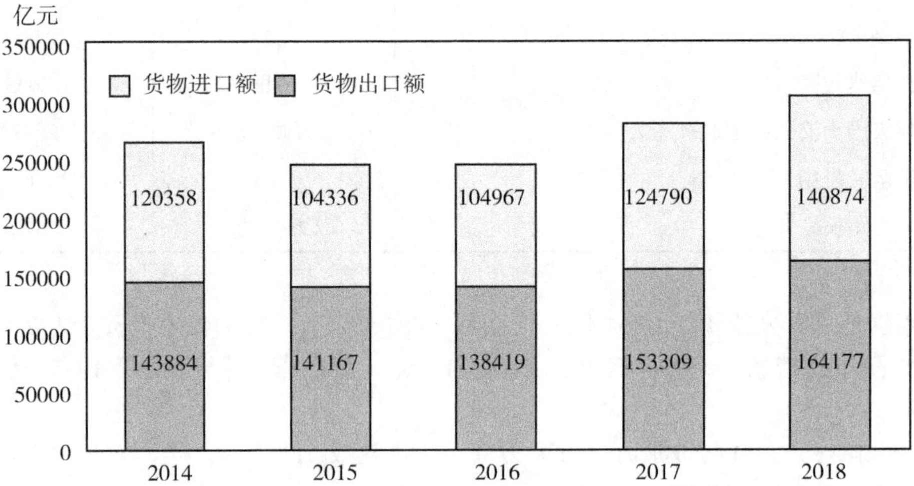

图 16　2014—2018 年货物进出口总额

5217 亿元。对“一带一路”[49]沿线国家进出口总额 83657 亿元，比上年增长 13.3%。其中，出口 46478 亿元，增长 7.9%；进口 37179 亿元，增长 20.9%。

表 9　**2018 年货物进出口总额及其增长速度**

指　　标	金额(亿元)	比上年增长(%)
货物进出口总额	305050	9.7
货物出口额	164177	7.1
其中：一般贸易	92405	10.9
加工贸易	52676	2.5
其中：机电产品	96457	7.9
高新技术产品	49374	9.3
货物进口额	140874	12.9
其中：一般贸易	83947	14.3
加工贸易	31097	6.6
其中：机电产品	63727	10.3
高新技术产品	44340	12.2
货物进出口顺差	23303	—

表 10　**2018 年主要商品出口数量、金额及其增长速度**

商品名称	单位	数量	比上年增长(%)	金额(亿元)	比上年增长(%)
钢材	万吨	6934	-8.1	3984	7.7
纺织纱线、织物及制品	—	—	—	7851	5.1
服装及衣着附件	—	—	—	10413	-2.3
鞋类	万吨	448	-0.4	3095	-5.4
家具及其零件	—	—	—	3544	4.8
箱包及类似容器	万吨	316	2.0	1787	-1.0
玩具	—	—	—	1662	2.3
塑料制品	万吨	1312	12.3	2870	9.3
集成电路	亿个	2171	6.2	5591	23.5
自动数据处理设备及其部件	万台	147296	-4.4	11355	6.0
手持或车载无线电话机	万台	111918	-7.8	9343	9.8
集装箱	万个	340	13.5	685	20.9

续表

商品名称	单位	数量	比上年增长（%）	金额（亿元）	比上年增长（%）
液晶显示板	万个	175810	-9.3	1527	-12.5
汽车	万辆	115	11.3	972	8.3

表 11　　**2018 年主要商品进口数量、金额及其增长速度**

商品名称	单位	数量	比上年增长(%)	金额（亿元）	比上年增长（%）
谷物及谷物粉	万吨	2047	-20.0	385	-12.4
大豆	万吨	8803	-7.9	2502	-6.9
食用植物油	万吨	629	9.0	313	2.0
铁矿砂及其精矿	万吨	106447	-1.0	4984	-4.0
煤及褐煤	万吨	28123	3.9	1613	4.9
原油	万吨	46190	10.1	15882	43.1
成品油	万吨	3348	13.0	1333	35.6
天然气	万吨	9039	31.9	2552	62.1
初级形状的塑料	万吨	3284	14.5	3718	13.2
纸浆	万吨	2479	4.5	1300	25.1
钢材	万吨	1317	-1.0	1083	5.5
未锻轧铜及铜材	万吨	530	12.9	2469	16.5
集成电路	亿个	4176	10.8	20584	16.9
汽车	万辆	113	-8.5	3331	-2.7

表 12　　**2018 年对主要国家和地区货物进出口金额、增长速度及其比重**

国家和地区	出口额（亿元）	比上年增长（%）	占全部出口比重(%)	进口额（亿元）	比上年增长（%）	占全部进口比重(%)
欧盟	26974	7.0	16.4	18067	9.2	12.8
美国	31603	8.6	19.2	10195	-2.3	7.2
东盟	21066	11.3	12.8	17722	11.0	12.6
日本	9709	4.4	5.9	11906	6.2	8.5
韩国	7174	3.1	4.4	13495	12.3	9.6
中国香港	19966	5.7	12.2	564	13.8	0.4

续表

国家和地区	出口额（亿元）	比上年增长（%）	占全部出口比重（%）	进口额（亿元）	比上年增长（%）	占全部进口比重（%）
中国台湾	3212	7.9	2.0	11714	11.0	8.3
巴西	2214	12.9	1.3	5119	28.2	3.6
俄罗斯	3167	9.1	1.9	3909	39.4	2.8
印度	5054	9.5	3.1	1242	12.2	0.9
南非	1072	6.9	0.7	1799	8.9	1.3

全年服务进出口[50]总额52402亿元，比上年增长11.5%。其中，服务出口17658亿元，增长14.6%；服务进口34744亿元，增长10.0%。服务进出口逆差17086亿元。

全年外商直接投资(不含银行、证券、保险领域)新设立企业60533家，比上年增长69.8%。实际使用外商直接投资金额8856亿元，增长0.9%，折1350亿美元，增长3.0%。其中“一带一路”沿线国家对华直接投资新设立企业4479家，增长16.1%；对华直接投资金额424亿元，增长13.2%，折64亿美元，增长16.0%。全年高技术制造业实际使用外资898亿元，增长35.1%，折137亿美元，增长38.1%。

表13　**2018年外商直接投资(不含银行、证券、保险领域)及其增长速度**

行　业	企业数（家）	比上年增长（%）	实际使用金额（亿元）	比上年增长（%）
总计	60533	69.8	8856	0.9
其中：农、林、牧、渔业	741	5.0	53	-26.4
制造业	6152	23.4	2713	20.1
电力、热力、燃气及水生产和供应业	284	-23.7	291	23.6
交通运输、仓储和邮政业	754	45.8	314	-16.0
信息传输、软件和信息技术服务业	7222	127.9	773	-44.4
批发和零售业	22853	86.1	643	-16.5
房地产业	1053	42.9	1489	31.4
租赁和商务服务业	9099	78.9	1196	6.4
居民服务、修理和其他服务业	485	39.0	37	-2.6

全年对外非金融类直接投资额7974亿元，比上年下降1.6%，折1205亿美元，增长0.3%。其中，对“一带一路”沿线国家非金融类直接投资额156亿美元，增长8.9%。

表 14　**2018 年对外非金融类直接投资额及其增长速度**

行　业	金额(亿美元)	比上年增长(%)
总计	1205	0. 3
其中：农、林、牧、渔业	18	-20. 3
采矿业	92	11. 3
制造业	188	-1. 6
电力、热力、燃气及水生产和供应业	32	-0. 9
建筑业	74	0. 8
批发和零售业	106	-57. 5
交通运输、仓储和邮政业	58	92. 7
信息传输、软件和信息技术服务业	68	-33. 7
房地产业	40	82. 0
租赁和商务服务业	446	27. 6

全年对外承包工程完成营业额 11186 亿元，比上年下降 1. 7%，折 1690 亿美元，增长 0. 3%。其中，对“一带一路”沿线国家完成营业额 893 亿美元，增长 4. 4%，占对外承包工程完成营业额比重为 52. 8%。对外劳务合作派出各类劳务人员 49 万人。

八、财 政 金 融

全年全国一般公共预算收入 183352 亿元，比上年增长 6. 2%。其中税收收入 156401

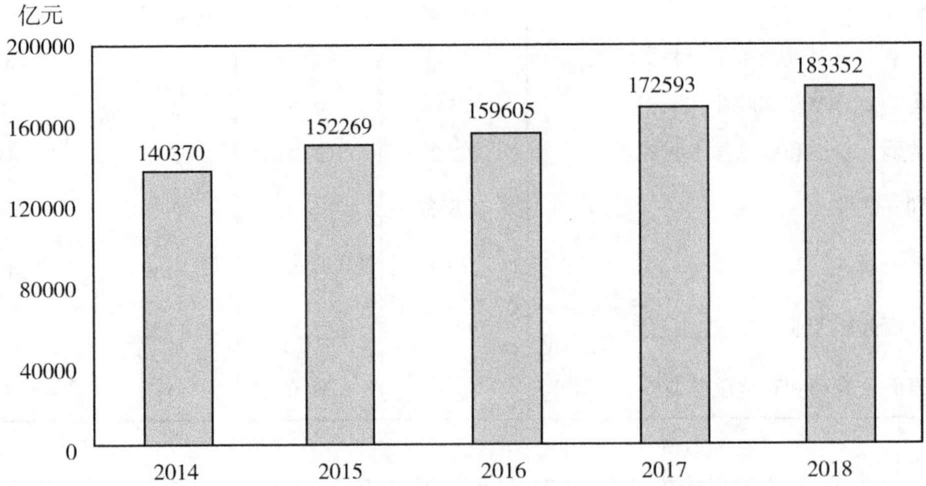

注：图中 2014 年至 2017 年数据为全国一般公共预算收入决算数，2018 年为执行数。

图 17　2014—2018 年全国一般公共预算收入

亿元，比上年增加12031亿元，增长8.3%。全年各地共发行地方政府置换债券13130亿元，平均发行利率约3.89%。2015—2018年，置换债券累计发行12.2万亿元，基本完成既定的存量政府债务置换目标。经过置换，年末地方政府债务平均利率比2014年末降低约6.5个百分点，累计节约利息约1.7万亿元。

年末广义货币供应量(M_2)余额182.7万亿元，比上年末增长8.1%；狭义货币供应量(M_1)余额55.2万亿元，增长1.5%；流通中货币(M_0)余额7.3万亿元，增长3.6%。

全年社会融资规模增量[51]19.3万亿元，按可比口径计算，比上年少3.1万亿元；年末社会融资规模存量[52]200.7万亿元，比上年末增长9.8%。年末全部金融机构本外币各项存款余额182.5万亿元，比年初增加13.2万亿元，其中人民币各项存款余额177.5万亿元，增加13.4万亿元。全部金融机构本外币各项贷款余额141.8万亿元，增加16.2万亿元，其中人民币各项贷款余额136.3万亿元，增加16.2万亿元。

表15　　**2018年年末全部金融机构本外币存贷款余额及其增长速度**

指　　标	年末数(亿元)	比上年末增长(%)
各项存款	1825158	7.8
其中：境内住户存款	724439	11.1
其中：人民币	716038	11.2
境内非金融企业存款	589105	3.1
各项贷款	1417516	12.9
其中：境内短期贷款	443200	7.8
境内中长期贷款	854571	13.8

年末主要农村金融机构(农村信用社、农村合作银行、农村商业银行)人民币贷款余额169822亿元，比年初增加20002亿元。全部金融机构人民币消费贷款余额377903亿元，增加62709亿元。其中，个人短期消费贷款余额87994亿元，增加19989亿元；个人中长期消费贷款余额289909亿元，增加42720亿元。

全年境内交易场所累计筹资[53]64365亿元，比上年增加13572亿元。其中，首次公开发行A股105只，筹资1378亿元，减少923亿元；A股现金再融资(包括公开增发、定向增发、配股、优先股)5505亿元，减少2504亿元；各类主体通过沪深交易所发行债券(包括公司债、可转债、可交换债、政策性金融债、地方政府债和企业资产支持证券)筹资56878亿元，增加17731亿元；全国中小企业股份转让系统[54]新增挂牌公司577家，挂牌公司累计筹资604亿元。

全年发行公司信用类债券[55]7.79万亿元，比上年增加1.92万亿元。

全年保险公司原保险保费收入[56]38017亿元，比上年增长3.9%。其中，寿险业务原保险保费收入20723亿元，健康险和意外伤害险业务原保险保费收入6524亿元，财产险业务原保险保费收入10770亿元。支付各类赔款及给付12298亿元。其中，寿险业务给付

4389亿元，健康险和意外伤害险业务赔款及给付2012亿元，财产险业务赔款5897亿元。

九、居民收入消费和社会保障

全年全国居民人均可支配收入28228元，比上年增长8.7%，扣除价格因素，实际增长6.5%。全国居民人均可支配收入中位数[57]24336元，增长8.6%。按常住地分，城镇居民人均可支配收入39251元，比上年增长7.8%，扣除价格因素，实际增长5.6%。城镇居民人均可支配收入中位数36413元，增长7.6%。农村居民人均可支配收入14617元，比上年增长8.8%，扣除价格因素，实际增长6.6%。农村居民人均可支配收入中位数13066元，增长9.2%。按全国居民五等份收入分组[58]，低收入组人均可支配收入6440元，中间偏下收入组人均可支配收入14361元，中间收入组人均可支配收入23189元，中间偏上收入组人均可支配收入36471元，高收入组人均可支配收入70640元。全国农民工人均月收入3721元，比上年增长6.8%。

全年全国居民人均消费支出19853元，比上年增长8.4%，扣除价格因素，实际增长6.2%。按常住地分，城镇居民人均消费支出26112元，增长6.8%，扣除价格因素，实际增长4.6%；农村居民人均消费支出12124元，增长10.7%，扣除价格因素，实际增长8.4%。全国居民恩格尔系数为28.4%，比上年下降0.9个百分点，其中城镇为27.7%，农村为30.1%。

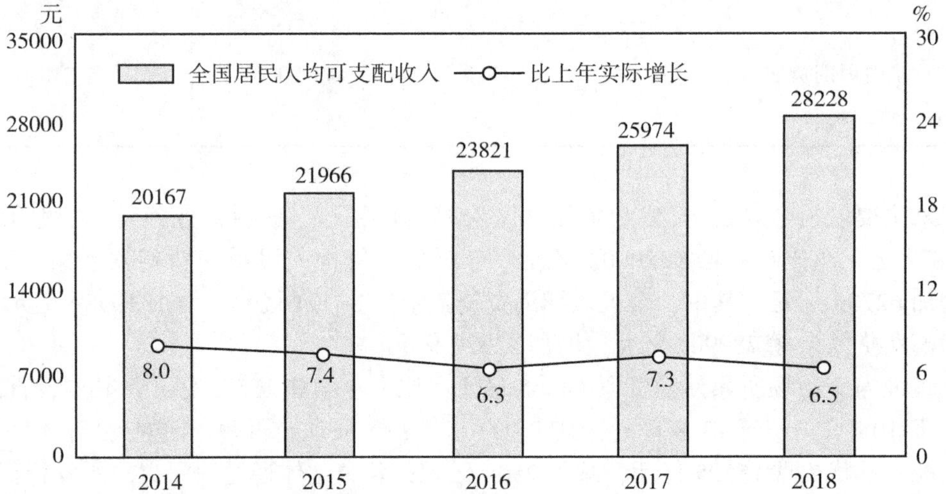

图18　2014—2018年全国居民人均可支配收入及其增长速度

年末全国参加城镇职工基本养老保险人数41848万人，比上年末增加1555万人。参加城乡居民基本养老保险人数52392万人，增加1137万人。参加基本医疗保险人数134452万人，增加16771万人。其中，参加职工基本医疗保险人数31673万人，增加1351万人；参加城乡居民基本医疗保险人数89741万人，增加2382万人。参加失业保险

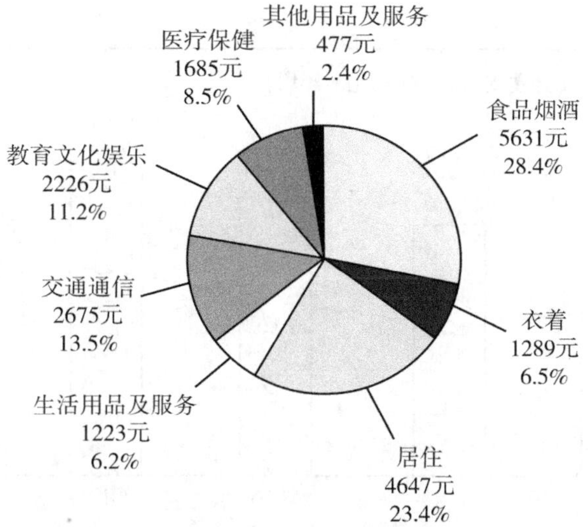

图 19　2018 年全国居民人均消费支出及其构成

人数 19643 万人，增加 859 万人。年末全国领取失业保险金人数 223 万人。参加工伤保险人数 23868 万人，增加 1145 万人，其中参加工伤保险的农民工 8085 万人，增加 278 万人。参加生育保险人数 20435 万人，增加 1135 万人。年末全国共有 1008 万人享受城市居民最低生活保障，3520 万人享受农村居民最低生活保障，455 万人享受农村特困人员[59]救助供养，全年临时救助[60]1075 万人次。全年资助 4972 万人参加基本医疗保险，医疗救助 3825 万人次。国家抚恤、补助退役军人和其他优抚对象 861 万人。

年末全国共有各类提供住宿的社会服务机构 3. 3 万个，其中养老服务机构 3. 0 万个，儿童服务机构 664 个。社会服务床位[61]782. 4 万张，其中养老服务床位 746. 3 万张，儿童服务床位 10. 4 万张。年末共有社区服务中心 2. 7 万个，社区服务站 14. 5 万个。

十、科学技术和教育

全年研究与试验发展(R&D)经费支出 19657 亿元，比上年增长 11. 6%，与国内生产总值之比为 2. 18%，其中基础研究经费 1118 亿元。全年国家重点研发计划共安排 1052 个项目，国家科技重大专项共安排 563 个课题，国家自然科学基金共资助 44504 个项目。截至年底，正在运行的国家重点实验室 501 个，累计建设国家工程研究中心 132 个，国家工程实验室 217 个，国家企业技术中心 1480 家。国家科技成果转化引导基金累计设立 21 支子基金，资金总规模 313 亿元。全年境内外专利申请 432. 3 万件，比上年增长 16. 9%；授予专利权 244. 7 万件，增长 33. 3%；PCT 专利申请受理量[62]为 5. 5 万件。截至年底，有效专利 838. 1 万件，其中境内有效发明专利 160. 2 万件，每万人口发明专利拥有量 11. 5 件。全年共签订技术合同 41. 2 万项，技术合同成交金额 17697 亿元，比上年增长 31. 8%。

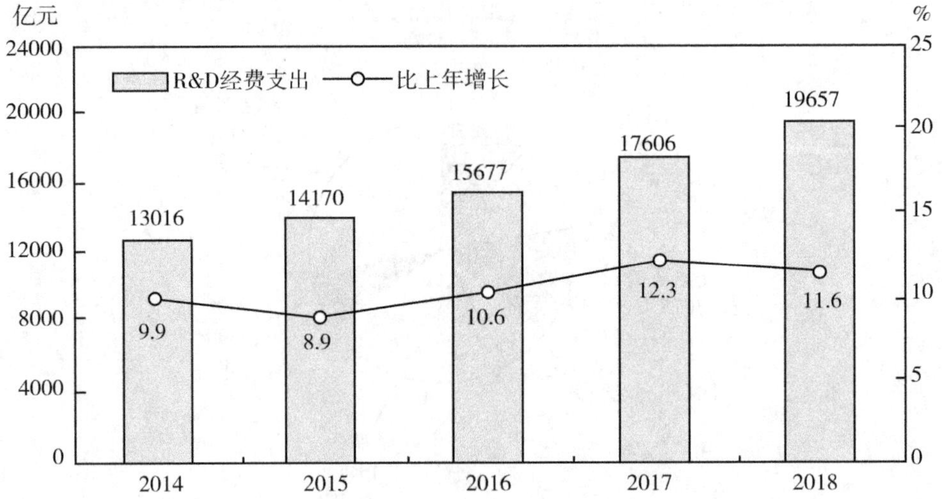

图 20　2014—2018 年研究与试验发展（R＊D）经费支出及其增长速度

表 16　**2018 年专利申请、授权和有效专利情况**

指　　标	专利数（万件）	比上年增长（%）
专利申请数	432.3	16.9
其中：境内专利申请	412.1	17.3
其中：发明专利申请	154.2	11.6
其中：境内发明专利	138.1	11.9
专利授权数	244.7	33.3
其中：境内专利授权	231.9	36.0
其中：发明专利授权	43.2	2.9
其中：境内发明专利	34.0	6.0
年末有效专利数	838.1	17.3
其中：境内有效专利	739.9	19.3
其中：有效发明专利	236.6	13.5
其中：境内有效发明专利	160.2	18.1

全年成功完成 38 次宇航发射。嫦娥四号探测器成功着陆月球背面并通过中继星将数据传回地球，标志着人类首次月球背面巡视探测任务正式开启；北斗三号基本系统完成建设，开始提供全球服务；我国地震立体观测体系首个天基平台中意电磁监测试验卫星、中法航天合作的首颗卫星中法海洋卫星成功发射。第二艘航母出海试航，国产大型水陆两栖飞机水上首飞，港珠澳大桥正式通车运营。

年末全国共有国家质检中心 791 家。全国现有产品质量、体系和服务认证机构 484 个，累计完成对 63 万家企业的认证。全国共有法定计量技术机构 5030 个，全年强制检定计量器具 10406 万台(件)。全年制定、修订国家标准 2668 项，其中新制定 1935 项。全年制造业产品质量合格率[63]为 93.93%。

全年研究生教育招生 85.8 万人，在学研究生 273.1 万人，毕业生 60.4 万人。普通本专科招生 791.0 万人，在校生 2831.0 万人，毕业生 753.3 万人。中等职业教育[64]招生 557.0 万人，在校生 1555.2 万人，毕业生 487.3 万人。普通高中招生 792.7 万人，在校生 2375.4 万人，毕业生 779.2 万人。初中招生 1602.6 万人，在校生 4652.6 万人，毕业生 1367.8 万人。普通小学招生 1867.3 万人，在校生 10339.3 万人，毕业生 1616.5 万人。特殊教育招生 12.4 万人，在校生 66.6 万人，毕业生 8.1 万人。学前教育在园幼儿 4656.4 万人。九年义务教育巩固率为 94.2%，高中阶段毛入学率为 88.8%。

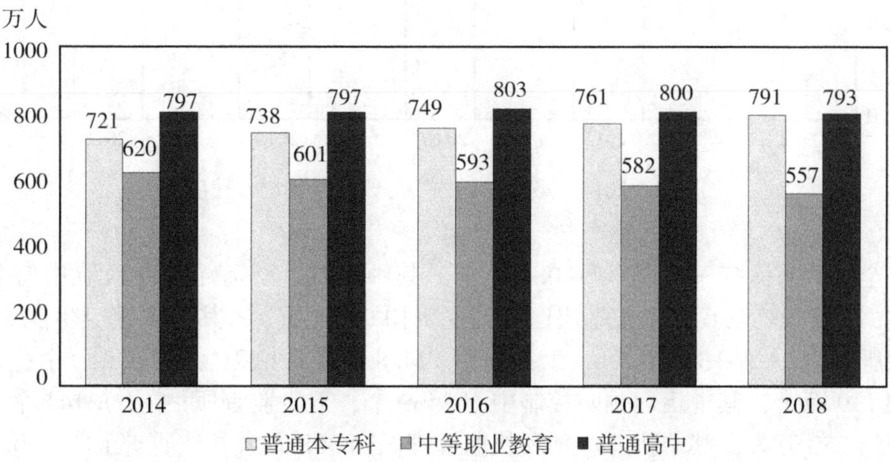

图 21　2014—2018 年普通本专科、中等职业教育及普通高中招生人数

十一、文化旅游、卫生健康和体育

年末全国文化系统共有艺术表演团体 2075 个，博物馆 3331 个。全国共有公共图书馆 3173 个，总流通[65]84529 万人次；文化馆 3326 个。有线电视实际用户 2.14 亿户，其中有线数字电视实际用户 2.02 亿户。年末广播节目综合人口覆盖率为 98.9%，电视节目综合人口覆盖率为 99.3%。全年生产电视剧 323 部 13726 集，电视动画片 86257 分钟。全年生产故事影片 902 部，科教、纪录、动画和特种影片[66]180 部。出版各类报纸 340 亿份，各类期刊 24 亿册，图书 95 亿册(张)，人均图书拥有量[67]6.85 册(张)。年末全国共有档案馆 4210 个，已开放各类档案 14016 万卷(件)。

全年国内游客 55.4 亿人次，比上年增长 10.8%；国内旅游收入 51278 亿元，增长 12.3%。入境游客 14120 万人次，增长 1.2%。其中，外国人 3054 万人次，增长 4.7%；香港、澳门和台湾同胞 11066 万人次，增长 0.3%。在入境游客中，过夜游客 6290 万人次，增长 3.6%。国际旅游收入 1271 亿美元，增长 3.0%。国内居民出境 16199 万人次，增长 13.5%。其中因私出境 15502 万人次，增长 14.1%；赴港澳台出境 9919 万人次，增长 14.0%。

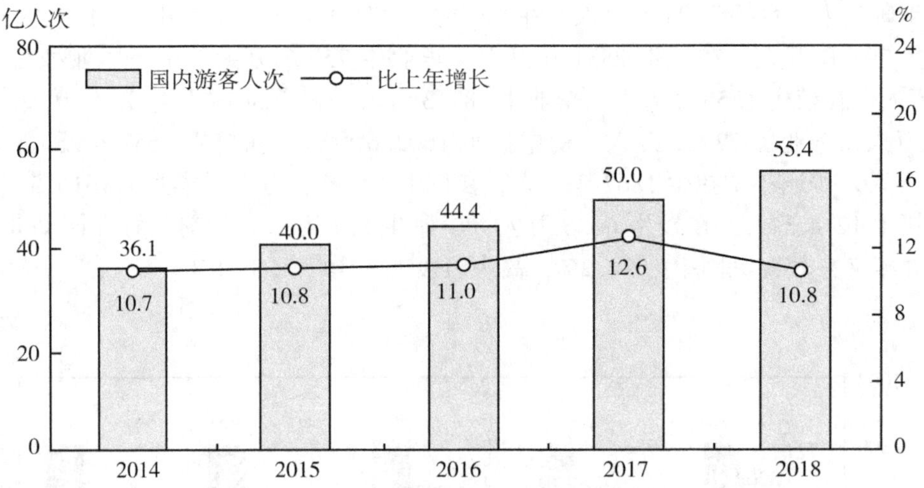

图 22　2014—2018 年国内游客人次及其增长速度

年末全国共有医疗卫生机构 100.4 万个，其中医院 3.2 万个，在医院中有公立医院 1.2 万个，民营医院 2.0 万个；基层医疗卫生机构 95.0 万个，其中乡镇卫生院 3.6 万个，社区卫生服务中心(站)3.5 万个，门诊部(所)24.8 万个，村卫生室 63.0 万个；专业公共卫生机构 1.9 万个，其中疾病预防控制中心 3469 个，卫生监督所(中心)3141 个。年末卫生技术人员 950 万人，其中执业医师和执业助理医师 358 万人，注册护士 412 万人。医疗卫生机构床位 845 万张，其中医院 656 万张，乡镇卫生院 134 万张。全年总诊疗人次[68]

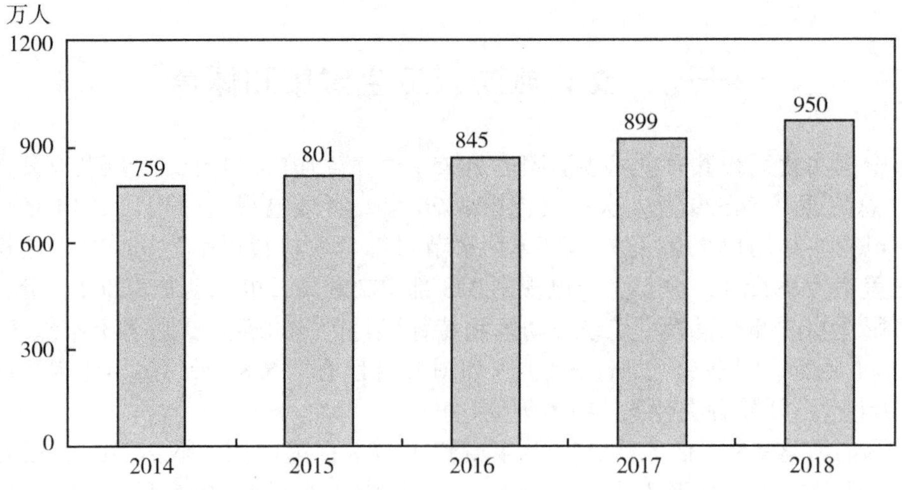

图 23　2014—2018 年年末卫生技术人员人数

84.2亿人次，出院人数[69]2.6亿人。

全年我国运动员在24个运动大项中获得118个世界冠军，共创15项世界纪录。全年我国残疾人运动员在20项国际赛事中获得50个世界冠军。

十二、资源、环境和应急管理

全年全国国有建设用地供应总量[70]64.3万公顷，比上年增长6.6%。其中，工矿仓储用地13.2万公顷，增长7.2%；房地产用地[71]14.4万公顷，增长24.6%；基础设施等用地36.8万公顷，增长0.7%。

全年水资源总量27960亿立方米。全年总用水量6110亿立方米，比上年增长1.1%。其中，生活用水增长1.4%，工业用水增长0.6%，农业用水增长1.1%，生态补水增长3.8%。万元国内生产总值用水量[72]73立方米，比上年下降5.1%。万元工业增加值用水量45立方米，下降5.2%。人均用水量439立方米，比上年增长0.6%。

全年完成造林面积707万公顷，其中人工造林面积360万公顷，占全部造林面积的50.9%。森林抚育面积852万公顷。截至年底，国家级自然保护区474个。新增水土流失治理面积5.4万平方公里。

初步核算，全年能源消费总量46.4亿吨标准煤，比上年增长3.3%。煤炭消费量增长1.0%，原油消费量增长6.5%，天然气消费量增长17.7%，电力消费量增长8.5%。煤炭消费量占能源消费总量的59.0%，比上年下降1.4个百分点；天然气、水电、核电、风电等清洁能源消费量占能源消费总量的22.1%，上升1.3个百分点。重点耗能工业企业单位烧碱综合能耗下降0.5%，单位合成氨综合能耗下降0.7%，吨钢综合能耗下降3.3%，单位铜冶炼综合能耗下降4.7%，每千瓦时火力发电标准煤耗下降0.7%。全国万元国内生产总值二氧化碳排放下降4.0%。

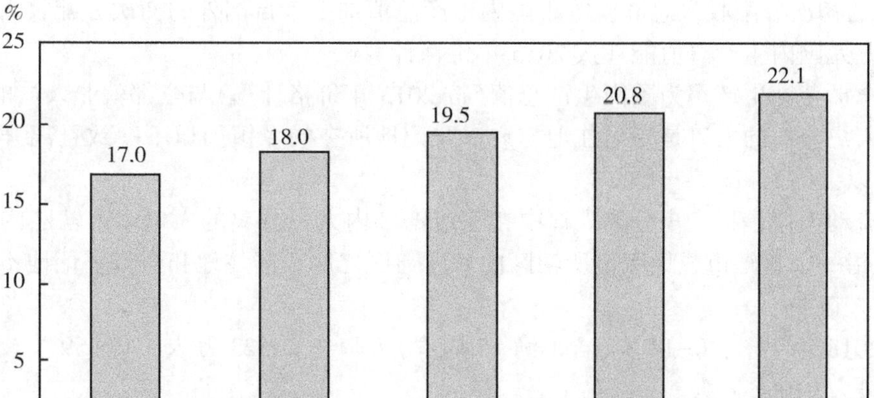

图24　2014—2018年清洁能源消费量占能源消费总量的比量

近岸海域417个海水水质监测点中，达到国家一、二类海水水质标准的监测点占74.6%，三类海水占6.7%，四类、劣四类海水占18.7%。

在监测的338个地级及以上城市中，城市空气质量达标的城市占35.8%，未达标的城市占64.2%。细颗粒物($PM_{2.5}$)未达标城市(基于2015年$PM_{2.5}$年平均浓度未达标的262个城市)年平均浓度43微克/立方米，比上年下降10.4%。

在开展城市区域声环境监测的323个城市中，声环境质量好的城市占4.0%，较好的占63.5%，一般的占30.7%，较差的占1.2%，差的占0.6%。

全年平均气温为10.09℃，比上年下降0.30℃。共有10个台风登陆。

全年农作物受灾面积2081万公顷，其中绝收259万公顷。全年因洪涝和地质灾害造成直接经济损失1061亿元，因旱灾造成直接经济损失255亿元，因低温冷冻和雪灾造成直接经济损失434亿元，因海洋灾害造成直接经济损失48亿元。全年大陆地区共发生5.0级以上地震16次，成灾11次，造成直接经济损失约30亿元。全年共发生森林火灾2478起，受害森林面积1.6万公顷。

全年各类生产安全事故共死亡34046人。工矿商贸企业就业人员10万人生产安全事故死亡人数1.547人，比上年下降5.6%；煤矿百万吨死亡人数0.093人，下降12.3%。道路交通事故万车死亡人数1.93人，下降6.3%。

◎ 注释：

[1]本公报中数据均为初步统计数。各项统计数据均未包括香港特别行政区、澳门特别行政区和台湾省。部分数据因四舍五入的原因，存在总计与分项合计不等的情况。

[2]国内生产总值、各产业增加值、人均国内生产总值和国民总收入绝对数按现价计算，增长速度按不变价格计算。根据第三次全国农业普查结果，对国内生产总值、三次产业增加值比重、全员劳动生产率等历史数据进行了修订。

[3]国民总收入，原称国民生产总值，是指一个国家或地区所有常住单位在一定时期内所获得的初次分配收入总额，等于国内生产总值加上来自国外的初次分配收入净额。

[4]万元国内生产总值能耗按2015年价格计算。

[5]全员劳动生产率为国内生产总值(按2015年价格计算)与全部就业人员的比率。

[6]人户分离的人口是指居住地与户口登记地所在的乡镇街道不一致且离开户口登记地半年及以上的人口。

[7]流动人口是指人户分离人口中扣除市辖区内人户分离的人口。市辖区内人户分离的人口是指一个直辖市或地级市所辖区内和区与区之间，居住地和户口登记地不在同一乡镇街道的人口。

[8]2018年年末，0-14岁(含不满15周岁)人口为23523万人，15-59岁(含不满60周岁)人口为91066万人。

[9]年度农民工数量包括年内在本乡镇以外从业6个月及以上的外出农民工和在本乡镇内从事非农产业6个月及以上的本地农民工两部分。

[10]农产品生产者价格是指农产品生产者直接出售其产品时的价格。

[11]居住类价格包括租赁房房租、住房保养维修及管理、水电燃料等价格。

[12]产能利用率是指实际产出与生产能力(均以价值量计量)的比率。企业的实际产出是指企业报告期内的工业总产值；企业的生产能力是指报告期内，在劳动力、原材料、燃料、运输等保证供给的情况下，生产设备(机械)保持正常运行，企业可实现的、并能长期维持的产品产出。

[13]由于统计制度规定的口径调整、统计执法、剔除重复数据、企业改革剥离等因素，2018 年规模以上工业企业财务指标增速及变化按可比口径计算。

[14]工业战略性新兴产业包括节能环保产业，新一代信息技术产业，生物产业，高端装备制造产业，新能源产业，新材料产业，新能源汽车产业等七大产业中的工业相关行业。

[15]高技术制造业包括医药制造业，航空、航天器及设备制造业，电子及通信设备制造业，计算机及办公设备制造业，医疗仪器设备及仪器仪表制造业，信息化学品制造业。

[16]装备制造业包括金属制品业，通用设备制造业，专用设备制造业，汽车制造业，铁路、船舶、航空航天和其他运输设备制造业，电气机械和器材制造业，计算机、通信和其他电子设备制造业，仪器仪表制造业。

[17]规模以上服务业统计范围包括年营业收入 1000 万元及以上，或年末从业人员 50 人及以上的交通运输、仓储和邮政业，信息传输、软件和信息技术服务业，房地产业(不含房地产开发经营)，租赁和商务服务业，科学研究和技术服务业，水利、环境和公共设施管理业，教育，卫生和社会工作；年营业收入 500 万元及以上，或年末从业人员 50 人及以上的居民服务、修理和其他服务业，文化、体育和娱乐业法人单位。

[18]战略性新兴服务业包括节能环保产业，新一代信息技术产业，生物产业，高端装备制造产业，新能源产业，新材料产业，新能源汽车产业等七大产业中的服务业相关行业。

[19]高技术产业投资包括医药制造、航空航天器及设备制造等六大类高技术制造业投资和信息服务、电子商务服务等九大类高技术服务业投资。

[20]工业技术改造投资是指工业企业利用新技术、新工艺、新设备、新材料对现有设施、工艺条件及生产服务等进行改造提升，实现内涵式发展的投资活动。

[21]网上零售额是指通过公共网络交易平台(主要从事实物商品交易的网上平台，包括自建网站和第三方平台)实现的商品和服务零售额。2018 年网上零售额增速按可比口径计算。

[22]减贫人口等于当年贫困人口减去上年贫困人口，也相当于当年脱贫人口减去当年返贫人口。

[23]贫困发生率是指贫困人口占目标调查人口的比重。

[24]贫困地区包括集中连片特困地区和片区外的国家扶贫开发工作重点县，原共有 832 个县。2017 年开始将新疆阿克苏地区纳入贫困监测范围。

[25]农、牧、渔业等历史数据根据第三次全国农业普查结果进行了修订。

[26]2017 年部分产品产量数据进行了核实调整，2018 年产量增速按调整后的可比口径计算。

[27]火电包括燃煤发电量，燃油发电量，燃气发电量，余热、余压、余气发电量，垃圾焚烧发电量，生物质发电量。

[28]钢材产量数据中含企业之间重复加工钢材约21800万吨。

[29]2018年，中国电力企业联合会对发电装机容量统计范围进行了调整，增速按可比口径计算。

[30]少量发电装机容量(如地热等)公报中未列出。

[31]由于统计制度规定的口径调整、统计执法、剔除重复数据、企业改革剥离等因素，2018年规模以上工业企业财务指标增速及变化按可比口径计算。

[32]2018年部分规模以上港口货物吞吐量统计范围进行调整，扩大至全港企业，相关指标增速按可比口径计算。

[33]旅客运输总量包括铁路、公路、水运、民航营业性旅客运输量，其中公路旅客运输量占70%以上。近年来，随着人们出行方式的变化，居民自驾出行、网络约车及拼车人数增长较快，分流了公路客运量，导致旅客运输总量下降。

[34]邮政行业业务总量按2010年价格计算。

[35]电信业务总量按2015年价格计算。

[36]移动电话交换机容量是指移动电话交换机根据一定话务模型和交换机处理能力计算出来的最大同时服务用户的数量。

[37]固定互联网宽带接入用户是指报告期末在电信企业登记注册，通过xDSL、FTTx+LAN、FTTH/O以及其他宽带接入方式和普通专线接入公众互联网的用户。

[38]固定互联网光纤宽带接入用户是指报告期末在电信企业登记注册，通过FTTH或FTTO方式接入公众互联网的用户。

[39]移动宽带用户是指报告期末在计费系统拥有使用信息，占用3G或4G网络资源的在网用户。

[40]软件和信息技术服务业包括软件开发，集成电路设计，信息系统集成和物联网技术服务，运行维护服务，信息处理和存储支持服务，信息技术咨询服务，数字内容服务和其他信息技术服务等行业。

[41]根据第三次全国农业普查结果及有关制度规定，对2017年社会消费品零售总额及分项基数进行修订，2018年增速按可比口径计算。

[42]根据统计执法检查和第四次全国经济普查单位清查结果，对2017年固定资产投资基数进行一些修订，2018年增速按可比口径计算。

[43]东部地区是指北京、天津、河北、上海、江苏、浙江、福建、山东、广东和海南10省(市)；中部地区是指山西、安徽、江西、河南、湖北和湖南6省；西部地区是指内蒙古、广西、重庆、四川、贵州、云南、西藏、陕西、甘肃、青海、宁夏和新疆12省(区、市)；东北地区是指辽宁、吉林和黑龙江3省。

[44]民间固定资产投资是指具有集体、私营、个人性质的内资企事业单位以及由其控股(包括绝对控股和相对控股)的企业单位建造或购置固定资产的投资。

[45]基础设施投资包括交通运输、邮政业，电信、广播电视和卫星传输服务业，互联网和相关服务业，水利、环境和公共设施管理业投资。

［46］房地产业投资除房地产开发投资外，还包括建设单位自建房屋以及物业管理、中介服务和其他房地产投资。

［47］高速铁路是指线路最大速度200公里/小时及以上的铁路和200公里/小时以下仅运行动车组列车的铁路。

［48］各省（自治区、直辖市）汇总上报截至2018年12月底建档立卡贫困户农村危房改造实际竣工数。

［49］“一带一路”是指“丝绸之路经济带”和“21世纪海上丝绸之路”。

［50］服务进出口按照《国际收支手册（第六版）》标准统计，增速按可比口径计算。

［51］社会融资规模增量是指一定时期内实体经济从金融体系获得的资金总额。

［52］社会融资规模存量是指一定时期末（月末、季末或年末）实体经济从金融体系获得的资金余额。

［53］境内股票市场筹资额按上市日统计。

［54］全国中小企业股份转让系统又称“新三板”，是2012年经国务院批准设立的全国性证券交易场所。全年全国中小企业股份转让系统挂牌公司累计筹资不含优先股。

［55］公司信用类债券包括非金融企业债务融资工具、企业债券以及公司债、可转债等。

［56］原保险保费收入是指保险企业确认的原保险合同保费收入。

［57］人均收入中位数是指将所有调查户按人均收入水平从低到高（或从高到低）顺序排列，处于最中间位置调查户的人均收入。

［58］全国居民五等份收入分组是指将所有调查户按人均收入水平从高到低顺序排列，平均分为五个等份，处于最高20%的收入群体为高收入组，依此类推依次为中间偏上收入组、中间收入组、中间偏下收入组、低收入组。

［59］农村特困人员是指无劳动能力，无生活来源，无法定赡养、抚养、扶养义务人或者其法定义务人无履行义务能力的农村老年人、残疾人以及未满16周岁的未成年人。

［60］临时救助是国家对遭遇突发事件、意外伤害、重大疾病或其他特殊原因导致基本生活陷入困境，其他社会救助制度暂时无法覆盖或救助之后基本生活暂时仍有严重困难的家庭或个人给予的应急性、过渡性的救助。

［61］社会服务床位数除收养性机构外，还包括救助类机构、社区类机构以及军休所、军供站等机构的床位。

［62］PCT专利申请受理量是指国家知识产权局作为PCT专利申请受理局受理的PCT专利申请数量。PCT（Patent Cooperation Treaty）即专利合作条约，是专利领域的一项国际合作条约。

［63］制造业产品质量合格率是指以产品质量检验为手段，按照规定的方法、程序和标准实施质量抽样检测，判定为质量合格的样品数占全部抽样样品数的百分比，统计调查样本覆盖制造业的29个行业。

［64］中等职业教育包括普通中专、成人中专、职业高中和技工学校。

［65］总流通人次是指本年度内到图书馆场馆接受图书馆服务的总人次，包括借阅书刊、咨询问题以及参加各类读者活动等。

[66]特种影片是指那些采用与常规影院放映在技术、设备、节目方面不同的电影展示方式，如巨幕电影、立体电影、立体特效(4D)电影、动感电影、球幕电影等。

[67]人均图书拥有量是指在一年内全国平均每人能拥有的当年出版图书册数。

[68]总诊疗人次指所有诊疗工作的总人次数，包括门诊、急诊、出诊、预约诊疗、单项健康检查、健康咨询指导(不含健康讲座)人次。

[69]出院人数指报告期内所有住院后出院的人数，包括医嘱离院、医嘱转其他医疗机构、非医嘱离院、死亡及其他人数，不含家庭病床撤床人数。

[70]国有建设用地供应总量是指报告期内市、县人民政府根据年度土地供应计划依法以出让、划拨、租赁等方式将土地使用权提供给单位或个人使用的国有建设用地总量。

[71]房地产用地是指商服用地和住宅用地的总和。

[72]万元国内生产总值用水量、万元工业增加值用水量按2015年价格计算。

◎ 资料来源：

本公报中户籍人口城镇化率、民用汽车、道路交通事故数据来自公安部；城镇新增就业、登记失业率、社会保障、技工学校数据来自人力资源和社会保障部；外汇储备、汇率数据来自国家外汇管理局；水产品产量数据来自农业农村部；木材产量、造林面积、森林抚育面积、国家级自然保护区数据来自国家林业和草原局；灌溉面积、水资源、水土流失治理面积数据来自水利部；发电装机容量、新增220千伏及以上变电设备数据来自中国电力企业联合会；港口货物吞吐量、港口集装箱吞吐量、公路运输、水运、新改建公路里程、港口万吨级码头泊位新增通过能力数据来自交通运输部；铁路运输、新建铁路投产里程、增新建铁路复线投产里程、电气化铁路投产里程数据来自中国铁路总公司；民航、新增民用运输机场数据来自中国民用航空局；管道数据来自中国石油天然气集团有限公司、中国石油化工集团有限公司、中国海洋石油集团有限公司；邮政业务数据来自国家邮政局；通信业、软件业务收入、新增光缆线路长度等数据来自工业和信息化部；棚户区改造、农村地区建档立卡贫困户危房改造数据来自住房和城乡建设部；货物进出口数据来自海关总署；服务进出口、外商直接投资、对外直接投资、对外承包工程、对外劳务合作等数据来自商务部；财政数据来自财政部；货币金融、公司信用类债券数据来自中国人民银行；境内交易场所筹资数据来自中国证券监督管理委员会；保险业数据来自中国银行保险监督管理委员会；医疗保险、资助参加基本医疗保险、医疗救助数据来自国家医疗保障局；城乡低保、农村特困人员救助供养、临时救助、社会服务数据来自民政部；优抚对象数据来自退役军人事务部；国家重点研发计划、国家科技重大专项、国家重点实验室、科技成果转化引导基金、技术合同等数据来自科学技术部；国家自然科学基金项目数据来自国家自然科学基金委员会；国家工程研究中心、国家工程实验室、国家企业技术中心等数据来自国家发展和改革委员会；专利数据来自国家知识产权局；宇航发射数据来自国家国防科技工业局；质量检验、国家标准制定修订、制造业产品质量合格率数据来自国家市场监督管理总局；教育数据来自教育部；艺术表演团体、博物馆、公共图书馆、文化馆、图书、旅游数据来自文化和旅游部；电视、广播数据来自国家广播电视总局；电影数据来自国家电影局；报纸、期刊数据来自国家新闻出版署；档案数据来自国家档案局；居民出境数据来自国家移民管理局；医疗卫生数据来自国家卫生健康委员会；体育数据来自国家体育总局；残疾人运动员数据来自中国残疾人联合会；国有建设用地供应、海洋灾害造成直接经济损失数据来自自然资源部；万元国内生产总值二氧化碳排放、环境监测等数据来自生态环境部；平均气温、登陆台风数据来自中国气象局；农作物受灾面积、洪涝和地质灾害造成直接经济损失、旱灾造成直接经济损失、低温冷冻和雪灾造成直接经济损失、森林火灾、受害森林面积、安全生产数据来自应急管理部；地震次数、地震灾害造成直接经济损失数据来自中国地震局；其他数据均来自国家统计局。

中华人民共和国 2019 年国民经济和社会发展统计公报[1]

国家统计局

2020 年 2 月 28 日

2019 年，面对国内外风险挑战明显上升的复杂局面，在以习近平同志为核心的党中央坚强领导下，各地区各部门以习近平新时代中国特色社会主义思想为指导，全面贯彻党的十九大和十九届二中、三中、四中全会精神，按照党中央、国务院决策部署，坚持稳中求进工作总基调，坚持新发展理念和推动高质量发展，坚持以供给侧结构性改革为主线，着力深化改革扩大开放，持续打好三大攻坚战，统筹稳增长、促改革、调结构、惠民生、防风险、保稳定，扎实做好稳就业、稳金融、稳外贸、稳外资、稳投资、稳预期工作，经济运行总体平稳，发展水平迈上新台阶，发展质量稳步提升，人民生活福祉持续增进，各项社会事业繁荣发展，生态环境质量总体改善，“十三五”规划主要指标进度符合预期，全面建成小康社会取得新的重大进展。

一、综　　合

初步核算，全年国内生产总值[2]990865 亿元，比上年增长 6. 1%。其中，第一产业增加值 70467 亿元，增长 3. 1%；第二产业增加值 386165 亿元，增长 5. 7%；第三产业增加值 534233 亿元，增长 6. 9%。第一产业增加值占国内生产总值比重为 7. 1%，第二产业增加值比重为 39. 0%，第三产业增加值比重为 53. 9%。全年最终消费支出对国内生产总值增长的贡献率为 57. 8%，资本形成总额的贡献率为 31. 2%，货物和服务净出口的贡献率为 11. 0%。人均国内生产总值 70892 元，比上年增长 5. 7%。国民总收入[3]988458 亿元，比上年增长 6. 2%。全国万元国内生产总值能耗[4]比上年下降 2. 6%。全员劳动生产率[5]为 115009 元/人，比上年提高 6. 2%。

年末全国大陆总人口 140005 万人，比上年末增加 467 万人，其中城镇常住人口 84843 万人，占总人口比重(常住人口城镇化率)为 60. 60%，比上年末提高 1. 02 个百分点。户籍人口城镇化率为 44. 38%，比上年末提高 1. 01 个百分点。全年出生人口 1465 万人，出生率为 10. 48‰；死亡人口 998 万人，死亡率为 7. 14‰；自然增长率为 3. 34‰。全国人户分离的人口[9]2. 80 亿人，其中流动人口[10]2. 36 亿人。

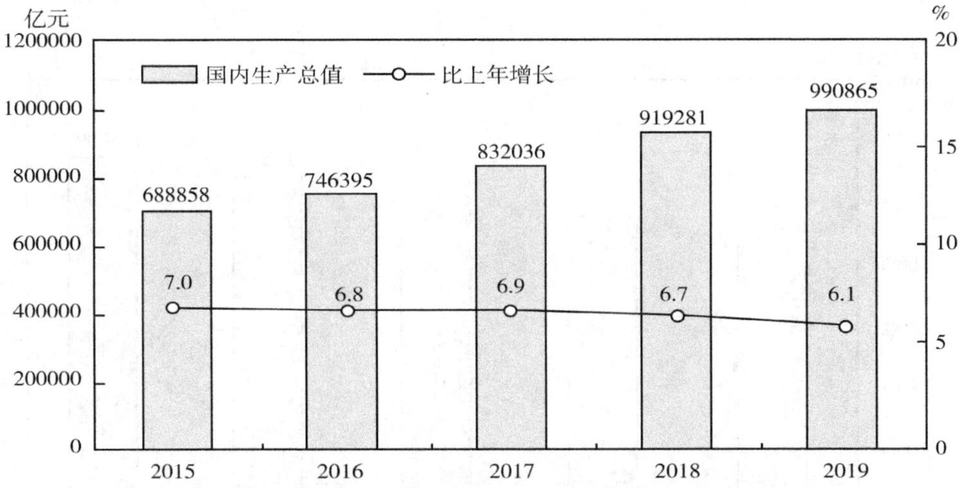

图 1　2015—2019 年国内生产总值及其增长速度

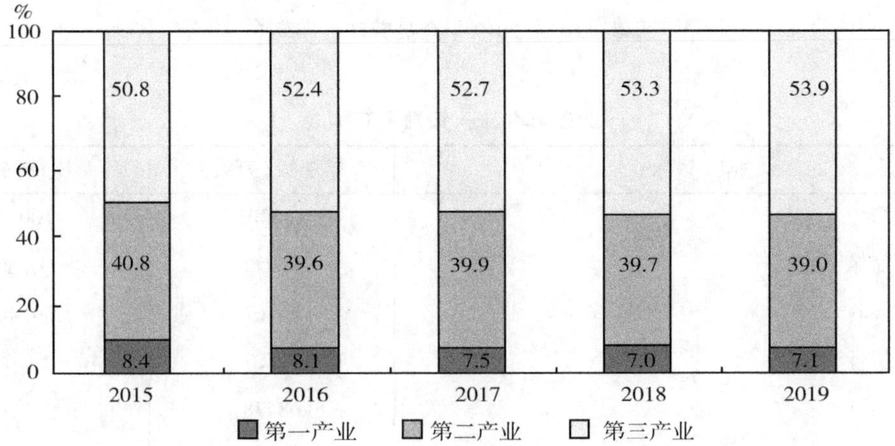

图 2　2015—2019 年三次产业增加值占国内生产总值比重[6]

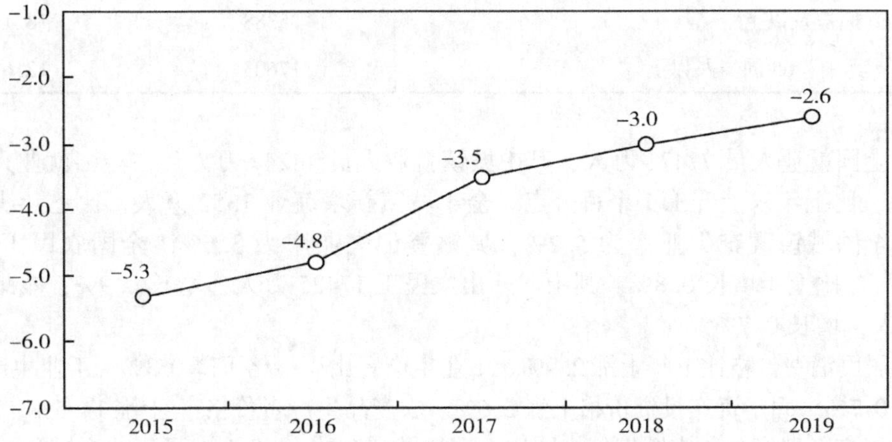

图 3　2015—2019 年万元国内生产总值能耗降低率[7]

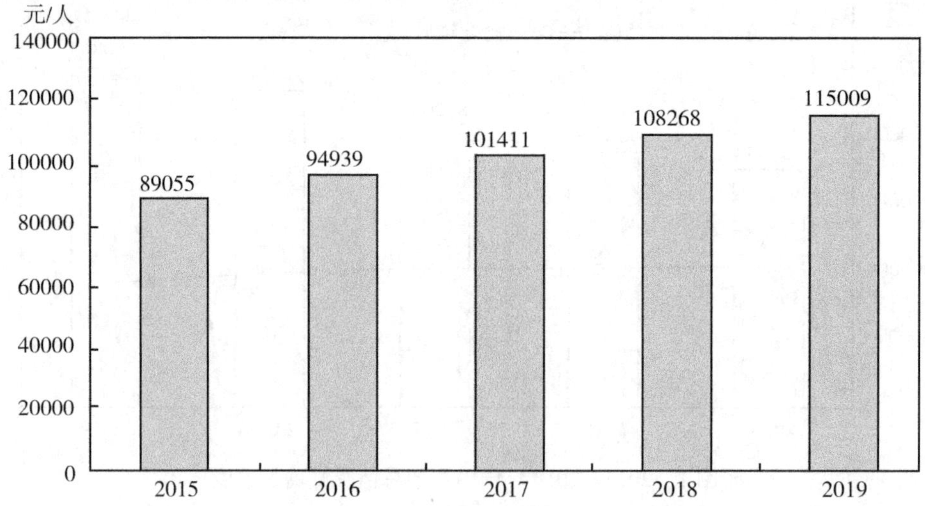

图 4　2015—2019 年全员劳动生产率[8]

表 1　**2019 年年末人口数及其构成**

指　　标	年末数(万人)	比重(%)
全国总人口	140005	100. 0
其中：城镇	84843	60. 60
乡村	55162	39. 40
其中：男性	71527	51. 1
女性	68478	48. 9
其中：0—15 岁(含不满 16 周岁)[11]	24977	17. 8
16—59 岁(含不满 60 周岁)	89640	64. 0
60 周岁及以上	25388	18. 1
其中：65 周岁及以上	17603	12. 6

年末全国就业人员 77471 万人，其中城镇就业人员 44247 万人，占全国就业人员比重为 57. 1%，比上年末上升 1. 1 个百分点。全年城镇新增就业 1352 万人，比上年少增 9 万人。年末全国城镇调查失业率为 5. 2%，城镇登记失业率为 3. 6%。全国农民工[12]总量 29077 万人，比上年增长 0. 8%。其中，外出农民工 17425 万人，增长 0. 9%；本地农民工 11652 万人，增长 0. 7%。

全年居民消费价格比上年上涨 2. 9%。工业生产者出厂价格下降 0. 3%。工业生产者购进价格下降 0. 7%。固定资产投资价格上涨 2. 6%。农产品生产者价格[13]上涨 14. 5%。12 月份，70 个大中城市新建商品住宅销售价格同比上涨的城市个数为 68 个，下降的为 2 个。

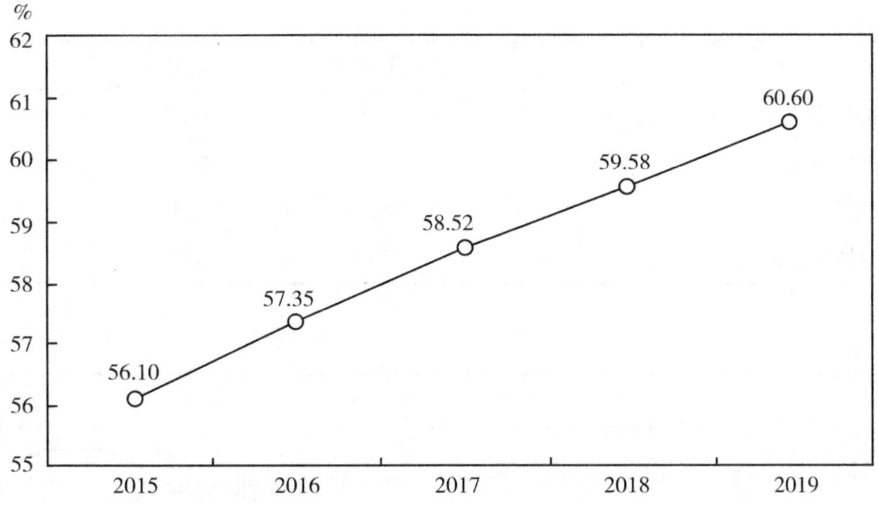

图 5　2015—2019 年常住人口城镇化率

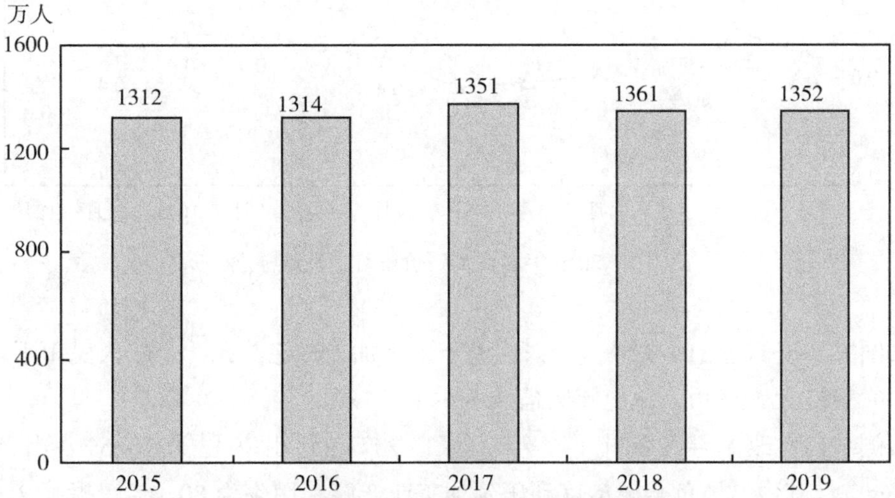

图 6　2015—2019 年城镇新增就业人数

表 2　**2019 年居民消费价格比上年涨跌幅度**　单位:%

指　　标	全国	城市	农村
居民消费价格	2.9	2.8	3.2
其中：食品烟酒	7.0	6.7	7.9
衣　着	1.6	1.7	1.2
居　住[14]	1.4	1.3	1.5
生活用品及服务	0.9	0.9	0.8

续表

指　　标	全国	城市	农村
交通和通信	-1.7	-1.8	-1.4
教育文化和娱乐	2.2	2.3	1.9
医疗保健	2.4	2.5	2.1
其他用品和服务	3.4	3.5	3.1

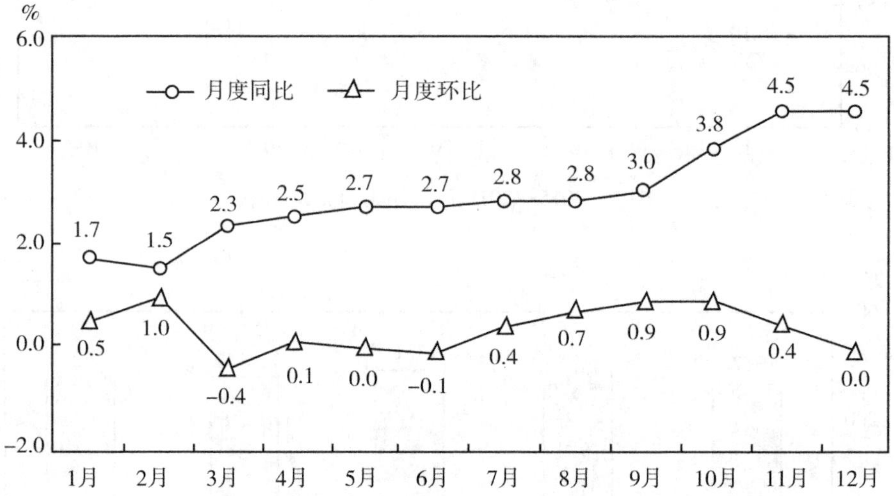

图7　2019年居民消费价格月度涨跌幅度

年末国家外汇储备31079亿美元，比上年末增加352亿美元。全年人民币平均汇率为1美元兑6.8985元人民币，比上年贬值4.1%。

供给侧结构性改革继续深化。全年全国工业产能利用率[15]为76.6%，比上年提高0.1个百分点。其中，黑色金属冶炼和压延加工业产能利用率为80.0%，提高2.0个百分点；煤炭开采和洗选业产能利用率为70.6%，与上年持平。年末商品房待售面积49821万平方米，比上年末减少2593万平方米。其中，商品住宅待售面积22473万平方米，减少2618万平方米。年末规模以上工业企业资产负债率为56.6%，比上年末下降0.2个百分点[16]。全年教育、生态保护和环境治理业固定资产投资（不含农户）分别比上年增长17.7%和37.2%。“放管服”改革持续深化，微观主体活力不断增强。全年新登记市场主体2377万户，日均新登记企业2万户，年末市场主体总数达1.2亿户。全年减税降费超过2.3万亿元。

新动能保持较快发展。全年规模以上工业中，战略性新兴产业[17]增加值比上年增长8.4%。高技术制造业[18]增加值增长8.8%，占规模以上工业增加值的比重为14.4%。装备制造业[19]增加值增长6.7%，占规模以上工业增加值的比重为32.5%。全年规模以上服

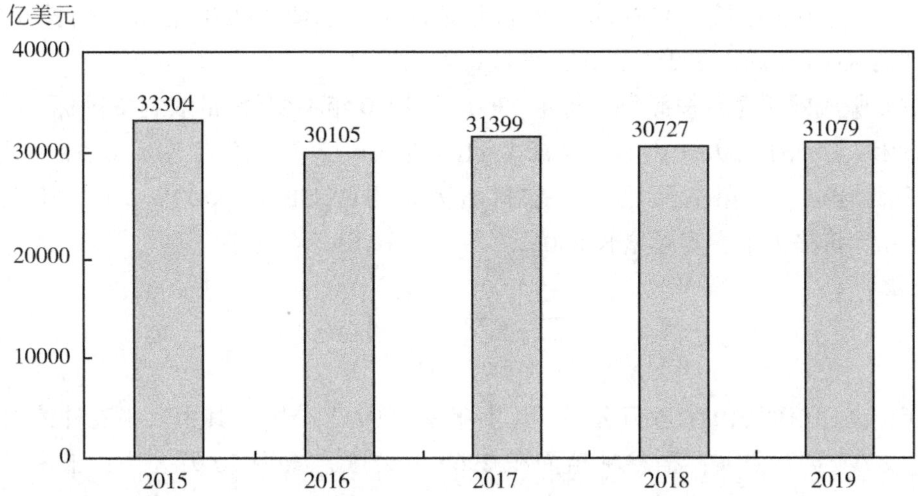

图 8　2015—2019 年年末国家外汇储备

务业[20]中，战略性新兴服务业[21]企业营业收入比上年增长 12.7%。全年高技术产业投资[22]比上年增长 17.3%，工业技术改造投资[23]增长 9.8%。全年服务机器人产量 346 万套，比上年增长 38.9%。全年网上零售额[24] 106324 亿元，按可比口径计算，比上年增长 16.5%。

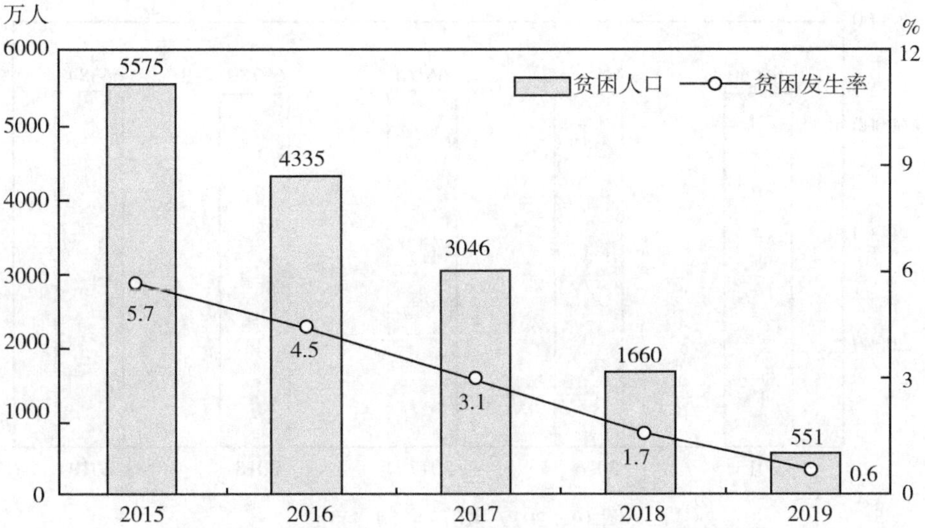

图 9　2015—2019 年年末全国农村贫困人口和贫困发生率

区域协调发展扎实推进。分区域看[25]，全年东部地区生产总值 511161 亿元，比上年增长 6.2%；中部地区生产总值 218738 亿元，增长 7.3%；西部地区生产总值 205185 亿元，增长 6.7%；东北地区生产总值 50249 亿元，增长 4.5%。全年京津冀地区生产总值

84580亿元，比上年增长6.1%；长江经济带地区生产总值457805亿元，增长6.9%；长江三角洲地区生产总值237253亿元，增长6.4%。

脱贫攻坚成效明显。按照每人每年2300元(2010年不变价)的农村贫困标准计算，年末农村贫困人口551万人，比上年末减少1109万人[26]；贫困发生率[27]0.6%，比上年下降1.1个百分点。全年贫困地区[28]农村居民人均可支配收入11567元，比上年增长11.5%，扣除价格因素，实际增长8.0%。

二、农　　业

全年粮食种植面积11606万公顷，比上年减少97万公顷。其中，小麦种植面积2373万公顷，减少54万公顷；稻谷种植面积2969万公顷，减少50万公顷；玉米种植面积4128万公顷，减少85万公顷。棉花种植面积334万公顷，减少2万公顷。油料种植面积1293万公顷，增加6万公顷。糖料种植面积162万公顷，减少1万公顷。

全年粮食产量66384万吨，比上年增加594万吨，增产0.9%。其中，夏粮产量14160万吨，增产2.0%；早稻产量2627万吨，减产8.1%；秋粮产量49597万吨，增产1.1%。全年谷物产量61368万吨，比上年增产0.6%。其中，稻谷产量20961万吨，减产1.2%；小麦产量13359万吨，增产1.6%；玉米产量26077万吨，增产1.4%。

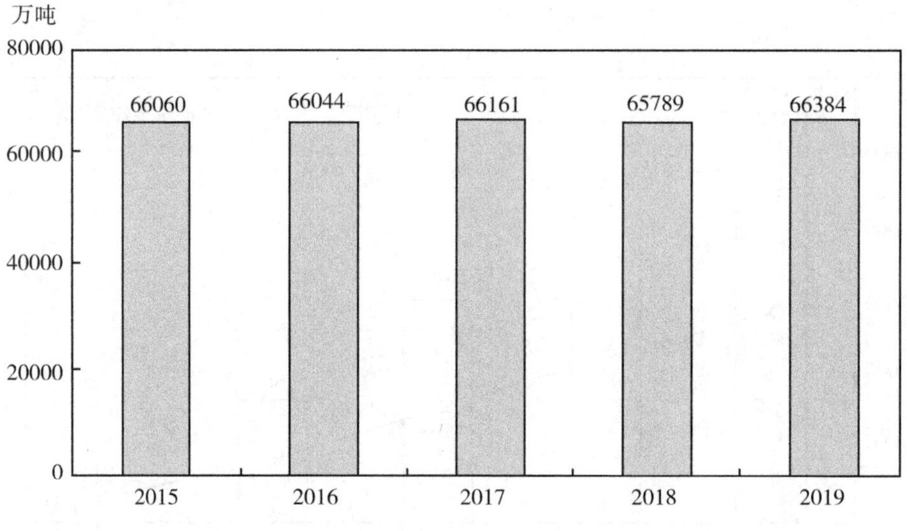

图10　2015—2019年粮食产量

全年棉花产量589万吨，比上年减产3.5%。油料产量3495万吨，增产1.8%。糖料产量12204万吨，增产2.2%。茶叶产量280万吨，增产7.2%。

全年猪牛羊禽肉产量7649万吨，比上年下降10.2%。其中，猪肉产量4255万吨，下降21.3%；牛肉产量667万吨，增长3.6%；羊肉产量488万吨，增长2.6%；禽肉产量

2239 万吨，增长 12.3%。禽蛋产量 3309 万吨，增长 5.8%。牛奶产量 3201 万吨，增长 4.1%。年末生猪存栏 31041 万头，下降 27.5%；生猪出栏 54419 万头，下降 21.6%。

全年水产品产量 6450 万吨，比上年下降 0.1%。其中，养殖水产品产量 5050 万吨，增长 1.0%；捕捞水产品产量 1400 万吨，下降 5.0%。

全年木材产量 9028 万立方米，比上年增长 2.5%。

全年新增耕地灌溉面积 27 万公顷，新增高效节水灌溉面积 146 万公顷。

三、工业和建筑业

全年全部工业增加值 317109 亿元，比上年增长 5.7%。规模以上工业增加值增长 5.7%。在规模以上工业中，分经济类型看，国有控股企业增加值增长 4.8%；股份制企业增长 6.8%，外商及港澳台商投资企业增长 2.0%；私营企业增长 7.7%。分门类看，采矿业增长 5.0%，制造业增长 6.0%，电力、热力、燃气及水生产和供应业增长 7.0%。

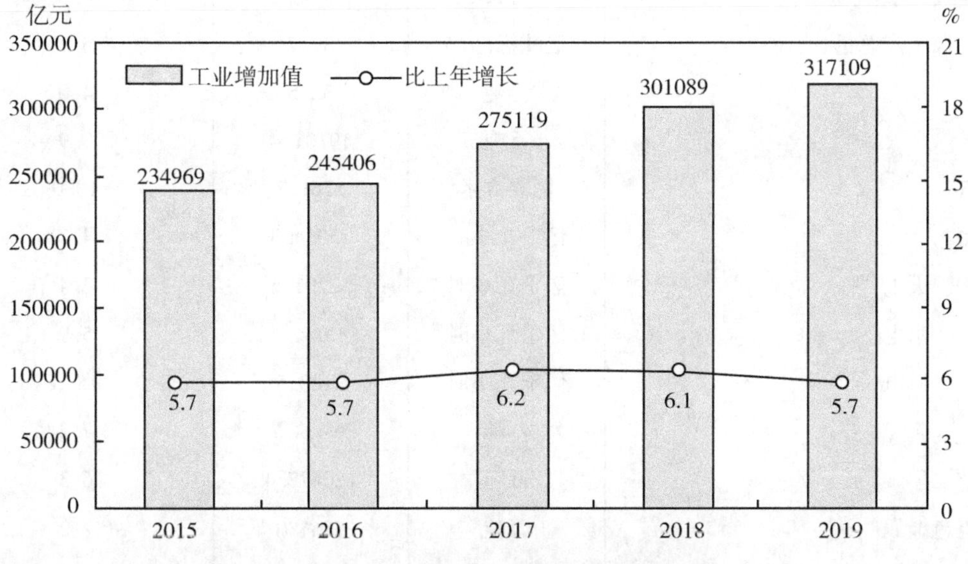

图 11　2015—2019 年全部工业增加值及其增长速度[29]

全年规模以上工业中，农副食品加工业增加值比上年增长 1.9%，纺织业增长 1.3%，化学原料和化学制品制造业增长 4.7%，非金属矿物制品业增长 8.9%，黑色金属冶炼和压延加工业增长 9.9%，通用设备制造业增长 4.3%，专用设备制造业增长 6.9%，汽车制造业增长 1.8%，电气机械和器材制造业增长 10.7%，计算机、通信和其他电子设备制造业增长 9.3%，电力、热力生产和供应业增长 6.5%。

年末全国发电装机容量 201066 万千瓦，比上年末增长 5.8%。其中[33]，火电装机容量 119055 万千瓦，增长 4.1%；水电装机容量 35640 万千瓦，增长 1.1%；核电装机容量 4874 万千瓦，增长 9.1%；并网风电装机容量 21005 万千瓦，增长 14.0%；并网太阳能发电装机容量20468万千瓦，增长17.4%。

表3　**2019年主要工业产品产量及其增长速度[30]**

产品名称	单位	产量	比上年增长(%)
纱	万吨	2892.1	-6.1
布	亿米	575.6	-17.6
化学纤维	万吨	5952.8	9.9
成品糖	万吨	1389.4	15.9
卷烟	亿支	23642.5	1.1
彩色电视机	万台	18999.1	-3.5
其中：液晶电视机	万台	18689.7	-1.5
家用电冰箱	万台	7904.3	6.3
房间空气调节器	万台	21866.2	4.3
一次能源生产总量	亿吨标准煤	39.7	5.1
原煤	亿吨	38.5	4.0
原油	万吨	19101.4	0.9
天然气	亿立方米	1761.7	10.0
发电量	亿千瓦小时	75034.3	4.7
其中：火电[31]	亿千瓦小时	52201.5	2.4
水电	亿千瓦小时	13044.4	5.9
核电	亿千瓦小时	3483.5	18.3
粗钢	万吨	99634.2	7.2
钢材[32]	万吨	120477.4	6.3
十种有色金属	万吨	5866.0	2.2
其中：精炼铜(电解铜)	万吨	978.4	5.5
原铝(电解铝)	万吨	3504.4	-2.2
水泥	亿吨	23.5	4.9
硫酸(折100%)	万吨	8935.7	-1.3
烧碱(折100%)	万吨	3464.4	-0.3
乙烯	万吨	2052.3	10.2
化肥(折100%)	万吨	5731.2	6.1
发电机组(发电设备)	万千瓦	9274.1	-14.9
汽车	万辆	2552.8	-8.3

续表

产品名称	单位	产量	比上年增长(%)
其中：基本型乘用车(轿车)	万辆	1018.2	-16.4
运动型多用途乘用车(SUV)	万辆	876.0	-3.6
大中型拖拉机	万台	27.8	5.9
集成电路	亿块	2018.2	8.9
程控交换机	万线	790.5	-23.7
移动通信手持机	万台	170100.6	-5.5
微型计算机设备	万台	34163.2	8.2
工业机器人	万台(套)	17.7	-3.1

全年规模以上工业企业利润 61996 亿元，比上年下降 3.3%[34]。分经济类型看，国有控股企业利润 16356 亿元，比上年下降 12.0%；股份制企业 45284 亿元，下降 2.9%，外商及港澳台商投资企业 15580 亿元，下降 3.6%；私营企业 18182 亿元，增长 2.2%。分门类看，采矿业利润 5275 亿元，比上年增长 1.7%；制造业 51904 亿元，下降 5.2%；电力、热力、燃气及水生产和供应业 4816 亿元，增长 15.4%。全年规模以上工业企业每百元营业收入中的成本为 84.08 元，比上年增加 0.18 元；营业收入利润率为 5.86%，下降 0.43 个百分点。

全年全社会建筑业增加值 70904 亿元，比上年增长 5.6%。全国具有资质等级的总承包和专业承包建筑业企业利润 8381 亿元，比上年增长 5.1%，其中国有控股企业 2585 亿元，增长 14.5%。

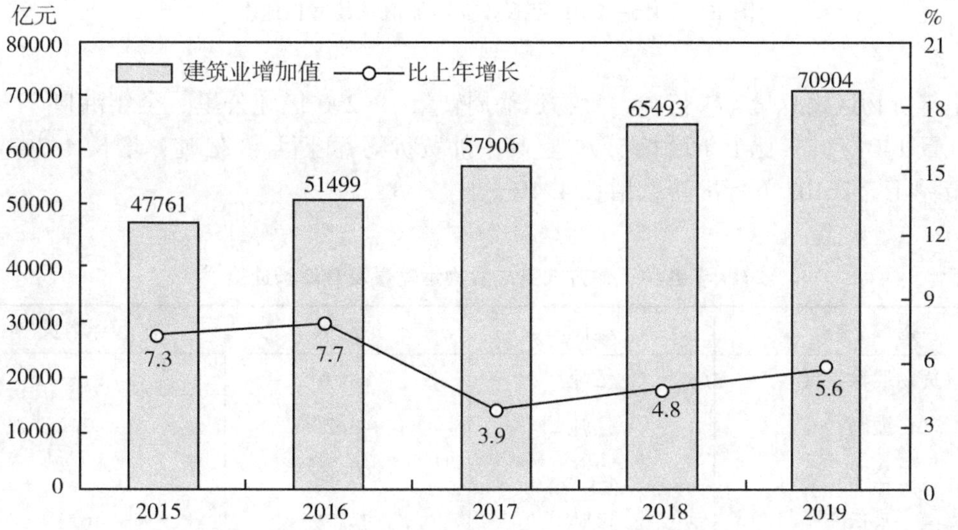

图 12　2015—2019 年建筑业增加值及其增长速度[35]

四、服 务 业

全年批发和零售业增加值95846亿元，比上年增长5.7%；交通运输、仓储和邮政业增加值42802亿元，增长7.1%；住宿和餐饮业增加值18040亿元，增长6.3%；金融业增加值77077亿元，增长7.2%；房地产业增加值69631亿元，增长3.0%；信息传输、软件和信息技术服务业增加值32690亿元，增长18.7%；租赁和商务服务业增加值32933亿元，增长8.7%。全年规模以上服务业企业营业收入比上年增长9.4%，营业利润增长5.4%。

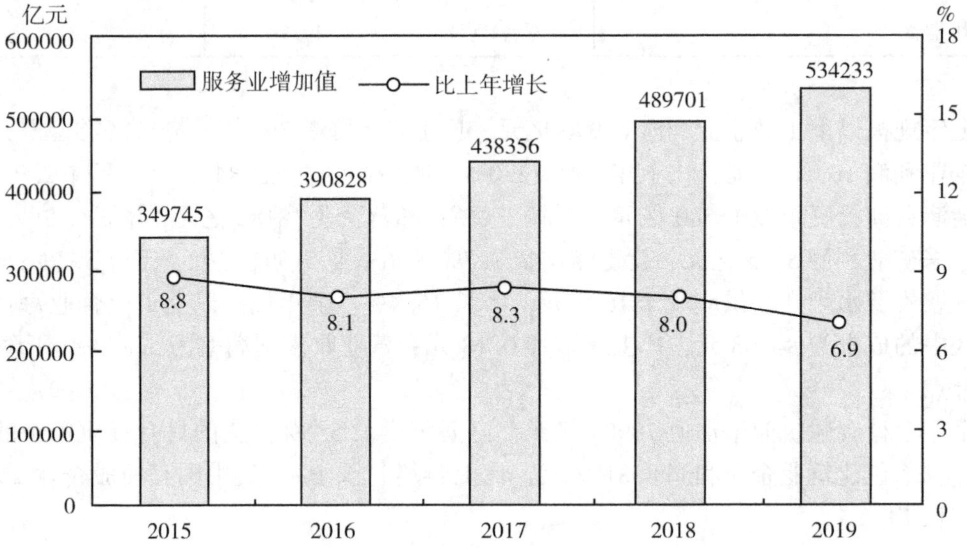

图13　2015—2019年服务业增加值及其增长速度[36]

全年货物运输总量471亿吨，货物运输周转量199290亿吨公里。全年港口[37]完成货物吞吐量140亿吨，比上年增长5.7%，其中外贸货物吞吐量43亿吨，增长4.7%。港口集装箱吞吐量26107万标准箱，增长4.4%。

表4　**2019年各种运输方式完成货物运输量及其增长速度**[38]

指　　标	单位	绝对数	比上年增长(%)
货物运输总量	亿吨	470.6	—
铁路	亿吨	43.2	7.2
公路	亿吨	343.5	—
水运	亿吨	74.7	6.3
民航	万吨	753.2	2.0

续表

指　标	单位	绝对数	比上年增长(%)
管道	亿吨	9.1	1.8
货物运输周转量	亿吨公里	199289.5	—
铁路	亿吨公里	30074.7	4.4
公路	亿吨公里	59636.4	—
水运	亿吨公里	103963.0	5.0
民航	亿吨公里	263.2	0.3
管道	亿吨公里	5352.2	1.0

全年旅客运输总量176亿人次，比上年下降1.9%[39]。旅客运输周转量35349亿人公里，增长3.3%。

表5　**2019年各种运输方式完成旅客运输量及其增长速度**

指　标	单位	绝对数	比上年增长(%)
旅客运输总量	亿人次	176.0	-1.9
铁路	亿人次	36.6	8.4
公路	亿人次	130.1	-4.8
水运	亿人次	2.7	-2.6
民航	亿人次	6.6	7.9
旅客运输周转量	亿人公里	35349.1	3.3
铁路	亿人公里	14706.6	4.0
公路	亿人公里	8857.1	-4.6
水运	亿人公里	80.2	0.8
民航	亿人公里	11705.1	9.3

年末全国民用汽车保有量26150万辆(包括三轮汽车和低速货车762万辆)，比上年末增加2122万辆，其中私人汽车保有量22635万辆，增加1905万辆。民用轿车保有量14644万辆，增加1193万辆，其中私人轿车保有量13701万辆，增加1112万辆。

全年完成邮政行业业务总量[40]16230亿元，比上年增长31.5%。邮政业全年完成邮政函件业务21.7亿件，包裹业务0.2亿件，快递业务量635.2亿件，快递业务收入7498亿元。全年完成电信业务总量[41]106789亿元，比上年增长62.9%。年末全国电话用户总数179238万户，其中移动电话用户160134万户。移动电话普及率上升至114.4部/百人。固定互联网宽带接入用户[42]44928万户，比上年末增加4190万户，其中固定互联网光纤宽带接入用户[43]41740万户，增加4907万户。全年移动互联网用户接入流量1220亿GB，比上年增长 71. 6%。全年软件和信息技术服务业[44]完成软件业务收入 71768 亿元，按可比口径计算，比上年增长 15. 4%。

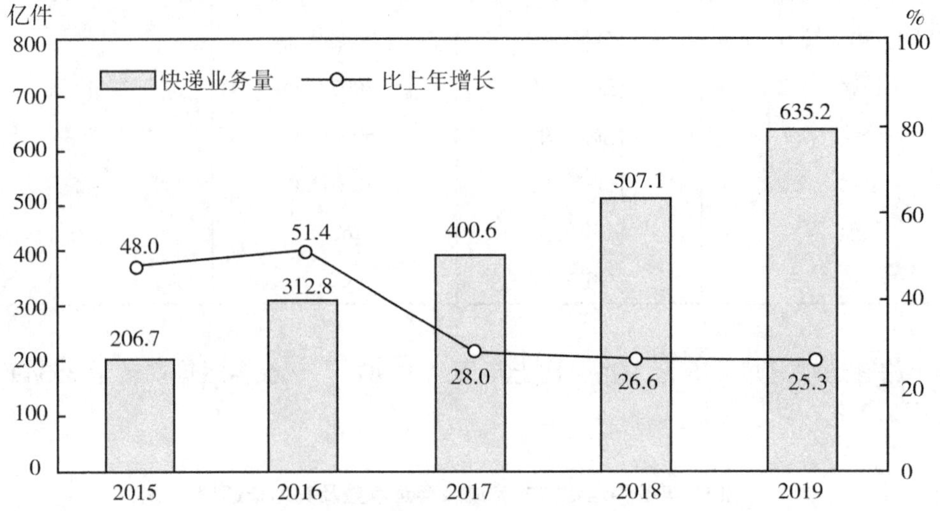

图 14　2015—2019 年快递业务量及其增长速度

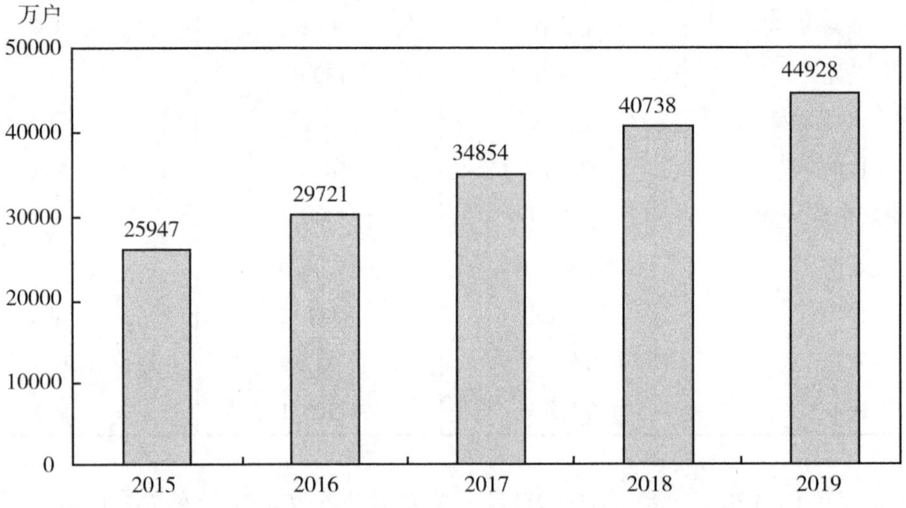

图 15　2015—2019 年年末固定互联网宽带接入用户数

五、国 内 贸 易

全年社会消费品零售总额 411649 亿元，比上年增长 8. 0%。按经营地统计，城镇消费品零售额 351317 亿元，增长 7. 9%；乡村消费品零售额 60332 亿元，增长 9. 0%。按消费类型统计，商品零售额 364928 亿元，增长 7. 9%；餐饮收入额 46721 亿元，增长 9. 4%。

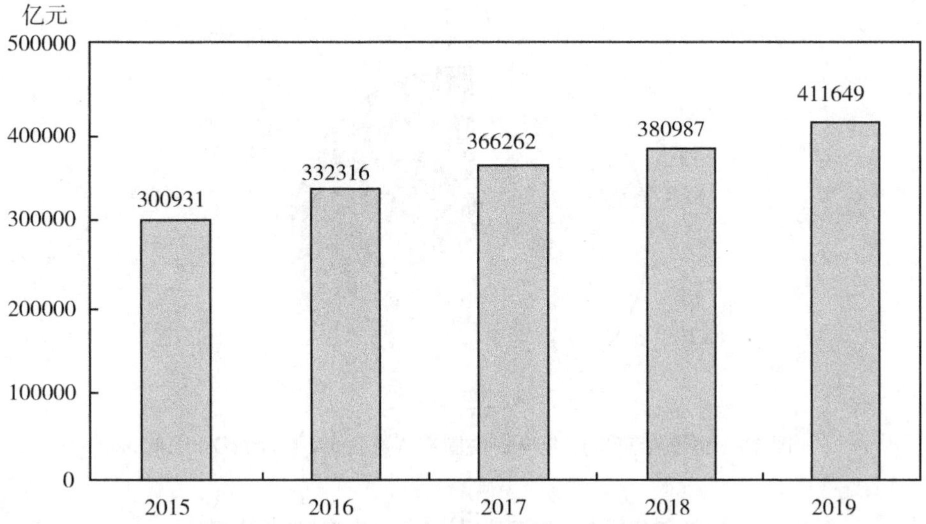

图 16　2015—2019 年社会消费品零售总额

在限额以上单位商品零售额中，粮油、食品类零售额比上年增长 10.2%，饮料类增长 10.4%，烟酒类增长 7.4%，服装、鞋帽、针纺织品类增长 2.9%，化妆品类增长 12.6%，金银珠宝类增长 0.4%，日用品类增长 13.9%，家用电器和音像器材类增长 5.6%，中西药品类增长 9.0%，文化办公用品类增长 3.3%，家具类增长 5.1%，通信器材类增长 8.5%，建筑及装潢材料类增长 2.8%，石油及制品类增长 1.2%，汽车类下降 0.8%。

全年实物商品网上零售额 85239 亿元，按可比口径计算，比上年增长 19.5%，占社会消费品零售总额的比重为 20.7%，比上年提高 2.3 个百分点。

六、固定资产投资

全年全社会固定资产投资[45] 560874 亿元，比上年增长 5.1%。其中，固定资产投资(不含农户)551478 亿元，增长 5.4%。分区域看[46]，东部地区投资比上年增长 4.1%，中部地区投资增长 9.5%，西部地区投资增长 5.6%，东北地区投资下降 3.0%。

在固定资产投资(不含农户)中，第一产业投资 12633 亿元，比上年增长 0.6%；第二产业投资 163070 亿元，增长 3.2%；第三产业投资 375775 亿元，增长 6.5%。民间固定资产投资[47] 311159 亿元，增长 4.7%。基础设施投资[48]增长 3.8%。六大高耗能行业投资增长 4.7%。

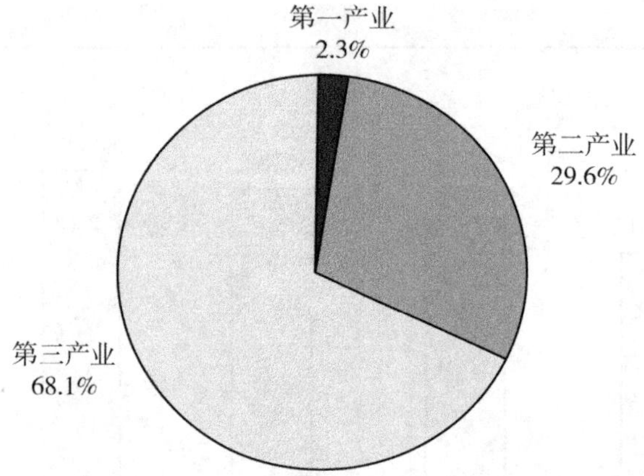

图 17　2019 年三次产业投资占固定资产投资(不含农户)比重

表 6　**2019 年分行业固定资产投资(不含农户)增长速度**

行　　业	比上年增长(%)	行　　业	比上年增长(%)
总计	5.4	金融业	10.4
农、林、牧、渔业	0.7	房地产业[49]	9.1
采矿业	24.1	租赁和商务服务业	15.8
制造业	3.1	科学研究和技术服务业	17.9
电力、热力、燃气及水生产和供应业	4.5	水利、环境和公共设施管理业	2.9
建筑业	-19.8	居民服务、修理和其他服务业	-9.1
批发和零售业	-15.9	教育	17.7
交通运输、仓储和邮政业	3.4	卫生和社会工作	5.3
住宿和餐饮业	-1.2	文化、体育和娱乐业	13.9
信息传输、软件和信息技术服务业	8.6	公共管理、社会保障和社会组织	-15.6

表 7　**2019 年固定资产投资新增主要生产与运营能力**

指　　标	单位	绝对数
新增 220 千伏及以上变电设备	万千伏安	23042
新建铁路投产里程	公里	8489
其中：高速铁路[50]	公里	5474
增、新建铁路复线投产里程	公里	6448
电气化铁路投产里程	公里	7919

续表

指　　标	单位	绝对数
新改建公路里程	公里	327626
其中：高速公路	公里	8313
港口万吨级码头泊位新增通过能力	万吨/年	12022
新增民用运输机场	个	3
新增光缆线路长度	万公里	434

全年房地产开发投资132194亿元，比上年增长9.9%。其中住宅投资97071亿元，增长13.9%；办公楼投资6163亿元，增长2.8%；商业营业用房投资13226亿元，下降6.7%。

全年全国各类棚户区改造开工316万套，基本建成254万套。全国农村地区建档立卡贫困户危房改造63.8万户[51]。

表8　　**2019年房地产开发和销售主要指标及其增长速度**

指　　标	单位	绝对数	比上年增长(%)
投资额	亿元	132194	9.9
其中：住宅	亿元	97071	13.9
房屋施工面积	万平方米	893821	8.7
其中：住宅	万平方米	627673	10.1
房屋新开工面积	万平方米	227154	8.5
其中：住宅	万平方米	167463	9.2
房屋竣工面积	万平方米	95942	2.6
其中：住宅	万平方米	68011	3.0
商品房销售面积	万平方米	171558	-0.1
其中：住宅	万平方米	150144	1.5
本年到位资金	亿元	178609	7.6
其中：国内贷款	亿元	25229	5.1
个人按揭贷款	亿元	27281	15.1

七、对外经济

全年货物进出口总额315505亿元，比上年增长3.4%。其中，出口172342亿元，增长5.0%；进口143162亿元，增长1.6%。货物进出口顺差29180亿元，比上年增加5932亿元。对“一带一路”[52]沿线国家进出口总额92690亿元，比上年增长10.8%。其中，出口52585亿元，增长13.2%；进口40105亿元，增长7.9%。

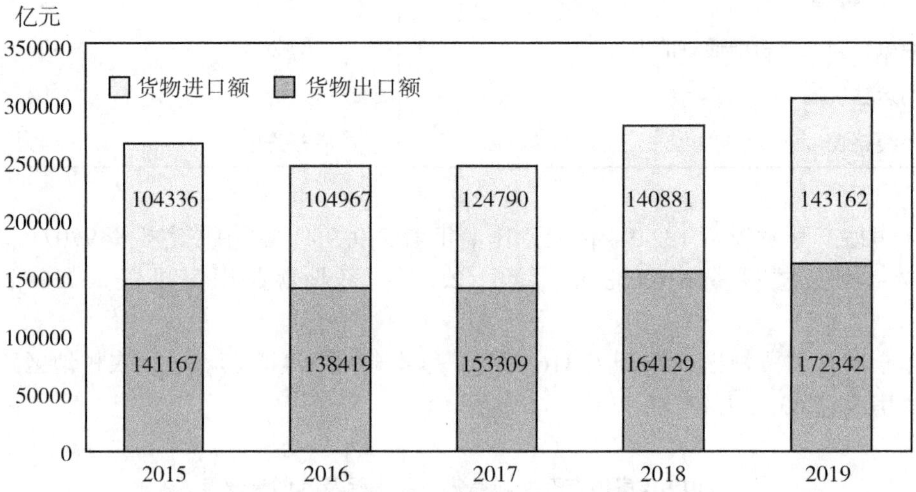

图18　2015—2019年货物进出口总额

表9　**2019年货物进出口总额及其增长速度**

指　　标	金额(亿元)	比上年增长(%)
货物进出口总额	315505	3.4
货物出口额	172342	5.0
其中：一般贸易	99546	7.8
加工贸易	50729	-3.7
其中：机电产品	100631	4.4
高新技术产品	50427	2.1
货物进口额	143162	1.6
其中：一般贸易	86599	3.1
加工贸易	28778	-7.4
其中：机电产品	62596	-1.8
高新技术产品	43978	-0.8
货物进出口顺差	29180	—

表 10　　**2019 年主要商品出口数量、金额及其增长速度**

商品名称	单位	数量	比上年增长(%)	金额(亿元)	比上年增长(%)
钢材	万吨	6429	-7.3	3699	-7.1
纺织纱线、织物及制品	—	—	—	8283	5.5
服装及衣着附件	—	—	—	10447	0.3
鞋类	万吨	451	0.6	3290	6.3
家具及其零件	—	—	—	3730	5.3
箱包及类似容器	万吨	307	-2.9	1878	5.1
玩具	—	—	—	2152	29.6
塑料制品	万吨	1424	8.5	3333	16.2
集成电路	亿个	2187	0.7	7008	25.3
自动数据处理设备及其部件	万台	148430	0.8	11415	0.5
手持或车载无线电话机	万台	99433	-11.1	8611	-7.8
集装箱	万个	242	-29.0	459	-33.0
液晶显示板	万个	150780	-14.2	1475	-3.4
汽车	万辆	122	6.1	1049	8.0

表 11　　**2019 年主要商品进口数量、金额及其增长速度**

商品名称	单位	数量	比上年增长(%)	金额(亿元)	比上年增长(%)
谷物及谷物粉	万吨	1785	-12.8	358	-7.0
大豆	万吨	8851	0.5	2437	-2.6
食用植物油	万吨	953	51.5	438	39.9
铁矿砂及其精矿	万吨	106895	0.5	6995	39.6
煤及褐煤	万吨	29967	6.3	1605	-1.1
原油	万吨	50572	9.5	16627	4.6
成品油	万吨	3056	-8.7	1175	-11.7
天然气	万吨	9656	6.9	2875	12.8
初级形状的塑料	万吨	3691	12.4	3670	-1.3
纸浆	万吨	2720	9.7	1178	-9.3
钢材	万吨	1230	-6.5	973	-10.2
未锻轧铜及铜材	万吨	498	-6.0	2240	-9.2
集成电路	亿个	4451	6.6	21079	2.4
汽车	万辆	105	-7.6	3332	0.0

表 12　　　**2019 年对主要国家和地区货物进出口金额、增长速度及其比重**

国家和地区	出口额（亿元）	比上年增长（%）	占全部出口比重（%）	进口额（亿元）	比上年增长（%）	占全部进口比重（%）
欧盟	29564	9.6	17.2	19063	5.5	13.3
东盟	24797	17.8	14.4	19456	9.8	13.6
美国	28865	-8.7	16.7	8454	-17.1	5.9
日本	9875	1.7	5.7	11837	-0.6	8.3
中国香港	19243	-3.6	11.2	626	10.9	0.4
韩国	7648	6.6	4.4	11960	-11.4	8.4
中国台湾	3799	18.3	2.2	11934	1.9	8.3
巴西	2453	10.8	1.4	5501	7.4	3.8
俄罗斯	3434	8.5	2.0	4208	7.5	2.9
印度	5156	2.1	3.0	1239	-0.2	0.9
南非	1141	6.4	0.7	1784	-0.8	1.2

全年服务进出口[53]总额 54153 亿元，比上年增长 2.8%。其中，服务出口 19564 亿元，增长 8.9%；服务进口 34589 亿元，下降 0.4%。服务进出口逆差 15025 亿元。

全年外商直接投资（不含银行、证券、保险领域）新设立企业 40888 家，比上年下降 32.5%。实际使用外商直接投资金额 9415 亿元，增长 5.8%，折 1381 亿美元，增长 2.4%。其中“一带一路”沿线国家对华直接投资新设立企业 5591 家，增长 24.8%；对华直接投资金额（含通过部分自由港对华投资）576 亿元，增长 36.0%，折 84 亿美元，增长 30.6%。全年高技术产业实际使用外资 2660 亿元，增长 25.6%，折 391 亿美元，增长 21.7%。

表 13　　　**2019 年外商直接投资（不含银行、证券、保险领域）及其增长速度**

行　业	企业数（家）	比上年增长（%）	实际使用金额（亿元）	比上年增长（%）
总　计	40888	-32.5	9415	5.8
其中：农、林、牧、渔业	495	-33.2	38	-27.9
制造业	5396	-12.3	2416	-11.0
电力、热力、燃气及水生产和供应业	295	3.9	239	-17.6
交通运输、仓储和邮政业	591	-21.6	309	-1.6
信息传输、软件和信息技术服务业	4295	-40.5	999	29.4
批发和零售业	13837	-39.5	614	-4.5

续表

行　业	企业数(家)	比上年增长(%)	实际使用金额(亿元)	比上年增长(%)
房地产业	1050	-0.3	1608	8.0
租赁和商务服务业	5777	-36.5	1499	20.6
居民服务、修理和其他服务业	361	-25.6	37	-0.4

全年对外非金融类直接投资额7630亿元，比上年下降4.3%，折1106亿美元，下降8.2%。其中，对"一带一路"沿线国家非金融类直接投资额150亿美元，下降3.8%。

表14　**2019年对外非金融类直接投资额及其增长速度**

行　业	金额(亿美元)	比上年增长(%)
总　计	1106.0	-8.2
其中：农、林、牧、渔业	15.4	-13.0
采矿业	75.2	-18.5
制造业	200.8	6.7
电力、热力、燃气及水生产和供应业	25.2	-20.5
建筑业	85.1	15.6
批发和零售业	125.7	18.6
交通运输、仓储和邮政业	55.5	-4.3
信息传输、软件和信息技术服务业	61.2	-10.5
房地产业	48.2	22.0
租赁和商务服务业	355.6	-20.3

全年对外承包工程完成营业额11928亿元，比上年增长6.6%，折1729亿美元，增长2.3%。其中，对"一带一路"沿线国家完成营业额980亿美元，增长9.7%，占对外承包工程完成营业额比重为56.7%。对外劳务合作派出各类劳务人员49万人。

八、财政金融

全年全国一般公共预算收入190382亿元，比上年增长3.8%。其中税收收入157992亿元，比上年增加1589亿元，增长1.0%。全国一般公共预算支出238874亿元，比上年增长8.1%。

年末广义货币供应量(M_2)余额198.6万亿元，比上年末增长8.7%；狭义货币供应量

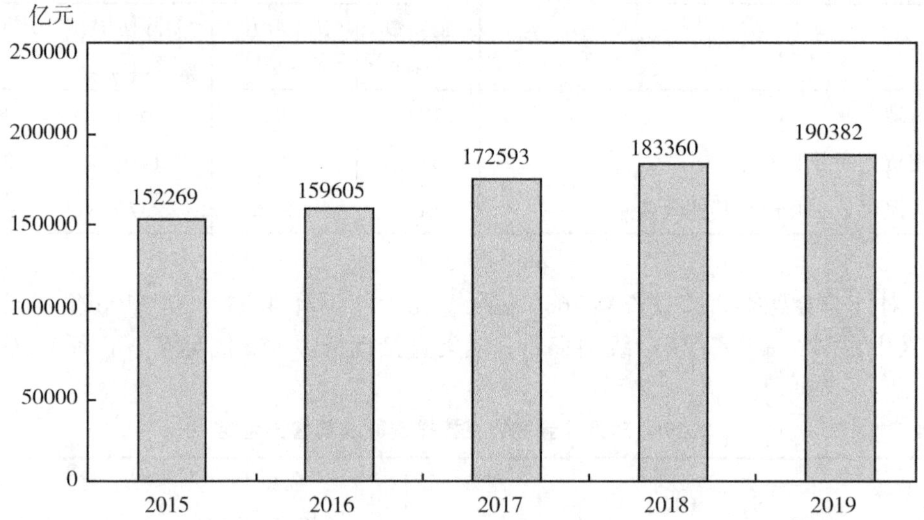

注：图中 2015 年至 2018 年数据为全国一般公共预算收入决算数，2019 年为执行数。

图 19　2015—2019 年全国一般公共预算收入

(M_1)余额 57. 6 万亿元，增长 4. 4%；流通中货币(M_0)余额 7. 7 万亿元，增长 5. 4%。

全年社会融资规模增量[54]25. 6 万亿元，按可比口径计算，比上年多 3. 1 万亿元；年末社会融资规模存量[55]251. 3 万亿元，按可比口径计算，比上年末增长 10. 7%，其中对实体经济发放的人民币贷款余额 151. 6 万亿元，增长 12. 5%。年末全部金融机构本外币各项存款余额 198. 2 万亿元，比年初增加 15. 7 万亿元，其中人民币各项存款余额 192. 9 万亿元，增加 15. 4 万亿元。全部金融机构本外币各项贷款余额 158. 6 万亿元，增加 16. 8 万亿元，其中人民币各项贷款余额 153. 1 万亿元，增加 16. 8 万亿元。

表 15　**2019 年年末全部金融机构本外币存贷款余额及其增长速度**

指　　标	年末数(亿元)	比上年末增长(%)
各项存款	1981643	8. 6
其中：境内住户存款	821296	13. 4
其中：人民币	813017	13. 5
境内非金融企业存款	621147	5. 4
各项贷款	1586021	11. 9
其中：境内短期贷款	472380	6. 6
境内中长期贷款	971805	13. 7

年末主要农村金融机构(农村信用社、农村合作银行、农村商业银行)人民币贷款余额 190688 亿元，比年初增加 20866 亿元。全部金融机构人民币消费贷款余额 439669 亿

元，增加61667亿元。其中，个人短期消费贷款余额99226亿元，增加14519亿元；个人中长期消费贷款余额340443亿元，增加47148亿元。

全年沪深交易所A股累计筹资[56]13534亿元，比上年增加2076亿元。首次公开发行A股201只，筹资2490亿元，比上年增加1112亿元，其中科创板股票70只，筹资824亿元；A股再融资(包括公开增发、定向增发、配股、优先股、可转债转股)11044亿元，增加964亿元。全年各类主体通过沪深交易所发行债券(包括公司债、可转债、可交换债、政策性金融债、地方政府债和企业资产支持证券)筹资71987亿元，比上年增加15109亿元。全国中小企业股份转让系统[57]挂牌公司8953家，全年挂牌公司累计股票筹资265亿元。

全年发行公司信用类债券[58]10.71万亿元，比上年增加2.92万亿元。

全年保险公司原保险保费收入[59]42645亿元，比上年增长12.2%。其中，寿险业务原保险保费收入22754亿元，健康险和意外伤害险业务原保险保费收入8241亿元，财产险业务原保险保费收入11649亿元。支付各类赔款及给付12894亿元。其中，寿险业务给付3743亿元，健康险和意外伤害险业务赔款及给付2649亿元，财产险业务赔款6502亿元。

九、居民收入消费和社会保障

全年全国居民人均可支配收入30733元，比上年增长8.9%，扣除价格因素，实际增长5.8%。全国居民人均可支配收入中位数[60]26523元，增长9.0%。按常住地分，城镇居民人均可支配收入42359元，比上年增长7.9%，扣除价格因素，实际增长5.0%。城镇居民人均可支配收入中位数39244元，增长7.8%。农村居民人均可支配收入16021元，比上年增长9.6%，扣除价格因素，实际增长6.2%。农村居民人均可支配收入中位数14389元，增长10.1%。按全国居民五等份收入分组[61]，低收入组人均可支配收入7380元，中间偏下收入组人均可支配收入15777元，中间收入组人均可支配收入25035元，中间偏上收入组人均可支配收入39230元，高收入组人均可支配收入76401元。全国农民工人均月收入3962元，比上年增长6.5%。

全年全国居民人均消费支出21559元，比上年增长8.6%，扣除价格因素，实际增长5.5%。其中，人均服务性消费支出[62]9886元，比上年增长12.6%，占居民人均消费支出的比重为45.9%。按常住地分，城镇居民人均消费支出28063元，增长7.5%，扣除价格因素，实际增长4.6%；农村居民人均消费支出13328元，增长9.9%，扣除价格因素，实际增长6.5%。全国居民恩格尔系数为28.2%，比上年下降0.2个百分点，其中城镇为27.6%，农村为30.0%。

年末全国参加城镇职工基本养老保险人数43482万人，比上年末增加1581万人。参加城乡居民基本养老保险人数53266万人，增加874万人。参加基本医疗保险人数135436万人，增加978万人。其中，参加职工基本医疗保险人数32926万人，增加1245万人；参加城乡居民基本医疗保险人数102510万人。参加失业保险人数20543万人，增加899万人。年末全国领取失业保险金人数228万人。参加工伤保险人数25474万人，增加1600

图 20　2015—2019 年全国居民人均可支配收入及其增长速度

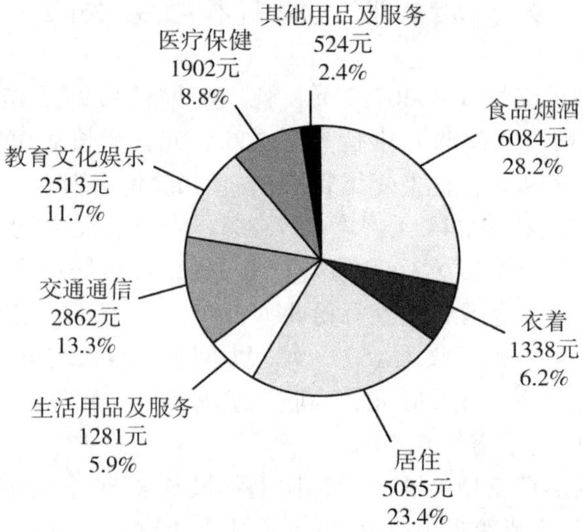

图 21　2019 年全国居民人均消费支出及其构成

万人，其中参加工伤保险的农民工 8616 万人，增加 530 万人。参加生育保险人数 21432 万人，增加 997 万人。年末全国共有 861 万人享受城市最低生活保障，3456 万人享受农村最低生活保障，439 万人享受农村特困人员[63]救助供养，全年临时救助[64]918 万人次。全年资助 7782 万人参加基本医疗保险，实施门诊和住院救助 6180 万人次。全年国家抚恤、补助退役军人和其他优抚对象 861 万人。

年末全国共有各类提供住宿的社会服务机构 3.7 万个，其中养老机构 3.4 万个，儿童服务机构 663 个。社会服务床位[65]790.1 万张，其中养老服务床位 761.4 万张，儿童服务床位 9.7 万张。年末共有社区服务中心 2.6 万个，社区服务站 16.7 万个。

十、科学技术和教育

全年研究与试验发展(R&D)经费支出 21737 亿元，比上年增长 10.5%，与国内生产总值之比为 2.19%，其中基础研究经费 1209 亿元。国家科技重大专项共安排 234 个课题，国家自然科学基金共资助 45192 个项目。截至年底，正在运行的国家重点实验室 515 个，累计建设国家工程研究中心 133 个，国家工程实验室 217 个，国家企业技术中心 1540 家。国家科技成果转化引导基金累计设立 21 支子基金，资金总规模 313 亿元。国家级科技企业孵化器[66] 1177 家，国家备案众创空间[67] 1888 家。全年境内外专利申请 438.0 万件，比上年增长 1.3%；授予专利权 259.2 万件，增长 5.9%；PCT 专利申请受理量[68] 为 6.1 万件。截至年底，有效专利 972.2 万件，其中境内有效发明专利 186.2 万件，每万人口发明专利拥有量 13.3 件。全年商标申请 783.7 万件，比上年增长 6.3%；商标注册 640.6 万件，增长 27.9%。全年共签订技术合同 48.4 万项，技术合同成交金额 22398 亿元，比上年增长 26.6%。

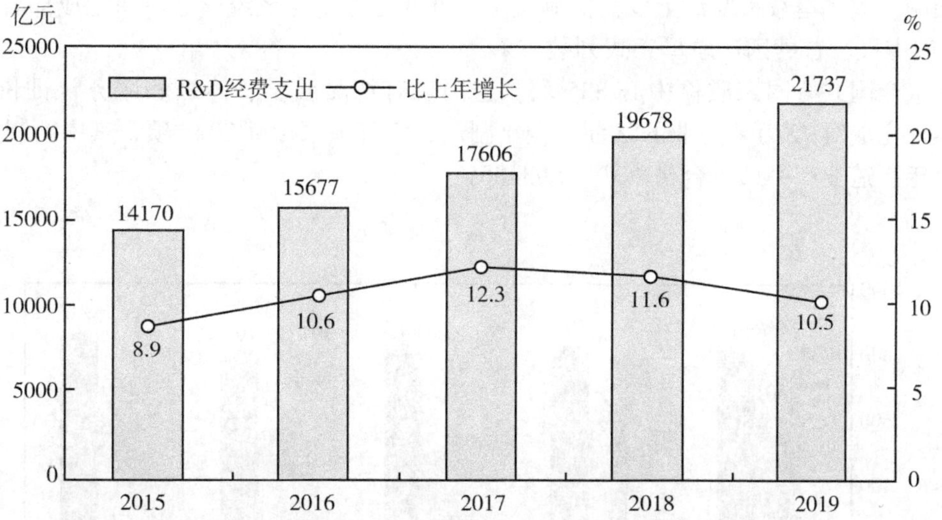

图 22　2015—2019 年研究与试验发展(R&D)经费支出及其增长速度

表 16　**2019 年专利申请、授权和有效专利情况**

指　　标	专利数(万件)	比上年增长(%)
专利申请数	438.0	1.3
其中：境内专利申请	417.2	1.2
其中：发明专利申请	140.1	-9.2

续表

指　标	专利数(万件)	比上年增长(%)
其中：境内发明专利	123.1	-10.8
专利授权数	259.2	5.9
其中：境内专利授权	245.8	6.0
其中：发明专利授权	45.3	4.8
其中：境内发明专利	35.4	4.3
年末有效专利数	972.2	16.0
其中：境内有效专利	869.2	17.5
其中：有效发明专利	267.1	12.9
其中：境内有效发明专利	186.2	16.3

全年成功完成 32 次宇航发射。长征五号遥三运载火箭和高分七号卫星成功发射，长征系列运载火箭发射突破 300 次大关。嫦娥四号探测器世界上首次实现月球背面软着陆和巡视探测。固体运载火箭海上发射圆满完成。北斗三号全球系统核心星座完成部署，雪龙 2 号首航南极，首艘国产航母正式列装。

年末全国共有国家质检中心 835 家。全国现有产品质量、体系和服务认证机构 596 个，累计完成对 72 万家企业的认证。全年制定、修订国家标准 2021 项，其中新制定 1448 项。全年制造业产品质量合格率[69]为 93.86%。

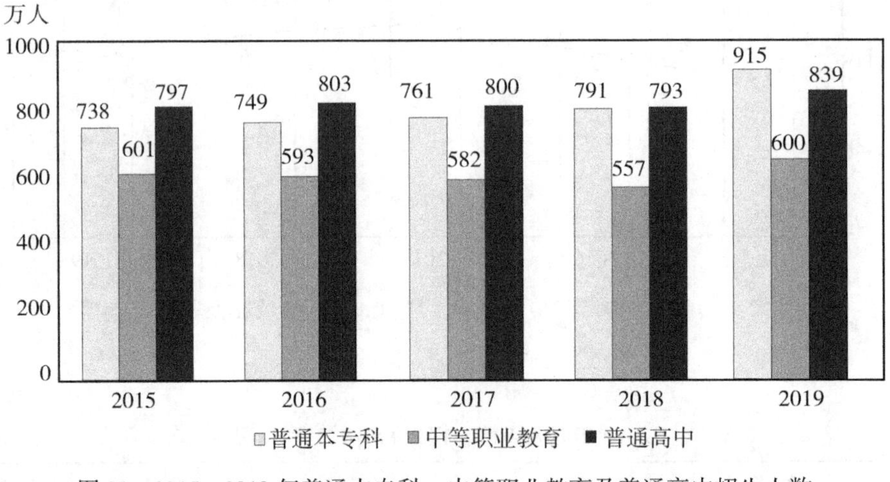

图 23　2015—2019 年普通本专科、中等职业教育及普通高中招生人数

全年研究生教育招生 91.7 万人，在学研究生 286.4 万人，毕业生 64.0 万人。普通本专科招生 914.9 万人，在校生 3031.5 万人，毕业生 758.5 万人。中等职业教育[70]招生 600.4 万人，在校生 1576.5 万人，毕业生 493.4 万人。普通高中招生 839.5 万人，在校生

2414.3万人，毕业生789.2万人。初中招生1638.8万人，在校生4827.1万人，毕业生1454.1万人。普通小学招生1869.0万人，在校生10561.2万人，毕业生1647.9万人。特殊教育招生14.4万人，在校生79.5万人，毕业生9.8万人。学前教育在园幼儿4713.9万人。九年义务教育巩固率为94.8%，高中阶段毛入学率为89.5%。

十一、文化旅游、卫生健康和体育

年末全国文化和旅游系统共有艺术表演团体2072个，博物馆3410个。全国共有公共图书馆3189个，总流通[71]87774万人次；文化馆3325个。有线电视实际用户2.12亿户，其中有线数字电视实际用户1.98亿户。年末广播节目综合人口覆盖率为99.1%，电视节目综合人口覆盖率为99.4%。全年生产电视剧254部10646集，电视动画片94659分钟。全年生产故事影片850部，科教、纪录、动画和特种影片[72]187部。出版各类报纸315亿份，各类期刊22亿册，图书102亿册(张)，人均图书拥有量[73]7.29册(张)。年末全国共有档案馆4136个，已开放各类档案14341万卷(件)。全年全国规模以上文化及相关产业企业营业收入86624亿元，按可比口径计算，比上年增长7.0%。

全年国内游客60.1亿人次，比上年增长8.4%；国内旅游收入57251亿元，增长11.7%。入境游客14531万人次，增长2.9%。其中，外国人3188万人次，增长4.4%；香港、澳门和台湾同胞11342万人次，增长2.5%。在入境游客中，过夜游客6573万人次，增长4.5%。国际旅游收入1313亿美元，增长3.3%。国内居民出境16921万人次，增长4.5%。其中因私出境16211万人次，增长4.6%；赴港澳台出境10237万人次，增长3.2%。

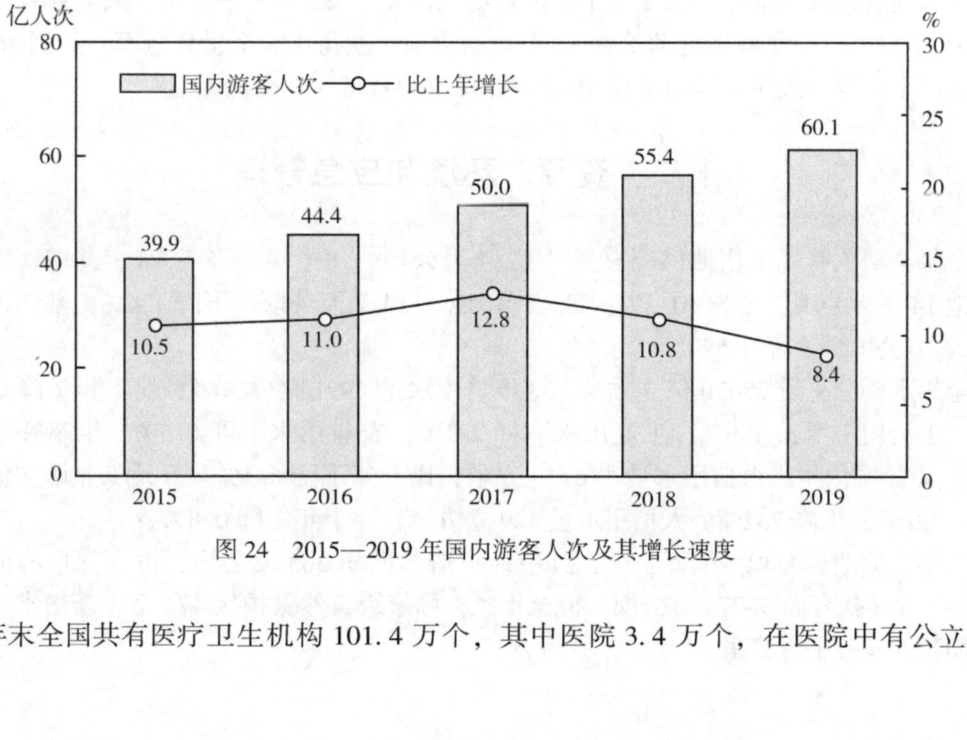

图24　2015—2019年国内游客人次及其增长速度

年末全国共有医疗卫生机构101.4万个，其中医院3.4万个，在医院中有公立医院

1.2万个，民营医院2.2万个；基层医疗卫生机构96.0万个，其中乡镇卫生院3.6万个，社区卫生服务中心(站)3.5万个，门诊部(所)26.7万个，村卫生室62.1万个；专业公共卫生机构1.7万个，其中疾病预防控制中心3456个，卫生监督所(中心)3106个。年末卫生技术人员1010万人，其中执业医师和执业助理医师382万人，注册护士443万人。医疗卫生机构床位892万张，其中医院697万张，乡镇卫生院138万张。全年总诊疗人次[74]85.2亿人次，出院人数[75]2.7亿人。

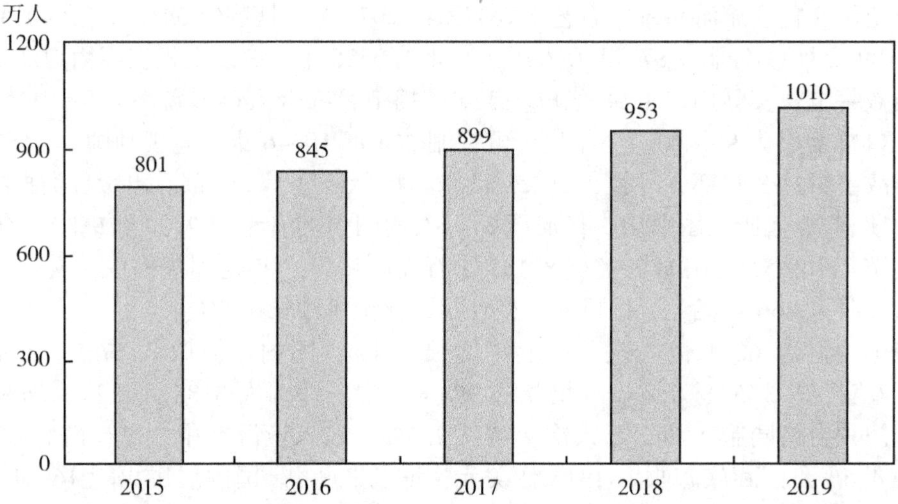

图25　2015—2019年年末卫生技术人员人数

全国共有体育场地[76]316.2万个，体育场地面积[77]25.9亿平方米，人均体育场地面积1.86平方米。全年我国运动员在33个运动大项中获得128个世界冠军，共创16项世界纪录。全年我国残疾人运动员在53项国际赛事中获得350个世界冠军。

十二、资源、环境和应急管理

全年全国国有建设用地供应总量[78]62.4万公顷，比上年下降3.6%。其中，工矿仓储用地14.7万公顷，增长10.3%；房地产用地[79]14.2万公顷，下降1.4%；基础设施用地33.5万公顷，下降9.5%。

全年水资源总量28670亿立方米。全年总用水量5991亿立方米，比上年下降0.4%。其中，生活用水增长1.9%，工业用水下降2.1%，农业用水下降0.5%，生态补水增长0.5%。万元国内生产总值用水量[80]67立方米，比上年下降6.1%。万元工业增加值用水量42立方米，下降7.2%。人均用水量429立方米，比上年下降0.8%。

全年完成造林面积707万公顷，其中人工造林面积365万公顷，占全部造林面积的51.6%。森林抚育面积773万公顷。截至年底，国家级自然保护区474个。新增水土流失治理面积5.4万平方公里。

初步核算，全年能源消费总量[81]48.6亿吨标准煤，比上年增长3.3%。煤炭消费量增长1.0%，原油消费量增长6.8%，天然气消费量增长8.6%，电力消费量增长4.5%。煤炭消费量占能源消费总量的57.7%，比上年下降1.5个百分点；天然气、水电、核电、风电等清洁能源消费量占能源消费总量的23.4%，上升1.3个百分点。重点耗能工业企业单位电石综合能耗下降2.1%，单位合成氨综合能耗下降2.4%，吨钢综合能耗下降1.3%，单位电解铝综合能耗下降2.2%，每千瓦时火力发电标准煤耗下降0.3%。全国万元国内生产总值二氧化碳排放下降4.1%。

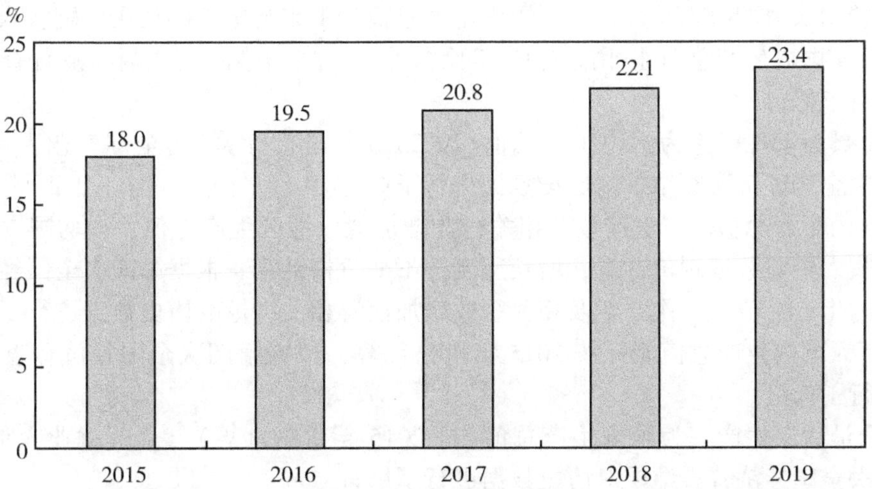

图26　2015—2019年清洁能源消费量占能源消费总量的比重

近岸海域1257个海水水质监测点中，达到国家一、二类海水水质标准的监测点占76.6%，三类海水占7.0%，四类、劣四类海水占16.4%。

在监测的337个地级及以上城市中，空气质量达标的城市占46.6%，未达标的城市占53.4%。细颗粒物($PM_{2.5}$)未达标城市(基于2015年$PM_{2.5}$年平均浓度未达标的城市)年平均浓度40微克/立方米，比上年下降2.4%。

在开展城市区域声环境监测的322个城市中，声环境质量好的城市占2.5%，较好的占66.8%，一般的占28.9%，较差的占1.9%。

全年平均气温为10.34℃，比上年上升0.25℃。共有5个台风登陆。

全年农作物受灾面积1926万公顷，其中绝收280万公顷。全年因洪涝和地质灾害造成直接经济损失1923亿元，因旱灾造成直接经济损失457亿元，因低温冷冻和雪灾造成直接经济损失28亿元，因海洋灾害造成直接经济损失117亿元。全年大陆地区共发生5.0级以上地震20次，成灾13次，造成直接经济损失约59亿元。全年共发生森林火灾2345起，受灾森林面积1.4万公顷。

全年各类生产安全事故共死亡29519人。工矿商贸企业就业人员10万人生产安全事故死亡人数1.474人，比上年下降4.7%；煤矿百万吨死亡人数0.083人，下降10.8%。道路交通事故万车死亡人数1.80人，下降6.7%。

◎ **注释：**

[1]本公报中数据均为初步统计数。各项统计数据均未包括香港特别行政区、澳门特别行政区和台湾省。部分数据因四舍五入的原因，存在总计与分项合计不等的情况。

[2]国内生产总值、三次产业及相关行业增加值、地区生产总值、人均国内生产总值和国民总收入绝对数按现价计算，增长速度按不变价格计算。根据第四次全国经济普查结果，对国内生产总值、三次产业及相关行业增加值等相关指标的历史数据进行了修订。

[3]国民总收入，原称国民生产总值，是指一个国家或地区所有常住单位在一定时期内所获得的初次分配收入总额，等于国内生产总值加上来自国外的初次分配收入净额。

[4]万元国内生产总值能耗按 2015 年价格计算，根据第四次全国经济普查结果对历史数据进行了修订。

[5]全员劳动生产率为国内生产总值(按 2015 年价格计算)与全部就业人员的比率，根据第四次全国经济普查结果对历史数据进行了修订。

[6]国内生产总值、三次产业及相关行业增加值、地区生产总值、人均国内生产总值和国民总收入绝对数按现价计算，增长速度按不变价格计算。根据第四次全国经济普查结果，对国内生产总值、三次产业及相关行业增加值等相关指标的历史数据进行了修订。

[7]万元国内生产总值能耗按 2015 年价格计算，根据第四次全国经济普查结果对历史数据进行了修订。

[8]全员劳动生产率为国内生产总值(按 2015 年价格计算)与全部就业人员的比率，根据第四次全国经济普查结果对历史数据进行了修订。

[9]人户分离的人口是指居住地与户口登记地所在的乡镇街道不一致且离开户口登记地半年及以上的人口。

[10]流动人口是指人户分离人口中扣除市辖区内人户分离的人口。市辖区内人户分离的人口是指一个直辖市或地级市所辖区内和区与区之间，居住地和户口登记地不在同一乡镇街道的人口。

[11]2019 年年末，0~14 岁(含不满 15 周岁)人口为 23492 万人，15~59 岁(含不满 60 周岁)人口为 91125 万人。

[12]年度农民工数量包括年内在本乡镇以外从业 6 个月及以上的外出农民工和在本乡镇内从事非农产业 6 个月及以上的本地农民工。

[13]农产品生产者价格是指农产品生产者直接出售其产品时的价格。

[14]居住类价格包括租赁房房租、住房保养维修及管理、水电燃料等价格。

[15]产能利用率是指实际产出与生产能力(均以价值量计量)的比率。企业的实际产出是指企业报告期内的工业总产值；企业的生产能力是指报告期内，在劳动力、原材料、燃料、运输等保证供给的情况下，生产设备(机械)保持正常运行，企业可实现并能长期维持的产品产出。

[16]由于统计调查制度规定的口径调整、统计执法、剔除重复数据、企业改革剥离、第四次全国经济普查核实调整等因素，2019 年规模以上工业企业财务指标增速及变化按可比口径计算。

[17]工业战略性新兴产业包括新一代信息技术产业，高端装备制造产业，新材料产业，生物产业，新能源汽车产业，新能源产业，节能环保产业和数字创意产业等八大产业中的工业相关行业。2019 年工业战略性新兴产业增加值增速按可比口径计算。

[18]高技术制造业包括医药制造业，航空、航天器及设备制造业，电子及通信设备制造业，计算机及办公设备制造业，医疗仪器设备及仪器仪表制造业，信息化学品制造业。

[19]装备制造业包括金属制品业，通用设备制造业，专用设备制造业，汽车制造业，铁路、船舶、航空航天和其他运输设备制造业，电气机械和器材制造业，计算机、通信和其他电子设备制造业，仪器仪表制造业。

[20]规模以上服务业统计范围包括年营业收入 1000 万元及以上，或年末从业人员 50 人及以上的交通运输、仓储和邮政业，信息传输、软件和信息技术服务业，房地产业(不含房地产开发经营)，租赁和商务服务业，科学研究和技术服务业，水利、环境和公共设施管理业，教育，卫生和社会工作；年营业收入 500 万元及以上，或年末从业人员 50 人及以上的居民服务、修理和其他服务业，文化、体育和娱乐业法人单位。

[21]战略性新兴服务业包括新一代信息技术产业，高端装备制造产业，新材料产业，生物产业，新能源汽车产业，新能源产业，节能环保产业和数字创意产业等八大产业中的服务业相关行业，以及新技术与创新创业等相关服务业。2019 年战略性新兴服务业企业营业收入增速按可比口径计算。

[22]高技术产业投资包括医药制造、航空航天器及设备制造等六大类高技术制造业投资和信息服务、电子商务服务等九大类高技术服务业投资。

[23]工业技术改造投资是指工业企业利用新技术、新工艺、新设备、新材料对现有设施、工艺条件及生产服务等进行改造提升，实现内涵式发展的投资活动。

[24]网上零售额是指通过公共网络交易平台(主要从事实物商品交易的网上平台，包括自建网站和第三方平台)实现的商品和服务零售额。

[25]东部地区是指北京、天津、河北、上海、江苏、浙江、福建、山东、广东和海南 10 省(市)；中部地区是指山西、安徽、江西、河南、湖北和湖南 6 省；西部地区是指内蒙古、广西、重庆、四川、贵州、云南、西藏、陕西、甘肃、青海、宁夏和新疆 12 省(区、市)；东北地区是指辽宁、吉林和黑龙江 3 省。

[26]减贫人口等于当年贫困人口减去上年贫困人口，也相当于当年脱贫人口减去当年返贫人口。

[27]贫困发生率是指贫困人口占目标调查人口的比重。

[28]贫困地区包括集中连片特困地区和片区外的国家扶贫开发工作重点县，原共有 832 个县。2017 年开始将新疆阿克苏地区纳入贫困监测范围。

[29]国内生产总值、三次产业及相关行业增加值、地区生产总值、人均国内生产总值和国民总收入绝对数按现价计算，增长速度按不变价格计算。根据第四次全国经济普查结果，对国内生产总值、三次产业及相关行业增加值等相关指标的历史数据进行了修订。

[30]2018 年部分产品产量数据根据第四次全国经济普查结果进行了修订，2019 年产量增速按可比口径计算。

[31]火电包括燃煤发电量，燃油发电量，燃气发电量，余热、余压、余气发电量，垃圾焚烧发电量，生物质发电量。

[32]钢材产量数据中含企业之间重复加工钢材约25200万吨。

[33]少量发电装机容量(如地热等)公报中未列出。

[34]由于统计调查制度规定的口径调整、统计执法、剔除重复数据、企业改革剥离、第四次全国经济普查核实调整等因素，2019年规模以上工业企业财务指标增速及变化按可比口径计算。

[35]国内生产总值、三次产业及相关行业增加值、地区生产总值、人均国内生产总值和国民总收入绝对数按现价计算，增长速度按不变价格计算。根据第四次全国经济普查结果，对国内生产总值、三次产业及相关行业增加值等相关指标的历史数据进行了修订。

[36]国内生产总值、三次产业及相关行业增加值、地区生产总值、人均国内生产总值和国民总收入绝对数按现价计算，增长速度按不变价格计算。根据第四次全国经济普查结果，对国内生产总值、三次产业及相关行业增加值等相关指标的历史数据进行了修订。

[37]2019年港口统计范围由规模以上港口调整为全国所有港口，相关指标增速按可比口径计算。

[38]交通运输部根据专项调查，调整2019年公路货物运输量、公路货物运输周转量统计口径，数据与上年不可比。

[39]旅客运输总量包括铁路、公路、水运、民航营业性旅客运输量，其中公路旅客运输量占70%以上。近年来，随着人们出行方式的变化，居民自驾出行、网络约车及拼车人数增长较快，分流了公路客运量，导致旅客运输总量下降。

[40]邮政行业业务总量按2010年价格计算。

[41]电信业务总量按2015年价格计算。

[42]固定互联网宽带接入用户是指报告期末在电信企业登记注册，通过xDSL、FTTx+LAN、FTTH/O以及其他宽带接入方式和普通专线接入公众互联网的用户。

[43]固定互联网光纤宽带接入用户是指报告期末在电信企业登记注册，通过FTTH或FTTO方式接入公众互联网的用户。

[44]软件和信息技术服务业包括软件开发，集成电路设计，信息系统集成和物联网技术服务，运行维护服务，信息处理和存储支持服务，信息技术咨询服务，数字内容服务和其他信息技术服务等行业。

[45]根据第四次全国经济普查、统计执法检查和统计调查制度规定，对2018年固定资产投资数据进行修订，2019年增速按可比口径计算。

[46]东部地区是指北京、天津、河北、上海、江苏、浙江、福建、山东、广东和海南10省(市)；中部地区是指山西、安徽、江西、河南、湖北和湖南6省；西部地区是指内蒙古、广西、重庆、四川、贵州、云南、西藏、陕西、甘肃、青海、宁夏和新疆12省(区、市)；东北地区是指辽宁、吉林和黑龙江3省。

[47]民间固定资产投资是指具有集体、私营、个人性质的内资企事业单位以及由其控股(包括绝对控股和相对控股)的企业单位建造或购置固定资产的投资。

[48]基础设施投资包括交通运输、邮政业，电信、广播电视和卫星传输服务业，互

联网和相关服务业，水利、环境和公共设施管理业投资。

[49]房地产业投资除房地产开发投资外，还包括建设单位自建房屋以及物业管理、中介服务和其他房地产投资。

[50]高速铁路是指线路最大速度200公里/小时及以上的铁路和200公里/小时以下仅运行动车组列车的铁路。

[51]数据为截至2019年年底全国建档立卡贫困户农村危房改造中央任务开工数。

[52]"一带一路"是指"丝绸之路经济带"和"21世纪海上丝绸之路"。

[53]服务进出口按照《国际收支手册(第六版)》标准统计，增速按可比口径计算。

[54]社会融资规模增量是指一定时期内实体经济从金融体系获得的资金额。2019年，社会融资规模统计口径有所调整。

[55]社会融资规模存量是指一定时期末(月末、季末或年末)实体经济从金融体系获得的资金余额。

[56]沪深交易所股票筹资额按上市日统计，筹资额包括了可转债实际转股金额，2018年、2019年可转债实际转股金额分别为80亿元和995亿元。

[57]全国中小企业股份转让系统又称"新三板"，是2012年经国务院批准的全国性证券交易场所。全年全国中小企业股份转让系统挂牌公司累计筹资不含优先股，股票筹资按发行报告书的披露日统计。

[58]公司信用类债券包括非金融企业债务融资工具、企业债券以及公司债、可转债等。

[59]原保险保费收入是指保险企业确认的原保险合同保费收入。

[60]人均收入中位数是指将所有调查户按人均收入水平从低到高(或从高到低)顺序排列，处于最中间位置调查户的人均收入。

[61]全国居民五等份收入分组是指将所有调查户按人均收入水平从高到低顺序排列，平均分为五个等份，处于最高20%的收入群体为高收入组，依此类推依次为中间偏上收入组、中间收入组、中间偏下收入组、低收入组。

[62]服务性消费支出是指调查户用于本家庭生活方面的各种非商品性服务费用。

[63]农村特困人员是指无劳动能力，无生活来源，无法定赡养、抚养、扶养义务人或者其法定义务人无履行义务能力的农村老年人、残疾人以及未满16周岁的未成年人。

[64]临时救助是国家对遭遇突发事件、意外伤害、重大疾病或其他特殊原因导致基本生活陷入困境，其他社会救助制度暂时无法覆盖或救助之后基本生活暂时仍有严重困难的家庭或个人给予的应急性、过渡性的救助。

[65]社会服务床位数除收养性机构外，还包括救助类机构、社区类机构的床位。

[66]国家级科技企业孵化器是指符合《科技企业孵化器管理办法》规定的，以促进科技成果转化、培育科技企业和企业家精神为宗旨，提供物理空间、共享设施和专业化服务的科技创业服务机构，且经过科技部批准认定的科技企业孵化器。

[67]国家备案众创空间是指符合《发展众创空间工作指引》规定的新型创新创业服务平台，且按照《国家众创空间备案暂行规定》经科技部火炬中心审核备案的众创空间。

[68]PCT专利申请受理量是指国家知识产权局作为PCT专利申请受理局受理的PCT

专利申请数量。PCT(Patent Cooperation Treaty)即专利合作条约，是专利领域的一项国际合作条约。

[69]制造业产品质量合格率是指以产品质量检验为手段，按照规定的方法、程序和标准实施质量抽样检测，判定为质量合格的样品数占全部抽样样品数的百分比，统计调查样本覆盖制造业的29个行业。

[70]中等职业教育包括普通中专、成人中专、职业高中和技工学校。

[71]总流通人次是指本年度内到图书馆场馆接受图书馆服务的总人次，包括借阅书刊、咨询问题以及参加各类读者活动等。

[72]特种影片是指采用与常规影院放映在技术、设备、节目方面不同的电影展示方式，如巨幕电影、立体电影、立体特效(4D)电影、动感电影、球幕电影等。

[73]人均图书拥有量是指在一年内全国平均每人能拥有的当年出版图书册数。

[74]总诊疗人次指所有诊疗工作的总人次数，包括门诊、急诊、出诊、预约诊疗、单项健康检查、健康咨询指导(不含健康讲座)人次。

[75]出院人数指报告期内所有住院后出院的人数，包括医嘱离院、医嘱转其他医疗机构、非医嘱离院、死亡及其他人数，不含家庭病床撤床人数。

[76]体育场地相关数据来源于第七次全国体育场地普查结果，体育场地普查调查对象不包括军队、铁路系统所属体育场地，数据为截至2018年年底。

[77]体育场地面积指体育训练、比赛、健身场地的有效面积。

[78]国有建设用地供应总量是指报告期内市、县人民政府根据年度土地供应计划依法以出让、划拨、租赁等方式与用地单位或个人签订出让合同或签发划拨决定书、完成交易的国有建设用地总量。

[79]房地产用地是指商服用地和住宅用地的总和。

[80]万元国内生产总值用水量、万元工业增加值用水量按2015年价格计算。

[81]根据第四次全国经济普查结果，对能源消费总量等相关指标历史数据进行了修订。

◎ 资料来源：

本公报中户籍人口城镇化率、民用汽车、道路交通事故数据来自公安部；城镇新增就业、登记失业率、社会保障、技工学校数据来自人力资源和社会保障部；外汇储备、汇率数据来自国家外汇管理局；市场主体、质量检验、国家标准制定修订、制造业产品质量合格率数据来自国家市场监督管理总局；减税降费数据来自国家税务总局；水产品产量、新增高效节水灌溉面积数据来自农业农村部；木材产量、造林面积、森林抚育面积、国家级自然保护区数据来自国家林业和草原局；新增耕地灌溉面积、水资源、新增水土流失治理面积数据来自水利部；发电装机容量、新增220千伏及以上变电设备、电力消费量数据来自中国电力企业联合会；港口货物吞吐量、港口集装箱吞吐量、公路运输、水运、新改建公路里程、港口万吨级码头泊位新增通过能力数据来自交通运输部；铁路运输、新建铁路投产里程、增新建铁路复线投产里程、电气化铁路投产里程数据来自中国国家铁路集团有限公司；民航、新增民用运输机场数据来自中国民用航空局；管道数据来自中国石油天然气集团有限公司、中国石油化工集团有限公司、中国海洋石油集团有限公司；邮政业务数据来自国家邮政局；通信业、软件业务收入、新增光缆线路长度等数据来自工业和信息化部；棚户区改造、农村地区建档立卡贫困户危房改造数据来自住房和城乡建设部；货物进出口数据来自海关总署；服务进出口、外商直接投资、对外直接投资、对外承包工程、对外劳务合作等数据来自商务部；财政数据来自财政部；货币金融、公司信用类债券数据来自中国人民银行；境内交易场所筹资数据来自中国证券监督管理委员会；保险业数据来自中国银行保险监督管理委员会；医疗保险、生育保险、资助参加基本医疗保险、实施门诊和住院救助数据来自国家医疗保障局；城乡低保、农村特困人员救助供养、临时救助、社会服务数据来自民政部；优抚对象数据来自退役军人事务部；国家科技重大专项、国家重点实验室、国家科技成果转化引导基金、国家级科技企业孵化器、国家备案众创空间、技术合同等数据来自科学技术部；国家自然科学基金项目数据来自国家自然科学基金委员会；国家工程研究中心、国家工程实验室、国家企业技术中心等数据来自国家发展和改革委员会；专利、商标数据来自国家知识产权局；宇航发射数据来自国家国防科技工业局；教育数据来自教育部；艺术表演团体、博物馆、公共图书馆、文化馆、图书、旅游数据来自文化和旅游部；电视、广播数据来自国家广播电视总局；电影数据来自国家电影局；报纸、期刊数据来自国家新闻出版署；档案数据来自国家档案局；居民出境数据来自国家移民管理局；医疗卫生数据来自国家卫生健康委员会；体育数据来自国家体育总局；残疾人运动员数据来自中国残疾人联合会；国有建设用地供应、海洋灾害造成直接经济损失数据来自自然资源部；万元国内生产总值二氧化碳排放、环境监测等数据来自生态环境部；平均气温、登陆台风数据来自中国气象局；农作物受灾面积、洪涝和地质灾害造成直接经济损失、旱灾造成直接经济损失、低温冷冻和雪灾造成直接经济损失、森林火灾、受灾森林面积、安全生产数据来自应急管理部；地震次数、地震灾害造成直接经济损失数据来自中国地震局；其他数据均来自国家统计局。